中国琴学研究丛书

中国历代琴人评传

◎丛书主编/杨青
◎选注/张艳辉

人民音乐出版社·北京

ZHONGGUO LIDAI QINREN PINGZHUAN

图书在版编目（CIP）数据

中国历代琴人评传 / 张艳辉编著 . -- 北京 : 人民音乐出版社 , 2023.1
（中国琴学研究丛书 / 杨青主编）
ISBN 978-7-103-06225-8

Ⅰ . ①中… Ⅱ . ①张… Ⅲ . ①古琴 – 演奏家 – 列传 – 中国 Ⅳ . ① K825.76

中国版本图书馆 CIP 数据核字 (2021) 第 248921 号

选题策划：刘　滢
特约编辑：许庆江
责任编辑：刘　滢
责任校对：王　珍
整体设计：王　华

人民音乐出版社出版发行
（北京市东城区朝阳门内大街甲 55 号　邮政编码：100010）
Http：//www.rymusic.com.cn
E-mail：rmyy@rymusic.com.cn
新华书店北京发行所经销
北京新华印刷有限公司印刷
787 × 1092 毫米　16 开　75.5 印张
2023 年 1 月北京第 1 版　2023 年 1 月北京第 1 次印刷
印数：1 — 1，000 册　定价：379. 00 元

读者服务部联系电话 :（010）58110591
如有缺页、倒装等质量问题 , 请与出版部联系调换。电话 :（010）58110533

总 序

党的十九届五中全会为我国建设文化强国、提升中华文化影响力提出了战略规划，明确了工作部署。文化协调发展的最终导向，就是要创作优质文化艺术作品、打造精品。正如习近平总书记在文艺工作座谈会上指出的，“精品之所以‘精’，就在于其思想精深、艺术精湛、制作精良”。文化产业的精品就是要实现文化产品的精准化，公共文化的精品化就是要使公共文化在向基层倾斜的过程中让老百姓最渴望的公共文化服务内容能够得到最充分的体现和落实。

打造精品，要做到既有数量，更有质量，既要有高原，又要有高峰，这是“十三五”乃至“十四五”时期文化建设所不可或缺并且需要一一落在实处的。要坚守中华文化立场，坚定文化自信，增强做中国人的骨气和底气。坚持客观科学礼敬的态度，扬弃继承，固本创新，让中华优秀传统文化拥有更多的传承载体、传播渠道和传习人群。行稳方能致远，静水才能流深，以讲好古琴故事为着力点，守正创新，知行合一。

对于文化工作者，应系统梳理中华文化的历史渊源、发展脉络、时代影响，阐明中华文化的独特创造、价值理念，厘清中华优秀传统文化的内涵，加强中华优秀传统文化典籍整理和出版，推进文化典籍资源数字化。

“中国琴学研究丛书”——《中国历代琴人评传》《中国历代名琴品鉴》《中国历代琴诗品鉴》《中国历代琴词品鉴》四册一套，是人民音乐出版社承接的“十三五”国家重点出版物出版规划项目。这四个沉甸甸的书名，不仅分量重，还意味着图书背后那大量繁重的编撰工作。“中国”“历代”不只是几个简单的词，更是一座座巍峨的、尘封的历史之门。真正伸手叩击并拉开门扉后，扑面而来的深厚广博的历史、文化、艺术等方面的知识、典故该怎样面对？怎样探索、挖掘、理清、再现那神秘瑰丽的古老智慧？当拉开中国历代千百年古琴文化史的大幕，面对着一位位琴人、一张张琴器、一首首琴诗、一阙阙琴词……这千百年来蔚为大观的古琴文化艺术阵容将令人震撼。怎样开始工作？如何完成书稿？这需要业内精英人士的呕心沥血，需要志同道合学者的精诚合作。

董建国先生是业内精于古琴琴器品鉴与摄影的佼佼者，已经出版多部精美的古琴画册，其内容的严谨与典雅，得到了琴家与琴友的认可赞赏。张艳辉博士，低调为人、踏实治学，她多年来甘坐“冷板凳”，专攻有关古琴的诗、词与琴人史料。在他们二位学者身上，有着令人感动的共同特点：第一，在本专业领域内拥有长时间的从业史，且成绩可观；第二，本人的工作性质与个人兴趣有着非常高的契合度。

终于，我们克服了重重困难，历时几度春秋，完成了丛书的编撰任务，合力交上了这一份凝结着大家心血与汗水的答卷。至于答卷是否尽如人意，留于尊敬的琴界专家学者斧正、留于广大古琴琴友评判。我们只能凭着热爱古琴的诚心与尽心，克服艰辛、耕耘创作。然而，筚路蓝缕，挂一漏万，若广大读者在阅读过程中发现瑕疵与疏漏，恳请不吝赐教，我们会在本书重印之际及时修正谬误，同时深谢诸君的批评与支持。

一、《中国历代琴人评传》

历代琴人的辑录从魏晋六朝时期就已经开始了，如谢庄《琴谱三均手诀》，惜已亡佚。能够流传并保存下来的文献，具有代表性的有朱长文的《琴史》，周庆云的《琴史补》《琴史续》，查阜西的《历代琴人传》。本书在已有成果的基础上，对前人著作中误收、重出、错讹等情况进行订正，并且增补大量漏收琴人，共辑录两千四百多位琴人，是迄今为止最为丰富的一部。

本书所选琴人传记材料原文之下均有注释。首先，对文中涉及的人名或事件根据具体情况进行考证。其次，注释文字尽可能准确、简明，方便读者阅读。

《中国历代琴人评传》对辑录的每位琴人都进行简要评论，或对琴人生平、琴事材料加以补充说明，或对琴曲作者、琴曲、琴谱、古琴收藏等情况进行考证，或者对琴人演奏风格、所属琴派加以说明及考论，或者单纯对琴人、琴事进行赏论。为读者研读时提供更多线索及参考。

二、《中国历代名琴品鉴》

本书所收录品鉴的100张古琴，年代跨度从唐代到民国。

古琴，古称“琴”“七弦琴”等，近代由于文化交流，引进了各个国家、各个民族的多种乐器，“琴”就成为一个门类统称，为了区别于不同的琴，我国传统的“琴”就加了一个冠词“古”，定名为“古琴”。古琴起源于中国，发展传承在中国——琴人、琴器、琴诗、琴词等，统称为“古琴文化艺术”。古琴文化艺术根植于中华民族的文化血脉之中，是中华民族精神与非物质文化遗产的精髓。2003年11月7日，中国古琴艺术被联合国教科文组织批准入选“人类口头和非物质遗产代表作”，成为人类文明的重要遗产，其文化艺术价值为世界公认。

早在《诗经》中就有 “窈窕淑女，琴瑟友之”“鼓钟钦钦，鼓瑟鼓琴，笙磬同音”的记载。汉代（公元前202—公元220年）编定的《礼记》中记述：“伏羲制嫁娶以俪皮为礼，作琴瑟以为乐。”《琴操》中也有“昔伏羲氏之作琴，所以修身理性，返天真也”的表述。

古琴经历了一个弦数不定的较长的发展过程，有五弦、十弦，后定型为七弦，有长沙五里牌、燕山街等出土的琴器为证。汉代巴蜀地区的墓葬中开始出现大量的抚琴俑、听琴俑、舞俑、说书俑及画像砖，汉阙中的乐舞或琴乐图，这些历史遗存生动再现了1800年前汉代抚琴乐舞的场面。据考古资料显示，明确的琴徽最早出现在江西南昌出土的东晋穆帝“永和八年”（352年）雷陔墓惠太子延“商山四皓图”漆平盘图像上。琴徽是古琴标识音律位置作为泛音的标志，也是按弦、下指、取音的参考，同时为记谱法创造了条件，这也是古琴将标识泛音的位置命名为“徽”的缘由。

古琴的制作最晚在东晋（317—420年）已有成熟的工艺。东晋顾恺之绘制的《斫琴图》（故宫博物院藏）虽然是宋人摹本，却是目前最早记录斫琴工艺过程的绘画。画上钤有“宣和中”“柯氏敬仲”“孙承泽印”“乾隆御览之宝”“石渠宝笈”等藏印，说明自北宋宣和内府以来，此画流传有绪。《斫琴图》重点描绘了斫琴工艺的流程，画中人物或锛琴板、或掏琴槽、或制琴弦、或做试音，每个人分工明确，斫艺娴熟。但图中缺少髹漆过程，虽然画中有储漆的容器：葫芦和陶罐，但略去髹漆的画面说明当时斫琴并不重视琴上的漆艺，这与唐代古琴在木胎上做一层葛布，再做近两毫米厚的鹿角灰胎有巨大的差异。由此可见，唐琴坚固耐用能够保存至今与唐代古琴工艺先进有着重要的关联。

本书中选收了“古朴风雅、精美绝伦”的唐代古琴13张、五代古琴1张；“古韵清幽，旷世绝响”的宋代古琴39张（北宋古琴15张、南宋古琴24张，其中不乏宋代古琴标准器）。“高士风雅，遗风尚存”的元代古琴4张；“藩王之乐，大化九州”的明代古琴36张；“千年瑰宝，宫苑琴殇”的清代古琴5张；“一叶飘零，弦声复起”的民国古琴2张。

三、《中国历代琴诗品鉴》

古琴，在古代是君子修身之器，与文士的生活有着十分密切的关系。诗与琴的结合，在文人的生活中得到了完美体现。可以说，琴诗是整个古代诗歌史的一个重要构成，也最能体现古琴文化内涵。因此，在古琴文化亟须保护与传承的今天，琴诗的辑录与注释应当受到相当程度的重视。

本书首先对琴诗概念进行界定，认为所谓琴诗，首先是就作品整体而言的，指的是听琴、弹琴，以及描摹琴声、琴人、琴材、琴事、琴意、琴理的诗，而绝非诗歌作品中仅仅有个别字句提及古琴的诗歌。

本书选录琴诗三百余首，入选各篇均有注释，注释尽可能采用原始材料，或揭橥其义，或注明典故，同时，对文中所涉及的人名或事件根据具体情况略加考证。篇末加选评，选评是具有代表性的前人评论。

四、《中国历代琴词品鉴》

诗与音乐是一种共生的关系，从《诗经》到乐府，以至于词、曲，以及其他各种声诗、徒歌，都可以见出诗与乐相互依存的关系。古琴与词的结合是前人提出的所谓“音乐文学”的一种具体形式。历代以来，各时代、各词家的作品选本注本层出不穷，也各有特点。但从选注本内容上来看，以琴为主要内容的词作尚未得到充分关注。

为了更深入地了解古琴音乐文学的特质，本书共选中国历代琴词123首，并附录古琴散曲23首。

所谓琴词，与琴诗一样，是就作品整体而言的，指的是听琴、弹琴及描摹琴声、琴人、琴材、琴事、琴意、琴理的词，并不是作品中仅仅有个别字句提及古琴的词。

在此概念基础上，由于琴词数量较少，宋、元、明三朝琴词几乎全部录入本书，唯清代有所选择。入选各篇均有注释，注释尽可能采用原始材料，或揭橥其义，或注明典故。同时，对文中涉及的人名或事件根据具体情况略加考证。前后重见的典故在不同篇中都分别作注，以便阅读。篇末加选评，选评是具有代表性的前人评论。

在本丛书即将出版发行之际，还要特别感谢诸位师友：

感谢德高望重的琴学家唐中六先生为《中国历代琴人评传》作序，他厚重翔实的史实梳理、经典的点评品注，体现了老一辈琴家严谨的治学态度；感谢为《中国历代琴词品鉴》作序的著名学者毛佩琦先生，他从先秦古诗词一直评点到现代词作，沿着时间河流迤逦而行，将琴词在历史长河中的一路走来生动地展现在我们面前；感谢与我勠力同心、同舟共济的两位学者与挚友董建国、张艳辉，我们共同撰写了一套令我们无愧于须臾人生的厚重丛书；感谢人民音乐出版社的重托，感谢编辑刘滢老师的信任，交给我们如此光荣又重要的一个课题，并在我们遇到困难时，给予了强有力的鼓励与支持。最后，还要一并感谢所有参与编辑本套丛书的相关人员。

文以化天下，任重而道远，希望我们继续携手同行，共同投身于建设社会主义文化强国的伟大事业之中。

杨青
2020年6月

倚声事业好听琴——代序

中华文化传统上下五千年，可谓久远。而古琴在其中流动、传承，其史也是远矣。从琴学理论、琴曲创作、演奏技艺、琴器制作工艺形成了完整而独特的体系，文献浩繁，成为中国传统文化宝库中重要的一部分，屹立于世界艺术之林。

一般说古琴三千年，基本是以传说中七弦琴因周文王、武王各增一弦，以“合君臣恩也”之说为起始，这里说“中华文化传统上下五千年，古琴在其中流动，传承”，是琴界依据中国传统文献，古琴以伏羲为祖先而始，自然，中国历史从周以上至殷商、伏羲这段历史时间，不是谁能说得明白的，但伏羲造琴之说的历史自在三千年之上。

问题是有人提出伏羲制琴是不可靠的，因为那是传说。

然而，我们说古琴，又不得不从伏羲说起。

关于伏羲与女娲的传说，我们可以从远古民间传说和古籍中找到其与巴蜀古琴起源的最早线索。相传在古巴国地域的阆中（今四川阆中）就有“华胥在阆中孕育伏羲，伏羲在阆中云台山演练八卦”的千古传说。[①]清道光元年，川北道台黎学锦编

①2005年2月18日《成都商报》刘海报道《阆中秘密打造音乐巨著》。

修《保宁府志序》说："夫阆中渝水为华胥之渊，伏羲所都。"明人曹学佺所著《蜀中名胜记》也云："所都国有华胥之渊，乃阆中渝水也。"[②]《山海经·海内经》："西南有巴国，大皞生咸鸟，咸鸟生乘厘，乘厘生后照，后照是始为巴人。"上述即是阆中为巴国别都，伏羲、华胥为巴人的始祖之说。传说伏羲是雷神的儿子，是天神和人间极乐国土的女儿所生的儿子，他们以龙、蛇为图腾，后来不少出土文物都以人首蛇（龙）身形象表现他们，这本身就具有充分的神性和圣德。《琴书大全》记他能："仰则观象于天，俯则观法于地，旁观鸟兽之文，与地之宜，近取诸身，远取诸物，始画八卦以通神明之德。以类万物之情，造书契以代结绳之政。作三十五弦之瑟，又斫桐为琴，以修身理性，反其天真也。其乐曰立基，曲曰驾辩。"[③]说他具有神性的证明之一，就是他能沿着一道天梯，自由自在地上下，往来于天庭与下都之间。所谓天梯，即高山或高大的树木。相传，树木中有一种称为"建木"的树，长达数十丈、数千丈乃至千里。这种树长在西南的"都广"之野，而这地方又是天地的中心。[④]杨慎《山海经补注》："黑水广都，今之成都也。"[⑤]这虽然是千古神话传说，但产生这一传说的地域就在古蜀国和古巴国。1957年在成都天回山出土的东汉光和七年（184）三号崖墓，有石棺一具，瓦棺十一具及说唱、抚琴、吹笙之乐俑和舞俑。

---

② 华胥之渊：阆中城东南的"彭道将池"，又称"彭池"。嘉陵江阆中一段俗称"渝水"。

③ 见中央音乐学院、中国音乐研究所、北京古琴研究所编《历代琴人传》第一册。

④《淮南子·地形篇》："建木在都广。"《山海经·海内经》："西南黑水之间，有都广之野，盖天下之中。""都广"又称"广都"。《史记·周本纪》作"广都"。《华阳国志·蜀志》："广都县在郡西三十里，汉元朔二年置"，即今成都双流区内。

⑤ 见袁珂著《中国神话传说·开辟篇》第四章及注十五、十六。

石棺四周浮雕朱雀、伏羲、女娲、日月、星和庖厨等像。1972年在郫都区竹瓦铺一号东汉墓出土的石棺画像，棺首刻双阙，棺尾刻伏羲、女娲，棺左、右刻乐舞百戏等。这样的造型，在四川的新津宝资山崖墓、合江四号石棺、泸州七号石棺、宜宾石棺、广汉汉画像砖和重庆汉画像石中都有，即伏羲、女娲石刻画像图，都为人身蛇尾。伏羲、女娲都手托日月，或一圆轮，轮中或鸟、或兔、或树枝、或蟾蜍。如此造型的记录，中华文明的始祖伏羲、女娲不可能是“人首蛇身”吗？专家认为，蛇能冬眠，能死而复生，这反映了伏羲、女娲时代原始部落崇拜的是蛇的图腾信仰，实是蜀人记忆的遗存。且这样的造型都始自汉代，认为是蜀国的象征。巴蜀地区有如此多关于伏羲、女娲的记录，不能不说是伏羲与巴蜀的渊源和缘分所在，相信在巴蜀地区还会有很多这样的记录存在于地下和民间。

伏羲即太昊伏羲氏，一作宓羲、包牺、庖牺、伏戏，亦称牺皇、皇羲，中国神话中的人类始祖，传说人类由他和女娲氏兄妹相婚而产生。他教民结网捕鱼，从事渔猎畜牧。传说他斫桐为琴，琴长七尺二寸，纯丝为弦，弦二十有七，名之曰离。又命下相柏皇以婴硒所贡梓，斫为琴，一曰丹维，二曰祖床，三曰委文，四曰衡华。其长三尺六寸六分，象三百六十六日。广六寸，象六合。上曰池，池者水也，言其平。下曰滨，滨者服也。前广后狭，象尊卑也。面圆法天，底平象地，龙池八寸，通八风；凤池四寸，象四时；五弦象五行，乃所以修身理性，反其天真也。⑥

这些对今天的我们来说，是传说，是远古人的文明史纪录。在远古，人们都还生活、生产在新旧石器的蛮荒时代中，无文字，社会的交流、存忆，人心的互换，全在口头的传诵中，这即是远古人的文化传统，包括神话传说及其传播方式，是那个时代

⑥ 见清代周庆云著《琴史补》，中华民国八年（1919）梦坡室刊本。

的文化特征，也为后世华夏民族文化的发展奠定了基石，并以文献传之，我们何以质疑呢？史学家们是没有能否定的。从神话传说的社会存在及其现实意义看来，比如钻木取火，就是神话传说的现实。若就此不存有疑的话，关于伏羲斫琴、好琴的事，就是一个存在的现实，应该被看作是巴蜀古琴最早的文献了。

数千年的中国琴史和琴人的流动传承，都散记于《通考》《太平广记》《太平御览》《说郛》《西京杂记》《古今注》《历代笔记小说大观》及浩瀚的史书、地方志和数百部的中国历代琴谱中。

截至1949年以前的琴史、琴人传专书，宋代有朱长文《琴史》，明代有米万钟《琴史》，民国有周庆云《琴史补》和《琴史续》，新中国成立后有《历代琴人传》、许健《琴史》、唐中六《巴蜀琴艺考略》、凌瑞兰《现代琴人传》及一些琴书中所辑录的琴人，上自伏羲，下逮近人，琴人数量巨大。这些琴人，雅致高怀，琴心凝聚，徜徉在中国的一件乐器史上，并记录于传录文书中，这在世界乐器史上恐无出其右，确值得中国人自豪和珍惜。据世间所闻，此件琴器，今日在全球五洲有上千的琴馆，数百万计的操缦人，希望有一天也能记录下他们的名讳和琴路方略。

盛世修志治史，《中国历代琴人评传》应时而生，作为国家“十三五”重点出版物规划项目，由国家级专业音乐出版社——人民音乐出版社出版，是古琴这一非物质文化遗产一个极好的展示与传承。

为古琴修志治史，自古有之，多为民间书馆、文人雅士所为。乾隆修《四库全书》御批纳“琴谱”入库，成为国之文献，但又因其对古琴不甚好之，采复古之道，纳古琴入了“子部”。

本评传共收录历代琴人两千三百余位，上自先秦，下迄清末，以所录琴人的时代为序，考证其生平，标明史料出处并列有注释，各条篇末有评论，述其琴事、琴曲时加以评析及考辨，并对琴人所代表的琴派加以评论。

翻开《中国历代琴人评传》，编排有序，条理清晰，规范严谨。以时间为线，可探寻古琴艺术的时代传承与琴曲创作、演奏、记谱法的历史演变，以及琴器制造工艺的动态发展。从中我们还可看到中国古琴的受众群体，有神人祖先、帝王圣贤、文人雅士及方外（僧道）、闺秀、武将，为当今各地域琴人资料的挖掘整理指引了方向。如四川近些年在研究《诗经》祖师尹吉甫及孝子尹伯奇琴艺时，就涉及古代该地域上自周成王时期就存在并流传至今的古琴曲《履霜操》《子安之操》（见汉扬雄《琴清英》、汉蔡邕《琴操》、明汪芝《西麓堂琴统》）的记述。尹伯奇泸州三青山抚琴台遗址、子归山、子归庙、子归亭等古琴遗址的存在，一下将四川琴事、琴曲的发源提前了三千多年，甚至更多。这对研究一个地域琴派的历史源流是非常重要的。

《中国历代琴人评传》是一部生动的琴人记传，更是一部以人物为核心的琴史。若以本卷为起始之卷，未来必有延展之卷，代代绵延。

琴人传，千年清音传。宫商徵羽龙似火，流水高山云海天，宏文琴人传。

庚子大暑后八日于古唐都街子味江村寓居处

唐中六

2020年10月

前　言

一

从现有文献记载来看，历代琴人的纂辑较早可以追溯到六朝时期的谢庄，他的《琴谱三均手诀》记载了从上古到六朝时期的琴人及琴曲名称，可惜的是此书已经亡佚。到了唐代，著名琴家陈拙著有《大唐正声琴籍》，此书记载了古帝王、名士善琴者，该书也已经亡佚。

及至宋代，朱长文的《琴史》从琴人、叙史、审调、论音等方面对北宋之前的琴史做了一个全面的总结，是一部非常重要的古琴史学著作。令人颇为关注的是，朱长文《琴史》按照时代顺序记载了从先秦时期的帝尧到宋代赵抃在内的琴人一百六十余位。宋代目录学家陈振孙《直斋书录解题》评价《琴史》云："唐、虞以来迄于本朝，琴之人与事备矣。"

如果说朱长文以史传的角度来记录琴人的话，那么，宋代虞汝明《古琴疏》是另外一个视角，他说："余少好书，复好琴，至老不衰。近尤喜观虞初、夷坚家言，中有琴事。辄命毛先生志之名曰《古琴疏》。始于伏羲，终于六代。"虞初、夷坚为小说家，虞汝明从古代传说、小说中辑录琴人琴事，因此，《古琴疏》中的琴人琴事自然也多带有志怪色彩。

宋代以后，记录琴人的文献越来越多，较有代表性的如明代蒋克谦《琴书大全》，记载从先秦到宋代的琴人。不同的是，《琴书大全》虽然没有特意标明，却明显将方外、女性两类琴人单独附列于后。另外，董斯张所辑类书《广博物志》中也有琴人琴事的记载，其特点是每条记载之下列有文献出处。

清代，李仕学《初学艺引》中“琴引”四卷仿照《史记》的编纂体例，编为“琴史”。首先以古帝王始制琴及善琴者为十二本纪，值得一提的是，孔子被列入本纪；又有三十世家，记录能以琴世其家者；七十列传，则记录古今善琴之人。这种编纂体例有其独特之处。程允基《诚一堂琴谈》则与《广博物志》类似，辑录历朝琴人琴事，大致起于伏羲，终于宋代，明清时期琴人则付诸阙如，亦附有文献出处。

清末民初周庆云撰有《琴史补》《琴史续》，虽然名为琴史，实际上却是对朱长文《琴史》中所录琴人的接续和补充。《琴史续》也单列“方外”“闺秀”琴人群体。据统计，《琴史补》补充《琴史》遗漏琴人七十余位；《琴史续》则补充《琴史》所记时间下限以后的琴人六百余位。这在琴人辑录史上是前所未有的。

近现代琴家查阜西先生在历代先贤著作的基础上，重新辑《历代琴人传》，其特点是按照时代顺序全面录入《琴史》《琴史补》《琴史续》等所列琴人，并增加了地方志中的材料；另外一个特点是，每位琴人之下均注明详细的文献出处，方便读者阅读以及查询。《历代琴人传》是迄今为止辑录琴人数量最多、也是最为完备的一部著作。

二

自从“士无故不撤琴瑟”“君子之座，必左琴右书”，以及“琴棋书画”等经典表述之后，在古琴音乐发展史上，能琴的士人越来越多，数量巨大。人们习惯将琴人划分为几类群体：一类是帝王；一类是圣贤；一类是文人；一类是艺人。唐代陈拙《大唐正声琴籍》就已经将琴人大致分为两类：一类为帝王；一类为名士。而宋代郑樵在其《通志·乐略》中说："《将归操》《猗兰操》《龟山操》等十二操，为文王、周公、孔子、曾子、伯奇、犊牧子所作，则圣贤之事也。《水仙》《怀陵》二操，皆伯牙所作，则工技为之也。"这里的文王、周公等人就是所谓的圣贤，而"工技"就是所谓艺人。很显然，这是郑氏有意为之。近代琴人李葆珊《今虞琴刊·学琴三要》中说："声调铿锵，音律精审，是犹乐人之琴，而非儒者之琴也。"则又分为"乐人"及"儒者"两类群体。

我们从以上诸多著录琴人的书籍中也可以看出，对琴人的分类方法多有不同。有的按照时代顺序排列，如朱长文《琴史》等；有的则仿照《史记》分"本纪""世家""列传"，如《初学艺引》等；还有的将方外及女性琴人群体单独列出，如《琴书大全》等，不一而足。

除此之外，清代戴源的琴派之说让人耳目一新，他说："弹琴必先辨派，夫所谓派者，非吴派、浙派之谓也。高人逸士，自有性情，则其琴古淡而近于拙，疏脱不拘，不随时好，此山林派也；江湖游客，以音动人，则其琴纤靡而合于俗，以至粥奇谬古，转以自喜，此江湖派也；若夫文人学士，适志弦歌，用律严而取音正，则其琴和平肆好，得风雅之遗，虽一室鼓歌，可以备庙廊之用，此儒派也。辨别既明，不可不从其善者。"他所谓的琴派分类，其实也是一种琴人群体的划分。在戴源看来，琴人有三种：高人逸士、江湖游客、文人学士，分别代表不同的演奏风格。

然而，琴人多数兼具各种身份，这是大部分琴人的普遍情况，因此很难有一个精确的群体划分。但无论何种划分方式，对后人了解琴人群体及治琴学都大有裨益。

有鉴于此，本书采用最传统的排列方式即时代顺序排列琴人。

三

本书在已有成果的基础上，对前人著作中误收、重出、错讹等情况进行订正，并且增补大量漏收琴人，共辑录两千四百多位琴人，编例如次：

（一） 本书所录琴人按时代先后顺序编次，上起先秦时期，下迄清末。

（二） 本书所有引用文献资料均在文末注明出处，正文尽量保持所用版本的原貌，并在本书最后附录所引文献版本，以供读者核对参考。

（三） 本书所选琴人传记材料原文之下均有注释。首先，对文中所涉及的人名或事件根据具体情况进行考证。其次，注释文字尽可能准确、简明，或揭橥其义，或注明典故，方便读者阅读。对于前后重出的人名，不再重复注释。

（四） 本书对辑录的每位琴人都进行简要评论，或对琴人生平、琴事材料加以补充说明，或对琴曲作者、琴曲、琴谱、古琴收藏等情况进行考证，或者对琴人演奏风格、所属琴派加以说明及考论，或者单纯对琴人琴事进行赏论。为读者研读时提供更多线索及参考。

由于作者水平、精力及时间限制，本书可能存在一些谬误与不足，恳请专家、读者给予批评指正。

四

《中国历代琴人评传》的编写最初是杨青先生提出的，并计划列入“十三五”国家重点图书出版规划项目《中国琴学研究丛书》当中，接手这个任务的时候，多少有些不安，唯恐不能胜任。且不论前贤名家对历代琴人的辑录，单就查阜西先生的《历代琴人传》来说，已经是很难逾越的高峰，珠玉在前，未能或胜。但杨青先生始终给予我鼓励、包容、信任与支持，并且动用所有力量帮助我寻找相关材料，在书写体例以及内容上提供诸多指导，体现出老一辈琴家对后生晚辈的提携，在此对杨青先生表示最诚挚的感谢。

在琴学领域的学习与研究上，闽南师范大学文学院及院长黄金明给予我全方位支持，并成立古琴研究所，设立古琴课堂。黄金明教授也从中国古典文献学、古代文学等专业方面给予我指导与点拨。中国艺术研究院刘祯教授为我指明古琴研究方向，花费大量时间帮我批改文章。郑州大学陈艳教授，在音乐考古及音乐理论方面培养我、指导我。厦门大学苏新春教授长期以来不断关心我古琴研究方面的成长，鼓励我进步。老师们用厚重的学术积累托我前行，感恩我的老师们。

本书涉及琴派、琴曲乃至指法的考察，因此在编写过程中，曾从专业角度请教中国民族管弦乐学会古琴专业委员会（中国琴会）杨青、龙人古琴研究院谢建东、天津音乐学院李凤云、福建琴会张俊波、龙人古琴张锦冰、广东琴会谢东笑、广东琴会宁兰清、台湾琴会陈雯、沈阳音乐学院顾永祥等琴家。每有困惑，我都会通过电话或网络形式请教各位琴界师友，他们也会给予我耐心解答与指导，在此表示最真诚的感谢。

本书承蒙古琴家、国家一级作曲唐中六先生作序，先生八十余岁高龄，又值身体抱恙，仍然在病榻上完成了此序的写作。令人感佩的同时，也能感受到先生对古琴事业的关怀。对我来说，正所谓“‘高山仰止，景行行止’。虽不能至，然心向往之”。在此对唐中六先生表示最崇敬的谢意！

终于交稿的时候，我女儿梁疏影笑说我在编写这本书的时间里一直保持两种状态，一种是坐在电脑前写书稿，一种是躺在床上休养身体。确实如此，不过，幸运也幸福的是，女儿乖巧懂事，不仅没有在学习及生活上增加我的压力，课暇还能为我鼓琴解忧。因此，在这里我要郑重感谢我的家人对我缺少陪伴的包容，对我工作的支持，对我生命色彩的丰富。

本书的出版，得到了人民音乐出版社的大力支持，特别是刘滢编辑在书稿编校、排版、设计等各方面花费了很多心血，在与我沟通的过程中也给予了很多鼓励与包容，在此表示由衷的感谢。还要感谢许许多多的师友、同学们提供的帮助与支持。

由于水平、精力有限，书稿有讹误之处，恳请专家、读者给予批评指正，以便将来做进一步的修订。

张艳辉

2020年10月

目录

先秦

先秦

秦汉魏晋南北朝

隋唐五代

宋辽金元

宋辽金元

明

明

清

先秦

伏羲

昔伏羲氏作琴[一]，所以御邪僻[二]，防心淫，以修身理性，反其天真也[三]。琴长三尺六寸六分，象三百六十日也；广六寸，象六合也[四]。文上曰池，下曰滨。池，水也，言其平。下曰滨，滨，宾也，言其服也。前广后狭，象尊卑也。上圆下方，法天地也。五弦宫也，象五行也[五]。大弦者，君也，宽和而温。小弦者，臣也，清廉而不乱[六]。文王武王加二弦，合君臣恩也。宫为君，商为臣，角为民，徵为事，羽为物。

《琴操》序

注释：

［一］伏羲氏：伏羲，中华民族的始祖神。又作宓牺、庖牺、庖羲等，又称太昊。

［二］邪僻：乖谬不正。

［三］天真：不受礼俗拘束的品性。

［四］六合：上下和东西南北四方，泛指天下。

［五］五行：水、火、木、金、土。古人常以此说明宇宙万物的起源和变化。

［六］大弦、小弦句：《史记·田敬仲完世家》中有“夫大弦浊以春温者，君也；小弦廉折以清者，相也。”即大弦为君，声音宽和温厚；小弦为臣，声音高亢明快。

评析：

关于古琴的起源，古籍文献中的说法不尽相同，如蔡邕认为古琴为伏羲所造，而桓谭则认为是神农所造，此外，还有唐尧、虞舜，皆不出圣人制琴之说。那么究竟谁是最早，就有点扑朔迷离的意味了，对此，无论古今，都没有准确的答案。然而古人未必尽然说谎，如同史学家叙述历代帝王圣贤的横空出世，总要加上一些神秘因素才能凸显其与众不同的天命与功绩。以此类比古琴，则古琴在中国传统乐器中的尊崇地位亦可想见。

蔡邕《琴操》详细介绍了古琴的形制，他对古琴各部分象征性的解释，如琴长三尺六寸六分，象三百六十日，未必是始作琴者的想法，但却能够反映东汉时期“天人合一”的思想趋势。

神农(附帝尧)

昔者神农造琴[一]。以定神、禁淫嬖[二]、去邪。欲反其真者也。舜弹五弦之琴而天下治，尧加二弦[三]，以合君臣之恩也。

《琴清英》

注释：

[一]神农：炎帝，号神农氏，与燧人、伏羲合称“三皇”。

[二]淫嬖：滥施宠幸。

[三]尧：上古贤明君主，号陶唐氏，后禅位于舜。

评析：

桓谭《琴道》也记录为神农制琴：“昔神农氏继宓羲而王天下，上观法于天，下取法于地，近取诸身，远取诸物，于是始削桐为琴，绳丝为弦，以通神明之德，合天地之和焉。”

又据谢希逸《琴论》，尧帝作琴曲《神人畅》。

黄帝

黄帝以号钟之琴[一]，奏清角之音[二]。

《云笈七签》卷一百

注释：

[一]黄帝：号轩辕氏，五帝之首。

[二]清角：角音清，故曰“清角”。

评析：

《文献通考》说黄帝的琴名“清角”，《诚一堂琴谈》则说黄帝作琴曲《梦游华胥引》及《八极游》。

帝俊

帝俊有琴曰“电母”[一]，每夏月电光一照则弦自鸣。

《说郛》卷一百《古琴疏》

注释：

［一］帝俊：传说中的祖先神。

评析：

传说为上古时期东方部族的祖先神，此人物形象仅出现在《山海经》中，有人以为帝喾是帝俊的原型。

伶伦

伶伦制琴音[一]。

《诚一堂琴谈》卷二

注释：

［一］伶伦：传说为黄帝时的乐官。

评析：

伶伦相传为发明律吕据以制乐的始祖，故很多文献有“伶伦制律”的说法。

素女

素女播广都之琴[一]，温风冬飘，素雪夏零，鸾鸟自歌，凤鸟自舞，灵寿自花[二]。

《说郛》卷一百《古琴疏》

注释：

［一］素女：神话中擅长鼓瑟的神女。广都：《山海经》记载有“黑水、青山之间有广都之野，后稷葬焉”。

［二］灵寿：《山海经》中有“灵寿实华”。郭璞注：“灵寿，木名也，似竹，有枝节。”

评析：

无论是素女还是广都之琴、鸾凤之鸟、灵寿之花，都来源于神话传说。

祝融

祝融取瑶山之梓作琴[一]，有异声，弹之能致五色鸟舞于庭中。琴之至宝者，一曰凰来，一曰鸾来，一曰凤来，故生长子即名曰琴[二]。

《说郛》卷一百《古琴疏》

注释：

［一］祝融：帝喾时的火正之官，后尊为火神。瑶山：传说中的仙山。

［二］生长子即名曰琴：太子长琴，见《山海经》。

评析：

祝融取梓木为琴，琴名分别为凰来、鸾来、凤来，弹奏时能使五色鸟起舞。

邹屠氏

邹屠氏，帝喾之妃也[一]。以碧瑶之梓为琴[二]，饰以璚琈宝玉，故名璚琈[三]。

《说郛》卷一百《古琴疏》

注释：

［一］邹屠氏：帝喾之妃。帝喾：高辛氏，五帝之一。

［二］碧瑶：玉树。

［三］璚琈：皆为玉名。

评析：

邹屠氏制琴也应当属于传说。

晏龙

帝俊生晏龙[一]，晏龙是为琴瑟。

《山海经·海内经》第十八

注释：

［一］帝俊：见前“帝俊”条。晏龙：帝俊之子。

评析：

在《山海经》的记载中，晏龙是最早制作琴瑟的人。

按，朱长文《琴史》、查阜西《历代琴人传》均不载晏龙，或许是因为《山海经》属于神话，故而剔除小说家荒诞不经的言论。本书计入晏龙，则是从文献材料的全面呈现考虑，以供读者参考。

无勾

《通礼纂》曰：尧使无勾作琴，五弦[一]。

《太平御览》卷五百七十七

注释：

［一］无勾：尧帝之臣。

评析：

尧臣无勾作五弦琴，“尧加二弦以合君臣之恩”（扬雄《琴清英》），故此后世又称七弦琴为“尧琴”。

许由

《箕山操》，许由作也[一]。许由者，古之贞固之士也[二]。

《琴操》卷下

注释：

［一］许由：尧时隐士。皇甫谧《高士传》：“许由字武仲。”葬于箕山（今河南登封）。

［二］贞固：守持正道，坚定不移。

评析：

尧知许由贤德，欲让位于许由，许由听说后，“恶闻其声”，洗耳于颍水。尧帝死后，许由作《箕山歌》，后人将其演绎为琴曲，即托名许由的《箕山操》。

这里需要指出的是，蔡邕《琴操》所记琴曲的作者，多为托名，比如《岐山操》托名周太王，《越裳操》托名周公，《伐檀操》托名魏国女，《龙蛇歌》托名介子推，《霍将军歌曲》托名霍去病，等等。“这些琴曲绝不可能是这些人物所写，因为根据曲题所记，其所述故事，都属于后世传闻，有的甚至描述了当事人生活时代以后才出现的故事。”（赵敏俐《先秦两汉琴曲歌辞研究》）同时，蔡邕《琴操》中所述琴曲故事，“纪事好与本传相违”（吴兢《乐府古题要解》），也就是说，《琴操》纪事多与史书不合，例如《聂政刺韩王曲》，《琴操》与《战国策》《史记》的记载多有不同之处。朱长文《琴史》也说：“《琴操》之言，未足尽信。”

尽管如此，《琴操》所记有助于对琴曲本事的了解，且对琴史有相当程度的影响，故皆附录于本书，供读者参考。

康衢老人

康衢老人作《击壤歌》[一]。

《诚一堂琴谈》卷二

注释：

［一］康衢老人：约生活于帝尧时期。

评析：

传说尧时天下太平，百姓和乐，因此康衢老人作《击壤歌》，这应当是民间歌谣，后人演绎为琴曲。

帝舜

昔者舜弹五弦之琴，造南风之诗[一]，其诗曰：南风之薰兮[二]，可以解吾民之愠兮[三]。南风之时兮[四]，可以阜吾民之财兮[五]。

《孔子家语·辩乐解》卷八

注释：

[一]造：作。按，《韩非子》《淮南子》《史记》等均作"歌"。

[二]薰：和煦。

[三]解：解除。愠：怒。

[四]时：按时。

[五]阜：多。

评析：

五弦之琴，即后世七弦琴的先祖。在后世文献中，汉代扬雄的《琴清英》认为七弦琴是尧帝在五弦的基础上增加二弦而成。而桓谭《新论·琴道》则认为是周文王、周武王各加一弦。应劭《风俗通义·声音》、蔡邕《琴操》亦认为是文王、武王各加一弦。

郑玄等人在解读南风诗的时候认为这是孝子所唱的歌曲，南风长养万物，犹如父母之抚育自身。"舜有孝行，故以此五弦之琴歌南风之诗，而教天下之孝也。"当然，这种解释与汉代推崇"孝道"不无关系。

实际上，这首诗通行的理解是：和煦的南风可以消除万民之怨，适时的南风则可以丰富万民之财。这首诗是对南风煦育万物的赞美之歌，同时，"南风"具有比喻义，喻指舜帝体恤民生的情怀。

女英

《湘妃怨》：女英制[一]。

《说郛》卷一百僧居月《琴曲谱录》

注释：

[一] 女英：传说中帝尧的女儿，舜妻。

评析：

程允基《诚一堂琴谈》记载《湘妃怨》为娥皇、女英所作。娥皇、女英为舜帝二妃，后舜帝死于苍梧，姐妹二人寻至，在湘江边扶竹痛哭，泪染青竹，后称“湘妃竹”，二人最后投江而亡。《湘妃怨》的故事由此传说。

夏禹

《襄陵操》：一曰《禹上会稽》[一]。《书》曰：“汤汤洪水方割[二]，荡荡怀山襄陵[三]，浩浩滔天。”《古今乐录》曰：“禹治洪水，上会稽山，顾而作此歌。”谢希逸《琴论》曰：“夏禹治水而作《襄陵操》。”《琴集》曰：“《禹上会稽》，夏禹东巡狩所作也。”

《乐府诗集》卷五十七

注释：

[一] 禹：夏禹、大禹，夏朝开国君主。会稽：山名，在今浙江省绍兴市。相传夏禹大会诸侯于此。

[二] 汤汤：水流盛大。方割：普遍为害。

[三] 怀山：大水包围山陵。襄陵：大水漫过山陵。

评析：

琴曲《襄陵操》，一名《禹上会稽》，其本事来源于洪水神话，传说大禹治水而作此曲。

帝相(附后羿)

帝相元年[一]，条谷贡桐、芍药，帝命羿植桐于云和[二]。羿乃伐桐为琴以进帝，帝善之，名曰“条谷”。帝稍移于音乐，不听政事，为羿所逐，居于商丘，援琴作《源水之歌》。

《说郛》卷一百《古琴疏》

注释：

[一]帝相：姒相，夏朝君主。

[二]羿：后羿，夏朝君主。云和：山名，古取所产之材以制琴瑟。

评析：

传说中的后羿有两个不同形象，一个是射日的后羿，另外一个则是驱逐帝相成为夏朝君主的后羿，取得帝位之后，后羿荒淫无度，最终被自己的臣下寒浞所杀，寒浞则被帝相的儿子少康所杀。

而在这一个故事中，后羿为帝相斫琴，使帝相沉迷于音乐，不理朝政，为后羿所驱逐，居于商丘，抚琴而歌。

务光

务光者，夏时人也[一]，耳长七寸，好琴，服蒲韭根[二]。

《列仙传》卷上

注释：

[一] 务光：夏朝人，隐士。

[二] 蒲韭：一种植物，可食用。

评析：

相传汤伐桀之后，想让位给务光，他不肯接受，负石自沉于蓼水。

成汤

成汤承契之基[一]，逢夏之乱[二]，修行仁义，以率诸侯，尝出野见张网四面，祝曰[三]：“自天下四方，皆入吾网。”汤曰：“嘻！尽之矣。”乃去其三面，旧云有《训畋操》，其谓此乎？或曰《畎亩操》也，盖汤聘伊尹于畎亩而作也[四]。

《琴史》卷一

注释：

[一] 成汤（约公元前 1670 年—约公元前 1587 年）：商汤，商朝开国之君。契：商族部落始祖，成汤的先祖。

[二] 夏：夏朝。

[三] 祝：通“咒”。

[四] 伊尹：商初大臣，出身为奴隶，后辅佐商汤灭夏桀。

评析：

无论是《训畋操》还是《畎亩操》，故事都本于成汤，因此，琴曲的作者也假托成汤。

伊陟

大戊三十一年[一]，伊陟作琴名曰“国阿”[二]。

《说郛》卷一百《古琴疏》

注释：

[一] 大戊：太戊，商朝国王，史称“商中宗”。

[二] 伊陟：伊尹之子，商朝大臣。

评析：

伊陟是商王太戊时期的贤相，辅佐商王朝实现复兴。

箕子

箕子者[一]，纣亲戚也。纣为淫泆[二]，箕子谏，不听。人或曰：“可以去矣[三]。”箕子曰：“为人臣谏不听而去，是彰君之恶而自说于民[四]，吾不忍为也。”乃被发佯狂而为奴[五]。遂隐而鼓琴以自悲，故传之曰《箕子操》[六]。

《史记·宋微子世家》卷三十八

注释：

[一] 箕子：名胥余。箕：封地名。子：爵位。

[二] 淫泆：恣纵逸乐。

[三] 去：离开（纣王）。

[四] 彰：彰显。说：同“悦”。

[五] 被发佯狂：披散头发，假装疯狂。

[六] 《箕子操》：琴曲名。

评析：

孔子说所的“商有三仁”，即微子、箕子、比干。

微子

《琴集》曰：“《伤殷操》微子所作也[一]。”《尚书大传》曰：“微子将朝周，过殷之故墟，见麦秀之蕲蕲[二]，黍禾之蝇蝇也[三]，曰：‘此故父母之国，宗庙社稷之亡也。’志动心悲，欲哭则为朝周，欲泣则近妇人，推而广之作雅声，即此操也，亦谓之《麦秀歌》。”

《乐府诗集》卷五十七

注释：

[一] 微子：本名开。商纣王庶兄。微：国名。子：爵名。西周时宋国始祖。因见商代将亡，屡次谏纣王，纣王不听，遂愤而出走。周武王灭商时，向周乞降。周公旦攻灭武庚后，命其代为殷后，封于宋。

[二] 蕲蕲：麦子吐穗。

[三] 蝇蝇：洋洋，众多的样子。

评析：

据《史记·宋微子世家》，微子朝周，路过殷墟故都，见宫室毁坏，禾黍丛生，于是作《麦秀之诗》以歌咏之。其诗曰：“麦秀渐渐兮，禾黍油油。彼狡僮兮，不与我好兮！”后世传为琴曲，表示亡国之痛。

伯夷(附叔齐)

《琴集》曰："《采薇操》，伯夷所作也。"《史记》曰："武王克殷，伯夷、叔齐耻之，义不食周粟，隐于首阳山，采薇而食之。乃作歌，因传以为操[一]。"《乐府解题》曰[二]："《采薇操》亦曰《晨游高举》。"

《乐府诗集》卷五十七

注释：

[一] 伯夷、叔齐：商末孤竹君的两个儿子。相传孤竹君想立三子叔齐为君。孤竹君死后，叔齐让位给伯夷，伯夷不受，叔齐也未继位。周武王伐纣时，二人叩马谏阻。武王灭商后，二人耻食周粟，采薇而食，饿死于首阳山。

[二]《乐府解题》：唐代吴兢所著《乐府古题要解》。

评析：

《史记》中记载伯夷、叔齐所作歌辞为："登彼西山兮，采其薇矣。以暴易暴兮，不知其非矣。神农、虞、夏忽焉没兮，我安适归矣？于嗟徂兮，命之衰矣！"后人将其传为琴曲。

陵牧子

《别鹤操》者，商陵牧子所作也[一]。牧子娶妻五年，无子，父兄欲为改娶。妻闻之，中夜惊起，倚户悲啸。牧子闻之，援琴鼓之云："痛恩爱之永离，叹别鹤以舒情。"故曰《别鹤操》。后仍为夫妇。

《琴操》卷上

注释：

[一] 陵牧子：商代人。

评析：

商陵牧子娶妻五年而无子，父兄命他休妻改娶。牧子悲伤作歌，后人为之谱成琴曲，即《别鹤操》。

周太王

《岐山操》者，周太王之所作也[一]。太王居豳，狄人攻之，仁恩恻隐，不忍流洫[二]，选练珍宝、犬马、皮币、束帛与之[三]。狄侵不止，问其所欲，得土地也。太王曰："土地者，所以养万民也。吾将委国而去矣[四]，二三子亦何患无君[五]？"遂杖策而出，踰乎梁而邑乎岐山[六]。自伤德劣，不能化夷狄[七]，为之所侵，喟然叹息，援琴而鼓之云："狄戎侵兮土地移，迁邦邑兮适于岐。烝民不忧兮谁者知[八]？吁嗟奈何，予命遭斯！"

《琴操》卷上

注释：

[一]周太王（？—约公元前1127年）：古公亶父，豳（今陕西旬邑）人，上承后稷、公刘基业，是周王朝的奠基人，周文王的祖父。

[二]不忍流洫：不忍（百姓）流离失所。洫：田间水沟。

[三]选练：挑选提炼。皮币：毛皮和缯帛。

[四]委国：放弃君位。

[五]二三子：诸君。

[六]踰：越过。梁：梁山。邑：用作动词，建立国都。

[七]化：教化。

[八]烝民：百姓。

评析：

托名周太王的琴曲《岐山操》其主旨是自伤德劣，面对戎狄的入侵而不能以德化之。

季历

周太伯者，周太王古公之长子也。古公有子三人：长者太伯，次者虞仲，少者季历[一]。季历之子昌，昌即文王也。古公寝疾[二]，将死，国当有传，心欲以传季历，乃呼三子谓曰："我不起此病，继体兴者[三]，其在昌乎？"太伯见太王传季历，于是太伯与虞仲俱去，被发文身以变形，托为王采药。后闻古公卒，乃还奔丧，哭于门外，示夷狄之人，不得入王庭。于是季历谓："太伯，长子也，伯当立，何不就？"太伯曰："吾生不供养，死不饭含[四]，哭不临棺，不孝之子，焉得继父乎？断发文身，刑余之人也，戎狄之民也，三者除焉，何可为君矣！"季历垂涕而留之，终不肯止，遂委而去。到江海之涯，吟咏优游，仰览俯观，求膏腴之处。适于吴[五]，率以仁义，化为道德。荆越之人，移风易俗，成集韶夏[六]，取象中国，乃太伯之化也。是后季历作《哀慕》之歌，章曰："先王既徂[七]，长陨异都。哀丧伤心，未写中怀。追念伯仲，我季如何？梧桐萋萋，生于道口。宫馆徘徊，台阁既除。何为远去，使此空虚？支骨离别[八]，垂思南隅。瞻望荆越，涕泪双流。伯兮仲兮，逝肯来游，自非二人，谁诉此忧？"

《琴操》卷下

注释：

[一] 季历：古公亶父的儿子，周文王姬昌的父亲。

[二] 寝疾：卧病。

[三] 继体：继承王位。

[四] 饭含：古丧礼。以玉、贝、米等物纳于死者之口。

［五］适：往，到。

［六］韶夏：谓德行光明伟大。

［七］徂：同“殂”，死。

［八］支骨：骨肉。

评析：

古公亶父有三个儿子，太伯、虞仲、季历。古公亶父想把王位传给季历的儿子姬昌，因此临死前对三个儿子说：“能继承王位并且使国家兴盛的应该是姬昌吧？”因此太伯和虞仲为了让季历继承王位而远走他乡，也就是吴地。季历想念自己的兄长，因此作《哀慕歌》，后人演绎为琴曲。

周文王

《拘幽操》者，文王拘于羑里而作也[一]。文王备修道德，百姓亲附[二]。文王有二子，周公、武王皆圣[三]。是时崇侯虎与文王列为诸侯[四]，德不能及文王，常嫉妒之。乃谮文王于纣曰：“西伯昌，圣人也。长子发、中子旦，皆圣人也。三圣合谋，将不利于君，君其虑之。”纣用其言，乃囚文王于羑里，择日欲杀之。于是文王四臣太颠、闳夭、散宜生、南宫适之徒[五]，往见文王。文王为曠反目者，纣之好色也[六]；柎桴其腹者，言欲得奇宝也[七]；蹀躞其足者，使疾迅也[八]。于是乃周流海内，经历风土，得美女二人、水中大贝、白马朱鬣，以献于纣。陈于中庭，纣见之，仰天而叹曰：“嘻哉，此谁宝？”散宜生趋而进曰：“是西伯之宝，以赎刑罪。”纣曰：“于寡人何其厚也！”立出西伯。纣谓宜生：“谮岐侯者，长鼻决耳也[九]。”宜生还，以状告文王，乃知崇侯谮之。文王在羑里时，演八卦以为六十四卦，作郁尼之辞[一〇]：“困于石，据于蒺藜[一一]。”乃申愤以作歌曰：“殷道溷溷[一二]，浸浊烦兮[一三]。朱紫相合，不别分兮[一四]。

迷乱声色，信谗言兮。炎炎之虐，使我愆兮[一五]。无辜桎梏[一六]，谁所宣兮。幽闭牢穽[一七]，由其言兮。遘我四人[一八]，忧勤勤兮[一九]。得此珍玩，且解大患兮。仓皇迄命[二〇]，遗后昆兮[二一]。作此象变[二二]，兆在昌兮[二三]。钦承祖命[二四]，天下不丧兮。遂临下土，在圣明兮。讨暴除乱，诛逆王兮[二五]。”

《琴操》卷上

注释：

[一] 文王：周文王姬昌（约公元前1152年—约公元前1056年），又称西伯昌，岐周（今陕西岐山）人。周朝奠基者。羑里：殷代监狱名，在今河南汤阴北。

[二] 亲附：亲近依附。

[三] 周公、武王：周公姬旦、周武王姬发。

[四] 崇侯虎：商纣王时佞臣。因封国在崇（今河南嵩县以北），故名崇侯虎。

[五] 太颠、闳夭、散宜生、南宫适：周文王时期的四个重臣，称“文王四友”。

[六] 瞋：看，恨而张目。文王句：文王恨而张目，表示纣王好色。

[七] 柎：通“抚”，敲，拍。桴：通“枹”，鼓槌。柎桴其腹句：文王用鼓槌敲打自己的肚子表示纣王喜欢异宝。

[八] 蹀躞：小步行走。蹀躞其足句：文王小步行走表示动作要快。

[九] 长鼻决耳：长鼻子断耳朵，是形容崇侯虎的相貌。

[一〇] 郁尼之辞：郁悒不申。

[一一] 困于石：行路的时候被石头绊倒。据于蒺藜：手抓在蒺藜之上。这两句是形容受困之状。按，《周易·困卦》：“六三，困于石，据于蒺藜。”

[一二] 溷溷：混浊。

[一三] 浸：渐。浊：混浊。烦：多而乱。

[一四] 朱紫：朱，正色；紫，间色之好者。后以“朱紫”喻正与邪、是与非、善与恶。

[一五] 炎炎：酷烈的样子。愆：罪过。

[一六] 桎梏：囚禁。

[一七] 穽：古同“井”。陷阱。

[一八] 遘：遭遇。四人：指太颠、闳夭、散宜生、南宫适。

[一九] 忧勤勤：怀忧而辛劳。

[二〇] 讫命：毕命。

[二一] 后昆：后代。

[二二] 象：卦所象征的事物及其爻位等关系。变：对卦爻所呈现的非正常征兆的解释。

[二三] 兆在昌兮：征兆应在姬昌身上。

[二四] 钦承：恭敬地承受。

[二五] 逆王：指违逆天命的纣王。

评析：

纣王听信崇侯虎谗言，拘禁姬昌于羑里，姬昌以动作暗示太颠、闳夭、散宜生、南宫适等人纣王好色贪宝，四人遍寻各地，得到美女二人、水中大贝、白马朱鬣，献于纣王，纣王因此而释放姬昌，姬昌作歌伤殷道混乱，是为琴曲《拘幽操》。

另外，据《琴操》卷下，琴曲《文王思士》作者亦托名文王。

周成王

《仪凤歌》者，周成王之所作也[一]。成王即位，用周、召、毕、荣之属[二]，天下大治，殊方绝域[三]，莫不蒙化[四]，是以越裳献雉[五]，重译来贡[六]，太平之瑞，同时而应，麒麟游苑囿，凤凰来舞于庭，颂声并作，佥然大同[七]。于是成王乃援琴而鼓之，曰："凤凰翔兮于紫庭[八]，余何德兮以感灵，赖先人兮恩泽臻，于胥乐兮民以宁[九]，凤凰来兮百兽晨。"

《琴操》卷下

注释：

[一] 周成王（？—约公元前1021年）：姬诵，周武王之子。武王死时，因其年幼，

由其叔父周公摄政，七年后周公还政。开启“成康之治”。

［二］周：周文公。召：邵康公。毕：毕公。荣：荣公。

［三］殊方绝域：极远的地方。

［四］蒙化：受教化。

［五］越裳：古南海国名。雉：古时以为瑞鸟。

［六］重译：语言经过辗转翻译才能听懂。借指边远之地。

［七］佥然：和谐。

［八］紫庭：帝王宫廷。

［九］于：语助词。胥：全。

评析：

《仪凤歌》，又名《凤皇来仪》《神凤操》。谢希逸《琴论》云：“成王作《神凤操》，言德化之感也。”《琴集》曰：“《凤皇来仪》，成王所作。”均指此。

周公

《越裳操》者，周公之所作也[一]。周公辅成王[二]，成文王之王道，天下太平，万国和会，江、黄纳贡[三]，越裳重九译而来献白雉[四]，执贽曰[五]：“吾君在外国也，顷无迅风暴雨，意者中国有圣人乎？故遣臣来。”周公于是仰天而叹之。乃援琴而鼓之，其章曰：“於戏嗟嗟[六]，非旦之力，乃文王之德。”遂受之，献于文王之庙。

《琴操》卷上

注释：

［一］周公：姬姓，名旦，周文王姬昌的儿子。

［二］成王：周成王姬诵（？—约公元前1021年），武王姬发之子，西周王朝第二位君主。成王继位之时，年纪尚幼，由周公摄政，后周公辅佐成王东征，平定管叔、蔡叔之乱。

［三］江、黄：两个小而偏远的国名。意思是连江、黄这样小而远的国家都来纳贡，其余则更不必说了。

［四］越裳：古南海国名。重九译：语言经过辗转翻译才能听懂。借指边远之地。白雉：白色野鸡，古时以为瑞鸟。

［五］执贽：古代礼制，谒见人时携礼相赠。贽：礼品。

［六］於戏：感叹词，犹乌乎。嗟嗟：感叹词。

评析：

琴曲《越裳操》主旨为歌颂成王之德。

虞隋

伶官周虞隋琴三尺六寸[一]，有大声[二]，进于文王[三]。至成王时[四]，二叔流言[五]，乃作《周公操》以献，流涕不已。

《广博物志》卷三十四

注释：

［一］虞隋：周代伶官。

［二］大声：高雅之音。

［三］文王：周文王，见前“周文王”条。

［四］成王：周成王，见前“周成王”条。

［五］二叔：管叔、蔡叔，二人皆为周武王的弟弟。流言：周公摄政之后，管叔、蔡叔散布流言说周公想要篡夺王位。

评析：

由此来看，琴曲《周公操》的作者是虞隋。另外，传说古琴样式有以虞隋命名的。

周宣王(附周武王、姜后)

周宣王有琴曰“向风”[一]，背铭云：“墙有耳，伏寇在[二]。”是武王之遗器也[三]。宣王每朝，姜后辄以此铭援琴奏之[四]。王于是益兢兢不怠，中兴之成，后与有力焉。

《说郛》卷一百《古琴疏》

注释：

[一] 周宣王（？—约公元前783年）：姬靖，镐京（今陕西省西安）人。

[二] 伏寇：暗藏的仇敌。

[三] 武王：周武王姬发。

[四] 姜后：周宣王的王后，姓姜。

评析：

周宣王实现周王朝的中兴局面，实在是有姜后的劝勉之功。

另外，据《古今乐录》等书记载，武王作有琴曲《武王伐纣》，又名《克商操》。

姬刚

龙首，周召公之后姬刚所作[一]。于两额间出尖势，广二寸半，有清实幽远之音。

《广博物志》卷三十四

注释：

［一］姬刚：周召公之后。龙首：姬刚琴名。

评析：

“两额间出尖势”是对古琴样式的一种介绍，不过，姬刚制琴，或许也是后人的附会。

尹吉甫

尹吉甫子伯奇至孝[一]，后母谮之[二]，自投江中。衣苔带藻，忽梦见水仙，赐其美药，思惟养亲，扬声悲歌，船人闻而学之。吉甫闻船人之声，疑似伯奇，援琴作《子安之操》。

《琴清英》

注释：

［一］尹吉甫：西周大臣。

［二］谮：诬陷。

评析：

伯奇投水之后遇见水中仙人赐其美药，这一情节颇有神话意味。另外，扬雄《琴清英》所记伯奇事与蔡邕《琴操》中所记《履霜操》颇有不同。详见“伯奇”条。

伯奇

《履霜操》者，尹吉甫之子伯奇所作也[一]。吉甫，周上卿也，有子伯奇。伯奇母死，吉甫更娶后妻，生子曰伯邦。乃谮伯奇于吉甫曰[二]：“伯奇见妾有美色，然有欲心。”吉甫曰：“伯奇为人慈仁，岂有此也？”妻曰：“试置妾空房中，君登楼而察之。”后妻知伯奇仁孝，乃取毒蜂缀衣领，伯奇前持之。于是吉甫大怒，放伯奇于野。伯奇编水荷而衣之，采楟花而食之[三]，清朝履霜[四]，自伤无罪见逐[五]，乃援琴而鼓之曰：“履朝霜兮采晨寒，考不明其心兮听谗言[六]。孤恩别离兮摧肺肝[七]，何辜皇天兮遭斯愆。痛殁不同兮恩有偏，谁说顾兮知我冤。”宣王出游，吉甫从之，伯奇乃作歌以言感之于宣王。宣王闻之，曰：“此孝子之辞也。”吉甫乃求伯奇于野，而感悟，遂射杀后妻。

《琴操》卷上

注释：

[一]伯奇：西周大臣尹吉甫之子。

[二]谮：诬陷。

[三]楟花：棠梨花，晒干后可食用。

[四]履霜：踩霜。

[五]见逐：被放逐。

[六]考：父亲。

[七]孤恩：负恩。

评析：

关于伯奇的记载大致兴起于西汉，其中刘向《列女传》中的本事与《琴操》最为接近，但还没有与琴曲关联。扬雄的《琴清英》中则记载的是尹吉甫援琴作歌。以此可以看出，伯奇并不是《履霜操》的作者，而《履霜操》则是汉代人依据西周伯奇的故事而创作的琴曲。蔡邕《琴操》所记琴曲大多如此。

卬疏

琴鼓山者，昔仙人卬疏尝鼓凤修之琴于此山[一]，故名琴鼓，亦名凤修。

《说郛》卷一百《古琴疏》

注释：

[一] 卬疏：传说中的仙人，周时人。

评析：

卬疏这一人物形象来源于《列仙传》。《古琴疏》则记载卬疏琴名为“凤修”。

涓子

涓子者，齐人也[一]，好饵术[二]。其《琴心》三篇，有条理焉。

《列仙传》卷上

注释：

[一] 涓子：仙人名，传说为齐国人。

[二] 饵术：服食苍术。传说久服可以成仙。

评析：

嵇康《琴赋》中说：“涓子宅其阳，玉醴涌其前。”这个涓子就是此仙人。

琴高

琴高者，赵人也[一]。以鼓琴为宋康王舍人。

《列仙传》卷上

注释：

[一] 琴高：传为周末赵人。

评析：

传说琴高于涿水乘鲤归仙，因此后世有“琴高乘鲤”的典实。

寇先

寇先者，宋人也[一]。以钓鱼为业，居睢水旁百余年，得鱼或放或卖或自食之，常着冠带，好种荔枝，食其葩实焉。宋景公问其道[二]，不告，即杀之。数十年，踞宋城门，鼓琴，数十日乃去，宋人家家奉祀焉。

《列仙传》卷上

注释：

[一] 寇先：宋景公时人。

[二] 宋景公（？—公元前453年）：宋国国君。

评析：

寇先是传说中的仙人，宋景公向寇先请教道术，不告，因而被杀。后数十年，寇先在宋城门下弹琴，宋人因此家家奉祀之。

魏国女

《伐檀操》者，魏国女之所作也[一]。伤贤者隐避，素餐在位[二]，闵伤怨旷[三]，失其嘉会。夫圣王之制，能治人者食于人，治于人者食于田。今贤者隐退伐木，小人在位食禄，悬珍奇，积百谷，并包有土，德泽不加百姓。伤痛上之不知，王道之不施，仰天长叹援琴而鼓之。

《琴操》卷上

注释：

[一]魏国女：生平不详。

[二]素餐：无功受禄，不劳而食。

[三]闵伤：哀怜伤悼。怨旷：女子无夫，男子无妻。

评析：

《伐檀操》改编自《诗经》，托魏国女的口吻伤贤者隐避。

邵国女

《驺虞操》者，邵国之女所作也[一]。古者圣王在上，君子在位，役不逾时，不失嘉会。内无怨女，外无旷夫。及周道衰微，礼义废弛，强凌弱，众暴寡，万民骚动，百姓愁苦。男怨于外，女伤其内，内外无主，内迫性情，外逼礼义。欲伤所谗而不逢时，于是援琴而歌。

《琴操》卷上

注释：

[一]邵国之女：生平不详。

评析：

琴曲《驺虞操》与前述《伐檀操》一样，改编自《诗经》，托邵国女的口吻伤不逢时。

樊姬

《列女引》者，楚庄王妃樊姬之所作也[一]。庄王爱幸樊姬[二]，不敢专席，饰众妾使更侍王[三]，以广继嗣[四]。庄王一日罢朝而晏[五]，樊姬问故，王曰："与贤相语。"姬问为谁。曰："虞丘子[六]。"樊姬曰："妾幸得侍王，非不欲专贵擅爱也[七]，以为伤王之义，故所进与王同位者数人矣。今虞丘子为相，未尝进一贤，安得为贤？"明日，王以樊姬语告虞丘子，稽首辞位而进孙叔敖[八]。樊姬自以谏行志得，作《列女引》曰："忠谏行兮正不邪，众妾夸兮继嗣多。"

《琴操》卷上

注释：

［一］樊姬：楚庄王妃。楚庄王：春秋五霸之一，公元前613—公元前591年在位。

［二］爱幸：宠爱。

［三］饰众妾使更侍王：打扮众妾使她们轮流侍奉楚庄王。

［四］继嗣：后嗣。

［五］晏：同"宴"。

［六］虞丘子：春秋楚庄王时令尹。封于虞丘，因以为姓。

［七］专贵擅爱：专擅宠爱。

［八］稽首：跪拜。辞位：辞去令尹之位。孙叔敖：春秋楚庄王时令尹，辅佐庄王成为春秋五霸之一。

评析：

这是一首樊姬劝谏庄王的歌曲，后人演绎为琴曲。《列女引》又称《楚妃叹》，《韩诗外传》以及《乐府诗集》中也有此故事的记载，不过基本事实大致相同，而细节处仍有差异。

伯姬保母

《伯姬引》者，伯姬保母所作。伯姬者，鲁女也，为宋共公夫人[一]。共公薨，守礼固节。鲁襄公三十年[二]，宋灾，伯姬存焉。有司请出，伯姬曰："不可。吾闻之，妇人夜出，不见傅母不下堂。傅至矣，母未至也[三]。"逮乎火而死[四]。其母悼伯姬之遇灾，故作此引。

《琴操》卷上

注释：

［一］伯姬：宋伯姬，鲁宣公的女儿，鲁成公的妹妹，于鲁成公九年（公元前582年）嫁给宋共公。保母：古时负责教导、保育贵族子女的老年妇人。

［二］鲁襄公三十年：公元前543年。

［三］傅：指傅母。母：指保母。

［四］逮：及。

评析：

公元前543年，宋国发生火灾，伯姬仍在都城，臣下劝其离开，伯姬坚持守礼等待傅母，并说："不可以，我听说，女子夜晚出门，需要在傅母陪伴之下方可。现在傅至而母未至。"等到保母来的时候，宋伯姬已经被烧死。其保母因而作《伯姬引》，伤其守礼而死。后人演绎为琴曲。

鲁漆室女

《贞女引》者，鲁漆室女所作也[一]。漆室女倚柱悲吟而啸，邻人见其心之不乐也，进而问之曰："有淫心欲嫁之念耶？何吟之悲？"漆室女曰："嗟乎，嗟乎，子无志，不知人之甚也。昔者，楚人得罪于其君，走逃吾东家。马逸，蹈吾园葵，使吾终年不厌菜[二]；吾西邻人失羊不还，请吾兄追之，雾浊水出，使吾兄溺死，终身无兄，政之所致也。吾忧国伤人，心悲而啸，岂欲嫁哉？"自伤怀结[三]，而为人所疑，于是褰裳入山林之中[四]，见女贞之木[五]，喟然叹息，援琴而弦，歌以女贞之辞云："菁菁茂木[六]，隐独荣兮。变化垂枝，合秀英兮。修身养行，建令名兮[七]。厥道不移，善恶并兮。屈躬就浊，世彻清兮。怀忠见疑，何贪生兮。"遂自经而死[八]。

《琴操》卷上

注释：

[一] 漆室：春秋鲁邑名。鲁漆室女：生卒年不详。

[二] 厌：饱。

[三] 结：郁结。

[四] 褰裳：撩起下裳。

[五] 女贞：木名，凌冬青翠不凋。

[六] 菁菁：茂盛。

[七] 令名：美名。

[八] 自经：上吊自杀。

评析：

托名鲁漆室女所作《贞女引》，其本事是：鲁漆室女倚柱悲吟，邻人误解她有欲嫁之念。她回答说：虽然楚人的马践踏了我的菜园，虽然我的兄长因为帮人寻找丢失的羊而溺亡，但这些不幸是"政之所致"，我真正忧虑的是国家，而不是欲嫁。于是独自隐避深山之中，见女贞子树，援琴而歌，以死明志。此事在刘向《列女传》中亦有记载，因此，《贞女引》当为汉人据《列女传》而创作，曲辞形式也采用了汉代琴曲歌辞常用的骚体形式。

卫女

《思归引》者，卫女之所作也[一]。卫侯有贤女，邵王闻其贤而请聘之，未至而王薨。太子曰："吾闻齐桓公得卫姬而霸[二]。今卫女贤，欲留。"大夫曰："不可。若女贤，必不我听[三]；若听，必不贤。不可取也。"太子遂留之，果不听。拘于深宫，思归不得，心悲忧伤，遂援琴而作歌，曰："涓涓泉水，流反于淇兮[四]。有怀于卫，靡日不思[五]。执节不移兮[六]，行不诡随[七]。坎坷何辜兮离厥菑[八]。"曲终，缢而死。

《琴操》卷上

注释：

［一］卫女：生卒年不详。

［二］霸：称霸。齐桓公得卫姬而霸：事见《列女传》："卫姬者，卫侯之女，齐桓公之夫人也。桓公好淫乐，卫姬为之不听郑卫之音。桓公用管仲、宁戚，行霸道，诸侯皆朝，而卫独不至。桓公与管仲谋伐卫。罢朝入闺，卫姬望见桓公，脱簪珥，解环佩，下堂再拜，曰：'愿请卫之罪。'桓公曰：'吾与卫无故，姬何请邪？'对曰：'妾闻之，人君有三色：显然喜乐、容貌淫乐者，钟鼓酒食之色；寂然清静、意气沉抑者，丧祸之色；忿然充满、手足矜动者，攻伐之色。今妾望君举趾高，色厉音扬，意在卫也，是以请也。'桓公许诺。明日临朝，管仲趋进曰：'君之莅朝也，恭而气下，言则徐，无伐国之志，是释卫也。'桓公曰：'善。'乃立卫姬为夫人，号管仲为仲父。曰：'夫人治内，管仲治外。寡人虽愚，足以立于世矣。'"

［三］必不我听：必不听我。

［四］淇：淇水，今河南淇河。

［五］靡：无。

［六］执节：坚守气节。

［七］诡随：不顾是非而妄自随人。

［八］菑：同“灾”。

评析：

唐代吴兢《乐府古题要解》：“《思归引》又名《离拘操》。”宋代郭茂倩《乐府诗集》则说：“（晋石崇）览乐篇有《思归引》，古曲有弦无歌，乃作乐辞。但思归河阳别业，与《琴操》异也。”又说：“谢希逸《琴论》曰：‘箕子作《离拘操》。’不言卫女作，未知孰是。”

商梁子

《辟历引》者，楚商梁子所作也[一]。商梁子出游九皋之泽[二]，览渐水之台，张罛置罟[三]，周于荆山[四]，临曲池而渔。疾风賈雹[五]，雷电奄冥，天火四起，辟历下臻[六]，玄鹤翔其前，白虎吟其后。瞿然而惊[七]，谓其仆曰：“今日出游，岂非常之行耶？何其灾变之甚也？”其仆曰：“孤虚设张[八]，八宿相望，荧惑于角[九]，五星失行[一〇]，此国之大变也，君其返国矣！”于是商梁子归其室，乃援琴而歌叹，韵声激发，象辟历之声，故曰《辟历引》。

《琴操》卷上

注释：

［一］商梁子：楚人。《辟历引》：琴曲名，一作《霹雳引》。

［二］九皋之泽：曲折深远之泽。

［三］罛：渔网。罟：网。

［四］周：环绕。

［五］霣：雷雨。

［六］辟历：霹雳。臻：到。

［七］瞿然：惊骇。

［八］孤虚：方术用语，常用以推算吉凶祸福及事之成败。

［九］荧惑：古指火星，因隐现不定，令人迷惑，故名。

［一〇］五星：指水、木、金、火、土五大行星。

评析：

托名楚商梁子的《辟历引》，是由自然之变而预感到国政大变。又，《乐府诗集》云："谢希逸《琴论》曰：'夏禹作《霹雳引》。'《乐府解题》曰：'楚商梁游于雷泽，霹雳下，乃援琴而作之，名《霹雳引》。'未知孰是。"

樗里牧恭

《走马引》者，樗里牧恭所作也[一]。樗里牧恭为父报怨，而亡林岳之下[二]，有马夜降，围其室而鸣，于是觉而闻走马声[三]，以为吏追之，乃奔而亡。明视，天马迹也。乃曰："吾以义杀人，而天马来降以惊动，吾处不安，以告吾邪？"乃感惧入沂泽之中，作《走马引》。后果仇家候之不得也。

《琴操》卷上

注释：

［一］《走马引》：又名《天马引》。樗里牧恭：樗里为居住地，牧恭为其名。

［二］亡：逃亡。

［三］觉：睡醒。

评析：

樗里牧恭为父报仇之后隐匿于山林之中，有天马夜降示警，樗里牧恭得以避难，因作琴曲《走马引》。

明代徐渭指出一个比较有意思的现象，他说："古今称孝子事多属母"，而涉及父亲的时候，则"皆酬父冤于死"。蔡邕《琴操》所记《走马引》《聂政刺韩王》皆属后者。

霍里子高（附丽玉）

《箜篌引》者，朝鲜津卒霍里子高所作也[一]。子高晨刺船而濯[二]，有一狂夫，被发提壶，涉河而渡。其妻追止之，不及，堕河而死。乃号天嘘唏[三]，鼓箜篌而歌曰："公无渡河[四]，公竟渡河，公堕河死，当奈公何！"曲终，自投河而死。子高闻而悲之，乃援琴而鼓之，作箜篌引以象其声，所谓《公无渡河》曲也。

《琴操》卷上

注释：

［一］《箜篌引》：一名《公无渡河》。霍里子高：看守渡口的隶卒。

［二］刺船：撑船。

［三］号天：对天号泣。嘘唏：抽泣。

［四］无：通"毋"。

评析：

《乐府古题要解》及《古今注》记载《箜篌引》的作者为霍里子高妻丽玉，《琴操》则谓霍里子高。也有人认为《箜篌引》是卫满朝鲜时期的古朝鲜歌谣。

介子绥

《龙蛇歌》者，介子绥所作也[一]。晋文公重耳[二]，与子绥俱亡[三]，子绥割其腕股，以救重耳。重耳复国，舅犯、赵衰[四]，俱蒙厚赏，子绥独无所得。绥甚怨恨，乃作龙蛇之歌以感之，遂遁入山。

《琴操》卷下

注释：

［一］介子绥：介子推（？—公元前636年），又名介之推、介推，后人尊为介子，春秋时期晋国（今山西）人。《龙蛇歌》：琴曲名，一名《士失志操》。

［二］重耳：晋文公，春秋五霸之一。

［三］与子绥俱亡：指晋国内乱之后，重耳在外流亡十九年。

［四］舅犯：狐偃，字子犯。是晋文公的舅舅，所以又称"舅犯"。赵衰：赵成子，字子余，是辅佐晋文公称霸的五贤士之一。舅犯、赵衰以及介子推均跟随重耳流亡，并帮助重耳返回晋国立为晋君。

评析：

介子推隐入山中之后，晋文公派使者去迎接介子推受封，而介子推不肯出山，于是晋文公下令烧山，希望此举能逼迫其出山，最后介子推抱木而死。

芑梁妻

《芑梁妻歌》者，齐邑芑梁殖之妻所作也[一]。庄公袭莒[二]，殖战而死，妻叹曰："上则无父，中则无夫，下则无子，外无所依，内无所倚，将何以立？吾节岂能更二哉？亦死而已矣！"于是乃援琴而鼓之，曰："乐莫乐兮新相知，悲莫悲兮生别离[三]。"

哀感皇天，城为之坠。曲终，遂自投淄水而死[四]。

《琴操》卷下

注释：

[一] 芑梁：一作杞梁，名殖（一作植），齐人。芑梁殖妻：有人认为即孟姜。

[二] 莒：春秋时齐邑，在今山东省莒县一带。

[三] 乐莫乐兮新相知，悲莫悲兮生别离：没有比得到新知己更快乐的事，没有比生别离更悲伤的事。

[四] 淄水：今山东淄河。

评析：

逯钦立在《先秦汉魏晋南北朝诗·芑梁妻歌》后案云："齐侯袭莒、杞梁死之事，见《左·襄二十三年》传。然左氏仅谓齐侯归遇杞梁之妻于郊，使吊之。又《礼记·檀弓》《韩诗外传》亦只载杞梁妻哭夫事，并无哭城与城崩之说。《列女传》《说苑》始谓杞梁死，其妻向城哭而城崩。今《琴操》既同此说，叙事亦与《列女传》雷同。知歌辞之作，必在前汉以后也。又崔豹《古今注》谓《杞梁妻歌》乃杞梁妻妹明月所作，与此当不同。"姑录于此，以备参考。

无亏

楚王子无亏有琴曰"青翻"[一]，后质于秦[二]，不得归，因抚琴歌曰："洞庭兮木秋，涔阳兮草衰。去千里之家国，作咸阳之布衣。"

《说郛》卷一百《古琴疏》

注释：

[一] 无亏：楚国王子。

[二] 质于秦：到秦国做人质。

评析：

这里的楚王究竟是哪一位，有待考证。其子无亏琴名“青翻”。

楚明光

楚明光者，楚王大夫也[一]。昭王得和氏璧，欲以贡于赵王。于是遣明光奉璧之赵。郡中羊由甫[二]，知赵无反意[三]，乃谗之于王曰：“明光常背楚用赵[四]，今使奉璧，何能述功德？”及明光还，怒之，明光乃作歌曰《楚明光》。

《琴操》卷下

注释：

[一] 楚明光：楚国大夫。

[二] 羊由甫：人名。生平不详。

[三] 反：同“返”。

[四] 背楚用赵：背叛楚国投靠赵国。

评析：

《楚明光》为琴歌。《琴操》没有收录歌辞，但从这首琴曲的本事来看，其主旨应当是楚明光被谗自伤。

卞和

《信立退怨歌》：卞和者，楚野民，得玉璞以献怀王[一]。怀王使乐正子占之，言非玉，以为欺谩，斩其一足。怀王死，子平王立。和复抱其璞而献之。平王复以为欺，斩其一足。平王死，子立为荆王。和复欲献之，恐复见害，乃抱其玉，而哭荆山之中，昼夜不止，泣尽，继之以血。荆王遣问之，于是和随使献王。王使剖之，中果有玉，乃封和为陵阳侯。和辞不就而去。作《退怨之歌》曰："悠悠沂水，经荆山兮。精气郁泱[二]，谷岩中兮。中有神宝，灼明明兮。穴山采玉，难为功兮。于何献之，楚先王兮。遇王暗昧[三]，信谗言兮。断截两足，离余身兮。俯仰嗟叹，心摧伤兮。紫之乱朱，粉墨同兮。空山嘘唏，涕龙钟兮[四]。天鉴孔明[五]，竟以彰兮。沂水滂沛[六]，流于汶兮。进宝得刑，足离分兮。去封立信，守休芸兮。断者不续，岂不冤兮。"

《琴操》卷下

注释：

[一] 卞和：春秋时期楚人。和氏璧的发现者。

[二] 郁泱：蕴结满溢。

[三] 暗昧：昏庸。

[四] 龙钟：沾湿。

[五] 孔明：很清楚。

[六] 滂沛：水流汹涌。

评析：

托名卞和的《信立退怨歌》是一首琴歌，描述了卞和献玉而遭膑足的事情。

卫灵公

《谏不违歌》者，卫灵公之所作也[一]。史鱼者[二]，卫灵公之相。时蘧伯玉执清廉之节[三]，修仁义之方，史鱼乃荐伯玉于灵公。公曰："诺。"其后未用。史鱼复入，曰："臣闻抱玉朝君，不如贡贤。夫国危者则思仁，思安者则急贤，公何嫌疑？"灵公谓史鱼以庭褒虚饰[四]，良久乃应之。史鱼出，谓其子曰："我思竭愚志，以报塞恩纪[五]，荐伯玉于公，公以我言为不信[六]，将自杀以明之。我死后勿敛[七]，用伯玉乃敛。"语毕，进药自杀。灵公闻之，曰："痛哉！寡人谓史鱼徒谦退欲进士者也，不意乃至于身死。"临丧，拜伯玉代史鱼。公知史鱼以尸谏也[八]，为谏不违之歌，泣曰："寡人负史鱼，悔焉无及者也。"

《琴操》卷下

注释：

[一] 卫灵公（公元前540年—公元前493年）：姬姓，名元。春秋时期卫国国君。

[二] 史鱼：春秋时卫国大夫。名鰌，字子鱼，以直谏著称。

[三] 蘧伯玉：名瑗，字伯玉。春秋时卫国大夫。

[四] 虚饰：过分褒奖。

[五] 报塞：报答。恩纪：君主的恩情。

[六] 不信：不诚实。

[七] 敛：入殓。

[八] 尸谏：臣子以死来规劝君主。

评析：

《谏不违歌》应该是一首托名卫灵公的琴歌，伤史鱼直谏而死，不过《琴操》未记载歌辞。

卫女傅母

《雉朝飞操》者，卫女傅母之所作也[一]。卫侯女嫁于齐太子，中道闻太子死。问傅母曰："何如？"傅母曰："且往当丧。"丧毕，不肯归，终之以死。傅母悔之，取女所自操琴于冢上鼓之，忽有二雉俱出墓中，傅母抚雌雉曰："女果为雉邪[二]？"言未毕，俱飞而起，忽然不见。傅母悲痛，援琴作操，故曰《雉朝飞》。

《琴清英》

注释：

［一］卫女傅母：生平不详。傅母：负责教导、保育贵族子女的老年妇人。

［二］女：同"汝"。

评析：

《雉朝飞操》始著录于西汉后期扬雄的《琴清英》。东汉后期蔡邕的《琴操》也记录了这首琴曲，不过二者的出处却有相当大的区别，前者所记为卫女傅母所作，后者所记为独沐子所作。

卫女与齐太子化为雌雄雉鸟的情节，为后世的文学创作所模仿。比如东晋干宝《搜神记》中《韩凭妻》，韩凭夫妇双双化为鸳鸯。民间故事梁祝化蝶显然也受到了《雉朝飞操》的影响。

孙息

晋王谓孙息曰[一]："子鼓琴，能令寡人悲乎？"息曰："今处高台邃宇[二]，连屋重户，藿肉浆酒[三]，倡乐在前。难可使悲者。乃谓少失父母，长无兄嫂，当道独坐，暮无所止。于此者乃可悲耳。”乃援琴而鼓之。晋王酸心哀涕曰：“何子来迟也。”

《琴清英》

注释：

[一] 孙息：晋国琴师，约生活于晋灵公（公元前624年—公元前607年）时期。

[二] 邃宇：深广的屋宇。

[三] 藿肉浆酒：视酒肉如浆藿，形容饮食豪侈。

评析：

从故事情节上来看，孙息弹琴与雍门子周弹琴非常相似，不过是后者有更多气氛上的渲染，可参见“雍门子周”条。

祝牧

祝牧与妻偕隐[一]，作琴歌云：“天下有道，我黼子佩[二]。天下无道，我负子戴[三]。”

《琴清英》

注释：

[一] 祝牧：古代隐士。偕隐：一起隐居。

[二] 我黼子佩：谓夫妻同享荣华。

[三] 我负子戴：谓夫妻共同安于贫贱。

评析：

祝牧夫妻共同隐居，与老莱子夫妻、梁鸿孟光夫妻隐居颇为类似，表现了古代的隐逸文化。

师旷(附师涓、师延)

师旷，字子野，晋人也。生而失明，然博通前古，以道自将[一]，谏诤无隐[二]。或云[三]：尝为晋太宰[四]，晋国以治[五]。盖非止工师之流也[六]。其于乐无所不通，休咎胜败[七]，可以逆知[八]。晋人闻有楚师[九]，师旷曰："不害[一〇]。吾骤歌北风[一一]，又歌南风；南风不竞，多死声，楚必无功。[一二]"已而果然[一三]。至于鼓琴，感通神明，万世之下，言乐者必称师旷。

始卫灵公将之晋[一四]，舍于濮水之上[一五]，夜半闻鼓琴声，问左右，皆不闻。乃召师涓问其故[一六]，且曰："其状似鬼神，为我听而写之[一七]。"师涓曰："诺。"明日，曰："臣得之矣，然未习也[一八]。请宿习之。"因复宿。明日报曰："习矣。"即去之晋，见平公[一九]，平公置酒于施惠之台[二〇]。酒酣，灵公曰："今者来，闻新声[二一]，请奏之。"即令师涓援琴鼓之，未终，师旷抚而止之曰[二二]："此亡国之声，不可听。"平公曰："曷知之？[二三]"师旷曰："师延所作也[二四]。商纣为靡靡之乐[二五]，武王伐纣[二六]，师延东走，自投濮水而死，故闻此声必于濮水之上。"平公曰："愿遂闻之[二七]。"师涓鼓而终之。

平公曰："此何声也？"师旷曰："此谓清商者，不如清徵[二八]。"公使为清徵，一奏之，有玄鹤二八，集于廊门；再奏之，延颈而鸣，舒翼而舞。平公大喜，问曰："音无此最悲乎？"师旷曰："不如清角。昔者黄帝以大合鬼神[二九]，今君德义薄，不足以听，听之将败。"平公曰："愿遂闻之。"师旷不得已，援琴而鼓之。一奏之，有白云从西北起；再奏之，风至而雨随，飞堕廊瓦，左右皆奔走，平公恐惧。晋国大旱，赤地三年。

《琴史》卷二

注释：

[一] 师旷：字子野，晋国乐师。自将：自持。

[二] 谏诤：直言规劝。无隐：没有掩饰或隐瞒。

[三] 或云：有人说。

［四］太宰：官名。相传殷始置太宰，周亦称“冢宰”，为天官之长，辅佐帝王治理国家。

［五］治：特指政治清明安定，与“乱”相对。

［六］工师：古代主管百工之官。

［七］休咎：善恶，吉凶。休：美善。咎：灾祸。

［八］逆：预先。

［九］晋人闻有楚师：晋国听说楚国要来攻打他们。

［一〇］不害：不要紧。

［一一］骤：屡次。风：指曲调。北风、南风犹北曲、南曲。

［一二］竞：强。杜预注：“歌者吹律以咏八风，南风音微，故曰不竞也。师旷唯歌南、北风者，听晋、楚之强弱。”

［一三］已而：不久，后来。果然：果真如此。

［一四］卫灵公：姬姓，名元。卫国国君，卫襄公庶子，谥灵。公元前534年到公元前493年在位。之：到，往。

［一五］舍：休息，止息。濮水：又名濮河。为古黄河济水分流。

［一六］师涓：春秋时期卫国乐师。

［一七］写：仿效。

［一八］习：熟练。

［一九］平公：晋平公。晋国国君，公元前557年到公元前532年在位。

［二〇］施惠：一作“施夷”，宫殿名，即虒祁，晋平公所建，故址在山西侯马市附近。

［二一］新声：新淫声，也即下文所说的靡靡之乐。

［二二］抚而止之：谓用手按而禁止之。

［二三］曷：怎么。

［二四］师延：商纣时期的乐师。

［二五］靡靡之乐：形容柔弱的乐声，后称颓废淫荡的乐曲为靡靡之乐。

［二六］武王伐纣：是指周武王姬发带领周与各诸侯联军讨伐商王帝辛（纣），最终建周灭商的历史事件。

［二七］遂：尽。本句的意思是愿意听完这首曲子。

［二八］清商、清徵：古代五音之商音、徵音。下文的清角为角音。

［二九］昔者黄帝以大合鬼神：按，本段内容系朱长文选自《韩非子·十过》，原文为："昔者黄帝合鬼神于泰山之上，驾象车而六蛟龙，毕方并辖，蚩尤居前，风伯进扫，雨师洒道，虎狼在前，鬼神在后，腾蛇伏地，凤凰覆上，大合鬼神，作为清角。"象车：用象拉的车。毕方：神名。腾蛇：龙类，能腾云驾雾。

评析：

师旷的故事散见于《左传》《庄子》《国语》等文献中，为整合资料，故本书采纳朱长文《琴史》的记载。

师旷认为德薄之君不能听《清角》《清徵》这类高尚的乐曲，而晋平公强迫师旷为他演奏《清角》，结果晋国大旱三年，平公自己也得了病。因此唐人李白有诗云："《折杨》《皇华》合流俗，晋君听琴枉《清角》。"

孔子（附师襄）

孔子学鼓琴师襄子[一]，十日不进。师襄子曰："可以益矣。"[二]孔子曰："丘已习其曲矣，未得其数也[三]。"有间[四]，曰："已习其数，可以益矣。"孔子曰："未得其志也[五]。"有间，曰："已习其志，可以益矣。"孔子曰："丘未得其为人也。"有间，（曰）有所穆然深思焉[六]，有所怡然高望而远志焉。曰："丘得其为人，黯然而黑，几然而长[七]，眼如望羊[八]，如王四国[九]，非文王其谁能为此也。"师襄子辟席再拜[一〇]，曰："师盖云《文王操》也。"

《史记·孔子世家》卷四十七

注释：

［一］孔子（公元前551年—公元前479年）：名丘，字仲尼，鲁国陬邑（今山东曲阜）人，中国古代思想家、教育家，儒家学派创始人。师襄：春秋时期鲁国乐官。此记载又见于《孔子家语》《韩诗外传》。

［二］益：增加。

［三］数：技艺，技巧，这里指节奏。

［四］有间：短时间，片刻。

［五］志：意趣，旨意。

［六］穆然：犹默然。

［七］几：通“颀”，颀长。

［八］望羊：远视。

［九］王：君临。四国：四方，天下。

［一〇］辟：通“避”。

评析：

整段文章说的是孔子向师襄学琴的过程，在这个过程中，孔子不断揣摩，从乐谱到演奏技巧，再到曲子的主旨，最后是辨识曲子所描述的人。

这是一种学习态度，也是一种学习精神。

另外，据《琴操》记载，《将归操》《猗兰操》《获麟》《龟山操》等皆托名孔子所作。又据《史记》：“三百五篇，孔子皆弦歌之，以求合韶、武、雅、颂之音。”

钟仪

晋侯观于军府[一]，见钟仪，问之曰：“南冠而絷者[二]，谁也？”有司对曰[三]：

"郑人所献楚囚也。"使税之[四]，召而吊之[五]。再拜稽首[六]。问其族[七]，对曰："泠人也。"[八]公曰："能乐乎？"对曰："先父之职官也，敢有二事？"[九]使与之琴，操南音[一〇]……公语范文子[一一]，文子曰："楚囚，君子也。言称先职，不背本也[一二]。乐操土风[一三]，不忘旧也。"

《左传·成公九年》

注释：

［一］晋侯：晋景公，春秋时期晋国君主，公元前599年到公元前581年在位。军府：储藏军用器械的府库。按，钟仪被囚于军府事见《左传·成公七年》："晋人以钟仪归，囚诸军府。"

［二］南冠：春秋时期楚人的冠名，或即獬冠。后来用《左传》的典故，把南冠作为远使或羁囚的代称。絷：拘禁，束缚。

［三］有司：官吏，古代设官分职，事各有专司，故称有司。

［四］税：同"脱"，解除其拘禁。

［五］吊：慰问。

［六］稽首：古时所行跪拜礼。

［七］族：世官。世官的意思是古代某官职由一族世代承袭。

［八］泠人：亦作"伶人"，乐官。

［九］先父之职官也，敢有二事：乐官是先父所掌管的职务，自己岂敢从事其他职务？

［一〇］南音：南方地区的乐调。

［一一］范文子：士燮，谥号"文"，又称为范文子。春秋时期晋国大夫。

［一二］背本：背弃根本，即忘本。

［一三］土风：本乡本土的乐调，即上文所说的南音。

评析：

钟仪在文学史上以"南冠"著名，而在琴史上，则以"操南音"著称。钟仪为楚人，其所演奏的曲调也属于南方，这或可说明，从春秋时期，古琴音乐即有了地域色彩。

荣启期

孔子游于太山，见荣启期行乎郕之野[一]，鹿裘带索[二]，鼓琴而歌。

《列子·天瑞》卷一

注释：

［一］荣启期：春秋时隐士。荣启期亦作荣期。郕：地名，在今山东泰安地区宁阳县东北。

［二］鹿裘带索：穿着粗糙皮裘，系着绳索。

评析：

荣启期安贫自适，对孔子说自己有三乐："天生万物，唯人为贵。而吾得为人，是一乐也；男女之别，男尊女卑，故以男为贵，吾既得为男矣，是二乐也；人生有不见日月，不免襁褓者，吾既已行年九十矣，是三乐也。"足见其知足自乐的精神，这或许也开启了后世"鼓琴自娱"的行为模式。

闵子骞

闵子三年之丧毕[一]，见于孔子。孔子与之琴，使之弦。切切而悲[二]，作而曰："先王制礼，弗敢过也。"子曰："君子也！"

《孔子家语》卷四

注释：

［一］闵子：闵子骞（公元前536年—公元前487年），名损，字子骞。春秋时期鲁国人，以德行著称。

［二］切切：悲哀忧伤。

评析：

孔子评价闵子骞说，闵子骞除丧之后仍不忘悲哀，但能用礼来约束，所以是君子。

另外，蔡邕《琴操》记载闵子骞作《崔子渡河操》。

颜回

颜回援琴而歌[一]。孔子闻之，果召回入，问曰："若奚独乐[二]？"回曰："夫子奚独忧？"孔子曰："先言尔志。"曰："吾昔闻之夫子曰'乐天知命故不忧'，回所以乐也。"

《列子·仲尼》卷四

注释：

[一] 颜回（公元前521年—公元前481年）：名回，字子渊，鲁国人。

[二] 若：你。奚：为什么。

评析：

《列子》中记载颜回弦歌诵书，终身不辍。

原宪

原宪居环堵之室[一]，瓮牖桑枢[二]，上漏下湿，缊衣无表[三]，手足胼胝[四]，三日不举火，十年不制衣，坐而弹琴。

《太平御览》卷五百七

注释：

［一］原宪（公元前515年—？）：字子思，孔子弟子，春秋时期宋人。环堵之室：四周围绕着土墙的房屋，形容狭小、简陋的居室。

［二］瓮牖桑枢：用破瓮口作窗户，用绳子缚着门枢。形容房屋简陋，家境贫穷。

［三］缊：新旧混合的棉絮。

［四］手足胼胝：手脚生茧。

评析：

原宪与颜回一样，都是贫而乐道的典型人物。据《琴史》："原宪乃徐步曳杖，歌《商颂》，声满天地，若出金石，旧传有《商颂操》，此之谓也。"

子路

孔子之宋，匡人简子以甲士围之[一]。子路弹琴而歌[二]，孔子和之。曲三终，匡人解甲而罢。

《孔子家语》卷五

注释：

［一］匡人简子：匡是地名，春秋时期属于宋国，在今河南睢县。简子：生平不详。

［二］子路：即仲由（公元前542年—公元前480年），字子路，又字季路，鲁国卞县人（今山东省平邑）人。

评析：

子路弹琴事，《孔子家语》卷九亦有记载。

子夏(附子张)

子夏既除丧而见[一]，与之琴，和之而不和，弹之而不成声，作而曰："哀未忘也，先王制礼而弗敢过也。"子张既除丧而见[二]，与之琴，和之而和，弹之而成声，作而曰："先王制礼，不敢不至焉。"

《礼记·檀弓上》卷三

注释：

［一］子夏（公元前 507 年—公元前 420 年）：名卜商，字子夏，春秋末卫国人（一说为晋国人）。孔子弟子。

［二］子张（公元前 504 年—？）：颛孙师，字子张，陈人。孔子弟子。

评析：

子夏和子张都是服满除丧见孔子，孔子给他们琴之后，二人表现不同。子夏弹琴不成曲调，子张弹琴能成曲调。但二人都是遵守了先王礼制。

宓子贱

宓子贱治单父[一]，弹鸣琴，身不下堂，而单父治[二]。

《吕氏春秋·察贤》卷二十一

注释：

［一］宓子贱：宓不齐（公元前 521 年—？），字子贱，春秋末期鲁国人，孔子弟子，小孔子三十岁。单父：地名，春秋时期鲁邑，故城在今山东单县南。宓子贱曾为单父宰。

［二］治：特指政治清明安定。

评析：

宓子贱悠然弹琴，很少走出公堂，却能够把单父这个地方治理得很好，这是典型的“无为而治”。但从音乐与政治教化的关系这一点来看，《礼记·乐记》说：“审声以知音，审音以知乐，审乐以知政，而治道备矣。”认为音乐能够反映现实政治的治乱兴衰，这与《左传》中所记载的季札观乐而知各国政治得失是一致的。因此，宓子贱的“弹鸣琴”就具有了其隐喻的一面。

伯牙(附钟子期)

伯牙鼓琴，钟子期听之[一]。方鼓琴而志在太山[二]，钟子期曰：“善哉乎鼓琴，巍巍乎若太山。”少选之间[三]，而志在流水，钟子期又曰：“善哉乎鼓琴，汤汤乎若流水。”[四]钟子期死，伯牙破琴绝弦，终身不复鼓琴，以为世无足复为鼓琴者。

《吕氏春秋·孝行览·本味》卷十四

注释：

[一] 伯牙、钟子期：皆楚人。

[二] 太山：泛指大山。按，大山与后文流水相对，这里不是惯常所谓的泰山。

[三] 少选：片刻，须臾。

[四] 汤汤：大水急流的样子。

评析：

此即为“高山流水遇知音”的典故。后世因有《高山》《流水》之曲。

长沮(附桀溺)

长沮、桀溺二隐士[一]，作《大游》《小游》《长侧》《短侧》。

《诚一堂琴谈》卷二

注释：

[一] 长沮、桀溺：春秋时期隐者。

评析：

陈旸《乐书》以为《长侧》《短侧》的作者是嵇康。程允基则以为此四首为长沮、桀溺作。长沮、桀溺之说应不可信。

齐桓公(附楚庄王)

齐桓公有鸣琴曰“号钟”[一]，楚庄有鸣琴曰“绕梁”。

《琴赋·序》

注释：

[一] 齐桓公（？—公元前643年）：齐国国君，春秋五霸之首。

[二] 楚庄王（？—公元前591年）：楚国国君，春秋五霸之一。

评析：

据《古琴疏》记载：宋华元进献绕梁琴于楚庄王，琴声袅袅，绕梁不绝，楚王为之七日不听朝。后来樊妃进谏，楚王以铁如意捶破此琴。

师曹

公有嬖妾[一]，使师曹诲之琴[二]，师曹鞭之。公怒，鞭师曹三百。

《左传·襄公十四年》

注释：

［一］公：指卫献公。嬖妾：宠妾。

［二］师曹：卫国乐师。

评析：

据明代董斯张《广博物志》记载，师曹作“凤嗉”琴，顶上缀两圆蝉，作三十九引，定六十七调。以琴谒见卫灵公，每鼓琴即有仙人云集。

胡言

赵胡言作亚额琴[一]，于两頞间为亚形[二]，出三寸，有大声，三弦，备律吕之正变。

《律吕正声》卷三十九

注释：

［一］胡言：赵国人，约生活于赵襄子（公元前457年—公元前425年）时期。

［二］頞：鼻梁。

评析：

胡言以琴道自乐，赵襄子屡招不起，可见是个隐士。

扈子

乐师扈子非荆王信谗佞[一]，杀伍奢、白州犁而寇不绝于境[二]，至乃掘平王墓，戮尸奸喜，以辱楚君臣[三]；又伤昭王困迫，几为天下大鄙，然已愧矣，乃援琴为楚作《穷劫》之曲，以畅君之迫厄之畅达也。

《吴越春秋·阖闾内传第四》

注释：

[一] 扈子：春秋末楚乐师。荆王：楚王。

[二] 伍奢：伍子胥之父，楚国大夫，受费无忌谗害。白州犁：楚大臣。

[三] 至乃掘平王墓等句：《吴越春秋》记载："伍胥以不得昭王，乃掘平王之墓，出其尸，鞭之三百，左足践腹，右手抉其目，诮之曰：'谁使汝用谗谀之口，杀我父兄，岂不冤哉？'即令阖闾妻昭王夫人，伍胥、孙武、白喜亦妻子常、司马成之妻，以辱楚之君臣也。"

评析：

楚平王因听信费无忌谗言，诛杀伍奢、伯州犁，继而导致楚国内忧外患不绝，吴军攻破楚都，伍子胥掘平王墓并鞭尸，以辱楚君臣。扈子有感于此，在楚昭王返回郢都之后，弹奏《穷劫》之曲进谏。

驺忌(附齐威王)

驺忌子以鼓琴见威王[一]，威王说而舍之右室[二]。须臾，王鼓琴，驺忌子推户入曰："善哉鼓琴！"王勃然不说，去琴按剑曰："夫子见容未察[三]，何以知其善也？"驺忌子曰："夫大弦浊以春温者，君也；小弦廉折以清者，相也[四]；攫之深[五]，醳之愉者[六]，政令也；钧谐以鸣[七]，大小相益，回邪而不相害者[八]，四时也：吾是以知其善也。"王曰："善语音。"驺忌子曰："何独语音，夫治国家而弭人民皆在其中[九]。”王又勃然不说曰：“若夫语五音之纪，信未有如夫子者也[一〇]。若夫治国家而弭人民，又何为乎丝桐之间？”驺忌子曰：“夫大弦浊以春温者，君也；小弦廉折以清者，相也；攫之深而舍之愉者，政令也；钧谐以鸣，大小相益，回邪而不相害者，四时也。夫复而不乱者，所以治昌也；连而径者[一一]，所以存亡也：故曰琴音调而天下治。夫治国家而弭人民者，无若乎五音者。”王曰：“善。”

《史记·田敬仲完世家》卷四十六

注释：

[一]驺忌（约公元前385年—公元前319年）：一作“邹忌”，尊称为“驺忌子”，号成侯，战国齐人。威王：齐威王田因齐（公元前378年—公元前320年），齐国国君。

[二]说：同“悦”。舍：动词，安置。右室：上室。

[三]见容：被宽容、接受。

[四]大弦浊以春温两句：《琴操》中有“大弦者，君也，宽和而温。小弦者，臣也，清廉而不乱”，即大弦为君，声音如春，宽和温厚；小弦为臣，声音高亢明快。此处两句所谓清浊，蔡邕的话可为注脚：“凡弦以缓急为清浊。琴，紧其弦则清，缦其弦则浊。”缦：缓。浊：声音低沉。廉折：乐声高亢，节奏明快。

[五]攫：手指勾弦。

[六]醳：通“释”。释放，舍去。这两句是说政令像弹琴一样张弛有度。

[七]钧谐：均衡和谐。这句是说声调和谐。

[八]回邪而不相害者：声音回环往复而不互相妨碍。

[九]弭：安抚。

[一〇]信：确实。

[一一]连：连续不断。径：直。

评析：

驺忌通过鼓琴向齐威王说明治国理民的道理。他认为：君主如同琴上的大弦，弹起来声音如春一样温厚宽和，隐喻君主有仁厚之德；臣则如琴上的小弦，弹起来高亢明快，隐喻臣下辅佐君主有法；政令像弹琴一样张弛有度；四时就像声调和谐，连续不断、回环往复而不相妨碍的琴音一样。因此能够达到“琴音调而天下治”，治理国家、安抚百姓也是同样的道理。驺忌这番话得到了齐威王的赞同，三月而受相印。

贾午子

应侯与贾午子坐[一]，闻其鼓琴之声，应侯曰：“今日之琴，一何悲也？[二]”贾午子曰：“夫张急调下[三]，故使人悲耳。张急者，良材也；调下者，官卑也[四]，取夫良材而卑官之，安能无悲乎？”应侯曰：“善哉。”

《说苑·尊贤》卷八

注释：

［一］应侯：范雎（？—公元前255年），字叔，魏国人。战国时秦国大臣，因封地在应城，所以又称为“应侯”。贾午子，《文选·琴赋注》《太平御览》《事类赋注》等皆作“贾子”。

［二］一何：何其，多么。

［三］张急：谓琴弦绷紧。调下：谓调子低沉。

［四］官卑：官位低下。

评析：

贾午子究竟应该是贾子还是前人所解说的鲁国男子已经不可考知。这段话的目的也不在证明贾午子的琴家身份，而是意有所指。当应侯问琴音为何如此悲伤的时候，贾午子回答说：“因为弦拉得很紧，而调子低沉，所以听来使人感到悲伤。弦能拉得很紧说明是良材，而调子低沉则表示官位低。具备了良材，而官位却很低，怎能不悲哀呢！”弦绷得紧与调子低沉是一对矛盾，喻指另外一对矛盾，即有才华却官位低，是借助琴音这一媒介来表现士人怀才不遇的悲凉，又与“尊贤”这一主题契合。

雍门子周

雍门子周以琴见乎孟尝君[一]。孟尝君曰："先生鼓琴，亦能令文悲乎[二]？"雍门子周曰："臣何独能令足下悲哉[三]？臣之所能令悲者：有先贵而后贱，先富而后贫者也。不若身材高妙[四]，适遭暴乱无道之主[五]，妄加不道之理焉[六]；不若处势隐绝[七]，不及四邻[八]，诎折傧厌[九]，袭于穷巷[一〇]，无所告愬[一一]；不若交欢相爱，无怨而生离，远赴绝国[一二]，无复相见之时；不若少失二亲，兄弟别离，家室不足，忧戚盈匈[一三]。当是之时也，固不可以闻飞鸟疾风之声[一四]，穷穷焉固无乐已[一五]。凡若是者，臣一为之[一六]，徽胶援琴而长太息[一七]，则流涕沾衿矣[一八]。今若足下，千乘之君也[一九]，居则广厦邃房[二〇]，下罗帷，来清风，倡优侏儒处前迭进而谄谀[二一]；燕则斗象棋而舞郑女[二二]，激楚之切风[二三]，练色以淫目[二四]，流声以虞耳[二五]；水游则连方舟[二六]，载羽旗[二七]，鼓吹乎不测之渊[二八]；野游则驰骋弋猎乎平原广囿[二九]，格猛兽[三〇]；入则撞钟击鼓乎深宫之中。方此之时，视天地曾不若一指[三一]，忘死与生，虽有善琴者，固未能令足下悲也[三二]。"孟尝君曰："否，否！文固以为不然。"雍门子周曰："然臣之所为足下悲者一事也。夫声敌帝而困秦者[三三]，君也；连五国之约南面而伐楚者[三四]，又君也。天下未尝无事，不从则横[三五]，从成则楚王[三六]，横成则秦帝[三七]。楚王秦帝，必报雠于薛矣[三八]。夫以秦、楚之强而报雠于弱薛，譬之犹摩萧斧而伐朝菌也[三九]，必不留行矣[四〇]。天下有识之士，无不为足下寒心酸鼻者。千秋万岁之后[四一]，庙堂必不血食矣[四二]。高台既以坏，曲池既以壍[四三]，坟墓既以平，而青廷矣[四四]。婴儿竖子樵采薪荛者[四五]，蹢躅其足而歌其上[四六]，众人见之，无不愀焉为足下悲之[四七]，曰：'夫以孟尝君尊贵，乃可使若此乎[四八]？'"于是孟尝君泫然[四九]，泣涕承睫而未殒[五〇]。雍门子周引琴而鼓之，徐动宫徵[五一]，微挥羽角，切终而成曲，孟尝君涕浪汗增欷[五二]，下而就之曰[五三]："先生之鼓琴，令文立若破国亡邑之人也[五四]。"

《说苑·善说》卷十一

注释：

［一］雍门子周，战国齐人，名周，居雍门，其人善琴。雍门：城门名，春秋齐国城门。一说居于雍门之人善歌哭，雍门周亦善此道。孟尝君：田文，战国齐贵族，封于薛（今山东滕县南），称薛公，号孟尝君。为战国四公子之一，以善养士著称。

［二］文：孟尝君自称。

［三］臣：雍门子周对自己的谦称。何独：怎么。足下：古代下称上或同辈相称的敬词。

［四］不若：不像是，下同。以下所举是本身就哀伤的例子，并不是雍门子周能令其悲伤的。身材高妙：身材挺拔秀逸。

［五］适：遇到。

［六］妄：胡乱。不道：无道；胡作非为。

［七］处势隐绝：处于与世隔绝之地。

［八］不及四邻：四周没有邻居。

［九］诎折：压抑。傧厌：傧，同“摈”，排斥，摒弃。此句是说内心压抑且被周遭排斥。

［一〇］袭：及。穷巷：简陋偏僻的小巷。此句喻指陷于绝境。

［一一］愬：同“诉”，诉说、诉苦。此句是说无处诉苦。

［一二］绝国：极其辽远的邦国。

［一三］戚：忧愁。盈：满，充满。匈：同“胸”。

［一四］固：本来。

［一五］穷穷：忧愁悲伤貌。这两句是说：在这种时候，只要听到飞鸟秋风的声音，就会伤心。

［一六］一为之：鼓琴。

［一七］太息：叹息。

［一八］衿：同“襟”。

［一九］乘：兵车，包括一车四马。千乘：春秋战国时，诸侯国的大小以兵车的多少来衡量，诸侯国小的称“千乘”，大的称“万乘”。

［二〇］邃：深。

［二一］倡优侏儒：古代权贵好以侏儒为倡优取乐，故亦指侏儒中充任优伶、乐师者。《管子·小匡》："倡优侏儒在前，而贤大夫在后。"迭：轮流，交替。谄谀：谄媚、阿谀。

［二二］燕：通"宴"，宴饮。郑女：这里泛指郑国的舞女。

［二三］激楚之切风：向宗鲁认为应作"扬《激楚》之切风"。按，《新论》作："扬《激楚》，舞郑妾。"《激楚》：古代歌舞曲名。切风：疑即结风。枚乘《七发》："于是乃发激楚之结风。"司马相如《上林赋》亦云："鄢郢缤纷，激楚结风。"结风：急风。指乐音促迅哀切。

［二四］练色：指美色。此句是说以美色来沉溺眼目。

［二五］流声：指流转的乐曲声。虞：通"娱"。此句是说以流转的乐声愉悦耳朵。

［二六］水游：水上游玩。连：连结。

［二七］羽旗：翠羽装饰的旌旗。

［二八］不测之渊：深渊。

［二九］弋：系有绳子的箭。弋猎：用带绳子的箭射猎。囿：汉代以前在圈定的范围内畜养禽兽，蕃衍草木，供帝王狩猎游玩。

［三〇］格：格斗。

［三一］一指：《庄子·齐物论》中有"天地一指也，万物一马也"。此谓天下虽大，一指可以蔽之；万物虽多，一马可以理尽，故无是无非。后因以"一指"为齐是非得失之典实。

［三二］自方此之时数句：在这个时候，看天地还不如一根手指，忘记了生与死，就算是有善于鼓琴的人，也不能使您悲伤。

［三三］声：名誉，声名。敌：匹敌。帝：帝王，此处指齐王。困秦：使秦国处于艰难的境地。

［三四］南面：向南，指楚国所处的方位。

［三五］从：合纵，即"合众弱以攻一强"，战国时以苏秦为代表的游说六国诸侯实行纵向联合与秦国对抗的政策。横：连横，即"事一强以攻众弱"，战国时张仪等游说六国诸侯实行与秦国横向联合对抗其他国家的政策。

［三六］王：去声，成就王业。

［三七］帝：成就帝业。

［三八］雠：同“仇”，报复。

［三九］萧斧：刚利之斧。朝菌：某些朝生暮死的菌类植物。典出《庄子·逍遥游》：“朝菌不知晦朔，蟪蛄不知春秋。”

［四〇］留行：指阻挡，阻碍。此句是说以秦、楚那样强大的国家报仇于弱小的薛，就像拿利斧去砍菌类一样，必然没有阻碍。

［四一］千秋万岁：讳称帝王之死。

［四二］庙堂：宗庙，古代帝王祭祀、议事的地方。血食：谓受享祭品。古代杀牲取血以祭，故称。古代尤其是春秋战国时期，常常以“血食”“不血食”借以指代国家的延续和破灭，“不血食”指其国家的祖先不能再得到祭祀，也就是这个国家灭亡了，没有传承的后代能够祭祀祖先了。

［四三］曲池：曲折回绕的水池。堑：损毁。

［四四］而青廷矣：清人卢文弨云：“四字当误衍。”其说为是，当删。

［四五］竖子：小孩。薪荛：薪柴；柴草。

［四六］蹢躅：同“踯躅”，徘徊不进貌。

［四七］愀：悲伤。

［四八］乃可使若此乎：向宗鲁云：“‘可使’二字疑衍。”此句是说像孟尝君那样尊贵的人，怎么会沦落到这种地步呢？

［四九］泫然：流泪。

［五〇］承睫：含着眼泪。殒：坠落。

［五一］徐：慢慢地。宫、徵、角、羽：皆为古代五音之一。五音又称五声，即宫、商、角、徵、羽。

［五二］涕浪汗：眼泪纵横散乱貌。增欷：更加悲伤。

［五三］就：趋近，靠近。

［五四］立：立刻。

评析：

雍门周，亦称雍门子或雍门子周。赵逵夫先生认为，雍门子周是“瞍蒙类以音乐和讲诵为职业的人”。又说：“‘周’有审视和遍览之意。‘瞽’‘盲’‘瞍’‘蒙’等艺人之名，多取自于目的名称，如左丘明、左史倚相等。‘子周’是字，字与名也往往有相关、相反的关系。由其字及其弹琴为职能这两点，可知为瞍蒙类盲人。”（《赋体溯源与先秦赋概述》）由此可知，雍门子周与师旷的身份类似。

雍门子周在回答孟尝君的问题时候，提出自己的琴声只能使两种人悲伤，即先贵而后贱与先富而后贫的人。而那些怀才不遇、穷途末路、生离死别、孤苦无依的人本身自含愁苦，琴音则只能起到触发情感的媒介作用。其后，雍门子周从正反两方面论说其观点，当孟尝君处于极盛之时，“虽有善鼓琴者，固未能令足下悲也”；而在楚王秦帝的情况下，孟尝君的处境急转直下，庙堂不血食，坟墓已平，可见盛衰兴替。由此，孟尝君“泣涕承睫而未殒”，此时，雍门子周才开始鼓琴，一曲终了，孟尝君终于涕泗横流。

在这个故事中，雍门子周提出，音乐感人的前提是哀乐存乎人心，要求审美者投入自己的主观感情和体验，同时，要用客观事物衬托主观情绪。这也是后人所谓的移情。

田连（附成窍）

田连、成窍[一]，天下善鼓琴者也，然而田连鼓上，成窍擫下[二]，而不能成曲，亦共故也。

《韩非子集解》卷十四《外储说右下》

注释：

［一］田连、成窍：二人皆为古代琴师，生平不详。按，嵇康《琴赋》亦有“伶伦比律，田连操张”的句子。

［二］擫：一手按。

评析：

田连、成窍都是最善于弹琴的人，然而使他们在一床琴上共同弹奏则不能成曲，韩非子以此来喻证如果国君与臣下共同掌握权势也不能把国家治理好。

按，有人以为田连即成连。据《乐府古题要解》："水仙操，旧说伯牙学鼓琴于成连先生，三年而成。至于精神寂寞，情志专一，尚未能也。成连云：'吾师子春在海中，能移人情。'乃与伯牙延望，无人。至蓬莱山，留伯牙曰：'吾将迎吾师。'刺船而去，旬时不返，但闻海上水汩汲漰澌之声。山林窅冥，群鸟悲号，怆然叹曰：'先生将移我情。'乃援琴而歌之。曲终，成连刺船而还。伯牙遂为天下妙手。"

师文(附瓠巴)

匏巴鼓琴而鸟舞鱼跃[一]，郑师文闻之[二]，弃家从师襄游[三]。柱指钧弦[四]，三年不成章[五]。师襄曰："子可以归矣。"师文舍其琴，叹曰："文非弦之不能钩，非章之不能成。文所存者不在弦[六]，所志者不在声[七]。内不得于心，外不应于器，故不敢发手而动弦。且小假之[八]，以观其后。"无几何，复见师襄。师襄曰："子之琴何如？"师文曰："得之矣。请尝试之。"于是当春而叩商弦以召南吕[九]，凉风忽至，草木成实。及秋而叩角弦以激夹钟[一〇]，温风徐回，草木发荣。当夏而叩羽弦以召黄钟[一一]，霜雪交下，川池暴冱[一二]。及冬而叩徵弦以激蕤宾[一三]，阳光炽烈，坚冰立散。将终，命宫而总四弦[一四]，则景风翔[一五]，庆云浮[一六]，甘露降，澧泉涌[一七]。师襄乃抚心高蹈曰："微矣子之弹也[一八]！虽师旷之清角[一九]，邹衍之吹律[二〇]，亡以加之[二一]。彼将挟琴执管，而从子之后耳。"

《列子·汤问》卷五

注释：

[一]瓠巴：春秋时楚国著名琴师。

［二］师文：郑国乐师。

［三］师襄：见前“师襄”条。从师襄游：跟随师襄学习。

［四］柱指：按指。钧弦：调弦。

［五］章：乐曲，乐章。

［六］文：师文。存：留意。

［七］志：志向。

［八］小：稍，略。假：宽容。

［九］商：五音之一，金音，属秋。南吕：十二律中之第十律，八月律。于是当春而叩商弦以召南吕：于是在春天的季节，弹了应当在秋天弹的商弦，召来了应当是在八月演奏的音律南吕。以下秋、夏、冬与此句相同。

［一〇］角：五音之一，木音，属春。夹钟：二月律。

［一一］羽：水音，属冬。黄钟：十一月律。

［一二］冱：冻结；凝聚。

［一三］徵：火音，属夏。蕤宾：五月律。以上是说师文弹琴能使四季变换。

［一四］宫：五音之一。四弦：上述商弦、角弦、羽弦、徵弦。

［一五］景风：祥和之风。

［一六］庆云：五色云。古人以为喜庆、吉祥之气。

［一七］甘美的泉水。澧，通“醴”。

［一八］微：精深；奥妙。

［一九］师旷之清角：见前“师旷”条。

［二〇］邹衍：战国时齐人。吹律：吹奏律管。律为阳声，故传说可以使地暖。刘向《别录》：“邹衍在燕，燕有谷，地美而寒，不生五谷，邹子居之，吹律而温气至，而黍生，今名黍谷。”

［二一］亡：无。加：超过。

评析：

“内不得于心，外不应于器，故不敢发手而动弦”着重阐述了古琴演奏中心手与弦的关系，也强调心手相应才能达到纯熟的技艺。

“于是当春而叩商弦以召南吕”等句则是乐曲表现出来的意境。

师开

景公新成柏寝之室，使师开鼓琴[一]。师开左抚宫，右弹商，曰：“室夕[二]。”公曰：“何以知之？”师开对曰：“东方之声薄[三]，西方之声扬[四]。”

《晏子春秋校注》卷六《内篇杂下》

注释：

[一] 师开：齐景公时期乐师。柏寝之室：一说为柏寝之台，在今山东广饶县。

[二] 夕：偏西。一说同“邪”，不正的意思。

[三] 薄：微，低。

[四] 扬：高。这两句是说西方之声比东方之声高。

评析：

师开能从琴音的高低来判断空间位置的正斜，这说明其耳力过人。

师经

师经鼓琴，魏文侯起舞[一]，赋曰：“使我言而无见违[二]。”师经援琴而撞文侯，不中，中旒[三]，溃之。文侯顾谓左右曰：“为人臣而撞其君，其罪如何？”左右曰：“罪当烹。”提师经下堂一等[四]。师经曰：“臣可一言而死乎？”文侯曰：“可。”师经曰：“昔尧、舜之为君也，唯恐言而人不违；桀、纣之为君也，唯恐言而人违之。臣撞桀、纣，非撞吾君也。”文侯曰：“释之[五]！是寡人之过也，悬琴于城门，以为寡人符[六]，不补旒，以为寡人戒[七]。”

《说苑》卷一《君道》

注释：

[一] 师经：战国时魏国乐师。魏文侯：魏国国君，公元前446年至公元前396年在位。按，本文中师经、魏文侯，《韩非子》《淮南子》等皆记为师旷、晋平公。

[二] 使我言而无见违：让我的话不被违抗。见：用在动词前面表示被动。相当于被，受到。

[三] 旒：冕冠前后悬垂的玉串。

[四] 等：台阶的级。

[五] 释之：放了他。

[六] 符：凭证。

[七] 戒：鉴戒。

评析：

师经是魏文侯时期的乐师。师经以琴撞魏文侯的故事历来为人称道，一方面是师经敢于直谏，另一方面则是魏文侯善于改过。

曾参

曾子芸瓜而误斩其根[一]。曾皙怒[二]，援大杖击之[三]。曾子仆地，有顷[四]，乃苏[五]，蹶然而起[六]，进曰：“曩者[七]，参得罪于大人，大人用力教参，得无疾乎？”退屏鼓琴而歌，欲令曾皙听其歌声，令知其平也[八]。孔子闻之，告门人曰：“参来勿内也[九]！”曾子自以无罪，使人谢孔子。孔子曰：“汝不闻瞽叟有子名曰舜[一〇]？舜之事父也，索而使之，未尝不在侧，求而杀之，未尝可得，小棰则待，大棰则走，以逃暴怒也[一一]。今子委身以待暴怒，立体而不去，杀身以陷父不义，不孝孰是大乎[一二]？”

《说苑》卷三《建本》

注释：

[一] 曾子：曾参（公元前505年—公元前435年），孔子弟子。芸：通“耘”。除草。

[二] 曾晳：名点（生卒年不详），字晳，曾参的父亲，孔子的弟子。

[三] 援：执，拿。

[四] 有顷：一会儿。

[五] 苏：苏醒。

[六] 蹶然而起：疾起。

[七] 曩：先前。

[八] 平：平复，康复。

[九] 内，通“纳”，接纳。

[一〇] 瞽叟：舜的父亲，因双目失明，故称“瞽叟”。

[一一] 舜之事父也几句：据《史记》，瞽叟屡次想杀掉舜，而未能成功。《史记·五帝本纪》：“舜父瞽叟盲，而舜母死，瞽叟更娶妻而生象，象傲。瞽叟爱后妻子，常欲杀舜，舜避逃；及有小过，则受罪。” 棰：杖击；鞭笞。

[一二] 不孝孰是大乎：哪个更为不孝？

评析：

在孔子看来，曾参被父亲曾晳用大杖打晕，醒来鼓琴而歌以示自己身体无碍的行为是错误的。孔子告诉曾参说，父亲轻轻打，儿子就要忍受，而父亲如果在暴怒之下用大杖打，儿子就应该逃跑，原因是一旦儿子被打死，会使父亲陷于不义之中。陷父于不义就是不孝。

另外，据蔡邕《琴操》，曾参曾作琴曲《残形操》。

庄子

《庄周独处吟》：庄周者，齐人也[一]。明笃学术，多所博达[二]，进见方来[三]，却睹未发。是时齐王好为兵事，习用干戈，庄周儒士，不合于时。自以不用，行欲避乱，自隐于山岳。后有达庄于湣王[四]，遣使赍金百镒[五]，聘以相位，周不就，使者曰："金至宝，相尊官，何辞之为？"周曰："君不见夫郊祀之牛[六]，衣之以朱彩，食之以禾粟，非不乐也。及其用时，鼎镬在前[七]，刀俎列后。当此之时，虽欲还就孤犊，宁可得乎？周所以饥不求食、渴不求饮者，但欲全身远害耳。"于是重谢使者，不得已而去，复引声歌曰："天地之道，近在胸臆。呼噏精神[八]，以养九德。渴不求饮，饥不索食。避世守道，志洁如玉。卿相之位，难可直当。岩岩之石，幽而清凉。枕块寝处[九]，乐在其央。寒凉固回，可以久长。"

《琴操》卷下

注释：

［一］庄周：庄子，名周，齐（今山东曹县）人，一说宋国蒙（今河南商丘）人。

［二］博达：博学通达。

［三］方来：将来。

［四］湣王：齐湣王（公元前 323 年—公元前 284 年），齐国国君，齐宣王之子。

［五］赍：携带。

［六］郊祀之牛：供祭祀天地用的牛。

［七］鼎镬：鼎和镬，两种烹饪器具。

［八］呼噏：呼气和吸气。

［九］枕块：以土块为枕。寝处：坐卧，息止。

评析：

托名庄子所唱琴歌《庄周独处吟》未见于《庄子》一书。《琴操》叙述庄周生平的文字源于司马迁《史记·老子韩非列传》，但部分内容不同，如说庄子是齐湣王时期的儒士，因不合于时才避乱自隐于山林。

其思革子

《三士穷》者，其思革子之所作也[一]。其思革子、户文子、叔衍子，三人相与为友，闻楚成王贤而好士[二]，三人俱往见之。至于豪嵚岩之间[三]，卒逢飘风暴雨[四]，相与俱伏于空柳之下。衣寒粮乏，度不能俱活，三人相视而叹曰："与其饥寒俱死也，岂若并衣粮于一人哉？"二子以革子为贤，推衣粮与之。革子曰："生则同乐，死则共之。"固辞。二子曰："吾自以相与为犹左右手也，左伤则右救之，右伤则左救之。子不我受，俱死，无名于世，不亦痛乎！"于是革子受之，二子遂冻饿而死。其思革子抱二子尸而埋之，号天哭泣，揭衣粮而去。往见楚王。楚王知其贤者，于是旨酒嘉肴，设钟鼓而乐之。革子怆然有忧悲之色。楚王心动，怪而不悦，乃推樽罢乐，升琴而进之。其思革子援琴而鼓之，作相与别散之音。王曰："子琴音何苦哀也。"革子推琴离席，长跪涕流而下，对曰："臣友三人，户文子、叔衍子，窃慕大王高义，欲俱来谒，至于磝硗嵚岩之间[五]，逢飘风暴雨，衣寒粮乏，不能俱活。二子俱不以臣为不肖，推粮与臣，二子逢冻饿死。大王虽陈酒肴设乐，诚不敢酣乐也。"王曰："嗟乎，乃至是耶？"于是赐其思革子黄金百斤，命左右棺敛，收二子而葬之，以其思革子为相，故曰《三士穷》。

《琴操》卷下

注释：

［一］其思革子：其思即"期思"，地名，《汉书·地理志》有汝南郡期思。《风俗通》有期思国。但《广韵》注"期"为姓氏。

［二］楚成王：楚文王之子，春秋时期楚国国君，公元前671年至公元前626年在位。

［三］嵚岩：山石。

［四］飘风暴雨：来势急遽而猛烈的风雨。

［五］磝硗：坚硬的石头。

评析：

三士即其思革子、户文子、叔衍子。三人为友，遇到绝境之时，户文子、叔衍子将生存的可能让给了其思革子，革子见到楚王犹不忘好友，琴音哀苦。此即蔡邕描写的《三士穷》的故事。

齐景公

齐景公纵酒[一]，醉而解衣冠，鼓琴以自乐。

《韩诗外传》卷九

注释：

[一] 齐景公（？—公元前490年）：春秋时期齐国君主。

评析：

晏子批评齐景公醉酒鼓琴为无礼。

聂政

《聂政刺韩王》者，聂政之所作也[一]。政父为韩王治剑[二]，过期不成，王杀之。时政未生，及壮，问其母曰："父何在？"母告之。政欲杀韩王，乃学涂入王宫，拔剑刺王，不得，踰城而出，去入太山。遇仙人，学鼓琴，漆身为厉[三]，吞炭变其音。七年而琴成，欲入韩，道逢其妻，从置栉[四]，对妻而笑。妻对之泣下，政曰："夫人何故泣？"妻曰："聂政出游，七年不归，吾尝梦想思见之。君对妾笑，齿似政齿，故悲而泣。”政曰：“天下人齿，尽政若耳，胡为泣乎？”即别去。复入山中，仰天而叹曰：“嗟乎，变容易声，欲为父报仇，而为妻所知。父仇当何时复报？”援石击落其齿。留山中三年习操，持入韩国，人莫知政。政鼓琴阙下，观者成行，马牛止听，以闻韩王。王召政而见之，使之弹琴。政即援琴而歌之，内刀在琴中。政于是左手持衣，右手出刀，以刺韩王，杀之，曰：“乌有使者生不见其父，可得使乎？”政杀国君，知当及母，即自犁剥面皮[五]，断其形体，人莫能识。乃枭磔政形体市[六]，悬金其侧，有知此人者，赐金千斤。遂有一妇人，往而哭曰：“嗟乎，为父报仇邪？”顾谓市人曰：“此所谓聂政也。为父报仇，知当及母，乃自犁剥面。何爱一女子之身，而不扬吾子之名哉？”乃抱政尸而哭，冤结陷塞，遂绝行脉而死[七]。故曰《聂政刺韩王》。

《琴操》卷下

注释：

［一］聂政：战国时刺客，韩国轵（今河南济源）人。

［二］韩王（？—公元前 397 年）：即韩傀，字侠累，韩国贵族。

［三］漆身为厉：因身体涂漆而生疮。厉：癞。

［四］置栉：买梳子。

［五］犁：以刀割脸。

［六］枭磔：诛戮。

［七］行脉：脉搏。

评析：

在古琴音乐史上，多数人认为《聂政刺韩王》就是魏晋时期嵇康所擅长的《广陵散》。《广陵散》的故事来源也被认为是蔡邕的《琴操》。按，琴曲流变及本事考证可参看戴明扬《〈广陵散〉考》及李剑国《〈广陵散〉故事考析》。

现有《广陵散》琴谱，则以《神奇秘谱》载录为最早。

列子

列子尝游泰山[一]，见霹雳伤桐，因而制琴，有大声。居郑圃四十年人无知者，作《襄陵》《枯鱼》二曲，缀七十二小调，作一百六十雅弄。

《广博物志》卷三十四

注释：

[一] 列子（约公元前450—公元前375年）：名御寇，郑国圃田（今河南郑州）人，道家代表人物。

评析：

列子所作《襄陵》《枯鱼》二曲，反映的应该是道家思想。另外，《列子》一书中，也有很多论述具有鲜明的道家音乐思想。

子桑

子舆与子桑友[一]，而霖雨十日[二]。子舆曰："子桑殆病矣！"裹饭而往食之[三]。至子桑之门，则若歌若哭，鼓琴曰："父邪！母邪！天乎！人乎！"有不任其声而趋举其诗焉[四]。

《庄子·大宗师》

注释：

[一] 子桑：与子舆一样是《庄子》中的寓言人物。

[二] 霖雨：连绵大雨。

[三] 裹饭而往食之：包裹着饭食送给子桑吃。食：拿东西给人吃。

[四] 不任：不堪，不胜。不任其声：形容子桑的歌声微弱。趋：同"促"，急促。趋举其诗：诗句急促。

评析：

子桑在贫病交加的情况下，鼓琴而歌："父亲啊！母亲啊！天啊！人啊！"这是对命运的哭告，然而在跟子舆的对话中，子桑认为他的贫病是因为"命"，可见子桑任命、信命。故此韩愈也说："昔年十日雨，子桑苦寒饥。哀歌坐空室，不怨但自悲。"又说："入门相对语，天命良不疑。"（《赠崔立之》）

孟子反(附子琴张)

子桑户、孟子反、子琴张三人相与友[一]。莫然有间而子桑户死[二]，未葬。孔子闻之，使子贡往侍事焉[三]。或编曲[四]，或鼓琴，相和而歌曰："嗟来桑户乎[五]！嗟来桑户乎！而已反其真[六]，而我犹为人猗[七]！"

《庄子·大宗师》

注释：

[一] 孟子反、子琴张：均为《庄子》中的寓言人物。

[二] 莫然：没多久。

[三] 侍事：帮助治丧。

[四] 编曲：编次挽歌。

[五] 嗟来：嗟乎。

[六] 而：你。真：自然。

[七] 而我犹为人猗：而我们还在做凡人做的事。

评析：

孟子反、子琴张二人在子桑死后，一人编曲，一人鼓琴，二人相和而歌。子贡认为这不合礼法，但庄子却借孔子之口提出这二人是"游方之外者"，也就是超脱世俗而逍遥于物外的人。

屈原

《屈原自沉》者，屈原之所作也[一]。屈原自伤怀忠而见疑也[二]，忧愁，面目黎黑，临河而哀思，著《离骚》《九歌》《九叹》《七谏》之辞，仰天而叹，援琴而鼓之。

《太平御览》卷五百七十八

注释：

[一] 屈原（约公元前340年—公元前278年）：名平，字原，丹阳秭归（今湖北宜昌）人。战国时期楚国诗人、政治家。

[二] 忠而见疑：指楚怀王听信谗言疏远屈原事。

评析：

琴曲《屈原自沉》的作者很显然也是托名屈原，其故事来源于屈原，后人演绎为琴曲。

屈原妻

《沉湘怨》，屈原妻制[一]。

《说郛》卷一百僧居月《琴曲谱录》

注释：

[一] 屈原：见前“屈原”条。

评析：

显而易见，《沉湘怨》署名屈原妻子，也是假托。

宋玉

宋玉赋曰[一]：臣援琴而鼓之，为《秋竹积雪》之曲。

《太平御览》卷五百七十九

注释：

[一]宋玉：楚人，曾事楚顷襄王，好辞赋。

评析：

所谓“下里巴人”“阳春白雪”“曲高和寡”即来自宋玉。（《文选·宋玉对楚王问》）

其门离须

《子安之》者，其门离须之作也[一]。其门离须兄弟三人，长兄从军，二年不归。离须坐事被刑，天下昏乱，兵革骚动，宗族离散。离须当远往输，持其小弟往寄所知，分别相去，垂涕而决。其弟觑欷谓离须曰：“吾生不睹母，长不识父。遭颠沛扰攘之世，兄从军不归，子复远输，未知反期，一旦是非，使吾无所依。吾闻兄在林梨，欲往从之。”离须止之曰：“兵革交错，道路不通，子为我无往，往必不还。令吾兄弟分别死别，不亦痛乎？”喟然不应，啼泣而别。离须属其主人曰：“子欲往，慎为我勿遣也。”去数日，卒夜亡，不知其处。离须来还，分布求之，卒不得。忧思不乐，仰天而叹，于是援琴而鼓之。

《太平御览》卷五百七十八

注释：

[一]其门离须：生平不详。

评析：

其门离须兄弟三人，长兄从军两年未归，其门离须又因事获罪，在被流放前，其门离须想要将弟弟寄养在朋友那里，临别时兄弟涕泣。弟弟说："我生下来就没有见到父母，现在遭逢乱世，长兄从军不回，你现在又要远徙，不知道什么时候才能回来，万一出了差错，我就无所依靠了。我听说长兄在林梨，想要去投奔他。"离须赶忙阻止弟弟说："现在正是战乱时期，道路不通，你不要去，去了肯定回不来，让我们兄弟之别成为死别，这难道不是非常悲痛的事吗？"弟弟长叹不应，兄弟二人涕泣而别。离须又嘱咐朋友说："千万不要让他去林梨。"离须离开几天之后，弟弟夜里跑掉了，失去音讯。离须回来的时候到处寻找，最后也没有找到弟弟，于是援琴而鼓之。这就是琴曲《子安之》的本事。

张骼(附辅跞)

张骼、辅跞[一]，皆踞转而鼓琴[二]。

《左传·襄公二十四年》

注释：

[一] 张骼、辅跞：晋国人。

[二] 皆踞转而鼓琴：蹲在车后的横木上弹琴。

评析：

在与楚军挑战的过程中，张骼、辅跞有两次弹琴的动作，"皆踞转而鼓琴"，这一方面是二人对敌人的轻视，另一方面又显得二人对敌游刃有余、潇洒从容。

谢涓子

龙腰，鲁谢涓子作[一]。腰间作半月形，三弦，如七弦之音。尝游江淮鼓琴，于水侧遇一女，抱小绿绮抚弄[二]，非常俗之声[三]。涓子讶之，曰："妾，北陵之女也。"因授《清江引》。

《广博物志》卷三十四

注释：

［一］谢涓子：鲁人，作龙腰琴。

［二］绿绮：琴名。

［三］常俗：寻常。

评析：

前有齐国涓子，后有晋末刘涓子，这里是鲁国谢涓子。谢涓子遇到的北陵之女，应即神女。

贺云

龙额，鲁贺云作[一]。顶肩斜生一寸二分，五弦。常于淮泗夜静抚琴[二]，忽有三人来曰："我商三贤也，先生之琴尽善，然于古法未甚协。"因授《皎月风雷》之曲。

《广博物志》卷三十四

注释：

［一］贺云：生平不详，鲁人，作龙额琴。

［二］淮：淮水。泗：泗水。皆流经今山东。

评析：

无论是中国古代的音乐人还是文人，似乎都喜欢把带有传奇色彩或神话色彩的故事植入人或事。贺云大约是一个比较有名的琴家，又或许尤其擅长《蛟月风雷》这首曲子，为了突出这一点，后人便给他造了一个商代三贤显灵教他弹奏《蛟月风雷》的故事，就是所谓的神授。

扬英

风势，魏扬英作[一]。于两肩腰间为飞尖势，广二寸，有霹雳声。

《广博物志》卷三十四

注释：

[一] 扬英：魏人，生平不详。作风势琴。

评析：

故宫博物院藏有一床唐代雷琴“玉玲珑”就是凤势式。

秦珏

凤舌，卫秦珏作[一]。凤舌斜飞三寸，下有峻形，刁徵调。每坐风雪中鼓之，俄有和气。陈虞命鼓琴，当盛夏操南音，忽西有云起，曲终，雪已糁径矣[二]。

《广博物志》卷三十四

注释：

[一] 秦珏：卫国人。作凤舌琴。

［二］糁：散落。

评析：

在风雪中鼓琴能生温和之气，盛夏鼓琴能使云起雪落，这大概是从古琴音乐能动天地、通万物、调阴阳方面来说的。

陈章

神晖，秦陈章作[一]。于腰下覆四月相向，妙作羽音。当大暑一鼓，清风飒然。

《广博物志》卷三十四

注释：

［一］陈章：秦人，生平不详，作神晖琴。

评析：

大暑鼓琴，清风飒然，或许与听音者的心境相关，也可能是形容琴音之清。

百里奚妻

百里奚为秦相[一]，堂上作乐，所赁澣妇[二]，自言知音，呼之，搏髀援琴[三]，抚弦而歌者三。其一曰："百里奚，五羊皮，忆别时，烹伏雌[四]，炊扊扅[五]，今日富贵忘我为。"其二曰："百里奚，初娶我时五羊皮，临当别时烹乳鸡，今适富贵忘我为。"其三曰："百里奚，百里奚，母已死，葬南溪，坟以瓦，覆以柴，舂黄藜，扼伏鸡，西入秦，五羖皮，今日富贵捐我为[六]。”问之，乃其故妻，还为夫妇也。

《风俗通义》

注释：

[一] 百里奚（约公元前725年—公元前621年），字子明，春秋虞（今山西平陆）人，百里奚被楚人所俘，秦穆公用五张羊皮赎回，后助秦穆公成就霸业。因此又号称“五羖大夫”。

[二] 澣：同“浣”。

[三] 搏髀：拍击其股，用为歌曲节奏。

[四] 伏雌：指母鸡。

[五] 扊扅：门闩。

[六] 捐：抛弃。

评析：

这无非是一个夫妻间“苟富贵，无相忘”的故事。当百里奚在秦国获得权势地位之时，他的糟糠之妻以洗衣妇的身份一边弹琴，一边唱了三首歌。歌辞意思都差不多：临别时，我为你烹饪母鸡，因为家里贫困，只能用门闩当作柴烧，今天你富贵了却忘了我。百里奚听完之后，与妻子团聚。

百里奚妻所唱即《扊扅歌》，古琴曲名。

秦惠王

秦惠文有琴[一]，一曰宣和；二曰闲邪。故夏侯湛《琴赋》云[二]：“聊闲邪于五弦兮，翼宣和于万里。”

《广博物志》卷三十四

注释：

［一］秦惠文：秦惠文王嬴驷（公元前356年—公元前311年），栎阳（今陕西阎良）人。秦国国君。

［二］夏侯湛：西晋文学家。

评析：

秦惠王的两床琴名都与个人修养相关，宣和即疏通协调，导养神气，调和情志；闲邪则寓意防止邪恶。

独沐子

《雉朝飞操》者，齐独沐子所作也[一]。独沐子年七十无妻，出薪于野，见飞雉雄雌相随，感之，抚琴而歌曰："雉朝飞，鸣相和，雌雄群游于山阿。我独何命兮未有家，时将暮兮可奈何，嗟嗟暮兮可奈何。"

《琴操》卷上

注释：

［一］独沐子：又作牧犊子、犊沐子。约生活于齐宣王时期。《雉朝飞操》：一名《雉朝雊操》。

评析：

独沐子年七十无妻，见雉鸟雄雌相随，因援琴而歌以自伤，是为琴曲《雉朝飞操》。扬雄《琴清英》则记为卫女傅母所作，本事与此不同，后文单列，此不赘述。

孟姚

王梦见处女鼓琴而歌诗曰[一]："美人荧荧兮[二]，颜若苕之荣[三]。命乎命乎，曾无我嬴[四]！"异日，王饮酒乐，数言所梦，想见其状。吴广闻之，因夫人而内其女娃嬴[五]。孟姚也[六]。孟姚甚有宠于王，是为惠后。

《史记·赵世家》卷四十三

注释：

［一］王：赵武灵王。

［二］荧荧：光艳。

［三］苕之荣：凌霄花。

［四］命：名。嬴：姓嬴。这两句的意思是说：世间有非常多美好的名字，但没有比我嬴姓更好的。

［五］内：通"纳"。娃：美。

［六］孟姚：前文所说的娃嬴，战国时赵人，吴广女。

评析：

这实在是一个能成为现实的美梦。赵武灵王梦见有美女鼓琴而歌，歌声里只留下自己的姓氏。其后赵武灵王辗转反侧，念念不忘这位梦中美人，吴广听说后，将自己的女儿娃嬴（即孟姚）进献，成为赵武灵王的宠妃。

李环

女环鼓琴[一]，曲未终，春申君大悦[二]。

《越绝书》卷十四《越绝外传春申君》

注释：

［一］女环：李园妹妹李环。

［二］春申君：黄歇（公元前320年—公元前238年），“战国四君子”之一。楚大臣。

评析：

据传李园向春申君进献自己的妹妹之后，被春申君任用为相。而李园所生之子即后来的楚幽王。

龙丘高

《楚引》者，楚游子龙丘高所作也[一]。龙丘高出游三年，思归故乡，心悲不乐，望楚而长叹，故曰《楚引》。

《琴操》卷上

注释：

［一］龙丘高：楚人。

评析：

《楚引》，又名《龙丘引》，龙丘高思乡而作，有曲无辞，据《乐府诗集》，梁简文帝萧纲作有《龙丘引》歌词。

秦汉魏晋南北朝

秦始皇(附文馨)

荆轲劫秦王[一]，将刺之，王曰：“寡人好琴，愿听一曲而就死。”轲许之。因命琴女文馨奏曲[二]，曲曰：“罗縠单衫[三]，可掣而绝。三尺屏风，可超而越。鹿卢之剑[四]，可负而拔。”王从其言，遂得脱。后名其琴曰“超屏”。

《说郛》卷一百《古琴疏》

注释：

［一］秦王：秦始皇嬴政（公元前259年—公元前210年），统一六国，称“始皇帝”。

［二］文馨：琴女，生平不详。

［三］罗縠：一种疏细的丝织品。

［四］鹿卢：剑名。

评析：

上述荆轲刺秦王的故事又见于《燕丹子》，不过《燕丹子》中只记录“召姬人鼓琴”，并没有提及这位鼓琴女子的名字。

另外，据《西京杂记》记载：“高祖初入咸阳宫，周行库府金玉珍宝，不可称言。其尤惊异者，有琴长十六尺，安十三弦，二十六徽，皆用七宝饰之。铭曰‘璠玙之乐’。”这张琴就是秦始皇遗留下来的。

李斯

龙腮，李斯作[一]。于凤舌之上圆增三寸，两额间收广二寸半。作《狡兔操》。

《广博物志》卷三十四

注释：

［一］李斯（公元前284年—公元前208年），汝南上蔡（今河南上蔡）人。秦朝文学家。

评析：

传说李斯作龙腮琴。陶宗仪《琴笺图式》亦有记载。

项羽

《力拔山》者，项羽之所作也[一]。项王为汉所围于垓下[二]，诸侯兵悉到，围数重。项王夜觉，闻汉军四面楚歌，惊起坐，仰天而叹曰："汉得吾众，是何楚歌之多？"于是心悲，援琴而鼓之。

《太平御览》卷五百七十八

注释：

[一] 项羽（公元前232年—公元前202年）：名籍，字羽，下相（今江苏宿迁）人。

[二] 垓下：地名，在今安徽灵璧县东南。汉高祖刘邦围困项羽于此。

评析：

据《史记·项羽本纪》，垓下之围时，项羽自为歌曰："力拔山兮气盖世，时不利兮骓不逝。骓不逝兮可奈何！虞兮虞兮奈若何！"

屠门高

《琴引》者，秦时倡屠门高之所作也[一]。秦时采天下美女以充后宫，幽愁怨旷，咸致灾异[二]。屠门高为之作《琴引》以谏焉。

《琴操》卷上

注释：

[一] 屠门高：秦倡（即倡优）。

[二] 咸：终。

评析：

《三辅旧事》云："（始皇）后宫列女万余人。"大约就是秦时采天下美女以充后宫之事。

周太宾（附麇长生）

秦时有道士周太宾[一]。有才艺，善鼓琴，昔教麇长生、孙广田[二]。广田即孙登也，独弦能弹，而成八音，真奇事也。

陶弘景《真诰》卷十三

注释：

[一] 周太宾：道士，秦人。

[二] 麇长生：生平不详。孙广田：孙登，魏晋时期琴家，能弹奏一弦琴，见"孙登"条。

评析：

据说周太宾修道成仙，在蓬莱仙山为左卿。

刘邦

《大风起歌》，汉祖制[一]。

《说郛》卷一百僧居月《琴曲谱录》

注释：

［一］汉祖：汉高祖刘邦（公元前256年—公元前195年），字季，沛郡丰邑（今江苏丰县）人。

评析：

《大风起歌》原文："大风起兮云飞扬，威加海内兮归故乡，安得猛士兮守四方！"本是刘邦击筑而歌，后人演绎为琴曲，因此，也将琴曲的作者记为刘邦。

四皓

四皓者，东园公、绮里季、夏黄公、角里先生是也[一]。此四人当秦之世，避而入商雒深山[二]，采芝以食，故传有《采芝操》。及高祖召之，不至。其后吕后用留侯计，使皇太子束帛致礼，安车而迎致之。四人既至，从太子见高祖，高祖客以遇焉。太子得以为羽翼，遂用自安[三]，盖四贤者，皆遁世无闷者也。

《琴史》卷三

注释：

［一］四皓：东园公、绮里季、夏黄公、角里先生，因须发皆白，称"商山四皓"，秦末隐士。

［二］商雒：地名，今陕西商洛。

［三］其后吕后用留侯计到遂用自安句：据《史记》，高祖刘邦有废太子而立赵王如意的想法，吕后采取留侯张良的计策，厚礼请出"商山四皓"为太子宾客。后来刘邦与太子宴饮，发现了追随太子的"四皓"，于是认为太子羽翼已成，不再更换太子。

评析：

《采芝操》是“商山四皓”隐居商洛山时所作。《琴集》曰：“《采芝操》，四皓所作也。”

张良

张子房[一]，作《进履曲》《日月重光》《楚歌》。

《诚一堂琴谈》卷二

注释：

[一] 张子房：张良（？—公元前189年），字子房，颍川城父（今安徽亳县）人。

评析：

《进履曲》应当演绎的是张良进履的故事，为后人伪托张良而作。

宁先生

宁先生[一]，毛身广耳，被发鼓琴。

《列仙传》卷下

注释：

[一] 宁先生：约生活于汉景帝时期。

评析：

到汉景帝时期，宁先生已经有三百余岁，大概也是个仙人。据说汉景帝之子江都王刘建曾遣人去寻访宁先生，于山巅之上见之，宁先生毛身大耳，正在披发弹琴。

石奋姊

万石君名奋，其父赵人也，姓石氏[一]。……高祖与语[二]，爱其恭敬，问曰："若何有[三]？"对曰："奋独有母，不幸失明。家贫。有姊，能鼓琴。"高祖曰："若能从我乎？"曰："愿尽力。"于是高祖召其姊为美人。

《史记·万石张叔列传》卷一百三

注释：

[一] 万石君：石奋（公元前220年—公元前124年），字天威，号万石君，河内郡温县（今河南温县）人。

[二] 高祖：汉高祖刘邦。

[三] 若：你。

评析：

石奋姐姐因能鼓琴被高祖刘邦召为美人。

窦公

文帝时，得魏文侯时乐人窦公，年百八十岁，两目皆盲[一]。文帝奇而问之曰："何因[二]？能服食而至此邪[三]？”对曰：“臣年十三失明，父母哀其不及众技事，教臣为乐，使鼓琴。日讲习以为常事。臣不能导引[四]，无所服饵也，不知寿得何力。”

《新论·祛蔽》卷中

注释：

[一] 窦公：生平不详。文帝：指汉文帝。

[二] 何因：为什么，是什么缘故。

[三] 服食：服用丹药。道家养生术之一。

[四] 导引：导气引体。古医家、道家的养生术。

评析：

《汉书·艺文志》中也记载了魏文侯乐人窦公献《乐经》事，而窦公是否是魏文侯时期的人，是存疑的。一则，窦公不可能活到一百八十岁；二则，魏文侯距汉文帝继位已有二百二十年左右，时间不合。蔡仲德认为：“窦公其人盖属《史记》所载李少君（汉武帝时人，自称曾见齐桓公时事）一类方士，‘魏文侯时乐人’云云，便是他迎合文帝好‘神明之事’的心理而编造的欺人之谈。”（《〈乐记〉作者辩证》）由此来看，窦公可能是汉文帝时期人。

刘安

淮南王安为人好读书鼓琴[一]，不喜弋猎狗马驰骋[二]，亦欲以行阴德拊循百姓[三]，流誉天下[四]。

《史记·淮南衡山列传》卷一百一十八

注释：

[一] 淮南王安：刘安（公元前 179 年—公元前 122 年），汉高祖刘邦孙，汉文帝时嗣封淮南王。

[二] 弋猎：射猎，狩猎。狗马：犬与马，指游畋之物。

［三］阴德：暗中做的有德于人的事。拊循：安抚；抚慰。

［四］流誉：传播声誉。

评析：

据《乐府诗集》，刘安所作琴曲有《八公操》，又名《淮南操》。《古今乐录》曰：“淮南王好道，正月上辛，八公来降，王作此歌。”谢希逸《琴论》曰：“《八公操》，淮南王作也。”八公，是淮南王刘安的门客，有苏非、李尚等八人。魏、晋以来，《神仙传》等道家著作以刘安好方技，遂附会八公为神仙。

司马相如(附卓文君)

司马相如者[一]，蜀郡成都人也，字长卿。少时好读书，学击剑……素与临邛令王吉相善[二]，吉曰：“长卿久宦游不遂[三]，而来过我[四]。”于是相如往，舍都亭[五]。临邛令缪为恭敬[六]，日往朝相如[七]。相如初尚见之，后称病，使从者谢吉[八]，吉愈益谨肃[九]。临邛中多富人，而卓王孙家僮八百人[一〇]，程郑亦数百人[一一]，二人乃相谓曰：“令有贵客，为具召之[一二]。”并召令。令既至，卓氏客以百数。至日中，谒司马长卿，长卿谢病不能往，临邛令不敢尝食[一三]，自往迎相如。相如不得已，强往，一坐尽倾[一四]。酒酣，临邛令前奏琴曰[一五]：“窃闻长卿好之[一六]，愿以自娱。”相如辞谢，为鼓一再行[一七]。是时卓王孙有女文君新寡[一八]，好音，故相如缪与令相重[一九]，而以琴心挑之[二〇]。相如之临邛[二一]，从车骑，雍容闲雅甚都[二二]；及饮卓氏，弄琴，文君窃从户窥之，心悦而好之[二三]，恐不得当也[二四]。既罢，相如乃使人重赐文君侍者通殷勤。文君夜亡奔相如[二五]，相如乃与驰归成都。

《史记·司马相如列传》卷一百一十七

注释：

［一］司马相如（约公元前179年—公元前118年）：字长卿，蜀郡成都人，西汉辞赋家。有琴名“绿绮”。傅玄《琴赋·序》：“齐桓公有鸣琴曰号钟，楚庄有鸣琴曰绕梁，中世司马相如有琴曰绿绮，蔡邕有琴曰焦尾，皆名器也。”

［二］临邛，地名，今四川邛崃。相善：彼此交好。

［三］遂：达。

［四］过：探望、拜访。

［五］舍：旅馆，客舍。都亭：都邑中的传舍。秦法，十里一亭。郡县治所则置都亭。

［六］缪：诈伪。

［七］日：每天。朝：拜访。

［八］谢：推辞；拒绝。

［九］愈益：更加。谨肃：谨慎恭肃。

［一〇］僮：奴。

［一一］程郑：人名。

［一二］具：酒食之具。召：请。

［一三］尝食：进食。

［一四］一坐尽倾：谓皆倾慕其风采。

［一五］奏：进。

［一六］窃：私下；私自。多用作谦词。

［一七］行：曲。一再行：谓一二曲。

［一八］卓文君：卓王孙之女。《华阳国志》卷三谓：“文君能鼓琴。”

［一九］相重：谓相引重。

［二〇］而以琴心挑之：谓寄心于琴声以挑动卓文君。按，司马相如有《琴歌》二首，其一曰：“凤兮凤兮归故乡，遨游四海求其凰。时未遇兮无所将，何悟今兮升斯堂。有艳淑女在闺房，室迩人遐毒我肠。何缘交颈为鸳鸯，胡颉颃兮共翱翔。”其二曰：“凰兮凰兮从我栖，得托孳尾永为妃。交情通体心和谐，中夜相从知者谁？双翼俱起翻高飞，无感

我思使余悲。”

［二一］之：往，至。

［二二］都：美。

［二三］心悦而好之：谓悦其人而好其音。

［二四］当：谓合其意。

［二五］亡奔：逃奔。

评析：

后人以此故事为题材创作古琴曲《凤求凰》。

另外，司马相如在其《长门赋》中也提到了古琴的演奏：“援雅琴以变调兮，奏愁思之不可长。案流徵以却转兮，声幼妙而复扬。贯历览其中操兮，意慷慨而自卬。”

魏勃

魏勃父以善鼓琴见秦皇帝[一]。

《史记·齐悼惠王世家》卷五十二

注释：

［一］魏勃：西汉初年人，事齐王为中尉、将军，反吕后有功。“父”字或本无。秦皇帝：秦始皇。

评析：

陈直在《史记新证》中说：“始皇好音乐，用魏勃父鼓琴，高渐离击筑，《燕丹子》所称‘荆轲刺秦王时，愿听琴声而死’。其书虽为伪记，其事当有所本”，可备一说。

稷丘君

稷丘君，太山下道士也[一]。武帝时以道术受赏赐。发白再黑，齿落更生。上东巡太山，稷丘君乃冠章甫[二]，衣黄衣[三]，拥琴来迎。

《列仙传》卷上

注释：

［一］稷丘君：名不详，汉武帝时泰山道士。太山：泰山。

［二］章甫：古代一种礼帽。

［三］衣：用作动词，穿。

评析：

稷丘是复姓，因此有些文献中称这位泰山道士为“稷丘子”“稷丘君”“稷丘公”。

霍去病

《霍将军歌》者，霍去病之所作也[一]。去病为讨寇校尉，为人少言，勇而有气，使击匈奴，斩首二千[二]。复六出，斩首千余万级，益封万五千户侯，禄大将军等[三]。于是志得意欢，乃援琴而歌之曰：“四夷既获[四]，诸夏康兮[五]。国家安宁，乐无央兮[六]。载戢干戈[七]，弓矢藏兮。麒麟来臻，凤凰翔兮。与天相保，永无疆兮。亲亲百年，各延长兮！”

《琴操》卷下

注释：

［一］霍去病（公元前140年—公元前117年）：河东平阳（今山西临汾）人，西汉名将，以军功封冠军侯。

［二］斩首二千：指西汉元朔六年（公元前 123 年），霍去病跟随卫青出征匈奴事，斩首二千二十八级。这一年霍去病十八岁，为嫖姚校尉。

［三］复六出句：元狩二年（公元前 121 年），霍去病出征匈奴，斩首十万余级，加封万五千户侯，秩禄等同大将军。

［四］四夷：对少数民族的统称。

［五］诸夏：泛指中原地区。

［六］无央：无尽。

［七］载戢干戈：把兵器收藏起来。

评析：

《霍将军歌》又名《霍将军渡河操》，托名霍去病所作。霍去病前后六次军出击匈奴，屡立战功，《霍将军歌》就是歌咏其功业的琴歌，后人演绎为琴曲。

庄女

《汉武传》：庄女从东来[一]，弹落霞之琴，传《青鸾引》《仙佩迎风》。

《诚一堂琴谈》卷二

注释：

［一］庄女：生活于西汉武帝时期。

评析：

这里的《汉武传》，即汉武三传，《汉武故事》《洞冥记》和《汉武内传》。庄女之琴名曰“落霞”。

江充女弟

江充字次倩，赵国邯郸人也。充本名齐，有女弟善鼓琴歌舞[一]，嫁之赵太子丹[二]。

《汉书·江充传》卷四十五

注释：

[一] 江充女弟：江充的妹妹。江充（？—公元前91年）：字次倩，本名齐，赵国邯郸（今河北邯郸）人。

[二] 赵太子丹：西汉宗室，赵国太子刘丹。

评析：

一如李延年因有女弟“一顾倾人城，再顾倾人国”而得宠于汉武帝，这位江充也是因为自己能鼓琴、善歌舞的女弟得幸于敬肃王（赵彭祖）。

韦玄成

韦玄成有琴曰“常清”[一]，玄成，字少翁。

《说郛》卷一百《古琴疏》

注释：

[一] 韦玄成（？—公元前90年）：字少翁，鲁国邹县（今山东邹城）人。

评析：

韦玄成生平见《汉书》，官至宰相，有文采，其琴名“常清”。

苏武

苏武作《思亲操》《雁过衡阳》《霜天晓角》《忆关山》[一]。

《诚一堂琴谈》卷二

注释：

［一］苏武（公元前140年—公元前60年）：字子卿，杜陵（今陕西西安）人。

评析：

从这几首琴曲名称来看，其本事应当是苏武被扣留于匈奴之事，故此可以判断，依然是托名苏武之作。

乌孙公主弟史

乌孙公主遣女来至京师学鼓琴[一]。

《汉书·西域传》卷九十六

注释：

［一］乌孙公主：指乌孙公主解忧。乌孙公主女：乌孙公主解忧的长女弟史。

评析：

乌孙公主弟史来京师学琴事在汉宣帝时，即公元前69年，这是西域与汉朝文化交流中的重要一环。

王昭君

《怨旷思惟歌》：王昭君者，齐国王襄女也[一]。昭君年十七时，颜色皎洁，闻于国中。襄见昭君端正闲丽，未尝窥看门户，以其有异于人，求之皆不与。献于孝元帝[二]。以地远，既不幸纳，叨备后宫。积五六年，昭君心有怨旷，伪不饰其形容。元帝每历后宫，疏略不过其处。后单于遣使者朝贺，元帝陈设倡乐，乃令后宫妆出。昭君怨恚日久，不得侍列，乃更修饰，善妆盛服，形容光晖而出。俱列坐，元帝谓使者曰："单于何所愿乐？"对曰："珍奇怪物，皆悉自备。唯妇人丑陋，不如中国。"帝乃问后宫，欲以一女赐单于，谁能行者起。于是昭君喟然越席而前曰："妾幸得备在后宫，粗丑卑陋，不合陛下之心，诚愿得行。"时单于使者在旁，帝大惊悔之，不得复止。良久太息曰："朕已误矣！"遂以与之。昭君至匈奴，单于大悦，以为汉与我厚，纵酒作乐。遣使者报汉，送白璧一双，骏马十匹，胡地珠宝之类。昭君恨帝始不见遇，心思不乐，心念乡土，乃作《怨旷思惟歌》，曰："秋木萋萋，其叶萎黄。有鸟爰止，集于苞桑[三]。养育毛羽，形容生光。既得升云，获侍帷房。离宫绝旷，身体摧藏[四]。志念幽沉，不得颉颃[五]。虽得餧食[六]，心有徘徨。我独伊何，改往变常。翩翩之燕，远集西羌。高山峨峨，河水泱泱。父兮母兮，道里悠长。呜呼哀哉，忧心恻伤。"

《琴操》卷下

注释：

［一］王昭君（约公元前54年—公元前19年）：名嫱，字昭君。南郡秭归（今湖北秭归）人。按，《琴操》谓昭君为齐国（今山东）王襄（一作穰）之女。

［二］孝元帝：汉元帝。

［三］苞桑：桑树。

［四］摧藏：摧伤。

［五］颉颃：鸟上下飞。

［六］餧食：腐败的食物。

评析：

托名王昭君的琴歌《怨旷思惟歌》叙述了昭君和番的故事，具有浓烈的悲怨色彩。昭君的形象在其流变过程中，较早时作为一个历史人物形象出现在《汉书》当中，而到了蔡邕的《琴操》，则赋予了这一人物形象强烈的寄托性质，后世的文学创作多据此加以演绎。

刘向

刘向，字子政，汉世大儒，尝作琴传并颂[一]。

《琴史》卷三

注释：

［一］刘向（公元前77年—公元前6年）：字子政，沛郡丰邑（今江苏徐州）人。西汉经学家、文学家。

评析：

《汉书·艺文志》著录有刘向《琴颂》。又，《文选》李善注引有刘向《雅琴赋》。

毛女

毛女者，字玉姜[一]，在华阴山中，猎师世世见之。形体生毛，自言秦始皇宫人也。秦坏，流亡入山避难，遇道士谷春[二]，教食松叶，遂不饥寒，身轻如飞，百七十余年。所止岩中，有鼓琴声云。

《列仙传》卷下

注释：

［一］毛女：姓不详，字玉姜。

［二］谷春：据《列仙传》，谷春在汉成帝时为郎，传说病死之后尸体不冷。三年后，谷春坐县门上，家人去迎接，不肯回家。家人发棺，发现棺内有衣无尸，人们在太白山为之立祠，谷春往来即止宿于此。

评析：

这大约也是一个“乃不知有汉，无论魏晋”的故事。毛女在山中经历了秦汉交替，遇到谷春时大约已经在西汉末年了。毛女本秦始皇时期宫女，秦朝灭亡后流亡于山中，因遍体生毛，故名“毛女”，其姓氏已无考。

刘奭

元帝多材艺[一]，善史书。鼓琴瑟，吹洞箫，自度曲[二]，被歌声，分刌节度[三]，穷极幼眇[四]。

《汉书·元帝纪》卷九

注释：

［一］元帝：汉元帝刘奭（公元前74年—公元前33年），西汉皇帝。

［二］自度曲：自谱曲。

［三］分刌节度：韦昭注：“刌，切也，谓能分切句绝，为之节制也。”

［四］幼眇：微妙。

评析：

朱长文《琴史》评价汉元帝能琴时说：“为人君而知音乐，固宜去郑复雅，以成一代之乐，孝元徒能鼓之，而不闻有所更化，曷益于治哉……固一技耳。”帝王善音乐而不能有益于教化，确实是沦为技术了。

庆安世

庆安世年十五[一]，为成帝侍郎[二]，善鼓琴，能为《双凤离鸾》之曲。

《西京杂记》卷五

注释：

[一] 庆安世：西汉时期琴人。

[二] 成帝：汉成帝。

评析：

庆安世为西汉成帝时人，常出入宫中。这里需要指出的是，唐徐坚《初学记》、宋代《太平御览》、宋朱长文《琴史》皆误作“张安世”，张安世为汉武帝时期人，应当是传抄错误。

刘道强

齐人刘道强，善弹琴，能作《单鹄寡凫》之弄[一]，听者皆悲，不能自摄[二]。

《西京杂记》卷五

注释：

[一] 《单鹄寡凫》：疑即《别鹤操》。弄：曲。

[二] 摄：持。

评析：

刘道强其人其事多已亡佚，仅《西京杂记》记录了他的琴人身份。从短短的文字描述来看，《单鹄寡凫》是一首悲凉的曲子，又能看出刘道强演奏技巧高超，尤能打动听众。

赵飞燕

赵后有宝琴[一]，曰凤凰，皆以金玉隐起[二]，为龙凤螭鸾[三]，古贤列女之象。亦善为《归风》《送远》之操[四]。

《西京杂记》卷五

注释：

［一］赵后：赵飞燕（公元前45年—公元前1年），汉成帝的皇后。

［二］隐起：凸起。

［三］螭：传说中没有角的龙。鸾：凤凰一类的鸟。

［四］《归风》《送远》：一说为《归风送远》。按，《归风送远操》歌辞为："凉风起兮天陨霜，怀君子兮渺难忘，感予心兮多慨慷。"

评析：

赵飞燕贵为皇后，其凤凰琴上有各种雕饰并不奇怪，但这能让人联想到出土于湖北枣阳九连墩2号墓的战国十弦琴，也有以龙为主的浮雕。

郑子真

郑子真隐谷口[一]，作《谷口引》，鼓絙而歌[二]，绝迹市朝，又作《龙归晚洞》。

《诚一堂琴谈》卷二

注释：

［一］郑子真：名朴，字子真，谷口（今陕西礼泉）人，约生活于西汉成帝时期，隐士。

［二］鼓絙而歌：鼓弦而歌。

评析：

郑子真是西汉著名隐士，躬耕于云阳谷口，玄静守道。

赵定

《雅琴赵氏》七篇。名定，勃海人[一]，宣帝时丞相魏相所奏[二]。

《汉书·艺文志》卷三十

注释：

［一］勃海：地名，即渤海，今属河北。

［二］宣帝：汉宣帝。

龙德

《雅琴龙氏》九十九篇。名德，梁人[一]。

《汉书·艺文志》卷三十

注释：

[一] 梁：地名，今属河南。

评析：

赵定和龙德都是汉宣帝时期的琴家。又据桓谭《琴道》：“宣帝元康、神爵之间，丞相奏能鼓雅琴者，渤海赵定、梁国龙德，召见温室，拜为侍郎。”

师中

《雅琴师氏》八篇。名中，东海人[一]，传言师旷后。

《汉书·艺文志》卷三十

注释：

[一] 东海：地名，今属江苏。

评析：

《雅琴赵氏》《雅琴龙氏》《雅琴师氏》皆已亡佚。

宋胜之

宋胜之字即子，南阳安众人也[一]。游太原，从郇越牧羊[二]，以琴书自娱。

《太平御览》卷五百八

注释：

[一] 宋胜之（？—公元3年）：字即子，南阳安众（今河南南阳）人，隐士。

［二］郇越：字臣仲，西汉末年太原（今山西太原）人，隐士。

评析：

据《太平御览》记载，丞相孔光曾至太原征辟宋胜之，但宋胜之“不至”。又有一说，汉王想让天下与宋胜之，宋胜之拒绝，随后逃入山中。无论是上述哪种记载，宋胜之都应该是一个类似许由的高士。

任真卿（附虞长倩）

黄门工鼓琴者有任真卿、虞长倩[一]，能传其度数[二]，妙曲遗声。

《文选·司马绍统赠山涛诗》注

注释：

［一］任真卿、虞长倩：生平不详。工：擅长。

［二］度数：标准，规则。

评析：

任真卿两人的记载最早出于桓谭的《琴道》，《琴道》中这部分内容是从《文选·司马绍统赠山涛诗》注中辑佚而来的。

王政君

政君，即元后也[一]。卜数者相政君[二]，“当大贵，不可言。”禁心以为然[三]，乃教书，学鼓琴。

《汉书·元后传》卷九十八

注释：

［一］王政君（公元前71年—公元 13年），魏郡元城（今河北大名）人，阳平侯王禁次女，汉元帝刘奭皇后，也称“元后”。

［二］卜数：占卜等类术数。

［三］禁：王禁，王政君的父亲。

评析：

朱长文《琴史》评论说，王政君大约是因为才艺过人，才能起于微贱。

桓谭

桓谭字君山[一]，沛国相人也。父成帝时为太乐令[二]。谭以父任为郎，因好音律，善鼓琴。性嗜倡乐[三]，简易不修威仪[四]，而憙非毁俗儒[五]，由是多见排抵[六]。初，谭著书言当世行事二十九篇，号曰《新论》，上书献之，世祖善焉[七]。《琴道》一篇未成，肃宗使班固续成之[八]。

《后汉书·桓谭传》卷二十八

注释：

［一］桓谭（约公元前40年—约公元32年）：字君山，沛国相（今安徽省淮北市相山区人）人。东汉哲学家、经学家、琴家。

［二］成帝：汉成帝。太乐令：主管音乐的官。

［三］倡：俳优。

［四］简易：指性情坦率和易，不讲求礼节。

［五］憙：古同“喜”。非毁：诽谤；诋毁。非，通“诽”。

［六］排抵：排挤攻击。

［七］世祖：刘秀，庙号为世祖光武皇帝。

［八］肃宗：汉章帝刘炟，庙号为肃宗孝章皇帝。班固：字孟坚，扶风（今陕西咸阳东北）人，东汉史学家、文学家。

评析：

桓谭之事又见于《后汉书·宋弘传》："帝每燕，辄令鼓琴，好其繁声。"宋弘认为桓谭所弹的"繁声"为郑声，并说他"乱雅颂，非忠正者也"，桓谭也因此被罢官。

桓谭的《琴道》包括琴论、形制和琴曲、琴事四部分。记载的琴曲有《尧畅》《舜操》《禹操》《微子操》《文王操》《伯夷操》《箕子操》，每首琴曲都介绍了思想内容及音乐特点。

严光

严子陵隐富春山[一]，鼓琴垂纶[二]，作《秋江独钓》。

《诚一堂琴谈》卷二

注释：

［一］严光（公元前39年—公元41年）：字子陵。会稽余姚（今浙江余姚）人。

［二］垂纶：垂钓。

评析：

严光与汉光武帝刘秀是同学，但严光不慕富贵，隐居于富春山，鼓琴垂钓。宋代范仲淹建严光祠堂，自为歌曰："云上苍苍，江水泱泱，先生之风，山高水长。"

梁銮

梁銮作《平陵曲》[一]，琴名灵机，每弹琴则群鸟皆集。

《诚一堂琴谈》卷二

注释：

［一］梁銮：生平不详，姑附录于此。

评析：

类似于师旷鼓琴能使玄鹤起舞，梁銮弹琴能使群鸟皆集。这在各种乐器史上都可以见到，例如箫史吹箫，能招来孔雀、白鹤，无非是为了突出其人所奏之乐动听悦耳。

郑敬

《汝南先贤传》曰[一]：郑敬去吏[二]，隐居于蚁陂之阳，以渔钓自娱，弹琴咏诗。

《艺文类聚》卷九

注释：

［一］《汝南先贤传》：晋周斐撰，为人物传记。

［二］郑敬：字次都，汝南新蔡（今河南新蔡）人。去吏：解除吏职。

评析：

汉光武帝时，郑敬为汝南掾，后去官。

刘昆

刘昆字桓公，陈留东昏人[一]，梁孝王之胤也[二]。能弹雅琴，知清角之操。

《后汉书·儒林列传》卷七十九

注释：

[一] 刘昆（？—公元57年）：字桓公，陈留郡东昏县（今属河南）人，梁孝王刘武后人。

[二] 梁孝王：刘武，西汉人，与兄长汉景帝同为窦太后所出，汉文帝次子。胤：后代。

评析：

汉代称琴为“雅琴”。刘昆通音乐，能弹琴，为汉代经学家。

梁鸿(附孟光)

梁鸿字伯鸾，扶风平陵人也[一]。乃共入霸陵山中[二]，以耕织为业，咏诗书，弹琴以自娱。

《后汉书·逸民传·梁鸿》卷八十三

注释：

[一] 梁鸿：字伯鸾，扶风平陵（今陕西咸阳）人，生卒年不详。

[二] 共入霸陵山中：与其妻孟光共入霸陵山隐居。

评析：

“举案齐眉”的故事说的就是梁鸿与孟光。梁鸿曾作《五噫歌》讽刺统治者。

张表

张表，字公仪，奉之子也[一]。遭父丧，疾病旷年[二]，目无所见，耳无所闻。服阕[三]，医药救疗，历岁乃瘳[四]。每弹琴，恻怆不能成声，见酒肉未尝不泣。

《东观汉记》卷十六

注释：

［一］张表：字公仪，南阳（今河南南阳）人。张奉（约生活于光武帝时期）之子。

［二］旷年：多年。

［三］服阕：守丧期满除服。

［四］瘳：病愈。

评析：

汉代奉行以孝治天下，因此，躬行孝道成了多数士人的行为准则，张表就是其中之一。遭受父丧之后，因为哀毁过度而弹琴不成声，是他表达自己孝行的一种方式。

傅毅

傅毅，字仲武[一]，有琴铭曰“永宝”，科斗虫篆[二]。

《说郛》卷一百《古琴疏》

注释：

［一］傅毅（？—公元90年）：字武仲，扶风茂陵（今陕西兴平）人。东汉文学家。

［二］科斗：科斗文。虫篆：虫书。

评析：

傅毅作有《雅琴赋》，其中有句云："尽声变之奥妙，抒心志之郁滞"，则也是以琴声书写文人的情绪。

崔骃

崔骃，涿郡人，字亭伯[一]。有琴曰"卧水"。

《说郛》卷一百《古琴疏》

注释：

[一] 崔骃（？—公元92年）：字亭伯，涿郡安平（今河北安平）人。

评析：

崔骃为东汉时期文学家，《后汉书》有传。"卧水"琴有李斯小篆铭文："空桑之桐泗滨梓，丁缓造琴于箓底，弹之福降寿靡已。"

桓驎

桓驎字元龙[一]，有琴曰"丛竹流风"。

《说郛》卷一百《古琴疏》

注释：

[一] 桓驎：字元龙，一说字元凤，沛国龙亢（今安徽怀远）人。

评析：

《西王母记》就是东汉桓驎所作，其琴名"丛竹流风"。

荀淑

荀季和有琴曰龙唇[一]。

《说郛》卷一百《古琴疏》

注释：

[一] 荀季和：荀淑（公元83年—公元149年），字季和，颍川颍阴人（今河南许昌）人。

评析：

据说荀淑的龙唇琴在一个有大风雨的日子里失去了踪迹，三年之后又一个大风雨之日，有一条黑龙飞入李膺家里，李膺认为这是荀淑的龙唇琴，并送还荀淑，荀淑将其改名为“飞龙”。

马融

马融字季长[一]，扶风茂陵人。为人美辞貌[二]，有俊才。善鼓琴，好吹笛，达生任性[三]，不拘儒者之节。

《后汉书·马融列传》卷六十

注释：

[一] 马融（公元 79 年—公元 166 年）：字季长，扶风茂陵（今陕西兴平东北）人。东汉经学家。

[二] 辞貌：言语和姿态。

[三] 达生：不受世务牵累。典出《庄子·达生》：“达生之情者，不务生之所无以为。”任性：听凭秉性行事，率真不做作。

评析：

马融在其《长笛赋》中说自己："性好音律，鼓琴吹笛。"著有《琴赋》一篇。

秦嘉[一]

素琴一张，常所自弹也。

《全后汉文》卷六十六秦嘉《重报妻书》

注释：

[一] 秦嘉：字士会，陇西（今甘肃通渭）人，生活于约公元130年到170年间，汉代诗人。

评析：

《重报妻书》是秦嘉写给妻子徐淑的书信，徐淑也有书信答之，二人的赠答诗文是文学史上的佳话。

刘志

桓帝好音乐[一]，善琴笙。

《东观汉记》卷三

注释：

[一] 桓帝：东汉桓帝刘志（公元132年—公元167年），公元146至公元167年在位。

评析：

汉桓帝虽然诛杀了梁冀，但随之而来的是五侯暴恣。从"好音乐，善琴笙"这句来看，也是一个重艺术而轻国政的君王。

鲁峻

君讳峻，字仲严，山阳昌邑人[一]。闭门静居，琴书自娱。

《全后汉文》卷一百二阙名《汉故司隶校尉忠惠父鲁君碑》

注释：

［一］鲁峻（公元 111 年—公元 172 年）：字仲严，山阳昌邑人（今山东省巨野县南昌邑镇人）。

评析：

鲁峻为汉代循吏。

马明生

一弦琴，汉马明生所制[一]。于琴两肩作四峰，谓之玉峰琴，一弦清而雅。

《律吕正声》卷三十九

注释：

［一］马明生：本姓和，字君贤，临淄（今山东淄博）人，生活于东汉时期。

评析：

传说马明生成仙后，曾见神女在玉几上弹奏一弦琴，而五音具奏。（事见《春渚纪闻》）

张道

汉琴客张道作响泉琴[一]，三弦，两腰作重月形。喜作《流水》，常于水浒鼓之[二]，因作《鱼跃冰泮》二十弄。

《律吕正声》卷三十九

注释：

［一］张道：汉代人。作响泉琴。

［二］水浒：水边。

评析：

张道所制响泉琴大约能与水声相契，因此常于水边鼓《流水》之曲。

蔡邕

蔡邕字伯喈[一]，陈留圉人也。好辞章、数术、天文[二]，妙操音律。

吴人有烧桐以爨者[三]，邕闻火烈之声，知其良木，因请而裁为琴，果有美音，而其尾犹焦，故时人名曰“焦尾琴”焉。

初，邕在陈留也，其邻人有以酒食召邕者，比往而酒以酣焉[四]。客有弹琴于屏，邕至门试潜听之，曰：“憘[五]！以乐召我而有杀心，何也？”遂反[六]。将命者告主人曰[七]：“蔡君向来[八]，至门而去。”邕素为邦乡所宗[九]，主人遽自追而问其故[一〇]，邕具以告，莫不怃然[一一]。弹琴者曰：“我向鼓弦[一二]，见螳螂方向鸣蝉[一三]，蝉将去而未飞，螳螂为之一前一却[一四]。吾心耸然[一五]，惟恐螳螂之失之也。此岂为杀心而形于声者乎？”邕莞然而笑曰：“此足以当之矣[一六]。”

《后汉书·蔡邕列传》卷六十

注释：

［一］蔡邕（公元133年—公元192年）：字伯喈。陈留郡圉县（今河南省开封）人。东汉文学家、书法家。

［二］辞章：指诗词文章等。数术：用阴阳五行生克制化的数理，来推断人事吉凶，如占候、卜筮、星命等。

［三］爨：烧火做饭。

［四］比：及，等到。

［五］憘：叹息声。

［六］反：同“返”。

［七］将命：奉命、传命。

［八］向来：刚才。

［九］邦乡：乡邦，家乡。宗：尊崇。

［一〇］遽：匆忙。

［一一］怃然：惊愕貌。

［一二］向：刚才。

［一三］螳蜋：螳螂。方：正。

［一四］一前一却：一进一退。却：退。

［一五］耸然：惊惧貌。耸，通“悚”。

［一六］此足以当之矣：这足以称之为杀心了。

评析：

蔡邕是汉末最负盛名的琴家。《后汉书》所记载的这两则故事有一个共同点，即蔡邕善听。一是能听音辨器，从桐木被火焚烧发出的声音就能辨别出其为良材，从而制作成焦尾琴；一是听音而知杀心，弹琴者目睹螳螂捕蝉引而未发的紧张状态，不自觉将其代入琴音，蔡邕由此感受到琴声中的杀意，两则故事均可见蔡邕在古琴上的造诣。

据文献记载，蔡邕所作代表琴曲有《蔡氏五弄》，即《游春》《渌水》《幽居》《坐愁》《秋思》。

蔡邕有一部重要的琴学著作《琴操》。其中记载诗歌五、引九、操十二、河间杂歌二十多首。绝大多数是先秦题材，只有三首为西汉题材，并多附歌辞。同时，蔡邕对所录琴曲的写作背景和主要内容进行了介绍，值得注意的是，他还加入了与作品相关的民间故事，因此，唐吴兢《乐府古题要解》称："《琴操》纪事好与本传相违。"最著名的一例当属《广陵散》，司马迁《史记·刺客列传》中的故事原型是聂政为严仲子刺杀韩相侠累，而在《琴操》中则一变而为聂政为父报仇而刺杀韩王，其纪事与史书完全不同。

除此之外，蔡邕还写有一篇《琴赋》，其中"仲尼思归"以下几句被学界认为每一句都对应一首琴曲。同时，《琴赋》也能反映蔡邕的古琴音乐思想。

羊续

谢承《后汉书》曰：羊续为南阳太守[一]，志在矫俗[二]，裳不下膝[三]，弹琴出肘。

《太平御览》卷三百六十九

注释：

[一] 羊续（公元 142 年—公元 189 年）：字兴祖，太山平阳（今山东新泰）人。

[二] 矫俗：矫正世俗之弊。

[三] 裳：古代称下身穿的衣裙，男女皆穿。

评析：

羊续做南阳太守时，权贵之家大多崇尚豪奢，为矫正此弊，羊续经常破衣粗食，以至于裳不蔽膝，弹琴的时候露出手肘。

陈悝妻

皇甫谧《列女传》曰：下邳陈悝妻者[一]，同郡吴氏之女。汉末丧乱，流寓东城，有容色[二]，善史书，能弹琴瑟。

《太平御览》卷四百四十一

注释：

［一］陈悝妻：姓吴，下邳（江苏徐州）人，陈悝之妻。

［二］容色：容貌。

评析：

当时的东城令戚奇想投奔吕布，听说陈悝妻子有美色、善琴瑟之后，想掳为己有，因此杀掉了陈悝，令人接陈悝妻上车的时候，陈悝妻说："君隳坏都城，虏略士女，杀人之夫，欲以人妇为妻，何酷逆之甚！愿守志而死，不愿无行而生。"自刎而死。

蔡琰

蔡琰[一]，字文姬。博学有才辨[二]，又妙于音律。邕夜鼓琴，弦断。琰曰："第二弦。"邕曰："偶得之耳[三]。"故断一弦问之，琰曰："第四弦。"并不差谬[四]。

《后汉书·列女传·董祀妻》章怀注引刘昭《幼童传》

注释：

［一］蔡琰：字文姬，别字昭姬，陈留郡圉县（今河南杞县）人，东汉时期女性文学家，蔡邕之女。

［二］才辨：才智机辩。

［三］偶：偶然。

［四］差谬：错误；差错。

评析：

蔡琰是古代最为著名的女性琴人及文学家。从上述故事中可见其音乐修养。而关于琴曲《胡笳十八拍》的作者是否是蔡琰，当代学者一般持否定态度。如王小盾认为："《胡笳十八拍》这个名称联系于一种特殊的伴奏方式，也就是用拍板表示段落结束。这种方式不可能产生在唐以前，因为在魏晋南北朝时期，人们是用"节"（而不是"拍"）来为歌唱打节奏的。"（《古代音乐文学研究的观念和方法》）

陈修明(附陈由、冷仲)

汉世有会稽女子陈修者[一]，善琴。写上虞李氏数妙声[二]，以教诸女，及其子由[三]。由年二十，号为工，名闻京师。其母不善之，曰："由年五六十，乃当为工耳。"由早卒，琴道不及其母，然时人以为能。时复有冷仲亦识音[四]，善鼓琴，见由自以为不如，乃谴之曰："年少率意，声新而多杂，如作肉羹，酿瓦石其中，岂可食哉！"

《琴史》卷三

注释：

［一］陈修明：会稽（今浙江绍兴）人。汉代人。

［二］上虞：地名，今浙江上虞。

［三］由：陈修明之子。按，由未必姓陈，但因生平已不可考，姑且录其母姓，为陈由。

［四］冷仲：生平不详。

评析：

陈修明认为她的儿子要磨炼到五六十岁琴技才能称之为工，而冷仲则一针见血地指出陈由不如其母的原因：陈由琴声新且杂，譬如做肉羹的时候投入小石头，肉羹就不能吃了。

这里的“声新”，应该是汉代流行的“繁声”（可参看前文“桓谭”条），这种声音能愉悦耳目，但却失去了琴道的本真。

张津

南阳张津为交州刺史[一]，舍前圣典训[二]，废汉家法律，尝著绛帕头[三]，鼓琴烧香，读邪俗道书，云以助化[四]，卒为南夷所杀。

《三国志·孙策传》注引《江表传》

注释：

[一]张津：南阳（今河南南阳）人，建安十五年（公元210年）张津为交州刺史。

[二]典训：准则性的训示。

[三]绛帕头：红色包发头巾。

[四]化：成仙。

评析：

张津头戴绛帕头、鼓琴、烧香、读邪俗书，其目的是为了成仙。《资治通鉴》谓其好鬼神事，大概可以判断张津应当是五斗米教的信徒。

阮瑀

瑀善解音[一]，能鼓琴，遂抚弦而歌，因造歌曲曰：“奕奕天门开[二]，大魏应期运[三]。青盖巡九州[四]，在东西人怨。士为知己死，女为悦者玩。恩义苟敷畅[五]，他人焉能乱？”为曲既捷，音声殊妙，当时冠坐，太祖大悦[六]。

《三国志·魏志》二十一裴松之注引《文士傳》

注释：

[一] 阮瑀（公元165年—公元212年）：字元瑜，陈留尉氏（今河南陈留）人。阮籍之父。建安七子之一。

[二] 奕奕：高大。

[三] 应期运：顺应机运。

[四] 青盖：借指帝王。

[五] 敷畅：广为传播。

[六] 太祖：指魏太祖武皇帝曹操。

评析：

关于这首琴歌，《三国志》裴松之注认为是虚妄之词。但从阮瑀受业于蔡邕来看，他善鼓琴是能够确定无疑的，其子阮籍亦擅琴。

崔琰

崔琰字季珪，清河东武城人也[一]。以琴书自娱。

《三国志·魏书·崔琰传》卷十二

注释：

[一] 崔琰（？—公元216年）：字季珪，清河东武城（今山东武城）人。

评析：

崔琰二十九岁时跟随儒学大师郑玄学习，黄巾起义爆发，崔琰归家，以琴书自娱。据史载，崔琰眉目疏朗，为人端方正直。

张机

张机，字仲景，南阳人[一]。精于治疗，一日，入桐柏觅药草[二]，遇一病人求诊，仲景曰："子之腕有兽脉，何也？"其人以实告，乃峄山穴中老猿也[三]。仲景出囊中丸药畀之[四]，一服辄愈。明日，其人肩一巨木至，曰："此万年桐也，聊以相报。"仲景斫为二琴：一曰古猿，一曰万年。

《说郛》卷一百《古琴疏》

注释：

［一］张机（约公元150年—公元219年）：字仲景，南阳（今河南南阳）人，东汉医学家。

［二］桐柏：道观名。

［三］峄山：山名。《尚书·禹贡》曰："峄阳孤桐。"传："孤，特也。峄山之阳，特生桐，中琴瑟。"

［四］畀：给予。

评析：

张仲景医治好了前来求医的峄山老猿，老猿回报以万年之桐，张仲景即以此木斫为二琴，一名"古猿"，一名"万年"。

杜夔（附杜孟）

杜夔，字公良，河南人[一]。邃于声律[二]，聪思过人，丝竹八音[三]，靡所不能[四]。为魏太乐令[五]，绍复先代古乐[六]，皆自夔始。帝尝对宾客欲使吹笙鼓琴[七]，夔有难色，帝怒，以他事黜之[八]。或云：夔妙于《广陵散》[九]，嵇康就其子孟求得此声[一〇]。

《琴史》卷二

注释：

［一］杜夔：字公良，河南人，汉末琴家，《三国志·魏书》有传。刘籍《琴议》、朱长文《琴史》云其擅长《广陵散》。

［二］邃：精深。

［三］八音：古时对乐器的总称。按制造乐器的主要材料分金、石、土、革、丝、木、匏、竹八类。

［四］靡：无。

［五］为魏太乐令：黄初（魏文帝曹丕年号）年间，杜夔任太乐令、协律都尉。太乐令：主管音乐的官。

［六］绍复：继承复兴；继承恢复。

［七］帝：指魏文帝曹丕。

［八］黜：降职；罢免。

［九］广陵散，琴曲名。《晋书·嵇康传》："康将刑东市，太学生三千人请以为师，弗许。康顾视日影，索琴弹之，曰：'昔袁孝尼尝从吾学《广陵散》，吾每靳固之，《广陵散》于今绝矣！'"

［一〇］嵇康：字叔夜，谯国铚县（今安徽省）人。三国时期曹魏思想家、音乐家、文学家。孟：杜夔之子杜孟，一作杜猛。

评析：

杜夔在曹操执政时期曾经致力于雅乐的制作，为雅乐郎。

刘备

刘先主作《桃园吟》[一]。

《诚一堂琴谈》卷二

注释：

［一］刘先主：刘备（公元161年—公元223年），字玄德，涿郡（今河北涿州）人。

评析：

《桃园吟》所记应当是刘备、关羽、张飞桃园三结义之事，依然属于托名之作。

刘琮

《幽明录》曰：刘琮善琴[一]。

《太平御览》卷五百七十七

注释：

［一］刘琮：山阳高平（今山东邹城）人。荆州牧刘表次子。

评析：

据《幽明录》，刘琮忽然得了爱睡觉的病，经常梦见女子与他一起宴游。术士许逊说："附近有一个蒋家女鬼，喜欢弹琴作乐，恐怕是她招来的祸患。你祭奠她之后就好了。"后来刘琮果然病愈。这是个志怪小说，可信度并不高，可能是作者为了突出许逊的道术高明，因此牵强附会出这么一个故事。但附会的根基是从刘琮善琴这一点，由此生发出同样爱琴的女鬼移情于刘琮，那么刘琮善琴这一点可信度就较高了。

曹植

玉树临风：曹子建琴名[一]。

《格致镜原》卷四十六

注释：

［一］曹子建：曹植（公元192年—公元232年），字子建，沛国谯县（今安徽亳州）人。

评析：

明清以来的琴谱多认为琴曲《玉树临风》是曹植所作，应该也是托名。《格致镜原》说曹植的琴名字叫作“玉树临风”，大概还靠谱一些。

诸葛亮

孔明避暑台[一]，宅西山临水，孔明常登之鼓琴，以为《梁父吟》。

《说郛》卷六十一王韶之《南雍州记》

注释：

［一］孔明：诸葛亮（公元181年—公元234年），字孔明，号卧龙，琅琊阳都（今山东沂南）人。

评析：

宋陈振孙《直斋书录解题》著录《琴经》一卷，陈氏云：“托名诸葛亮，浅俚之甚。”《云南通志》则记载诸葛亮南征时曾弹琴，有当地人想学琴，于是诸葛亮著《琴经》。

张琗

钜鹿张琗，字子明[一]。正始元年[二]，戴鵟之鸟[三]，巢琗门阴。琗告门人曰：“夫戴鵟阳鸟，而巢门阴，此凶祥也[四]。”乃援琴歌咏，作诗二篇，旬日而卒，时年一百五岁。

《三国志·魏书·管宁附张臶传》卷十一

注释：

[一] 张臶（公元136年—公元240年）：字子明，钜鹿（今河北宁晋）人。三国时期隐士。

[二] 正始元年：公元 240 年。

[三] 戴鵀：鸟名，即戴胜。

[四] 凶祥：不祥之兆。

评析：

作为阳鸟戴胜的筑巢于门阴，张臶以之为不祥之兆，其后十日张臶去世，因此有人说“张臶恶鵀，贾谊忌鹏”（按，贾谊有《鹏鸟赋》，鹏鸟即猫头鹰，被认为是不祥之鸟）。这大概也是受汉代以来流行的谶纬之学影响，认为鸟可以预示吉凶。

顾雍

顾雍，字符叹，吴郡吴人也[一]。蔡伯喈从朔方还[二]，尝避怨于吴[三]，雍从学琴书。

《三国志·吴书·顾雍传》卷五十二

注释：

[一] 顾雍（公元 168 年—公元 243 年）：字符叹，吴郡吴县（今江苏苏州）人。三国时吴国政治家。官至丞相、平尚书事，封醴陵侯。

[二] 蔡伯喈：蔡邕。朔方：北方。

[三] 尝：曾经。

评析：

据《江表传》，顾雍清静专一，敏而易教，蔡邕惊异之余，将自己的名字赠给他（“雍”与蔡邕的“邕”同音），又因为得到过蔡邕的赞叹，故取字为“元叹”。大约是因为顾雍仕途得意，他的琴人身份反而不受人关注了。

卢女

《雉朝飞》：魏武帝宫人有卢女者[一]，七岁入汉宫，学鼓琴，特异于余妓，善为新声，能传此曲。

《乐府古题要解》卷下

注释：

［一］魏武帝：曹操。卢女：生卒年不详，后为尹更生妻。

评析：

《雉朝飞》为独沐子所作，魏武帝宫中卢女能弹奏此曲。魏明帝曹叡死（公元239年）后，卢女被放出宫，嫁给尹更生。

吕乂

吕乂字季阳，南阳人也[一]。少孤，好读书鼓琴。

《三国志·蜀书·吕乂传》卷三十九

注释：

［一］吕乂（？—公元251年）：字季阳，南阳（今河南南阳）人。

评析：

吕乂为人耿介，有文才，蜀后主刘禅延熙九年拜相，替代董允为尚书令。

孙登

孙登字公和，汲郡共人也[一]。无家属，于郡北山为土窟居之，夏则编草为裳，冬则被发自覆[二]。好读《易》，抚一弦琴，见者皆亲乐之。

《晋书·隐逸传》卷九十四

注释：

［一］孙登：公和，汲郡共（今河南辉县）人。

［二］被发：谓发不束而披散。

评析：

中国古代，古琴的弦数并没有统一为七弦，而是有不同弦数，如一弦、五弦、七弦、九弦、十弦乃至二十弦等，孙登所抚即为一弦琴。据史书记载，阮籍、嵇康都曾经与其交往。

阮籍

阮籍，字嗣宗，陈留尉氏人也[一]。籍容貌瑰杰[二]，志气宏放[三]，傲然独得[四]，任性不羁[五]，而喜怒不形于色。或闭户视书，累月不出[六]；或登临山水，经日忘归。博览群籍，尤好《庄》《老》。嗜酒能啸，善弹琴。当其得意，忽忘形骸[七]。时人多谓之痴。

《晋书·阮籍传》卷四十九

注释：

［一］阮籍（公元 210 年—公元 263 年）：字嗣宗。陈留（今河南陈留）尉氏人。竹林七贤之一。曾任步兵校尉，世称“阮步兵”。

［二］瑰杰：俊美奇伟。

［三］宏放：宏伟旷达。

［四］傲然：魏晋时人的常用语，为自足的意思。独得：犹自在，自得。

［五］任性：听凭秉性行事，率真不做作。不羁：谓才行高远，不可拘限。

［六］累月：多月；接连几月。

［七］当其得意，忽忘形骸：因高兴而物我两忘。

评析：

有《乐论》。相传琴曲《酒狂》即阮籍所作。

季流子

昔季流子向风而鼓琴[一]，听之者泣下沾襟。弟子曰：“善哉鼓琴，亦已妙矣。”季流子曰：“乐谓之善，哀谓之伤，吾为哀伤，非为善乐也。”

《乐论》

注释：

［一］季流子：其人其事无可考证。

评析：

实际上，季流子只是阮籍为了证明自己的音乐观点而虚拟出来的一个人物。

嵇康(附袁准)

嵇康，字叔夜，谯国铚人也[一]。身长七尺八寸，美词气，有风仪，而土木形骸，不自藻饰，人以为龙章凤姿，天质自然。学不师受，博览无不该通[二]，长好《老》《庄》。与魏宗室婚，拜中散大夫。常修养性服食之事[三]，弹琴咏诗，自足于怀。康将刑东市，太学生三千人请以为师，弗许。康顾视日影，索琴弹之，曰："昔袁孝尼尝从吾学《广陵散》[四]，吾每靳固之[五]，《广陵散》于今绝矣！"时年四十。海内之士，莫不痛之。帝寻悟而恨焉[六]。初，康尝游于洛西，暮宿华阳亭，引琴而弹。夜分，忽有客诣之，称是古人，与康共谈音律，辞致清辩，因索琴弹之，而为《广陵散》，声调绝伦，遂以授康，仍誓不传人，亦不言其姓字。

《晋书·嵇康传》卷四十九

注释：

[一] 嵇康（公元224年—公元263年）：字叔夜，谯国铚县（今安徽宿县）人。因官至中散大夫，故称"嵇中散"，三国时期曹魏音乐家、文学家。

[二] 该通：博通。

[三] 服食：服用丹药，道家养生术之一。

[四] 袁孝尼：袁准，约公元220至300年间在世，字孝尼，陈郡阳夏（今河南太康）人，以儒学知名。

[五] 靳固：吝惜。

[六] 寻：不久。

评析：

关于《广陵散》一曲及其后世流传情况，目前学术界多有论辩，文繁不赘。

嵇康所作琴曲，相传有嵇氏四弄。四弄的曲名说法不一，例如僧居月的《琴曲谱录》认为是《长青》《短青》《高引望》《长侧》，而陈旸《乐书》则记录为《长清》《短清》《长侧》《短侧》。《琴议》又云："隋炀帝以嵇氏四弄、蔡氏五弄，通谓之九弄。"另外，《乐府诗集》引《琴集》云，琴曲《风入松》也是嵇康所作。

在古琴史上，除了《广陵散》，备受关注的是嵇康的《琴赋》。本篇对琴的材质、声音、演奏、功用进行了详细描述，清人何焯评论说："音乐诸赋，虽微妙古奥不一，而精当完密，神解入微，当以叔夜此作为冠。"

张尚

张尚[一]，孙皓时为侍郎[二]，以言语辩捷见知[三]，擢为侍中、中书令[四]。皓使尚鼓琴，尚对曰："素不能[五]。"敕使学之[六]。后晏言次说琴之精妙[七]，尚因道"晋平公使师旷作清角，旷言吾君德薄，不足以听之[八]"。皓意谓尚以斯喻己[九]，不悦。

《三国志·吴书》卷五十三

注释：

[一] 张尚：三国时期吴国人，广陵郡（今江苏省扬州市）人，张纮之孙。

[二] 孙皓：三国时吴国皇帝。公元264至公元280年在位，专横残暴，后归降晋。侍郎：官名。汉制，郎官入台省，三年后称侍郎。

[三] 辩捷：能言善辩，才思敏捷。见知：受到知遇。

[四] 擢：举拔；提升。侍中：官名。秦始置，两汉沿置，为正规官职外的加官之一。因侍从皇帝左右，出入宫廷，与闻朝政，逐渐变为亲信贵重之职。魏晋以后，曾相当于宰相。中书令：官名。三国时魏以中书令与中书监同掌机要，监与令地位相同。蜀吴不设监，唯置中书令。

[五] 素：平素；向来。

[六] 敕：告诫，诫饬。汉时凡官长告谕僚属，尊长告谕子孙皆称敕。南北朝以后始专称皇帝的诏命。

［七］言次：言谈之间。

［八］晋平公使师旷弹清角事：见前文。

［九］皓意谓尚以斯喻己：此句是说孙皓以为张尚以晋平公这件事来比喻自己。

评析：

张尚是东吴名臣张纮的孙子，《江表传》称其有俊才。张尚以言语辩捷见知，也以言语辩捷得罪，最后为孙皓诛杀。

阮瞻

阮瞻字千里[一]。性清虚寡欲[二]，自得于怀。读书不甚研求，而默识其要[三]，遇理而辩，辞不足而旨有余[四]。善弹琴，人闻其能，多往求听，不问贵贱长幼，皆为弹之。神气冲和[五]，而不知向人所在[六]。内兄潘岳每令鼓琴[七]，终日达夜，无忤色[八]。由是识者叹其恬澹[九]，不可荣辱矣。

《晋书·阮瞻传》卷四十九

注释：

［一］阮瞻：字千里，陈留尉氏（今河南）人。“竹林七贤”之一阮咸之子。

［二］清虚：清净虚无。

［三］默识其要：暗中记住要点。语出《论语·述而》：“默而识之。”识：记。

［四］辞不足而旨有余：言语不多而旨趣有余。

［五］冲和：虚静平和。

［六］向人：指来听琴的人。

［七］内兄：妻子的哥哥。潘岳：字安仁，荥阳中牟（今河南中牟）人。西晋著名文学家。

［八］忤色：怨怒之色。

［九］恬澹：清静淡泊。

评析：

阮瞻能为达官贵人弹琴，也能为平民百姓弹琴，他的这种清静淡泊使得荣辱不加其身，受到人们的赞誉。

苏轼曾两次将阮瞻的通达恬淡与人对比，一次是与东晋古琴名家戴逵进行对比。当时官居太宰的武陵王司马晞，派人召戴逵到太宰府去演奏。戴逵当着使者的面将琴砸碎，说："戴安道不为王门伶人。"而阮瞻面对同样是高官的潘岳弹琴，则"无忤色"。由此，苏轼的结论是"余以谓安道之介，不如千里之达。"（《戴安道不及阮千里》）认为戴逵的狷介不如阮瞻的通达。

一次是将阮瞻与唐代的画家阎立本进行对比。据史书记载，唐太宗与侍臣泛舟春苑池，见水上有一异鸟，因此命侍臣赋诗，而召阎立本作画。当时阎立本"俯伏池左，研吮丹粉"（《新唐书·阎立本传》），自觉羞愧难当，认为自己身为主爵郎中，却"与厮役等"，回家告诫其子不要再学习绘画了。苏轼评论说："使立本如千里之达，其谁能以画师辱之？"（《书朱象先画后》）或许因为苏轼本身就是旷达之人，因此对同样通达的阮瞻颇为推崇。

阮咸

《琴集》曰："《三峡流泉》，晋阮咸所作也[一]。"

《乐府诗集》卷六十

注释：

［一］阮咸：生卒年不详，字仲容，陈留尉氏（今河南开封）人，晋代音乐家。

评析：

据《晋书》记载，阮咸妙解音律，善弹琵琶。当时所谓琵琶即阮，阮咸创制。

公孙宏

谯人公孙宏少孤贫[一]，客田于河阳[二]，善鼓琴，颇能属文。

《晋书·潘岳传附公孙宏》卷五十五

注释：

[一] 公孙宏（？—公元 291 年）：谯国（今安徽亳州）人。

[二] 客田：租种田地。

评析：

公孙宏因善鼓琴、能属文得到当时权臣潘岳的厚待。

潘岳

潘岳作《桃园春晓》[一]。

《诚一堂琴谈》卷二

注释：

[一] 潘岳（公元247年—公元300年）：字安仁，荥阳中牟（今河南中牟）人。西晋文学家。

评析：

此说不足为据，应当是明清时期琴人假托潘岳之名作《桃园春晓》。

嵇绍

嵇绍字延祖，魏中散大夫康之子也[一]。

齐王冏既辅政[二]，大兴第舍[三]，骄奢滋甚[四]。绍尝诣冏谘事[五]，遇冏燕会[六]，召董艾、葛旟等共论时政[七]。艾曰："嵇侍中善于丝竹[八]，公可令操之。"左右进琴，绍推不受。冏曰："今日为欢，卿何吝此邪！"绍对曰："公匡复社稷[九]，当轨物作则[一〇]，垂之于后。绍虽虚鄙[一一]，忝备常伯[一二]，腰绂冠冕[一三]，鸣玉殿省[一四]，岂可操执丝竹，以为伶人之事！若释公服从私宴[一五]，所不敢辞也。"冏大惭。艾等不自得而退。

《晋书·嵇绍传》卷八十九

注释：

［一］嵇绍（公元253年—公元304年）：字延祖，谯郡铚（今安徽宿县）人。嵇康之子。

［二］齐王冏：司马冏（？—公元302年），字景治，河内温县（今河南温县）人。西晋宗室。其父司马攸死后，袭爵齐王。辅政：赵王司马伦图谋篡位，司马冏起兵诛之，拜为大司马，加九锡，决断朝政，而任用小人，不复朝觐，最后为长沙王所诛。

［三］第舍：宅第，住宅。

［四］滋：更加，愈益。

［五］诣：晋谒；造访。谘事：询问政事。

［六］燕：同"宴"。

［七］董艾：字叔智，少好功名，不修士检。冏败被诛。葛旟：字虚旟，与董艾等人专威弄权，冏败被诛。

［八］嵇侍中：指嵇绍，嵇绍当时官任侍中。

［九］匡复：挽救国家，使转危为安。匡复社稷：当指司马冏诛赵王事。

［一〇］轨物：轨范，准则。

［一一］虚鄙：虚伪卑鄙。

［一二］忝：羞辱，有愧于，常用作谦辞。常伯所著《书·立政》一书中说："王左右、

常伯、常任。” 孔颖达疏：“王之亲近左右，常所长事，谓三公也；常所委任，谓六卿也。”后世因称天子左右之官如侍中、散骑常侍为常伯，嵇绍官侍中，故云。

[一三] 绂：同“韨”。指古代系印的丝带。冠冕：古代帝王、官员所带的帽子。

[一四] 鸣玉：古人在腰间佩带玉饰，行走时使之相击发声，此处喻指做官。殿：指皇帝所居。省：省中，诸公所居。

[一五] 释：脱掉，解下。公服：官吏的礼服。

评析：

《琴史》评价嵇绍说：“可谓自重其艺。”确实如此。

左思

左思，字太冲，齐国临淄人也[一]。思小学钟、胡书及鼓琴[二]，并不成。

《晋书·左思传》卷九十二

注释：

[一] 左思（约公元250年—公元305年）：字太冲，齐国临淄（今山东临淄）人。西晋著名文学家。

[二] 钟、胡书：钟繇和胡昭的书法。

评析：

据明清时期琴书记载，左思曾作琴曲《谷口引》及《幽兰》，应为托名。

潘尼

潘正叔尼有琴[一]，题曰“抱寝”，八分书[二]。

《说郛》卷一百《古琴疏》

注释：

[一] 潘正叔：潘尼（约公元250年—约公元311年），字正叔，荥阳中牟（今河南中牟）人，西晋文学家。

[二] 八分书：隶书的一种，也称“分书”或“分隶”。

评析：

所谓“抱寝”，大约就是潘尼自己所说的“枕鸣琴以俟远致”的意思吧。

顾荣(附张翰)

顾荣，字彦先，吴国吴人也[一]。机神朗悟[二]，弱冠仕吴[三]，为黄门侍郎、太子辅义都尉[四]。吴平[五]，与陆机兄弟同入洛[六]，时人号为“三俊”。

荣素好琴，及卒，家人常置琴于灵座[七]。吴郡张翰哭之恸[八]，既而上床鼓琴数曲，抚琴而叹曰：“顾彦先复能赏此不[九]？”因又恸哭，不吊丧主而去[一〇]。

《晋书·顾荣传》卷六十八

注释：

[一] 顾荣（？—公元312年）：字彦先。吴郡吴县（今江苏苏州）人。西晋名士，顾雍之孙。

[二] 机神：机灵，敏捷。朗悟：颖悟，敏悟。

[三] 弱冠：古时以男子二十岁为成人，初加冠，因体犹未壮，故称“弱冠”。《礼记·曲

礼上》："二十曰弱，冠。"孔颖达疏："二十成人，初加冠，体犹未壮，故曰弱也。"后遂称男子二十岁或二十几岁的年龄为弱冠。

［四］黄门侍郎：官名。因给事于黄门，故名，省称黄门郎。官名。太子辅义都尉：三国吴置，为太子的护卫官。

［五］吴平：吴国灭亡。

［六］陆机兄弟：陆机、陆云。陆机，字士衡。陆云，字士龙，吴郡吴县华亭（今上海松江）人，兄弟二人皆为西晋文学家。洛：即洛阳。

［七］灵座：指新丧既葬，供神主的几筵。

［八］吴郡张翰：张翰，字季鹰，吴郡吴县（今江苏苏州市）人。西晋文学家。有清才，善属文，性格放纵不拘，时人比之为阮籍，号为"江东步兵"。

［九］不：同"否"。

［一〇］吊：祭奠死者或对遭丧事及不幸者给予慰问。丧主：丧事的主持人。旧丧礼以死者嫡长子为丧主；无嫡长子，则以嫡长孙充任。若当家无丧主，则依次以五服内亲、邻家、里尹来担任。

评析：

张翰凭吊顾荣事又见于《世说新语·伤逝》。张翰以鼓琴的方式祭奠同样爱琴的好友顾荣，颇有伯牙摔琴谢知音的意味，其行事任诞，又有魏晋名士的风格。

贺循

会稽贺循赴命入洛[一]，经吴阊门[二]，于船中弹琴。翰初不相识[三]，乃就循言谭[四]，便大相钦悦[五]。

《晋书·张翰传》卷九十二

注释：

［一］贺循（公元260年—公元319年），字彦先。会稽郡山阴县（今浙江绍兴）人。两晋时期名臣。节操高厉，好学博闻，尤善三礼。与顾荣等友善，《晋书》有传。

［二］阊门：城门名，在今江苏省苏州市城西。

［三］翰：张翰。张翰事见前文。

［四］就：凑近。谭：同“谈”。谈说。

［五］钦悦：虔诚悦服。

评析：

贺循与当时的名士薛兼、纪瞻、闵鸿、顾荣齐名，号为“五俊”。刚到洛阳的时候，司空张华很赏识他们，说：“皆南金也。”南金指南方优秀的人才。

李廞

李廞字宗子，江夏钟武人[一]。好学，善草隶。躄疾不能行坐[二]，常仰卧弹琴，读诵不辍。

《世说新语·栖逸》注引《文字志》

注释：

［一］李廞：字宗子，江夏钟武（今河南信阳）人。

［二］躄疾：瘸腿。

评析：

仰卧而能弹琴，李廞异于常人如是。

氾腾

氾腾字无忌，敦煌人也[一]。柴门灌园，琴书自适。

《晋书·隐逸·氾腾传》卷九十四

注释：

[一] 氾腾：字无忌，敦煌（今甘肃敦煌）人。

评析：

氾氏是汉晋时期敦煌的名门望族，氾腾晋惠帝时举孝廉，后因天下大乱，杜门不出，以琴书自娱。

孔衍

《琴操》三卷：晋广陵相孔衍撰[一]。

《隋书·经籍志》卷三十二

注释：

[一] 孔衍（公元268年—公元320年）：字舒元，西晋鲁国（今山东）人，孔子第二十二世孙。

评析：

关于《琴操》的作者，曾经有孔衍或蔡邕两种说法。对此四库馆臣有详细论述，得出的结论是《琴操》的作者为蔡邕，现当代学者如逯钦立等人也持此观点。本书附录孔衍，仅供参考。

刘琨

刘琨，字越石，中山魏昌人[一]。琨少而俊伟，洞晓音律，其在晋阳，尝为胡骑所围数重，城中窘迫无计，琨乃乘月登楼清啸，贼闻之皆凄然长叹。中夜奏胡笳，贼又流涕歔欷，有怀土之意，向晓复吹之[二]，贼并弃围走。琴家又称琨作《胡笳五弄》：所谓《登陇》《望秦》《竹吟风》《哀松露》《悲汉月》[三]。

《琴史》卷四

注释：

[一] 刘琨（公元270年—公元318年）：字越石，中山魏昌（今河北无极）人。

[二] 向晓：拂晓。

[三] 望秦：原文脱秦字，今据《文献通考》补入。

评析：

闻鸡起舞说的就是祖逖与刘琨。刘琨工文学，懂音律。

按，陈旸《乐书》说："晋，楚人刘琨世为乐吏，制《胡笳五弄》。"则陈旸所谓刘琨为楚地人，且世代为乐官，并非朱长文所记刘琨。疑朱长文所记为误，姑录于此，容后考证。

谢鲲

谢鲲，字幼舆，陈国阳夏人也[一]。少知名，通简有高识[二]，不修威仪，好《老》《易》，能歌善鼓琴，王衍、嵇绍并奇之[三]。

太傅东海王越闻其名[四]，辟为掾[五]，任达不拘[六]，寻坐家僮取官稿除名[七]。于时名士王玄、阮修之徒[八]，并以鲲初登宰府[九]，便至黜辱[一〇]，为之叹恨。

鲲闻之，方清歌鼓琴，不以屑意[一一]，莫不服其远畅[一二]，而恬于荣辱[一三]。邻家高氏女有美色，鲲尝挑之，女投梭[一四]，折其两齿。时人为之语曰："任达不已[一五]，幼舆折齿。"鲲闻之，傲然长啸曰："犹不废我啸歌。"

《晋书·谢鲲传》卷四十九

注释：

[一]谢鲲（公元281年—公元324年）：字幼舆，陈郡阳夏县（今河南太康县）人。晋朝名士。

[二]通简：豁达，不拘礼节。

[三]王衍：字夷甫。琅邪郡临沂县（今山东临沂北）人。西晋时玄学家。嵇绍：字延祖。谯国铚县（今安徽）人。嵇康之子。

[四]太傅东海王越：司马越，字符超，西晋河内温（今河南温县）人。因讨杨骏有功，封东海王。

[五]辟：征召；荐举。掾：官府中佐助官吏的通称。

[六]任达：放任旷达。

[七]寻：不久。坐：获罪。

[八]于时：当时。王玄：字眉子，王衍之子，有俊才，与卫玠齐名。阮修：字宣子，善清谈。

[九]宰府：宰相办公之所。

[一〇]黜辱：贬斥受辱。黜：贬降，罢退。

[一一]屑意：犹介意。

[一二]远畅：高远豁达。

[一三]恬：安于，淡泊。

[一四]梭：织布机中牵引纬线的织具，形如枣核。

[一五]不已：不止。

评析：

谢鲲大概是最为疏狂的琴人了。"非礼"邻女而被其折断两齿的故事就是后世的成语

“投梭折齿”。由此来看，魏晋时期的琴，已经不仅仅原来的仪礼之器、圣人之器了，同时也是文人的风度之器。

董景道

董景道字文博，弘农人也[一]。少而好学。永平中[二]，知天下将乱，隐于商洛山，衣木叶，食树果，弹琴歌笑以自娱。

《晋书·儒林·董景道》卷九十一

注释：

[一] 董景道：字文博，弘农（今河南灵宝）人。

[二] 永平：晋惠帝年号，公元 291 年。

评析：

董景道在战乱频仍的西晋初年，隐居商洛山，穿木叶，吃树果，以琴诗自娱。

王敬伯(附刘妙容)

王敬伯[一]，会稽余姚人。洲渚中，升亭而宿。是夜，月华露轻。敬伯鼓琴，感刘惠明亡女之灵[二]，告敬伯，就体如平生，从婢二人[三]。敬伯抚琴而歌曰：“低露下深幕，垂月照孤琴。空弦益宵泪，谁怜此夜心。”女乃和之曰：“歌宛转，情复哀，愿为烟与雾，氛氲同共怀。”

《太平御览》卷五百七十七

注释：

[一] 王敬伯：会稽余姚（今浙江余姚）人。

[二] 刘惠明亡女：据《乐府诗集》，刘惠明亡女即刘妙容，字雅华，刘惠明之女。

[三] 从婢二人：据《乐府诗集》，大婢名春条，小婢名桃枝，皆善弹箜篌及《宛转歌》。

评析：

关于王敬伯弹琴致刘妙容鬼魂相见之事，《续齐谐记》《乐府诗集》《太平御览》均有记载。据《乐府诗集》，刘妙容抚琴挥弦，弹奏《楚明君》一曲。

刘曜

刘曜字永明[一]。幼而聪慧，有奇度。自以形质异众，恐不容于世，隐迹管涔山[二]，以琴书为事。

《晋书·刘曜载记》卷一百三

注释：

[一] 刘曜（？—公元 329 年）：字永明，新兴郡（今山西忻州）人，匈奴族。十六国时前赵国君，公元 318 至公元 329 年在位。

[二] 管涔山：在今山西忻州。

评析：

刘曜善属文，工草隶，又能琴。

沈玩

沈玩琴曰：“霜霄铁马[一]。”

《说郛》卷一百《古琴疏》

注释：

[一] 沈玩：一作沈充，晋车骑将军。

评析：

《宋书·乐志》记载沈玩制《前溪歌》，由此可以推断，沈玩应当精通音律。

何琦

何琦，字万伦[一]，养志衡门[二]，不交人事，耽玩典籍，以琴书自娱。

《晋书·何琦传》卷八十八

注释：

[一] 何琦（约公元 292 之前—公元 373 年之前）：字万伦，繁昌（今安徽繁昌）人。

[二] 衡门：简陋的地方。

评析：

何琦以孝行著名于当世，曾著《三国评论》。

王徽之(附王献之)

王徽之字子猷[一]。性卓荦不羁[二]。献之卒[三]，徽之奔丧不哭，直上灵床坐，取献之琴弹之，久而不调[四]，叹曰："呜呼子敬，人琴俱亡！"因顿绝[五]。先有背疾，遂溃裂，月余亦卒。

《晋书·王徽之传》卷八十

注释：

[一]王徽之（公元338年—公元386年）：字子猷，东晋名士、书法家，王羲之第五子，王献之之兄。

[二]卓荦不羁：卓越超群，不甘受拘束。

[三]献之（公元344年—公元386年）：王献之，字子敬。东晋著名书法家、诗人、画家，王羲之第七子。与王羲之并称“二王”。

[四]不调：谓琴音不调。

[五]顿绝：昏厥。

评析：

据《晋书》《世说新语·任诞》记载，王徽之曾经偶遇桓伊，听说其善吹笛，并请一奏，桓伊虽然当时已经是显贵，但仍然为徽之吹出三弄之调，宾主双方没有交谈一句，这也是琴曲《梅花三弄》的典故。

段由夫

《金徽变化篇》曰：段由夫携琴就松风涧响之间[一]，曰：“三者皆自然之声，正合类聚。”

《云仙散录·三声类聚》

注释：

[一]段由夫：约生活于东晋时期。

评析：

在段由夫看来，琴、松风、涧泉，三者皆属于自然之声，正可相应。

戴逵(附戴述)

戴逵，字安道，谯国人也[一]。少博学，好谈论，善属文，能鼓琴，工书画，其余巧艺靡不毕综[二]。性不乐当世，常以琴书自娱。太宰、武陵王晞闻其善鼓琴[三]，使人召之，逵对使者破琴曰："戴安道不为王门伶人！"晞怒，乃更引其兄述[四]。述闻命欣然，拥琴而往。

《晋书·隐逸·戴逵传》卷九十四

注释：

[一] 戴逵（公元326年—公元396年），字安道，谯郡（今安徽）人，居会稽剡县（今浙江绍兴嵊州市）。东晋名士。

[二] 靡：无。综：治理。

[三] 太宰、武陵王晞：即司马晞，字道叔，河内温县（今河南省温县）人。东晋宗室，太兴元年受封为武陵王，永和八年，升任太宰。

[四] 更：替代，替换。戴述：戴逵之兄，亦善琴。

评析：

戴逵因破琴事以气节名世，后人多形诸歌咏，如元代陈景仁《秋晚西湖寄兴》："安道破琴方有节，徽之拄笏本无心。"书画家赵孟頫亦有《戴安道破琴图》。

赵整

苻坚末年好色[一]，宠幸鲜卑。有赵整者援琴歌曰[二]："昔闻盟津河[三]，千里作一曲。此水本清白，是谁乱使浊。"

《天平御览》卷五百七十七

注释：

[一]苻坚（公元338年—公元385年）：字永固，临渭（今甘肃秦安）人，氐族。十六国时期前秦国君。

[二]赵整：宦者。余事不详。

[三]盟津：今河南孟津。

评析：

赵整用两首琴歌讽谏苻坚，还有一首是："北园有枣树，布叶垂重阴。外虽多棘刺，内实有赤心。"棘刺是说忠言逆耳，赤心是说自己有赤胆忠心。

刘元

刘元，字幼祖[一]，少与武帝善，而轻何无忌[二]，遂不相得[三]，乃去游吴郡虎邱山，心欲留焉，夜临风长啸，对月鼓琴于剑池上。

《异苑》卷六

注释：

[一]刘元：字幼祖，南朝宋武帝时期人。

[二]武帝：指宋武帝刘裕。何无忌（？—公元410年），字无忌，东晋将领。

[三]相得：彼此投合。

评析：

刘元鼓琴使神女夜出，颇荒诞，但《异苑》为小说集，则诸多情节本出于虚构，否则，如何吸引读者呢？

韦高

京兆韦高慕阮籍之为人[一]，居母丧，弹琴饮酒。

《晋书·姚兴传》卷一百十七

注释：

[一] 韦高：京兆（今陕西西安）人。生活于十六国后秦姚兴统治时期（公元366年—公元416年）。

评析：

居母丧弹琴饮酒是不合礼法的，韦高模仿阮籍的行为，引起了儒者的激烈反对，给事黄门侍郎古成诜得知韦高任诞的行为之后，说："吾当私刃斩之，以崇风教。"持剑寻找韦高，韦高恐惧逃跑，终身不敢见古成诜。

周续之

宋周道祖续之不仕不娶[一]，注嵇康《高士传》，善弹琴。

《诚一堂琴谈》卷二

注释：

[一] 周道祖续之：周续之（公元 377 年—公元 423 年），字道祖，雁门广武（今山西代县）人。

评析：

周续之与刘遗民、陶渊明被称为"浔阳三隐"。

杜慧度

杜慧度，交址朱鸢人也[一]。本属京兆。曾祖元，为宁浦太守[二]，遂居交址。慧度布衣蔬食，俭约质素[三]，能弹琴，颇好《庄》《老》。禁断淫祀[四]，崇修学校。岁荒民饥，则以私禄赈给。为政纤密[五]，有如治家，由是威惠沾洽[六]，奸盗不起，乃至城门不夜闭，道不拾遗。

《宋书·良吏·杜慧度传》卷九十二

注释：

[一] 杜慧度（公元374年—公元423年）：祖籍京兆（今陕西西安），自曾祖移居交址朱鸢（今越南河内东南），东晋、刘宋之际的大臣。

[二] 宁浦：地名，在今广西。

[三] 俭约：俭省；节约。质素：有操守；俭朴。

[四] 禁断：禁止，使不再发生；禁绝。淫祀：过度的祭祀；不当祭的祭祀，妄滥之祭。

[五] 纤密：细密。

[六] 威惠：犹维恩。声威和恩泽。沾洽：普遍受惠。

评析：

作为交址人，能弹琴，好《庄》《老》，说明杜慧度崇尚道家思想，且受到中原玄学风气的影响。

马江

君讳江，字符海者，济阴乘氏人[一]。长有令称[二]，通《韩诗经》[三]，赞业圣典[四]，左书右琴。

《全后汉文》卷一百一阙名《郎中马江碑》

注释：

［一］君讳江：马江（公元 397 年—公元 426 年），字符海，济阴乘氏（今山东菏泽巨野县西南）人。

［二］令称：好名声。

［三］《韩诗经》：汉代韩婴所传授的《诗经》。

［四］赞业：研治阐释。

评析：

马江少年时期即聪明有度，汉桓帝时期举孝廉，官至郎中。

陶潜

陶潜字元亮[一]。性不解音，而畜素琴一张[二]，弦徽不具[三]，每朋酒之会[四]，则抚而和之，曰："但识琴中趣，何劳弦上声！"

《晋书·隐逸·陶潜传》卷九十四

注释：

［一］陶渊明（公元 352 年或 365 年—公元 427 年）：字元亮，又名潜，私谥"靖节"，世称靖节先生，浔阳柴桑（今江西九江）人。东晋末至南朝宋初期诗人。

［二］素琴：不加装饰的琴。

［三］徽：古琴琴面十三个指示音节的标识。

［四］朋酒：谓亲友聚饮。

王韶之

王韶之琴曰“西省晨风”[一]。韶之，字休泰。

《说郛》卷一百《古琴疏》

注释：

[一]王韶之（公元380年—公元435年）：字休泰，琅邪临沂（今山东临沂）人。《南史》有传。

评析：

王韶之博学而有文采，曾制作宗庙歌辞。

戴颙(附戴勃)

戴颙字仲若，谯郡铚人也[一]。父逵，兄勃[二]，并隐遁有高名[三]。颙年十六，遭父忧[四]，几于毁灭[五]，因此长抱羸患[六]。以父不仕，复修其业。父善琴书，颙并传之，凡诸音律，皆能挥手[七]。会稽剡县多名山[八]，故世居剡下。颙及兄勃，并受琴于父，父没[九]，所传之声，不忍复奏，各造新弄[一〇]，勃五部，颙十五部。颙又制长弄一部，并传于世。中书令王绥常携宾客造之[一一]，勃等方进豆粥，绥曰：“闻卿善琴，试欲一听。”不答，绥恨而去。

衡阳王义季镇京口[一二]，长史张邵与颙姻通[一三]，迎来止黄鹄山[一四]。山北有竹林精舍[一五]，林涧甚美，颙憩于此涧，义季亟从之游[一六]，颙服其野服[一七]，不改常度[一八]。为义季鼓琴，并新声变曲，其三调《游弦》《广陵》《止息》之流[一九]，皆与世异。

《宋书·隐逸·戴颙传》卷九十三

注释：

[一] 戴颙（公元 377 年—公元 441 年）：字仲若，谯郡铚县（今安徽濉溪）人。

[二] 逵：戴逵。勃，即戴勃，生卒年不详。

[三] 隐遁：隐居远避尘世。

[四] 父忧：指父丧。

[五] 几：将近；几乎。毁灭：因居丧过哀而亡身。

[六] 羸患：犹羸疢，久治不愈的病。

[七] 挥手：谓弹奏古琴。三国魏嵇康《琴赋》："伯牙挥手，钟期听声。"

[八] 会稽：郡名。秦置，今江苏省东部及浙江省西部地区。剡县：汉景帝时置剡县，属会稽郡，今属浙江嵊州市。

[九] 没：通"殁"。死。

[一〇] 弄：乐曲，曲调。

[一一] 王绥：字彦猷，少有美称，实则鄙而无行。桓玄篡位，为中书令。《晋书》有传。常，通"尝"，曾经。造：造访。

[一二] 衡阳王义季：刘义季，字师护，彭城（今江苏徐州市）人，南朝宋宗室，元嘉时期封衡阳王。镇：镇守，驻守。京口：今江苏镇江市。

[一三] 长史张邵：张邵，字茂宗，吴郡吴县（今江苏苏州市）人。南北朝时期刘宋开国功臣，江夏王刘义恭镇江陵，以为抚军长史。《宋书》有传。姻通：谓有姻亲之谊。

[一四] 黄鹄山：今湖北省武汉市蛇山，又名黄鹤山，西北二里有黄鹄矶。世传仙人子安乘黄鹄过此，有黄鹤楼在其上。北魏郦道元《水经注·江水三》："船官浦东，即黄鹄山，林涧甚美，谯郡戴仲若野服居之。"

[一五] 精舍：房舍。

[一六] 亟：屡次。

[一七] 野服：村野平民的服装。

[一八] 常度：常态。

[一九]《游弦》：古琴曲名。三国魏嵇康《琴赋》："《飞龙》《鹿鸣》《鹍鸡》《游

弦》，更唱迭奏，声若自然。”《广陵》：即广陵散，琴曲名。三国魏嵇康善弹此曲。《止息》：古琴曲名。嵇康《琴赋》：“若次其曲引所宜，则《广陵》《止息》。”李善注：“《广陵》等曲，今并犹存，未详所起。”唐无名氏《大唐传载》：“韩太保皋生知音律，尝观客弹琴为《止息》，乃叹曰：‘妙哉！嵇生之音也！为是曲也，其当魏晋之际乎？《止息》与《广陵散》同出而异名也。其音主商。’”

评析：

戴颙与戴勃兄弟各造新声，惜其不传。戴勃事迹多不可考，从戴颙的生平来看，兄弟二人继承了其父戴逵的气节，对德行不好而身居高位的王绥提出的弹琴要求置之不理。戴颙为衡阳王弹琴的时候，也仍然穿村野平民的衣服且态度如常，这也是琴人常有的淡泊及自如。

宗炳(附师觉授)

宗炳，字少文，南阳涅阳人也[一]。妙善琴书，精于言理。好山水，爱远游，西陟荆、巫[二]，南登衡岳[三]，因而结宇衡山[四]，欲怀尚平之志[五]。有疾还江陵[六]，叹曰：“老疾俱至[七]，名山恐难遍睹，唯当澄怀观道，卧以游之[八]。”凡所游履[九]，皆图之于室[一〇]，谓人曰：“抚琴动操，欲令众山皆响。”古有《金石弄》[一一]，为诸桓所重，桓氏亡，其声遂绝，唯炳传焉。太祖遣乐师杨观就炳受之[一二]。

炳外弟师觉授亦有素业[一三]，以琴书自娱。临川王义庆辟为祭酒[一四]，主簿[一五]，并不就[一六]，乃表荐之[一七]，会病卒[一八]。

《宋书·隐逸·宗炳传》卷九十三

注释：

[一] 宗炳（公元375年—公元443年）：字少文，南朝宋南阳郡涅阳（今河南镇平）人，善弹琴，工书法、绘画。隐居不仕。

[二] 陟：登。荆、巫：荆山与巫山 。

[三] 衡岳：南岳衡山，在今湖南。

[四] 结宇：建造屋舍。

[五] 尚平：指东汉尚长。尚长，字子平。为子嫁娶毕，即不复理家事。见三国魏嵇康《高士传》。后用为不以家事自累的典实。

[六] 江陵：地名，今属湖北荆州。

[七] 老：年老。疾：疾病。

[八] 澄怀观道，卧以游之：意指心怀澄澈就可以体会自然之道，坐卧观画亦可心游万里。

[九] 游履：犹游历。

[一〇] 图：绘，画。

[一一]《金石弄》：琴曲名。宋代黄庭坚《书小宗香》：“南阳宗少炳嘉遁江湖之间，援琴作《金石弄》，远山皆与之同声。”元代顾瑛《至正十一年玉山夜宴分韵赋诗得梦字》：“取琴雪巢弹，共听《金石弄》。”

[一二] 太祖：南朝宋文帝刘义隆。

[一三] 师觉授：《南史》有传。南朝宋南阳郡涅阳（今河南镇平）人，为孝子，着有《孝子传》。素业：清素之业。

[一四] 临川王义庆：刘义庆，字季伯，南朝宋文学家。宋武帝刘裕之侄，袭封临川王。辟：征召；荐举。祭酒：汉魏以后官名。汉代有博士祭酒，为博士之首。西晋改设国子祭酒，隋唐以后称国子监祭酒，为国子监的主管官。

[一五] 主簿：官名。汉以后中央各机构及地方郡县都设有主簿，掌管印鉴，为掾吏之首。

[一六] 就：到。

[一七] 表荐：上表推荐。

[一八] 会：恰巧碰上。

公孙凤

公孙凤字子鸾，上谷人也[一]。隐于昌黎之九城山谷[二]，冬衣单布，寝处土床，夏则并食于器[三]，停令臭败，然后食之。弹琴吟咏，陶然自得[四]，人咸异之[五]，莫能测也。

《晋书·隐逸·公孙凤传》卷九十四

注释：

［一］公孙凤：字子鸾，上谷（今属河北）人，隐士。

［二］昌黎：地名，即今河北昌黎县。

［三］夏则并食于器：夏天把食物都合到一个器皿里。

［四］陶然自得：自得其乐。

［五］咸：全；都。

评析：

生活在魏晋时期，不免为时代风气浸染，公孙凤的异行也就不足为奇了。

沈道虔

沈道虔，吴兴武康人也[一]。少仁爱，好《老》《易》，受琴于戴逵[二]，王敬弘深贵重之[三]。道虔年老菜食，恒无经日之资，而琴书为乐，孜孜不倦。

《南史·隐逸·沈道虔传》卷七十五

注释：

［一］沈道虔（公元 368 年—公元 449 年）：吴兴武康（今浙江德清县）人。

［二］戴逵：琴家，见前“戴逵”条。

［三］王敬弘：本名王裕之，字敬弘，琅邪临沂（今山东临沂）人，晋末以太尉从事中郎出为吴兴太守。

评析：

沈道虔是戴逵的弟子，与戴逵的儿子戴颙友善，为隐士琴家。其艺业后传与其子慧锋。

贺韬

会稽有防风鬼[一]，屡见城邑，常跂雷门上[二]，脚乘至地[三]，晋横阳令贺韬善鼓琴[四]，防风闻琴声，在贺中庭舞。

《艺文类聚》卷四十四

注释：

［一］会稽：地名，今浙江绍兴。

［二］跂：踮起脚跟。雷门：会稽城门名。因悬有大鼓，声震如雷，故称。

［三］乘：踏。

［四］横阳：地名，今浙江平阳县。贺韬：晋代横阳县令。

评析：

师旷弹琴能致鹤舞，贺韬弹琴能致鬼舞，这大约是为了说明琴音能够“动天地、感鬼神”。

另外，据宋虞汝明《古琴疏》，贺韬用吹台之桐斫成两张琴，一名“啸鱼”，一名“恒寿”。

贺思令

会稽贺思令善弹琴[一]，常夜在月中坐，临风鸣弦。忽有一人，形貌甚伟，著械，有惨色，在中庭称善，便与共语，自云是嵇中散[二]，谓贺云："卿手下极快，但于古法未备。"因授以《广陵散》，遂传之，于今不绝。

《天平御览》卷五百七十九

注释：

［一］贺思令：会稽（今浙江绍兴）人，生活于晋代。

［二］嵇中散：嵇康，见"嵇康"条。

评析：

正如相传蔡邕的鬼魂传授嵇康《广陵散》，这则故事里嵇康的鬼魂又传授给贺思令，无非是为了强调《广陵散》在后世流传的正统性。

段丰妻慕容氏

段丰妻慕容氏，德之女也[一]。有才慧，善书史，能鼓琴，德既僭位[二]，署为平原公主。年十四，适于丰[三]。丰为人所谮[四]，被杀，慕容氏寡归，将改适伪寿光公余炽[五]。于浴室自缢而死。

《晋书·列女·段丰妻慕容氏》卷九十六

注释：

［一］段丰妻慕容氏：慕容德之女，后封为平原公主。慕容德（公元336年—公元405年），字玄明，昌黎棘城（今辽宁义县）人，鲜卑族，五胡十六国时期南燕开国皇帝。段

丰，事迹不详。

［二］僭位：越分窃据上位，此句指慕容德称帝。

［三］适：女子出嫁。

［四］谮：诬陷，中伤。

［五］寿光公余炽：事迹不详。

评析：

中国古代女性以琴名世的少之又少，慕容氏也是因其节烈而在史书上留名的。

刘涓子

谢希逸《琴论》曰："刘涓子善鼓琴[一]，制《阳春》《白雪》曲。"

《乐府诗集》卷五十七

注释：

［一］刘涓子：京口（今江苏镇江）人。晋末医家。

评析：

《隋书·经籍志》等著录刘涓子《刘涓子鬼遗方》十卷，疑即此人。

王微

王微，字景玄，琅邪临沂人[一]。少好学，无不通览，善属文，能书画，兼解音律、医方、阴阳术数[二]。微常住门屋一间，寻书玩古，如此者十余年。微终，遗令薄葬[三]，不设輤旐鼓挽之属[四]，施五尺床，为灵二宿便毁。以尝所弹琴置床上，何长史来，以琴与之。何长史者，偃也[五]。无子。家人遵之。

《宋书·王微传》卷六十二

注释：

[一] 王微（公元415年—公元453年）：字景玄，琅邪临沂（今山东临沂）人。南朝宋画家、诗人。

[二] 阴阳数术：用阴阳五行生克制化的数理，来推断人事吉凶，如占候、卜筮、星命等。

[三] 薄葬：葬具及丧礼简单、节俭。

[四] 輀旐：輀旐，柩车前的魂幡。

[五] 何长史者：何偃，字仲弘，庐江（今安徽合肥庐江）人。

评析：

王微的立身处世可以用南朝宋孝武帝的话来总结：“栖志贞深，文行惇洽，生自华宗，身安隐素。”志行高洁而文风尚古；虽生于显贵宗族，却安于隐居生活。

萧思话

萧思话，南兰陵人[一]。好书史，善弹琴，能骑射。高祖一见，便以国器许之[二]。涉猎书传，颇能隶书，解音律，便弓马。尝从太祖登钟山北岭[三]，中道有盘石清泉，上使于石上弹琴，因赐以银钟酒，谓曰：“相赏有松石间意。”

沈约《宋书·萧思话传》卷七十八

注释：

[一] 萧思话（公元406年—公元455年），字文休，南朝宋南兰陵（今江苏武进）人。

[二] 国器：指可以治国的人才。

[三] 尝：曾经。太祖：南朝宋文帝刘义隆。钟山：山名，即紫金山，在今江苏省南京市东北。

江湛

江湛，字徽渊，济阳考城人[一]。爱好文义，喜弹棋鼓琴[二]，兼明算术。家甚贫约[三]，不营财利[四]，饷馈盈门[五]，一无所受，无兼衣余食[六]。

《宋书·江湛传》卷七十一

注释：

［一］江湛（公元408年—公元453年）：字徽渊，济阳考城（今河南兰考县）人。南朝宋大臣。

［二］弹棋：弈棋。

［三］贫约：贫穷。

［四］不营：不求。

［五］饷馈：馈赠。

［六］兼衣：指多重衣服。

评析：

据史书记载，江湛家的牛饿了，驾车人问他要草料，江湛想了很久回答说："可以让它喝水。"江湛贫穷如此，而他当时任吏部尚书之职。对自己严苛，也对官吏考核严苛，这一点颇为人所讥。所幸江湛是个公正无私的人，因此也为人称赞。

谢庄

《琴谱三均手诀》一卷：宋谢庄撰[一]。叙唐虞至宋世善琴者姓名，及古曲名，言琴通三均谓黄钟、中吕、无射。

《崇文总目》卷一

注释：

［一］谢庄（公元421年—公元466年）：字希逸，陈郡阳夏（今河南太康）人。南朝宋文学家。

评析：

谢庄琴名怡神，又著有《琴论》，可见其为琴人无误。

王僧虔

王僧虔，琅邪临沂人也[一]。

上曲宴群臣数人[二]，各使效伎艺[三]。褚渊弹琵琶[四]，王僧虔弹琴，沈文季歌《子夜》[五]，张敬儿舞[六]，王敬则拍张[七]。俭曰[八]：“臣无所解[九]，唯知诵书。”因跪上前诵相如《封禅书》[一〇]。

《南齐书·王俭传》卷二十三

注释：

［一］王僧虔（公元426年—公元485年）：琅邪临沂（今山东临沂）人，南齐书法家。按，王僧虔本传无弹琴事，故引王俭传。

［二］上：齐太祖萧道成。曲宴：犹私宴。多指宫中之宴。

［三］效：进献。

［四］褚渊：字彦回，河南阳翟（今河南禹州）人。《南齐书》有传。

［五］沈文季：字仲达，吴兴武康（今浙江德清县）人。《南齐书》有传。《子夜》：乐府《吴声歌曲》名，《宋书·乐志一》：“《子夜哥》者，有女子名子夜，造此声。”

［六］张敬儿：河南冠军（今河南邓州市）人，有勇力。《南齐书》有传。

［七］王敬则：晋陵南沙（今属江苏）人。拍张：古代武术杂技的一种。《南齐书·王

敬则传》："年二十余，善拍张。"

［八］俭：王俭，字仲宝。琅邪临沂（今山东临沂）人，其叔父为王僧虔。

［九］解：通晓。

［一〇］相如：司马相如，西汉文学家，有《封禅书》。

评析：

王僧虔事著名书法家，兼擅弹琴。朱长文《琴史》评价这则故事时说，王俭诵《封禅书》近乎谄媚，不如"琴之愈也"。

萧锋

江夏王锋字宣颖，高帝第十二子也[一]。好琴书，盖亦天性，尝觐武帝[二]，赐以宝装琴[三]，仍于御前鼓之，大见赏[四]。帝谓鄱阳王锵曰[五]："阇梨琴亦是柳令之流亚[六]，其既事事有意，吾欲试以临人[七]。"锵曰："昔邹忌鼓琴，威王委以国政[八]。"乃出为南徐州刺史[九]。

及明帝知权[一〇]，蕃邸危惧[一一]，江祏尝谓王晏曰[一二]："江夏王有才行，亦善能匿迹，以琴道授羊景之，景之著名，而江夏掩能于世，非唯七弦而已，百氏亦复如之[一三]。"锋闻叹曰："江祏遂复为混沌画眉[一四]，欲益反弊耳[一五]。寡人声酒是耽[一六]，狗马是好，岂复一豪于平生哉[一七]。"当时以为话言[一八]。

《南史·萧锋传》卷四十三

注释：

［一］江夏王锋：萧锋（公元474年—公元494年），字宣颖，小名阇梨，南兰陵（今江苏常州）人，齐高帝子，封江夏王。后为齐明帝所害。

［二］觐：泛称朝见帝王。武帝：齐武帝萧赜，南兰陵（今江苏武进）人。南朝齐皇帝。

［三］宝装：用珠宝加以装饰。

［四］大：很，非常。见赏：被赏识。

［五］鄱阳王锵：鄱阳王萧锵，字宣韶，高帝子。

［六］柳令：柳世隆，字彦绪，河东解县（今山西运城）人，善鼓琴。曾任南齐尚书令。流亚：同一类的人。

［七］临人：谓选拔人才。

［八］昔邹忌鼓琴，威王委以国政：事见司马迁《史记·田完世家》“驺忌以鼓琴见齐威王”。

［九］南徐州：地名，今江苏镇江。刺史：官名。原为朝廷所派督察地方之官，后沿为地方官职名称。汉武帝时，分全国为十三部（州），部置刺史。魏晋于要州置都督兼领刺史，职权益重。

［一〇］明帝：南朝齐明帝萧鸾。知权：犹掌权。

［一一］蕃邸：藩王之第宅，此处借指诸王。按，明帝即位后，将齐高帝萧道成与齐武帝萧赜的子孙屠戮殆尽。

［一二］江祏：字弘业，南朝齐济阳考城（今属河南）人。明帝即位，权冠当时。王晏，字士彦，琅邪临沂（今山东临沂）人。齐武帝时，曲附萧鸾，萧鸾即位，进爵为公，迁骠骑大将军，后因位高权重被杀。

［一三］百氏：犹言诸子百家。

［一四］混沌：据《庄子·应帝王》一书中记载，中央之帝混沌，又称浑沌，生无七窍，日凿一窍，七日凿成而混沌死。比喻自然淳朴的状态。

［一五］欲益反弊：犹言欲益反损。此句是说为混沌画眉犹如为混沌凿窍，没有益处反而有弊端。

［一六］是：帮助宾语提前。声酒是耽意即耽声酒，下句同。

［一七］一豪：同“一毫”。

［一八］话言：美善之言；有道理的话。

评析：

萧锋不仅善琴，且有勇力，即便言语机敏，擅藏才能，却不免被害。

萧鸾

宣城王鸾有古琴[一]，传是始元中物[二]，背银嵌“谷风”二字，细古篆文，王极爱重之。一日，命谢朓为诗咏之[三]，诗成，王大击节称赏，遂用为骠骑。

《说郛》卷一百《古琴疏》

注释：

[一] 宣城王鸾：萧鸾（公元 452 年—公元 498 年），字景栖，东海郡兰陵县（今山东兰陵）人。封宣城王，后自立为帝，为南齐皇帝。

[二] 始元：西汉昭帝时年号。

[三] 谢朓：字玄晖，南朝著名诗人。

评析：

谢朓诗云：洞庭风雨干，龙门生死枝。雕刻纷布濩，冲响郁清危。春风摇蕙草，秋月满华池。是时操别鹤，淫淫客泪垂。

王仲雄

明帝即位[一]，既多杀害[二]，敬则自以高、武旧臣[三]，心怀忧恐。帝虽外厚其礼，而内相疑备[四]，数访问敬则饮食体干堪宜[五]，闻其衰老，且以居内地，故得少安[六]。三年中，遣萧坦之将斋仗五百人[七]，行武进陵[八]。敬则诸子在都，忧怖无计。上知之，遣敬则世子仲雄入东安慰之[九]。仲雄善弹琴，当时新绝。江左有蔡邕焦尾琴[一〇]，在主衣库[一一]，上敕五日一给仲雄[一二]。仲雄于御前鼓琴作《懊侬曲歌》曰[一三]：“常叹负情侬[一四]，郎今果行许！”帝愈猜愧。

《南齐书·王敬则传》卷二十六

注释：

［一］明帝：南朝齐明帝萧鸾。

［二］既多杀害：指萧鸾即位后，将萧道成与萧赜的子孙屠戮殆尽。

［三］敬则：王敬则，晋陵南沙（今江苏常熟福山村）人。高、武：指齐高帝萧道成，齐武帝萧赜。

［四］疑备：猜疑戒备。

［五］数：屡次。体干：指身体的健康状况。

［六］少：略微。

［七］萧坦之：字君平，南兰陵（今江苏武进）人。《南齐书》有传。将：统率。斋仗：帝王斋官禁卫。

［八］武进陵：应即齐高帝萧道成武进泰安陵。

［九］世子：李慈铭《南史札记》：“‘世’字衍。”是。仲雄：敬则子，南朝齐诗人、音乐家。

［一〇］蔡邕焦尾琴：蔡邕，东汉琴家，其琴名“焦尾”。

［一一］主衣：古官名，即尚衣，执掌帝王服玩等事。

［一二］敕：帝王的诏书、命令。

［一三］《懊侬曲歌》：乐府吴声歌曲名，产生于东晋和南朝吴地民间。内容皆为抒写男女爱情受到挫折的苦恼。

［一四］侬：吴语，我。

王僧佑

王僧佑，字胤宗[一]。雅好博古[二]，善《老》《庄》，不尚繁华[三]。工草隶，善鼓琴。亭然独立[四]，不交当世[五]。齐武帝数阅武[六]，僧佑献《讲武赋》，王俭借观不与[七]。竟陵王子良闻其工琴[八]，于座取琴进之，不从命。

《南史·王僧佑传》卷二十一

注释：

[一] 王僧佑：字胤宗，南朝宋琅琊临沂（今山东临沂）人，王远之子。

[二] 博古：通晓古代的事情。

[三] 尚：尊崇，注重。繁华：犹奢华。

[四] 亭然：卓立貌。

[五] 当世：指当权者；执政者。

[六] 齐武帝：萧赜，南兰陵（今江苏武进）人。南朝齐皇帝。阅武：讲习武事。

[七] 王俭：字仲宝，琅邪临沂（今山东临沂）人，南齐名臣，王僧佑从兄。

[八] 竟陵王子良：萧子良，字云英，南齐宗室、诗人。齐武帝萧赜次子。

评析：

史书评价王僧佑不“趋势”，也就是不趋奉权势的意思，无论是从他对曾有佐命之功的王俭还是萧齐宗室竟陵王的态度，都可以看出这一点。

沈麟士

沈麟士，字云祯，吴兴武康人也[一]。博通经史，有高尚之心。麟士无所营求[二]，以笃学为务[三]，恒凭素几鼓素琴[四]，不为新声[五]。负薪汲水，并日而食[六]。守操终老[七]，读书不倦。

《南史·高逸·沈麟士传》卷七十六

注释：

［一］沈麟士（公元 419 年—公元 503 年）：《南齐书》作“沈驎士”，字云祯，吴兴武康（今浙江德清西）人。

［二］营求：谋求；追求。

［三］笃学：专心好学。

［四］恒：经常。凭：倚靠。素几：不加雕饰的小几。素琴：不加装饰的琴。

［五］新声：新作的乐曲；新颖美妙的乐音。

［六］并日而食：两天用一天的食粮。形容生活艰苦。

［七］守操：保持节操。

评析：

素几素琴是沈麟士贫窘的生活状态，不为新声是沈麟士对待古琴音乐的态度，即不营求，不媚俗。

何偃

何仲弘为吏部尚书[一]，有琴曰“霜空雁响”。

《说郛》卷一百《古琴疏》

注释：

［一］何仲弘：何偃（公元 413 年—公元 458 年），字仲弘，庐江灊县（今安徽霍山）人。南朝宋人。

评析：

南朝宋孝武帝时，何偃官至吏部尚书，其人好谈玄，琴名“霜空雁响”。

沈勃

沈勃[一]，好为文章，善弹琴，能围棋，而轻薄逐利。

《宋书·沈勃传》卷六十三

注释：

[一] 沈勃：南朝宋吴兴武康（今浙江德清西）人。

评析：

明帝欲北讨魏，沈勃奉命还乡募兵，却多受货贿，可见其人其行。“琴者，禁也。禁止于邪，以正人心也。”（班固《白虎通》）似乎在沈勃那里失去了应有的效用。

虞龢

虞龢琴刻曰“历山夜雨虎爪林”[一]，梅花断纹。

《说郛》卷一百《古琴疏》

注释：

[一] 虞龢：生卒年不详，会稽余姚（今浙江余姚）人，生当南朝泰始年间（公元465年—公元471年）。

评析：

虞龢为南朝宋书法家，家贫好学。逢雨屋漏，虞龢用被子覆盖书籍，以防浸湿，其好学如此。

褚渊

褚渊，字彦回[一]。美仪貌，善容止[二]，俯仰进退，咸有风则[三]。

尝聚袁粲舍[四]，初秋凉夕，风月甚美，彦回援琴奏《别鹄》之曲[五]，宫商既调[六]，风神谐畅[七]。王彧、谢庄并在粲坐[八]，抚节而叹曰[九]：“以无累之神[一〇]，合有道之器[一一]，宫商暂离，不可得已。”

《南史·褚裕之附褚彦回传》卷二十八

注释：

[一] 褚渊（公元435年—公元482年）：字彦回（唐李延寿撰写《南史》时为了避唐高祖李渊讳称其为褚彦回），河南阳翟（今河南禹州）人，南朝宋齐间大臣。

[二] 容止：仪容举止。

[三] 风则：指符合规范的言行举止。

[四] 尝：曾经。袁粲：字景倩，陈郡阳夏（今河南太康）人。南朝宋大臣。

[五]《别鹄》：《别鹄操》，琴曲名。韩愈《别鹄操》序：“商陵穆子，娶妻五年无子。父母欲其改娶，其妻闻之，中夜悲啸，穆子感之而作。本词云：‘将乖比翼隔天端，山川悠远路漫漫，揽衾不寐食忘飧。’”

[六] 宫、商：均为五音之一。

[七] 风神：指艺术作品的风采神韵。谐畅：和谐流畅。

[八] 王彧：字景文，琅邪临沂（今属山东）人。少与陈郡谢庄齐名。谢庄：见前文。

[九] 抚节：击节。

[一〇] 无累：无所挂碍。

[一一] 有道之器：指琴。

评析：

“以无累之神，合有道之器”，要求以道家逍遥无待的精神契合修身养性的道器，这样才能达到人琴合一、物我两忘的境界。褚渊能做到这一点，充分说明其琴艺之高，也可想见其人之风流仪态。

明代徐上瀛《溪山琴况》也引用此语，并说：“其人必具超逸之品，故自发超逸之音。”他认为，只有具有超逸之品的人，才能演奏出超逸之音，指出人品与音乐品质的高度契合。

虞炎

虞炎，会稽人[一]，少时至秦望山[二]，见猎人得一鹿向炎悲鸣，炎买而放之。后过山下，遇一人赠以古琴，忽不见，背有芝英书[三]，不可辨。后示沈约[四]，约览久之，曰：“土离尘，曾获贝，遇文惠，至骠骑，十二字也。”是时已为文惠太子所重，官至骠骑将军矣[五]，沈叹异久之。盖“土离尘”，鹿也；“曾获贝”，赠也，始悟其为放鹿报也。

《说郛》卷一百《古琴疏》

注释：

［一］虞炎：公元488年前后在世，会稽（今浙江绍兴）人。

［二］秦望山：山名，在今浙江绍兴境内。

［三］芝英书：书法的一种。

［四］沈约：字休文，吴兴武康（今浙江省德清）人。文学家。

［五］文惠太子：萧长懋，齐武帝长子。虞炎受到文惠太子厚待，封骠骑将。

评析：

虞炎救了一头鹿，此鹿后幻为人，赠送他一张琴，琴上铭文为隐语。这大约是后人为这张宝琴编撰的神奇故事。

柳世隆

柳世隆，字彦绪，河东解人也[一]。有风器[二]。少立功名，晚专以谈义自业[三]。善弹琴，世称柳公双璅[四]，为士品第一[五]。常自云马矟第一[六]，清谈第二，弹琴第三。在朝不干世务，垂帘鼓琴，风韵清远[七]，甚获世誉[八]。

《南齐书·柳世隆传》卷二十四

注释：

[一] 柳世隆（公元 442 年—公元 491 年）：字彦绪，河东解县（今山西运城）人，南朝齐宰相。

[二] 风器：风度器宇；仪态。

[三] 谈义：谈论义理。自业：自持；自守。

[四] 双璅：古琴指法，参见《古指法考》。

[五] 士品：士大夫的品行才学。

[六] 马矟：马上所持的长矛。

[七] 风韵：用于品评人物，多指人物特有的精神气质所焕发出来的风度韵致。清远：清明，高远。

[八] 世誉：当世的声誉。

评析：

柳世隆出身于河东柳氏家族，后成为南朝齐政治集团的核心人物。从他自己说的“清谈第二，弹琴第三”来看，柳世隆具备了魏晋南北朝时期士族名士的风度。“垂帘鼓琴，风韵清远”也被人认为是琴道与名士玄远之风的有效结合。

清吴伟业曾有诗云：“男儿须作健，清谈兼马矟。”说的就是男子当如柳世隆之文武器业。

徐孝嗣

公美风仪[一]，善言笑。爱重琴棋，流连情赏[二]。

《齐太尉徐公墓志》

注释：

[一] 公：徐孝嗣（公元453年—公元499年），字始昌，东海郯县（今山东郯城）人。

[二] 情赏：赏玩的情意。

评析：

徐太尉即徐孝嗣，据史书记载，徐孝嗣容止闲雅，又爱好文学。

张欣泰

张欣泰，字义亨，竟陵人也[一]。少有志节[二]，不以武业自居[三]，好隶书，读子史。通涉雅俗[四]，交结多是名素[五]。下直辄游园池[六]，着鹿皮冠[七]，衲衣锡杖[八]，挟素琴[九]。

《南齐书·张欣泰传》卷五十一

注释：

[一] 张欣泰（公元456年—公元501年）：字义亨，竟陵（今湖北天门）人，南朝齐文学家。

[二] 志节：志向和节操。

[三] 武业：军功。按，张欣泰为将家子。

[四] 通涉：广泛涉猎。

[五] 名素：指素有名望的人。

[六] 下直：在宫中当值结束；下班。

[七]鹿皮冠：古代隐士所戴的帽子。用鹿皮做成，故名。

[八]衲衣：僧衣。锡杖：僧人所持的禅杖。

[九]素琴：不加雕饰的琴。

评析：

作为将家儿，张欣泰不乐武职，而喜欢学文人名士的样子，挟琴、饮酒、赋诗，或许能够从某种角度反映一个时代的风气。

杜栖

杜栖，字孟山，吴郡钱唐人[一]，善清言，能弹琴饮酒，名儒贵游多敬待之[二]。

《南齐书·孝义·杜栖传》卷五十五

注释：

[一]杜栖：字孟山，吴郡钱唐（今杭州）人，以孝义著称。

[二]贵游：指无官职的王公贵族。亦泛指显贵者。

评析：

杜栖因父丧哀毁过度而亡，可见其至情至性。

王彦

景明四年[一]，同州府君服阕援琴[二]，切切然有忧时之思[三]。

《中说·录关子明事》

注释：

［一］景明四年：北魏景明四年，公元503年。

［二］同州府君：王彦，河东（今山西运城）人，王通曾祖，可能做过同州刺史。服阕：守丧期满除服。

［三］切切：忧伤。

评析：

王彦跟随关朗学易，传承了北方的阴阳象数之学。

江禄

江禄，字彦遐[一]，幼笃学有文章[二]，工书善琴。形貌短小，神明俊发[三]。

《南史·江夷附江禄传》卷三十六

注释：

［一］江禄：字彦遐，济阳考城（今属河南）人，南朝梁诗人，著有《列仙传》。

［二］笃学：专心好学。

［三］神明：指人的精神和智慧犹英发。俊发：谓才识、情性、文采等充分表现出来。

评析：

史书记载江禄事迹很少，所可知者，唯江禄与湘东王不睦，湘东王改其字为“荣财”。

李谧

李谧，字永和，赵郡人[一]。少好学，博通诸经[二]，周览百氏[三]。惟以琴书为业，有绝世之心[四]。

《魏书·逸士·李谧》卷九十

注释：

[一] 李谧（公元 483 年—公元 515 年）：字永和，北魏时期赵郡（今属河北）人。

[二]《魏书》本传称其："十三通《孝经》《论语》《毛诗》《尚书》。"

[三] 周览：遍览。百氏：诸子百家。

[四] 绝世：与人世隔离。

评析：

李谧屡辞朝廷征辟，为人冲淡纯朴，耽学守道。初以小学博士孔璠为师，数年后，孔璠又反而向李谧请教。当时人为此说："青成蓝，蓝谢青，师何常，在明经。"

柳恽(附嵇元荣、羊盖、谢安)

柳恽，字文畅[一]。少有志行[二]，好学，善尺牍[三]。

初，宋世有嵇元荣、羊盖者，并善琴，云传戴安道法[四]，恽从之学。恽特穷其妙[五]。齐竟陵王闻而引为法曹行参军[六]。雅被子良赏狎[七]。子良尝置酒后园[八]，有晋相谢安鸣琴在侧[九]，援以授恽，恽弹为雅弄[一〇]。子良曰："卿巧越嵇心，妙臻羊体[一一]，良质美手，信在今辰。岂止当世称奇，亦可追踪古烈[一二]。"

初，恽父世隆弹琴[一三]，为士流第一，恽每奏其父曲，常感思。复变体备写古曲[一四]。尝赋诗未就，以笔捶琴，坐客过，以箸扣之，恽惊其哀韵，乃制为雅音。

后传击琴自于此[一五]。恽常以今声转手古法。乃著《清调论》，具有条流[一六]。

《南史·柳恽传》卷三十八

注释：

［一］柳恽（公元465年—公元517年）：字文畅，河东解县（今山西运城）人。南朝齐梁诗人。初仕齐，官至相国右司马。入梁，官至吴兴太守。

［二］志行：志向和品行。

［三］尺牍：文辞。

［四］嵇元荣、羊盖：二人皆为南朝宋时琴家，生平不详。戴安道：戴逵，详见前文。

［五］穷：尽，完。

［六］齐竟陵王：萧子良，字云英，南齐宗室、诗人。齐武帝萧赜次子。法曹行参军：官名。南朝齐置，为诸公府、将军府法曹长官，掌检核律令，审判案件。

［七］赏狎：赏识亲近。

［八］尝：曾经。

［九］晋相谢安：东晋宰相谢安，字安石，陈郡阳夏（今河南太康）人。出身士族。

［一〇］雅弄：典雅的曲子。

［一一］巧越嵇心，妙臻羊体：谓精于琴艺，深得名琴师心体之巧妙为"羊体嵇心"。

［一二］古烈：前代的义烈之士。

［一三］世隆：柳世隆，柳恽之父，详见前文。

［一四］复变体备写古曲：此句是说弹奏原来的古曲时做了变化。

［一五］击琴：琴名。用竹敲击琴弦发声，异于用指弹的琴。《旧唐书·音乐志二》："击琴，柳恽所造。以管承弦，又以片竹约而束之，使弦急而声亮，举竹击之，以为节曲。"

［一六］条流：条理。

评析：

南北朝时期，河东柳氏已经成为高门士族，不仅是文学家族，也是古琴世家。在这一家族中，柳恽工篇什、弈棋，又善鼓琴，又能对琴曲有所创建，并能著述。

关于击琴，清代学者朱象贤的观点倾向于击琴，即西方的“洋琴”（见朱象贤《闻见偶录·击琴》），也就是现在所说的扬琴。

崔亮

《琴经》一卷：崔亮[一]。

《通志》卷六十四

注释：

[一] 崔亮（？—公元 521 年）：字敬儒，清河东武城（今山东武城）人。北魏大臣。

评析：

郑樵《通志》《山东通志》等均著录崔亮撰《琴经》。

张率

梁武帝赐张士简玉琴一张[一]，琴首金嵌“灌木春莺”四字，遒劲有法。

《说郛》卷一百《古琴疏》

注释：

[一] 张士简：张率（公元 475 年—公元 527 年），字士简，吴郡吴县（今江苏苏州）人。

评析：

张率天资聪颖，能为诗文。

元叡

元叡，字子哲[一]。轻忽荣利[二]，爱玩琴书。

《魏书·高阳王附元睿传》卷二十一

注释：

[一] 元叡（？—公元528年）：字子哲，河南郡洛阳县（今河南洛阳）人，北魏宗室。

[二] 轻忽：轻视忽略。荣利：功名利禄。

评析：

元叡与其父元雍均在“河阴之变”中遇害。“河阴之变”即北魏末年大将尔朱荣屠杀北魏宗室和文武大臣的重大事变。

元顺

元顺，字子和[一]。性謇谔[二]，淡于荣利[三]，好饮酒，解鼓琴，每长吟永叹[四]，吒咏虚室[五]。

《魏书·任城王附元顺传》卷十九

注释：

[一] 元顺（公元487年—公元528年）：字子和，河南洛阳人。北魏宗室，任城王元澄之子。死于尔朱荣之乱。

[二] 謇谔：正直敢言。

[三] 荣利：功名利禄。

[四] 永叹：咏叹。

[五] 吒：象声词。虚室：空室。

评析：

据史载，元顺书王羲之《小学篇》，通《杜氏春秋》，上《魏颂》，这些都说明其汉化程度。而元顺饮酒、弹琴、长吟则是其模仿南朝名士的一个表现。

萧衍

梁高祖武皇帝[一]，始在髫发[二]，便爱琴书，容止进退[三]，自然合礼。

《金楼子》卷一《兴王篇》

注释：

[一] 梁高祖武皇帝：梁武帝萧衍（公元464年—公元529年），字叔达，小字练儿，南兰陵郡武进县（今江苏常州）人。

[二] 髫发：幼年。

[三] 容止：仪容举止。

评析：

萧衍喜好文士，博学多才，又知音律，笃信佛教。

谷士恢

谷士恢，字绍达[一]。少好琴书。

《魏书·谷浑附谷士恢传》卷三十三

注释：

[一] 谷士恢：字绍达，昌黎（今河北昌黎）人，北魏官员。

评析：

谷士恢虽然被孝明帝宠待，但最终为胡太后诬杀。其鼓琴事，史书仅此一言而已。

李苗

李苗，字子宣，梓潼涪人[一]。解鼓琴，好文咏，尺牍之敏，当世罕及。

《魏书·李苗传》卷七十一

注释：

[一] 李苗（公元485年—公元530年）：字子宣，梓潼涪（今四川绵阳）人，北魏大臣。

评析：

李苗有文韬武略，曾以一旅之师对抗尔朱荣从弟尔朱世隆叛军，纵火焚桥，敌溺死者甚众，后因援军不至，寡不敌众，投河而死。

杨侃

杨侃，字士业[一]。颇爱琴书，尤好计画[二]。时播一门[三]，贵满朝廷，儿侄早通[四]，而侃独不交游，公卿罕有识者。亲朋劝其出仕，侃曰："苟有良田，何忧晚岁？但恨无才具耳[五]。"年三十一，袭爵华阴伯。

《魏书·杨播附杨侃传》卷五十八

注释：

[一] 杨侃（约公元481年—公元531年）：字士业，北魏恒农华阴（今陕西华阴）人。杨播之子。

［二］计画：计策。

［三］播：杨播，杨侃父，北魏大臣。

［四］通：通达。

［五］才具：才能。

评析：

杨侃不求速进，而求才能，这大约也是琴人的一个特质。

徐勉

徐修仁琴铭曰“贫士”[一]，旧传即五柳先生无弦琴[二]。

《说郛》卷一百《古琴疏》

注释：

［一］徐勉（公元466年—公元535年）：字修仁，东海郡郯县（今山东郯城）人。南朝梁文学家。

［二］五柳先生：陶渊明，见前“陶渊明”条。

评析：

传说徐勉的琴就是陶渊明的无弦琴，琴名“贫士”。

姜永

姜永[一]，善弹琴，有文学。

《魏书·姜永传》卷七十一

注释：

［一］姜永：生卒年不详，北魏大臣。

评析：

姜永历官员外郎、梁州别驾、汉中太守，其人善弹琴，颇有文采。

檀翥

檀翥，字凤翔，高平金乡人也[一]。好读书，解属文，能鼓琴。

《北史·檀翥传》卷七十

注释：

［一］檀翥：字凤翔，高平金乡（今山东金乡）人。北魏末年大臣。

评析：

檀翥少孤贫，与营户杂居，而闭门读书，不通邻好，以此可见其心性坚韧。

陶弘景

陶弘景，字通明，丹阳秣陵人也[一]。身长七尺四寸，神仪明秀[二]，朗目疏眉，细形长耳。读书万余卷。善琴棋，工草隶。

《梁书·处士·陶弘景传》卷五十一

注释：

［一］陶弘景（公元 456 年—公元 536 年）：字通明，号华阳隐居，丹阳秣陵（今江

苏南京）人。读书万余卷，仕齐。入梁，隐于句曲山。梁武帝礼聘不出，每有朝廷大事就去咨询，时人称为“山中宰相”。卒谥贞白先生。

［二］神仪明秀：谓神情仪表明净秀美。

评析：

陶弘景是个善琴的道士。《琴有所宜》云：“黄门士、隐士、儒士、羽士、德士，此五者雅称圣人之乐，故宜于琴。”又说：“羽士操御风飞仙之曲。”羽士即道士。宋人赵希鹄也说：“道人弹琴，琴不清亦清。”可见，守静修真也需要琴的助力。

陈仲儒

仲儒在江左之日[一]，颇爱琴。

《魏书·乐志》卷一百九

注释：

［一］仲儒：陈仲儒，生卒年不详，北魏孝明帝神龟二年（公元519年），提出京房律准的使用方法问题。

评析：

从《魏书·乐志》的记载来看，陈仲儒为弦律的实践问题留下了详尽史料，提出：“其瑟调以宫为主，清调以商为主，单调以角为主。”中国最早记载指法谱字的《乌丝栏指法》被认为是陈仲儒所撰。

沈满愿

花静妇沈满愿[一]，有宝琴，蛇腹断纹[二]，铭曰“深松候月”，凤鸟大篆书。女红小间，未尝离手。

《说郛》卷一百《古琴疏》

注释：

[一] 沈满愿：南朝陈范靖妻，此处“花静”应为“范靖”。

[二] 蛇腹断纹：古琴断纹为蛇腹断，宋代赵希鹄《洞天清录·古琴辨》：“古琴以断纹为证。琴不历五百岁不断，愈久则断愈多……凡漆器无断纹，而琴独有者，盖他器用布漆，琴则不用，他器安闲，而琴日夜为弦所激。”

评析：

沈满愿颇有文采，曾为此琴作诗云：“逶迤起尘唱，宛转绕梁声。调弦可以进，蛾眉画不成。”

柳远(附柳谐)

柳远，字季云[一]。性粗疏无拘捡[二]，时人或谓之“柳癫”。好弹琴，耽酒[三]，时有文咏[四]。放情琴酒之间。每出返，家人或问有何消息，答云：“无所闻，纵闻亦不解。”

子谐，颇有文学[五]。善鼓琴，以新声手势[六]，京师士子翕然从学[七]。

《魏书·柳远传》卷七十一

注释：

[一] 柳远（公元500年—公元539年）：字季云，北魏河东南解（今属山西）人。

［二］拘捡：检束；拘束。

［三］耽酒：谓极好饮酒。

［四］文咏：诗文。

［五］柳谐（公元503年—公元528年）：柳远堂弟，北魏河东南解人。

［六］手势：弹琴的手法。

［七］翕然：一致貌。此句是说柳谐的技法调式，风靡京师。

评析：

河东柳氏一族，可谓古琴世家，从柳世隆、柳恽到柳远、柳谐，再到柳靖，皆以琴名世，又各有建树。

裴蔼之

裴蔼之，字幼重[一]。性轻率[二]，好琴书。其内弟柳谐善鼓琴[三]，蔼之师谐而微不及也。

《魏书·裴蔼之传》卷七十一

注释：

［一］裴蔼之：字幼重，裴叔业之子。仕魏至安广、汝阳二郡太守。

［二］轻率：言行随便；不慎重，不严肃。

［三］柳谐：北魏琴家，见前文。

评析：

裴蔼之声名不显，师从柳谐而微有不及。

郦约

郦约，字善礼[一]。朴质迟钝[二]，颇爱琴书。性多造请[三]，好以荣利干谒[四]，乞丐不已[五]，多为人所笑弄[六]。坎壈于世[七]，不免饥寒。晚历东莱、鲁郡二郡太守[八]，为政清静[九]，吏民安之。

《魏书·郦范附郦约传》卷四十二

注释：

[一] 郦约（公元487年—公元549年）：字善礼，北魏范阳涿县（今河北涿州）人，郦道慎之弟。

[二] 朴质：质朴纯真，不加文饰。

[三] 造请：登门晋见。

[四] 荣利：功名利禄。干谒：对人有所求而请见。

[五] 乞丐：求乞。

[六] 笑弄：讥笑；嘲弄。

[七] 坎壈：困顿，不顺利。

[八] 东莱、鲁郡：地名，均属今山东。

[九] 为政清静：指为政清简，无为而治。

评析：

好干谒与爱琴书似乎是很矛盾的，然而，为政清净又与爱琴书殊为匹配。大约干谒之事也是不得已而为之。

顾士端(附顾庭)

吴县顾士端出身湘东王国侍郎[一]，后为镇南府刑狱参军[二]，有子曰庭，西朝中书舍人[三]，父子并有琴书之艺，尤妙丹青，常被元帝所使[四]，每怀羞恨。

《颜氏家训集解》卷七《杂艺》

注释：

[一] 顾士端：吴县（今江苏苏州）人，生卒年不详。湘东王国侍郎：官名。

[二] 刑狱参军：官名，亦称刑狱参军事、刑狱贼曹参军等。

[三] 西朝：指江陵。中书舍人：官名。

[四] 元帝：萧绎，南朝梁皇帝。

评析：

顾士端父子生平已不可考，由颜之推的记载来看，二人应出身寒微。

侯安都

侯安都，字成师，始兴曲江人也[一]。工隶书，能鼓琴，涉猎书传[二]，为五言诗，亦颇清靡[三]，兼善骑射，为邑里雄豪。

《陈书·侯安都传》卷八

注释：

[一] 侯安都（公元519年—公元563年）：字成师，始兴曲江（今属广东）人，南北朝时期陈朝名将。

[二] 书传：著作；典籍。

[三] 清靡：清新华丽。

评析：

除战功之外，侯安都还颇有文士之风。他曾经招聚文士，命其赋诗，而后品评高下，按照优劣等级进行赏赐，这些文士中有北朝著名诗人阴铿、张正见、祖孙登等人。

郑述祖

郑述祖，字恭文，荥阳开封人[一]。能鼓琴，自造《龙吟十弄》，云尝梦人弹琴，寤而写得[二]。当时以为绝妙。

《北齐书·郑述祖传》卷二十九

注释：

[一] 郑述祖（公元485年—公元565年）：字恭文，北齐荥阳开封（今河南开封西南）人。

[二] 寤：睡醒。

评析：

《龙吟十弄》本是郑述祖创作的琴曲，到唐代变为笛曲《龙吟弄》，至宋再变而为词牌《水龙吟》，明刊琴谱中又有《水龙吟》曲，不过，与郑述祖的原曲是否一脉相传则不得而知。

韦夐

韦夐，字敬远[一]。志尚夷简[二]，澹于荣利[三]。所居之宅，枕带林泉[四]，夐对玩琴书，萧然自乐[五]。时人号为居士焉。至有慕其闲素者[六]，或载酒从之，夐亦为之尽欢，接对忘倦[七]。

夐子瓘行随州刺史[八]，因疾物故[九]，孝宽子总复于并州战殁[一〇]。一日之中，凶问俱至[一一]。家人相对悲恸，而夐神色自若。谓之曰："死生命也，去来常事，亦何足悲。"援琴抚之如旧。

《周书·韦夐传》卷三十一

注释：

[一] 韦夐（公元 502 年—公元 578 年）：字敬远，京兆杜陵（今陕西西安）人。北魏到北周时期名士。韦孝宽之兄。

[二] 志尚：志向，理想。夷简：平易质朴。

[三] 荣利：功名利禄。

[四] 枕带：依傍，近连。

[五] 萧然：潇洒，悠闲。

[六] 闲素：悠闲纯朴。

[七] 接对：接待应对。

[八] 瓘：韦瓘，韦夐之子。行：代理。随州：地名，今属湖北。

[九] 物故：亡故，去世。

[一〇] 孝宽：指韦孝宽，韦夐的弟弟。总：韦孝宽的儿子韦总。并州：地名，今属山西。殁：死亡。

[一一] 凶问：死讯；噩耗。

评析：

韦夐具有淡泊名利的隐士风度，他虽然认为佛、道、儒三教同归，但晚年唯以体道会真为务，可见其思想更偏重于道家一流，或者说是玄学一脉，这从他对待子侄之死的态度上也可以看出来。

柳䛒

柳䛒字思休[一]。少方雅[二]，博览坟籍[三]。

隋文帝践极[四]，特诏征之[五]，䛒遂以疾固辞[六]。优游不仕[七]，闭门自守，所对惟琴书而已。足不历园庭[八]，殆将十载[九]。

《周书·柳霞附柳靖传》卷四十二

注释：

[一] 柳靖：字思休，河东解县（今属山西）人，柳霞之子。

[二] 方雅：雅正。

[三] 坟籍：古代典籍。

[四] 隋文帝：指隋朝开国皇帝杨坚。践极：登极；即位。

[五] 诏征：皇帝下令征召。

[六] 固辞：坚决辞谢。

[七] 优游：悠闲自得。

[八] 历：经过。

[九] 殆：几乎，大概。

评析：

柳靖也是河东柳氏的一员，博通经史，善鼓琴，几乎成为柳氏才俊的一个标识。

李仲举

李超字仲举[一]，以字行于世[二]。性方雅善制[三]，白皙美须眉，高简宏达[四]，风调疏远[五]。以琴书自娱，优游赏逸[六]，视人世蔑如也[七]。

《北史·序传·李仲举》卷一百

注释：

[一] 李超：字仲举，唐相州（今河南安阳）人。

[二] 以字行于世：仅称呼此人的“字”，代替其名。

［三］方雅：雅正。《北史》注：此句疑有讹脱。

［四］高简：清高简约。宏达：豁达；旷达。

［五］风调：人的品格情调。疏远：疏淡超逸。

［六］优游：悠闲自得。赏逸：谓以隐逸生活为乐。

［七］蔑如：微细；没有什么了不起。

评析：

李仲举一直无意于政治而以琴书自娱，并博览群书，这对其子孙影响很大。他的儿子是李大师，大师的儿子即为《北史》作者李延寿。

丘明

丘公，字明，会稽人也[一]。梁末隐于九嶷山，妙绝楚调，于《幽兰》一曲尤特精绝。

《古逸丛书·碣石调幽兰》

注释：

［一］丘公：丘明（公元494年—公元590年），会稽（今浙江绍兴）人。

评析：

《碣石调幽兰》即丘明传谱，是现存最早的文字谱。

隋唐五代

杨秀

蜀王尝造千面琴[一]，散在人间，蜀王即隋文之子杨秀也[二]。

《尚书故实》

注释：

［一］蜀王：杨秀（公元573年—公元618年），隋文帝杨坚的第四子，封蜀王。

［二］隋文：隋文帝杨坚。

评析：

据《隋书》记载杨秀其人："有胆气，容貌瑰伟，美须髯，多武艺，甚为朝臣所惮。"

李疑

连珠，隋逸士李疑作[一]。于玉女腰傍为连珠，彩弦，音操清亮，俗呼连珠先生。作《竹吟风》《哀松露》《草虫子》《规山乐》，又缀三十六小调。

《广博物志》卷三十四

注释：

［一］李疑：生平不详，人称连珠先生，生活于隋朝，隐士。

评析：

《竹吟风》《哀松露》等曲一说为刘琨所作，李疑应该是擅长弹奏这些曲目。

黄罗刹

刹[一]，卷怀丘壑[二]，养志琴书[三]。

《唐文拾遗》卷十四李百药《夔州都督黄君汉碑铭》

注释：

[一] 刹：黄罗刹，黄君汉（公元581年—公元632年）之父，东郡胙城（今河南新乡市延津县）。

[二] 卷怀：谓藏身隐退，收心息虑。

[三] 养志：涵养高洁的志趣、情操。

评析：

根据虞世南《唐立黄罗刹碑》等记载，黄罗刹曾经招募乡人，拥私兵归北齐，北齐灭，归附北周，曾聚兵抗击尉迟迥。

赵耶利(附宋孝臻、公孙常、马氏)

《乐纂》曰：赵耶利居士，唐初天水人也[一]。以琴道见重于海内，帝王贤贵，靡不钦风[二]。旧错谬十五余弄[三]，皆削凡归雅[四]，无一微玷，不合于古。述《执法象》及《胡笳五弄谱》两卷。弟子达者三人，并当代翘楚。贞观十年，终于曹，寿七十六。弟子宋孝臻、公孙常[五]，数百年内，常传于马氏[六]。

《太平御览》卷五百七十九

注释：

[一] 赵耶利（公元561年—公元636年）：道士，天水（今甘肃天水）人，后居于曹州（今山东菏泽）。按，《新唐书·艺文志》等写作“赵邪利”。

［二］钦风：敬慕。

［三］错谬：错乱，错误。

［四］皆削凡归雅：此句颇费解，疑有讹误。按，朱长文《琴史》写作“削俗归雅”，当是。

［五］宋孝臻、公孙常：赵耶利弟子，生平不详。

［六］马氏：《太平御览》同卷谓为濮州司马氏，未知孰是。

评析：

《新唐书·艺文志》著录赵耶利《琴叙谱》九卷、《琴手势谱》一卷。《宋史·艺文志》著录《弹琴右手法》一卷。《崇文总目》著录《琴手势谱》时说：“记古琴指法，为左右手图二十一种。”

赵耶利最著名的是他对吴声和蜀声的描述，《册府元龟》及《太平御览》均有记录：“师云：吴声清宛，若长江广流，绵绵徐逝，有国士之风。蜀声躁急，若击浪奔雷，亦一时俊决也。”这一论断对后人研究不同流派的琴曲风格起了重要作用。

薛德音

薛德音生時有人送琴[一]，铭曰“德音”，下又有五字曰：“天水赵取利[二]。”故小字天水，名德音。

《说郛》卷一百《古琴疏》

注释：

［一］薛德音：小字天水，生平不详。

［二］赵取利：应为赵耶利。

评析：

据文献记载，薛德音是隋朝著名文学家薛道衡的侄子，但这个薛德音公元621年去世，赵耶利公元636年去世，不大可能在薛德音出生时就有人送赵耶利的琴。那么这个薛德音到底是谁姑且存疑。

王通

吾家三兄[一]，生于隋末，伤世撄乱[二]，有道无位，作《汾亭操》，盖孔子《龟山》之流也[三]。吾尝亲受其调，颇为曲尽。

《全唐文》卷一百三十一王绩《答冯子华处士书》

注释：

[一]吾家三兄：王通（公元584年—公元617年），字仲淹，号文中子，绛州龙门（今山西河津县）人，隋大业中名儒。王绩之兄。

[二]撄：扰乱。

[三]《龟山》：《龟山操》，琴曲名。《琴操》曰：《龟山操》，孔子所作也。季桓子受齐女乐，孔子欲谏不得，退而望鲁龟山，作此曲，以喻季氏，若龟山之蔽鲁也。

评析：

《中说·礼乐篇》的记载可作为《汾亭操》的注脚："子游汾亭，坐鼓琴。有舟而钓者过，曰：'美哉，琴意！伤而和，怨而静，在山泽而有廊庙之志，非太公之都磻溪，则仲尼之宅泗滨也。'子骤而鼓南风，钓者曰：'噫！非今日事也。道能利生民，功足济天下，其有虞氏之心乎？不如舜自鼓也，声存而操变矣。'子遽舍琴，谓门人曰：'情之变声也如是乎？'起将延之，钓者摇竿鼓枻而逝。门人追之，子曰：'无追也。播鼗武入于河，击磬襄入于海，固有之也。'遂志其事，作《汾亭操》焉。"

僧道英

《琴德谱》一卷，唐因寺僧道英撰[一]。述吴、蜀异音，及辨析指法。道英与赵邪利同时[二]，盖从赵邪利所授。

《文献通考》卷一百八十六

注释：

[一] 僧道英：生卒年不详，唐代琴僧，从此记载来看，应师从赵耶利。与赵耶利同时代。《琴德谱》：《宋史》亦有著录。因寺：寺庙名。

[二] 赵邪利：赵耶利，唐代琴家。见前“赵耶利”条。

评析：

僧道英的《琴德谱》讲述了吴、蜀两地不同的琴音及指法，可见他也注意到了不同地域的不同琴乐风格。

王绩

王绩，字无功，太原祁人也[一]。性简放，饮酒至数斗不醉，常云：“恨不逢刘伶[二]，与闭户轰饮[三]。”因著《醉乡记》及《五斗先生传》，以类《酒德颂》云。雅善鼓琴，加减旧弄，作《山水操》，为知音者所赏。高情胜气[四]，独步当时。

《全唐文》卷一百六十吕才《东皋子后序》

注释：

[一] 王绩（公元589年—公元644年）：字无功，号东皋子，太原祁（今属山西）人。由隋入唐的著名诗人。

[二] 刘伶：字伯伦，沛国（今安徽宿县）人，西晋名士，竹林七贤之一。性嗜酒，

作《酒德颂》。

［三］轰饮：狂饮。

［四］高情：高隐超然物外之情。胜气：不平凡的气质、气度。

评析：

王绩好琴，不仅是《东皋子后序》中说他“雅善鼓琴”，就连他自己也说：“烟霞山水，性之所适，琴歌酒赋，不绝于时。”王绩还创作了不少琴诗，如《山夜调琴》：“促轸乘明月，抽弦对白云。从来山水韵，不使俗人闻。”表现出他对世俗的鄙弃态度。

仲长子光

先生讳子光[一]，字不曜，自云洛阳人也。往来河东，佣力自给[二]，无室庐[三]，绝妻子。弹琴饵药[四]，以终其世[五]。

《全唐文》卷一百三十二王绩《仲长先生传》

注释：

［一］先生讳子光：仲长子光，字不曜，洛阳（今河南洛阳）人。唐代隐士，与王绩友善。讳：名讳。

［二］佣力：谓受雇出卖劳力。自给：依靠自己生产，满足自己需要。

［三］室庐：居室，房舍。

［四］饵药：服药。特指修道服用养生长寿药。

［五］以终其世：终其一生之意。

评析：

仲长子光是唐初隐士，其人喑哑，生平在王绩的《仲长先生传》《祭处士仲长子光文》

《答处士冯子华书》等文中有记载。另外，王通的《中说》也曾提及此人。王绩与仲长子光是至交好友，二人纵意琴酒数年。

张兴

君讳兴，字文起，南阳西鄂人也[一]。得性琴书[二]，吟啸烟霞之表[三]。时谈物义，进退木雁之间[四]。妙款荣期[五]，高符黄绮[六]。时游三径[七]，乍抚一弦[八]。

《全唐文》卷八百四十一于兢《大唐故处士张君墓志铭》

注释：

［一］君讳兴：张兴（公元587年—公元648年），字文起，南阳西鄂（今属河南南阳）人。

［二］得性：谓合其情性。

［三］表：外。

［四］木雁：指古代道家全身远祸的处世态度，典出《庄子》。

［五］款：投合。荣期：荣启期，先秦时期琴家，见前“荣启期”条。

［六］黄绮：汉初商山四皓中之夏黄公、绮里季的合称。

［七］三径：指归隐者的家园。

［八］一弦：指一弦琴。

评析：

从这篇文章来看，张兴兼具琴人与隐士身份。

辨才

辨才俗姓袁氏[一]，博学工文，琴棋书画，皆得其妙。

《法书要录》卷三何延之《兰亭记》

注释：

[一] 辨才：唐初人，俗姓袁，陈郡阳夏（今河南太康）人，书法家智永弟子。

评析：

辨才是书法家智永（智永为王羲之七代孙）的弟子。智永去世时，受托保存王羲之《兰亭序》真迹，后来被唐太宗命监察御史萧翼设计从辨才手中骗走，之后辨才惊悸病重，岁余而死。

庄宁

妻庄氏[一]，字清卿。蚕桑之暇，癖嗜丝桐[二]。家有美材，命工精研，音律既协，性命相依。年廿四归余[三]，琴即为媵[四]。春花芬而奏薰风[五]，秋月皎而操流水[六]。

《全唐文》卷二百顾升《瘗琴铭并序》

注释：

[一] 庄氏：庄宁，字清卿，生活于唐高宗显庆年间（公元656年至公元661年）。唐代文人顾升的妻子。按，顾升又有《题妻庄宁书心经后》一文，可知其名为庄宁。

[二] 癖嗜：癖好，特别喜爱。丝桐：指琴。古人削桐为琴，练丝为弦，故称。

[三] 归：女子出嫁。

[四] 媵：指随嫁。

[五] 薰风：琴曲《南风歌》，相传为舜帝所作。见“帝舜”条。

［六］流水：琴曲名。见“伯牙”条。

评析：

顾升将妻子庄氏的琴葬于山巅以殉其妻，并为此写下《瘗琴铭》。

吕才

永徽六年二月[一]，太常丞吕才造琴歌《白雪》等曲[二]。

《旧唐书·音乐志》卷二十八

注释：

［一］永徽六年：唐高宗年号，公元655年。

［二］吕才（公元600年—公元665年）：博州清平（今山东聊城）人。官至太常丞。

评析：

吕才特别擅长乐律，唐太宗李世民曾召他参论乐事，为《秦王破阵乐》协音律。唐高宗年间造琴歌《白雪》等曲。

释明解

释明解者[一]，姓姚，住京师普光寺[二]。有神明，薄知才学[三]。琴诗书画，京邑有声[四]。

《续高僧传·明解》卷三十五

注释：

［一］释明解：俗姓姚，字昭义，吴兴武康（今浙江吴兴）人。生活于唐高宗显庆年间（公元 656 年至公元 661 年）。

［二］京师普光寺：长安普光寺。

［三］薄：略微。

［四］京邑：京城。有声：有声誉；着称。

评析：

释明解为琴僧，琴、书、画兼擅，号称三绝。

张景之

君讳景之，字仲阳[一]。不应州郡之辟[二]，专以琴书自娱。

《唐文拾遗》卷六十四阙名《□处士张君墓志铭并序》

注释：

［一］君讳景之：张景之（公元 640 年—公元 673 年），字仲阳，生平事迹不详。

［二］辟：征召；荐举。

评析：

这篇墓志铭的作者已不可考，但从内容来看，张景之隐居不仕，后改葬于安养县（今属湖北襄樊）。

史德义

史德义，苏州昆山人也[一]。咸亨初[二]，隐居武丘山[三]，以琴书自适[四]，或骑牛带瓢，出入郊郭廛市[五]，号为逸人。高宗闻其名，征赴洛阳[六]。寻称疾东归[七]，公卿已下，皆赋诗饯别，德义亦以诗留赠，其文甚美。

《旧唐书·隐逸传·史德义》卷一百九十二

注释：

[一] 史德义：苏州昆山（今属江苏）人。

[二] 咸亨：唐高宗李治的年号，从公元670年至公元674年。

[三] 武丘山：苏州武丘山。

[四] 自适：悠然闲适而自得其乐。

[五] 郊郭：城外，郊外。廛市：市廛，商肆集中之处。

[六] 征：征召。

[七] 寻：不久。

评析：

可惜的是，史德义没有能够坚持隐居，武则天时期，史德义受酷吏周兴推荐入朝。周兴被杀之后，史德义也被免官，仍然隐居，但是声誉却大不如前了。

李延祯

君讳延祯[一]，陇西成纪人。工草隶，好弹琴，善围棋。士流之中[二]，共称至妙。

《全唐文补编》卷二二元道《唐故处士陇西李君墓志铭并序》

注释：

[一] 延祯：李延祯（公元658年—公元685年），陇西成纪（今甘肃秦安）人。

［二］士流：泛指读书人、文士。

评析：

李延祯其人多才多艺而不求名利，可惜去世时只有二十七岁。

赵元

赵元者，字贞固，河间人[一]。元少负志略[二]，好论辩。来游洛阳，士争慕向[三]，所以造谢皆缙绅选[四]。武后方称制[五]，惧不容其高，调宜禄尉[六]。到职，非公事不言，弹琴莳药[七]，如隐者之操。自伤位不配才，卒年四十九。

《新唐书·赵元传》卷一百七

注释：

［一］赵元者：字贞固，河间（今属河北）人。

［二］志略：犹抱负。

［三］慕向：思慕向往。

［四］造谢：登门致谢。缙绅：插笏于绅带间，旧时官宦的装束。亦借指士大夫。

［五］武后：武则天。称制：代行皇帝的职权。

［六］宜禄：地名。唐贞观二年置。治在今陕西长武县。开元十三年属邠州。

［七］莳：移栽；种植。

评析：

赵贞固与陈子昂友善，也是“方外十友”之一。

尹元凯

河间尹公[一]，博物君子[二]。白云在天[三]，不乐为吏。有竹林近鄠杜南山[四]，弹琴读书，日益沦放[五]。

《宋之问集校注》卷六《送尹补阙入京序》

注释：

［一］尹公：尹元凯（？—公元703年），字槭，河间（今河北河间）人。与张说、卢藏用友善。两唐书有传。

［二］博物君子：指通晓各种事物的人。

［三］白云在天：此句是形容尹元凯悠游自如。

［四］鄠杜：鄠县与杜陵。终南：终南山。

［五］沦放：沦落流放。

评析：

关于尹元凯，唐代文人张说有《送尹补阙元凯琴歌》一诗，诗题下有小注“公善琴，赠琴歌。”可见上述“弹琴读书”句并非虚言。

元希声

公讳希声[一]，字某，河南洛阳人也。雅尚冲漠[二]，脱落人事[三]，鼎钟黼黻[四]，罔汩其志[五]。妙于鼓琴，尤工《幽居》《绿水》之操[六]。

《全唐文》卷二百八十崔湜《故吏部侍郎元公碑》

注释：

［一］元希声（公元662年—公元707年）：河南洛阳人。唐代文人，曾参与修撰《三教珠英》。

［二］雅尚：崇尚。冲漠：虚寂恬静。

［三］脱落：犹轻慢；疏阔。

［四］鼎钟：鼎与钟。古代钟鼎上刻铭文，以旌有功者。有时即借指功业。黼黻：泛指礼服上所绣的华美花纹，此处借指爵禄。

［五］罔：没有。汩：沉迷。此句的意思是元希声不沉溺于功名利禄。

［六］《幽居》《绿水》：皆琴曲名。《乐府诗集·琴曲歌辞》："《琴集》曰：'《五弄》：《游春》《渌水》《幽居》《坐愁》《秋思》，并宫调，蔡邕所作也。'"

评析：

希声这个名字，揣度其意，大约是源自《老子》的"大音希声"。而明代的徐上瀛在其《溪山琴况》中说："古人以琴能涵养情性，为其有太和之气也，故名其声曰'希声'。"以琴声为"希声"。

麹瞻

麹瞻《琴声律》二卷[一]。

《宋史·艺文志》卷二百二

注释：

［一］麹瞻：西平（今河南西平）人，生活于唐代景龙时期，有诗作于景龙二年（公元708年）。

评析：

《玉海》著录麹瞻撰《琴声律图》一卷，绘图前代琴样十二家，并各以所应律吕十二时附图下。

李华母

夫人赵郡李氏[一]，讳某，字某，号惠日。善鼓琴，幽间自娱志[二]。

《全唐文》卷三百二十一李华《李夫人传》

注释：

［一］李氏（公元664年—公元713年）：号惠日，赵郡（今河北赞皇）人，唐代文学家李华之母。

［二］娱志：寄托高尚的志向。

评析：

李氏除了善鼓琴之外，又能读诗书，知礼仪。

李华

公主讳华[一]，字花婉，世祖神尧皇帝之元孙，睿宗大圣真皇帝之第四女，今上之仲妹也。至于箜篌笛琴，搊琵琶七弦阮咸筝[二]，隔帘（阙一字）之，随手便合，有若天与[三]，寔同生知[四]。

《全唐文》卷二百七十九郑万钧《代国长公主碑》

注释：

［一］公主讳华：李华，字花婉，唐睿宗（公元662年—公元716年）第四女。生卒年不详。

［二］搊：弹拨。

［三］有若：如同，好像。天与：天赋。

［四］寔：同“实”。生知：生而知之。

评析：

李华的各种音乐技艺高超，因此在时人看来如同天赋。

马少良

马少良《琴谱三均》三卷[一]。

《宋史·艺文志》卷二百二

注释：

［一］马少良：不详何代人，姑录于此。三均：黄钟、姑洗、无射。

评析：

据《小学绀珠》记载，马少良《琴谱三均》以姑洗为中吕。

杨玄珪妻

夫人讳某，京兆霸城人也[一]。言成女诫，可着于缣缃[二]；行为女师[三]，讵资于行待[四]，岂止弹琴吐论，诵赋吟诗而已！

《王维集校注》卷十《工部杨尚书夫人赠太原郡夫人京兆王氏墓志铭》

注释：

［一］夫人讳某：工部尚书杨玄珪之妻。京兆霸城（今陕西长安县东）人。

［二］缣缃：供书写用的细绢。多借指书册。

［三］女师：《诗经·周南·葛覃》："言告师氏"。毛传："师，女师也。古者女师教以妇德、妇言、妇容、妇功。"

［四］讵：岂，怎。资：凭借。行待：指待师而行。《左传》："甲午，宋大灾。宋伯姬卒，待姆也。君子谓：'宋共姬，女而不妇。女待人，妇义事也。'"

评析：

杨玄珪即杨贵妃叔父。《旧唐书·杨贵妃传》："玄宗杨贵妃，父玄琰，蜀州司户……叔玄珪，光禄卿。"

寿王韦妃

韦昭训第三女[一]，动修法度[二]，居玩琴瑟。

《全唐文》卷三十八元宗《册寿王韦妃文》

注释：

［一］韦昭训第三女：寿王韦妃，寿王李瑁的妃子，韦昭训的第三个女儿。生卒年不详。

［二］法度：规矩，行为的准则。

评析：

天宝四年（公元745年），玄宗下诏册封韦氏。

武攸绪

攸绪，惟良子也[一]。少有志行。圣历中[二]，弃官隐于嵩山，以琴书药饵为务。

《旧唐书·武攸绪》卷一百八十三

注释：

［一］武攸绪（公元655年—公元723年）：武惟良之子，天授年间封安平郡王，并州（今山西太原）人。

［二］圣历：武则天年号（公元697年至公元700年）。

评析：

武攸绪少有志行，恬淡寡欲，武则天执政时期弃官归隐，及至武三思等人谋逆，武攸绪因隐居而不预其事，因此也得到中宗的赏识。

王易从

王易从[一]，字某。尝工篆体，间以琴德，不耀颖而好事者珍[二]，每成声而知音者赏。身歿之日[三]，所纂集二十卷[四]，自弹琴凡数张。

《全唐文》卷二百五十八苏颋《扬州大都督长史王公神道碑》

注释：

［一］王易从（公元667年—公元726年）：京兆霸城（今属陕西西安）人。

［二］耀颖：谓显扬出众的才华。

［三］身歿：身死。

［四］所纂集二十卷：其集已亡佚，今只存乐府《临高台》一首。

评析：

王易从生活于唐中宗时期，工词赋，博涉经史。

司马承祯

司马炼师以吐纳余暇[一]，琴书自娱，潇洒白云[二]，超驰玄圃[三]。

《全唐文》卷三十六唐玄宗《赐司马承祯敕》

注释：

[一] 司马：司马承祯（公元647年—公元735年），字子微，自号白云子，道号道隐。河内温（今河南温县西）人。唐代道士，上清派宗师。《旧唐书》有传。炼师：道士的敬称。吐纳：吐故纳新，道家养生之术。余暇：闲暇。

[二] 白云：喻指归隐。

[三] 玄圃：传说中昆仑山顶的神仙居处，中有奇花异石。

评析：

《全唐文》有司马承祯《素琴传》一篇。又，《崇文总目》著录《琴式图》二卷，称："以琴制度为图，杂载赵邪利指诀，又有白云先生《三诀》。"陈振孙《直斋书录解题》则说，《三诀》一卷，作者为天台白云先生。此天台白云先生疑即司马承祯。

王维(附裴迪)

王维[一]，字摩诘，太原祁人。尤长五言诗。书画特臻其妙。人有得《奏乐图》，不知其名，维视之曰："《霓裳》第三叠第一拍也[二]。"好事者集乐工按之，一无差，咸服其精思[三]。得宋之问蓝田别墅[四]，在辋口[五]，辋水周于舍下[六]，别涨竹洲花坞，与道友裴迪浮舟往来[七]，弹琴赋诗，啸咏终日[八]。

《旧唐书·王维传》卷一百九十

注释：

[一] 王维（公元701年—公元761年）：字摩诘，太原祁（今山西祁县）人，唐代诗人、画家。

[二]《霓裳羽衣》：唐代著名法曲。初名《婆罗门曲》，经唐玄宗润色并制歌词，后改用今名。《乐府诗集·舞曲歌辞》：“《唐逸史》曰：‘罗公远多秘术，尝与玄宗至月宫。初以拄杖向空掷之，化为大桥。自桥行十余里，精光夺目，寒气侵人。至一大城，公远曰：‘此月宫也。’仙女数百，皆素练霓衣，舞于广庭。问其曲，曰《霓裳羽衣》。帝晓音律，因默记其音调而还。回顾桥梁，随步而没。明日，召乐工，依其音调，作《霓裳羽衣曲》。一说曰：开元二十九年中秋夜，帝与术士叶法善游月宫，听诸仙奏曲。后数日，东西两川驰骑奏，其夕有天乐自西南来，过东北去。帝曰：‘偶游月宫听仙曲，遂以玉笛接之，非天乐也。曲名《霓裳羽衣》，后传于乐部。’《乐苑》曰：‘《霓裳羽衣曲》，开元中，西凉府节度杨敬述进。郑愚曰：‘玄宗至月宫，闻仙乐，及归，但记其半。会敬述进《婆罗门曲》，声调相符，遂以月中所闻为散序，敬述所进为曲，而名《霓裳羽衣》也。’白居易曰：‘《霓裳》法曲也。其曲十二遍，起于开元，盛于天宝。’凡曲将终，声拍皆促，唯《霓裳》之末，长引一声。故其歌云‘繁音急节十二遍，唳鹤曲终长引声’是也。按王建辞云：‘弟子部中留一色，听风听水作《霓裳》。’刘禹锡诗云：‘三乡陌上望仙山，归作《霓裳羽衣曲》。然则非月中所闻矣。’”

[三] 咸：都，全部。

[四] 宋之问：字延清，一名少连。汾州（今山西汾阳县）人，一说虢州（今河南灵宝）人。唐朝诗人。蓝田：属陕西西安。

[五] 辋口：属蓝田。

[六] 辋水：辋河。周：环绕，周围。

[七] 裴迪：关中（今属陕西）人，一说绛州闻喜（今山西闻喜县）人。早年与王维友善，同居终南山，相互唱和。王维得辋川别业，裴迪仍与其形影相随，终日弹琴啸咏。

[八] 啸咏：犹歌咏。

评析：

说到王维，人们总会想起《阳关三叠》，这首琴歌的歌词即王维《送元二使安西》一诗。这首诗被谱成琴曲，现存最早的记载是明代《浙音释字琴谱》，同时又被称为《渭城曲》或《阳关曲》。其后的琴家们，或用“偷声”即增加原词字数；或用“摊破”即在原曲牌的基础上增加乐句，对《阳关三叠》进行改编以及再创造，形成了几十种曲谱。当然，这都是后话了。

王维妙于音律，他的诗歌中也多有吟咏古琴的句子。如“独坐幽篁里，弹琴复长啸”“松风吹解带，山月照弹琴”等。

关于裴迪，王维说他“天机清妙”，是王维半官半隐、茹素奉佛、弹琴赋诗生活中的知音。

石山人(附马氏)

天宝中，言雅乐者称马氏琴，石侯尝得其门而入矣[一]，故其曲高，其声全。余尝观其操缦[二]，味夫节奏[三]，和而不流[四]，淡而不厌[五]，凛其感人而忘夫佚志[六]。

《全唐文》卷五百十八梁肃《观石山人弹琴序》

注释：

[一] 石侯：石山人，生卒年不详，曾跟随天宝年间的马氏习琴。天宝：唐玄宗李隆基的年号。

[二] 操缦：操弄琴弦。

[三] 味：体会，体味。

[四] 和而不流：形容琴声和谐而不流漫放纵。

[五] 淡而不厌：恬淡而不乏味。

[六] 凛：庄严，严肃。佚志：安逸图乐的心志。

评析：

在这篇序里，梁肃与石山人围绕古琴展开对话。梁肃认为，琴道不仅与治国之道一致，一方面又与君子修身密切相关。

尹侯

客有尹侯者[一]，高冠长剑，尤善鼓琴。因接（按）弦奏《胡笳》之曲[二]，摧藏哀抑[三]，闻之忘味。

陈尚君《全唐诗补编》外编第一编李昂《塞上听弹胡笳作》

注释：

［一］尹侯：生卒年不详，根据李昂《塞上听弹胡笳作序》，其人应当生活于唐代开元时期。

［二］《胡笳》：琴曲名。见“裴淑”条。

［三］摧藏哀抑：谓琴曲凄怆，悲伤。

评析：

限于文献资料，尹侯生平无可查考。从本条记载来看，尹侯所弹琴曲《胡笳》能够感染听者的情绪，技艺高妙。

王晙

王晙[一]，工书知名，尤善琴棋，而性多严整[二]。

《旧唐书·王方庆附王晙》卷八十九

注释：

[一]王畯：雍州咸阳（今属陕西）人。王方庆之子。

[二]严整：严肃；严格。

评析：

史书记载王方庆聚书甚多，而其子不能守业，良可惜也。王畯亦名声不显。

卢藏用

卢藏用，字子潜[一]。工篆隶，好琴棋，当时称为多能之士[二]。少与陈子昂、赵贞固友善[三]，二人并早卒，藏用厚抚其子，为时所称。然初隐居之时，有贞俭之操[四]，往来于少室、终南二山[五]，时人称为“随驾隐士”[六]。及登朝[七]，趑趄诡佞[八]，专事权贵，奢靡淫纵，以此获讥于世。

《旧唐书·卢藏用传》卷九十四

注释：

[一]卢藏用（约公元664年—公元713年）：字子潜，唐代诗人，幽州范阳（今河北涿州）人。

[二]多能：具有多方面的才能。

[三]陈子昂：字伯玉，梓州射洪（今四川省射洪市）人，唐代诗人，初唐诗文革新人物之一。赵贞固：即赵元，字贞固，河间（今属河北）人。按，《新唐书·陆余庆传》称：“（余庆）雅善赵贞固、卢藏用、陈子昂、杜审言、宋之问、毕构、郭袭微、司马承祯、释怀一，时号‘方外十友’。”

[四]贞俭：清廉节俭。

[五]少室：山名，位于今河南登封。终南：山名，位于今陕西西安西南。

［六］随驾隐士：此句讽刺卢藏用跟随皇帝的行踪而隐居，皇帝到洛阳，卢藏用便到少室山隐居；皇帝在长安，他便到终南山隐居，其目的是为了接近皇帝以隐居求仕。

［七］登朝：进用于朝廷。

［八］越趄：犹恣睢。狂妄、凶暴；放纵肆扰。诡佞：诡诈而奸佞。

评析：

人们所熟知的“终南捷径”的典故说的就是卢藏用。《陈子昂别传》的作者也是卢藏用。

裴隐（附岫道人）

李白有《酬裴侍御留岫师弹琴见寄》［一］，又有《夜泛洞庭寻裴侍御清酌》云：“抱琴出深竹，为我弹鹍鸡。”

《李太白全集》

注释：

［一］裴侍御：裴隐，临湘（今湖南临湘）人。岫师：道士，与李白、裴隐友善。

评析：

从“抱琴出深竹，为我弹鹍鸡”这句诗来看，裴隐也是擅琴之人。另外，光绪《重修湖南通志》记载：“裴隐，官侍御，谪居岳州，与岫道人鼓琴自娱。李白流夜郎过之，相与唱和游宴。”

李氏女(附王氏女)

李氏女，颍阳人也[一]。年十五遘疾[二]，七日不食，魂飞冥冥，如登上景，在云雾中于仙女授琴，弹《清风弄》之类，凡五十曲。天宝中明皇度为女道士[三]。王氏女，琅琊王淹之兄女也[四]。未笄，忽能弹《广陵散》，不从地出，不从天降，如有宗师存焉。

《琴史》卷四

注释：

［一］李氏女：颍阳（今河南许昌）人。

［二］遘疾：患病。

［三］明皇：唐明皇李隆基。

［四］王氏女：琅琊（今山东临沂）人。

评析：

顾况曾为王氏女作《王氏广陵散记》，并说："天地鄙吝而绝，神明倜傥而授，中散没而王女生，其间寂寥五六百年。"

元德秀

元德秀者，河南人，字紫芝[一]。南游陆浑[二]，见佳山水，杳然有长往之志[三]，乃结庐山阿[四]。岁属饥歉[五]，庖厨不爨[六]，而弹琴读书，怡然自得。好事者载酒肴过之[七]，不择贤不肖[八]，与之对酌，陶陶然遗身物外[九]。琴觞之余，间以文咏，率情而书，语无雕刻。

《旧唐书·文苑传·元德秀》卷一百九十

注释：

［一］元德秀（公元695年—公元753年）：字紫芝，世居太原（今属山西），后移居鲁山（今属河南）。元结族兄。唐代文学家，著名循吏。

［二］陆浑：山名。在今河南洛阳。

［三］杳然：犹悠然。形容心情。

［四］山阿：山的曲折处。

［五］饥歉：缺粮；庄稼收成差。

［六］爨：烧火做饭。

［七］过：来访，前往拜访，探望。

［八］不肖：不成材之人。

［九］陶陶然：和乐貌。遗身物外：谓超脱于尘世之外。

评析：

元德秀是一位穷且益坚的高尚之士，其道德卓行被后人赞叹。“不择贤不肖，与之对酣，陶陶然遗身物外”，从这一事件中，又可以看出其旷达的襟怀，足可追踪阮千里。

王偁妻

夫人字某，某郡人也[一]。言成大家之书，行为众妇之法。至于弹琴制赋，纂组攻书[二]，具举百事之能[三]，仍居四德之外[四]。

《王维集校注》卷十《汧阳郡太守王公夫人安喜县君成氏墓志铭》

注释：

［一］夫人：王偁（汧阳郡太守）之妻。《新唐书·王偁传》：“字灵龟。明经，调

莫州参军，辟范阳节度使张守珪幕府……安禄山叛，拜博陵、常山二太守，副河北招讨。卒，赠太常卿。”

［二］纂组：编织。多指精美的织物。攻书：学习，读书。

［三］具：通“俱”。举：兴办。

［四］四德：封建礼教指妇女应有的四种德行。《周礼·天官·九嫔》：“掌妇学之法，以教九御妇德、妇言、妇容、妇功。”

评析：

汧阳郡即今陕西陇县，从这篇墓志里可以看出，王俌的妻子蕙心纨质，又能弹琴制赋。

徐秀妻

夫人南阳县君樊氏[一]，仁孝柔明[二]，娴于礼度，左右图史[三]，雅善琴棋。

《全唐文》卷三百四十三颜真卿《朝议大夫赠梁州都督上柱国徐府君神道碑铭》

注释：

［一］樊氏（公元689年—公元756年）：徐秀（《唐书·宰相世系表》作“琇”）妻。

［二］柔明：柔顺而聪明。

［三］图史：图书和史籍。

评析：

由此来看，樊氏温和雅畅。

李隆基

《金风乐》一卷：唐玄宗撰[一]，盖琴曲名。

《崇文总目》卷一

注释：

[一]唐玄宗：李隆基（公元685年—公元762年），唐代皇帝。

评析：

玄宗撰《金风乐》记录琴曲名。又，明清时期琴书所谓琴曲《广寒游》为唐玄宗所作，应为托名。

雷俨(附冯昭)

唐明皇反蜀[一]，诏雷俨待诏襄阳[二]。冯昭亦善攻斫[三]，鬻之不售。

《乐书》卷一百四十二《琴制》

注释：

[一]唐明皇：唐玄宗。唐明皇反蜀：指安史之乱爆发后，玄宗逃往四川之事。

[二]雷俨：蜀（今四川）人。

[三]冯昭：生平不详。

评析：

雷俨与冯昭二人的生平不详，仅见于陈旸《乐书》的记载。

郑虔

郑虔[一]，郑州人，高士也。其穷饥轗轲[二]，淡如也。好琴酒篇咏，善图山水。

《唐才子传》卷二

注释：

［一］郑虔（公元705年—公元764年）：郑州（今河南）人，盛唐时期画家。

［二］轗轲：同“坎坷”，即困顿，不得志。

评析：

郑虔工书擅画，又工诗，他曾自书其诗、画，献给玄宗，玄宗在其书画末端亲题“郑虔三绝”。

张镐

张镐，博州人也[一]。风仪魁岸[二]，廓落有大志[三]，涉猎经史，好谈王霸大略[四]。少时师事吴兢[五]，兢甚重之。后游京师，端居一室，不交世务。性嗜酒，好琴，常置座右。

《旧唐书·张镐传》卷一百一十一

注释：

［一］张镐（？—公元764年）：字从周，博州（今山东聊城）人，唐朝宰相。

［二］风仪：风度，仪容。

［三］廓落：豁达；宽弘。

［四］王霸：王道与霸道。大略：远大的谋略。

［五］吴兢：汴州（今河南开封）人。唐朝著名史学家。

评析：

张镐是唐代清流士大夫的代表人物，曾上疏营救杜甫，也曾杖杀闾丘晓（闾丘晓曾杀王昌龄）。史家评论张镐云："谦恭下士，多识大体。"确如此言。

董庭兰（附陈怀古、房琯、郑宥）

董庭兰，陇西人。在开元、天宝间工于琴者也[一]。天后时[二]，凤州参军陈怀古善沈、祝二家声调[三]，以《胡笳》擅名。怀古传于庭兰，为之谱，有赞善大夫李翱序焉[四]。然唐史谓其为房琯所昵[五]，数通贿谢[六]，为有司劾治[七]，而房公由此罢去[八]。杜子美亦尝云："庭兰游琯门下有日，贫病之老，依倚为非，管之爱惜人情，一至于玷污[九]。"而薛易简称[一〇]："庭兰不事王侯[一一]，散发林壑者六十载[一二]，貌古心远[一三]，意闲体和[一四]，抚弦韵声，可感鬼神矣。天宝中，给事中房琯[一五]，好古君子也。庭兰闻义而来，不远千里。"余因此说[一六]，亦可以观房公之过而知其仁矣。当房公为给事中也，庭兰已出其门，后为相，岂能遽弃哉[一七]？又赂谢之事[一八]，吾疑谮琯者为之[一九]，而庭兰朽耄[二〇]，岂能辨释[二一]？遂被恶名耳[二二]。房公贬广汉[二三]，庭兰诣之[二四]，公无愠色[二五]。唐人有诗云："七条弦上五音寒，此乐求知自古难。唯有开元房太尉，始终留得董庭兰[二六]。"有郑宥者[二七]，师庭兰，亦善琴。

宋朱长文《琴史》卷四

注释：

［一］董庭兰（约公元695年—公元765年）：陇西（今甘肃陇西）人。开元、天宝：唐玄宗的年号。

［二］天后：武则天。

［三］凤州：今陕西凤县凤州镇。参军：官名，即参军事。参军或参军事，本参谋军务之称。沿及隋唐，兼为郡官。陈怀古：人名。按，《元和姓纂》记载："凤州司马陈怀

古，安阳人。”应即此人。又，《文献通考》：“《沈辽集》：大胡笳十八拍，世号为‘沈家声’；小胡笳十九拍，末拍为契声，世号为‘祝家声’。唐陈怀古、刘充渚（按，陈旸《乐书》作刘光绪），尝勘停歇句度无谬，可谓备矣。”可见，陈、刘二人曾经对唐代颇为流行的“沈家声”“祝家声”进行详细的校订。

［四］赞善大夫：官名，为太子僚属。李翱：字习之，陇西成纪（今甘肃秦安）人，唐朝文学家。

［五］唐史：指《旧唐书》与《新唐书》。按，《新唐书》作“董廷兰”。房琯：字次律，唐朝宰相。安史之乱爆发后，房琯随唐玄宗入蜀，拜吏部尚书、同平章事。肃宗时，房琯被委以平叛重任，但因不通兵事，兵败陈涛斜。后逐渐为唐肃宗疏远，最终被罢为太子少师，历任邠州刺史、太子宾客、礼部尚书、晋州刺史、汉州刺史。昵：亲近。

［六］数：屡次。贿谢：赠送或酬谢的礼物。

［七］有司：官吏，古代设官分职，事各有专司，故称有司。劾治：审查治罪。

［八］房公由此罢去：《旧唐书·房琯传》记载：“（房琯）听董廷兰弹琴，大招集琴客筵宴，朝官往往因庭兰以见琯，自是亦大招纳货贿，奸赃颇甚。颜真卿时为大夫，弹何忌不孝，琯既党何忌，遽托以酒醉入朝，贬为西平郡司马。宪司又奏弹董庭兰招纳货贿，管入朝自诉，上叱出之，因归私第，不敢关预人事。谏议大夫张镐上疏，言管大臣，门客受赃，不宜见累。二年五月，贬为太子少师。”记载房琯因董庭兰纳贿之事遭到贬黜。

［九］杜子美：杜甫。语出杜甫《奉谢口敕放三司推问状》，为房琯辩白。言：董庭兰游于房琯门下，因贫病而倚仗房琯受贿，而房琯酷爱鼓琴，因爱惜人才，导致声名受累。

［一〇］薛易简：唐代琴家，天宝年间以琴侍诏翰林。

［一一］不事王侯：不侍奉王侯。语出《易·蛊》：“不事王侯，高尚其事。”

［一二］散发：发不整束，指解官隐居。

［一三］外貌：具有古人的风度，胸怀旷达。

［一四］体和：身体和畅。

［一五］给事中：官名。秦汉为将军、列侯、谒者等的加官。常在皇帝左右侍从，备顾问应对等事，因执事在殿中，故名。晋始为正官。隋于吏部置给事郎，唐成为门下省之

属官。

［一六］因：因袭。即朱长文承袭薛易简的说法。

［一七］遽：疾，速。

［一八］赂谢：贿赠的财物。

［一九］谮：诬陷。

［二〇］朽：衰老。耄：老，高龄。《礼记·曲礼上》："八十九十曰耄。"朽耄指年老。

［二一］辨释：分辩解释。辨，通"辩"。

［二二］被：及。

［二三］广汉：郡名，即今四川广汉。

［二四］诣：造访。

［二五］愠色：怨怒的神色。

［二六］"七条弦上五音寒"四句：出自唐人崔珏《席间咏琴客》。一作"七条弦上五音寒，此艺知音自古难。唯有河南房次律，始终怜得董庭兰"。

［二七］郑宥：《国史补》记载："张相弘靖少时，夜会名客，观郑宥调二琴至切。各置一榻，动宫则宫应，动角则角应。稍不切，乃不应。宥师董庭兰，尤善泛声、祝声。"

评析：

关于董庭兰，有一段始终悬而未决的公案。

事情起因于房琯罢相。安史之乱时，房琯追随唐玄宗入蜀，拜为宰相。肃宗登基，玄宗派他与韦见素、崔涣前往灵武，册立肃宗。肃宗认为房琯素有盛名，对他倾心相待。房琯亦自负才华，以天下兴复为己任。史书上说："时行在机务，多决之于琯，凡有大事，诸将无敢预言"。至德元年（公元 756 年）十月，陈涛斜之役，房琯以春秋车战之法来对战安禄山叛军，大败，死伤四万余人。其后，房琯又率南军与叛军交战，再次大败。兵败之后，肃宗"犹待之如初"。

其后，房琯身为宰相，在两京陷落、人心惴恐的情况下，却称病不朝，不问政事，日与刘秩、李揖等高谈虚论。"此外，则听董庭兰弹琴，大招集琴客筵宴，朝官往往因庭兰以见琯，自是亦大招纳货贿，奸赃颇甚。”有司弹劾董庭兰贪赃，房琯入朝自诉，被肃宗斥退。房琯被贬为太子少师。

实际上，房琯罢相是肃宗朝政治集团的斗争及其打击玄宗旧臣的结果，董庭兰之事只是一个借口。这就与董庭兰纳贿与否关系不大，或者说房琯听琴这件事本身就是一大罪过。

在这一事件中，与房琯为布衣之交的杜甫，时为谏官，借《奉谢口敕放三司推问状》为房琯犯颜进谏，在杜甫看来，董庭兰倚仗房琯纳贿，而房琯则因爱惜董庭兰而遭恶名，谓房琯“罪细，不宜免大臣”，肃宗震怒，诏三司推问，杜甫由左拾遗出为华州司功参军。

杜甫之外，论者多给予房琯足够的同情，如刘禹锡《和德裕房公旧竹亭闻琴》：“尚有竹间露，永无棋下尘。”以谢安“围棋赌墅”为喻，暗指“听琴”亦无损于房琯之名，颇有回护之意。

然而，无人为董庭兰辩白，直到宋代的朱长文。朱长文首先引用同是琴师的薛易简对董庭兰的评价，“不事王侯”，只一句便已经说明董庭兰的品性。薛易简认为，董庭兰投奔房琯，不过是对“好古”的一场追逐而已。以此，朱长文言：“赂谢之事，吾疑谮管者为之。”认为是诬陷者所为，又说董庭兰其时已年迈，无力为自己辩驳。然而，在这场政治斗争中，身为左拾遗的杜甫尚且不能自免，何况是一个身为门客的琴师呢?

刘长卿曾说：“古调虽自爱，今人多不弹。”可见“古调”在当时的境遇，因此，董庭兰之于房琯，与其说是“依倚”，毋宁说是互为知音。

董庭兰在诗歌中的形象也颇引人注意，首先是高适的《别董大》：“莫愁前路无知己，天下谁人不识君。”有人以此认为董庭兰在盛唐时期已经名满天下。而李颀则从琴音入手描绘董庭兰的弹琴技巧，其《听董大弹胡笳声兼寄语弄房给事》：“董夫子，通神明，深山窃听来妖精。言迟更速皆应手，将往复旋如有情。空山百鸟散还合，万里浮云阴且晴。嘶酸雏雁失群夜，断绝胡儿恋母声。川为净其波，鸟亦罢其鸣。乌孙部落家乡远，逻娑沙尘哀怨生。幽音变调忽飘洒，长风吹林雨堕瓦。迸泉飒飒飞木末，野鹿呦呦走堂下。”自空山一句起，用多个比喻句来形容董庭兰的琴音。诗最后说：“高才脱略名与利，日夕望君抱琴至。"这里的高才应该指的是房琯。房琯于天宝年间为给事中，此诗即作于是时。施蛰存推断："大约董庭兰就由于李颀的推荐，做了房琯的门客。"

有人说，董庭兰之与房琯，正如冯子都之与霍光，这种比附未免太过，然而，董庭兰的生平事迹由于缺乏记载，其人其事也托赖房琯得以流传下来，其间是非曲折也只能是一笔糊涂账了。

齐嵩

齐嵩《琴雅略》一卷[一]。

《新唐书·艺文志》卷五十七

注释：

[一]齐嵩：官殿中侍郎。

评析：

《崇文总目》著录《琴雅略》："概言创制音器之略。"

又，《全唐文》著录齐嵩《谷城黄石公碑阴记》一文，文中末尾说："殿中侍御史高阳齐嵩，聆而嘉之，故纪云。唐大历八年（公元773年）七月十五日建。"由此判断，齐嵩为高阳人，约生活于唐代宗时期。

李栖筠

大历六年，浙西观察使苏州刺史兼御史大夫赞皇公祗命朝于京阙[一]。春正月，夕次朱方[二]，刺史樊公称江月当轩[三]，愿以卮酒侑胜[四]。居无何[五]，赞皇公弦琴，樊公和之。演操相应[六]，澄清抚绥[七]，递为伯牙，更为子期[八]。琴动人静，琴酣酒醒，清声向月，和气在堂，春风犹寒，是夜觉暖。罢宴之后，赞皇顾润州曰："见明珠者始贱鱼目，知雅乐者方鄙郑声[九]。自朴散为器[一〇]，真意在琴。与众乐同出于虚，独能致静；同韵五音[一一]，独能多感；同名为乐，独偶圣贤。是宜称德[一二]，切近于道[一三]。昔尧以美利利于天下[一四]，曲名始畅[一五]，自舜禹至于夫子不止[一六]。且声着哀思，或当戚自陈[一七]。其后居常玩之，和理所措[一八]。若然者[一九]，宁袭陶公真意空拍而已[二〇]，岂袭胡笳巧丽[二一]，异域悲声？我有山水桐音[二二]，宝而持之，古操则为[二三]，其余未暇[二四]。"是知赞皇所好，无非训典[二五]，似有道而犹重之若此，况乃真有道之士乎[二六]？

《全唐文》卷三百七十七柳识《琴会记》

注释：

[一] 浙西观察使苏州刺史兼御史大夫赞皇公：李栖筠（公元719年—公元776年），字贞一，赵郡赞皇（今河北赞皇县）人。唐代文学家，历官工部侍郎、常州刺史、浙西都团练观察使、御史大夫。封赞皇县子，称"赞皇公"。大历六年：公元771年。祗命：犹奉命。京阙：指皇宫，借指京城。

[二] 次：旅途中暂时停宿。朱方：春秋时吴地名。治所在今江苏省丹徒县东南。

[三] 刺史樊公：指樊晃，时任润州刺史，工诗。按，下文的润州也是指樊晃。

[四] 卮酒：犹言杯酒。侑胜：谓助兴。

[五] 无何：不多时；不久。

[六] 演：演奏。操：操琴。

[七] 抚绥：安定。

[八] 伯牙、子期：见"伯牙"条注释。

[九] 郑声：原指春秋战国时郑国的音乐。因与孔子等提倡的雅乐不同，因此受到儒家的排斥。此后，凡与雅乐相背的音乐，甚至一般的民间音乐，均被崇"雅"黜"俗"者

斥为“郑声”。

[一〇] 朴散：本谓纯真之道分离变异。后亦谓淳朴之风消散。语本《老子》：“朴散则为器。”王弼注：“朴，真也。真散则百行出，殊类生，若器也。”

[一一] 五音：指宫、商、角、徵、羽五个音阶。

[一二] 德：谓琴音所表现的雅正之德。嵇康《琴赋》：“愔愔琴德，不可测也。”

[一三] 切近：贴近。

[一四] 美利：大利，丰厚的利益。

[一五] 曲名始畅：尧作有琴曲《神人畅》。桓谭《新论·琴道》：“达则兼善天下，无不通畅，故谓之畅。”

[一六] 夫子：孔子。

[一七] 自陈：自己陈述。

[一八] 和理：中和之道。措：处置。

[一九] 若然者：如此。

[二〇] 陶公真意：用陶渊明无弦琴事，见“陶潜”条。

[二一] 胡笳：我国古代北方民族的管乐器，传说由汉张骞从西域传入，汉魏鼓吹乐中常用之。巧丽：美妙华丽。这两句话的意思是说宁愿蹈袭陶渊明空抚无弦琴所体现出来的真意，而不能因袭胡笳的巧丽。

[二二] 桐音：琴声。

[二三] 古操：古琴曲。

[二四] 未暇：谓没有时间顾及。

[二五] 训典：王者教导民众的法则或先王典制之书。

[二六] 况乃：何况。

评析：

《琴会记》中赞皇公李栖筠的这段话是针对唐王朝胡乐兴盛的现实提出的观点，他将胡乐归为郑声，而将琴列为雅音，表现出鲜明的崇雅黜俗的倾向。

独孤及

独孤及，字至之，河南洛阳人[一]。性孝友[二]。其为文彰明善恶[三]，长于论议。晚嗜琴，有眼疾，不肯治，欲听之专也。

《新唐书·独孤及传》卷一百六十二

注释：

[一] 独孤及（公元725年—公元777年）：字至之，洛阳（今河南洛阳）人。唐代散文家。

[二] 孝友：事父母孝顺、对兄弟友爱。

[三] 彰明：显豁，明显。

评析：

独孤及晚年患眼疾而不肯治疗，是因为想更好地听琴，朱长文《琴史》评论说："审于音声而忘其疾痛，可谓笃好之者也。"正是如此。

石荆山

石荆山，吴人[一]。善琴，为独孤及所重[二]。

《姑苏志》卷五十六

注释：

[一] 石荆山：吴（今江苏苏州）人。

[二] 独孤及：见"独孤及"条。

评析：

传说摇兼济（一作姚兼济）即师承石荆山。

李氏

夫人，其先陇西人也[一]。天性孝慈[二]，聪慧有识。读书善鼓琴。

《全唐文》卷三百九十一独孤及《唐万年县尉崔肃洌故妻李氏墓志铭》

注释：

［一］夫人：李氏，唐代万年县尉崔肃洌的妻子。陇西（今属甘肃）人。

［二］孝慈：对尊长孝敬，对后辈慈爱。

评析：

这篇文章说李氏风度美好，并且恭谨谦逊。

康洽

康洽[一]，酒泉人，黄须美丈夫也。盛时携琴剑来长安，谒当道[二]，气度豪爽。工乐府诗篇，宫女梨园，皆写于声律。

《唐才子传》卷四

注释：

［一］康洽：唐朝音乐家，据《唐才子传》，至大历间，康洽年已七十余。酒泉（今甘肃酒泉）人。

［二］谒：晋见；拜见。当道：指执政者；掌权者。

评析：

正史及其他资料没有康洽的生平，其形象见于李颀、李端等人的诗歌作品中。康洽的诗文作品也均已亡佚。

崔造女

息女二人[一]，姿性及义[二]，以静约为尚[三]，以琴书为适。

《全唐文》卷四百三十四崔造《与权德舆书》

注释：

［一］息女二人：唐宰相崔造（公元 737 年—公元 787 年）的两个女儿。息女：亲生女儿。

［二］姿性：品行。

［三］静约：清静简约。

评析：

崔造曾为唐朝宰相，有两个女儿，大女儿嫁杨宏微，小女儿即权德舆的妻子。崔氏两女出身名门望族，多才多艺。权德舆曾作《新月与儿女夜坐听琴举酒》，可见其儿女也能弹琴，或许是受到了崔氏的影响。

韩滉

韩滉，字太冲，京兆长安人[一]。滉虽宰相子[二]，性节俭，衣裘茵衽[三]，十年一易[四]。甚暑不执扇，居处陋薄，取庇风雨。好鼓琴，书得张旭笔法[五]，画与宗人干相埒[六]。

《新唐书·韩滉传》卷一百二十六

注释：

［一］韩滉（公元 723 年—公元 787 年）：字太冲，京兆长安（今陕西西安）人。唐代画家。

［二］宰相子：韩滉为宰相韩休之子。

［三］茵：铺垫的东西，垫子、褥子、毯子的通称。衽：古代睡觉时用的席子。

［四］易：换。

［五］张旭：字伯高，苏州吴县（今江苏苏州）人，唐代书法家，擅长草书，与李白的诗歌、裴旻的剑舞并称“三绝”。喜欢饮酒，世称“张颠”。

［六］宗人干：唐代宫廷画师韩干，以画马着称。相埒：相等。

评析：

韩滉是唐朝宰相，但人们却更多地记住了他画师的身份，《五牛图》就是韩滉的作品。《宣和画谱》曾经评他“落笔绝人”，而他的书法史称得张旭笔势，可以想见其书画造诣，遗憾的是，韩滉的琴却只留下了“好鼓琴”三个字而已。

刘商

《胡笳十八拍》一卷：唐刘商撰[一]。汉蔡邕女琰为胡骑所掠[二]，因胡人吹芦叶以为歌，遂翻为琴曲，其辞古淡。商因拟之序琰事，盛行一时。

《郡斋读书志》卷十八

注释：

［一］刘商：字子夏，彭城（今江苏徐州）人。据《唐才子传校笺》，刘商约在唐肃宗时期登第，其生年应在开元年间（公元713年—公元741年）。

［二］蔡邕女琰：蔡琰，见前“蔡琰”条。

评析：

据武元衡《刘商郎中集序》《唐才子传校笺》《郡斋读书志》以及陈振孙《直斋书录解题》，刘商是为琴曲《胡笳十八拍》填写了歌辞，盛行一时。

崔季真

崔季真，洪州人[一]，善鼓琴，工绘事。

《江西通志》卷一百六《南昌府》

注释：

[一] 崔季真：洪州（今江西南昌）人。

评析：

崔季真约生活于中唐大历（公元 766 年—公元 779 年）时期，好养生之术。

李逞

别驾昔尝宰三县[一]，佐四郡，未始不以廉直为己任[二]，亦未始以廉直衒己名[三]。仕有余力，则寄傲于琴[四]。趣远是以曲高[五]，意精是以声全。得于心而形于手，故非外奖所及[六]。当其操弦，如操政焉[七]。时人知其琴，不知其政，善而无伐[八]，光而不耀故也。今也来思，上台解榻[九]，卿大夫士从之如不及，时因观操缦之妙[一〇]，可以见从政之道[一一]。

《全唐文》卷三百八十七独孤及《送洪州李别驾还任序》

注释：

[一] 李逞：唐大历时期琴家。别驾：官名，即别驾从事，是州刺史的佐官。

[二] 廉直：清廉正直。

[三] 衒：同“炫”。

[四] 寄傲：寄托旷放高傲的情怀。

[五] 趣远：意趣高远。是以：连词。因此；所以。曲高：曲调高深。

[六] 外奖：这两句是说得于自心，而非外物所奖劝。

［七］当其操弦，如操政焉：用宓子贱事。《吕氏春秋·察贤》："宓子贱治单父，弹鸣琴，身不下堂，而单父治。"

［八］伐：自夸。

［九］解榻：东汉陈蕃任豫章太守时，不接待宾客，只有南州高士徐穉来时特设一榻，徐穉走后即悬挂起来。后以"解榻"为热情接待宾客或礼贤下士之典。事见《后汉书·徐穉传》。

［一〇］操缦：操弄琴弦。《礼记·学记》："不学操缦，不能安弦。"

［一一］从政：参与政事；处理政事。

评析：

钱起《送弹琴李长史往洪州》中的李长史即李逞；李端《送从兄赴洪州别驾，兄善琴》中从兄也是李逞。

钱起的诗云"抱琴为傲吏"，一方面是说李逞擅长鼓琴，一方面又不同流俗。钱起诗最后说："佐牧无劳问，心和政自平"则继承《礼记·乐记》的思想，阐述古琴音乐与政治的关系，说明李逞与宓子贱弹琴治单父一样，能够达到心和即政平的境界。

李季兰

李季兰[一]，名治，以字行[二]，峡中人[三]，女道士也。美姿容，神情萧散[四]。专心翰墨，善弹琴，尤工格律。

辛文房《唐才子传》卷二

注释：

［一］李季兰（公元713年—公元784年）：名李冶，字季兰，乌程（今浙江湖州吴兴）人。唐代女诗人、女道士。

[二] 以字行：仅称呼此人的“字”，代替其名。

[三] 峡中：地名，确切州县不明。峡中是李季兰早年居住的地方，其后长住乌程。

[四] 萧散：犹潇洒。形容举止、神情、风格等自然，不拘束。

评析：

李季兰是唐代比较著名的女诗人，有“女中诗豪”之称，其诗歌作品也被认为是“大历正音”，因为善琴工诗，与她交往的也多为文人，如刘长卿、皎然等。

王龟

王龟，字大年[一]。性简淡萧洒[二]，不乐仕进。少以诗酒琴书自适，不从科试[三]。

《旧唐书·王龟传》卷一百六十四

注释：

[一] 王龟：字大年，其先太原（今属山西）人，后迁居扬州（今属江苏）。

[二] 简淡：简朴淡泊。

[三] 科试：科举考试。

评析：

王龟曾筑“半隐亭”，吟啸其间，颇有名士之风。

李端

李端，赵州人[一]。少时居庐山，依皎然读书[二]，意况清虚[三]，酷慕禅侣。移家来隐衡山[四]，自号衡岳幽人。弹琴读《易》，登高望远，神意泊然[五]。

《唐才子传》卷四

注释：

［一］李端：约公元785年前后在世，字正己，自号衡岳幽人，赵州（今河北赵县）人。唐诗人。

［二］僧皎然：字清昼，吴兴（今浙江湖州）人，唐代诗僧。

［三］意况：情态；情趣。清虚：清净虚无。

［四］衡山：在今湖南。

［五］泊然：恬淡无欲貌。

评析：

李端工诗，为中唐“大历十才子”之一。

李勉(附秀奴、七七、李约)

汧公镇宣武[一]，好琴书。自造琴，取新旧桐材扣之，合律者裁而胶缀。所蓄二琴殊绝，其名“响泉”“韵磬”者也[二]。性不喜俗间声音，有二宠奴，号秀奴、七七，善琴筝与歌，时遣奏之。有撰琴谱。

兵部员外郎约[三]，汧公之子也。有德量，多材艺，不迩声色[四]，善接引人物[五]，而不好俗谈。多蓄古器，在润州尝得古铁一片，击之清越[六]。养一猿，名山公，常与相随。尝月夜独泛江，登金山，击铁鼓琴，猿必啸和。

《唐语林》卷五

注释：

［一］汧公：李勉，封汧国公。李勉（公元717年—公元788年），字玄卿，唐朝宰

相、宗室，善斫琴。按，《旧唐书》本传称其“善鼓琴，好属诗，妙知音律，能自制琴，又有巧思。”宣武：地名。

［二］李肇《国史补》卷下：“李汧公雅好琴，常斫桐，又取漆桶为之，多至数百张，求者与之。有绝代者，一名‘响泉’，一名‘韵磬’，自宝于家。”

［三］李约：字存博，号萧斋。唐宗室，李勉子。唐代文学家。官兵部员外郎。

［四］迩：近。

［五］接引：接待，招待。

［六］清越：清脆悠扬。

评析：

李勉不仅擅长弹琴，更擅长斫琴。除了“响泉”“韵磬”之外，还有“寒玉石”“和志”“百纳琴”。唐李绰《尚书故实》记载：“李勉尝收桐孙之精者杂缀为之，谓之百纳琴。”

姚系

姚系［一］，河中人。有诗名，工古调，善弹琴，好游名山，希踪谢、郭［二］，终身不言禄，禄亦不及之也。与林栖谷隐之士往还酬酢［三］，兴趣超然。

《唐才子传》卷五

注释：

［一］姚系：生卒年不详，河中（今山西永济）人，唐代诗人，与韦应物同时。

［二］希踪：谓能达到或比并。谢：指谢灵运。谢灵运好游山水，据《宋书·谢灵运传》：“寻山陟岭，必造幽峻，岩嶂千重，莫不备尽。”郭：指郭文。据《宋书·隐逸·郭文传》：“少爱山水，尚嘉遁。年三十，每游山林，弥旬忘反。”

［三］林栖谷隐：谓在山林隐居的人。酬酢：诗文唱和。

评析：

姚系诗歌作品流传下来的只有十首，却多言及古琴，如《荆山独往》：“宿昔山水上，抱琴聊踯躅。山远去难穷，琴悲多断续。”再如《秋夕会友》：“白露下庭梧，孤琴始悲辛。”《送周愿判官归岭南》：“早蝉望秋鸣，夜琴怨离声。”

李氏

夫人姓李氏[一]，生于良族，嶷然殊异[二]。特善女工剪制之事[三]，又能为雅琴秦声操缦之具[四]。

《柳宗元集》卷十三《伯祖妣赵郡李夫人墓志铭》

注释：

[一] 李氏（公元720年—公元800年）：柳宗元伯祖母，赞皇（今河北赞皇）人。

[二] 嶷然：端庄貌。

[三] 女工：指女子所作纺织、刺绣、缝纫等事。

[四] 操缦：操弄琴弦。

评析：

“善女工剪制之事”说明李氏手巧，“能为雅琴秦声操缦之具”说明李氏有才有德。

白幼美

白氏下殇曰幼美[一]，小字金刚奴，其先太原人。既生而惠，既孩而敏[二]，七岁能诵诗赋，八岁能读书鼓琴，九岁不幸遇疾，夭徐州符离县私第[三]。

《白居易集》卷四十二《唐太原白氏之殇墓志铭并序》

注释：

[一] 幼美：白幼美（公元784年—公元792年），小名金刚奴，唐代诗人白居易的弟弟，九岁而夭。祖籍太原。下殇：人年龄在八至十一岁间死亡为下殇。

[二] 孩：幼儿时期。

[三] 夭：未成年的人死去。徐州符离：白居易家族建中三年移居徐州符离，白幼美应即出生于此地。私第：私宅。

评析：

从这段记载来看，白幼美在儿童时期就能弹琴了。

戴察

戴察字彦衷[一]，苏州人也。有衣黄衣者[二]，排闼直入[三]，口称里胥[四]，骂彦衷曰："两税方敛[五]，何独不纳[六]？刺史县令，公知是谁？俾予肌肤[七]，代尔担责。"嚄嚄叫怒[七]，不容少安。彦衷回惶若狂[八]，计靡从所[九]，其父谕之曰[一〇]："取尔常读之书，常抚之琴，质于东西家南北家[一一]，以其所资，将以奉之。无令来客，贻我之戚[一二]。"彦衷唯唯[一三]，乃获上缯而与之[一四]。

《全唐文》卷五百三十三李观《代李图南上苏州韦使君论戴察书》

注释：

[一] 戴察：字彦衷，生卒年不详。约与李观（公元766年—公元794年）同时代，苏州人。

[二] 衣：穿。

[三] 排闼：推门，撞开门。闼：门。

［四］里胥：古代管理乡里事务的公差。

［五］两税：夏税和秋税的合称。唐德宗时杨炎作两税法，并租庸调为一，令以钱输税。夏输不超过六月，秋输不超过十一月，故称两税。敛：征收。

［六］纳：缴纳。

［七］嚄嚄：形容扰攘喧哗声。

［八］回惶：眩惑而恐惧。

［九］计靡从所：没有什么办法。

［一〇］谕：告诉。

［一一］质：以财物抵押。

［一二］贻：致使。

［一三］唯唯：恭敬的应答声。

［一四］缯：丝织品。

评析：

清王又曾的诗句“中年偏于饥寒会，典去衣裘又典琴”（《赠徐春书》），大约与戴察的境况颇为类似。不过，戴察作为读书人，却要典当琴书来缴纳赋税，良可嗟叹。

李逞女

夫人姓李氏[一]，房州刺史逞之女。敬恭长上[二]，诱纳卑孺[三]，情礼周洽[四]，六姻睦然[五]，风韵孤远，不婴常态[六]。中馈酒食外[七]，弹雅琴，咏古诗。

《唐文拾遗》卷二十八符载《亡妻李氏墓志铭》

注释：

［一］李氏（公元 760 年—公元 795 年）：李逞的女儿，唐代文学家符载的妻子。

［二］敬恭：恭敬奉事。长上：长辈，尊长。

[三] 诱纳：招引接纳。

[四] 周洽：周遍，普遍。

[五] 六姻：犹六亲。

[六] 嬰：缠绕。

[七] 中馈：指家中供膳诸事。

评析：

李逞善琴，其女亦弹雅琴。从符载对妻子的描述来看，这应该是一个贤良淑德且风韵悠远的女性。

张氏

夫人张氏，府君贾秀曾孙[一]。服其浣濯[二]，鼓其琴瑟，内闲外恭。

《唐文拾遗》卷二十三裴同亮《唐故清河郡夫人张氏墓志铭》

注释：

[一] 张氏（公元740年—公元799年）：清河郡（今河北清河县东南）人。

[二] 浣濯：洗涤。

评析：

据裴同亮所撰写的墓志铭，张氏本清河郡贾家女，后嫁与长安县（今西安市长安区）张氏子，贞元十五年（公元799年）病逝。墓志中还说张氏"丝竹通妙，皆禀生知"，可知其音乐才能。

白氏

夫人太原白氏[一]，前京兆府户曹参军翰林学士白居易、前秘书省校书郎行简之外祖母也。敬宾客，睦娣姒[二]，工刀尺[三]，善琴书。

《白居易集》卷四十二《唐故坊州鄜城县尉陈府君夫人白氏墓志铭》

注释：

［一］白氏（公元731年—公元800年）：陈润妻，白居易外祖母，太原人。

［二］娣姒：妯娌。兄妻为姒，弟妻为娣。

［三］刀尺：剪刀和尺，指服装的制作。

评析：

白居易和他的弟弟白行简由其外祖母抚养成人，白居易的雅善琴书或许就是受到他外祖母的影响。

吕渭(附李良辅、僧思古、张老)

《广陵止息谱》一卷：《崇文总目》：唐吕渭撰[一]。晋中散大夫嵇康作琴调《广陵散》[二]，说者以魏氏散亡自广陵始，晋虽暴兴，终止息于此。康避魏、晋之祸，托之于鬼神[三]。河东司户参军李良辅云袁孝己窃听而写其声[四]，后绝其传。良辅传之于洛阳僧思古[五]，思古传于长安张老[六]，遂著此谱。总三十三拍，至渭，又增为三十六拍。

《文献通考》卷一百八十六

注释：

[一] 吕渭（公元734年—公元800年）：字君载，河中（今山西永济）人。

[二] 嵇康句：见前“嵇康”条。

[三] 说者以魏氏散亡等句：见韩高《广陵散解》。

[四] 李良辅：生卒年不详，官河东司户参军。

[五] 僧思古：洛阳（今河南洛阳）僧，生平不详。

[六] 张老：长安（今陕西西安）人，生平不详。

评析：

《新唐书·艺文志》著录吕渭、李良辅《广陵止息谱》各一卷。《文献通考》引《崇文总目》叙及其传承脉络，李良辅传于僧思古，思古传于张老。与李良辅等人传谱三十三拍不同，吕渭将此谱增加为三十六拍。

崔简妻

我伯姊[一]，善隶书，为雅琴以自娱乐，隐而不耀[二]。

《柳宗元集》卷十三《亡姊崔氏夫人墓志盖石文》

注释：

[一] 我伯姊：崔简妻（？—公元802年），柳宗元的大姐。伯姊：大姐。

[二] 耀：炫耀。

评析：

柳宗元的大姐即崔简的妻子，德硕行淑，且擅长隶书、古琴。

裴说(附马给、阳子儒)

裴说[一]，宽之侄孙，佐西川韦皋幕[二]。善鼓琴，时称妙绝。灵开山有美桐，取而制以新样，遂谓之“灵开琴”。蜀中又有马给[三]，弹琴有名，尤能大小间弦[四]。吴人阳子儒[五]，亦于《悲风》尤妙[六]。

《南部新书》壬

注释：

［一］裴说：绛州闻喜（今山西闻喜）人，裴宽侄孙。

［二］韦皋（公元745年—公元805年），字城武，任剑南西川节度使。

［三］马给：蜀（今四川）人。

［四］间弦：以“间弦调”定弦。

［五］阳子儒：吴人，生平不详。

［六］《悲风》：琴曲名，传为孔子所作。

评析：

裴说琴名“灵开”；马给擅长以间弦调定弦；阳子儒擅长弹《悲风》，可谓各具其妙。

摇兼济

东海摇兼济[一]，年十三从淮南大军，有奇童之称。岁既冠[二]，历泗上剧职[三]，振能吏之声[四]。而尚气节，重言诺。临财廉，见义勇。蕴崇具美[五]，发以雅琴，琅琅然若佩玉之有冲牙也[六]。

《全唐文》卷六百二十八吕温《送琴客摇兼济东归便道谒王虢州序》

注释：

［一］摇兼济：生卒年不详，东海（今江苏）人，生活于唐贞元年间。

[二] 岁既冠：谓摇兼济到了二十岁左右。

[三] 泗上：泛指泗水北岸的地域。剧职：指重要职务。

[四] 能吏：能干的官吏。

[五] 蕴崇：积聚；堆积。具美：完美；皆美。

[六] 琅琅然：象声词，形容清朗、响亮的声音。冲牙：古代佩玉部件之一种。《礼记·玉藻》："佩玉有冲牙。"

评析：

摇兼济其人其事不详，唯吕温称其为琴客。

万仁泰

君讳仁泰，字国宁[一]。君不仕，性玩琴书，情兼义友。

《全唐文》卷九百九十六阙名《万仁泰墓铭》

注释：

[一] 仁泰：万仁泰（公元 754 年—公元 807 年），字国宁。

评析：

万仁泰葬于硖石市（今属浙江）。

张曛

公讳曛，字继明，范阳方城人也[一]。授襄州谷城县令，其在邑也，弹琴静理[二]，高视云水[三]。

《唐文拾遗》卷二十六崔归美《唐故文贞公曾孙故谷城县令张公墓志铭》

注释：

［一］公讳曛：张曛（公元747年—公元813年），字继明，范阳方城（今河北固安）人。

［二］静理：谓清净之道。

［三］高视：傲视。

评析：

张曛是唐朝名相张柬之的曾孙，在襄州谷城做了一任县令，有政声。

孟郊

孟郊[一]，字东野，洛阳人。初隐嵩少[二]，称处士[三]。性介[四]，不谐合。调溧阳尉[五]。县有投金濑、平陵城[六]，林薄蓊翳[七]，下有积水。郊间往坐水傍，命酒挥琴，裴回赋诗终日[八]，而曹务多废[九]。

《唐才子传》卷五

注释：

［一］孟郊（公元751年—公元814年）：字东野，湖州武康（今浙江德清）人。按，《唐才子传》称其为洛阳（今河南洛阳）人。

［二］嵩少：嵩山与少室山的并称，亦用为嵩山的别称。

［三］处士：本指有才德而隐居不仕的人，后亦泛指未做过官的士人。

［四］介：孤傲特异。

［五］溧阳：今江苏溧阳市。

［六］投金濑：濑水，今名溧水，在江苏省溧阳市西北。春秋时伍子胥由楚逃难至吴途中，

于濑水旁向洗衣女乞食。食毕，嘱女掩其壶浆，以免暴露行踪。女以见疑于伍子胥，即投水自杀，以誓贞信。后伍子胥在吴受重用，重过濑水，无从报答，乃投百金于水而去。故濑水又名“投金濑”。

［七］林薄：交错丛生的草木。蓊蘙：形容草木茂密。

［八］裴回：徘徊留恋。

［九］曹务：谓官署分科掌管的事务。

评析：

宋代大诗人欧阳修说孟郊写诗特别喜欢写穷苦之句，“坐闻西床琴，冻折两三弦”就是其中一个典型的例子。在孟郊那里，古琴的处境似乎不大好，正如他自己所说：“鹤虱落琴床。”

于頔嫂

于頔司空［一］，尝令客弹琴。其嫂知音，听于帘下曰：“三分中，一分筝声，二分琵琶声，绝无琴韵。”

《国史补》卷下

注释：

［一］于頔（？—公元818年）：字允元，河南（今河南洛阳）人，唐朝宰相，官司空。

评析：

于頔嫂知音善听，于女性之中，颇类蔡文姬。

卫次公

卫次公，字从周，河东人[一]。器韵和雅[二]，弱冠举进士[三]。礼部侍郎潘炎目为国器[四]，擢居上第[五]。次公善鼓琴，京兆尹李齐运使其子交欢[六]，意欲次公授之琴。次公拒之，由是终身未尝操弦。

《旧唐书·卫次公传》卷一百五十九

注释：

［一］卫次公（公元753年—公元818年）：字从周，河东（今属山西）人。

［二］器韵：器局与风度。和雅：温和文雅。

［三］弱冠：古代男子二十岁行冠礼，表示已经成人，但体还未壮，所以称作“弱冠”，后泛指男子二十左右的年纪。

［四］潘炎：唐代文学家。生卒年不详，大历中进礼部侍郎。国器：指可以治国的人才。

［五］擢：提拔，提升。上第：考试成绩中的第一等。

［六］李齐运：唐宗室，太宗第七子蒋王恽之孙，权臣。交欢：谓与人结交而取得对方的欢心。

评析：

从这段记载来看，卫次公与戴逵一样，是非常崇尚气节的人，宁愿为此而舍弃弹琴，保持了“士”的操守。

另外，柳宗元曾经赠送卫次公叠石琴荐（见柳宗元《与卫淮南石琴荐启》，按，卫淮南即卫次公，元和年间，卫次公为淮南节度使），可见二人同气相求。

超道人[一]

霹雳琴，零陵湘水西震余枯桐之为也[二]。始枯桐生石上，说者言有蛟龙伏其窾[三]。

一夕暴震，为火之焚，至旦乃已[四]，其余硿然倒卧道上[五]。震旁之民，稍柴薪之。超道人闻，取以为三琴。琴莫良于桐，桐之良莫良于生石上，石上之枯又加良焉，火之余又加良焉，震之于火为异。是琴也，既良且异，合而为美，天下将不可再焉。微道人[六]，天下之美几丧。

《柳宗元集校注》卷十九《霹雳琴赞引》

注释：

［一］超道人：生平不详。

［二］零陵：地名，今属湖南。湘水：湘江。震：雷击。为：作。

［三］窾：空隙；洞穴。

［四］已：止。

［五］硿然：象声词。

［六］微：非，不是。

评析：

超道人用雷击火灼之余的枯桐制成霹雳琴，据说古琴“霹雳式”即由此而来。元人张楧即为其新制霹雳琴赋诗。

裴昌

公讳昌，字仲达，其先河东人也[一]。志尚闲逸，不以禄利为荣，是以不屈节折腰[二]，耽玩琴史[三]。

《唐文拾遗》卷二十六王钜《唐故河东裴公墓志铭并叙》

注释：

［一］公讳昌：裴昌（公元736年—公元820年），字仲达，河东（今属山西）人。

［二］是以：连词，因此，所以。

［三］耽玩：专心研习，深切玩赏。

评析：

裴昌其人声名不显，仅能从这篇墓志铭中略窥其生平。

冯惟良

冯惟良，字云翼，相人也[一]。修道于衡岳，香火之外，琴酒自娱。

《浙江通志》卷二百

注释：

［一］冯惟良：字云翼，相人。生活于唐宪宗元和（公元 806 年—公元 820 年）时期。

评析：

冯惟良是道士，宪宗征召不出。

颖师

韩愈有《听颖师弹琴》诗[一]。

《全唐诗》韩愈《听颖师弹琴》

注释：

［一］颖师：唐代琴僧。按，李贺也有《听颖师弹琴歌》一诗。

评析：

诗曰："昵昵儿女语，恩怨相尔汝。划然变轩昂，勇士赴敌场。浮云柳絮无根蒂，天地阔远随飞扬。喧啾百鸟群，忽见孤凤皇。跻攀分寸不可上，失势一落千丈强。嗟余有两耳，未省听丝篁。自闻颖师弹，起坐在一旁。推手遽止之，湿衣泪滂滂。颖乎尔诚能，无以冰炭置我肠。"

清人方世举将白居易的《琵琶行》、李贺的《李凭箜篌引》与韩愈《听颖师弹琴》并举，认为这三首诗"皆摹写声音至文。韩足以惊天，李足以泣鬼，白足以移人"。

太学儒生

有一儒生，魁然其形[一]，抱琴而来，历阶以升[二]，坐于樽俎之南[三]，鼓有虞氏之《南风》[四]，赓之以文王、宣父之操[五]，优游夷愉[六]，广厚高明[七]，追三代之遗音，想舞雩之咏叹[八]，及暮而退，皆充然若有得也[九]。

《韩昌黎文集校注》卷四《上巳日燕太学听弹琴诗序》

注释：

[一] 魁然：独立不群。

[二] 历阶以升：越阶而上。

[三] 樽俎：指宴席。

[四] 有虞氏之《南风》：见"帝舜"条。

[五] 赓：继续，连续。宣父：孔子。文王、宣父之操：《文王操》，见前"师襄"条。

[六] 优游：悠闲自得。夷愉：和乐。

[七] 广厚：宽厚。高明：聪明睿智。

[八] 舞雩：《论语·先进》："浴乎沂，风乎舞雩，咏而归。"

[九] 充然：满足貌。

评析：

这是韩愈描绘的上巳日在太学举行的一次弦歌盛会。“歌风雅之古辞，斥夷狄之新声”是韩愈的音乐思想主旨，强调礼乐教化功能。这位太学儒生所弹奏的无论是《南风歌》，还是《文王操》，都说明了这一点。

张弘靖

张弘靖有古琴漆光尽退[一]，色如墨石，铭曰“落花流水”。一夕闻鼠声甚急，惧啮琴书，命婢以火烛之，见有断弦，系得一鼠，弘靖异之，改名曰“鼠畏”。

《说郛》卷一百《古琴疏》

注释：

[一] 张弘靖（约公元760年—公元824年）：字元理，蒲州猗氏（今山西临猗）人。

评析：

张弘靖琴本来名叫“落花流水”，但是有一天晚上听到老鼠急叫之声，张弘靖害怕老鼠来咬琴书，于是命婢女以烛火照之，发现琴上有一断弦系住一只老鼠，于是为此琴改名“鼠畏”。

萧祐

萧祐者，兰陵人[一]。少孤贫。耿介苦学[二]，事亲以孝闻。闲澹贞退[三]，善鼓琴赋诗，书画尽妙，游心林壑[四]，啸咏终日，而名人高士，多与之游。

《旧唐书·萧佑传》卷一百六十八

注释：

［一］萧祐（？—公元828年）：字佑之，祐一作祐，兰陵（今山东枣庄）人，唐书法家。

［二］耿介：正直不阿，廉洁自持。

［三］闲澹：闲静淡泊。贞退：谓淡泊于仕宦名利。

［四］游心：潜心。

评析：

萧祐擅长书法、绘画、鼓琴，与韦温结为林泉之友。萧祐曾撰《无射商九调谱》。朱长文《琴史》称："指法尤异，《谱序》曰：'以引小胡笳四拍，世称其妙。'"

萧旷

太和处士萧旷［一］，自洛东游，至孝义馆，夜憩于双美亭，时月朗风清。旷善琴，遂取琴弹之。

《太平广记》卷三百一十一

注释：

［一］萧旷：隐士，生活于太和年间（公元827年至公元835年）。

评析：

《太平广记》又记载萧旷能弹《别鹤操》及《悲风》。

杨衡

杨衡[一]，字中师。天宝间避地西来，与符载、李群、李渤同隐庐山[二]，结草堂于五老峰下[三]，号"山中四友"，日以琴酒寓意[四]，云月遣怀[五]。

《唐才子传》卷五

注释：

［一］杨衡（公元761年—？）：字中师，凤翔陈仓（今陕西宝鸡）人。

［二］符载、李群、李渤：均为唐代诗人。

［三］五老峰：在庐山东南。

［四］寓意：寄托或蕴含意旨。

［五］遣怀：犹遣兴。

评析：

杨衡诗"幽兴惜瑶草，素怀寄鸣琴"（《旅次江亭》），可与琴酒寓意，云月遣怀相应。

裴淑

裴淑，字柔之，公继室裴夫人也[一]。

《胡笳》夜奏塞声寒[二]，是我乡音听渐难。料得小来辛苦学，又应知向峡中弹。

《别鹤》凄清觉露寒[三]，离声渐咽命雏难。怜君伴我涪州宿[四]，犹有心情彻夜弹。

《元稹集》卷二十一《黄草峡听柔之琴二首》

注释：

［一］《黄草峡听柔之琴二首》题下注：柔之，公继室裴夫人也。继室：指原配死后

续娶的妻子。唐范摅《云溪友议》卷中："安人（仁）元相国，继室河东裴氏，字柔之……元公与柔之琴瑟相和，亦房帷之美也。"公：即元稹。元稹（公元779年—公元831年），字微之，河南洛阳人。唐朝大臣、文学家。

［二］《胡笳》：琴曲名。《乐府诗集·琴曲歌辞》："《后汉书》曰：'蔡琰，字文姬，邕之女也。博学有才辩，又妙于音律，适河东卫仲道。夫亡无子，归宁于家。兴平中，天下丧乱，文姬没于南匈奴。在胡中十二年，生二子。曹操痛邕无嗣，乃遣使者以金璧赎之，而重嫁陈留董祀。后感伤乱离，追怀悲愤，作诗二章。'《蔡琰别传》曰：'汉末大乱，琰为胡骑所获，在右贤王部伍中。春月登胡殿，感笳之音，作诗言志，曰：胡笳动兮边马鸣，孤雁归兮声嘤嘤。'唐刘商《胡笳曲序》曰：'蔡文姬善琴，能为《离鸾别鹤之操》。胡虏犯中原，为胡人所掠，入番为王后，王甚重之。武帝与邕有旧，敕大将军赎以归汉。胡人思慕文姬，乃卷芦叶为吹笳，奏哀怨之音。后董生以琴写胡笳声为十八拍，今之《胡笳弄》是也。'《琴集》曰：'大胡笳十八拍，小胡笳十九拍，并蔡琰作。"按蔡翼《琴曲》有大小胡笳十八拍。沈辽集世名流家声小胡笳，又有契声一拍，共十九拍，谓之祝家声。祝氏不详何代人。'"

［三］别鹤：《别鹤操》，琴曲名。《乐府诗集·琴曲歌辞》："别鹤操，商陵牧子所作也。娶妻五年而无子，父兄将为之改娶。妻闻之，中夜起，倚户而悲啸。牧子闻之，怆然而悲，乃援琴而歌，后人因为乐章焉。《琴谱》曰：琴曲有四大曲，《别鹤操》其一也。"

［四］涪州：裴淑为涪州刺史裴郧的女儿。按，元稹于元和年间去涪州续娶裴淑。

评析：

唐范摅《云溪友议》说裴淑"有才思"，并与元稹"琴瑟相和"。

除了这两首诗之外，元稹还有《听妻弹别鹤操》，可见裴淑擅琴。

姜宣

元稹《小胡笳引》诗题注云：桂府王推官出蜀匠雷氏金徽琴[一]，请姜宣弹[二]。

《全唐诗》元稹《小胡笳引》

注释：

[一] 雷氏金徽琴：四川雷氏所制作的琴，当时声名很高。

[二] 姜宣：生平不详，琴师。

评析：

诗云："雷氏金徽琴，王君宝重轻千金。三峡流中将得来，明窗拂席幽匣开。朱弦宛转盘凤足，骤击数声风雨回。哀笳慢拍董家本，姜生得之妙思忖。泛徽胡雁咽萧萧，绕指辘轳圆滚滚。吞恨缄情乍轻激，故国关山心沥沥。潺湲疑是雁鹕鹕，砉騞如闻发鸣镝。流宫变徵渐幽咽，别鹤欲飞猿欲绝。秋霜满树叶辞风，寒雏坠地乌啼血。哀弦已罢春恨长，恨长何恨怀我乡。我乡安在长城窟，闻君虏奏心飘忽。何时窄袖短貂裘？胭脂山下弯明月。"

崔玄亮

崔晦叔，名玄亮，博陵人[一]。以敢言直谏见称。当时夙有道术，服气炼形[二]，暑不流汗，冬不挟纩[三]。晚辞谏议大夫，分司洛下[四]，以山水琴酒自娱。及其将亡，以玉磬琴遗白乐天[五]，其所密友也[六]。观其所履，岂非深得琴中之趣者哉。

《琴史》卷四

注释：

[一] 崔晦叔（公元768年—公元833年）：名玄亮，字晦叔，博陵（今属河北）人。新、旧《唐书》皆有传。

［二］服气：吐纳，道家养生延年之术。炼形：道家谓修炼自身形体。

［三］挟纩：披着棉衣。按，崔晦书服气炼形事见白居易《唐故虢州刺史赠礼部尚书崔公墓志铭》。

［四］分司：唐宋之制，中央官员在陪都（洛阳）任职者，称为“分司”。

［五］白乐天：白居易。按，以玉磬琴遗白乐天事见白居易《唐故虢州刺史赠礼部尚书崔公墓志铭》：“吾玉磬琴，留别乐天。”

［六］密友：白居易与崔晦叔为挚友，二人多有诗歌酬唱。

评析：

崔晦叔与白居易交谊尤笃，两人多有诗歌酬唱作品。崔晦叔亡故之前，嘱家人将自己的玉磬琴赠送白居易，并请白居易为其撰写墓志铭。关于玉磬琴，白居易《池上篇》说：“博陵崔晦叔与琴，韵甚清。蜀客姜发授《秋思》，声甚淡。”又说：“每至池风春，池月秋，水香莲开之旦，露清鹤唳之夕，拂杨石，举陈酒，援崔琴，弹姜《秋思》，颓然自适，不知其他。”

其实，除了玉磬琴，崔晦叔在做湖州刺史的时候还曾赠白居易红石琴荐，白居易以诗酬谢，见白居易《崔湖州赠红石琴荐，焕如锦文，无以答之，以诗酬谢》。

崔晦叔之于白居易，犹如钟子期之于伯牙。白居易《夜调琴忆崔少卿》即云：“今夜调琴忽有情，欲弹惆怅忆崔卿。何人解爱中徽上，秋思头边八九声。”

又，崔玄亮曾寄《三癖诗》与刘禹锡，自言癖在诗、琴与酒。

郭虚舟

郭虚舟[一]，昔白乐天为江州司马[二]，时与之游。尝有诗赠别云：“师年三十余，白皙好容仪。专心在铅汞，余力工琴棋。静弹弦歌声，闲饮酒一卮[三]。”

虚舟乃江南道士也。

《琴史》卷四

注释：

[一] 郭虚舟：炼丹道士。白居易在江州（今江西九江）时期多与之往来。

[二] 白乐天为江州司马：指元和十年白居易被贬，任江州司马。

[三] 此诗见白居易《同微之赠别郭虚舟炼师五十韵》。

评析：

白居易曾广交炼丹道士，郭虚舟就是其中一位，由此可以看出白居易非常明显的学道求仙目的。而我们却在白居易赠给道士的诗歌中发现了一位琴人。

沈虬子

越客沈虬子[一]，耳长木音[二]，常斧树之良孙[三]，斫而琴之[四]。

《全唐文》卷七百二十七舒元舆《斫琴志》

注释：

[一] 沈虬子：生卒年不详，与舒元舆同时，越（今浙江）人。

[二] 耳长木音：是说沈虬子擅长听辨木材的声音。

[三] 斧：用作动词，用斧头砍。孙：孙枝，从树干上长出的新枝。孙枝是斫琴良材。

[四] 斫而琴之：意思是斫孙枝而成琴。

评析：

舒元舆《斫琴志》说沈虬子的听音以及斫琴技艺“俱与神遇”。

贺若夷(附甘党)

贞元中[一]，成都雷生善斫琴[二]，至今尚有孙息[三]，不坠其业，精妙天下无比也。弹者亦众焉。太和中[四]，有贺若夷尤能，后为待诏[五]，对文宗弹一调，上嘉赏之[六]，仍赐朱衣[七]，至今为赐绯调。

《乐府杂录·琴》

注释：

［一］贺若夷：唐代琴师，生活于唐文宗时期。《新唐书·王涯传》："使客贺若夷鼓琴娱宾。"《太平广记》卷二百三："弹琴近代称贺若夷、甘党。前有董庭兰、陈怀古。"贞元：公元785年至公元805年，唐德宗李适的年号。

［二］成都雷生：四川雷氏，唐代斫琴名家。雷氏所斫的琴被称为"雷公琴"。雷氏家族斫琴名家有：雷威、雷俨、雷霄、雷文、雷会等。

［三］孙息：子孙。

［四］太和：公元827年至公元835年，唐文宗李昂的年号。

［五］待诏：待命供奉内廷的人。唐代不仅文词经学之士，即医卜技术之流，亦供直于内廷别院，以待诏命。因有医待诏、画待诏等名称。

［六］嘉赏：赞赏。

［七］朱衣：唐宋四品、五品官员所着的绯服。一般情况下，官品未及，不能服紫、绯的官员，朝廷特赐改转服色，赐予紫、绯服。

评析：

有些书籍将贺若夷写作"贺若弼"，贺若弼之说来自于宋代，如惠洪《冷斋夜话》云："世传琴曲宫声十小调，皆隋唐贺若弼制，最为绝妙。一《不博金》，二《不换玉》，三《泛峡》，四《越溪吟》，五《越江吟》，六《孤猿吟》，七《清夜吟》，八《叶下闻蝉》，九《三清》，十亡其名，琴家但名《贺若》而已。太宗尤爱之，为之改《不博金》曰《楚泽涵秋》，《不换玉》曰《塞门积雪》。" 文莹《湘山野录》也说是贺若弼。

关于这一点，南宋朱翌《猗觉寮杂记》以及清代《四库全书总目》已经分别加以分析考订，认为应当是贺若夷，最主要的证据是《新唐书·王涯传》中的记载：“使客贺若夷鼓琴娱宾。”另外一个证据即唐代段安节《乐府杂录》中的这段记载。因此，贺若弼为贺若夷之误。

关于贺若夷的琴曲风格，最著名的评价应当是苏轼的诗：“琴里若能知贺若，诗中定合爱陶潜。”（《听武道士弹贺若》）贺若夷的琴曲与陶渊明的诗歌比并，说明贺若夷的琴曲风格类似于陶渊明平淡自然的诗风。

李翱

《琴谱调》五卷：不著撰人名氏。杂录琴谱大小数曲，其前一大曲，亡其名。旧本或云李翱[一]。用指法与诸琴法无异，而云翱者，岂其所传欤？

《崇文总目》卷一

注释：

[一] 李翱（公元 772 年—公元 841 年）：字习之，陇西成纪（今甘肃秦安）人，唐朝文学家。

评析：

有人以为李翱所用指法与其他诸家琴法无异，从而以为《琴谱调》为李翱所传。

宋霁

宋霁[一]，善琴。文宗朝，霁私入学士院，会帝至，得召见。帝问：“弹琴几何？”

对曰："一弄三调。"帝曰："甚少。"对曰："是臣之所精者。"帝曰："然。少则得，多则惑。"即诏霁弹，帝曰："弹琴无思，何也？"对曰："然，愿陛下赐臣无畏。"帝可之，乃就一榻仰卧，翘一足弹之。帝甚悦，乃令待诏。

《琴史》卷四

注释：

［一］宋霁：生平不详，约生活于唐文宗（公元826年至公元840年在位）时期。

评析：

能在帝王面前翘脚弹琴的，大约也只有宋霁了，然而，这个行为的前提是"弹琴无思"，也就是无所住心，或纵心于物外的一种境界，这种境界也是琴人极力追求的。文宗不仅赐予宋霁"无畏"，而且听完之后"甚悦"，说明他其实是一个真正的知音者。

贾岛

贾岛，字阆仙，范阳人也[一]。初，连败文场[二]，囊箧空甚，遂为浮屠[三]，名无本。姚合、王建、张籍、雍陶[四]，皆琴樽之好。临死之日，家无一钱，惟病驴、古琴而已。当时谁不爱其才而惜其命薄。

《唐才子传》卷五

注释：

［一］贾岛（公元779年—公元843年）：字阆仙，范阳（今河北涿州）人。唐代诗人，与孟郊并称"郊寒岛瘦"。

［二］文场：科举的考场。

［三］浮屠：佛教语，指和尚。

［四］姚合、王建、张籍、雍陶：四人均为唐代著名诗人。

评析：

贾岛是唐代著名的苦吟诗人，曾自题曰：“二句三年得，一吟双泪流。知音如不赏，归卧故山秋。”

任蕃

任蕃[一]，会昌间人，家江东。初亦举进士之京，不第[二]，榜罢，进谒主司曰[三]：“仆本寒乡之人[四]，不远万里，手遮赤日，步来长安，取一第，荣父母。不得，侍郎岂不闻江东一任藩，家贫吟苦，忍令其去如来日也！敢从此辞，弹琴自娱，学道自乐耳。”主司惭，欲留，不可得。归江湖，专尚声调。

《唐才子传》卷七

注释：

[一] 任蕃（蕃或作翻）：字不详，江东（江苏南部、浙江、福建一带）人。生卒年不详，约唐武宗会昌中前后在世，诗人。

[二] 不第：犹落第。谓科举考试不中。

[三] 进谒：犹进见，拜见。主司：科举的主试官。

[四] 仆：谦称“我”。寒乡：贫穷荒僻的地方。

评析：

任蕃家贫，写诗以苦吟著称。

白居易

醉吟先生者[一]，忘其姓字、乡里、官爵，忽忽不知吾为谁也[二]。家虽贫，不至寒馁[三]；年虽老，未及耄[四]。性嗜酒，耽琴，淫诗[五]。凡酒徒、琴侣、诗客，多与之游。洛城内外六七十里间，凡观寺、丘墅，有泉石花竹者，靡不游；人家有美酒、鸣琴者，靡不过；有图书、歌舞者，靡不观。自居守洛川洎布衣家以宴游召者[六]，亦时时往。每良辰美景，或雪朝月夕，好事者相过[七]，必为之先拂酒罍[八]，次开诗箧[九]，酒既酣，乃自援琴，操宫声[一〇]，弄《秋思》一遍[一一]。若兴发，命家僮调法部丝竹[一二]，合奏《霓裳羽衣》一曲[一三]。若欢甚，又命小妓歌《杨柳枝》新词十数章[一四]。放情自娱，酩酊而后已[一五]。往往乘兴，屦及邻，杖于乡，骑游都邑[一六]，肩舁适野[一七]。舁中置一琴、一枕，陶、谢诗数卷[一八]，舁竿左右悬双酒壶。寻水望山，率情便去[一九]；抱琴引酌[二〇]，兴尽而返[二一]。

《白居易集》卷七十《醉吟先生传》

注释：

[一] 醉吟先生：白居易（公元772年—公元846年），字乐天，号香山居士，又号醉吟先生。祖籍太原人，后迁居下邽（今陕西渭南），出生于郑州新郑市。唐代著名的现实主义诗人。

[二] 忽忽：迷惘的样子。

[三] 寒馁：犹饥寒。

[四] 耄：年老；高龄。古称大约七十至九十岁的年纪。

[五] 淫：迷恋沉溺。

[六] 居守：官名。留守的别称。洎：到，及。布衣：平民百姓。

[七] 相过：互相往来。

[八] 酒罍：古代盛酒器。

[九] 诗箧：放诗稿的小箱子。

[一〇] 宫声：指乐曲。

[一一]《秋思》：琴曲名。《乐府诗集·琴曲歌辞》："《琴历》曰：'琴曲有《蔡氏五弄》。'《琴集》曰：'《五弄》，《游春》《渌水》《幽居》《坐愁》《秋思》，并宫调，蔡邕所作也。'《琴书》曰：'邕性沈厚，雅好琴道。嘉平初，入青溪访鬼谷先

生。所居山有五曲：一曲制一弄，山之东曲，常有仙人游，故作《游春》；南曲有涧，冬夏常渌，故作《渌水》；中曲即鬼谷先生旧所居也，深邃岑寂，故作《幽居》；北曲高岩，猨鸟所集，感物愁坐，故作《坐愁》；西曲灌水吟秋，故作《秋思》。三年曲成，出示马融，甚异之。’”白居易《池上篇序》：“博陵崔晦叔与琴，韵甚清。蜀客姜发授《秋思》，声甚淡。”

[一二] 法部：唐时皇宫梨园训练和演奏法曲的部门。后借指教坊或法曲。

[一三]《霓裳羽衣》：唐代著名法曲。初名《婆罗门曲》，经唐玄宗润色并制歌词，后改用今名。见“王维”条注。

[一四]《杨柳枝》：白居易《杨柳枝二十韵》题注：“杨柳枝，洛下新声也。洛之小妓有善歌之者，词章音韵，听可动人。”

[一五] 已：止，罢了。

[一六] 都邑：城市。

[一七] 肩舁：谓乘坐轿子。舁：轿子。适野：犹言前往野外。

[一八] 陶、谢：指陶渊明、谢灵运。陶渊明善写田园诗，谢灵运长于山水诗。后并称为“陶谢”。

[一九] 率情：顺其性情。

[二〇] 引酌：谓饮酒。

[二一] 兴尽而返：兴致满足了就返回。《世说新语·任诞》：“王子猷居山阴，夜大雪，眠觉，开室命酌酒，四望皎然。因起彷徨，咏左思《招隐诗》。忽忆戴安道。时戴在剡，即便夜乘小舟就之。经宿方至，造门不前而返。人问其故，王曰：‘吾本乘兴而行，兴尽而返，何必见戴？’”

评析：

白居易说：“琴书勿坠”，这一点正符合了文人们所说的“左琴右书”理念。同时，从好弹琴、好听琴、好咏琴来看，白居易是有唐一代最为突出的文人琴的代表。

《醉吟先生传》自称：“嗜酒，耽琴，淫诗。”古琴是白居易“三友”之一，也是他的生活方式之一。从现有的诗文材料来看，白居易擅弹《秋思》一曲，也屡屡形诸歌咏。如：

“举臂一欠伸，引琴弹《秋思》。”（《和微之诗二十三首·和尝新酒》）“蕊珠讽数篇，《秋思》弹一遍。”（《朝课》）“此院好弹《秋思》处，终须一夜抱琴来。”（《杨家南亭》）“信意闲弹《秋思》时，调清声直韵疏迟。”（《弹秋思》）“晚坐拂琴尘，《秋思》弹一遍。”（《冬日早起闲咏》）听琴、咏琴的诗文作品则更多，此处不再一一列举。

从诗文作品中可以看出，白居易崇以“谈”“和”为其古琴音乐的审美标准，也正是由此探寻太古之音、雅正之音。

姜发

博陵崔晦叔与琴[一]，韵甚清。蜀客姜发授《秋思》[二]，声甚淡。

《白居易集》卷六十九《池上篇序》

注释：

［一］崔晦叔：见前“崔玄亮”条。

［二］姜发：蜀（今四川）人，生平不详。

评析：

姜发教授白居易琴曲《秋思》，白居易诗文中亦屡次提及《秋思》一曲。

元晦

唐盩厔县尉讳某[一]，字某，姓元氏。少孤力学[二]，通五经书，善鼓琴，能为五言、七言近体诗。

《元稹集》卷五十三《唐故京兆府盩厔县尉元君墓志铭》

注释：

[一] 县尉讳某：元晦，元稹之侄，生活于唐武宗会昌年间（公元841年—公元846年）。盩厔：地名，在今陕西。县尉：官名。秦汉县令、县长下置尉，掌一县治安。讳某：讳是避名号，古人有为尊者讳，为亲者讳的习惯，故称某。

[二] 力学：努力学习。

评析：

傅璇琮《唐翰林学士传论》考证这篇墓志中的“元君”为元晦，今从之。

牛僧孺

公始至京[一]，置琴书灞浐间[二]，先以所业谒韩文公皇甫员外[三]。二公披卷，卷首有《说乐》二章，未阅其词，遽曰[四]：“且以拍板为什么[五]？”对曰：“乐句。”二公相顾大喜，曰：“斯高文必矣[六]。”

《全唐诗话》卷三

注释：

[一] 公：指牛僧孺。牛僧孺（公元779年—公元848年），字思黯，安定鹑觚（今甘肃灵台）人，唐朝宰相，牛李党争中牛党领袖。

[二] 灞浐：灞水和浐水的合称，在今陕西。

[三] 韩文公：韩愈，字退之，唐代文学家，谥号为“文”，故称韩文公。皇甫员外：皇甫湜，字持正，唐代文学家。

[四] 遽：急。

[五] 拍板：打击乐器的一种。也称檀板、绰板。用坚木数片，以绳串联，用以击节。唐宋时拍板为六片或九片，以两手合击发音。

[六] 高文：好的文章。此句的意思是：这一定是一篇好文章。

评析：

洛地在其《唐宋时音乐观念的节奏——板·拍·眼》一文中提出："板拍按'文句'将音乐作断分。文句，诗词曲等韵文之为韵文在其有韵，其文句首要是韵句，'板拍句乐'首先就是按'韵句'将音乐作断分，简捷地说，为'按韵拍板'"。这段话可以作为牛僧孺三人对话的注脚。

关于拍板，宋代张炎《词源》、明代王骥德《曲律》及近现代诸学者多有论述，此不赘述。

牛僧孺嗜石，但也爱琴。李珏为他写的墓志铭中也说："池台琴酒，逍遥自娱。"（《故丞相太子少师赠太尉牛公神道碑铭并序》）

李从证

府君姓李，名从证[一]。公多艺不群[二]，所重者重于道，所耽者耽于琴，德輶如毛[三]，艺成羽翼。

《唐文拾遗》卷三十一尹震铎《唐故宣义郎行内侍省内仆局丞员外置正员上柱国李府君墓志铭》

注释：

［一］李从证（？—公元850年）：唐宣宗时期宦官。

［二］不群：不平凡，高出于同辈。

［三］德輶如毛：德轻得像羽毛一样，谓施行仁德并不困难，而在于其志向有否。

评析：

内仆局丞，官名，由宦官担任。李从证是唐宣宗时期的宦官，多才多艺，能读《左传》，会书法，能弹琴，精通六博棋，据《墓志铭》，李从证短命而死。

龚轺

龚秀才诗人[一]，兼善鼓琴。因令操《流波弄》[二]，清越可听[三]。

《樊川文集》卷九《唐故进士龚轺墓志》

注释：

[一] 龚轺（？—公元850年）：唐会昌六年（公元846年）曾以诗拜见杜牧。

[二]《流波弄》：琴曲名。

[三] 清越：清脆悠扬。

评析：

杜牧评价龚轺的诗歌时说 “有山水闲淡之思”，评价其琴曲则说“清越可听”，可见龚轺颇有才情。

林杰

林杰字智周[一]，幼而聪明秀异[二]，言则成文。精于琴棋及草隶书，俱自天然，不烦师授[三]。

《唐诗纪事》卷五十九

注释：

[一] 林杰（公元834年—公元850年）：字智周，侯官（今福建福州）人。

[二] 秀异：优异突出。

[三] 不烦：无须烦劳。此句意思是不用老师传授。

评析：

林杰少年时号为神童，能诗赋，《全唐诗》录其诗两首。

雷霄(附雷威、雷珏、雷文、雷迅、郭亮、沈镣、张钺、金儒、僧三慧大师)

雷霄、雷威、雷珏、雷文、雷迅、郭亮（一作谅），皆蜀人[一]。

沈镣、张钺（皆江南人）[二]。金儒（大中进士）、僧三慧大师[三]。

《南村辍耕录》卷二十五《斫琴名手》

注释：

[一]雷霄、雷威、雷珏、雷文、雷迅：均为蜀（今四川）人，为斫琴名家。郭亮：一作郭谅，蜀（今四川）人。

[二]沈镣、张钺：生平不详，江南人。

[三]金儒：大中（公元847年至公元860年）进士。僧三慧大师：据《僧史略》，懿宗咸通十一年（公元870年），僧云颢被赐号“三慧大师”，疑即此人。

评析：

宋代陈旸的《乐书》称以雷霄、郭谅为代表的蜀琴声音清雅，吴地沈镣制作的琴声细，张越琴“虚鸣而响亮”。这或许也是由于地域的不同，斫制方法以及材料不同而形成的。

宋代周密《云烟过眼录》则记载，高克恭收藏有两张琴，一张为金儒所制“鸣玉”，另一张则以美玉制成，为晚唐咸通时期张钺所斫。沈镣所斫琴名“寒玉”（一名寥玉）；郭亮琴名“冰清”；张钺琴名“冠古韵磬”。

雷民

秋塘寒玉，雷民斫[一]。

《云烟过眼录》卷四《南北名琴》

注释：

[一]雷民：生平不详。

评析：

据宋代周密《云烟过眼录》，雷民所斫琴名“秋塘寒玉”。

殷尧藩

殷尧藩[一]，秀州人。为性简静[二]，眉目如画。工诗文，耽丘壑之趣[三]。尝曰[四]：“吾一日不见山水，与俗人谈，便觉胸次尘土堆积[五]，急呼浊醪浇之[六]，聊解秽耳[七]。”为永乐县令，一舸之官[八]，弹琴不下堂[九]，而人不忍欺。

《唐才子传》卷六

注释：

[一]殷尧藩（公元780年—公元855年）：秀州（浙江嘉兴）人，唐代诗人。

[二]简静：简约沉静。

[三]耽：沉溺，入迷。

[四]尝：曾经。

[五]胸次：胸间。

[六]浊醪：浊酒。

[七]解秽：解除秽恶。亦指除去秽气。

[八]舸：小船。之：到。

[九]弹琴不下堂：用宓子贱事。《吕氏春秋·察贤》：“宓子贱治单父，弹鸣琴，身不下堂，而单父治。”

评析：

多数学者认为，白居易诗中多次提到的殷协律即殷尧藩，如《寄殷协律》《醉中酬殷协律》等。同时，白居易还有一首《和殷协律琴思》，从这一诗题以及掌管音乐的协律郎这一官职来看，殷尧藩擅长弹琴是确定无疑的。

雷会

余家旧蓄琴一张[一]，乃宝历三年雷会所斫[二]，其声清越。

《六一诗话》

注释：

[一] 余：欧阳修，北宋著名文学家。

[二] 宝历三年：公元 827 年。雷会：生平不详，蜀（今四川）人。

评析：

苏轼曾经得到一个用蛮布做成的弓袋，其花纹为梅尧臣所写《春雪诗》，后为欧阳修所有，欧阳修便将这个袋子改造成琴囊，与他所收藏的雷琴并称“宝玩”。

丁飞举

隐君姓丁氏，字翰之，济阳人也，名飞举[一]。读老子庄周书，善养生，能鼓琴。

《全唐诗》陆龟蒙《丁隐君歌序》

注释：

[一] 飞举：丁飞举（约公元 795 年—？），字翰之，济阳人，隐士。与陆龟蒙（？—

公元 881 年）交游。

评析：

丁飞举常常于半夜山中静谧之时，弹琴一二曲。

李扶

府君名扶[一]。门环多士[二]，到屣之清风大行[三]；席拥琴书，雅韵之良音满室。

《唐文拾遗》卷三十二马郁《维唐故陇西李府君墓志铭》

注释：

［一］李扶（公元 795 年—公元 863 年）：陇西成纪（今甘肃天水）人。

［二］多士：众多贤士。

［三］到屣：形容热情欢迎宾客。

评析：

据此墓志铭，李扶终生悠游山水，显然是承袭其家族避世林泉、厌弃浮名之风。

孙希裕(附孙杲)

孙希裕，字伟卿[一]。父杲，为道士，善琴[二]。希裕博精杂弄，以授陈拙[三]，唯不传《广陵散》，拙以谱求诲，希裕焚之曰："《广陵散》乃嵇叔夜愤叹之词[四]，吾不欲传者，为伤国体也。"耽琴嗜酒，颓然自适，琴家重之。

《琴史》卷四

注释：

[一] 孙希裕：字伟卿。

[二] 孙杲：孙希裕之父，道士。约与柳公权（公元 778 年—公元 865 年）同时代。

[三] 陈拙：见“陈拙”条。

[四] 嵇叔夜：嵇康，见“嵇康”条。

评析：

孙希裕不传授陈拙《广陵散》且焚毁琴谱的原因是该琴曲的情感基调是“愤叹”，这大概与琴家所谓的修身理性相悖。朱熹就曾经说：“琴家最取《广陵操》，以某观之，其声最不和平，有臣凌君之意。”“臣凌君”也就是孙希裕所说的“伤国体”，故此弃去之。

温庭筠

吴兴沈徽，乃温庭筠诸甥也[一]，尝言其舅善鼓琴吹笛，亦云有弦即弹，有孔即吹，不独柯亭、爨桐也[二]。

《北梦琐言》卷二十

注释：

[一] 温庭筠（约公元 801 年—公元 866 年）：本名岐，字飞卿。太原祁（今山西祁县）人。晚唐文人，兼擅诗词，诗与李商隐齐名，并称“温李”。

[二] 柯亭：传为汉蔡邕用柯亭竹所制的笛子。后泛指美笛。也比喻良才。晋伏滔《长笛赋·序》：“初，邕避难江南，宿于柯亭。柯亭之观，以竹为椽。邕仰而眄之曰：‘良竹也。’取以为笛，奇声独绝。历代传之，以至于今。”爨桐：指焦尾琴。《汉书·蔡邕列传》：“吴人有烧桐以爨者，邕闻火烈之声，知其良木，因请而裁为琴，果有美音。”

评析：

《旧唐书》本传称温庭筠："士行尘杂，不修边幅，能逐弦吹之音，为侧艳之词。"

杨收(附安涗)

杨收，字藏之，世居冯翊[一]。博学强记，至它艺无不通解。时有安涗者[二]，世称善琴，且知音。收问："五弦外，其二云何？"涗曰："世谓周文、武二王所加者。"收曰："能为《文王操》乎？"涗即以黄钟为宫而奏之。

《新唐书·杨收传》卷一百八十四

注释：

[一] 杨收（公元816年—公元869年）：字藏之，冯翊（今陕西大荔）人。

[二] 安涗：生平不详，琴家。

评析：

杨收说："旋宫以七声为均"，提出古琴的旋宫转调之说。

薛易简

薛易简，僖宗时人[一]。官待诏、衡州耒阳尉[二]。所著《琴诀》《琴说》，《宋史》《通志》《通考》俱见著录[三]。

《全唐文》卷八百十八

注释：

［一］薛易简：僖宗时（公元873年至公元888年）人。按，朱长文《琴史》记其为天宝中（公元742年至公元756年）琴待诏。

［二］待诏：待命供奉内廷的人。唐代不仅文词经学之士，即医卜技术之流，亦供直于内廷别院，以待诏命。因有医待诏、画待诏等名称。衡州耒阳，今属湖南衡阳。

［三］《通志》：宋郑樵《通志》。《通考》：元马端临《文献通考》。

评析：

薛易简的《琴诀》叙述了他的学琴生涯，九岁开始学琴，十二岁擅长《三峡流泉》《南风》等琴曲。十七岁弹《乌夜啼》《别鹤操》《沈湘怨》《楚客吟》《秋风》《嵇康怨》《湘妃叹》《白雪》《秋思》《坐愁》《游春》《绿水》等十八曲。

《琴诀》首先指出古琴音乐的作用，“可以观风教，可以摄心魂，可以辨喜怒，可以悦情思，可以静神虑，可以壮胆勇，可以绝尘俗，可以格鬼神。”接着提出弹琴者只有“志静气正”，不同的欣赏者才能产生不同的情感体验。同时，《琴诀》还对古琴的演奏方法进行了解说，如“用指兼以甲肉，甲多则声干，肉多则声浊。甲肉相半，清利美畅矣。”最后总结了七种弹琴的弊病，如“瞻顾左右”“摇身动首”等。

陈康士（附梅复元）

陈康士，字安道，僖宗时人[一]。有《琴调》十卷。《新唐书》及《通志》《通考》《宋史》俱见著录。

《全唐文》卷八百十八

注释：

［一］陈康士：字安道，僖宗时（公元873年至公元888年）人。按，朱长文《琴史》

作“陈康”。又，《崇文总目》记载：“康士字安道，以善琴知名。尝操琴曲百篇，谱十三卷。进士姜阮、皮日休皆为序，以述其能。”朱长文《琴史》称陈康士向东岳道士梅复元学习琴法。

评析：

陈康士在他的《琴调自叙》中强调学琴要“自悟”，批评那些“皆止师传，不从心得”的琴人，也就是说，这些人只机械地听从老师的传授，而没有自己的心得体会。

陈康士还自言：“创调共百章，每调均有短章引韵，类诗之小序。”即在大曲之前附有相应短曲，这种编辑体例一直延续到明代许多谱集中。

《新唐书》著录陈康士作品有：《琴谱》十三卷；《琴调》四卷；《琴谱》一卷；《离骚谱》一卷。《崇文总目》云：“《离骚谱》，依《离骚》以次声。”可惜多已亡佚。

甘说(附罗兴宗、张峦)

甘说，字正词，成都人也[一]。其母好琴，说九岁学之，受业于罗兴宗[二]。名达四远[三]，多所传授。性好山水，晚无定居。长安人张峦授琴于说[四]，尤精调子。

《琴史》卷四

注释：

[一]甘说：字正词，成都（今四川成都）人。按，一作“甘党”。

[二]罗兴宗：生平不详。

[三]四远：四方。

[四]张峦：长安（今陕西西安）人。

评析：

据朱长文《琴史》，陈拙曾传授张峦《秋思》一曲。

王敬傲(附李处士)

王敬傲，长安人[一]，能棋善琴，风骨清峻。李山甫文笔雄健[二]，名著一方。适于道观中与敬傲相遇。又有李处士，亦善抚琴。山甫谓二客曰："《幽兰》《绿水》[三]，可得闻乎？"敬傲即应命而奏之，声清韵古。李处士亦为《白鹤》之操[四]。

《太平广记》卷二百三

注释：

［一］王敬傲：长安（今陕西西安）人。

［二］李山甫：晚唐诗人，咸通年间（公元860年至公元874年）累举进士不第。

［三］《幽兰》《绿水》：皆琴曲名。

［四］《白鹤》：琴曲名。

评析：

王敬傲又能弹奏《广陵散》，因此李山甫称呼他为"王中散"。王敬傲又说自己曾于咸通年间的秋夜，为皇帝鼓琴，可见其当年之盛名，然而遭逢兵乱之后，"不意流落于此"。杜甫《丹青引》中说："但看古来盛名下，终日坎壈缠其身。"大概特别能够契合王敬傲当时的心境。

方干

方干[一]，字雄飞。幼有清才[二]，散拙无营务[三]。大中中[四]，举进士不第[五]，隐居镜湖中[六]，湖北有茅斋，湖西有松岛，每风清月明，携稚子邻叟，轻棹往返[七]，甚惬素心[八]。所住水木幽閟[九]，一草一花，俱能留客。家贫，蓄古琴，行吟醉卧以自娱。

《唐才子传》卷七

注释：

［一］方干（公元836年—公元888年）：字雄飞，睦州清溪县（今浙江淳安县）人，唐代隐士，诗人。

［二］清才：卓越的才能。

［三］散拙：谓禀性散漫粗疏。营务：谋求。

［四］大中：公元847年至公元860年，唐宣宗的年号。

［五］不第：犹落第。谓科举考试不中。

［六］镜湖：在今浙江绍兴会稽山北。

［七］轻棹：指小船。

［八］素心：本心；素愿。

［九］幽閟：犹幽深。

评析：

作为隐逸诗人，方干与古琴，似乎可用他自己写的两句诗来概括，一句是“石上横琴夜醉多”（《题桐庐谢逸人江居》）；另外一句是“贫来犹有故琴在”（《山中言事》），涵盖了方干爱琴、隐士、家贫这三点。

高测

高测，彭州人[一]，聪明博识，文翰纵横，至于天文历数，琴棋书画，长笛胡琴，率皆精巧。

《北梦琐言》卷五

注释：

[一] 高测：彭州（今江苏徐州）人。生活于晚唐僖宗（公元873年至公元888年）时期。

评析：

高测曾经说他自己“读书万卷，饮酒百杯”，后官威胜军节度判官。

李郢

李郢[一]，字楚望。初居余杭，出有山水之兴，入有琴书之娱，疏于驰竞[二]。工诗，理密辞闲，个个珠玉。其清丽极能写景状怀，每使人竟日不能释卷[三]。

《唐才子传》卷八

注释：

[一] 李郢：字楚望，长安（今陕西西安）人，一说苏州吴（今江苏吴县）人。大中十年（公元856年）进士，唐代诗人。

[二] 驰竞：奔竞；追逐名利。

[三] 竟日：终日；整天。释卷：把书本放下。

评析：

古琴很早就成为一种特殊的文化符号，并逐渐与文人群体融合，唐代诗人或弹琴或写琴，都能体现出这一点。李郢也是这样一个有琴书之娱的文人。

于武陵

于武陵[一]，名邺，以字行[二]，杜曲人也。大中时[三]，尝举进士[四]，不称意，携书与琴，往来商洛、巴蜀间[五]，或隐于卜中[六]，存独醒之意[七]。

《唐才子传》卷八

注释：

[一] 于武陵：名邺，杜曲（今陕西西安）人。唐代诗人。

[二] 以字行：仅称呼此人的“字”，代替其名。

[三] 大中：公元 847 年至公元 860 年，唐宣宗年号。

[四] 尝：曾经。举：参加科举考试。

[五] 商洛：商县和上洛县之合称，汉初“四皓”曾隐居于此。在今陕西。巴蜀：秦汉设巴、蜀二郡，皆在今四川省。

[六] 卜中：占卜的地方。

[七] 独醒：独自清醒。喻不同流俗。《楚辞·渔父》：“举世皆浊我独清，众人皆醉我独醒。”

评析：

于武陵的《匣中琴》云：“世人无正心，虫网匣中琴。何以经时废，非为娱耳音。独令高韵在，谁感隙尘深。应是南风曲，声声不合今。”这首诗与刘长卿的“古调虽自爱，今人多不弹”表达的意思相似，匣中琴是因为世人没有正心而遭到冷落，但是，琴并不是娱耳之音，而是一种“高韵”，因此与流俗之人不合。在这里，于武陵与刘长卿、白居易等诗人一样，在胡夷里巷之曲流行的唐代，依然强调古琴的“雅正”地位。

聂夷中

聂夷中[一]，字坦之，河南人也。咸通十二年礼部侍郎高湜下进士[二]，与许棠、公乘亿战友[三]。时兵革多务[四]，不暇铨注[五]，夷中滞长安久[六]，皂裘已弊[七]，黄粮如珠[八]，始得调华阴县尉[九]，之官惟琴书而已[一〇]。

《唐才子传》卷九

注释：

[一] 聂夷中：生卒年不详，字坦之，河南中都（今河南沁阳县东北）人。唐末诗人。

[二] 咸通十二年：公元871年。高湜：咸通十二年高湜为主持进士考试的大臣，取许棠、公乘亿、聂夷中及第。

[三] 许棠：字文化，唐末诗人，与郑谷、李昌符等人唱和，号为“咸通十哲”。公乘亿：字寿仙，以辞赋着称。战友：泛指朋友、同年、同僚、同学等。

[四] 兵革：指战争。多务：谓事务繁多。

[五] 不暇：没有时间；来不及。铨注：谓对官吏的考选登录。

[六] 滞：滞留。

[七] 皂裘：黑色的皮衣。弊：破旧，破损。

[八] 黄粮：黄粱。此句是说粮食将尽。

[九] 华阴：地名，在今陕西。县尉：官名。秦汉县令、县长下置尉，掌一县治安。

[一〇] 之官：上任；前往任所。

评析：

聂夷中诗云：“有琴不张弦，众星列梧桐。须知淡澹听，声在无声中。”（《题贾氏林泉》）颇有老子“大音希声”以及陶渊明无弦琴“何劳弦上音”的旨趣。

杜荀鹤

杜荀鹤[一]，字彦之。嗜酒，善弹琴，风情雅度[二]，千载犹可想望也[三]。

《唐才子传》卷九

注释：

［一］杜荀鹤（公元846年—公元904年）：字彦之，自号九华山人。池州石埭（今安徽石台县）人。唐末诗人。

［二］风情：丰采，神情。雅度：高雅的风度。

［三］想望：犹仰慕。

评析：

杜荀鹤《自叙》云："酒瓮琴书伴病身，熟谙时事乐于贫。"与嗜酒、善弹琴相应。另外，杜荀鹤也擅长书法，《宣和书谱》谓其尤工草字，笔力遒健。

张策

张策[一]，字少逸，敦煌人。居于福善里[二]，修篁嘉木[三]，图书琴酒，以自适焉[四]。

《旧五代史·张策传》卷十八

注释：

［一］张策（？—公元912年）：字少逸，敦煌（今属甘肃省）人。

［二］福善里：地名，在今河南洛阳。

［三］修篁：修竹，长竹。嘉木：美好的树木。

［四］自适：悠然闲适而自得其乐。

评析：

史书说张策少年时聪明好学，尤其喜欢诗词。图书琴酒是其退休后的生活。

张宪

张宪[一]，字允中，晋阳人。沈静寡欲[二]，喜聚图书，家书五千卷，视事之余[三]，手自刊校[四]。善弹琴，不饮酒，宾僚宴语[五]，但论文啸咏而已[六]，士友重之[七]。

《旧五代史·张宪传》卷六十九

注释：

［一］张宪（？—公元926年）：字允中，晋阳（今山西太原西南）人。晚唐五代大臣、藏书家。

［二］沈静：沉稳娴静。

［三］视事：指官吏到职办公。

［四］刊校：修改校正。

［五］宾僚：宾客幕僚。宴语：闲谈。

［六］啸咏：犹歌咏。

［七］士友：称在官僚知识阶层或普通读书人中的朋友。

评析：

张宪学识博洽精深，尤其精通《左传》。与其他琴人不同，张宪喜欢弹琴，但不饮酒。

郑云叟

郑云叟[一]，本名遨，云叟其字也。少好学，耿介不屈[二]。唯青衿二童子、一琴、一鹤[三]，从其游处[四]。

《旧五代史·郑云叟传》卷九十三

注释：

［一］郑云叟（公元866年—公元939年）：本名遨，字云叟，滑州白马（今河南滑县）人。

［二］耿介：正直不阿，廉洁自持。

［三］青衿：穿青色衣服的人。多指青少年。

［四］游处：出游和家居。

评析：

郑云叟除了弹琴之外，还好酒能诗，善长啸，端然一副隐士面目。

陈拙

陈用拙，本名拙，连州人，用拙其字也[一]。少习礼乐，工诗歌，长遂以字显。唐天祐元年擢进士第，授著作郎。尤精音律，著《大唐正声琴籍》十卷，中载琴家论操名及古帝王名士善琴者。又以古调缺徵音，补新徵音谱若干卷。

《十国春秋·陈用拙传》卷六十二

注释：

［一］陈拙：字用拙，连州（今广东连州）人。唐天祐元年（公元 904 年）进士。

评析：

朱长文《琴史》谓：陈拙字大巧，长安人。而《广东通志》及《十国春秋》皆云陈拙字用拙，连州人。未知孰是。

《新唐书·艺文志》著录陈拙有《大唐正声新址琴谱》十卷。《崇文总目》则录为一卷，可见到宋代，其书已经散佚良多。

王宗寿

王宗寿[一]，许州民家子也。（王）建以同姓，录之为子。好学，工琴弈[二]，为人恬退[三]，喜道家之术。

《新五代史·前蜀世家·王建传》卷六十三

注释：

［一］王宗寿：字永年，本许州（今河南许昌）平民之子，后为前蜀高祖王建养子。

［二］弈：围棋。

［三］恬退：淡于名利，安于退让。

评析：

王宗寿为人好学，工琴棋，虽为王建养子，但能直言进谏。

迥微

大师法讳迥微，俗姓崔氏[一]。爱琴书。

《唐文拾遗》卷七十崔彦撝《晋高丽先觉大师遍光灵塔碑》

注释：

［一］迥微（公元 864 年—公元 917 年）：俗姓崔，高丽僧人。

评析：

迥微大顺二年，即公元 891 年入唐。

僧辨正

僧辨正《琴正声九弄》九卷[一]。

《宋史·艺文志》卷二百二

注释：

［一］僧辨正：生平不详。

评析：

僧辨正《琴正声九弄》仅见于《宋史·艺文志》。僧辩正所处时代不详，姑录于此。

张淡正

张淡正《琴谱》一卷：茅仙逸人张淡正撰[一]，不详何代人，解琴指法。

《崇文总目》卷一

注释：

［一］张淡正：号茅仙逸人，生平不详。

评析：

张淡正《琴谱》记载古琴指法，但张淡正其人所处时代不详，姑录于此。

王大力

王大力《琴声律图》一卷[一]。

《新唐书·艺文志》卷五十七

注释：

［一］王大力：一作“王大方”，官恭陵（唐高宗之子李弘墓）署令。

评析：

《崇文总目》述其书曰："国琴制度，以六十律旋宫之法次其上，前序历引诸家律吕相生之术。"

赵惟暕

赵惟暕《琴书》三卷[一]。

《新唐书·艺文志》卷五十七

注释：

[一] 赵惟暕：官翰林待诏，滁州全椒（今安徽全椒）尉。

评析：

《崇文总目》记载赵惟暕《琴书》："略述琴制，叙古诸典及善琴人姓名。"

冯裴(附冯元)

冯裴，上党人[一]。与子元俱以琴书自娱，不乐仕进，以隐士称。

《江西通志》卷一百四十六

注释：

[一] 冯裴：上党（今山西长治）人。唐代隐士。

评析：

冯裴父子二人都以琴书自娱，无意求官入仕，可谓真隐士。

李德顺

德顺[一]，尤明《老》《易》，雅好琴诗。

《唐文拾遗》卷六十九崔彦撝《有晋高丽中原府故开天山净土寺教谥法镜大师慈镫之塔碑铭》

注释：

[一] 德顺：李德顺，生卒年不详，高丽全州南原人，其远祖为唐人，大致生活于晚唐时期。

评析：

李德顺是新罗高僧元晖的父亲，天祐三年，即公元906年，元晖到达唐朝求法。

王邈

《琴谱》一卷：梁开平中王邈撰[一]。

《崇文总目》卷一

注释：

[一] 王邈：生活于后梁开平年间（公元907年至公元911年）。

评析：

王邈《琴谱》所记内容不详。

韩昭

韩昭[一]，粗有文章，至于琴棋书算射法，悉皆涉猎。

《北梦琐言》卷五

注释：

［一］韩昭：仕后蜀为礼部尚书、文思殿大学士。

评析：

有朝臣嘲笑韩昭，说他的各项艺能犹如拆袜线，没有一条是长的。可见韩昭虽然涉猎颇广，却没有精通任何一种。

沈颜

沈颜字可铸[一]，少有词藻，琴棋皆臻妙。

《郡斋读书志》卷十八

注释：

［一］沈颜：字可铸，湖州德清（今浙江德清）人。卒于顺义年间（公元921年至公元927年）。

评析：

据说沈颜琴弈都达到了神境，又颇能文章，当时人称其为“下水船”，意思是为文迅速而且各种文体都能驾驭。

蔡翼(附沈辽)

《小胡笳十九拍》一卷：伪唐蔡翼撰[一]，琴曲有大、小胡笳，《大胡笳十八拍》，沈辽集[二]，世名“沈家声”。《小胡笳》又有契声一拍[三]，共十九拍，谓之“祝家声”，祝氏不详何人，所载乃小胡笳子。

《崇文总目》卷一

注释：

[一] 蔡翼：南唐时期人。

[二] 沈辽：当为六朝时期人。集：搜集整理。

[三] 契声：有人认为契声为琴曲末拍，也有人以为契声为前叙或后叙。

评析：

蔡翼除了有《小胡笳十九拍》一卷之外，尚有《琴调》一卷，亦著录于《崇文总目》。按，沈辽应为六朝时期人，为使材料完整，故附于此。

黄崇嘏

黄崇嘏，临邛人[一]，因事下狱，贡诗蜀相周庠[二]。庠推司户参军，政事明敏，庠爱其才，欲妻以女。嘏作诗辞婚。庠得诗大惊，问之，乃黄史君女也。善棋琴，妙书画。

《太平广记》卷三六七引《玉溪编事》

注释：

[一] 黄崇嘏（约公元883年—公元924年）：临邛（今四川邛崃）人。

[二] 周庠：前蜀宰相。

评析：

黄崇嘏因事下狱，写诗给周庠，周庠想要把女儿许配给她，黄崇嘏又作辞婚诗，周庠才知道她是女子。大约明清时期，黄崇嘏演变为后世民间所传说的“女状元”形象。

陶守立

陶守立，池阳人[一]。通经史，善属文，南唐保大中栖隐齐山[二]，琴棋诗酒外，以丹青自娱。

《江南通志》卷一百六十九

注释：

[一] 陶守立：池阳（今安徽池州）人。

[二] 南唐保大：南唐中主李璟年号，公元943年至公元957年。栖隐：隐居。

评析：

琴棋诗酒画，为雅人事，为逸人事。

吴汉月

恭懿夫人吴氏，名汉月，钱塘人[一]。夫人善鼓琴，性慈惠而节俭，颇尚黄老学，居常被道士服。

《十国春秋·吴越七》

注释：

[一] 吴氏：吴汉月，钱塘（今浙江杭州）人。

评析：

吴汉月是文穆王钱元瓘的夫人，忠懿王钱俶的母亲，但生性节俭。

宋辽金元

窦俨（附茅生、窦偁）

窦俨，字望之，蓟州人[一]。博学尤邃钟律，学琴于圃田茅生[二]。俨尝弃官归郑，且有私丧，而闻弟偁弹琴为《秋蕊曲》[三]，俨曰：“是音也，羽凌于商，子夺其母，不祥之兆也。”赋诗以纪其事。已而果然[四]。

《琴史》卷五

注释：

［一］窦俨（公元919年—公元960年）：字望之，蓟州（今天津蓟州区）人。按，朱长文《琴史》作“苏州人”，误。

［二］茅生：圃田（今河南中牟）人。

［三］窦偁：窦俨之弟，生卒年不详。

［四］已而：后来。

评析：

以音乐预言吉凶，并不始于窦俨，早在先秦时期师旷就能以音乐判断楚军吉凶。这大概属于卜筮之术的一个分支，后人不过是进行演绎和重申罢了。

又，窦俨以撰写《大周正乐》在音乐史上留名。

孝明王皇后

孝明王皇后，邠州新平人[一]。太祖即位，建隆元年八月，册为皇后[二]。常服宽衣，佐御膳，善弹筝鼓琴。晨起，诵佛书。

《宋史·后妃传·孝明王皇后》卷二百四十二

注释：

［一］孝明王皇后（公元 942 年—公元 964 年）：邠州新平（今陕西彬县）人。彰德军节度使王饶第三女。

［二］太祖：赵匡胤。建隆元年：公元 960 年。

评析：

孝明王皇后为宋皇室册封的第一位皇后，为人肃静勤勉。

李成

李成，字咸熙[一]。性旷荡，嗜酒，喜吟诗，善琴奕，画山水尤工，人多传秘其迹。

《宋史·李觉传》卷四百三十一

注释：

［一］李成（公元 919 年—公元 967 年）：字咸熙，京兆长安（今陕西西安）人。

评析：

李成是五代末北宋初年的著名山水画家，师承荆浩、关仝，后自成一家。

钱俶

昔吴钱忠懿王能琴[一]，遣使以廉访为名而实物色良琴[二]。使者至天台[三]，宿山寺，夜闻瀑布声正在檐外，晨起视之，瀑下淙石处正对一屋柱，而柱且向日。私念曰：

若是桐木，则良琴处在是矣。以刀削之，果桐也。即赂寺僧易之，取阳面二琴材，驰驿以闻[四]，乞俟一年[五]，斫成献忠懿，一曰“洗凡”；二曰“清绝”，遂为旷代之宝。

《说郛》卷九十五赵希鹄《洞天清录》

注释：

［一］钱忠懿王：钱俶（公元929年—公元988年），字文德，临安（今浙江杭州）人，五代末吴越国君，后降宋。谥忠懿。

［二］廉访：察访。

［三］天台：地名，在今浙江天台，有天台山。

［四］驰驿：驾乘驿马疾行。

［五］俟：等待。

评析：

钱俶投降宋朝之后，“洗凡”与“清绝”被纳入宋太宗御府，南渡时期，辗转流落到叶梦得手里。

倪少通

倪少通，字子明，巴陵人[一]。性质冲淡，嘉赋咏，善鼓琴。

《徐文公集》卷二十七《洪州道正倪君碣》

注释：

［一］倪少通（公元899年—公元990年）：字子明，巴陵（今湖南岳阳）人。

评析：

倪少通绝迹市朝，隐居于林泉六十余年。

宋太宗(附赵裔)

朱文济、赵裔[一]，皆善鼓琴。昔待诏太宗之时[二]，帝方作九弦之琴、五弦之阮，裔以为宜增，文济以为不可。帝曰："古琴五弦，文武增之[三]，何为而不可？"于是遂增琴阮弦，赐裔以绯[四]。

《琴史》卷五

注释：

［一］朱文济：见"朱文济"条。赵裔：《宋史》等书写作"蔡裔"，未知孰是。二人皆为琴待诏。

［二］太宗：宋太宗赵光义（公元939年—公元997年），字廷宜，宋朝皇帝，作九弦琴。

［三］文武：周文王、周武王。

［四］赐裔以绯：赐给绯色的官服。

评析：

宋太宗想要仿照文王武王的先例，为七弦琴增加两弦，制作九弦琴。朱文济不同意，而赵裔认为可以。赵裔因此得到了太宗的赏赐。然而，事实证明，琴有七弦才是最适宜的，由此，朱文济与赵裔高下立见。

朱文济(附夷中、义海)

兴国中，琴待诏朱文济鼓琴为天下第一[一]。京师僧慧日大师夷中尽得其法[二]，以授越僧义海[三]。海尽夷中之艺，乃入越州法华山习之[四]，谢绝过从[五]，积十年不下山。昼夜手不释弦，遂穷其妙。天下从海学琴者辐辏[六]。

《梦溪笔谈补笔谈》卷一《乐律》

注释：

［一］朱文济：金陵（今江苏南京）人，北宋鼓琴待诏。兴国中：北宋太平兴国年间（公元976年至公元984年）。

［二］夷中：慧日大师，京师僧人。

［三］义海：北宋琴僧，夷中的弟子。义海的弟子是则全和尚。

［四］越州法华山：在今浙江绍兴灵隐山。

［五］过从：往来，交游。

［六］辐辏：形容人或物聚集像车辐集中于车毂一样。

评析：

这段文字梳理了三人的师承关系，朱文济将琴艺传授与慧日大师夷中，夷中则传授给僧人义海，义海积十年之功弹琴，最后遂穷其妙，天下从其学琴者云集。

据朱长文《琴史》《续资治通鉴长编》等记载，朱文济为人恬淡，不好荣利，风骨清秀若神仙。宋太宗想把七弦琴增加二弦而变为九弦，当时作为琴待诏的朱文济反对了这一做法，从而触怒了宋太宗。其后，宋太宗将新做成的九弦琴、阮，旁边罗列绯衣、金帛赏赉等物诱惑朱文济，朱文济不为所动。及太宗遣中使押送朱文济至中书省，文济不得已，取其中七弦琴抚之。宰相问："此新曲何名？"文济回答说："古曲《风入松》也。"太宗嘉许其有坚守，赐绯衣。

钱昱

昱字就之[一]。聪敏能覆棋[二]，工琴画，饮酒至斗余不乱。善谐谑，生平交旧终日谈宴[三]，未曾犯一人家讳。然贪猥纵肆[四]，无名节可称。

《宋史·吴越钱氏世家·钱昱》卷四百八十

注释：

［一］昱字就之：钱昱（公元943年—公元999年），字就之，临安（今浙江杭州）人，吴越王钱弘佐长子、钱俶侄。

［二］覆棋：指棋下过后，重新按原来下的顺序逐步演布，以验得失。后泛称下棋。

［三］交旧：旧友。谈宴：边宴饮边叙谈。

［四］贪猥：贪鄙。

评析：

钱昱博学多才，善吟咏，琴棋书画皆精擅，为藏书家。有文集。

夏侯峤

夏侯峤，字峻极[一]。善鼓琴，好读庄、老书，淳厚谨慎，居官无过失。

《宋史·夏侯峤传》卷二百九十

注释：

［一］夏侯峤（公元953年—公元1004年）：字峻极，其先幽州（今北京）人，后家济州钜野（今山东济南）。

评析：

夏侯峤好道，喜养生，为宋真宗爱重。

曹信

供奉官曹信时监边军[一]，信善琴，崇贵与石普军中宴集[二]，令信奏之，信以久废为辞。

《宋史·宦者·张崇贵》卷四百六十六

注释：

［一］曹信：宋真宗时期的宦官。供奉官：职官名。

［二］崇贵：张崇贵（公元955年—公元1011年），真定（今河北）人。石普：北宋名将，《宋史》有传。

评析：

张崇贵与石普在军中宴饮，令曹信鼓琴助兴，曹信以久不弹琴为由拒绝了。张崇贵与石普就搜罗曹信的其他过错报告给皇帝，而宋真宗知道这是诬告，因此并不予以理睬。

黄延矩

黄处士名延矩，字垂范，眉阳人也[一]。少为僧，性僻而简，常言：家习正声，自唐以来待诏金门[二]，父随僖宗入蜀，至某四世矣。琴最盛于蜀。制斫者数家，惟雷氏而已。又云：雷氏之琴不必尽善，有瑟瑟徽者为上，金玉者为次，螺蚌者亦又次焉。所以为异者，岳虽高而弦低[三]，虽低而不拍面[四]，按之若指下无弦，吟振之则有余韵，非雷氏者筝声，绝无琴韵也。处士常言：隋文帝子蜀王秀造千面琴[五]，散在人间，故有号寒玉、韵磬、响泉、和志者[六]。咸平中[七]，知州冯公知节召孙知微画[八]，俾处士弹琴[九]。

《茅亭客话》卷十

注释：

［一］黄处士：黄延矩（公元933年—公元1012年），字垂范，眉阳（今四川眉山）人。

［二］金门：金马门。

［三］岳：岳山。

［四］拍面：打板，弹奏空弦时，琴弦触到琴面而产生的杂音。

［五］隋文帝子蜀王秀：杨秀，封蜀王。见前“杨秀”条。

［六］寒玉、韵磬、响泉、和志：皆琴名。按：这四张琴皆为唐李勉所制，此处记为杨秀，不知何故。

［七］咸平：宋真宗年号。

［八］孙知微：字太古，眉山（今四川眉山）人，北宋著名画家。

［九］俾：使。

评析：

从这则记载来看，黄延矩世代习琴，其父祖自入唐以来便为古琴待诏。

杜鼎升

杜鼎升字大举[一]，形气清秀，雅有古人之风，鬻书自给，夫妇皆八十余。僻爱舜琴《湘水弄》[二]。

《茅亭客话》卷十

注释：

［一］杜鼎升：字大举，蜀（今四川）人。

［二］舜琴：琴，相传古琴为舜所造，故称舜琴。《湘水弄》：琴曲名。

评析：

杜鼎升夫妇每遇到芳时美景便相偕游览，高逸如此。

郑文宝

郑文宝，字仲贤[一]。能为诗，善篆书，工鼓琴。

《宋史·郑文宝传》卷二百七十七

注释：

[一] 郑文宝（公元953年—公元1013年）：字仲贤，宁化（今福建宁化）人。

评析：

郑文宝以文学著称。据《续湘山野录》记载，郑文宝曾学琴于崔遵度，崔遵度有雷琴名“水泉”，经由杨亿转赠给了郑文宝。

骆偃

淳化五年五月[一]，以前广安军判官、校书郎骆偃为翰林琴待诏[二]。偃进士成名，雅善鼓琴，故授此职。

《宋会要辑稿》职官三六

注释：

[一] 淳化五年：公元994年。

[二] 骆偃：官广安军判官、校书郎，后为琴待诏。

评析：

骆偃与北宋初年释智圆交游，释智圆《赠骆偃》有“开琴逢皓月”之句。

种放

种放，字明逸，河南洛阳人也[一]。性嗜酒，尝种秫自酿[二]，每日空山清寂，聊以养和[三]，因号云溪醉侯。幅巾短褐[四]，负琴携壶，溯长溪，坐盘石，采山药以助饮，往往终日。

《宋史·隐逸上·种放》卷四百五十七

注释：

[一] 种放（公元955年—公元1015年）：字明逸，号云溪醉侯，河南洛阳人。

[二] 秫：黏高粱，可制酒。

[三] 养和：保养身心。

[四] 幅巾：用一幅绢束头发。短褐：粗布短衣。

评析：

种放早年不仕，隐居于终南山之豹林谷，宋真宗时入朝觐见，官至右谏议大夫、工部侍郎。种放广置良田，获利颇多，门人族属依仗其势力恣肆骄横，由此，大臣杜镐曾朗读《北山移文》来讥讽种放。

魏野

魏野，字仲先，陕州陕人也[一]。世为农。嗜吟咏，不求闻达。居州之东郊，手植竹树，清泉环绕，旁对云山，景趣幽绝。凿土袤丈，曰乐天洞，前为草堂，弹琴其中，好事者多载酒肴从之游，啸咏终日。

《宋史·隐逸上·魏野》卷四百五十七

注释：

[一] 魏野（公元960年—公元1019年）：字仲先，号草堂居士，陕州陕（今河南陕县）

人，北宋著名诗人。

评析：

据《诗话总龟》：宋真宗祀汾阴时，登山看见林麓间有亭槛，此即隐士魏野所居草堂，遣使往召之。魏野正在鼓琴，教鹤舞，听闻使臣至，抱琴跳墙而逃。

崔遵度

崔遵度，字坚白，本江陵人，后徙淄州之淄川[一]。遵度与物无竞[二]，口不言是非，淳澹清素[三]，于势利泊如也[四]。善鼓琴，得其深趣。所僦舍甚湫隘[五]，有小阁，手植竹数本，朝退，默坐其上，弹琴独酌，翛然自适[六]。尝著《琴笺》。

《宋史·崔遵度传》卷四百四十一

注释：

[一] 崔遵度（公元954年—公元1020年）：字坚白，本江陵（今湖北）人，后徙淄州之淄川（今山东淄博）。按，《琴史》谓："崔谕德，字遵度。"此处谕德为崔遵度官职名。

[二] 无竞：无争。

[三] 淳澹：淳朴淡泊。

[四] 泊如：恬淡无欲。

[五] 僦舍：租赁的屋子。湫隘：低矮狭小。

[六] 翛然：超脱貌。

评析：

据《续湘山野录》，崔遵度有一张唐代雷朴所制的琴，名"水泉"，后赠给郑文宝。另外，范仲淹曾向崔遵度请教琴理。

赵宗万

赵宗万，字仲囦，山阴人[一]。壮岁筑室于郡之照水坊[二]，左瞰平湖，前挹秦望[三]。畜一鹤，号“丹砂”，引以为侣。足迹不及于高门，鼓琴读书，怡然自适者三十余年[四]。

《浙江通志》卷一百九十二

注释：

［一］赵宗万：字仲囦，山阴（今浙江绍兴）人。

［二］照水坊：地名，在今浙江绍兴。

［三］挹：引。秦望：山名，在今浙江绍兴市南，又名会稽山。

［四］自适：自得其乐。

评析：

赵宗万是北宋隐士，工书法。宋真宗祥符年间，朝廷举荐遗逸，赵宗万以年老为由辞去。

林逋

林逋隐孤山[一]，喜鼓琴。咏琴诗有“天寒络绎悲向壁[二]，秋高风露吹入林”之句。

《诚一堂琴谈》卷二

注释：

［一］林逋（公元967年—公元1028年）：字君复，钱塘（今浙江杭州）人。孤山：在今杭州。

［二］络绎：应为“络纬”。络纬：虫名，即莎鸡，俗称纺织娘。

评析：

林逋是北宋著名隐士，隐于孤山，喜种梅养鹤，人称“梅妻鹤子”，如果再加上古琴的元素，那么，林逋当真称得上是孤高峭洁之士了。

朱亿(附广慧夫人、惠玉)

先祖尚书公讳亿，字延年，越州剡县人也[一]。少有雅趣，邃于琴道。有女以淑行婉质，尤工琴书，后赐号广慧夫人者也[二]。至道元年天子命使者裴愈至二浙访图书[三]，闻广慧既艺且贤，以名闻，且命之至京师，广慧既入宫掖[四]，尚书被召对鼓琴，太宗嘉悦[五]，使待诏翰林。其后历仕繁剧[六]，多以才选。虽王事靡盬[七]，而丝桐不离于前，笃好而精学，虽老无倦斁[八]。尚书尝宝一古琴，声甚清，池中书曰“上元”，滨题曰“玉磬”。上元乃唐肃宗所纪年也。昔崔晦叔尝以玉磬琴遗白乐天[九]，此殆是耶。尚书既丧，此琴假于老舅惠玉[一〇]，玉尝授琴于尚书，音静而不流，东南罕及者。舅复以此琴归余，遂名曰“玉磬”，既铭且记之云。

《琴史》卷五

注释：

[一]先祖尚书公讳亿：朱亿（公元974年—公元1033年），字延年，越州剡县（今浙江嵊州）人。朱长文祖父，卒赠刑部尚书，因称其先祖为“尚书”。

[二]广慧夫人：朱亿之女，生卒年不详。

[三]至道元年：公元995年。

[四]宫掖：皇宫。

[五]太宗：指宋太宗。嘉悦：赞许、高兴。

[六]繁剧：事务繁重。

[七]靡盬：王事没有止息。《诗经·小雅·采薇》：“王事靡盬，不遑启处。”

［八］倦斁：倦怠。

［九］崔晦叔：见“崔玄亮”条。

［一〇］惠玉：朱长文舅舅，姓不详。

评析：

朱长文在这里自叙家世，他的祖父朱亿因琴技高超得到宋太宗的赏识，从而待诏翰林。朱亿之女广慧夫人也因善琴进入宫廷。朱亿有一床唐代“玉磬”琴，朱亿亡故后经惠玉之手复归朱长文所有。

燕肃

君谟作诗[一]，道滋击方响[二]，穆之弹琴[三]。

《欧阳修全集》卷一百二十五《于役志》

注释：

［一］君谟：蔡襄，字君谟，北宋著名文学家、书法家。

［二］道滋：孙道滋。见“孙道滋”条。方响：古磬类打击乐器。

［三］穆之：燕肃（公元961年—公元1040年），字穆之，祖籍青州，定居曹州（今山东曹县）。《宋史》有传。

评析：

燕肃工诗擅画，尤喜画山水寒林图，与王维不相上下。

仲善升

善升[一]，天禧年诏注释御制《法音集》[二]，赐号日观大师，又深于琴律。

《梦粱录》卷十七

注释：

[一]善升：仲善升（？—公元1049年），十岁出家，十七岁受戒，赐号日观大师，钱塘（今浙江杭州）人。

[二]天禧：宋真宗年号，从公元1017年至公元1021年。

评析：

仲善升客居京师三十年，工诗。康定年间入天竺山，居日观庵，范仲淹曾听其弹琴。

演化(附苏舜钦)

演化琴德素高[一]，昔尝供奉先帝[二]。闻予所藏宝琴[三]，求而挥弄不忍去，因为作歌，以写其意。

《全宋诗》苏舜钦《演化琴德素高昔尝供奉先帝闻予所藏宝琴求而挥弄不忍去因为作歌以写其意》

注释：

[一]演化：生卒年不详。

[二]先帝：指宋真宗。

[三]予：苏舜钦（公元1008年—公元1049年），字子美，原籍四川，曾祖时移家开封（今河南开封）。

评析：

苏舜钦为演化作诗曰：双塔老师古突兀，索我瑶琴一挥拂。风吹仙籁下虚空，满坐沈沈竦毛骨。按抑不知声在指，指自不知心所起。节奏可尽韵可收，时于疏澹之中寄深意。意深味薄我独知，陶然直到羲皇世。曲终瞑目师不言，忽言昔常奉至尊。祥符天子政多暇，诏求绝艺传中阁。紫宸仗退霜日红，随鞭入对蓬莱宫。平戎一弄沃舜聪，貂珰壁立亦动容。紫兰之袍出禁府，声华一日千门通。今来老病卧泽国，赏音不遇前事空。一双玉鹤天上飞，人间但见枯死桐。幸逢宝器惬心手，因声感旧涕洒胸。顾我踟蹰不忍去，将行更欲留悲风。

唐异

皇宋处士唐异，字子正[一]。故谕德崔公遵度时谓善琴[二]，为士大夫之所重，而子正之音尝唱和焉。高平范仲淹师其弦歌[三]，尝贻之书曰："崔公既没，琴不在兹乎？"

《范文正集》卷六

注释：

[一]唐异：字子正，钱塘（今浙江杭州）人，北宋隐士。

[二]谕德：官职名。崔公遵度：崔遵度，见"崔遵度"条。

[三]范仲淹：见"范仲淹"条。

评析：

范仲淹认为唐异有"二妙"，即鼓琴与绘画。在琴技上，唐异能与崔遵度并肩，范仲淹也曾师事之。

范仲淹

范文正公喜弹琴[一]，然平日止弹《履霜》一操[二]，时人谓之范履霜。

《老学庵笔记》卷九

注释：

[一] 范文正公：范仲淹（公元 989 年—公元 1052 年），字希文，吴县（今江苏苏州）人。谥文正。《宋史》有传。

[二]《履霜》：琴曲名。《乐府诗集·琴曲歌辞》："《琴操》曰：'《履霜操》，尹吉甫之子伯奇所作也。伯奇无罪，为后母谗而见逐，乃集芰荷以为衣，采楟花以为食。晨朝履霜，自伤见放，于是援琴鼓之而作此操。曲终，投河而死。'"

评析：

据《国老谈苑》，范仲淹曾问琴理于崔遵度，崔遵度回答说："清丽而静、和润而远，琴尽是也。"

陈郢

陈郢[一]，隐居里中，以琴书自乐。

《吴郡志》卷二十五

注释：

[一] 陈郢：吴郡（今江苏苏州）人。丁谓（公元 966 年—公元 1037 年）外甥。

评析：

陈郢隐居乡里，以德行著称。

江休复

江休复，字邻几，开封陈留人[一]。少强学博览，为文淳雅，尤善于诗。喜琴、弈、饮酒，不以声利为意[二]。

《宋史·江休复传》卷四百四十三

注释：

[一] 江休复（公元1005年—公元1060年）：字邻几，开封陈留（今河南开封）人。

[二] 声利：名利。

评析：

江休复擅长诗文，与欧阳修、梅尧臣等文人唱和往来。《中山诗话》亦记载其弹琴事。

赵宗颜

遂昭裕公宗颜，字希圣[一]。公好学，通王氏《易》，喜为诗，藏书数万卷。性聪敏多能，至于琴弈之艺，佛老之说，所学必通。

《欧阳修全集》卷三十七《皇从侄卫州防御使遂国公墓志铭》

注释：

[一] 赵宗颜（公元994年—公元1061年）：字希圣，谥昭裕，开封封丘（今河南封丘）人，宋朝宗室，太宗赵光义的曾孙。

评析：

赵宗颜是宋代藏书家，聪敏多能，琴棋、佛老，皆一学即通。

魏闲

君讳闲，字云夫，世家于陕之东郊[一]。君少喜为诗，学鼓琴，不乐仕进。

《司马温公集编年笺注》卷七七《清逸处士魏君墓志铭》

注释：

［一］君讳闲：魏闲（公元980年—公元1063年），字云夫，号清逸处士，陕州陕（今河南陕县）人。

评析：

魏闲即魏野之子，魏闲继承父志，隐居不仕。

阮逸

景祐二年四月，阮逸自撰琴准[一]，用求律吕相生之声，圜转应律[二]，靡不符合。

《玉海》卷一百十

注释：

［一］景祐二年：公元1035年。阮逸：字天隐，建阳（今福建建阳）人。

［二］圜转：旋转。

评析：

景祐年间，阮逸与胡瑗详定钟律，二人著有《皇祐新乐图记》。

苏洵

苏轼有《舟中听大人弹琴》诗[一]。

《苏轼文集》卷一《舟中听大人弹琴》

注释：

[一]大人：子称父为大人，即苏轼的父亲苏洵。苏洵（公元1009年—公元1066年），字明允，自号老泉，眉州眉山（今四川眉山）人。北宋文学家，与其子苏轼、苏辙并称“三苏”。

评析：

诗云：“弹琴江浦夜漏永，敛衽窃听独激昂。风松瀑布已清绝，更爱玉佩声琅珰。自从郑卫乱雅乐，古器残缺世已忘。千家寥落独琴在，有如老仙不死阅兴亡。世人不容独反古，强以新曲求铿锵。微音淡弄忽变转，数声浮脆如笙簧。无情枯木今尚尔，何况古意堕渺茫。江空月出人响绝，夜阑更请弹文王。”

李景仙

欧阳修《赠无为军李道士二首》其一云[一]：无为道士三尺琴，中有万古无穷音。音如石上泻流水[二]，泻之不竭由源深。弹虽在指声在意，听不以耳而以心。心意既得形骸忘[三]，不觉天地白日愁云阴。

《欧阳修全集》卷四《赠无为军李道士二首》

注释：

[一]李道士：题下原注：名景仙。无为军：宋代军名，在今安徽无为。

［二］石上泻流水：琴曲《石上流泉操》。

［三］形骸忘：《晋书·阮籍传》：“（籍）善弹琴，当其得意，忽忘形骸。”这句是形容听琴者因精神专注而达到物我两忘的状态。

评析：

欧阳修《赠无为军李道士二首》其二云：“李师琴纹如卧蛇，一弹使我三咨嗟。五音商羽主肃杀，飒飒坐上风吹沙，忽然黄钟回暖律，当冬草木皆萌芽。郡斋日午公事退，荒凉树石相交加。李师一弹凤凰声，空山百鸟停呕哑。我怪李师年七十，面目明秀光如霞。问胡以然笑语我，慎勿辛苦求丹砂。惟当养其根，自然烨其华。又云理身如理琴，正声不可干以邪。我听其言未云足，野鹤何事还思家。抱琴揖我出门去，猎猎归袖风中斜。”

沈遵

予昔于滁州作醉翁亭于琅琊山，有记刻石[一]，往往传人间。太常博士沈遵[二]，好奇之士也，闻而往游焉。爱其山水，归而以琴写之，作《醉翁吟》一调[三]，惜不以传人者五六年矣。去年冬，予奉使契丹，沈君会予恩、冀之间[四]。夜阑酒半[五]，出琴而作之。予既嘉君之好尚，又爱其琴声，乃作歌以赠之。

《欧阳修全集》卷六《赠沈遵》

注释：

［一］予昔句：宋仁宗庆历五年（公元1045年），欧阳修被贬谪到安徽滁州，作《醉翁亭记》。

［二］太常博士沈遵：沈遵，东阳（今浙江东阳）人，善琴，官太常博士。

［三］《醉翁吟》：欧阳修《醉翁吟并序》云：“（沈遵）作《醉翁吟》三叠。”

［四］恩、冀：恩州（今河北清河）、冀州（今河北冀县）。

［五］夜阑：夜深。

评析：

欧阳修《赠沈遵》《醉翁吟并序》均叙述了沈遵作琴曲《醉翁吟》之事。《赠沈遵》诗云："群动夜息浮云阴，沈夫子弹《醉翁吟》。《醉翁吟》，以我名，我初闻之喜且惊。宫声三叠何泠泠，酒行暂止四坐倾。有如风轻日暖好鸟语，夜静山响春泉鸣。坐思千岩万壑醉眠处，写君三尺膝上横。沈夫子，恨君不为醉翁客，不见翁醉山间亭。翁欢不待丝与竹，把酒终日听泉声。有时醉倒枕溪石，青山白云为枕屏。花间百鸟唤不觉，日落山风吹自醒。我时四十犹强力，自号醉翁聊戏客。尔来忧患十年间，鬓发未老嗟先白。滁人思我虽未忘，见我今应不能识。沈夫子，爱君一罇复一琴，万事不可干其心。自非曾是醉翁客，莫向俗耳求知音。"

谢去华

辛卯，饮僧于资福寺。移舟溶溶亭，处士谢去华援琴[一]，待凉，以入客舟。

《欧阳修全集》卷一百二十五《于役志》

注释：

［一］谢去华：生卒年不详。

评析：

欧阳修被贬夷陵令，随手纪事而成《于役志》，其间记载谢去华弹琴事。

欧阳修(附孙道滋)

予尝有幽忧之疾[一]，退而闲居，不能治也。既而学琴于友人孙道滋[二]，受宫声数引[三]，久而乐之，不知疾之在其体也。

《欧阳修全集》卷四十四《送杨寘序》

注释：

[一]予：欧阳修（公元1007年—公元1072年），字永叔，号醉翁，晚号六一居士，谥“文忠”，故世称欧阳文忠公，庐陵（今江西吉安）人，北宋文学家。幽忧：过度忧劳。

[二]孙道滋：疑为孙植，欧阳修《书琴阮记后》云：“同年孙植，雅善琴阮。”

[三]受宫声数引：学习了几首宫调曲。引：古代乐曲体裁名。

评析：

欧阳修《三琴记》记载了他所收藏的三张琴及其弹琴事，原文如下：吾家三琴，其一传为张越琴，其一传为楼则琴，其一传为雷氏琴，其制作皆精而有法，然皆不知是否。要在其声如何，不问其古今何人作也。琴面皆有横文如蛇腹，世之识琴者以此为古琴，盖其漆过百年始有断文，用以为验尔。其一金徽，其一石徽，其一玉徽。金徽者，张越琴也；石徽者，楼则琴也；玉徽者，雷氏琴也。金徽其声畅而远，石徽其声清实而缓，玉徽其声和而有余。今人有其一已足为宝，而余兼有之，然惟石徽者，老人之所宜也。世人多用金玉蚌琴徽，此数物者，夜置之烛下炫耀有光，老人目昏，视徽难准，惟石无光，置之烛下黑白分明，故为老者之所宜也。余自少不喜郑卫，独爱琴声，尤爱《小流水曲》。平生患难，南北奔驰，琴曲率皆废忘，独《流水》一曲梦寝不忘，今老矣，犹时时能作之。其他不过数小调弄，足以自娱。琴曲不必多学，要于自适；琴亦不必多藏，然业已有之，亦不必以患多而弃也。嘉祐七年上巳后一日，以疾在告，学书，信笔作欧阳氏三琴记。

知白

欧阳修有《送琴僧知白》诗[一]。

《送琴僧知白》

注释：

[一] 知白：天台僧，《赤城志》："知白，居永庆院。郎侍郎简记行业云：'天台僧独知白为可纪，白尝谓释书不，少观者若临海求济，茫乎不知其涯，必有维楫之助，然后旁行不难。'"

评析：

这首诗作于宝元二年（公元1039年），诗的前几句说："吾闻夷中琴已久，常恐老死无其传。夷中未识不得见，岂谓今逢知白弹。遗音髣髴尚可爱，何况之子传其全。"由诗意可知，知白是慧日大师夷中的弟子。另外，梅尧臣也有《赠琴僧知白》诗。

蔡叡（附僧智仁、朱仁济、卫中正、马希亮、马希仁、金渊、金公路、陈道、严樽、马大夫、梅四官人、龚老、林杲）

蔡叡[一]。僧智仁[二]。卫中正（庆历中人）[三]。

朱仁济[四]。马希亮、马希仁（崇宁中人）[五]。

金渊，汴人，绍兴初[六]。

金公路，所谓金道者，绍兴初人[七]，琴薄而清。

陈道，高宗朝[八]，厚而古。

近世有严樽，古清之祖[九]。马大夫[一〇]。

梅四官人，古清妻父[一一]。龚老（应奉）[一二]。

林杲东卿，石桥之父[一三]。

《云烟过眼录》卷四《古今斫琴名手》

注释：

[一]蔡叡：生平不详。按，《南村辍耕录》写作“蔡献”。

[二]僧智仁：生平不详。《云烟过眼录》记载：“鲜于伯机收唐张钺断琴，僧智仁重修。”即此人。

[三]卫中正：庆历年间（公元1041年至公元1048年）道士。

[四]朱仁济：生平不详。按：陶宗仪《南村辍耕录》记斫琴名手有朱仁济、赵仁济。赵仁济为太平兴国年间（公元976年至公元984年）人。

[五]马希亮、马希仁：北宋徽宗崇宁年间（公元1102年至公元1106年）人。按：陶宗仪《南村辍耕录》记斫琴名手有马希仁、马希先（一作仙）。马希亮、马希先是否为同一人已无法考知。

[六]金渊：汴（今河南开封）人，生活于绍兴（公元1131年至公元1162年）初。

[七]金公路：金道，绍兴初（公元1131年至公元1162年）人。

[八]陈道：宋高宗时期人。按：陶宗仪《南村辍耕录》记为陈亨道。未知孰是。

[九]严樽：严恭的祖父。严恭（公元1231年—公元1308年），字子安，自号古清翁，钱塘（今浙江杭州）人，靖康后移居湖州（今浙江湖州）。

[一〇]马大夫：生平不详。

[一一]梅四官人：严恭的岳父。

[一二]龚老：供职于应奉局。

[一三]林杲：字东卿，林石桥之父。

评析：

宋代周密的《云烟过眼录》一一列举了古今斫琴名手，但介绍文字简略。从中可以知道的是：金公路琴薄而清，陈道琴厚而古，严樽为古琴名家严恭的祖父。

另外，卫中正所斫琴名“琼响”，藏于内府。其腹题云：“庆历五年，臣道士卫中正奉圣旨斫。崇宁四年，臣马熙先奉圣旨重修。”

王潜

无弦亭，隐士王潜所居[一]，潜好琴，赵清献公为榜其亭曰“濯缨”[二]，文同书[三]。

《蜀中广记》卷十四

注释：

[一]王潜：北宋隐士，隐居于雅州（今四川雅安）。

[二]赵清献公：赵抃，见“赵抃”条。

[三]文同：字与可，北宋画家，尤精墨竹。

评析：

濯缨语出《孟子·离娄上》：“沧浪之水清兮，可以濯我缨；沧浪之水浊兮，可以濯我足。”正好喻指了王潜的隐士身份。

任玠

任玠，成都人[一]。通音律，琴奕、丹青，皆得其妙。

《蜀中广记》卷四十二

注释：

[一]任玠：成都人，生活于宋真宗时期。

评析：

宋真宗时期，任玠写诗一千二百首以进，赐进士。

李宗易

李宗易郎中，陈州人[一]，诗文、琴棋、游艺皆妙绝过人，前辈中名士也。

《默记》卷中

注释：

[一] 李宗易（？—公元 1073 年）：字简夫，陈州（今河南淮阳）人。

评析：

李宗易是北宋著名文人张耒的外祖父，琴棋、诗文等各种技艺均精妙绝伦，与苏轼、晏殊等人交游。

文同

文与可家有古琴[一]，予为之铭。

《苏轼文集》卷七十一《文与可琴铭》

注释：

[一]文同（公元1018年—公元1079年）：字与可，号笑笑居士、笑笑先生、锦江道人，人称“石室先生”。梓州梓潼（今四川省绵阳）人。

评析：

文与可以才学著称于世，擅诗文书画。苏轼曾称赞其有四绝：诗、楚辞、草书、画。苏轼在《祭文与可文》中亦称："呜呼哀哉，与可能复饮此酒也夫？能复赋诗以自乐，鼓琴以自侑也夫？"

又，琴铭曰："攫之幽然，如水赴谷。醳之萧然，如叶脱木。按之噫然，应指而长言者似君。置之枵然，遗形而不言者似仆。"

宇文之邵

宇文之邵，字公南，汉州绵竹人[一]。自强于学，不易其志，日与交友为经史琴酒之乐，退居十五年而终。

《宋史·隐逸中·宇文之邵》卷四百五十八

注释：

[一]宇文之邵（公元1029年—公元1082年）：字公南，学者称"止止先生"，汉州绵竹（今四川绵竹）人。

评析：

司马光评价宇文之邵云：顾禄位如锱铢，视富贵如土芥。

洪规(附曾巩)

洪君之于琴[一]，非特能其音，又能其意者也。予将就学焉[二]。

《曾巩集》卷十三《相国寺维摩院听琴序》

注释：

[一]洪君：洪规，字方叔。

[二]予：曾巩（公元1019年—公元1083年），字子固，学者称“南丰先生”，建昌军南丰（今江西南丰）人，后居临川（今江西抚州），北宋著名文学家。

评析：

曾巩的另外一篇文章中也提到：“吾尝学琴于师矣。”（《听琴序》）

赵抃

赵抃，字阅道，衢州西安人[一]。帝曰：“闻卿匹马入蜀，以一琴一鹤自随，为政简易，亦称是乎[二]？”

《宋史·赵抃传》卷三百一十六

注释：

[一]赵抃（公元1008年—公元1084年）：字阅道，谥清献，衢州西安（今浙江衢州）人。

[二]帝：指宋神宗。

评析：

据《夷坚续志》，赵抃平生蓄雷琴一张，鹤与龟各一，走到哪里带到哪里。北宋时蜀风奢侈，赵抃以琴鹤自随入蜀，为政简易，自此蜀风为之一变。

石扬休

石扬休[一]，养猿鹤，收画图，作《双清》曲。

《诚一堂琴谈》卷二

注释：

[一] 石扬休：字昌言，眉州眉山（今四川眉山）人。

评析：

皇祐年间，文莹曾携琴造访石扬休。石扬休《谢文莹师携琴见访》诗云："郑卫湮俗耳，正声追不回。谁传广陵操，老尽峄阳材。古意为师复，清风寻我来。幽阴竹轩下，重约月明开。"

文莹

皇祐间[一]，馆中诗笔石昌言扬休最得唐人风格[二]。余尝携琴访之[三]。

《湘山野录》卷下

注释：

[一] 皇祐：宋仁宗年号，公元 1049 年至公元 1054 年。

[二] 石昌言扬休：见"石扬休"条。

[三] 余：文莹，字道温，一说字如晦。钱塘（今浙江杭州）僧。

评析：

文莹的《续湘山野录》里记载其曾经在京师遍寻宋太宗所制作的九弦琴、七弦阮，但最终并未得见。

滕元发

滕达道蓄雷威琴[一]，中题云："石山孙枝[二]，样剪伏羲。将扶大隐，永契神机。"

《西溪丛语》卷上

注释：

［一］滕达道：滕元发（公元1020年—公元1090年），字达道，谥章敏，东阳人（今浙江东阳）人。雷威琴：见前"雷威"条。

［二］孙枝：树的嫩枝。嵇康《琴赋》："乃斫孙枝，准量所任。至人攄思，制为雅琴。"

评析：

滕元发所藏的这床雷威琴后来归居氏所有。

范世京

范文正族孙世京颇好琴[一]，其操行亦完洁[二]，任至秘书丞。

《琴史》卷五

注释：

［一］范文正族孙世京：范世京，字延祖，范仲淹族孙，吴县（今江苏苏州）人。

［二］完洁：德行清正纯备。

评析：

范世京与撰写《琴史》的朱长文交游最为密切。

莫承之

莫承之琴池之侧[一]，有隶字云："中平四年[二]，逐客蔡邕吴中断斫[三]。"

《西溪丛语》卷上

注释：

［一］莫承之：生平不详。

［二］中平四年：公元 187 年。

［三］逐客：被贬谪之人。蔡邕：见前"蔡邕"条。

评析：

《续文献通考》《清秘藏》等书将莫承之的这床琴称为"蔡邕琴"。

李伉

君名伉，字常武[一]。风韵闲远，嗜好古雅，学鼓琴，书字精于隶，有法。

《忠肃集》卷十三《承务郎李君墓志铭》

注释：

［一］君名伉：李伉（公元 1048 年—公元 1093 年），字常武。

评析：

李伉精书法学鼓琴，尤工于诗。

僧智和

秀州祥符院僧智和蓄一古琴[一]，瑟瑟微碧[二]，文细[三]，石为轸[四]，制作精巧，音韵清越。中刊李阳冰篆三十九字[五]，其略云："南溟夷岛产木名伽陀罗，文横如银屑，其坚如石，遂用作此临岳[六]。"沈括《笔谈》、朱长文《琴史》著此琴[七]，即唐相汧公李勉所制响泉也[八]。

《渑水燕谈录》卷八

注释：

［一］僧智和：卒于元祐（公元1086年至公元1094年）末年，秀州（今浙江嘉兴）祥符院僧人。

［二］瑟瑟：碧绿色宝石。

［三］文：通"纹"。

［四］轸：琴轸。

［五］李阳冰：字仲温，赵郡（今河北赵县）人，李白从叔。

［六］遂用作此临岳：《西溪丛语》作："遂用作此，临岳制。"临岳：岳山。

［七］沈括《笔谈》：沈括《梦溪笔谈》。朱长文《琴史》：见"朱长文"条。

［八］李勉：见前"李勉"条。

评析：

《西溪丛语》记载僧智和所藏的这床琴为云和式。智和死后，响泉被送入礼部。

朱长文

长文，字伯原，苏州吴人[一]。筑室乐圃坊，著书阅古，著《琴史》。

《宋史·朱长文传》卷四百四十四

注释：

［一］长文：朱长文（公元1039年—公元1098年），字伯原，号乐圃，苏州吴（今江苏苏州）人。

评析：

朱长文所撰写的《琴史》是中国音乐史上第一部琴史著作，对古琴历史进行专论。四库馆臣评价《琴史》云："是书专述琴典。前五卷纪自古通琴理者一百四十六人，附见者九人，各胪举其事迹。后一卷分十一篇，一曰莹律、二曰释弦、三曰明度、四曰拟象、五曰论音、六曰审调、七曰声歌、八曰广制、九曰尽美、十曰志言、十一曰叙史。凡操弄沿起，制度损益，无不咸具。采摭详博，文词雅赡，视所作《墨池编》更为胜之。"（《四库全书总目》）

潘兴嗣

清逸居士潘兴嗣，字延之[一]。隐居豫章东湖上，琴书自娱。

《罗湖野录》卷二

注释：

［一］潘兴嗣（约公元1023年—公元1100年）：字延之，号清逸居士，新建（今江西南昌）人。

评析：

潘兴嗣工诗能文，与曾巩、王安石等人交游。隐居于南昌东湖，以琴书自娱。

苏颂(附陈伯华、王从之)

祖父间喜鼓琴[一]，亦尝擘阮[二]。尝侍曾祖所，得陈伯华侍御家雷琴[三]。既知亳州，得太清宫道士王从之[四]，静嘿真介[五]，恭和忠谅[六]，有自得之意，非道流之比。王鼓琴造妙，又善斫琴，京师谓之“琴王师”。

《丞相魏公谭训》卷九

注释：

［一］祖父：苏颂（公元1020年—公元1101年），字子容，泉州同安（今福建厦门）人，后徙居润州丹徒（今江苏镇江）。北宋中期宰相。

［二］擘：弹奏。

［三］陈伯华：曾为福唐太守，家藏雷琴。

［四］王从之：出生于公元1036或公元1037年，亳州太清宫道士。

［五］静嘿真介：静默耿介。

［六］恭和：谦恭温和。忠谅：忠信。

评析：

陈伯华家藏雷琴为苏颂的父亲所得，传给苏颂。苏颂遇到道士王从之，将其带到京师（开封），因其“鼓琴造妙，又善斫琴”而被京师人誉为“琴王师”。

僧务静

苏颂《送僧务静归吴》诗中云[一]：“琴诗清绝事，静也两兼能。技有知音许，名因国士称。”

《苏魏公文集》卷七《送僧务静归吴》

注释：

[一]务静：吴地僧人，生平不详。

评析：

由诗意来看，务静擅长弹琴写诗，受到很多文人名士的推崇。

惟贤

苏轼有《听贤师琴》诗[一]。

《苏轼文集》卷八《听贤师琴》

注释：

[一]贤师：惟贤，杭州祥符寺琴僧。

评析：

诗云："大弦春温和且平，小弦廉折亮以清。平生未识宫与角，但闻牛鸣盎中雉登木。门前剥啄谁叩门，山僧未闲君勿嗔。归家且觅千斛水，净洗从前筝笛耳。"

昭素

苏轼有《听僧昭素琴》诗[一]。

《苏轼文集》卷十二《听僧昭素琴》

注释：

[一]昭素：北宋琴僧。

评析：

诗云："至和无攫醳，至平无按抑。不知微妙声，究竟何从出。散我不平气，洗我不和心。此心知有在，尚复此微吟。"

思聪

钱塘僧思聪[一]，七岁善弹琴。

《送钱塘僧思聪归孤山叙》

注释：

[一]思聪：字闻复，钱塘（今浙江杭州）僧人。

评析：

思聪亦妙于诗文，大观、政和年间（公元1107年至公元1127年），携琴游开封。

王进叔

知琴者以谓前一指后一纸为妙，以蛇蚹纹为古[一]。进叔所蓄琴[二]，前几不容指，而后劣容纸，然终无杂声，可谓妙矣。

《苏轼文集》卷七十一《书王进叔所蓄琴》

注释：

[一]蛇蚹纹：古琴断纹为蛇腹断，宋代赵希鹄《洞天清录·古琴辨》："古琴以断纹为证。琴不历五百岁不断，愈久则断愈多……凡漆器无断纹，而琴独有者，盖他器用布

漆，琴则不用，他器安闲，而琴日夜为弦所激。”

[二]王进叔：生平不详。

评析：

王进叔所藏琴与“前一指后一纸”的标准完全不同，可见判断琴的好坏不能一概而论。

良玉

昆山慧聚寺良玉，字蕴之[一]，僧行甚高，旁通文史之学，又善书，工琴棋。

《中吴纪闻》卷一

注释：

[一]良玉：字蕴之，昆山（今江苏昆山）慧聚寺僧人。

评析：

梅尧臣赠良玉诗句云：“水烟晦琴徽，山月上岩屋。”

若讷上人

梅尧臣有《若讷上人弹琴》诗[一]。

《全宋诗》梅尧臣《若讷山人弹琴》

注释：

[一]若讷上人：生卒年不详，北宋琴僧。

评析：

苏颂和释智圆也有送若讷上人的诗歌作品。梅尧臣《若讷上人弹琴》作于皇祐三年（公元1051年），诗云："祥哀已踰月，遇子弹鸣琴。安得不成声，子心异吾心。十日成笙歌，尼父非好音。先王礼有节，不可过于今。莫作风入松，怀垅情未任。一闻流水曲，归思在溪阴。此焉吾所乐，目极送归禽。"

令狐揆

令狐子先，安陆乡先生也[一]。耕钓之外，著书弹琴而已。

《麈史》卷二

注释：

［一］令狐揆：字子先，江夏安陆（今湖北安陆）人。

评析：

令狐揆曾于雪中骑马入城借书，令小童携带书箱、古琴、暖帽等物，作诗云："借书离近郭，冒雪渡寒溪。"后来有一位布衣画家林逸据此画了一幅图，名为《令狐秋橡雪中渡涢溪图》。

《麈史》又说令狐揆曾著《琴谱》。

桑景舒

高邮人桑景舒[一]，性知音，尤善乐律。旧传有虞美人草，闻人作《虞美人》曲，则枝叶皆动,他曲不然。景舒试之,诚如所传。乃详其曲声,曰:“皆吴音也。”他日取琴,试用吴音制一曲,对草鼓之,枝叶亦动,乃谓之《虞美人操》。

《梦溪笔谈》卷五

注释:

[一]桑景舒:高邮(今江苏高邮)人。

评析:

传说虞美人草,每听到《虞美人》曲便枝叶皆动。桑景舒弹奏此曲之后,认为《虞美人》是具有吴地风格的乐曲。此后他又用吴音创作了一首新的琴曲,每一演奏,虞美人草的枝叶也跟随乐曲舞动,因此他把这首琴曲定名为《虞美人操》。这首琴曲盛行于江吴之间。

陶道真

越人陶道真畜一张越琴[一],传云古冢中败棺杉木也,声极劲挺[二]。

《梦溪笔谈》卷五

注释:

[一]陶道真:越(今浙江绍兴)人。

[二]劲挺:坚实刚健。

评析:

沈括认为作为琴材的桐木多年才能除尽木性,只有木性尽除,声音才能发散出来。陶道真的越琴是古墓中的杉木败棺所制,很显然符合这一要求,因此声音刚健。

沈振(附陈圣与、沈述、僧清道、杨英)

钱塘沈振蓄一琴[一]，名冰清，腹有晋陵子铭云：“卓哉斯器，乐惟至正。音清韵古，月澄风劲。三余神爽，泛绝机静。雪夜敲冰，霜天击磬。阴阳潜感，否臧前镜。人其审之，岂独知政。”书“大历三年三月三日上底，蜀郡雷氏斫。”凤沼内书“贞元十一年七月八日再修。士雄记。”声极清实。山茌陈圣与名知琴[二]，少在钱塘，从振借琴弹，酷爱之。后三十年，圣与官太常，会振侄述鬻冰清[三]，索百千不售。未几[四]，述卒，其妻得二十千，鬻于僧清道[五]，转落于太一道士杨英[六]。久之，圣与以五十千购得，极珍秘之。或以晋陵子，杜牧之道号[七]。篆法类李义山笔[八]，亦莫可辩，又不知士雄何人也。

《渑水燕谈录》卷八

注释：

[一] 沈振：钱塘（今浙江杭州）人。按，《吴兴备志》记载有沈振，字发之，钱塘人，疑即此人。

[二] 陈圣与：山茌（今山东长清）人。

[三] 述：沈述，沈振的侄子。鬻：卖。

[四] 未几：没过多久。

[五] 僧清道：按，米友仁《先臣临羲之真迹帖跋》中记有“大相国寺僧清道”得到王羲之真迹两帖，疑即此人。

[六] 杨英：太一（今陕西终南山）道士。

[七] 杜牧：字牧之，号樊川居士，唐代诗人。

[八] 李义山：李商隐，字义山，晚唐著名诗人。

评析：

沈振所收藏的琴名“冰清”，为唐代雷氏斫制，有晋陵子（有人说晋陵子是杜牧的道号）琴铭。此琴几经辗转，先为沈振所有，后来到了沈述手里并公开贩卖，陈圣与想购买，但因价格问题最终没有成交。沈述死后，其妻将此琴卖与僧清道，再转而流落于道士杨英之手，最终为陈圣与购得。

由上可知，宋人对雷琴已经非常重视，并且进行收藏。据岳珂《桯史》的记载，后世甚至出现了“冰清”琴的赝品，可见其珍贵。

崇德

黄庭坚有《听崇德君鼓琴》诗[一]。

《黄庭坚诗集注》外集卷二《听崇德君鼓琴》

注释：

［一］崇德君：黄庭坚《观崇德墨竹歌》序云：“姨母崇德君赠新墨竹图，且令作歌。”以此判断，崇德为黄庭坚姨母。又据《画史》，崇德君姓李，为朝议大夫王之才的妻子。擅画松竹木石。

评析：

诗云：“月明江静寂寥中，大家敛袂抚孤桐。古人已矣古乐在，仿佛雅颂之遗风。妙手不易得，善听良独难。犹如优昙华，时一出世间。两忘琴意与己意，乃似不着十指弹。禅心默默三渊静，幽谷清风淡相应。丝声谁道不如竹，我已忘言得真性。罢琴窗外月沉江，万籁俱空七弦定。”

张举

玉素处士张举字子厚，毗陵人[一]。家藏书数万卷，善琴棋，曰："惟玩此三物，不甚饮酒。"

《岩下放言》卷中

注释：

[一]张举：字子厚，号玉素处士，毗陵（今江苏常州）人。

评析：

张举治平（公元1064年至公元1067年）初年登进士第，其后即弃官归隐。大观初年（公元1107年至公元1110年）之前已去世。

阎子常

黄庭坚有《次韵无咎阎子常携琴入村》诗[一]。

《黄庭坚诗集注》外集卷六《次韵无咎阎子常携琴入村》

注释：

[一]阎子常：生平不详。无咎：北宋文学家晁补之，字无咎。

评析：

诗云："士寒饿，古犹今，向来亦有子桑琴。倚楹啸歌非寓淫，伯牙山高水深深，万世丘垄一知音。阎君七弦抱幽独，晁子为之《梁父吟》。天寒终纬悲向壁，秋高风露声入林。冷丝枯木拂珠网，十指乃能写人心。村村击鼓如鸣鼍，豆田见角谷成螺。岁丰寒士亦把酒，满眼饤饾梨枣多。晁家公子屡经过，笑谈与世殊臼科。文章落落映晁董，诗句往往妙阴何。阎夫子勿谓知人难，使琴抑怨久不和。明光昼开九门肃，不令高才牛下歌。"

戴日祥

元丰二年正月己亥晦[一]，春服既成[二]，从二三子游于泗之上[三]。登桓山[四]，入石室，使道士戴日祥鼓雷氏之琴[五]，操《履霜》之遗音[六]。

《苏轼文集》卷一一《游桓山记》

注释：

［一］元丰二年：公元1079年。晦：农历每月的末一天。

［二］春服既成：《论语·先进》："莫春者，春服既成。冠者五六人，童子六七人，浴乎沂，风乎舞雩，咏而归。"

［三］泗：泗水，在徐州。

［四］桓山：山名，下临泗水。

［五］戴日祥：道士。雷氏之琴：唐代蜀中雷士所制之琴。

［六］《履霜》：琴曲名。见前"范仲淹"条注释。

评析：

苏轼《戴道士得四字代作》云："少小家江南，寄迹方外士。"可知戴日祥为江南人。

贾善翔

蓬州道士贾善翔，字鸿举[一]，能剧谈[二]，善琴嗜酒，士大夫喜与之游。东坡尝过之[三]。

《苕溪渔隐丛话》后集卷三七

注释：

［一］贾善翔：字鸿举，蓬州（今四川蓬安）道士。

[二] 剧谈：畅谈。

[三] 过：拜访。

评析：

《宋史·艺文志》记载贾善翔有《高道传》十卷。

僧居月

僧居月著《琴曲谱录》[一]。

《说郛》卷一百

注释：

[一] 僧居月：生平不详，宋代琴僧。

评析：

《琴曲谱录》收录琴曲按照时间顺序分为上古琴弄、中古琴弄、下古琴弄，部分琴曲标注作者。另外，据《千顷堂书目》，僧居月又有《琴书类集》一卷。

崔闲

庐山玉涧道人崔闲[一]，特妙于琴。

《醉翁操序》

注释：

[一] 崔闲：字诚老，自号玉涧道人，星子（今江西庐山）人。

评析：

据《永乐大典》卷二七四一引《南康志》："（崔闲）自少读书，不务进取，襟怀清旷，平日以琴自娱。始游京师，士大夫见其风表，莫不倒屣。后倦游复归，乃结庐于玉涧两山之间，号'睡足庵'。自谓'玉涧道人'。"

苏轼《记游定惠院》也记载了崔闲弹奏雷琴事。

杨世昌

仆谪居黄冈[一]，绵竹武都山道士杨世昌子京[二]，自庐山来过余。其人善画山水，能鼓琴。

《苏轼文集·佚文汇编》卷六《帖赠杨世昌二首》

注释：

［一］谪居黄冈：苏轼在元丰二年（公元1079年）因"乌台诗案"被贬谪到黄州（今湖北黄冈）为团练副使。

［二］杨世昌：字子京，绵竹武都山（今四川绵竹）道士。

评析：

苏轼《前赤壁赋》中"客有吹洞箫者"，有人指出，这个"客"就是杨世昌。《逸老堂诗话》："吴文定诗：'西飞孤鹤记何详，有客吹箫杨世昌。当日赋成谁与注，数行石刻旧曾藏。'世昌，绵竹道士，与东坡同游赤壁，赋所谓'客有吹洞箫者'，即其人也。微文定表而出之，世昌几无闻矣。"

赵宗有

太平宫道士赵宗有[一]，抱琴见送至寺[二]，作《鹿鸣》之引乃去[三]。

《苏轼文集》附录《壬寅二月有诏令郡吏分往属县减决囚禁十三日受命出府至宝鸡虢郿盩厔四县既毕事因朝谒太平宫而宿于南溪溪堂遂并南山而西至楼观大秦寺延生观仙游潭十九日乃归作诗五百言以记凡所经历者寄子由》注

注释：

［一］赵宗有：太平宫道士，善琴。

［二］寺：指大秦寺，在今陕西宝鸡。

［三］《鹿鸣》：琴曲名。

评析：

苏轼在《次韵子由弹琴》诗注中也说到，赵宗有在终南山南溪溪堂弹琴。

苏轼

余家有琴[一]，其面皆作蛇蚹纹[二]，其上池铭云："开元十年造[三]，雅州灵关村[四]。"其下池铭云："雷家记八日合[五]。"不晓其"八日合"为何等语也？

《苏轼文集》卷七十一《家藏雷琴》

注释：

［一］余：苏轼（公元1037年—公元1101年），字子瞻，号东坡居士，世称"苏东坡"，眉州眉山（今四川眉山）人，北宋文学家。

［二］蛇蚹纹：蛇腹纹，古琴断纹，与蛇蜕腹下之纹相似，故称。

［三］开元十年：公元722年，唐玄宗时期。

［四］雅州：今四川雅安。

［五］雷家：指四川雷氏，斫琴名家。

评析：

苏轼曾自己说有三不如人，即吃酒、著棋、唱曲。因此后人多以为苏轼不懂音乐，其实不尽然，他曾为琴曲《醉翁操》《瑶池燕》填词就说明他或多或少是懂一些古琴音乐的。

苏辙

苏轼有《次韵子由弹琴》诗[一]。

《全宋诗》苏轼《次韵子由弹琴》

注释：

［一］子由：苏辙（公元1039年—公元1112年），字子由，晚号颍滨遗老，眉州眉山（今四川眉山）人，苏轼之弟。

评析：

有人说眉山苏氏为古琴世家，三苏除了能诗文，也均善琴。《次韵子由弹琴》是苏辙能琴的一个证据。

刘籍

《琴义》一卷：称野人刘籍撰[一]。

《直斋书录解题》卷十四

注释：

［一］刘籍：生平不详。野人：隐逸者。

评析：

《宋史·艺文志》亦著录刘籍《琴义》。

江大方

江公讳大方，字器博，江氏为信安望族[一]。器博学鼓琴隶书，有能名，精于是技者皆推下之[二]。

《北山集》卷三十三《江器博墓志》

注释：

［一］江大方（公元1044年—公元1120年）：字器博，信安（今浙江衢州）人。望族：有声望的家族。

［二］推下：推让。

评析：

吴则礼《赠江器博》一诗也描述了江大方弹琴事："先生宿昔爱弹琴，不爱越琴爱雷琴。摩挲龟背蛇跗纹，太和款识尤出伦。"

杨姝

李之仪有《好事近》云："与黄鲁直于当涂花园石洞听杨姝弹《履霜操》[一]。"

《全宋词》李之仪《好事近》

注释：

［一］杨姝：当涂（今安徽当涂）妓。黄鲁直：黄庭坚，字鲁直，北宋著名文学家。《履霜操》：琴曲名，见前“范仲淹”条。

评析：

据叶申芗《本事词》：“鲁直（黄庭坚）守当涂时，有小妓杨姝者，善弹琴。” 黄庭坚亦有《好事近·太平州小妓杨姝弹琴送酒》。

江裒

公讳裒字仲举[一]，善鼓琴，棋品甚高，作字有楷法，晚益穷阨[二]，然未尝有不遇之感。

《北山集》卷三十三《江仲举墓志铭》

注释：

［一］公讳裒：江裒（公元1066年—公元1121年），字仲举，开化（今浙江衢州）人。

［二］穷阨：穷困。

评析：

江裒幼年有肺病，然而读书鼓琴不辍，每发病则说：“会当更一世为完人，视此身犹疣赘也。”其人萧散如是。

陈旸

陈旸，字晋之，福州人[一]，著有《乐书》。

《宋史·陈旸》卷四百三十二

注释：

［一］陈旸（公元 1064 年—公元 1128 年）：字晋之，福州（今福建闽清）人。

评析：

《乐书》共二百卷，其中第九十六卷至二百卷，专论律吕本义、乐器、乐章及五礼之用乐者。四库馆臣评其“引据浩博，辨论亦极精审”。《乐书》中“雅部”则专门列出“雅琴”及“七弦琴”。

吴良辅

崇宁元年八月十六日[一]，翰林学士张商英言[二]：“信州司理参军吴良辅善鼓琴[三]，知古乐。”

《宋会要辑稿·乐三》之二四

注释：

［一］崇宁元年：公元 1102 年。

［二］张商英：字天觉，北宋宰相，文学家。

［三］吴良辅：官信州司理参军。

评析：

宋代王应麟《玉海》记载：“协律郎吴良辅集王安石《胡笳十八拍》曲及《元丰行》谱歌六篇，协之音律，附于琴声，为《琴谱》一卷。”

文照大师

刘发有《赠鼓琴文照大师》诗[一]。

《全宋诗》刘发《赠鼓琴文照大师》

注释：

［一］文照大师：居普照寺，北宋琴僧。

评析：

诗云："宝琴何所得，所得甚幽微。聊借丝桐韵，还超智慧机。霜风悲玉轸，江月入珠徽。向此诸缘尽，人间孰是非。"

张损

黄庭坚有《张益老十二琴铭》，题注："损[一]"。

《山谷集》卷十三

注释：

［一］损：张损，字益老。

评析：

张损藏有十二张琴，分别是：涧泉、香林八节、号钟、玉磬、松风、娲簧、南风、舞胎仙、秋思、渔榐、九井璜、天球。苏轼也曾为此十二张琴撰铭。

祖元大师

元符二年闰月初吉[一]，书赠荣州琴师祖元[二]。

《黄庭坚诗集》卷十三《寄题荣州祖元大师此君轩》诗跋

注释：

［一］元符二年：公元 1099 年。初吉：阴历初一。

［二］祖元：荣州（今四川自贡）琴师。

评析：

黄庭坚诗中也提及祖元弹琴事，诗云："王师学琴三十年，响如清夜落涧泉。满堂洗尽筝琶耳，请师停手恐断弦。神人传书道人命，死生贵贱如看镜。晚知直语触憎嫌，深藏幽寺听钟磬。有酒如渑客满门，不可一日无此君。当时手栽数寸碧，声挟风雨今连云。此君倾盖如故旧，骨相奇怪清且秀。程婴杵臼立孤难，伯夷叔齐采薇瘦。霜钟堂上弄秋月，微风入弦此君悦。公家周彦笔如椽，此君语意当能传。"

石汝砺

宋英德石汝砺亦善琴[一]，所言乐律一以琴为准，著《碧落子琴断》一卷。

《广东新语》卷十三

注释：

［一］石汝砺：字介夫，号碧落子，英德（今广东英德）人。

评析：

南宋郑樵《通志》著录为《碧落子断琴》，而清《广东通志》及屈大钧《广东新语》皆作《碧落子琴断》。从时间顺序上来讲，应以郑樵为准。

林抟(附皇甫道士)

林抟字图南，福清人[一]。好鼓琴，尝欲学琴于皇甫道士[二]，道士却之[三]。归至余杭，闻道士死，涕泣呕血不食，曰："此音绝矣！"不远千里返吊之，未入门而恸，时道士实无恙矣，感其意因授以琴法。抟天性豪逸，尝有谒者以琴请，即携出户去，遇可其意者，始为一鼓。徽庙三召入内[四]，为鼓《悲风》一曲[五]，上恶其名，不乐而罢。有《琴谱》三卷。

《八闽通志》卷六十三

注释：

[一] 林抟：字图南（一作冲南），乡人称其为"九峰公"，福清（今福建福清）人。按，明万历、清乾隆《福建通志》皆写作"林搏"。

[二] 皇甫道士：生平不详。

[三] 却：拒绝。

[四] 徽庙：宋徽宗赵佶，见"赵佶"条。

[五] 《悲风》：琴曲名。

评析：

北宋末年，政治昏暗，民怨四起，林抟为徽宗弹奏这首《悲风》，大约有警示之意。而徽宗则自认为当时是太平盛世，因此不喜欢《悲风》这个曲名。后来，林抟将这首琴曲改名为《碎玉》，然而不久北宋也亡国了。

何蘧

蘧字子远[一]，博学多闻，工诗，善鼓琴。

《光绪续浦城县志》卷二十三《文苑》

注释：

［一］蘧字子远：何蘧（公元1077年—公元1145年），字子楚，一字子远，晚号韩青老农，浦城（今福建浦城）人。

评析：

何蘧因章惇、蔡京相继当政，故此隐居不仕，著有《春渚纪闻》十卷。

姚宏

长兄伯声云[一]："昔至渑邑[二]，获一古琴，中题云：'合雅大乐，成文正音。徽弦一泛，山水俱深。雷威斫，欧阳询书。'陕郊处士魏野家藏[三]，后归渑人温氏。予得之，喜而不寐。"

《西溪丛语》卷上

注释：

［一］伯声：姚宏（约公元1100年—公元1146年），字令声，一字伯声，剡川（今浙江嵊州）人。

［二］渑：地名，在今河南。

［三］魏野：见前"魏野"条。

评析：

渑邑古琴为唐代雷威所斫制，琴铭则是欧阳询所写，先为魏野家藏，后归河南温氏，最后为姚宽的兄长姚宏所得。

叶梦得(附吴自然)

吾素不能琴[一]，然心好之，少时尝从信州道士吴自然授指法[二]，亦能为一两弄。怠而弃去[三]，然自是每闻善琴者弹，虽不尽解，未尝不喜也。

《避暑录话》卷下

注释：

[一] 吾：叶梦得（公元1077年—公元1148年），字少蕴，号石林居士，苏州长洲人。宋代文人。

[二] 吴自然：信州（今江西上饶）道士。

[三] 怠：懈怠。

评析：

叶梦得自述少年时随信州道士吴自然学琴，大观（公元1107年至公元1110年）末年，叶梦得遇到玉涧道人崔闲，弹琴歌咏之外，又随其习琴，后来又因为懒惰而放弃。

陈克勤(附陈杰)

陈克勤，福清人[一]，善鼓琴，尤长于诗词。同县人陈杰字希古[二]，尝学琴于林抟[三]，亦有名。

《八闽通志》卷六十三

注释：

[一] 陈克勤：福清（今福建福清）人。

[二] 陈杰：字希古，福清（今福建福清）人。

[三] 林抟：见“林抟”条。

评析：

据明郭万程《宋刘太常传》，陈克勤为僧人，精通兵法。

林虚极

林虚极，漳州人[一]，善鼓琴。早岁出家，籍名天庆观[二]。年三十云游名山。宣和间至京师[三]，时兴七科，虚极中琴科，引御奏琴[四]，称赏。

《福建通志》卷六十

注释：

[一] 林虚极：漳州（今福建漳州）人。

[二] 籍名：列入名册。

[三] 宣和：北宋徽宗年号，公元1119年至公元1125年。

[四] 引御：受召。

评析：

林虚极为道教琴人，曾知神霄观、玉清观、万寿观，号金坛郎。

赵佶(附完颜璟)

琴则雷为第一，向为宣和殿百琴堂称最[一]。遂为章宗御府第一琴[二]，章宗挟之以殉葬，凡十八年复出人间，略无毫发动。今又为诸琴之冠，盖天地间尤物也。

《云烟过眼录》卷四

注释：

［一］宣和殿百琴堂：宋徽宗赵佶所建。赵佶（公元1082年—公元1135年），号宣和主人，宋朝皇帝，书画家。

［二］章宗：金章宗完颜璟（公元1168年—公元1208年），金朝皇帝，虎水（今黑龙江哈尔滨）人。

评析：

唐代雷氏所斫琴，尤为宋人所宝。据《格致镜原》，名琴春雷、玉振、黄鹄秋、混沌等皆属百琴堂。

李觉

李觉[一]，京师人，字民先，自号方平九友。能书、能琴、能占。尝为明节皇后阁掌笺[二]，后流落于广州。

《画继》卷六

注释：

［一］李觉：字民先，自号方平九友，京师（今河南开封）人。

［二］明节皇后（公元1088年—公元1121年）：刘氏，宋徽宗宠妃，追赠皇后。

评析：

李觉长于绘画，擅山水，又擅书法、琴及占卜。

僧净晖(附陈彦和、则全)

钱唐僧净晖，字照旷[一]。学琴于僧则全完仲[二]，遂造精妙，得古人之意。宣和间[三]，久居中都，出入贵人门。尝得一旧琴，修治之，磨去旧漆三数重，隐隐若有字痕。重加磨礲[四]，得古篆“霜镛”二字，黄金填之，字画劲妙有法。中官陈彦和[五]，以七百千得之。别为马价珠为徽[六]，白玉为轸，修成，弹之清越，声压数琴，非雷氏未易臻此也[七]。

《墨庄漫录》卷四

注释：

［一］僧净晖：字照旷，钱唐（今浙江杭州）僧。

［二］则全：北宋琴僧。完仲：一作完全，未知孰是。

［三］宣和间：宋徽宗公元1119年至公元1125年间。

［四］磨礲：磨治。

［五］陈彦和：宦官。

［六］马价珠：一种翠色的宝珠。

［七］臻：达到。

评析：

净晖学琴于则全和尚，其琴名“霜镛”，后为陈彦和购得，失于靖康年间兵乱。

另外，根据《春渚纪闻》卷八，照旷于政和五年（公元1115年）在浙江乌镇弹奏琴曲《广陵散》。

吴元

顺图萧散风度[一]，雅意翰墨，蓄法书、名画甚富，烹茶焚香，吟诗弹琴而已。

《墨庄漫录》卷五

注释：

［一］顺图：吴元，字顺图，临川（今江西抚州）人。萧散：潇洒。

评析：

吴元是张邦基的舅父，喜欢收藏名家书法及绘画，又好弹琴吟诗，而不擅长治产业。

江参

东溪赟上人尝与其徒月夜登阁，听江贯道鼓琴[一]，贯道信手抚弦，曲尽其妙，于是据琴而匆弹，坐客皆自失，莫不超然得意于丝桐之表。

《研北杂志》卷上

注释：

［一］江贯道：江参，字贯道，衢州（今浙江衢县）人，居湖州（今浙江吴兴）霅川。

评析：

江参为南宋著名画家，形貌清癯，嗜茶。

陆贺

先君晚岁[一]，优游觞咏，从容琴弈，裕然无穷匮之忧[二]。

《陆九渊集》卷二十八《陆修职墓表》

注释：

［一］先君：陆九渊的父亲陆贺（公元1086年—公元1162年），字道乡，抚州金溪（今江西金溪）人。

［二］裕然：丰足。穷匮：匮乏。

评析：

《宋元学案》评价陆贺说：生有异禀，端重不伐。究心典籍，见于躬行。

解嵩（附赵公瀚）

有解嵩者罢守宜州[一]，道由所治[二]，公瀚知其家有雷琴[三]，可直千金，乃馆嵩于本司，未几嵩病死[四]，遂取其琴及名画数十轴，并酬以百千。其家怨泣不敢言。

《宋会要辑稿》职官七二

注释：

［一］解嵩：曾知宜州，余事不详。

［二］由：经过。

［三］公瀚：赵公瀚，曾任广南东路运判。

［四］未几：没过多久。

评析：

解嵩从宜州罢归，路经赵公瀚辖地，赵公瀚知道解嵩家藏价值千金的雷琴，因此曲意款待。待解嵩死后，赵公瀚即强取其雷琴及名画。赵公瀚后来因此降官放罢。

苟以道

《琴筌》十卷：皇朝苟以道撰[一]。记造琴法、弹琴诀并谱。

《郡斋读书志》卷二

注释：

［一］荀以道：生平不详。

评析：

宋荀以道著《琴荃》一书，内容包含造琴法、弹琴诀及琴谱。

朱淑真

朱淑真《夏夜弹琴》[一]：夜久万籁息，琴声愈幽寂。接引到清江，岩泉溜寒滴。

《朱淑真集注》外编卷二

注释：

［一］朱淑真：约生于公元 1079 年—公元 1080 年间，约卒于公元 1131 年—公元 1133 年间。自号幽栖居士，浙江钱塘（今浙江杭州）人。

评析：

除了这首诗之外，朱淑真其他诗歌也多自述弹琴事，如“抚琴闲弄曲，静坐理商宫”（《小阁秋日咏雨》），“诗诵《南陔》句，琴歌《陟岵》音”（《寄大人》）等，可知其擅于弹琴。

赵见独

王之道《石州慢》词下注云：和赵见独书事[一]，见独善鼓琴。

《全宋词》王之道《石州慢》

注释：

[一] 赵见独：南宋诗人。王之道又有《菩萨蛮·和赵见独佳人睡起》。李弥逊有《跋赵见独诗后》。

评析：

词云："天迥楼高，日长院静，琴声幽咽。昵昵恩情，切切言语，似伤离别。子期何处，漫高山流水，又逐新声彻。彷佛江上移舟，听琵琶凄切。"

李执柔

李巽伯云[一]：先公得雷威琴[二]，钱氏物也。中题云："峄阳孙枝[三]，匠成雅器。一听秋堂，三月忘味。"故号忘味云。为当代第一。

《西溪丛语》卷上

注释：

[一] 李巽伯：李处权（？—公元1155年），字巽伯，自号崧庵惰夫，洛阳（今河南洛阳）人。

[二] 先公：李处权的父亲李执柔，号莱阳，生卒年不详。

[三] 峄阳：峄山之阳。《尚书·禹贡》曰："峄阳孤桐。"传："孤，特也。峄山之阳，特生桐，中琴瑟。"后因以峄阳作琴的别名。

评析：

《西溪丛语》记载了不少唐宋时期的名琴，李家的"忘味琴"被认为是当世第一。

董正工

世宝雷琴，乡人董时亮蓄一琴[一]，以为雷氏旧物。予尝见之[二]，顾莫能辨也。绍兴中，偶一部使者闻之，因愿得以供上方[三]。时亮未许，则借观而固留之，以白金五百两为谢，即日以献，内府辨之曰："琴古且异，以为雷琴则欺矣。"却不纳[四]。献者念费之博，返琴而索银，更谓时亮曰："倘以为无虚辱[五]，则请留百金。"时亮闻之，喜曰："以琴归我，正所欲也，银何用之。"尽举而复之，封识尚存[六]，闻者莫不叹服。时亮名正工，官至朝议大夫，而家无生理[七]，后其子仕岭表死，不知琴今归谁氏。

《独醒杂志》卷三

注释：

［一］董时亮：董正工，庐陵（今江西吉安）人，与曾敏行同乡。

［二］予：曾敏行（公元1118年—公元1175年），字达臣，号独醒道人，南宋庐陵吉水（今江西吉水）人。

［三］上方：同"尚方"，官署名，主管制造、储藏、供应帝王及皇宫中所用刀剑、衣食及日用玩好等器物。

［四］却：退还。

［五］虚辱：空承美意。

［六］封识：封缄标记。

［七］生理：产业，财富。

评析：

董正工藏有一张琴，自以为是雷琴。曾敏行见过此琴，但难以辨别是否为雷琴。偶有某部使者以白金五百两为酬谢，将其献给宫廷内府，但内府以为此琴并非雷琴，并退还。使者遂将琴返还董正工，并且索要之前的银子。董正工大喜："我所想的正是归还此琴，要钱何用？"之后全部退还，封缄标记尚在。董正工之子死后，此琴也不知下落。

黄振

琴师黄震，后易名黄振[一]，以琴召入，思陵悦其音[二]，命待诏御前，日给黄金一两。后黄教子乃以他艺，人曰："尔子不足进于琴耶？"黄喟然叹曰："几年几世，又遇这一个官家[三]。"

《四朝闻见录》乙集《黄振以琴被遇》

注释：

[一]黄振：初名黄震，后改名黄振，宋高宗时鼓琴待诏。

[二]思陵：宋高宗赵构（公元1107年—公元1187年），葬于会稽（今浙江绍兴）之永思陵，故称"思陵"。

[三]官家：对皇帝的称呼。

评析：

因为喜欢黄振弹琴，宋高宗每天赐给他一两黄金。黄振却教他儿子别的技艺，别人问原因，黄振叹息说："要多少年才能遇到这样一个皇帝！"可以说，黄振是受到了宋高宗的知遇。

赵不怠

杨万里诗题云：和赵彦德旅怀[一]，是夕渠诵诗鼓琴[二]。

《杨万里集校笺》卷二

注释：

[一]赵彦德：赵不怠，字彦德。《三朝北盟会编》："宗室朝奉郎知河内县赵士传、承直郎司士曹事赵公誉、忠训郎监酒赵不怠。"当即此人。

[二]渠：他。

评析：

诗云：“客间眼暗可逢人，公子诗琴却有神。频掉乌纱知得句，快挥绿绮更留尘。飘零不问今何夕，邂逅相欢意便亲。作许生涯浑不恶，只愁我辈转须贫。”

郭汉卿

杨万里有《寄题郭汉卿琴堂》诗[一]。

《杨万里集校笺》卷二

注释：

[一] 郭汉卿：生平不详。

评析：

诗云：“著眼飞鸿外，攲巾韵磬边。半忘今古操，岂校有无弦？自适何须妙，能听也则贤。如何划然里，犹露祖生鞭。”

刘讷

刘敏叔得一古琴[一]，携来示予。是夕，霜月入帘，寒欲堕指。为予作《流水》《高山》[二]，申之以《易水》[三]，终之以《醉翁》[四]。咏其声清激，若出金石，听者耸毛酸骨。予命之曰“递钟”云[五]。

《杨万里集校笺》卷八三《递钟小序》

注释：

[一] 刘讷：字敏叔，吉水（今江西吉水）人。擅画，工写真及人物。

[二]《流水》《高山》：皆为琴曲名。

[三] 申：重复。《易水》：琴曲《易水歌》，一作《渡易水》，写荆轲事。

[四]《醉翁》：《醉翁操》，琴曲名，见前“沈遵”条。

[五] 递钟：琴名。

评析：

刘讷得到的古琴因为声音清亮激昂，有如金石之声，因此杨万里为其命名为“递钟”。

赵彦安

伊南田户店筼筜谷隐士赵彦安获一琴[一]，断文奇古，真蛇蚹也[二]，声韵雄远。中题云“雾中山”三字，人莫晓也。后得《蜀郡草堂闲话》，中载云“雷氏斫琴，多在峨眉、无为、雾中三山[三]”，方知为雷琴矣。

《西溪丛语》卷上

注释：

[一] 赵彦安：河南筼筜谷隐士。伊：伊水，在今河南。

[二] 断文奇古，真蛇蚹也：谓此琴断纹为蛇腹，见前“王进叔”条。

[三] 峨眉、无为、雾中：三山均在四川境内。

评析：

筼筜谷隐士赵彦安所收藏的琴为雷琴，声音雄远。由《西溪丛语》，宋人喜藏琴，尤其是雷琴。

詹温之

刘子翚有《听詹温之弹琴歌》[一]。

《全宋诗》刘子翚有《听詹温之弹琴歌》

注释：

[一] 詹温之：生平未详。

评析：

诗云："鸣琴艺精非小道，可惜温之今已老。玲琅一鼓万象春，铁面霜髯不枯槁。自言寡知音，求我为作歌。号宫韵角可听不可状，锦肠绣舌空吟哦。吾意其一气之浊清，两曜之晦明。山河之结融，雷霆风雨之震惊。包罗具七弦，开阖造化由人心。又疑夫尧禹之躬行，丘轲之立言。瞿聃之同归，百家诸子之纷然。更历千万古，此意不灭丝桐间。涤除浮虑清，荡摩愁襟开。琴之气象广莫有如此，欲媚俗耳知难哉。寒缸烧涸夜向阑，罢琴归矣我欲眠。梦跨冰轮出瑶海，一笑碌碌瀛洲仙。"

陆九渊

先生偶过梭山[一]，方鼓琴，捷吏至[二]，曲终而后问之，再鼓一曲乃归。

《陆九渊集》卷三十六《年谱》

注释：

[一] 先生：陆九渊（公元1139年—公元1193年），字子静，世称存斋先生，学者称陆象山，抚州金溪（今江西金溪）人，陆王心学的代表人物。梭山：陆九韶（公元1128年—公元1205年），字子美，号梭山居士，陆九渊之兄。

[二] 捷吏：报捷的官吏。

评析：

陆九渊二十四岁参加科举考试之后，拜访其兄陆九韶，正弹琴的时候，报捷的官吏到门，陆九渊直到一曲终了才问结果，为第四名，之后又鼓琴一曲。由此可以看出陆九渊的为人。

妙能

妙能大师[一]，善鼓琴。

《客亭类稿》卷七《悼琴僧》

注释：

[一] 妙能大师：宋代琴僧。

评析：

杨冠卿在《悼琴僧》中说："师进此道殆匪一日，神交古人于千载之上。"

胡与可

黄子由尚书夫人胡氏与可[一]，俊敏强记[二]，经史诸书略能成诵。善笔札，时作诗文亦可观。于琴弈写竹等艺尤精，自号惠斋居士，时人比之李易安云[三]。

《齐东野语》卷十

注释：

[一] 胡氏与可：胡与可，自号惠斋居士，吴地（在今江浙一带）人。

［二］俊敏：聪敏。强记：记忆力强。

［三］李易安：李清照，号易安居士，宋代女词人。

评析：

胡与可是黄晋臣的女儿，黄由的妻子，其人博闻强记，擅长琴棋书画，时人将其比作李清照，可见其才华之高。

周监务妻

李漳《满江红》词下注云：周监务生日，妻善鼓琴[一]。

《全宋词》李漳《满江红》

注释：

［一］妻：周监务妻，生平不详。

评析：

词云："雨歇前林，薰风度、琴声清淑。绮窗迥、张眉初扫，弄弦鸣玉。三叠瑶池仙侣宴，九江鹤唳清江曲。政伯鸾、此日梦维熊，祥烟馥。金徽外，音时续。雕筵上，听难足。且相将一醉，满倾醽醁。共祝遐龄何所似，水流不尽高山矗。算未应、归去抱琴书，云间宿。"

黄铢

黄铢字子厚，崇安人[一]。尤喜琴书，隶法甚古，得魏晋以前笔意。

《八闽通志》卷六十五

注释：

［一］黄铢（公元 1131 年—公元 1199 年）：字子厚，号谷城，崇安（今福建崇安）人。

评析：

黄铢曾师事刘子翚，与朱熹为友。朱熹《黄子厚琴铭》记载黄铢琴名“纯古”。

朱熹

朱熹著有《琴律说》一篇[一]。

《晦庵集》卷六十六

注释：

［一］朱熹（公元 1130 年—公元 1200 年）：字元晦，又字仲晦，号晦庵，晚称晦翁，谥文，世称朱文公。祖籍徽州府婺源（今江西婺源），出生于南剑州尤溪（今福建尤溪）。

评析：

《琴律说》是朱熹琴律学的代表作，其中最受人关注的是定律和调弦两部分。除此之外，朱熹在书信答问中也多涉及琴学，如《答蔡季通》《答廖子晦》《答吴元士》等。

苏绍成

苏绍成，德化人[一]。朱文公尝造其庐[二]，书“廉静”二字与之，且铭其琴。

《全闽诗话》卷四

注释：

［一］苏绍成：德化（今福建德化）人。

［二］朱文公：朱熹。

评析：

朱熹琴铭曰："养君中和之正性，禁尔忿欲之邪心。乾坤无言物有则，我独与子钩其深。"

曾机

居士讳机，字伯虞，姓曾氏[一]。其先金陵人，五季自宜春徙吉之吉水[二]。所居正对玉笥诸峰，每弦琴觞酒，卧兴揖之曰[三]："清风招我，明月呼我，诸峰友我，尚应接不暇，而暇问槐花之黄否乎[四]？"

《杨万里集校笺》卷一三一《静庵居士曾君墓志铭》

注释：

［一］曾氏：曾机（公元1137年—公元1200年），字伯虞，号静庵居士，吉水（今江西吉水）人。

［二］五季：五代。

［三］兴：起。

［四］槐花之黄：槐花黄的季节正是举子忙于科举考试的时候。此处喻指曾机无心于功名利禄。

评析：

曾机幼年读书曾废寝忘食，工诗文，诗风幽淡。

斛僖

斛使君讳僖[一]，字公和，一字宗鲁，其先河北。后家开封，今寓庐陵。性本冲素[二]，不事华靡。暇则读书，或鸣琴弈棋，虽家人子莫见喜怒。

《杨万里集校笺》卷一三二《宋故朝请郎贺州斛使君墓铭》

注释：

［一］斛使君讳僖：斛僖（公元1141年—公元1202年），字公和，一字宗鲁。其先河北，后家开封（今河南开封），今寓庐陵（江西吉安）。

［二］冲素：冲淡纯朴。

评析：

斛僖本姓胡，到宋仁宗时，四世祖胡安石为避祸改姓斛。斛僖为官有善声。

潘柽[一]

许及之有《听转庵弹琴》诗。又有《听德久弹秋思》诗。

《全宋诗》许及之《听转庵弹琴》

注释：

［一］潘柽（？—约公元1206年）：字德久，号转庵，永嘉（今浙江温州）人。

评析：

诗云："竞春人去客苔侵，喜对安仁理玉琴。百尺游丝非助我，一声啼鴂是知音。湘桃作意红兼白，碧柳随宜浅更深。昨日胭脂今日雪，可怜墙角两来禽。"

陆槱之

槱之者，乃梭山兄之子[一]，博通经史，射御笔札皆绝出等夷[二]，琴尤高，平时业此者，皆在下风。

《陆九渊集》卷十一《与丰宅之》

注释：

［一］槱之者：陆槱之，陆九韶之子，抚州金溪（今江西金溪）人。梭山：见前“陆九渊”条。

［二］等夷：同辈。

评析：

陆槱之质性纯雅，琴技尤高，惜其二十六岁无疾而逝。

黄仲立

徐照有《夜听黄仲立弹广陵》诗[一]。

《全宋诗》徐照《夜听黄仲立弹广陵》

注释：

［一］黄仲立：生平不详。

评析：

诗云：“月色照君琴，移床出木阴。数声广陵水，一片古人心。投剑功无补，冲冠怒亦深。踪能清客耳，还是乱时音。”

张镃

张约斋性喜延山林湖海之士[一]。一日午时数杯后，命左右作“银丝供”，且戒之曰：“调和教好，又要有真味。”众客谓：必鲙也。良久，出琴一张，请琴师弹《离骚》一曲，众便知“银丝”乃琴弦也。“调和教好”乃调和琴也，“又要有真味”，盖取渊明“琴书中有真味”之意也。

《山家清供》卷上

注释：

［一］张约斋：张镃（公元1153年—约公元1221年），字功甫，号约斋，先世成纪（今甘肃天水）人，寓居临安（今浙江杭州），南宋文学家。

评析：

张镃出身显赫，《西湖游览志》记载“其园池声妓服玩之丽甲天下”，又说他曾经在悬铁索于四棵古松之上，每当风清月明之际与客登梯而上，飘摇云表，有挟飞仙溯紫清之感，当真是有才又有财。

吴炎

公讳炎[一]，虽老，岁时家祭盥奠必躬，与亲朋为真率集，以觞咏琴弈自娱。

《刘克庄集笺校》卷一五四《太学博士吴公》

注释：

［一］公讳炎：吴炎（公元1153年—公元1221年），字济之，邵武（今福建邵武）人。

评析：

吴炎知兴化军（今福建莆田），曾经命乐工按照古《鹿鸣》乐谱演奏。

姜夔

姜夔诗格高秀[一]，迥出一时[二]，词亦华妙精深。尤娴于音律，故于九歌皆注律吕，琴曲亦注指法，自制诸曲皆注节拍于旁。

《四库全书简明目录》卷二十《白石道人歌曲》

注释：

［一］姜夔（公元1154年—公元1221年）：字尧章，号白石道人，饶州鄱阳（今江西鄱阳）人。南宋文学家、音乐家。

［二］迥出：高出。

评析：

姜夔是个标准的才子，精通音律，擅长书法，又工诗词。琴界最关注的，一是现存最早的姜夔所作琴歌《古怨》；二是姜夔的《琴瑟考古图》。《琴瑟考古图》总结了南宋时期的古琴宫调，同时分琴为三准，每弦各具三十六声，分五、七、九弦琴，各述转弦合调图。

颜直之

颜直之，字方叔，长洲人[一]。生而端厚，颖悟异常，好读书。靡不涉猎。自号乐闲居士，作退静斋，槃婆其间[二]，幅巾危坐，焚香抚琴，意泊如也[三]。

《吴中旧事》

注释：

［一］颜直之：字方叔，自号乐闲居士，长洲（今江苏苏州）人。

［二］槃婆：往来，停留。

[三] 泊如：恬淡。

评析：

颜直之是宋代医家，常以药石治病救人。

赵竑

竑好鼓琴[一]，丞相史弥远买美人善琴者[二]，纳诸御，而厚廪其家[三]，使美人瞷竑[四]，动息必以告[五]。美人知书慧黠，竑嬖之[六]。

《宋史·宗室传·镇王竑》卷二百四十二

注释：

[一] 竑：赵竑（？—公元1225年），宋太祖四子秦王赵德芳的九世孙，封镇王，谥昭肃。

[二] 史弥远：南宋宁宗、理宗时期的权臣、宰相。

[三] 厚廪：厚赐。

[四] 瞷：窥视，监视。

[五] 动息：动静，消息。

[六] 嬖：宠爱。

评析：

史弥远以善鼓琴美人为内应，监视赵竑的一静一动。赵竑曾指着宫里的一张地图上的琼崖州（今海南）说："我日后如得志（登基），就把史弥远安置到这里。"因此得罪了史弥远，最后被逼自缢。

张辑

张辑《忆萝月》词下注云[一]：客盱江[二]，秋夜鼓琴，思故山作。

《全宋词》张辑《忆萝月》

注释：

［一］张辑：生卒年不详，字瑞宗，号东泽，鄱阳（今江西鄱阳）人。

［二］盱江：汝水，在今江西省境内。

评析：

词云："新凉窗户。闲对琴言语。弹到无人知得处。两袖五湖烟雨。坐中斗转参横。珠躔碎落瑶觥。忆着故山萝月，今宵应为谁明。"

吴琚

《佩楚轩客谈》：吴琚节使蓄雷琴[一]，号"九霄环佩"。

《宋诗纪事》卷五十六

注释：

［一］吴琚：字居父，号云壑，谥忠惠，汴（今河南开封）人。节使：吴琚于庆元二年以镇安节度使留守建康，嘉泰二年（公元 1202 年）迁少保。

评析：

吴琚是宋高宗吴皇后的侄子，琴名"九霄环佩"。

赵彦倸

公讳彦倸，字简叔，闽人[一]。诗律琴趣妙一世，尤工草圣。尝摄潭帅，所入仅五百千，贻书其子曰[二]：“尽以此得一小金徽矣。”小金徽者，唐李勉古琴之号也[三]。

《刘克庄集笺校》卷一六九《秘阁东岩赵公》

注释：

［一］公讳彦倸：赵彦倸，约卒于端平年间（公元1234年至公元1236年），字简叔，闽（今福建）人。

［二］贻书其子：写信给他的儿子。

［三］李勉：见前“李勉”条。

评析：

赵彦倸愿用所有俸禄换取一张“小金徽”琴，可见其痴。

浮玉道士

洪咨夔有《浮玉道士琴》诗[一]。

《平斋文集》卷五《浮玉道士琴》

注释：

［一］浮玉道士：生平不详。

评析：

诗云：“老蟾亭午潭澄阴，雄虬怒吼雌虬吟。空岩纳息耳应心，写之以神寓之音。大音激越风振林，细音窈眇云起岑。天机不动天和深，非亏非成非古今。博山一点蓬莱沉。”

刘发云

魏了翁有《赠造琴道士刘发云刘亦解致雷》诗[一]。

《重校鹤山先生大全文集》卷五

注释：

［一］刘发云：宋代斫琴道士。

评析：

诗云："刘师携琴来，自言有术驱雷霆。闻之辗然笑，人心未动谁为声。阳居阴位阳行逆，日循阳度日数赢。必尝凝聚乃奋击，不有降施讹诈升腾。刘师携琴来，为我鼓，一再行。若知雷霆起处起，便知音是人心生。"

孙惟信

孙惟信字季蕃[一]，仕宋，光宗时，弃官隐西湖。工为长短句，好艺花卉，自号花翁。家徒壁立，无旦夕之储，弹琴读书晏如也。

《西湖游览志》卷八

注释：

［一］孙惟信（公元1179年—公元1243年）：字季蕃，号花翁，开封（今河南开封）人。

评析：

据刘克庄《孙花翁墓志》，孙惟信"长身缊袍，意度疏旷"，见到他的人都以为他是侠客异人。家贫而弹琴读书，颇有颜回"一箪食，一瓢饮"的意味。

赵昀

西僧杨琏真珈发宋陵[一]，理宗陵得伏虎枕[二]，穿云琴，金猫睛为徽，龙肝石为轸[三]。

《宋人轶事汇编》卷三

注释：

［一］杨琏真珈：元朝江南释教都总统，掌江南佛教。西僧杨琏真珈发宋陵：指公元1278年杨琏真珈盗掘宋朝诸皇帝、皇后陵寝、公侯卿相坟墓，共计一百零一所。

［二］理宗：赵昀（公元1205年—公元1264年），南宋皇帝。伏虎枕：据说是以七宝和成伏虎之状。

［三］穿云琴：以金猫睛为徽，龙肝石为轸，传为唐宫故物。

评析：

据记载，杨琏真珈盗掘了宋徽宗、宋高宗、宋光宗、宋理宗、宋度宗等皇陵，窃取陵中宝藏，随意丢弃尸骨于荒野之中。穿云琴就是在这次盗掘中被发现的。

严蕊

天台营妓严蕊字幼芳[一]，善琴弈、歌舞、丝竹、书画，色艺冠一时。间作诗词，有新语，颇通古今。

《齐东野语》卷二十《台妓严蕊》

注释：

［一］严蕊：字幼芳，南宋初天台（今浙江天台）营妓。

评析：

严蕊有才思，能为诗词。岳霖任提点刑狱时释放严蕊，并问其归宿，严蕊作《卜算子》：

“不是爱风尘，似被前缘误。花落花开自有时，总赖东君主。去也终须去，住也如何住！若得山花插满头，莫问奴归处。”岳霖判其从良，后被宋宗室纳为妾。

叶潘

刘克庄《和长溪叶潘投赠韵》题下注云：“工琴诗书画”[一]。

《刘克庄集笺校》卷三五《和长溪叶潘投赠韵》

注释：

[一] 叶潘：长溪（今福建福州）人，生平不详。

评析：

诗中说：“琴古无阶登舜殿，诗穷作客老羌村。”能琴却无缘登上朝堂，工诗而终老羌村（杜甫有《羌村三首》），说明叶潘其人仕途困顿，时耶？命耶？

章捻

翁博极群书[一]，有易学，秋赋危中鹄者屡矣[二]，而辄失之，遂弃场屋[三]，以琴诗自娱。

《刘克庄集笺校》卷九七《晚觉翁稿》

注释：

[一] 翁：章捻，字林伯，号晚觉翁，莆田（今福建莆田）人。博极：博通。

[二] 秋赋：秋贡。中鹄：喻及第。

［三］场屋：科场。

评析：

因屡次不中，章捻最后放弃科考，以琴诗自娱。

陈康延

葛长庚有《满江红·听陈元举琴》[一]。

《全宋词》葛长庚《满江红》

注释：

［一］陈元举：据《广东通志》："陈康延字符举，南海人。力学自奋，绍兴庚辰（公元1160年）进士。"

评析：

词云："树色冥濛，山烟暮、鸟归日落。凭阑处、眼空宇宙，心游碧落。古往今来天地里，人间那有扬州鹤。幸而今、天付与青山，甘寥寞。好花木，多岩壑。得萧散，耐淡泊。把他人比并，我还不错。一曲瑶琴知此意，从前心事都忘却。况新秋、不饮更何时，何时乐。"

杨缵

杨缵，字嗣翁，号守斋，又称紫霞[一]。洞晓律吕，尝自制琴曲二百操。又常云："琴一弦，可以尽曲中诸调。”当广乐合奏[二]，一字之误，公必顾之。故国工乐师，无不叹服，以为近世知音，无出其右者。所度曲，多自制谱，后皆散失。

《浩然斋雅谈》卷下

注释：

[一] 杨缵（约公元1201年—公元1267年）：字嗣翁，一作继翁，号守斋，又号紫霞翁。严陵（今浙江建德）人，居钱塘（今浙江杭州）。

[二] 广乐：盛大之乐。

评析：

杨缵本姓洪，被宁宗恭圣太后的侄子杨石收为养子，遂改姓杨。他是南宋最重要的琴家之一，琴艺为当时一绝，常常与周密、张炎、毛敏仲等人探讨琴理，著有《紫霞洞琴谱》。金启华《周密及其词研究》认为《紫霞洞琴谱》来源于阁谱，可备一说。另外，元代袁桷《琴述赠黄依然》一文详述杨缵琴学渊源，可供参考。

周密《齐东野语》记载杨缵自制数百曲，皆平淡清越。同时又考订百余古曲，将他认定为“郑卫之音”的官谱诸曲删削殆尽。

邵道冲

安人邵氏，名道冲，字用之，武经郎林延龄之室家[一]。延龄仕不进，一闲十三年，邵安之，觞咏琴弈以相娱。

《宝庆四明志》卷九

注释：

[一] 邵氏：邵道冲，字用之，林延龄妻，四明（今浙江宁波）人。安人：古代命妇的一种封号。宋代自朝奉郎以上，其妻封安人。

评析：

邵道冲生而聪敏，知书，其长短句无脂粉气，与林延龄觞咏琴弈。

丁宏庵妾[一]

吴文英《高山流水》题下注云：丁基仲侧室善丝桐赋咏[二]，晓达音吕，备歌舞之妙。

《梦窗词集校笺》

注释：

[一]丁宏庵：丁基仲。

[二]丁基仲侧室：丁宏庵妾，姓周，号得趣居士。侧室：侍妾。丝桐：代指琴，古人削桐为琴，练丝为弦，故称。

评析：

词云："素弦一一起秋风。写柔情、都在春葱。徽外断肠声，霜霄暗落惊鸿。低颦处、翦绿裁红。仙郎伴、新制还赓旧曲，映月帘栊。似名花并蒂，日日醉春浓。吴中。空传有西子，应不解、换徵移宫。兰蕙满襟怀，唾碧总喷花茸。后堂深、想费春工。客愁重、时听蕉寒雨碎，泪湿琼钟。恁风流也称，金屋贮娇慵。"

季静轩

张炎有《声声慢·送琴友季静轩还杭》一词[一]。

《全宋词》张炎《声声慢》

注释：

［一］季静轩：生平不详。

评析：

词云："荷衣消翠，蕙带余香，灯前共语生平。苦竹黄芦，都是梦里游情。西湖几番夜雨，怕如今、冷却鸥盟。倩寄远，见故人说道，杜老飘零。难挽清风飞佩，有相思都在，断柳长汀。此别何如，一笑写入瑶琴。天空水云变色，任愔愔、山鬼愁听。兴未已，更何妨、弹到广陵。"

鱼潜

潜字德昭，姑孰人[一]。所居环堵[二]，扫地焚香，弹琴读书，养鹅鸭百头以给食。

《宋诗纪事》卷七十八

注释：

［一］潜字德昭：鱼潜，字德昭，姑孰（今安徽当涂）人。

［二］环堵：围绕着四堵墙，形容贫穷。

评析：

鱼潜为宋代诗人，为人淡泊，年八十余岁而终。

熊与龢

与龢字天乐，豫章人[一]。性介澹[二]，无妻，不食肉，通经史百氏之书，尤嗜弹琴、草书。

《宋诗纪事》卷七十九

注释：

[一] 与龢字天乐：熊与龢，字天乐，豫章（今江西南昌）人。

[二] 介澹：耿介澹泊。

评析：

熊与龢隐居不仕，布衣草鞋，遨游名山。

王仲元

先生姓王，讳仲元，字清卿，家平阴[一]。尝知阿干县[二]，宪司以简静闻[三]。退食，拥琴书不出，正襟危坐，似与世相忘也。

《全元文》卷七杨奂《锦峰先生墓表》

注释：

[一]先生姓王：王仲元（？—公元1216年），字清卿，元初平阴（今山东平阴县）人。

[二]阿干县：地名，今兰州七里河阿干镇。

[三]简静：简约沉静。

评析：

王仲元与元好问等人交游，以书法著称于世。

武伯英

观州倅武伯英，崞县人[一]。为人多伎巧[二]，山水杂画、斫琴和墨皆极其工。

《全元文》卷一九元好问《云岩诗序》

注释：

［一］武伯英：生年不详，约兴定末（公元1222年）去世，崞县（今山西省原平市）人，生活于元初。观州：地名。大致在今河北沧州东光县。倅：州郡长官的副职。

［二］伎巧：技术。

评析：

武伯英又以诗著称于世，其人喜欢藏书，有万卷楼。

虞汝明

余少好书[一]，复好琴，至老不衰。近尤喜观虞初、夷坚家言[二]，中有琴事。辄命毛先生志之名曰《古琴疏》。始于伏羲，终于六代，凡若干则，以示同好，庶几有博雅君子续而补之，裨其弗逮[三]，非高山流水间一畅事乎？

《说郛》卷一百《古琴疏》

注释：

［一］余：虞汝明，吴郡（今江苏苏州）人。

［二］虞初：虞初为小说家，张衡《西京赋》："小说九百，本自虞初"。夷坚：即宋洪迈所著《夷坚志》，志怪小说集。

［三］裨：弥补。

评析：

虞汝明观看历代小说的时候发现其中有不少关于古琴的记载，于是辑为《古琴疏》，因此，《古琴疏》中的琴人琴事当然也多带有志怪色彩，例如荀季和的龙唇琴，张仲景的古猿、万年二琴，等等。

乔夫人

元好问有《听姨女乔夫人鼓风入松》诗[一]。

《元好问诗编年校注》卷五

注释：

[一] 乔夫人：名张静华，张柔之女，乔琚之妻。《风入松》：琴曲名。

评析：

郝经《张公夫人毛氏墓铭》云："二女，长适乔侯之子琚。幽闲执礼，有母氏风。赋诗弹琴，窈窕物外。"除弹琴赋诗之外，乔夫人还擅长墨竹，刘因《静华张君墨竹诗序》即吟咏其事。

金熙宗(附金世宗、金显宗、卫宗儒)

当熙宗守成之际[一]，惟弄琴为乐而已。琴工卫宗儒者一日鼓琴[二]，不成声。问之故，曰："山后苦寒，手拮据耳。"即赐之貂鼠帐，炽炭其前，使鼓之。世宗好此艺[三]，殊有父风，寝殿外设琴工幕次[四]，鼓至夜分乃罢[五]。尝言："吾非好琴。人主心无所住[六]，则营建、征伐、田猎、宠嬖何所不有[七]？吾以琴系着吾心耳。”一侍从鼓琴东宫，衣着华丽。上以轻浮，敕不得入宫。至显宗[八]，又妙于琴事者也。

《全元文》卷一九元好问《琴辨引》

注释：

［一］熙宗：金熙宗完颜亶（公元1119年—公元1150年），字合剌，女真完颜部人，完颜阿骨打之孙。守成：保持前人的成就和业绩。

［二］卫宗儒：金代琴人，生平不详，据耶律楚材《苗彦实琴谱序》，卫宗儒曾弹奏《广陵散》。

［三］世宗：金世宗即完颜雍，公元1161年至公元1189年在位，女真族。

［四］幕次：临时搭起的帐篷。按，原文为：“寝殿外设琴工幕，次鼓至夜分乃罢。”今据文义改为：“寝殿外设琴工幕次，鼓至夜分乃罢。”

［五］夜分：夜半。

［六］心无所住：佛教用语，即心无所执着。

［七］宠嬖：指得宠的佞幸。

［八］显宗：金显宗完颜允恭（公元1146年—公元1185年），字胡土瓦。

评析：

金代皇帝大多重视汉文化，同时也非常重视音乐，特别是古琴音乐，上述三位皇帝即其代表。

田秀实

田唐卿，九江人[一]，人品高胜，落笔不凡，旦妙于琴事。

《全金元词》蔡松年《念奴娇》

注释：

［一］田唐卿：田秀实，字唐卿，自号雪岩老人，又号东岫种玉翁，九江（今江西九江）人。

评析：

田秀实擅长鼓琴，为金代第一手。又因为喜欢梅花和琴，因此又称“双清道人”。

陈良弼

九日种菊西岩云根石缝[一]，金葩玉蕊遍之。夜置酒前轩花间，列蜜炬[二]，风泉悲鸣，炉香蓊于岩穴[三]。故人陈公辅坐石横琴[四]，萧然有尘外趣，要余作数语[五]，使清音者度之。

《全金元词》蔡松年《相见欢》

注释：

［一］云根：深山云起之处。

［二］蜜炬：蜡炬。蜂采花蜜，酝酿成蜜，其房如脾，谓之蜜脾。蜜脾之为蜡，可以制烛。

［三］蓊：聚集。

［四］陈公辅：陈良弼，字公辅，宛陵（今安徽宣城）人。

［五］要：同“邀”。

评析：

词云：“人如鹄，琴如玉，月如霜。一曲清商人物，两相忘。”

赵质

赵质，字景道[一]，举进士不第，隐居燕城南，教授为业。明昌间[二]，章宗游春水过焉，闻弦诵声，幸其斋舍，见壁间所题诗，讽咏久之，赏其志趣不凡。

《金史·赵质传》卷一百二十七

注释：

[一] 赵质（公元 1118 年—公元 1202 年）：字景道，辽丞相赵思温后裔。

[二] 明昌：金章宗完颜璟年号，公元 1190 年至公元 1196 年。

评析：

金章宗因称赏赵质诗，召其入朝为官，赵质辞去，由此益发可见其人确实志趣不凡。

庄暗香

陈郡庄氏女精于女红[一]，好弄琴，有琴一张，名曰“驻屯”。每弄《梅花曲》，闻者皆云有暗香。人遂籍籍称女曰“庄暗香”[二]，女更以“暗香”名琴。女一日悔曰：“此岂女儿事耶？”遂绝弦不复鼓矣。

《说郛》卷三十一引《真率笔记》

注释：

[一] 庄氏女：人称庄暗香，陈郡（今河南淮阳）人。女红：古称女子从事的纺织、刺绣、缝纫等。

[二] 籍籍：众口喧腾的样子。

评析：

庄氏女琴名“驻屯”，因其擅长弹奏梅花曲，因此人称“庄暗香”，庄氏女也将其琴名改为“暗香”。

翁明远

蔡沆有《赠琴士翁明远》诗[一]。

《全宋诗》蔡沆《赠琴士翁明远》

注释：

[一] 翁明远：生平不详。

评析：

徐鹿卿亦有《赠琴士翁明远并简干教二黄丈》诗，可见翁明远多与文人交游。

萧长夫

三山萧长夫学琴四十年[一]，饥寒流落，困悴无聊[二]，独不肯迁就其声以悦俚耳。嘉定丙子秋[三]，过予大江之东[四]。予与之登钟山，访定林，酌寒泉而拊修竹。长夫忻然[五]，为鼓一再行，雍雍乎其薰风之和[六]，愔愔乎其采兰之幽[七]，跌荡而不流，凄恻而不怨。

《西山先生真文忠公文集》卷二十七《赠萧长夫序》

注释：

[一] 萧长夫：三山（今福建福州）人。

[二] 困悴：贫困愁苦。

[三] 嘉定丙子：公元 1216 年。

[四] 予：真德秀（公元 1178 年—公元 1235 年），号西山，福建浦城人。过：来访。

[五] 忻然：欣然。

[六] 雍雍：和乐貌。

[七] 愔愔：幽深。

评析：

“独不肯迁就其声以悦俚耳”，萧长夫宁愿贫困愁苦，也不以琴技游于公卿之间，一则表明其人品高洁，一则表明其坚持琴乐的“古调”。

邵邦杰

真德秀有《赠邵邦杰》诗[一]，题下自注：邵邦杰妙丝桐之技，又善写神。

《全宋诗》真德秀《赠邵邦杰》

注释：

[一]邵邦杰：生平不详。

评析：

诗云：“五寸管能摹造化，七弦琴解写人心。平生不作麒麟梦，且听高山流水音。”

高生

道士高生[一]，妙琴事，人目为琴高[二]，留予宿者再[三]。

《全元文》卷二四元好问《济南行记》

注释：

[一]高生：生平不详，道士，善琴。

[二]琴高：传说中的仙人，战国时赵人，善弹琴，后于涿水乘鲤成仙，见刘向《列仙传》。

[三]再：数次。

评析：

元好问游济南灵泉庵遇到道士高生，于是我们知道高生擅长弹琴，不仅如此，此文将他与琴高比并，说明他颇有仙风道骨。

李存道

义之，曲沃人[一]。童幼入道，通庄周、列御寇之学[二]，五经、诸子亦所涉猎[三]。妙于琴事，以自娱而已。

《全元文》卷二五元好问《通仙观记》

注释：

[一]义之：李存道，字义之，曲沃（今山西曲沃县）人。

[二]庄周、列御寇：庄子、列子，战国时期道家代表人物。

[三]五经：儒家典籍《诗经》《尚书》《仪礼》《周易》《春秋》。

评析：

或许是同气相求，元好问所见所记的琴人不少，李存道就是其中之一。

释澄徽

师讳澄徽，出于平定和氏[一]。天性简重[二]，且倦于迎接，不二年，遁居大名[三]，闭门却扫[四]，人事都绝。雅善琴道，且于诗律有功，惟以二事自娱。

《全元文》卷二八元好问《徽公塔铭》

注释：

[一] 澄徽（公元 1192 年—公元 1245 年）：平定（今山西阳泉）人，俗姓和。

[二] 简重：庄严持重。

[三] 大名：地名，今河北大名县。

[四] 闭门却扫：谢绝应酬，闭门谢客。

评析：

元好问《徽公塔铭》发现于河南省辉县市白云寺石刻，塔铭中记述了澄徽禅师行状。

宋德方

真人姓宋氏，讳德方，字广道，披云其号也[一]。真人燕处[二]，每以琴书自娱。

《全元文》卷七三商挺《玄都至道崇文明化真人道行之碑》

注释：

[一] 真人姓宋氏：宋德方（公元 1183 年—公元 1247 年），字广道，号披云。莱州掖城（今山东掖县）人。

[二] 燕处：闲居。

评析：

宋德方是金末元初全真道士，是跟随丘处机西行谒见元太祖成吉思汗的十八位弟子之一。

赵希鹄

赵希鹄著《洞天清录》[一]。

影印文渊阁四库全书本《洞天清录》

注释：

[一]赵希鹄：宋宗室，袁州（今江西宜春）人。

评析：

《洞天清录》的内容是鉴别古器物，其中古琴辨三十二条。

罗谦父

道人戴华阳冠[一]，披鹤氅衣，抱琴一张，于明窗净几间，或明月清风之夜，鼓有虞氏之《南风》[二]，赓之以文王、宣父之操[三]。

《全元文》卷八〇王义山《紫霞道人诗序》

注释：

[一]道人：罗谦父，号紫霞道人，罗贡（今江西赣州）人，元初道士。

[二]有虞氏：舜帝。《南风》：琴曲《南风歌》，相传为舜帝所作。见“帝舜”条。

[三]赓：继续；连续。文王、宣父之操：《文王操》，见“师襄”条。

评析：

正可谓“明月、清风、我”。

闵节夫

闵君节夫[一]，士林之秀，善抚琴。书余挟琴一张，鼓有虞氏之《南风》，赓之以文王、宣父之操[二]，一倡三咏之余，清满天地。

《全元文》卷八一王义山《送闵节夫游湖北序》

注释：

［一］闵君节夫：闵节夫，曾任龙兴路教授。

［二］赓：继续；连续。文王、宣父之操：《文王操》，见"师襄"条。

评析：

《大元通制》中记载，闵节夫以琴见知于当路，因此得到龙兴路教授的职务，上任之后，贪污学粮一万余石。龙兴路隶属江西，王义山的《送闵节夫游湖北序》中说："（完颜）公按察江西湖东道，节夫其门客……公遣子师焉。"由此来看，二者为同一人。

陶雪窗

《赠琴士陶雪窗赞》[一]：尔祖渊明，寄兴无弦，弦至于无，玄之又玄[二]。雪窗之琴，所性存焉。中有无声无臭之天[三]。

《全元文》卷八五王义山《赠琴士陶雪窗赞》

注释：

［一］陶雪窗：生平不详。

［二］尔祖渊明，寄兴无弦，弦至于无，玄之又玄：见前"陶渊明"条。

［三］无声无臭之天：化用《诗经·大雅·文王》"上天之载，无声无臭"之句。形容天道、神意幽微玄妙，难以直觉感知。

评析：

陶雪窗之琴颇有陶渊明无弦琴之遗意。

郝震

君讳震，字子阳[一]。弹琴得古遗音，每呻吟俯仰，趋节纡韵，超然若有所得。逢山水佳处，辄为数日留，赋诗弹琴自乐也。一日，过一道院，松竹茂蔽，坐于其下，弹琴而歌，睡鹤十余，惊起鸣舞，珊珊戛戛[二]，终曲乃去，从者咸以为异。

《全元文》卷一三四郝经《先曾叔大父东轩老人墓铭》

注释：

［一］君讳震：郝震，字子阳，自号东轩老人，陵川（今山西晋城陵川）人。

［二］珊珊：飘逸。戛戛：象声词，鸟鸣声。

评析：

郝震是理学家。陵川理学以郝氏家族为首，而郝氏家学，则源自郝震。

李处静

李处静，陵川人[一]，年二十出家。日与方外友弹琴话道，焚香煮茗，诵《周易》《黄庭》《老子》书，究诸家穷理尽性之说。

《全元文》卷三李俊民《重修悟真观记》

注释：

［一］李处静：字德方，陵川（今山西晋城陵川）人。公元1237年于燕京受戒。

评析：

李处静是宋末元初的道士。元初曾举行僧道考试，李处静出任道官。

释行秀

万松索琴并谱[一]，余以承华殿春雷[二]及种玉翁《悲风谱》赠之[三]。

《全元诗》耶律楚材《赠万松老人琴谱诗一首》

注释：

[一] 万松：释行秀，号万松野老。俗姓蔡氏，怀州河内（今河南沁阳）人。

[二] 春雷：琴名。商挺《大都清逸观碑》："金朝有名琴二：曰春雷，曰玉振，皆在承华殿。"

[三] 种玉翁：田秀实，见前"田秀实"条。《悲风谱》：悲风，琴曲名。《白孔六帖》："阳春、白雪、绿水、悲风、幽兰、别鹤、乌夜啼并琴曲名。"按，耶律楚材有"一曲悲风对谱传"之句。

评析：

行秀为金代僧人，善弹琴，耶律楚材从其学佛法。

耶律楚材[一]（附苗秀实、乔扆 乔宇、弭大用、苗兰）

栖岩老人苗公，秀实其名，彦实其字[二]。公善于琴事，为当世第一。尝游于京师士大夫间，皆服其高妙。泰和中[三]，诏天下工于琴者，侍郎乔君举之于朝[四]，公待诏于秘书监。予幼年刻意于琴，初受指于待诏弭大用[五]。每得新谱，必与栖岩商榷妙意，然后弹之。朝廷王公大人邀请栖岩者无虚日，予不得与渠对指传声[六]，每以为恨。壬辰之冬，王师济长河，破潼关，涉京索，围汴梁[七]。予奏之朝廷，索栖岩于南京，得之，达范阳而弃世[八]。其子兰挈遗谱而来[九]，凡四十余曲。予按之，果为绝声，大率署令卫宗儒之所传也[十]。予令录之，以授后世。

《全元文》卷一一耶律楚材《苗彦实琴谱序》

注释：

[一]耶律楚材（公元 1190 年—公元 1244 年）：字晋卿，号玉泉老人，法号湛然居士，辽东丹王突欲八世孙。

[二]栖岩老人苗公：苗秀实（？—公元 1232 年），字彦实，号栖岩，平阳（今山西临汾）人。曾任琴待诏，为金章宗所赏识，著《琴辨》。

[三]泰和：金章宗年号，公元 1201 年至公元 1208 年。

[四]乔君：乔扆，字君章，号莲峰真逸，洪洞（今山西洪洞县）人，通音律，教其子乔宇（字德容）与苗秀实弹琴。

[五]弭大用：生卒年不详，事迹不详，曾为金朝琴待诏，耶律楚材从其学琴。按，《全元文》原文断句为："予幼年刻意于琴，初受指于待诏，弭大用每得新谱。"此处据耶律楚材《冬夜弹琴颇有所得乱道拙语三十韵以遗犹子兰并序》中"余幼年刻意于琴，初受指于弭大用"改为"予幼年刻意于琴，初受指于待诏弭大用"。

[六]渠：他。

[七]辰之冬等句：指公元 1232 年蒙古围攻汴京，金哀宗出逃蔡州的壬辰之变。京索：地名，在今河南荥阳市南部。

[八]达：到达。范阳：地名，今河北涿州市。弃世：死亡。

[九]兰：苗兰，苗秀实之子，耶律楚材有《和琴士苗兰韵》。挈：带。

[十]大率：大致。卫宗儒，见"金熙宗"条。

评析：

梳理这段文字，可以发现几个琴人之间的大致关系。乔扆传授琴与乔德容、苗秀实。耶律楚材最初学琴于弭大用，后又师从苗秀实。苗秀实之子苗兰与耶律楚材多有来往。苗秀实遗留下来的琴谱多为卫宗儒所传。

据耶律楚材《冬夜弹琴颇有所得乱道拙语三十韵以遗犹子兰并序》，苗秀实的琴曲风格“如蜀声之峻急，快人耳目”。而弭大用的琴曲风格则“闲雅平淡”。

郑景贤

景贤爱弹雉朝飞[一]。

《全元诗》耶律楚材《戏景贤》

注释：

[一]景贤：郑景贤（又名师真），号“龙岗居士”，以琴书为娱。雉朝飞操，琴曲名。《乐府诗集·琴曲歌辞》：“一曰《雉朝雊操》。崔豹《古今注》曰：‘《雉朝飞》者，犊沐子所作也。齐宣王时，处士泯宣，年五十无妻。出薪于野，见雉雄雌相随而飞，意动心悲，乃仰天叹大圣在上，恩及草木鸟兽，而我独不获。因援琴而歌，以明自伤。其声中绝。魏武帝时，宫人有卢女者，七岁入汉宫，学鼓琴，特异于余妓，善为新声，能传此曲。’伯牙《琴歌》曰：‘麦秀蕲兮雉朝飞，向虚壑兮背乔槐，依绝区兮临回池。’”

评析：

耶律楚材有几十首赠郑景贤的诗，两人为挚友，据这些赠诗透露出来的信息，郑景贤擅长弹《雉朝飞》《清夜吟》。耶律楚材又曾赠送玉涧、鸣泉二琴给郑景贤。

韩浩然

浩然以升元宝器、玉涧鸣泉二琴见赠[一]。

《全元诗》耶律楚材《和韩浩然》

注释:

[一] 韩浩然:金代琴人,生平不详,是耶律楚材的好友。

评析:

韩浩然和耶律楚材之间有一段有趣的故事,韩浩然曾经得到四床名琴,写诗说要将其中的玉涧、鸣泉二琴送给耶律楚材,耶律楚材很高兴,写诗说:“一双神器波及我,不负分金结义心。”可是韩浩然并没有兑现自己的许诺,而是将玉涧琴赠与了周汉臣,耶律楚材又写《怨浩然》诗埋怨他。

不过,最终耶律楚材似乎还是得到了玉涧、鸣泉,至于是不是从韩浩然那里得来,就不得而知了。

完颜光禄(附张研一、张器之)

嵇叔夜能作《广陵散》[一]。近代大定间汴梁留后完颜光禄者[二],命士人张研一弹之[三],因请中议大夫张崇为谱序[四],崇备叙此事。泰和间[五],待诏张器之亦弹此曲[六],每至《沉思》《峻迹》二篇,缓弹之,节奏支离,未尽其善。独栖岩老人混而为一[七],士大夫服其精妙。其子兰亦得栖岩之遗意焉[八]。

《全元诗》耶律楚材《弹广陵散终日而成因赋诗五十韵并序》

注释:

[一] 嵇叔夜:嵇康,字叔夜,谯郡铚(今安徽宿县)人,三国时期魏国的文学家、琴家。

《广陵散》：琴曲名。

［二］完颜光禄：生平不详，金代皇族，居住在汴梁。大定：金代年号，公元1161年至公元1189年。留后：官职名。

［三］张研一：生平不详，金代琴人。

［四］张崇：生平不详，金人。

［五］泰和：金章宗年号，公元1201年至公元1208年。

［六］张器之：生平不详，金朝琴待诏。

［七］栖岩老人：苗秀实，见前“耶律楚材”条。

［八］兰：苗兰，见前“耶律楚材”条。

评析：

嵇康的《广陵散》传至金代，首先由大定年间的皇族完颜光禄、张崇传谱，张研一弹奏。其后，金代泰定年间，琴待诏张器之也弹此曲，可惜节奏支离，不能尽善。在耶律楚材看来，弹得最好得应当是苗秀实、苗兰父子。这大体也是《广陵散》在金代的流传情况。

周晦叔

周晦叔所宅之左一坡隐然而高[一]，有竹万个，架小轩于翠雾苍雪间，日弹琴读书其下。轩外鸣泉清驶若与弦诵之声相答[二]。

《友林乙稿》

注释：

［一］周晦叔：生平不详。

［二］清驶：水清流疾。

评析：

似乎竹林、鸣泉和琴在古诗词的意境中殊为匹配，颇有种“解佩临清池，抚琴看修竹。此怀谁与同，此乐君所独”的兴味。

尹关[一]

杜门却扫[二]，弹琴学《易》，澹然与世味相忘，若将终身焉者。

《全元文》卷二六五魏初《藁城尹关君哀挽诗序》

注释：

［一］尹关（？—公元1268年）：字子玉，藁城（今河北藁城）人。

［二］杜门却扫：闭门谢客。

评析：

作为汉人的尹关生活在元人统治的北方，拒绝元朝廷的征聘，或许能说明一些问题。

宋珍

公讳珍，字子玉[一]，姿秀伟[二]，有德度[三]，早能诗。日以琴书自娱，教子孙为业，野服高闲[四]。

《全元文》卷一八二王恽《故南塘处士宋工墓志铭》

注释：

［一］公讳珍：宋珍（公元1193年—公元1269年），字子玉，河东（今山西）人。

［二］秀伟：俊秀奇伟。

［三］德度：道德气度。

［四］野服：村野平民服装。高闲：清高闲适。

评析：

宋珍有四子，皆负艺学，其中，三子郑仁祖以琴阮知名，大约是受到其父的影响及教育。

毛敏仲(附徐天民、张岩、郭沔、刘志芳、徐理)

往六十年，钱塘杨司农以雅琴名于时[一]。有客三衢毛敏仲、严陵徐天民[二]，在门下朝夕损益琴理，删润别为一谱[三]，以其所居曰“紫霞”名焉[四]。自渡江来[五]，谱之可考者，曰《阁谱》，曰《江西谱》。

《阁谱》由宋太宗时渐废，至皇祐间复入秘阁。今世所藏金石图画之精善，咸谓阁本，盖皆昔时秘阁所度[六]。而琴有《阁谱》，亦此义也。方《阁谱》行时，别谱存于世良多。至大晟乐府证定[七]，益以《阁谱》为贵，别谱复不得入，其学寖绝[八]。绍兴时[九]，非入阁本者不得待诏。私相传习，媚熟整雅，非有亡蹙愤遽之意[一〇]，而兢兢然国小而弱[一一]，百余年间，盖可见矣。

曰江西者，由阁而加详焉。其声繁以杀，其按抑也，皆别为义例[一二]。秋风巫峡之悲壮[一三]，兰皋洛浦之靓好[一四]，将和而愈怨，欲正而愈反，故凡骚人介士[一五]，皆喜而争慕之，谓不若是不足以名琴也。

方杨氏谱行，时二谱渐废不用。或谓其声与国亡相先后，又谓杨氏无所祖，尤不当习。噫！杨司农匿前人以自彰，故所得谱皆不著本始。其为今世所议，无可言。余尝习司农谱，又数与徐天民还往，知其声非司农所能意创，间以问天民。时天民夸诩犹司农也，谩对焉，终不以悉。余益深疑之，而莫以据。后悉得广陵张氏谱，而加校焉。则蔡氏五弄，司农号为精加紬绎[一六]，皆张氏所载，独杨氏隐抵不述耳[一七]。

按广陵张氏名岩，字肖翁，嘉泰间为参预[一八]。居霅时[一九]，尝谓《阁谱》非雅声。于韩忠献家得古谱[二〇]，复从互市密购[二一]，与韩相合，定为十五卷，将锓于梓[二二]。以预韩氏，边议罢去[二三]，其客永嘉郭楚望独得之[二四]，复别为调曲，然大抵皆依蔡氏声为之者。楚望死，复以授刘志芳[二五]。志芳之传愈尊，而失其祖愈远。天民尝言：杨司农与敏仲少年时亦习江西。一日，敏仲由山中来，始弄楚望商调。司农惊且喜，复以金帛令天民受学志方。故今《紫霞》独言刘、郭，而不言广陵张氏传授，皆杨氏与其客自私之蔽。

越有徐理氏[二六]，与杨同时，有《奥音玉谱》一卷，以进《律鉴琴统》入官。其五弄与杨氏亦无异。晚与杨交，杨亟重之，益知楚汉旧声，非杨氏所作。

《琴述赠黄依然》

注释：

[一] 钱塘杨司农：杨缵，见“杨缵”条。

[二] 毛敏仲：名逊，三衢（今浙江衢州）人。徐天民：名宇，号雪江、瓢翁，严陵（今浙江桐庐）人。淳祐、宝祐年间（公元1241年至公元1258年）与毛敏仲同为杨瓚门客。创作琴曲《樵歌》《观光操》。

[三] 删润：删改润色。

[四] 以其所居曰“紫霞”名焉：将琴谱命名为《紫霞洞谱》。

[五] 渡江：指南渡。

[六] 庋：收藏。

[七] 大晟乐府：北宋时掌管音乐的官署，宋徽宗崇宁年间创立。

[八] 寖：同“浸”，渐渐。

[九] 绍兴：南宋绍兴年间（公元1311年至公元1362年）。

[一〇] 蹙：紧迫。偾：覆没。

[一一] 兢兢：恐惧。

[一二] 义例：阐明义理的事例。

[一三] 秋风：刘向《九叹》中有“秋风浏以萧萧”。巫峡：杜甫《秋兴八首》中有“玉露凋伤枫树林，巫山巫峡气萧森”。

[一四] 兰皋：屈原《离骚》中有“步余马于兰皋兮”。洛浦：张衡《思玄赋》中有“召洛浦之宓妃”。按：秋风巫峡、兰皋洛浦，有琴家认为是四首琴曲，疑非。

[一五] 介士：甲士。

[一六] 紬绎：理出头绪。

[一七] 隐抵：隐瞒抵赖。

[一八] 张岩：字肖翁，大梁人，后徙家扬州。嘉泰：宋宁宗年号，公元1201年至公元1204年。参预：参知政事。

[一九] 霅：地名，即今浙江湖州。

[二〇] 韩忠献：韩琦，谥忠献。此处指的应当是韩侂胄。韩琦为韩侂胄曾祖。

[二一] 互市：民族或国家之间的贸易活动。

[二二] 锓于梓：刻板印刷。

[二三] 以预韩氏，边议罢去：张岩反对议和，支持韩侂胄北伐，韩侂胄被杀之后，张岩也被罢免官职。

[二四] 郭楚望（约公元1189年—公元1262年）：名沔，浙江永嘉人，张岩门客。南宋著名琴师，创作琴曲《潇湘水云》《泛沧浪》《秋鸿》《春雨》等。

[二五] 刘志芳：一作刘志方，浙江天台人。创作有琴曲《吴江吟》《忘机曲》等。

[二六] 徐理：字德玉，号南溪，绍兴萧山（今浙江萧山）人。著有《奥音玉谱》《律鉴琴统》。

评析：

这篇文章介绍了宋元时期阁谱、江西谱、浙谱（《紫霞洞谱》）的流传情况。许健《琴史新编》、章华英《宋代古琴音乐研究》对此都有详细论述。

叶福孙(附徐秋山、叶惟一)

《观光操》者,三衢毛敏仲所作也[一]。至元间,仲偕武林叶兰坡、徐秋山游京师[二]。三人者咸能琴。受知宰执,荐名世祖皇帝[三]。仲以为士之道,莫尚于宾王[四]。先王之化,尤莫尚有虞氏之教[五],故缘徵度声,作是操以应制[六]。比召[七],客死馆舍。兰坡孙惟一弹是操[八]。

《全元诗》王逢《听叶琴师观光操》

注释:

[一]毛敏仲:见“毛敏仲”条。

[二]至元:元世祖忽必烈年号,公元 1264 年至公元 1294 年。叶兰坡:叶福孙,字君爱,号兰坡居士。三山(今福建福州)人,寓居武林(今浙江杭州)。方回有《叶君爱琴诗序》。徐秋山:徐天民之子。琴家。

[三]世祖皇帝:元世祖忽必烈。

[四]宾王:辅助帝王。

[五]有虞氏:指虞舜,见“帝舜”条。

[六]是操:《观光操》,又名《禹会涂山》。应制:应皇帝之命而作。

[七]比:及。

[六]惟一:叶惟一,叶福孙之孙。

评析:

南宋亡国之后,毛敏仲、叶福孙、徐天民游于京师,因善琴得到举荐,毛敏仲作《观光操》准备进献元世祖忽必烈,然而未及召见,毛敏仲即客死馆舍。有人因此不耻毛敏仲向元统治者的投诚行为。也有人为其回护,如《神奇秘谱》就说毛敏仲作此曲是为了“追慕宋德”。但无论如何,毛敏仲是向元代统治者低过头的。

寇靖

君寇氏，讳靖，字唐臣[一]。安勤乐俭，日为琴数弄，读《易》一编，即所居自号“松溪翁”。

《全元文》卷四六七刘因《处士寇君墓表》

注释：

［一］君寇氏：寇靖（公元1195年—公元1274年），字唐臣，自号松溪翁，中山安喜（今河北定县）人。

评析：

寇靖为人淡泊，时常徜徉于山水之间，啸咏自得。

石孝隆

《琴谱》十六卷：新昌石孝隆君大所录[一]。

《直斋书录解题》卷十四

注释：

［一］石孝隆：字君大，新昌（今浙江新昌）人。

评析：

石孝隆生平不详，所录《琴谱》也已亡佚。

宋义甫

宋义甫弹《秋风》："高卷毡帘对明月，秋风一曲入琴弹[一]。"

《全元诗》刘秉忠《宋义甫弹秋风》

注释：

［一］宋义甫：生平不详。

评析：

刘秉忠多有诗赠宋义甫，从其诗中可以看出宋义甫擅长弹琴。《宋义甫弹秋风》诗说的是宋氏弹琴曲《秋风》，而《闻宋义甫对竹引》诗则是听宋义甫弹琴曲《对竹引》。

何修

讳修[一]，幼崎岖兵燹间[二]，既免于难，遂迁蒲坂[三]，负郭得林壑之胜[四]，筑别业居焉，以琴策自虞[五]，终其身。

《全元文》卷一一〇六欧阳玄《河东郡公何公神道碑》

注释：

［一］讳修：何修，生卒年不详，河东（今山西）人。

［二］兵燹：战乱。

［三］蒲坂：今山西蒲州。

［四］负郭：靠近城郭。

［五］自虞：自以为乐。

评析：

何修是何汝丽的祖父，除读书弹琴之外，事迹不详。

叶三友

三友[一]，好善，读书明理，暇则弹琴赋诗，投壶雅歌以自娱[二]。

《全元文》卷五四〇程钜夫《叶隐君墓表》

注释：

［一］三友：叶三友，南剑尤溪（今属福建尤溪）人。

［二］投壶：古代的一种游戏，宾主依次用矢投向盛酒的壶口，以投中多少决胜负，负者饮酒。

评析：

叶三友生活于南宋末年，元兵入侵没多久就去世了。

王遵

公讳遵，字成之，世家平州之迁安县[一]。至元廿一年[二]，上章致仕[三]，日与故交雅士用琴书棋槊相娱乐，序宿好[四]，畅幽情，裕如也[五]。

《全元文》卷一九〇王恽《大元故昭勇大将军北京路总管兼本路诸军奥鲁总管王公神道碑铭》

注释：

［一］公讳遵：王遵（公元 1225 年—公元 1288 年），字成之，平州迁安（今河北迁安县）人。

［二］至元廿一年：公元 1284 年。

［三］致仕：辞官。

［四］宿好：老交情

［五］裕如：自如。

评析：

王遵除琴书棋槊之外，还善养马、鹰隼，有豪贵风度。

石隐禅师

南海石隐禅师合沉檀二木为琴[一]，丝而抚之，其音克谐[二]，有不让于槁梧者[三]。

《全元文》卷二〇〇王恽《香木琴赞并序》

注释：

［一］石隐禅师：生平不详，南海僧人。沉檀：沉木与檀木。

［二］克谐：能和谐。

［三］槁梧：枯老的梧桐树。

评析：

石隐禅师用沉木、檀木制琴，其声琅然，不亚于以桐木为原料的琴，这也是一次有益的尝试。

黄老彭

提举有子真童[一]，读书学诗，鼓琴作字，日益新，愚为之名曰老彭，字述祖。

《全元文》卷二一〇方回《皇甫巨川父年八十八母年八十四诗序》

注释：

［一］提举：黄汝楫，字巨川，本姓皇甫。黄老彭，字述祖，黄汝楫之子，生卒年不详。

评析：

方回自己说，为黄老彭所起的名和字来源于孔子“述而不作，窃比于我老彭”。

吴友梅

吴君精于琴[一]，君之诗其犹琴乎？

《全元文》卷二一六方回《跋吴友梅诗》

注释：

［一］吴君：吴友梅，生平不详。

评析：

方回为吴友梅写的诗序中认为其诗能感人动物，犹如琴声之动人心。

刘子申

子申年甫十五[一]，孤苦艰危，不绝如发，历十余年始克自立[二]，琴一张，书千余卷，屋数楹。孝友愉怡，谨修待定[三]，琴书堂复成，室宇园畴，尽还旧观。

《全元文》卷二二二方回《琴书堂记》

注释：

［一］子申：刘子申，生卒年不详，刘伯证之子。

［二］克：能。

［三］谨修：谓敬慎修习、守持。

评析：

琴书堂本为刘伯证所建，但不幸三次遭火，归于没落，其子刘子申经历十余年，历尽艰辛，最终重建琴书堂。

胡子阳

胡君子阳，方外士也[一]。秋八月自塔峰书院翩然引去，所与友者，一琴二笛而已。

《全元文》卷二四八何梦桂《浮沤集序》

注释：

[一]胡君子阳：胡子阳，生平不详。方外士：多指僧、道。

评析：

胡子阳也能写诗，何梦桂《浮沤集序》就是为他的诗集作的序言。

姚安道

杭人姚安道好种竹[一]，自谓爱竹成癖。癖于竹未瘳[二]，又有诗癖、画癖、琴癖，何其多癖耶！

《全元文》卷二五〇何梦桂《竹境姚子康诗序》

注释：

[一]姚安道：字子康，杭州人。

[二]瘳：病愈。

评析：

琴癖即琴痴。

陈植

陈植，字叔方[一]。少负才气，喜与倜傥之士游，既而折节读书。更世变，以琴书自娱。

《姑苏志》卷五十五

注释：

［一］陈植：字叔方，姑苏（今江苏苏州）人。

评析：

陈植经历了宋元易代的变迁之后，以琴书自娱，元朝廷虽有征召，而皆不赴。

陈琴泉

临川陈琴泉有魁然抱南风之兴[一]，且其江繁浙淡[二]，得之自然，而无弄琴之色，固已默焉出江湖之上。

《全元文》卷二六九刘辰翁《赠琴泉陈生序》

注释：

［一］陈琴泉：生平不详，临川（今江西抚州）人。魁然：卓然。南风：见前“帝舜”条。

［二］江繁浙淡：江西的琴曲风格繁复，而浙江的琴曲风格平淡。

评析：

在刘辰翁看来，陈琴泉的琴曲风格已经接近自然状态。

郝善甫

真人郝姓，字善甫，葭州著族[一]。读书为文，尤妙于琴，专其技者闻其一鼓，不敢自为工也。

《全元文》卷三〇九姚燧《冲虚真人郝公道行碑》

注释：

[一] 真人郝姓：郝善甫（公元1204年—？），号冲虚真人，葭州（陕西佳县）人。

评析：

即便是技艺高超的人听了冲虚真人鼓琴，也不敢说自己擅长此道了，这说明冲虚真人特别擅长弹琴。

商挺[一]

公归东平[二]，日与鲁诸贤为琴咏会。

《全元文》卷七六一元明善《参政商文定公墓碑》

注释：

[一] 商挺（公元1209年—公元1288年）：字孟卿，自号左山老人，曹州济阴（今山东菏泽）人。

[二] 东平：今属山东泰安。

评析：

商挺有诗名，是元代著名散曲家，尤其擅长隶书，与元好问等人交游。

廉希宪

王姓廉氏，讳希宪，字善甫，北庭人[一]。扁所居堂曰“止善”，公退，即与诸儒讲求事君立身大义，评品古今人物、是非得失，焚香鼓琴，夜分乃息[二]。

《全元文》卷七六〇元明善《平章政事廉文正王神道碑》

注释：

[一] 王姓廉氏：廉希宪（公元 1231 年—公元 1280 年），字善甫，高昌畏兀儿族（今译作“维吾尔”）人。

[二] 夜分：夜半。

评析：

《元史·廉希宪》本传亦称其：“囊橐萧然，琴书自随”。

智迁

先生讳迁，字仲可[一]。深明《易》学，屏居一室[二]，焚香鼓琴，世务纷华[三]，翛然不足以动其心[四]。

《全元文》卷一二五五苏天爵《题诸公与智参议先生书启》

注释：

[一] 先生讳迁：智迁，字仲可，生卒年不详。

[二] 屏居：屏客独居。

[三] 纷华：繁华。

[四] 翛然：超脱的样子。

评析：

智迂与窦默（公元1196年—公元1280年）等人为友，廉希宪、商挺曾辟智迂为幕府参谋。关于其弹琴事，除本文记载之外，还有元好问《智仲可月下弹琴图》一诗可以佐证。

章应予

新安章贵安[一]，气概伟然，其文浩荡奇崛，诗又深古多兴托[二]，有苦外之味，而又能琴、能骑、能射。

《全元文》卷二七五刘辰翁《心田记》

注释：

[一] 新安章贵安：章应予（公元1232年—？），字贵安，号心田。

[二] 兴托：寄兴寓意。

评析：

章应予与刘辰翁同年生，且同年登第。

李志椿

公讳志椿，字知常，号和阳子[一]。畅经旨[二]，善琴书。

《全元文》卷一二四〇邓志明《崇德真人之记》

注释：

［一］公讳志椿：李志椿（？—公元1296年），字知常，号和阳子，彭城（今江苏徐州）人。

［二］畅：畅达。

评析：

李志椿是全真教道士，号崇德真人。

杨文郁

公讳文郁，字从周［一］。平生冲澹寡欲［二］，琴书之外无他嗜好。

《全元文》卷二八七李谦《翰林学士杨公神道碑铭》

注释：

［一］公讳文郁：杨文郁（公元1225年—公元1303年），字从周，济阳（今山东济南）人。

［二］冲澹：冲和淡泊。

评析：

杨文郁为人耿直，有《林下集》。

朱遂初(附尹起莘)

道士尹起莘，吾友朱复古之弟子[一]。复古以琴鸣诸公间，莘学琴于复古，将行来别，使之琴，宛然复古也。

《全元文》卷三三一赵文《赠尹道士序》

注释：

［一］朱遂初：字复古，号溪堂。尹起莘：朱复古弟子，道士。

评析：

赵文《疏影》词小序中说："道士朱复古善弹琴，为余言：琴须对拙声。若太巧，即与筝阮无异。"朱复古主张琴声须拙，这正好与身为文人的赵文审美趣味相投合。赵文与朱复古的弟子尹起莘亦有来往。

赵碧澜

《听赵碧澜操琴》："弹来三尺桐，知用几年功。听到希声处，凉生不语中[一]。"

《全元诗》顾逢《听赵碧澜操琴》

注释：

［一］赵碧澜：字右之，吴兴（今浙江湖州）人。

评析：

赵碧澜是宋宗室，至元初，老且贫，与顾逢交游二十余年。戚辅之《佩楚轩客谈》云其琴为"雪夜冰"。

周芝田

周芝田，浙人[一]，浪迹江湖，道冠野服，诗酒谐笑，略无拘检[二]，亦时出小戏以悦人，而不知其能琴与诗也。遇琴则一弹，适兴则吟一二句，而不终篇。

《山房随笔》

注释：

［一］周芝田：浙（今浙江）人。

［二］拘检：拘束。

评析：

周芝田有《琴诗》云："膝上横陈玉一枝，此音惟独此心知。夜深断送鹤先睡，弹到空山月落时。"

陈氏

《陈氏琴铭》[一]：灵音自然，妙在无弦[二]。一已多，何言？

《全元文》卷三四九刘埙《陈氏琴铭》

注释：

［一］陈氏：姓名不详，生平不详。

［二］无弦：见前"陶渊明"条。

评析：

陈氏琴的名字叫作"吹万"。

方明安

元统改元之明年，县尹方侯实莅兹邑[一]，人和政修，百废具兴。乃延师儒，乃集学徒，弹琴赋诗，日讲月试。

《全元文》卷三五六陶泽《松阳县儒学复頖地记》

注释：

［一］方侯：方明安，字咏道，会稽诸暨（今浙江绍兴）人。元统改元之明年：公元1334年。

评析：

陶泽《松阳县儒学复泮地记》记载的是方明安为松阳县重修学校的事。

王德谦

王德谦益之携琴[一]，鼓再行[二]。

《全元文》卷三六一方凤《金华洞天行纪》

注释：

［一］王德谦：字益之，能鼓琴。

［二］鼓再行：谓弹一两曲。

评析：

王德谦是道士赵元清的弟子，虽遭逢世变，但仍以弹琴赋诗为乐。

耶律铸

儿铸学鼓琴[一]，未期月[二]，颇能成弄。有古调弦泛声一篇，铸爱之，请余为文。因补以木声，稍隐括之[三]。归于羽音，起于南吕[四]，终于太簇[五]，亦相生之义也。以文之首句有吾山之语，因命为《吾山吟》，聊塞铸之请，不敢示诸他人也。

《全元诗》耶律楚材《吾山吟》

注释：

［一］铸：耶律铸（公元 1221 年—公元 1285 年），字成仲，号双溪，宜州弘政（今辽宁义县）人，契丹族，耶律楚材之子。

［二］期月：一月。

［三］隐括：修正。

［四］南吕：古代乐律调名。十二律之一，属阴律。

［五］太簇：十二律中阳律的第二律。

评析：

耶律铸从小跟随耶律楚材习琴，其《白日》诗云："玉涧鸣泉弹洛浦，苍龙横沼写离骚。"

三休道人

三休道人税居于燕城之市[一]，榜其庵曰贫乐。有湛然居士访而问之曰："先生之乐可得闻欤？"曰："布衣粝食[二]，任天之真[三]。或鼓琴以自娱，或观书以自适。"

《全元文》卷一二耶律楚材《贫乐庵记》

注释：

［一］三休道人：生平不详，与耶律楚材同时。税居：租赁房屋。

［二］粝食：粗恶的饭食。布衣粝食：形容生活清苦。

［三］任天之真：听其自然，率真任情。

评析：

三休道人是个典型的隐士。

李仲平

襄垣李某[一]，洁身遁世，喜鼓琴，得趣深，名燕居之堂曰“秋蝉”。

《全元文》卷一五三胡祗遹《襄垣李氏秋蝉堂记》

注释：

［一］李某：李仲平，襄垣（今山西长治）人。

评析：

据刘敏中《秋蝉堂诗序》，李仲平于金泰和年间筑“秋蝉堂”。

扬珠台

彰德路达噜噶齐扬珠台公[一]，书翰得法，无事则观书鼓琴。

《全元文》卷一五五胡祗遹《怀远大将军彰德路达噜噶齐扬珠台公德政去思碑》

注释：

［一］扬珠台（公元1207年—公元1269年）：名纳琳居准，赐氏扬珠台。彰德路：治所在安阳县（今河南安阳市）。

评析：

据胡祇遹《大元故怀远大将军彰德路达噜噶齐扬珠台公神道碑铭》，扬珠台才兼文武。

姚枢

姚枢，字公茂，柳城人，后迁洛阳[一]。刊诸经，惠学者，读书鸣琴，若将终身[二]。

《元史·姚枢传》卷一百五十八

注释：

［一］姚枢（公元1203年—公元1280年）：字公茂，号雪斋、敬斋。柳城（今河南西华县西）人，后迁洛阳。元代学者。

［二］若将终身：好像终身都这样。

评析：

姚枢是元代著名理学家，读书鸣琴或许是隐喻其所坚守的儒家道统。

黄至规

李夫人名至规，号澹轩[一]，宋状元黄朴之女。善画兰、抚琴。

王恽《秋涧集》卷十一

注释：

［一］至规：黄至规，号澹轩，福州侯官（今福建闽侯）人，黄朴之女，嫁李珏之子。

评析：

王恽有《李夫人画兰歌》，有句云："生平佩服真赏音，升闻紫庭非素心。唤起谪仙摇醉笔，为翻新曲泻瑶琴。"

周野云

潼川周野云以琴遇知当路，淳祐间甫二十[一]。

《（嘉庆）四川通志》卷四十五

注释：

[一] 周野云：潼川（今四川三台）人。淳祐（公元1241年至公元1252年）年二十。

评析：

传说周野云亦擅棋，曾遇五六个仙童席地下棋，其中一仙童说他不能忘情"堤上金丝"，后来，周野云娶妻名"垂杨"，正是"堤上金丝"之意。

樊志应

重玄子[一]，日端俨丈室[二]，炷香抚琴。

《全元文》卷一七三《真常观记》

注释：

[一] 重玄子：樊志应（公元1221年—公元1295年），道号重玄子。

［二］端俨：正直庄重。

评析：

樊志应是全真教道士，师事真常真人李志常。

谢枋得（附吴景潮）

吴素江，名景潮[一]，得古琴于土中，修三尺四寸五分，额广五寸，腰狭三寸四分，刮磨三日，铭刻乃露。其文曰："东山之桐，西山之梓，合而为一，垂千万古。"上曰"号钟"，下曰"叠山"，共十二字，隶法古劲，知为宋谢文节公故物也[二]。

《赌棋山庄词话》续编三

注释：

［一］吴素江：名景潮，武林（今浙江杭州）人，清朝人。

［二］叠山、谢文节：谢枋得（公元1226年—公元1289年），字君直，号叠山，江西弋阳人。

评析：

谢枋得琴名"号钟"，清代出土，为杭州吴素江所得。吴氏为此琴绘图，当时不少文人歌咏其事，如李兆洛《宋谢叠山先生遗琴武林吴氏得之绘图传示为之作歌》、顾广圻《虞美人》（谢文节遗琴今藏浙中吴氏）、林滋秀《谢文节公号钟琴歌》等。

徐公著[一]

致仕辟东轩数十楹[二]，以琴书娱闲，自号东轩翁。

《全元文》卷四三一戴表元《故礼部进士徐君墓志铭》

注释：

［一］徐公著：自号东轩翁，德兴（今江西德兴）人。

［二］致仕：辞官。东轩：指住房向阳的廊檐。楹：屋一列或一间为一楹。

评析：

徐公著，徐子邓（公元 1238 年—公元 1300 年）之父，以好客闻名，有才华有见识的人都争相与之结交。

袁洪

袁洪，字季源[一]。善尺牍[二]，琴弈诸艺皆过人，不自诧禄[三]。

《全元文》卷七三〇袁桷《先大夫行述》

注释：

［一］袁洪（公元 1245 年—公元 1298 年）：字季源，庆元（今浙江西南部）人。

［二］尺牍：文辞。

［三］诧禄：夸耀显露。

评析：

袁洪是元代袁桷的父亲，看来，袁桷的能文能琴是有家学渊源的。

林元彬

林元彬，字文卿[一]，日逍遥长林曲水间，或援琴作《秋鸿》一阕，翛翛然有尘外之趣，见者疑为神仙。

《苏平仲文集》卷十二《故梅轩处士林君碣铭》

注释：

[一] 林元彬（？—公元 1298 年）：字文卿，号梅轩，浙江温州平阳岭门人。

评析：

平阳岭门林氏系出福建莆田，后迁居长溪，再迁岭门。

严恭[一](附严振)

始余识处士时，以善琴名江湖者，皆言处士于斫琴为善。处士性坦夷[二]，然颇嗜酒，酣极，执礼益谦下。遇人无少长贱贵，必尽悫悃[三]。不立崖异[四]，而人雅敬之。其斫琴虽世习，亦天巧然也。处士曾大父事宋高宗[五]，以勇略备颜行[六]，暇则攻艺事，著《班经》一卷。高宗尝梦神手剑而至[七]，就视，琴也。明日命制琴，椭而长若剑者，名曰文梦。又遣使蜀购异材，仿唐雷氏式弦琴三百。宋雅乐散逸中原，而南渡后犹存古遗则[八]。今世所传宋尚方琴腹有雷氏识者[九]，皆处士曾大父时物也。处士幼知业其家，不事它技，老益精敏，若扁之轮、庆之鐻[一〇]，所谓技进于道者邪[一一]？宋内臣有以处士琴上进者[一二]，理宗欲官之[一三]，卒辞不受。自号“古清翁”，宁落魄湖山间终其身。处士殆隐于琴者也[一四]。

《全元文》卷六五〇邓文原《钱塘严处士墓碣》

注释：

［一］严恭（公元1231年—公元1308年）：字子安，自号古清翁，钱塘（今浙江杭州）人，靖康后移居湖州（今浙江湖州）。

［二］坦夷：坦率平易。

［三］悃悃：恳切忠诚。

［四］崖异：谓人性情、言行不合常理。

［五］曾大父：曾祖父。即严恭曾祖严振，生活于宋高宗时期。

［六］勇略：勇敢和谋略。颜行：前列。

［七］手剑：持剑。

［八］遗则：前代留传下来的法则。

［九］尚方：制造帝王所用器物的官署。识：标记。

［一〇］扁之轮：扁指轮扁，春秋时齐国人。轮扁善作轮，见《庄子·天道》。庆之鐻：一个叫作庆的木工擅长做鐻。鐻：古代一种乐器，见《庄子·达生》。

［一一］技进于道：这句话的意思是严恭擅长斫琴就像轮扁和庆一样技术精湛，达于道的境界了。

［一二］内臣：宦官。上进：进呈君主。

［一三］理宗：宋理宗赵昀。

［一四］殆：大概。

评析：

根据查屏球《日本藏南宋遗民诗人严子安“和唐诗”辑考》，严恭有《三体唐诗》绝句一百六十一首。由此可见，除了琴家，严恭还是南宋遗民诗人，其身份近似汪元量。严恭的诗歌表达了亡国之痛、故国之思。

施溪云(附施谷云、施牧州)

元代斫琴名手：严古清、施溪云、施谷云、施牧州[一]。

《南村辍耕录》卷二十九

注释：

［一］严古清：见前“严恭”条。施溪云、施谷云、施牧州：皆生平不详。

评析：

从姓名来看，施溪云等人应该与唐代雷氏家族类似，为元代斫琴世家。

仇锷

公讳锷，字彦中[一]。昔公爱钱唐[二]，比过之[三]，辄留旬月，往往援琴以写山水之清音，故与余同好相善也[四]。

《全元文》卷六〇〇赵孟頫《福建廉访副使仇公神道碑》

注释：

［一］公讳锷：仇锷（公元1250年—公元1300年），字彦中。祖籍陈留（今河南开封），生于京兆（今陕西西安）。

［二］钱唐：地名，今浙江杭州。

［三］比：及，等到。

［四］同好：志趣相同。

评析：

仇锷因为善于弹琴而与赵孟頫结好，志趣相投。除了《神道碑》之外，赵孟頫还有《仇锷墓碑铭》，是其晚年的书法作品。

柳贯《跋鲜于伯几与仇彦中小帖》也记载仇锷弹琴事："予虽不及接廉访公，而闻其鼓琴自度曲，时时变声作古调，能使诸君满饮径醉，亦燕蓟间一奇哉。"

赵淇

公讳淇，字符德[一]，洞晓音律，尤妙琴事。琴操多自谱，琴出其手斫者，琴工音焉，以为贤世所宝古琴远甚。

《全元文》卷三七〇卢挚《湖南宣慰使赵公墓志铭》

注释：

[一]公讳淇：赵淇（公元1239年—公元1307年），字符德，一字符建，号平远，别号太初，衡山（今属湖南）人。宋末官直龙图阁、广南东路发运使，加右文殿修撰、尚书刑部侍郎。入元，为湖南道宣慰使。谥文惠。画家。

评析：

赵淇不仅会弹琴，而且所弹的琴曲很多是自己写谱。同时，赵淇还能斫琴，他所斫制的古琴，在当时的琴工看来，其音色要远远好于世传古琴。

虞集《赵文惠公神道碑》亦载其斫琴、度曲事。

刘山甫

翁字山甫[一]，家贫有襟量[二]，士大夫过者，无不款接[三]，藏书教子，扫绝尘俗，惟癖于琴，平远号之为琴泉先生[四]，其有得于琴乎！

《全元文》卷一一八六许有壬《琴泉先生诗序》

注释：

[一] 山甫：刘山甫，名不详，字山甫，刘光远之父，号琴泉先生，浏阳（今湖南浏阳）人。

[二] 襟量：气度，气量。

[三] 款接：款待。

[四] 平远：赵淇，见“赵淇”条。

评析：

刘山甫是刘光远的父亲，本是一位隐士，又是赵淇的好友。许有壬则同是二人的好友，因此得以了解刘山甫，因此许有壬说：“予以平远之交，知其友之端；以光远之子，知其父之贤。”

游应梅[一]

经酣史薰[二]，琴怡弈畅[三]，恢恢然通儒达士也[四]。

《全元文》卷四三一戴表元《游乡贡墓志铭》

注释：

[一] 游应梅（公元1242年—公元1305年）：字叔大，自号翁山翁，上饶（今江西上饶）人。

[二] 经酣史薰：沉酣于经史。

[三] 弈：棋。

[四] 恢恢然：宽宏大度。通儒达士：知识渊博、明智达理的学者。

评析：

游应梅又喜欢写诗，其诗集名为《呻吟》。

张孔孙

张孔孙字梦符，其先，出辽之乌若部，为金人所并，遂迁隆安[一]。素以文学名，且善琴，工画山水竹石，而骑射尤精。

《元史·张孔孙传》卷一百七十四

注释：

［一］张孔孙（公元1233年—公元1307年）：字梦符，隆安（今吉林农安）人。

评析：

张孔孙是一位画家，从史书记载来看，他善弹琴，能骑射，又以文学知名。

文天祥

清蒋士铨《文信国琴》[一]，题下注：吴中何氏所藏。

《忠雅堂集校笺》

注释：

［一］文信国：文天祥（公元1236年—公元1283年），初名云孙，字宋瑞，又字履善。道号浮休道人、文山。至元十五年（公元1278年）八月，加少保、信国公。吉州庐陵（今江西吉安）人。

评析：

清代乾隆年间，吴中何氏藏文天祥琴，底刻为："松风一榻雨潇潇，万里封疆不寂寥。独坐瑶琴遗世虑，君恩犹恐壮怀消。时景炎元年，蒙恩遣问召入，夜宿青原寺感怀之作，谱于琴中识之。文山。"文山即文天祥。此琴的出现震动清朝士林，多数文人为其写诗作歌，如蒋士铨《文信国琴》、张埙《文丞相琴诗》、吴锡麒《文丞相琴歌》、翁方纲《文信国琴歌》等。

胡日宣

琴窗胡氏名日宣[一]，善鼓琴，高山流水非知音不能听，然则观琴窗诗必如听琴窗琴。

《文山集》卷十四《跋胡琴窗诗卷》

注释：

[一] 胡氏：胡日宣，字德昭，号琴窗。

评析：

文天祥多有诗赠送胡日暄，《和胡琴窗》诗题下注曰："名日宣，字德昭"。

邓道枢

邓道枢，字应叔，绵州人[一]。宋亡，得上官氏废圃于城东，栖息所名会道观。道枢别号山房，家铉翁为记[二]，一时名辈皆与游，工诗善琴，有《东游集》。

《姑苏志》卷五十八

注释：

[一] 邓道枢：字应叔，号山房，绵州（今四川绵阳）人。

[二] 家铉翁（约公元 1213 年—公元 1297 年）：号则堂，南宋末年文人。

评析：

邓道枢为道士，其名字大约来自《庄子·齐物论》："彼是莫得其偶，谓之道枢。枢始得其环中，以应无穷。"

瞿声

元都运使瞿霆发喜鼓琴[一]，尝集古琴百张，构“琴轩”居之。

《（嘉庆）松江府志》卷七十八

注释：

［一］瞿霆发：瞿声，字霆发，上海人，官都转运使。

评析：

瞿声约于元仁宗（公元 1311 年至公元 1320 年）时期去世，其人聪明颖悟。

李诲

李诲，小字原孙[一]，日与故旧宾客相羊闾里间[二]，从诗酒琴书之乐。

《全元文》卷一一六〇白雄飞《故惠泉散叟显翁先生李府君墓志铭》

注释：

［一］李诲（公元 1238 年—公元 1311 年）：小字原孙，自号惠泉散叟，常熟开元（今江苏常熟开元乡）人。

［二］相羊：徘徊，盘桓。

评析：

李诲喜欢买花，喜欢诗书，也喜欢琴酒，真逸民也。

吾衍

吾衍字子行，太末人[一]。工篆、隶书，通声音律吕之学[二]，读《太玄经》，号“贞白处士”。弹琴、吹洞箫、抚弄如意不辍[三]。

《全元文》卷四七二胡长孺《吾子行文冢铭》

注释：

[一]吾衍（？—公元1312年）：字子行，自号贞白处士，太末（今浙江龙游县）人，后居钱塘（今浙江杭州）。

[二]律吕：音律。

[三]如意：一种器物，用金、玉、竹、骨等制作，头灵芝形或云形，柄微曲，供指划用或玩赏。

评析：

吾衍精通声律，能弹琴，会吹箫。

赵孟跻

君讳孟跻，字仲仁[一]。晚好琴，能自斫，不繇师而诣其妙[二]。

《全元文》卷六四一刘将孙《前进士真州扬子簿从事定宇赵君墓志铭》

注释：

[一]君讳孟跻：赵孟跻（公元1244年—公元1310年），字仲仁，建昌（今江西南城）人。

[二]繇：同“由”，从，自。

评析：

赵孟跻是宋王朝宗室，咸淳年间进士，能诗。

靳用

府君讳用，字祐之，世为平阳曲沃人[一]。日与山僧野老弹琴咏诗[二]，以乐余龄。

《全元文》卷五三六程钜夫《靳同知墓碑》

注释：

[一] 府君讳用：靳用（公元 1238 年—公元 1313 年），字祐之，平阳曲沃（今山西曲沃）人。

[二] 野老：村野老人。

评析：

靳用在朝为官时颇有能力，年老辞官后，每天与山僧野老弹琴赋诗。

王璪

王璪字仁仲，吴县人[一]。学有渊源，工诗章书翰，尤善鼓琴，隐居不仕，自号城南逸民。

《六艺之一录》卷三百五十八

注释：

[一] 王璪：字仁仲，自号城南逸民，吴县（今江苏苏州）人。

评析：

隐居之乐，在于“临泉而酌，倚松而琴”，不知道这位城南逸民得此趣味否？

张桂

隐君子名桂，字南荣[一]，好读书鼓琴，善生产力作[二]，数应进士举不中，曰："进士犹博尔[三]。博之胜负，何足为多少！"遂弃不为。唯日与宾客坐兰坡之上，援琴而歌，音泠泠裴回于苍松翠竹之间[四]，倚墙而听者不知有人世也。有军帅者思欲一见君[五]，使数至，君不得已而往见之。及门，帅方疟作[六]，闻君至，急延入卧室，语良久，为忘其疟。明日疟复作，延入曰："愿一闻蓬莱妙音。"君为一鼓作飞仙佩环之音[七]，再鼓为秋风亭皋之曲[八]，帅醒然作而谢曰："吾病去矣！"自是疟不复作。

《全元文》卷九三二揭傒斯《张隐君桂墓志铭》

注释：

[一] 隐君子名桂：张桂（公元1247年—公元1313年），字南荣，婺源（今江西婺源）人。隐君子：隐士。

[二] 力作：努力劳作。

[三] 博：赌，博弈。

[四] 裴回：徘徊。

[五] 军帅：军队的统帅。

[六] 疟：疟疾。作：起，兴。

[七] 飞仙佩环：疑为琴曲《天风环佩》。

[八] 秋风亭皋：疑为琴曲《捣衣曲》，南朝琴家柳恽有《捣衣》诗："亭皋木叶下，陇首秋云飞。"

评析：

唐代笔记作品《刘宾客嘉话录》曾经记载杜甫诗能治疗疟疾事，揭傒斯《张隐君桂墓志铭》则记载了张桂弹琴能治疗疟疾的事情，而欧阳修《送杨寘序》自言有幽忧之疾，大约类似于现在所说的抑郁症，就是靠弹琴治疗的。姑且不论诗和琴是否真能治疟，弹琴和读诗能安抚情绪却是真的，这一点，《管子·内业》也提到了："止怒莫若诗，去忧莫若乐。"

目前流行的琴乐养生大约就是以此为出发点的。

赵海月

何吾山有《赠琴师赵海月五首》诗[一]。

《元风雅》前集卷六

注释：

［一］赵海月：生平不详。

评析：

《赠琴师赵海月五首》中有"闻有琴材在樵爨，劳君妙斫一挥斤"之句，则赵海月似又能斫琴。

张南窗

南窗张君，雁山片玉也[一]。一日抱琴过我，酒三行，起而辞曰："梅屋[二]，吾与琴相好江湖二十年，程山行水，不外一日弃。月驿凉宵，雪店寒晓，手不释弦，弦亦不释手，但未能如阮千里无贵贱长幼使之弹而无忤色也[三]。将卜居西湖[四]，与琴终老，因过子，以献一曲。"曲曰："抱琴来兮雁山低，抱琴归兮雁山崔嵬。卜居兮西湖之厓，身伯牙兮心子期。"予谢之曰："人琴俱清，又居西湖，孤山之梅添香矣。他日予到西湖，见鸥鹭当门，花竹绕屋，而中有琴声者，必君之居也。访君，君罢琴而接之乎？

《送张南窗序》

注释：

[一] 南窗张君：张南窗，雁山人，后移居杭州西湖。片玉：群贤之一。

[二] 梅屋：许棐（？—公元1249年），号梅屋。

[三] 阮千里无贵贱长幼使之弹而无忤色：见“阮瞻”条。

[四] 卜居：择居。

评析：

抱琴梅边，琴甚清，梅甚清，则人亦清妙。

王月潭[一]

师有出尘追古意，琴复精诣[二]，秋堂月寂，听者疑叔夜之不死也[三]。

《全元文》卷五五三徐明善《江古心帖》

注释：

[一] 王月潭（公元1251年—？）：道士，善琴，生平不详。

[二] 精诣：精到。

[三] 叔夜：嵇康。见前“嵇康”条。

评析：

徐明善还有一篇《真文忠公祷雨说》，其中提到紫极王月潭能求雨，疑即此人。另外，释道惠《送王月潭高士趋北》诗中形容王月潭是“羽衣仙客”，都证明其道士的身份。

周桂芳

桂芳，字仲芳[一]，种学绩文[二]，好仁急义，蚤有名郡邑间[三]。树果植花，弹琴咏诗，逍遥倘徉以乐其志。

《全元文》卷五四二程钜夫《周仲芳墓志铭》

注释：

[一] 桂芳：周桂芳（公元1253年—公元1313年），字仲芳，抚州金溪（今江西金溪）人。

[二] 种学绩文：培养学识，积累文才。

[三] 蚤：通“早”。

评析：

除去儒者弹琴咏诗的行为，周桂芳事父至孝，同时在乡里颇有贤声。

张贞

君讳贞，直卿其字也，姓张氏，自号超然子[一]。雅嗜鼓琴，时独以古意自娱。今东皋弦诵之风形于里闾[二]，君实倡之也。

《全元文》卷四〇四刘敏中《超然子张君墓道铭》

注释：

[一] 君讳贞：张贞（公元1256年—公元1315年），子直卿，自号超然子，齐东（今属山东济南）人。

[二] 里闾：乡里。

评析：

可以说，刘敏仲给予了张贞较高的评价：一是在新声流行的元代，张贞能以古意自娱；二是张贞倡导了当地弦诵的风气。

申仲

始余官京师，识太常协律申君仲和甫[一]，善鼓琴，尤善斫琴，声籍也[二]。余后归历下[三]，而广平霍君清臣提刑山东[四]，以枯桐琴材遗余[五]，且曰："是得之江南，其人云三百年矣。"余谓："惜不得申君见也。"又十年，申君来为阳丘[六]，过济南而余适在焉[七]，喜曰："枯桐乃遇乎！"即以委君。君曰："嘻！异材也。"乃离为二琴，使余志其一，成而畀余[八]。余请弦之，遂鼓之。君竦然曰："无木声矣，不三百年不至是。"余乃知申君于斯技其至者也。

《全元文》卷三八九刘敏中《阳丘尹申君饯行序》

注释：

[一] 申君仲：申仲，字和甫，官太常协律。官：做官。余：指的是本篇文章的作者刘敏中（公元 1243 年—公元 1318 年），字端甫，济南章丘（今山东章丘）人。

[二] 声籍：声名盛大。

[三] 历下：地名，在今山东省济南市西。

[四] 广平：地名，在今河北。霍清臣：与刘敏中、赵孟頫等人友善。提刑：提点刑狱司，官署名。

[五] 遗：赠送。

[六] 阳丘：今山东章丘。

[七] 适：恰好。

[八] 畀：给予。

评析：

刘敏中从霍清臣那里得到斫琴良材，送给申仲，申仲将其制作成两床琴，其中一床送给刘敏中，上弦弹奏之后，申仲认为“无木声”。由此，刘敏中以为申仲的斫琴技艺已经达到巅峰状态。

徐懋昭

公姓徐氏，讳懋昭，字德明，世为饶之余干州社林里人[一]。以琴书花木自娱。

《全元文》卷一〇〇八朱思本《故保和通妙宗正真人徐公行述》

注释：

［一］公姓徐氏：徐懋昭（公元1240年—公元1321年），字德明，余干州社林里（今江西上饶余干县）人。

评析：

徐懋昭是宋末元初道士，皇庆元年被封为“保和通妙崇正真人”。

郑德彝

柯山郑君德彝[一]，家藏唐雷霄二琴，不弹而挂之壁。

《全元诗》于石《琴寥歌》

注释：

［一］郑君德彝：郑德彝，柯山（今浙江绍兴）人。

评析：

郑德彝的老师徐子观在这两张琴上刻了韩愈的两首琴操，从《琴寥歌》判断，应当是《履霜操》和《猗兰操》，一取忠，一取孝。

李泰

燕人李泰，字子亨[一]。以善琴，至元中尝召至玉殿[二]，大赏之。

《全元诗》范梈《哀李集贤并序》

注释：

［一］李泰：字子亨，燕（今河北）人。

［二］玉殿：朝廷。

评析：

李泰无子，死后他的女儿为他守孝，因此，范梈诗云："之死从知万虑休，女郎独抱故箕裘。"

吕中谷

陈泰有《赠琴士吕中谷》[一]。

《全元诗》陈泰《赠琴士吕中谷》

注释：

［一］吕中谷：生平不详。

评析：

从“象环榅具青纶巾，路人唤作回仙人。茅君洞里醉千日，至今弹得华阳春”诗句判断，吕中谷应该是道士。

范玉壶

陈泰有《听玉壶弹琴》诗[一]，诗云：“玉壶弹琴，弹入风雷引[二]，六月凉飙吹酒醒。忽然霹雳三四声，雨急轩窗色凄凛。却又为我弹箕山[三]，山中落花人意闲。松风摵摵度涧水[四]，彷佛猿狖啼空岩。长清短清取次弹[五]，云影荡漾生秋澜。”

《全元诗》陈泰《听玉壶弹琴》

注释：

[一] 玉壶：疑即范玉壶，名不详，别号玉壶，杭州（今浙江杭州）人。

[二] 风雷引：琴曲名，传为春秋时期鲁人贺云遇神所授。

[三] 箕山：《箕山操》，又名《遁世操》，传为汉代人据隐士许由《箕山之歌》而作。

[四] 摵摵：象声词，树叶凋落的声音。

[五] 长清短清：琴曲《长清》《短清》，传为蔡邕所作。

评析：

范玉壶是范居中的父亲，以占卜为业，大德中赴大都。余事不详。

邹云樵

王仪有《听邹云樵鼓琴》诗[一]。

《全元诗》王仪《听邹云樵鼓琴》

注释：

［一］邹云樵：云樵应为其号，名不详，生平不详。

评析：

胡炳文亦有《送邹云樵歌》，云："歌正音兮歌以琴，怅伯牙兮不可招。"可作辅证。

张秋岩

周权有《张秋岩抚琴席上征诗》诗[一]。

《全元诗》周权《张秋岩抚琴席上征诗》

注释：

［一］张秋岩：生平不详。

评析：

诗有句云："琅然振丝桐，清飙霁云暝。"

董士选

公讳士选，字舜卿[一]。灌园种田，琴书自娱，宾客过从，谈笑终日，世事了不关心。

《全元文》卷五一一吴澄《元荣禄大夫平章政事赵国董忠宣公神道碑》

注释：

［一］公讳士选：董士选（公元1253年—公元1321年），字舜卿，藁城（今属河北）人。

评析：

董士选是元代著名将领，《元史》有传。

揭道孙

丰城揭道孙，字志道[一]。晚嗜佛书，酒肉俱断。风月良夜，鼓琴一二操，声动鬼神。

《全元文》卷五一三吴澄《揭志道墓表》

注释：

［一］揭道孙：生卒年不详，字志道，丰城（今江西丰城）人。

评析：

经历了宋元鼎革的揭道孙，先嗜酒后佞佛，但无论是酒还是佛，都只是他消遣世虑的寄托而已。

吕秋云

《赠琴士吕秋云》："一缕秋云曳白衣，依稀还似玉琴飞。玉琴忽鸣惊动人，江南江北识秋云[一]。"

《全元诗》刘敏中《赠琴士吕秋云》

注释：

［一］吕秋云：生平不详。

评析：

吕秋云生平不详，仅从刘敏中这首诗中判断出其琴人身份。

沈烈

奂，檇李人[一]。大父烈，字秋田[二]。明《尚书》，善琴。

《全元诗》王逢《谢沈奂有章素段》

注释：

［一］奂：沈奂，檇李（今浙江嘉兴）人。

［二］烈：沈奂祖父沈烈，字秋田，檇李（今浙江嘉兴）人。

评析：

沈烈元大德年间累迁常州推官，有政声。

范居中

范居中字子正，冰壶其号也[一]。杭州人。精神秀异，学问该博[二]。擅操琴，能书法。

《录鬼簿》卷下

注释：

［一］范居中：字子正，号冰壶，杭州人，其父为范玉壶。

［二］该博：渊博。

评析：

范居中为元代散曲家，大德年间曾赴大都，但怀才不遇。

熊师贤

君佐讳师贤[一]。大德辛丑[二]，筑室还故乡，扁其堂曰“寓乐”，与老梅疏竹、丛桂幽兰、细蒲怪石俱。便坐扫地焚香，琴书图画罗列后先，尤嗜古器玩。尝学琴，后不复操，曰：“但识琴中趣尔[三]。”

《全元文》卷五一五吴澄《故逸士熊君佐墓志铭》

注释：

［一］师贤：熊师贤，字君佐，富州（今江西丰城）人。

［二］大德辛丑：公元 1301 年。

［三］但识琴中趣：见前“陶渊明”条。

评析：

熊师贤首先是一个文人，擅长写诗。结合他的冲淡萧散的诗歌风格来看，这里的“但识琴中趣”特别能够说明熊师贤的审美倾向。

张仲寿

张仲寿有《畴斋二谱》二卷[一]，为《墨谱》《琴谱》各一卷。

《武林往哲遗着》

注释：

[一] 张仲寿（公元 1251 年—公元 1321 年）：字希静，号畴斋，钱塘（今浙江杭州）人。家有自怡轩、有何不可之阁。

评析：

张仲寿书法行草宗二王，又能诗能文。

赵孟頫

公讳孟頫，字子昂，姓赵氏[一]。律吕之学尤精深，得古人不传之妙，着《琴原》《乐原》各一篇。

《全元文》卷八一二杨载《大元故翰林学士承旨荣禄大夫知制诰兼修国史赵公行状》

注释：

[一] 公讳孟頫：赵孟頫（公元 1254 年—公元 1322 年），字子昂，号松雪，松雪道人，湖州（今浙江吴兴）人。宋太祖赵匡胤十一世孙，秦王赵德芳之后，宋末元初著名书法家、画家、音乐家、诗人。

评析：

据文献记载，赵孟頫有琴名“松雪”“大雅”。在古琴音乐理论方面，赵孟頫在其《琴原》《乐原》中提出“复古”的建议，认为古琴应该恢复上古之声，这与当时流行的以杨缵为代表的新声是背道而驰的，因此受到了很多非议，戴表元为此写了《题赵子昂琴原律略后》这篇文章为赵孟頫辩驳。

姜伯惠

《听姜伯惠父弹琴擘阮》[一]："姜子早闻道，澹然遗世荣[二]。蓺花有生意[三]，焚香无俗情。时抱琴与阮，弹作松风声。"

《全元诗》赵孟頫《听姜伯惠父弹琴擘阮》

注释：

［一］姜伯惠：生平不详。擘阮：弹阮。

［二］世荣：世俗中的荣华富贵。

［三］蓺：种植。

评析：

从诗中来看，姜伯惠应该是早年成名，但并不热衷于功名利禄，而是耽于种花、焚香、鼓琴、擘阮。

鲜于枢

谢鲜于伯几惠震余琴[一]，云是许旌阳手植桐所斫[二]。

《全元诗》赵孟頫《谢鲜于伯几惠震余琴云是许旌阳手植桐所斫》

注释：

［一］鲜于伯几：鲜于枢（公元1246年—公元1302年），字伯机，号困学民，又号西溪子、虎林隐吏，渔阳（今天津）人。

［二］许旌阳：东晋道士许逊。

评析：

鲜于枢赠送赵孟頫"震余"琴，据说是用东晋道士许逊所栽种的桐树为原材料制作而成。

金汝砺(附何仲章、何巨济、郑瀛)

宋季言琴学者，多宗大理少卿杨公缵[一]。缵淳祐中人，最知琴。一闻琴声，即能别其今古。每恨嵇康遗音久废，与其客毛敏仲、徐天民力求索之[二]，历十余年，始得于吴中何仲章家[三]。缵因共定调、意、操，凡四百六十有八，为《紫霞洞谱》一十三卷。自时厥后，徐之弟子金汝砺[四]，复深忧其学不传，乃取缵所未及者，五音各出一调、一意、一操，总为十五，名之曰《霞外谱》。而康之遗音，至是无余憾矣。东白何君巨济[五]，尝受学于徐之父子，而浦阳郑生瀛[六]，又受学于何君。瀛因辑录手弹者，分正、外二调，为谱各一卷。

《文宪集》卷十四《跋郑生琴谱后》

注释：

［一］杨公缵：杨缵，见“杨缵”条。

［二］毛敏仲、徐天民：分别见“毛逊”“徐宇”条。

［三］何仲章：吴人。

［四］金汝砺：杭州道士，徐天民弟子。

［五］何巨济：东白（今浙江东阳）人。曾学琴于徐天民父子。

［六］郑生瀛：郑瀛，浦江（今浙江浦江）人，撰有《琴谱》二卷。

评析：

杨缵、徐天民、毛敏仲等人从何仲章家中得到嵇康琴谱，编为《紫霞洞谱》；其后，金汝砺又将杨缵没有涉及的内容编订为《霞外谱》；再其后，何巨济学琴于徐天民父子，郑瀛学琴于何巨济，郑瀛将自己所弹的曲子辑录为《琴谱》二卷。

张炳炎

张炳炎，咸淳中及第[一]。尝与徐南溪论琴[二]，得其所著《琴书》，以遗俞琰[三]。

《姑苏志》卷五十六

注释：

[一] 张炳炎：姑苏（今江苏苏州）人。咸淳：公元 1265 年—公元 1274 年。

[二] 徐南溪：徐理，见“徐理”条。

[三] 俞琰：见“俞琰”条。

评析：

张炳炎能与南宋著名琴家徐理论琴，可见其精于琴事。

俞琰

予自德祐后[一]，文场扫地[二]，无所用心，但闭户静坐，以琴自娱。琴之癖，欲以六律正五音，问诸琴师，皆无答。后得《紫阳琴书》《南溪琴统》《奥音玉谱》[三]，始知旋宫之法[四]，乃作《周南》《召南》诗谱及《鹿鸣》《皇华》等诗，弦歌之。《离骚》《九歌》《兰亭诗序》《归去来辞》《醉翁亭记》《赤壁赋》，皆有谱。琴之癖遂已[五]。

《全元文》卷六四六俞琰《炉火监戒录自序》

注释：

[一] 予：俞琰（约公元 1258 年—约公元 1324 年），字玉吾，号林屋山人，学者称石涧先生，吴郡长洲（今江苏苏州）人。德祐：宋恭帝年号。

[二] 文场：谓科举考试。

［三］《紫阳琴书》：朱熹撰。《南溪琴统》《奥音玉谱》：南宋徐理撰。

［四］旋宫：古代以十二律配七音，每律均可作为宫音，旋相为宫，故称。

［五］已：停止。

评析：

俞琰嗜琴成癖，曾向多位琴师求教琴律而没有结果。后来得到朱熹的《紫阳琴书》和徐理的《南溪琴统》《奥音玉谱》，终于了解了古琴旋宫的方法。俞琰认为当时琴操有谱无字（《苏州府志》），因此，为多首诗歌作谱，包括《诗经》中的《周南》《召南》《鹿鸣》《皇华》等，并能歌唱。由此可以判断宋末元初的琴歌特征。

商碧山

俞琰有《赠华阳道院琴士商碧山》诗[一]。

《全宋诗》俞琰《赠华阳道院琴士商碧山》

注释：

［一］商碧山：华阳院道士。

评析：

诗云："来往晴峦缥缈中，满身空翠湿衣浓。相寻欲听蓬莱曲，还在华阳第几峰。"

察罕

公罢戎幕屏居白云山时[一]，买田筑室，鸣琴诵书，几与世遗矣[二]。

《全元文》卷五二九程钜夫《送白云平章序》

注释：

［一］公：察罕（公元 1245 年—公元 1322 年），自号白云，西域板勒纥城（今阿富汗巴尔赫）人。成吉思汗西征，父伯德那率部族归附，定居河中府（今山西永济）。公元 1312 年，封平章政事。戎幕：军府。屏居：退隐。白云山：察罕晚年居住在湖北安陆白云山。

［二］世遗：避世。

评析：

察罕是元代少数民族学者，生平《元史》有详细记载，但不记其弹琴事。

裴廷芝

讳廷芝，字瑞汉[一]，日以琴酒自娱。

《全元文》卷一一五五李齐贤《通宪大夫密直副使上护军提调德泉仓事提举永安宫事裴公墓志铭并序》

注释：

［一］讳廷芝：裴廷芝（公元 1270 年—公元 1322 年），字瑞汉，高丽大丘县人。

评析：

元世祖时，裴廷芝因勇力被看作“霸都儿”。

谢东碧

东碧先生谢公，洪之新建县西山古源人也[一]。居景福堂，日与琴书为友，晨香夕灯之外，无一毫役心事[二]。

《全元文》卷一〇〇八朱思本《谢东碧哀辞》

注释：

[一] 谢公：谢东碧（公元1264年—公元1324年），江西新建县人。

[二] 役心：用心。

评析：

谢东碧是一位道士，其人擅长诗文，东碧应当是其道号，而非名字。

彭应桂

君姓彭氏，讳应桂，字芳翁[一]。所居西偏筑堂曰石湖小隐，面势敞爽[二]，水木竹石之胜，隐映后先。亲友至，则鼓琴奕棋，持醪击乐[三]，将终其身。

《全元文》卷六四九邓文原《彭处士墓志铭》

注释：

[一] 君姓彭氏：彭应桂（公元1265年—公元1311年），字芳翁，广信芗溪（今江西贵溪县）人。

[二] 面势：位置。

[三] 醪：酒。

评析：

彭应桂虽然有才华，却正值宋元交替之际，因此无缘科举考试，邓文原说他是韫椟弗售，由此可见其时士人际遇。

杜敬

行简自幼器识凝邃[一]，不与凡儿征逐为嬉戏事。稍长学成，研穷律本[二]，分别音节，悲忧愉快，概发于琴。晴朝月夕，人境俱胜，觞咏方适[三]，促弦鼓一再行，岩溜清而畹兰洁也。学其学者，其抑按吟揉[四]，皆有指法可传。

《全元文》卷八〇〇《夷门老人杜君行简墓碣铭》

注释：

［一］行简：杜敬（公元 1255 年—公元 1324 年），字行简，自称夷门老人，汴城（今河南开封）人。器识：器量与见识。凝邃：深邃。

［二］研穷：深入钻研。律本：律吕之本。

［三］觞咏：饮酒咏诗。

［四］抑按吟揉：均为古琴指法。

评析：

杜敬无意仕进，一生优游湖山文酒之间。

汪斗建

汪先生讳斗建，字昌辰，建德淳安人[一]。先生神鉴爽朗[二]，长髯垂膺[三]，酒酣，言论忼慨激烈。雅好鼓琴，时为客作《离骚》数曲[四]，清声抑扬，听者悲其犹有屈子哀郢之心焉[五]。

《全元文》卷一一七八陈旅《汪先生墓志铭》

注释：

［一］汪先生：汪斗建（公元 1255 年—公元 1326 年），字昌辰，建德淳安（今属浙

江）人。

［二］神鉴：英明的鉴察力。

［三］膺：胸。

［四］《离骚》：琴曲名。朱长文《琴史》："屈原者，楚之贤大夫。怀王之时，秦欲吞兼诸侯，屈原为楚使于齐，以结其援。秦闻而患之，使张仪赂楚贵臣上官大夫靳尚之属，共谮屈原，遂放于外。怀王绝齐与秦，为秦所欺，客死于秦，为天下笑。及襄王立，又听谗放屈于江南，屈原眷眷于楚，虽遭摈逐而不忍去其国也，虽在厄穷而犹冀悟其君也，然卒不复。屈原发愤，耻居浊世，自投汨渊以死。世传有自沈曲，而《离骚》之名，亦播琴中。其感愤伤切，犹有遗音。疑后世推其意以度此曲，故然也。"

［五］屈子哀郢：公元前278年，秦将白起破楚国都城郢之后，屈原作《九章·哀郢》，表达对国都沦陷、人民流离的哀愤，并抒发了自己对祖国的无限眷恋之情。这里用屈原哀郢之典，意在说明汪斗建对南宋故国的眷恋之情。

评析：

汪斗建为人倜傥有奇志，南宋时曾率国子监同舍生七十人伏阙上书，攻贾似道误国。入元不仕，家居教授以终。家居期间时时弹奏《离骚》则表明汪斗建有无尽的故国之思及亡国之恨，也特别能够代表宋代遗民文人的心理。

刘梦说

肖翁，名梦说[一]。素善鼓琴，父之燕座曰"琴牖"[二]，其扁章丞相鉴所书[三]。延客其间[四]，父命操古调，听者咸喜[五]。父既没[六]，偶至琴牖，必潸然陨涕，终身为之废琴。

《全元文》卷五二〇吴澄《故梅埜逸士刘君墓志铭》

注释：

[一] 梦说：刘梦说（公元1273年—公元1326年），字肖翁，号梅埜逸士，庐陵（今江西吉安）人。

[二] 燕座：闲坐。

[三] 章丞相鉴：章鉴，字公秉，南宋度宗时丞相，今江西修水人。

[四] 延：引。

[五] 咸：全，都。

[六] 没：同“殁”。

评析：

刘梦说藏书数千卷，并且亲手点校，他还收藏了很多古器奇玩。

刘伯赐

陆文圭《玉泉铭为琴士刘伯赐作》[一]：游鱼出水，误作琴听。

《全元文》卷五六五陆文圭《玉泉铭为琴士刘伯赐作》

注释：

[一] 刘伯赐：生平不详。

评析：

有关刘伯赐的记载仅见于陆文圭（公元1252年—公元1336年）的这篇文章。

丘定夫

公讳定夫，字景游[一]。焚香鼓琴，清净自娱。

《全元文》卷五六六陆文圭《同知丘公墓志铭》

注释：

［一］公讳定夫：丘定夫（公元1258年—公元1329年），字景游，江阴州（今江苏江阴）人。

评析：

丘定夫是丘崇的四世孙，丘崇与范成大、辛弃疾等人为友。

王生

客有王生者[一]，善琴律，颇涉书史。后以琴进朝列官，数子亦宦达云[二]。

《全元文》卷六〇二同恕《雷经历行状》

注释：

［一］王生：生卒年不详，许州（今河南许昌）人。

［二］宦达：仕途亨通。

评析：

雷震通在攻破许州城后俘获王生，并善待之。后来王生因病留在怀州，与雷震通十余年未通音讯。其后，雷震通与田雄宴饮时才知道王生在田雄处，雷震通建议田雄将王生置于儒籍，田雄采纳了雷氏的建议。由此来看，无论是雷震通还是田雄，都颇有惜才之心。

赵若焕

进贤赵君若焕尧章甫，宋宗室也[一]。年二十三，值火祚讫[二]，赋《草之茂》三章，援琴而歌，与箕子《麦秀歌》同其悲[三]。哀时运之已失，矢志义之不渝，略无移咎推怨之意[四]，视《麦秀》之辞为优。

《全元文》卷五一七吴澄《故逸士赵君墓志铭》

注释：

［一］赵君若焕：赵若焕（公元 1254 年—公元 1331 年），字尧章，进贤（今江西进贤县）人，宋宗室。

［二］火：火德，宋王朝属火德。祚：君位。讫：完结。值火祚讫：意思是正值宋朝灭亡。

［三］箕子《麦秀歌》：《史记·宋微子世家》中有“箕子朝周，过故殷虚，感宫室毁坏，生禾黍，箕子伤之，欲哭则不可，欲泣为其近妇人，乃作麦秀之诗以歌咏之。其诗曰：‘麦秀渐渐兮，禾黍油油。彼狡僮兮，不与我好兮！’所谓狡童者，纣也。殷民闻之，皆为流涕”。箕子的《麦秀歌》表现的是亡国之痛。

［四］略无：毫无。咎：过失，罪过。

评析：

赵若焕在宋朝灭亡之后就隐居乡间，放情山水。其人善音律，除了古琴之外，又擅洞箫，曾令人唱陶渊明《归去来辞》，自己吹洞箫以和声。

董舒隐

陈义高有诗《夜静听道友董舒隐弹李陵思汉因赋长歌以写其当时之意云呈傅初庵》[一]。

《全元诗》陈义高《夜静听道友董舒隐弹李陵思汉因赋长歌以写其当时之意云呈傅初庵》

注释：

［一］董舒隐：生平不详。《李陵思汉》：琴曲名。

评析：

董舒隐所弹琴曲为《李陵思汉》。

阎复

陈义高《送琴与阎子静承旨》[一]："我从西陲来，只挟书与琴。书以阅古道，琴将回古心。谁谓今之人，寥落无知音。先生一邂逅，磊磊开胸襟。慨然志气合，起我击节吟。请君弹文王，周雅尚可寻。再理杏坛操，鲁风尤所钦。莫调出塞曲，游子悲难禁。君归抑何赠，所愧无瑶琳。举琴以送君，聊比双南金。"

《全元文》陈义高《送琴与阎子静承旨》

注释：

［一］阎子静：阎复（公元1236年—公元1312年），字子静，号静轩，又号静山，高唐（今山东高唐）人。承旨：官职名。

评析：

这首诗中提到两首琴曲，一是《文王操》，一是《杏坛》。

翟太素

汴士翟太素雅善鼓琴[一]。

《全元文》卷一〇三五马祖常《书翟太素弹琴诗序后》

注释：

［一］翟太素：生卒年不详，汴（今河南开封）人。

评析：

马祖常在这篇文章中指出：古乐皆亡，只剩下古琴，虽然当时的琴乐已经不能表现古意，但也好过彻底灭亡。此言不虚。

刘守让

公姓刘氏，讳守让，字谦甫[一]。善属文，尤喜为歌诗。以其自号扁所居室曰本斋。琴樽图史，罗列左右。

《全元文》卷九七四黄溍《真定路深州知州致仕刘公墓志铭》

注释：

［一］公姓刘氏：刘守让（公元1257年—公元1331年），字谦甫，冀州南宫县（今河北南宫县）人。

评析：

刘守让有君子之风。

李天和(附李嵩寿)

新淦李天和[一]，儒宦之裔。少倜傥任侠[二]，客四方，即襄阳而家焉[三]。游艺之暇，寄迹于丝桐[四]。子嵩寿年十八[五]，已善继昭文之纶[六]，蚤慧可尚已[七]。

《全元文》卷四七六吴澄《赠琴士李天和序》

注释：

［一］李天和：生卒年不详，新淦（今江西新干县）人。

［二］任侠：指凭借权威、勇力或财力等手段扶助弱小，帮助他人。

［三］即：到。

［四］寄迹：托身。丝桐：琴。

［五］嵩寿：李嵩寿，李天和之子。

［六］昭文：人名，善弹琴，见《庄子·齐物论》。

［七］蚤：通“早”。

评析：

天历二年（公元1329年），琴师李天和命其子李嵩寿带书信造访吴澄，探讨三操即北操、江操、浙操的不同及五弦的离合。在吴澄看来，北操质朴，江操为衰世之音，而浙操秾丽促迫，他认为，李氏父子应取三操参互损益，才可能使古琴音乐近于古。

陈吾道

陈吾道善琴[一]，昔年尝听其声[二]。

《全元文》卷四九三吴澄《跋陈吾道赠言后》

注释：

［一］陈吾道：元代琴人，生平不详。

［二］尝：曾经。

评析：

吴澄还有一首《晴窗梅影里听陈吾道弹琴》诗，可与本文相互印证。

戴天声

《题琴士戴天声赠言》："耳未闻其琴，而已知其音。目未见其人，盖已知其心[一]。"

《全元诗》吴澄《题琴士戴天声赠言》

注释：

［一］戴天声：生平不详。

评析：

吴澄大约是以琴德比拟其人，因此说虽未见其人却已知其心。

周大江(附周常清)

庐陵周大江[一]，挟琴游士大夫间，号为琴师，莫之可俪也[二]。其子常清[三]，得其父之伎[四]。延祐戊午春[五]，予与同止宿者再浃日[六]。每于隔壁听其吟弄之妙，尘累为之顿消[七]，于是深服其伎之精。

《全元文》卷四九六吴澄《琴说赠周常清》

注释：

［一］周大江：生平不详，庐陵（今江西吉安）人，琴师。

［二］俪：比，相配。

［三］常清：周大江之子周常清，庐陵（今江西吉安）人，琴师。

［四］伎：技艺。

［五］延祐戊午：公元 1318 年。

［六］浃日：十日。

［七］尘累：世俗事务的牵累。

评析：

从朱思本的《周大江游仙诗》及吴澄的《跋玉笥山图》来判断，周氏父子应该都是道士。

袁桷（附黄依然）

黄君依然[一]，豫章太史之裔[二]，以琴游公卿。余未识之[三]，而余之嗜琴，当有同者。

《全元文》卷七二四袁桷《琴述赠黄依然》

注释：

［一］黄君依然：黄依然，自号雅山，江西人。

［二］豫章太史：指北宋著名文人黄庭坚。

［三］余：袁桷（公元 1266 年—公元 1327 年），字伯长，号清容居士，庆元（今浙江宁波）人。

评析：

袁桷自述嗜琴的诗文颇多，《题徐天民草书》中则说他曾经跟随徐天民学琴。

闵思齐

思齐精于琴[一]，知急焉不足以知操缦[二]，将缓以求，深惧其为孱缓也。考其中声[三]，按抑止泊[四]，澹兮若无营[五]，激兮若有感。

《全元文》卷七一五袁桷《送闵思齐调闽府序》

注释：

［一］思齐：闵思齐，陇西（今甘肃临洮）人。

［二］操缦：操弄琴弦。

［三］考其中声：考，合。考其中声，谓合其中和之声。

［四］止泊：停息。

［五］无营：无欲无求。

评析：

闵思齐弹琴能宽缓不急，追求中和之音。在袁桷看来，这种琴理与政事、文学、法理相通。袁桷又有《雷氏龙吟琴赞》注云：为闵思齐作。

周恭

袁桷有诗《以琴弦寄永嘉周子敬》[一]。

《全元诗》袁桷《以琴弦寄永嘉周子敬》

注释：

［一］周子敬：周恭，字子敬。

评析：

周恭疑为永嘉（今浙江温州）人，或居住于此。

罗大章

近世通南北，谓吴中所习琴为《浙谱》。其咎在杨司农[一]，缵讳其所自[二]。谱首于嵇康四弄[三]，韩忠献家有之[四]。侂胄为平章[五]，遂以传张参政[六]。其客永嘉郭楚望[七]，始紬绎之[八]。今人不察，百喙莫以解[九]，精于琴者始知之。北有《完颜夫人谱》，实宋太宗《阁谱》。余幼尝学之，其声数以繁。《完颜谱》独声缓差异，而裹声良同。字本于右军[一〇]，今而曰浙字。琴本于蔡、嵇[一一]，今而曰《浙谱》。吁！其孰能解之？玉笥罗道士大章[一二]，秀敏且文，其游于艺也，必求其极致。传余操调，尝以幽远冲寂之旨语之，当于其心，盖愈澹则人愈厌[一三]。

《全元文》卷七二四袁桷《示罗道士》

注释：

[一] 杨司农：杨缵，见前“杨缵”条。

[二] 讳：隐藏。

[三] 嵇康四弄：《长清》《短清》《长侧》《短侧》。嵇康，见前“嵇康”条。

[四] 韩忠献：韩琦，谥号“忠献”，韩侂胄曾祖。

[五] 侂胄：韩侂胄，南宋大臣，主战派。平章：官名，位在宰相之上。

[六] 张参政：张岩，官参政。见前“张岩”条。

[七] 郭楚望：见前“郭楚望”条。

[八] 紬绎：理出头绪。

[九] 百喙：百口。这句话的意思是纵有百口也难以解释清楚。

[一〇] 右军：指王羲之，世称“王右军”。

[一一] 蔡：蔡邕，见前“蔡邕”条。嵇：嵇康。

[一二] 大章：罗大章，玉笥山道士，擅琴，生平不详。

[一三] 厌：满足。

评析：

袁桷指出，《阁谱》的声音快速而且繁复，《完颜谱》的声音则相对缓慢，由此可以看出当时谱本的特点。

李齐民

释道惠有诗《赠李齐民地仙》[一]，题下小注：善琴。

《全元诗》释道惠《赠李齐民地仙》

注释：

［一］李齐民：生平不详。地仙：道教称住在人间的仙人。

评析：

诗中有云："月榻孤琴弹古操，云山双屐阅仙踪。吟诗放鹤潘郊老，醉墨图龙陈所翁。"潘郊老是北宋诗人潘大临，陈所翁则是南宋墨龙画家，释道惠以此二人比拟李齐民，则由此可以判断，李齐民能诗善画。

白贲

释德净有诗《听白无咎琴》[一]。

《全元诗》释德净《听白无咎琴》

注释：

［一］白无咎：白贲，号素轩，钱塘（今浙江杭州）人。

评析：

白贲又擅长绘画，张雨即有诗《白无咎蜀葵》。

焦茂卿

汪珍有诗《赠中山琴士焦茂卿》[一]。

《全元诗》汪珍《赠中山琴士焦茂卿》

注释：

[一] 焦茂卿：中山（今河北）人。

评析：

诗中提到焦茂卿弹奏了两首琴曲，一是《高山》，一是《流水》。

孔学诗

君讳学诗，字文卿[一]。日与宾客从容于琴册觞豆壶矢间[二]。

《全元文》卷九八五黄溍《溧阳孔君墓志铭》

注释：

[一] 君讳学诗：孔学诗（公元1260年—公元1341年），字文卿，人称性斋，溧阳（今属江苏）人。

[二] 觞豆：古代盛酒肴之具，泛指筵席。壶矢：壶与矢为投壶用具，因以称投壶。投壶是一种娱乐活动，宾主依次用矢投向盛酒的壶口，以投中多少决胜负，负者饮酒。

评析：

孔学诗是元杂剧作家，也有散曲作品，一生不仕。

欧阳德昭

元谭景星有《琴士欧阳德昭溪云说》一文[一]。

《全元文》卷九九八谭景星《琴士欧阳德昭溪云说》

注释：

[一] 欧阳德昭：生平不详。谭景星：字明望，号西翁，茶陵（今属湖南）人，元代文人。

评析：

欧阳德昭生平不详，仅能从谭景星的这篇文章中知道他是一个琴士。

赵时勉

君讳时勉，字致堂[一]。偕好友日鸣琴觞酒，婆娑歌咏以自娱，翛然若与世相忘者[二]。

《全元文》卷一二六七苏天爵《故曹州定陶县尹赵君墓碣铭》

注释：

[一] 君讳时勉：赵时勉（公元1273年—公元1327），字致堂，蔚州蜚狐（今河北蔚县）人。

[二] 翛然：超脱的样子。

评析：

赵时勉曾建家塾以延请老师教授子弟。

刘元(附邓文原、邓衍、张雨)

刘元相访竹斋[一]，清夜为余援琴，作《长清》《飞佩》等调[二]，宛然二十余年前闻诸四明袁公伯长父子及邓公善之之子庆长者[三]，不胜凄感。道士张伯雨亦偏善此[四]，相别亦二十年矣。寥寥此音，在天地间何可断绝。

《全元诗》虞集《听刘元弹琴序》

注释：

[一]刘元：字符善，真定（今河北正定）人。

[二]《长清》：琴曲名，传为蔡邕所作。《飞佩》：《飞佩吟》，琴曲名。

[三]袁公伯长：袁伯长，见“袁桷”条。邓公善之：邓善之，邓文原（公元1259年—公元1328年），字善之，又字匪石，钱塘（今浙江杭州）人，《元史》有传。庆长：邓衍，字庆长，杭州人，邓文原之子。

[四]张伯雨：张雨（公元1283年—公元1350年），一作张天雨，字伯雨，号贞居子，又号句曲外史，钱塘（今浙江杭州）人，茅山道士，与倪瓒、袁桷、虞集等人交游。

评析：

刘崧《刘元善弹琴诗》序云：“元善，真定人。尝游临川，为虞学士弹琴于天藻亭中。”所叙之事与此吻合。

元代陆友仁《研北杂志》记载张伯雨少年即学琴，其琴名“风林”，曾与赵孟頫论琴。

梁翰

梁翰，字文苑，临洮人[一]。性纯粹端静，言笑不苟，诗文醇实典雅，退食闭门端坐[二]，读书鼓琴，翛然自得[三]。

《甘肃通志》卷三十四

注释：

［一］梁翰：字文苑，临洮（今甘肃临洮）人。

［二］退食闭门端坐：退朝就食于家或公余休息。

［三］翛然：超脱的样子。

评析：

梁翰工诗文，风格醇厚典雅，有诗文集。大约文人读书鼓琴是一种常态，梁翰也不例外。

张观

公讳观，字观道[一]。既长，工为文，尤长于歌诗，不肯蹈袭陈言[二]。游戏翰墨，得古人笔意。善鼓琴，尝亲斫琴数十张，咸臻其妙[三]。

《全元文》卷九八一黄溍《延福太监张公墓志铭》

注释：

［一］公讳观：张观（公元1272年—公元1328年），字观道，自号湖山，占籍常熟，后移居杭州。

［二］陈言：陈旧的言辞。

［三］咸：全，都。臻：达到。

评析：

张观日与名人胜士交游，有《湖山小稿》及《横溪唱和集》。

朱琼

琼字廷玉[一]。一室罄然，陶器、琴书外无长物[二]，岁久，人持去，亦不较。

《全元文》卷一二七四朱德润《朱氏家传》

注释：

[一] 琼字廷玉：朱琼（公元1275年—公元1332年），字廷玉，昆山（今江苏昆山）人。

[二] 长物：多余的东西。

评析：

朱琼是朱德润的父亲，精《易》学，擅长阴阳卜筮之术，号明复先生。

马莹

仲珍闲居喜自修饰[一]，或佳客时至，情景俱胜，促觞命醑[二]，取琴鼓一再行，自吹洞箫，倚歌和之，一毫不以贫窭累其心[三]。

《全元文》卷八〇一柳贯《马仲珍墓志铭》

注释：

[一] 仲珍：马莹（公元1280年—公元1334年），字仲珍，自号雪梦居士，睦州建德（今浙江建德县）人。

[二] 促觞命醑：劝酒。

[三] 贫窭：贫穷。

评析：

马莹能诗能文能琴，可惜失意于科举考场，至死没有得到荐举。

阿荣

阿荣，字存初，怯烈氏[一]。以文翰自娱[二]，博究前代治乱得失[三]。日与韦布之士游[四]，所至山水佳处，鸣琴赋诗，日夕忘返。

《元史》卷一百四十三《阿荣传》

注释：

[一] 阿荣（约公元 1292 年—约公元 1333 年）：字存初，自号梅月庄主人，出身蒙古怯烈氏世家。

[二] 文翰：文章，文辞。

[三] 博究：广泛深入地查考研究。治乱：安定与动乱。

[四] 韦布：韦带布衣，借指寒素之士。

评析：

阿荣雅擅诗文，多才多艺，说明其受汉文化影响颇深。

多罗台

多罗台[一]，不仕，好琴书，有至性[二]，州以纯孝闻，旌其门[三]。

《全元文》卷五四〇程钜夫《大元河东郡公布都公神道碑铭》

注释：

[一] 多罗台：生卒年不详，西域巴喇勒哈（今属新疆）人。

[二] 至性：卓绝的品性。

[三] 旌：表彰。

评析：

多罗台出生于西域世家大族，他的父亲虽号称“巴图尔”（勇士），却一再告诫自己的儿子们要勉励读书，多罗台好琴书大约是受此影响。

孙道坚

孙君道坚[一]，博雅好古，以琴著名，常辟小斋于堂之后[二]，扁曰“琴所”。图史横陈，花木位置，日以课子孙为乐。薄轩冕而嗜琴书，立志亦可尚哉。予老懒好静，退居里闾，相与为莫逆之交。风和日丽，必诣其所，焚香默坐，鼓一再行，如聆淳音仙曲，沁沁乎洒然而喜也[三]。彼江湖来游者，邈不知太古之音，而以浙操、江西操媚于时。吁，安得与道坚同年而语哉！安得时康民阜，上与重华[四]，一赓薰风之为快乎[五]！

《全元文》卷六七八汪巽元《琴所序》

注释：

[一] 孙君道坚：孙道坚，休宁（今安徽休宁县）人。

[二] 常：通“尝”，曾经。

[三] 洒然：欣然。

[四] 重华：舜帝。

[五] 赓：应和。薰风：见前“帝舜”条。

评析：

从“浙操、江西操媚于时”这句话来看，元代浙操和江西操依旧盛行。孙道坚的琴曲风格近乎“古”，不同流俗，因此得到汪巽元的肯定。

另外，杨翮《琴所记》记载孙道坚有琴名“风雷”。

陈宗南

陈宗南不废儒业[一]，能琴诗以自怡[二]。

《全元文》卷一一二六释大欣《答族弟陈宗南道士书》

注释：

[一] 陈宗南：道士，江西人。

[二] 自怡：自娱。

评析：

陈宗南是释大欣的族弟。

赵宽

公讳宽，字子栗[一]。引年归家[二]，日具琴酒，徜徉娱乐。

《全元文》卷一二六〇苏天爵《元故承德郎真定路总管府判官赵公墓碑铭》

注释：

[一] 公讳宽：赵宽（？—公元 1338 年），字子栗，真定（今河北石家庄）人。

[二] 引年：年老辞官。

评析：

赵宽为人慈祥而教子严明，为政简静。

蔡洪哲

公讳洪哲，字无闷，交州道平康县人，自号中庵居士[一]。常以浮图禅旨琴书剂和为日用[二]，性又不喜干谒[三]，与世淡然，若将终身焉。

《全元文》卷一三六二李榖《有元奉议大夫太常礼仪院判官骁骑尉大兴县子高丽纯诚辅翊赞化功臣三重大匡右文馆大提学领艺文馆事顺天君蔡公墓志铭》

注释：

［一］公讳洪哲：蔡洪哲（公元1262年—公元1340年），字无闷，自号中庵居士，交州道平康县人，高丽人。

［二］浮图：对佛或佛教徒的称呼。禅旨：佛教禅宗的旨意。剂和：调和。

［三］干谒：为某种目的而求见地位高的人。

评析：

蔡洪哲技艺皆精，对佛教尤其精通，可见其汉化之深。

赵良佐

予友赵生良佐，字子有，宋安康郡王六世孙[一]。子有喜读书，善行草，及鼓琴，画竹石。

《全元文》卷一三七二杨维桢《亡友赵生哀辞》

注释：

［一］赵生良佐：赵良佐（公元1291年—公元1318年），字子有，北宋安康郡王赵宗隐六世孙。

评析：

赵良佐多才而有四海之志，可惜染病早逝。

张伯源

曹伯启有诗《送琴士瞽者张伯源游东浙》[一]。

《全元诗》曹伯启《送琴士瞽者张伯源游东浙》

注释：

［一］张伯源：生平不详。瞽者：盲人。

评析：

张伯源生平不详，仅能从这首诗中知道他是盲人。

乔光庭

东阳乔生光庭素善予[一]。光庭世医也，性耿介，欲以文墨自奋拔[二]。予每推户造之[三]，从容文史，间且引琴以自娱。当得趣墟市[四]，若无行人。神思悠邈，括宫纳羽，惊飙入弦，声在指外。尝为予制《山居》《骑气引》等曲[五]。骑气者，盖曰以是骑天地之正气云尔。

《全元文》卷一三七二杨维桢《亡友乔光庭哀辞》

注释：

[一]乔生光庭：乔光庭，东阳（今浙江东阳）人。予：指吴莱。

[二]奋拔：奋发有为。

[三]造：造访。

[四]趣：同“趋”。墟市：市集。

[五]《山居》：琴曲名，传为毛敏仲所作。《骑气引》：道家琴曲名。

评析：

乔光庭的人生大概也可以用这两首琴曲来概括，《山居》是他的生活状态，而《骑气》即所谓“骑天地之正气”者，正寄寓了乔光庭耿直的品性。

吴莱

始予少尝学琴[一]，学之数日，曾不能布指爪而辨徵角[二]。甚矣哉，琴道之远也。

《全元文》卷一三六四吴莱《古琴操九引曲歌辞》

注释：

[一]予：吴莱（公元1297年—公元1340年），字立夫，私谥“渊颖”，婺州浦江县（今浙江金华市）人。

[二]徵、角：均为五音之一。

评析：

吴莱为九引（烈女引、伯姬引、贞女引、思归引、霹雳引、走马引、箜篌引、琴引、龙丘引）琴操补其曲辞。

倪骧

吴兴倪处士，名骧，字子举[一]。登山临水，或坐盘石，竟日无一言[二]，忽有所得，则写之于琴，琴不足，又写之于画。

《全元文》卷一三一九《故处士倪君墓志铭》

注释：

［一］倪处士：倪骧（公元1293年—公元1342年），字子举，吴兴（今浙江湖州）人。

［二］竟日：终日。

评析：

倪骧的父亲倪渊是杨维桢的老师。倪骧自幼喜欢读书，后以其所学干谒当权者，不遇，因此绝了当官的念头，从此隐居，以琴画自娱。

方臣祐

臣祐闲召姻戚故人[一]，围棋鸣琴，盖优游者十余年。

《全元文》卷一一五五李齐贤《光禄大夫平章政事上洛府院君方公祠堂碑》

注释：

［一］臣祐：方臣祐（公元1267年—公元1343年），小字小公，高丽人，尚州中牟人。

评析：

方臣祐是高丽王朝末期的一位宦官，后跟随安平公主入元，裕圣皇后赐名“忙古台”，此后留在元朝。《高丽史》有传。

桂山

陈深有诗《赋桂山》[一]，题下小注：其人善琴、书大字。

《全元诗》陈深《赋桂山》

注释：

[一] 桂山：生平不详。

评析：

诗曰："小山桂树碧云西，三叠琴心月未低。曲罢便乘苍凤去，广寒琼牓要新题。"

脱帖穆耳

公讳脱帖穆耳，字可与，系出蒙古逊都台氏[一]。每遇风日清美，辄缓辔郊外，徜徉竟日[二]。或幅巾藜杖[三]，命家童抱琴自随，散步闾巷间[四]。

《全元文》卷九七七黄溍《明威将军管军上千户所达鲁花赤逊都台公墓志铭》

注释：

[一] 脱帖穆耳（公元 1261 年—公元 1344 年）：又作脱帖木儿，字可与，逊都台氏，居郏县（今河南郏县）。

[二] 竟日：终日。

[三] 幅巾：古代男子以全幅细绢裹头的头巾。藜杖：用藜的老茎做的手杖。

[四] 闾巷：里巷，乡里。

评析：

脱帖穆耳是成吉思汗时期的四杰之一赤老温的四世孙，喜欢与贤士交游，"清言雅论，亹亹不倦"，俨然是一个汉族文人士大夫的形象。

吴元英(附程端礼)

仲雄援琴为余鼓《樵歌》[一]，徵声清切[二]，泠泠乎太古之音[三]，渊乎其若思，忽乎其若遗。转而为宫声，春容而重迟[四]，则清都之操是已[五]。坐客大悦，于是又知君之能鼓琴也。余窃乐之，请学焉。君授予《忘机》[六]，然予蚤衰[七]，心手扞格[八]，虽成声，终莫能得其妙。当是时，京师之公卿大夫、四方宾客与其贵游子弟之造门者，唯琴是听，不知其又能为诗也。

《全元文》卷八〇八程端礼《燕台啸咏序》

注释：

[一] 仲雄：吴元英，字仲雄，江苏嘉定(今属上海)人。余：指程端礼(公元1271年—公元1345年)，字敬叔，号畏斋，鄞县(今浙江宁波)人。《樵歌》：琴曲名，传为毛敏仲所作，一说为汉代朱买臣作。

[二] 清切：声音清亮急切。

[三] 泠泠：形容声音清越、悠扬。

[四] 春容：声音悠扬洪亮。重迟：迟钝。

[五] 清都之操：疑即琴曲《清都引》。

[六]《忘机》：古琴曲，传为宋代刘志方所作。

[七] 蚤：通"早"。

[八] 扞格：互相抵触。

评析：

吴元英曾在佛寺墙壁上画墨龙，见者以为是真龙，可见其绘画才能，除此之外，吴元英工诗擅琴，但为人低调，不炫技以求知名于世。

程端礼跟随吴元英学习琴曲《忘机》，自言心不应手，这也许是初学者的通病。

张汝遴

吾友张汝遴[一]，得古人之琴焉，考其遗识[二]，则李唐时物也[三]。宛然含蓄之深，畅焉宣朗之美[四]。心有所蕴，则以托诸弦指之间，其所寄者远矣。即中条山之旧隐为斋以居之[五]，谓之“琴隐”。

《全元文》卷八五一虞集《琴隐斋记》

注释：

[一] 张汝遴：河中府河东（今山西永济）人。

[二] 遗识：遗留的标记。

[三] 李唐：唐朝，唐王室姓李，故称。

[四] 宣朗：明朗。

[五] 中条山：山名，在今山西境内。

评析：

张汝遴是虞集的朋友，根据虞集为张汝遴父亲撰写的《河中张公墓志铭》，张汝遴官至江西湖东道肃政廉访司知事、征仕郎。

郝天麟[一]

性端谨，好古嗜学，淹贯典籍[二]。家居延接宾客，鼓琴赋诗，泊如也[三]。

《全元文》卷九五九黄溍《万户郝侯政绩记》

注释：

[一] 郝天麟：生卒年不详，宛丘（今河南淮阳）人。

[二] 端谨：端正谨饬。淹贯：深通广晓。

［三］泊如：恬淡。

评析：

郝天麟在嘉定任上因为政绩卓著，颇得民心，因此嘉定父老请黄溍记录郝天麟的事迹并刻于石上。

陈旅

鲁哀公十有四年春，西狩获麟[一]。余览图而有感焉[二]，乃援琴而鼓。

《全元文》卷一一六七陈旅《题泣麟图》

注释：

［一］鲁哀公句：鲁哀公十四年（公元前481年）猎获麒麟，相传孔子作《春秋》至此而绝笔。

［二］余：陈旅（公元1288年—公元1343年），字众仲，兴化莆田（今福建莆田）人。

评析：

陈旅以文章著名，其文典雅峻洁，法度周密。《元史》有传。

陈宁

钱塘陈子安治琴书之室以燕处[一]。

《全元文》卷一一七四陈旅《约斋记》

注释：

［一］陈子安：陈宁，字子安，钱塘（今浙江杭州）人。燕处：闲居。

评析：

陈宁室名“约斋”，取自《论语·里仁》：“以约失之者鲜矣。”

李仲贤

李君仲贤治琴书之室于所居之南[一]，因以晤宾客也[二]。

《全元文》卷一一七五陈旅《雪所记》

注释：

［一］李君仲贤：李仲贤，生平不详。

［二］晤：见面，会晤。

评析：

雪所是李仲贤的室名，室内简净如雪，故名。

张汉臣

刘诜有《古诗三首赠张汉臣游金陵》诗[一]，题下注曰：能诗琴。

《全元诗》刘诜《古诗三首赠张汉臣游金陵》

注释：

［一］张汉臣：生平不详。

评析：

古诗三首其二曰："古桐蕴至理，出阳或施阴。和为祥凤鸣，悲作离鹄吟。高寄周孔思，清写夷齐心。子期不可铸，空有千黄金。天高九州岛岛旷，百世无知音。梦骑白麒麟，振衣蓬莱岑。"

钟清卿

刘诜有《赋袁州钟清卿清露轩二首》诗[一]，题下注曰：善琴。

《全元诗》刘诜《赋袁州钟清卿清露轩二首》

注释：

［一］钟清卿：袁州（今江西宜春）人，室名清露轩。

评析：

傅若金亦有诗《题宜春钟清卿清露轩》，题下注：清卿能琴。

刘士贵

刘诜有《赠刘士贵入京》诗[一]，题下注曰：能诗琴。

《全元诗》刘诜《赠刘士贵入京》

注释：

［一］刘士贵：生平不详。

评析：

从本诗内容来看，刘士贵入京是为了求取功名。

刘尊德

刘诜有《赠刘尊德善琴工画》诗[一]。

《全元诗》刘诜《赠刘尊德善琴工画》

注释：

［一］刘尊德：生平不详。

评析：

刘崧诗中曾提及“永丰刘尊德自南雄归，过宁都”，疑即此人，永丰今属江西吉安。刘诜诗中说“刘郎善琴如雍门，万感毕赴指下弦”，则其善琴无疑；又说“惜哉流落世未识，酒酣自赏诗千篇”，则其人能诗，却流落不偶。

武宽则

刘诜有《湖山歌送攸州武宽则再入京》诗[一]，题下注曰：宽则自号湖山，能诗琴。客京久，诸名公多赠以言。

《全元诗》刘诜《湖山歌送攸州武宽则再入京》

注释：

[一]武宽则：自号湖山，攸州（今湖南攸县）人。

评析：

揭傒斯有《寄题武宽则湖山堂》、刘鹗有《为武宽则赋湖山》，由此二诗，武宽则居处名“湖山堂”，因此自号“湖山”。

薛方彦

龙虎山中道士薛方彦[一]，有琴曰“条风”，甚爱之。燕一室[二]，时自抚弄，诚翛然尘外人也[三]。

《全元文》卷一〇五六李存《条风轩辞》

注释：

[一]薛方彦（公元1309年—公元1345年），龙虎山道士，贵溪（今江西鹰潭贵溪）人。

[二]燕：安闲。

[三]翛然：超脱的样子。

评析：

李存又有《薛方彦墓志铭》，从这篇墓志铭来看，薛氏一族多显官硕儒，入元后，由于科举制度废除，薛氏子弟大多信奉佛道，薛方彦就是其中之一，大约是借佛道而逃世。

李叔阳

叔阳质甚美[一]，工于诗，又善鼓琴。

《全元文》卷一〇六一李存《赠李叔阳之延平儒学学录序》

注释：

［一］叔阳：李叔阳，生卒年不详。

评析：

李叔阳生平不详，现在所能知道的，只有他曾任延平郡儒学学录之职。

芳洲法师

管子曰："不可呼以声，而可迎以音[一]。其蕤宾铁之谓欤？芳洲法师所蓄琴[二]，体制合古，篆铭特佳，近代所希有。"

《全元诗》张雨《蕤宾铁琴诗序》

注释：

［一］不可呼以声，而可迎以音：音即意，这句话是说可以意会而不可以言传。

［二］芳洲法师：西湖葛岭玛瑙寺僧人。

评析：

高明有诗《西湖葛岭玛瑙寺僧芳洲有古琴二一名石上枯一名蕤宾铁为赋诗二首》，由此可知，芳洲法师有两张琴，一名"石上枯"，一名"蕤宾铁"。张雨所赋即蕤宾铁。

另外，钱惟善有《石上枯》诗，题下小注曰："莲上人琴名。"同时，钱氏又有诗名《蕤宾铁》，则可以推断，莲上人即芳洲法师。

本无上人(附秋海上人)

张雨有《本无秋海二上人鹄湾月夜弹琴》诗[一]。

《全元诗》张雨《本无秋海二上人鹄湾月夜弹琴》

注释：

[一]本无：本无上人，僧人，生平不详。秋海：秋海上人，僧人，生平不详。

评析：

释梵琦有诗《本无上人隐逸斋》，则本无上人斋名为“隐逸”。

张庸有《赠印秋海上人弹琴》诗，李晔有《送琴僧印秋海归东林》诗，疑即秋海上人。

袁矩

至正四年十一月[一]，袁员外来林下[二]，为留兼旬[三]。腊月十七日，快雪初霁，庭无来迹。与仆静坐，因取琴鼓之。古音萧寥，如茂松之劲风，春壑之流水。

《全元文》卷一四三九倪瓒《听袁员外弹琴序》

注释：

[一]至正四年：公元1344年。

[二]袁员外：袁矩（公元1263年—？），字子方，镇江（今江苏镇江）人。根据倪瓒《听袁员外弹琴序》，至正四年袁子方八十二岁。

[三]兼旬：二十天。

评析：

倪瓒与袁矩为忘年之交，二人初识之时，倪瓒刚及弱冠，而袁矩已经六十岁。倪瓒诗

《听袁子方弹琴》《八月十八日萧闲道馆听袁南宫弹琴是日风雨萧然有感而作》等诗中的袁氏都是袁矩。

陈征

天倪先生[一]，读书鼓琴，不慕荣进[二]，澹泊无欲，以终其身。

《全元文》卷一四三九倪瓒《云林竹图并题卷》

注释：

［一］天倪先生：陈征（公元 1297 年—公元 1348 年），字明善，时称天倪先生，庐山（在今江西九江）人。

［二］荣进：荣升高位。

评析：

陈征早年与吴澄交游，也曾经游历燕赵等地，遍访名公巨卿。后居于吴中，即现在的江苏苏州，于此终生读书鼓琴。

何体仁

先生名体仁，字德元，姓何氏[一]。博通经史，尤精于《易》，妙于琴事。岁晚自号濆川渔逸，日以觞咏琴曲自娱。

《全元文》卷一六七九薛泰《故濆川渔逸何先生墓碣铭》

注释：

［一］体仁：何体仁（公元 1272 年—公元 1350 年），字德元，自号濆川渔逸，无

极（今河北无极）人。

评析：

何体仁是元代理学家，延祐年间举茂才，授本县教谕，秩满隐居不仕，书斋名“空谷”。

翟思忠

吴克恭诗题云：“赋翟志道家三琴[一]，翟年五十九以青阳县令引年[二]，盖高士也。”

《全元诗》吴克恭《赋翟志道家三琴翟年五十九以青阳县令引年盖高士也》

注释：

[一] 翟志道：翟思忠，字志道。下邳（今江苏宿迁）人。

[二] 引年：辞官。

评析：

从“斫者识雷威”这句诗来看，翟家的琴应该是唐代雷威所制。翟志道曾经弹奏所藏古琴：“我尝听公弹，空斋坐忘饥。松飙度落雪，竹日流清霏。或时作龙吟，华玉吼朝曦。或时岭猿叫，夜涧空霜飞。或时逞浏亮，露鹤鸣江矶。”

刘世贤(附刘伯容、刘仲祁)

先生讳世贤[一]，承世家流风遗泽[二]，以琴专门，著称名公间。戊寅岁[三]，留江阴，数过家君[四]，欲以平生所得意《御风》《骑气》二曲授逢[五]。逢时笃志读书，每告以授未晚也。今先生没已久矣[六]。窃尝怪嵇康之《广陵散》，靳而不传[七]，及濒死方自悔责。先生斯二曲，盖不在《广陵散》下，推其盛心[八]，贤于康远矣。辛丑秋，先生之子伯容、仲礼[九]，会逢于云间曹贞素故第[一〇]。因谓先生过爱若此[一一]，伯仲忻然取琴为奏前曲各一行[一二]。

《全元诗》王逢《题虞奎章赠刘希孟先生琴序后》

注释：

[一] 世贤：刘世贤（？—公元 1353 年），字希孟，景州东光（今河北）人，后徙湖州。

[二] 流风遗泽：前代留传下来的风尚和德泽。

[三] 戊寅岁：公元 1338 年。

[四] 数：屡次。过：拜访，探望。家君：家父。

[五] 《御风》：道家琴曲名，即《列子御风》，一名《御风行》。《骑气》：道家琴曲名，一名《神游六合》。逢：即王逢。

[六] 没：同“殁”。

[七] 嵇康之《广陵散》句：见前“嵇康”条。

[八] 盛心：深厚美好的情意。

[九] 伯容、仲礼：刘世贤的两个儿子。

[一〇] 云间曹贞素：曹知白，字贞素，云间（今上海）人。故第：旧居。

[一一] 过爱：犹错爱。

[一二] 伯仲：刘伯容、刘仲礼。忻然：欣然。

评析：

刘世贤一直想将自己得意的琴曲《御风》《骑气》传授给王逢，但王逢当时专心读书，总认为以后再学也不晚，直至刘氏去世。后来，刘氏的两个儿子伯容、仲礼又弹奏了这两首琴曲。

王逢认为，《御风》《骑气》不亚于《广陵散》，嵇康禁而不传，刘世贤却热情地想要传授给王逢，对比之下，从气度上来说，刘氏要贤于嵇康。

另外，袁桷、黄玠、杨载等人诗文中也多记载刘世贤弹琴事。倪瓒有诗《二月晦日听刘伯容弹琴》，此刘伯容疑即刘世贤之子。王逢又有《石林一首赠琴友刘仲礼》一诗。

章齐

君讳齐，字叔敬，姓章氏[一]。长善诗，尤好琴。

《全元诗》王逢《题章叔敬诗稿志铭后附》

注释：

[一] 章氏：章齐（公元1319年—公元1355年），字敬叔，江阴（今江苏江阴）人。

评析：

章齐与王逢是同乡，又在同处学习。其人事父至孝。

章仁正

柘湖章仁正氏[一]，敦善礼士[二]。有琴一，其阴赞曰[三]：淳风虽邈[四]，正声可招。澄怀而作[五]，太古非遥。

《全元诗》王逢《澄怀三叠序》

注释：

[一] 章仁正：柘湖（今上海金山）人。

[二] 敦：笃实。

[三] 赞：一种文体。

[四] 淳风：敦厚古朴的风俗。邈：远。

［五］澄怀：静心。

评析：

王逢为章仁正的居室命名“澄怀”，正是因为这张琴的缘故。

周子固

黄玠有《听周子固琴》诗[一]。

《全元诗》黄玠《听周子固琴》

注释：

［一］周子固：溧阳（今江苏溧阳）人。

评析：

诗云：“周郎妙音解，矑子光射人。山水有雅曲，徽音得其真。神闲应接暇，气和节调匀。鱼鸟亦飞跃，云风忽轮囷。令我不能去，永怀愿相亲。”周郎一句，用周瑜精通音律（曲有误，周郎顾）的典实暗喻周子固善琴。

王彦辅

黄玠有《琴士王彦辅》诗[一]。

《全元诗》黄玠《琴士王彦辅》

注释：

［一］王彦辅：生平不详。

评析：

诗云："八音各殊器，可贵在丝属。弦歌皆雅调，清庙特于穆。斯人久已逝，唱咏不可续。似闻汉中叶，犹传鹿鸣曲。旧谱今尽非，虚声以相逐。琵琶马上啼，箜篌水中哭。弛张异所宜，弦高哀响促。庶子一洗之，高弹继遗躅。"黄玠以为王彦辅的琴音能上继汉前遗音。

濮允中（附黄南窗）

黄玠有《濮乐闲得唐雷霄琴黄南窗鼓之》诗[一]。

《全元诗》黄玠《濮乐闲得唐雷霄琴黄南窗鼓之》

注释：

［一］濮乐闲：濮允中，字乐闲，崇德（今浙江桐乡）人。黄南窗：生平不详。

另外，黄玠还有《黄南窗小像》《与黄南窗陈直卿吴江长桥晚望》等诗，可见二人交往颇多。

评析：

濮允中得到一张唐代雷霄制作的古琴，由黄南窗弹奏，黄玠赋诗吟咏其事。

朱仙

吾衍有《朱仲山买李生琴》诗[一]。

《全元诗》吾衍《朱仲山买李生琴》。

注释：

［一］朱仲山：朱仙，字仲山，婺州（今浙江义乌）人。

评析：

诗中有云：一奏鹳舞操，冷风为相随。千金尔何神，致此太古姿。

李存（附祝玄衍、邓宇、刘祀）

余少时亦尝学琴[一]，粗能二三小操，顾穷乡下里[二]，最难得弦，遂尔废忘[三]，然终未能无情于此也。向天冠山中祝练师丹阳惠余一琴[四]，咸谓可寄恉[五]。有损破，近上清道士邓子方为修[六]，意老去无憀时[七]，或稍稍寻绎也[八]。古圣人制琴瑟，为可以养吾中和焉耳。憧憧往来[九]，怠惰跛倚者[一〇]，不能鼓也。孟中淳愿士[一一]，好之不已，必将有得于铿然之外也[一二]。

《全元文》卷一〇六一李存《赠临川刘孟中弹琴序》

注释：

［一］余：李存（公元1281年—公元1354年），字明远，又字仲公，学者称“俟庵先生”。饶州安仁（今江西余江）人。

［二］下里：乡里，乡野。

［三］遂尔：于是。

［四］祝练师丹阳：祝丹阳，即祝玄衍，号丹阳，贵溪（今江西鹰潭贵溪市）人。道士，工书画。向：从前。天冠山在今江西贵溪市。练师：炼师，德行高超的道士。惠：惠赠。按，李存又有《祝丹阳以古琴见惠且寄以诗次韵答之复以史略一本为谢》诗。

［五］恉：意旨。

［六］邓子方：邓宇，字子方，号止庵、神乐方丈、临川逸民、清壑樵叟、雪鹤山人等，上清宫道士，临川（今江西抚州）人。按，李存《送邓子方远游序》中说：“子方能吟诗，

能鼓琴，能写竹石，且有道术。”

［七］无憀：闲而烦闷。

［八］寻绎：反复探索。

［九］憧憧往来：往来不绝。

［一〇］跛倚：站立歪斜不正，倚靠于物，指不端庄的样子。

［一一］孟中：刘礼，字孟中，临川（今江西抚州）人。李存弟子。

［一二］铿然：声音响亮，这里指琴声。

评析：

李存幼年时期就喜欢弹琴，只能粗略地弹两三首小曲。由于乡野之间难于得到古琴，最终放弃，但成年后仍不能忘情于琴。后来道士祝丹阳赠送了一张琴给李存，破损的地方被道士邓子方修好，李存希望老去无聊时能够弹琴以养中和之气，但由于自己世俗往来不绝，加之怠惰懒散，还是没能继续弹琴。由此，在他看来，爱好弹琴并且能坚持不懈的刘礼必有所成。

叶则善（附吴斯许）

余闻龙虎山善琴之士二：一为叶君则善，一为吴君斯许[一]。去年夏入山中，则善为余作于滨洲之上，使人如乘云飞游太虚[二]，岂有毫发尘垢为吾累哉！但未知何时得听斯许作也。旧亦能数操，以穷乡下里艰得弦，不弹者二十余年，今忘矣夫[三]。间遇琴[四]，虽颜回商意寻之，而不成声。自度老不能学，且十指多强痛者。安得时从则善携琴遍游山前后，兴到即盥流泉[五]、坐盘石作之，顾不足乐吾余年乎！

《全元文》卷一〇六三李存《题叶则善弹琴卷》

注释：

［一］叶君则善：叶则善，龙虎山道士。吴君斯许：吴斯许，龙虎山道士。

［二］太虚：指天。

［三］旧亦能数操句：见前“李存”条。

［四］间：间或。

［五］盥：洗。

评析：

或许是李存因为存了没能坚持弹琴的遗憾，他特别喜欢与琴人交游，叶则善就是其中之一。

周微之

龙虎山中道士周君微之[一]，能以其余力赋诗鼓琴，为大小二篆书。

《全元文》卷一〇六五李存《散木亭记》

注释：

［一］周君微之：周微之，龙虎山道士。

评析：

从薛方彦、叶则善、吴斯许、上官九龄到周微之，都擅琴，可见龙虎山道士多为奇士。

上官九龄

龙虎山中上官炼师九龄[一]，尝得一琴于蜀人王氏，其阴之刻曰“秋声”。余游古象山，道谒炼师[二]，适当秋半之夕，炼师为一抚弄，真铿然金石声。

《全元文》卷一〇六五李存《复琴记》

注释：

［一］上官炼师九龄：上官九龄，龙虎山道士。

［二］谒：谒见。

评析：

上官九龄琴名“秋声”。

胡茂卿

胡君茂卿以“心隐”名其堂[一]。或琴或书，而未尝虚几也[二]。

《全元文》卷一〇六六李存《心隐堂记》

注释：

［一］胡君茂卿：胡茂卿，鄱阳（今江西鄱阳）人。

［二］几：几案，桌子。

评析：

胡茂卿室名“心隐”。中国古代文人将隐逸分为三种类型：一曰大隐，即身在朝市而心志超脱者；一曰中隐，即吏隐，身虽为官而一如隐者；一曰小隐，即居于山林而隐者。李存说胡茂卿是“市邑人也”，又以“心隐”名其室，可见他是以大隐为目标的。

曹知白

追思翁康强时[一]，幅巾野褐[二]，扶短笻竹[三]，招邀文人胜士，终逍遥于嘉花美木、清泉翠石间。论文赋诗，挥麈谈玄[四]，援琴雅歌，觞咏无算，风流文采，不减古人。

《全元文》卷一八四六邵贞亨《题钱素庵所藏曹云翁手书龙眠述古图序文》

注释：

［一］翁：曹知白（公元 1272 年—公元 1355 年）。字贞素、又玄，号云西。其先福建人，移居华亭（今属上海）。康强：康健。

［二］幅巾：古代男子以全幅细绢裹头的头巾。野褐：粗布衣服。

［三］笻竹：手杖。

［四］挥麈：晋人清谈时，常挥动麈尾以为谈助。后因称谈论为挥麈。

评析：

曹知白是元代著名画家，与杨维桢、倪瓒等人皆有往来。虞集在《厚堂记》中也说："至贞素，益能事琴书。"

陈淑真

陈淑真，富州陈璧之女[一]。璧故儒者，避乱移家龙兴[二]。淑真七岁能诵诗鼓琴。至正十八年[三]，陈友谅寇龙兴[四]，淑真见邻妪仓皇来告，乃取琴坐牖下弹之[五]。曲终，泫然流涕曰："吾绝弦于斯乎！"父母怪，问之，淑真曰："城陷必遭辱，不如早死。"明日贼至，其居临东湖，遂溺焉。水浅不死，贼抽矢胁之上岸，淑真不从，贼射杀之。

《元史》卷二百一《列女传》

注释：

[一] 陈淑真（？—公元1358年），富州（今云南富宁）人，儒者陈璧之女。

[二] 龙兴：地名，在今江西南昌。

[三] 至正十八年：公元1358年。

[四] 陈友谅：元末农民起义军首领。

[五] 牖：窗。

评析：

陈淑真幼年便能够弹琴赋诗，可见是才女；陈友谅攻打龙兴，义不受辱，跳水而死，可见是烈女。

李康

李康，字宁之，桐庐人[一]。工诗文，旁及书画琴奕，无不冠绝一时。

《新元史》卷二百三十八《文苑传·李康》

注释：

[一] 李康：生卒年不详，字宁之，桐庐（今浙江杭州桐庐）人。

评析：

至正二年（公元1342年），李康拒绝了郡守的征聘，其后，再次拒绝朝廷征召，可见其骨气操守。

廉野云[一]

进则竭心陈力以赞其治[二]，退则弹琴读书以乐吾天。

《全元文》卷五三四程钜夫《遗音堂记》

注释：

［一］廉野云：生卒年不详，高昌（今新疆吐鲁番）人。

［二］陈力：施展才力。赞：辅佐。

评析：

关于廉野云的名字，学术界有多种说法，有人以为是廉希宪，也有人认为是廉希恕、廉希闵，除此之外，也有学者认为应当是廉希宪之子廉恒。

以上诸说供读者参考，本书径取其号“野云”录入。

鲁明善

公讳铁柱，以明善为字，而以诚名其斋[一]。平日好鼓琴，得古人之意。至是，亲定其谱为八卷，而郑卫之音不得少干于《雅》《颂》者矣[二]。此其所以善为政，而异于常人者欤！

《全元文》卷八八二虞集《靖州路达鲁花赤鲁公神道碑》

注释：

［一］公讳铁柱：鲁明善（公元1271年—公元1368年），名铁柱，字明善，以字行，号诚斋，高昌（今新疆吐鲁番）人，维吾尔族。

［二］郑卫之音：春秋战国时郑卫两国的民间音乐。因不同于雅乐，曾被儒家指为“乱世之音”。干：触犯、干扰。

评析：

鲁明善是元代农学家，著有《农桑衣食撮要》。鲁明善在桂阳任上弹琴并制定琴谱，很显然是学习春秋时期宓子贱弹琴治单父的做法。

罗禹圭(附邓真)

至正四年春，临江之新淦玉笥山道士罗禹圭[一]，以大宗师吴公所赐诗[二]，令其弟子之学琴者邓真[三]，持以示集，且求一言。

禹圭每援琴而歌，意在高山，则浮云西悲，意在流水，则逝波东咽。

《全元文》卷九〇〇虞集《罗母郭氏孺人墓志铭》

注释：

[一] 罗禹圭：新淦玉笥山（今属江西）道士。至正四年：公元 1344 年。

[二] 大宗师吴公：元代著名玄教道士吴全节。

[三] 邓真：玉笥山道士，罗禹圭弟子。

评析：

罗禹圭使弟子邓真致意于虞集，请虞集为禹圭之母郭氏撰写墓志铭，由此，我们知道罗禹圭和邓真皆能弹琴。

萧祥嘉

祥嘉少有志操[一]，常以古人自期[二]。客至赋诗弹琴，围棋赌酒[三]，连日夜不厌。平居焚香默坐，不知斯世为何如。

《全元文》卷九三〇揭傒斯《萧景能墓志铭》

注释：

［一］祥嘉：萧祥嘉（公元1300年—公元1325年），字景能，庐陵（今江西吉安）人。志操：志气操守。

［二］自期：自许。

［三］赌酒：以某种方式比赛，负者罚酒。

评析：

萧祥嘉笃学好问，喜欢写诗，又多藏唐宋名人字画、汉魏石刻，可惜只活了二十六岁。

萧性渊

番阳萧性渊携其祖将领所爱唐琴号霜钟者还自和林［一］，求诗，六月三日五门宣赦后作。

《全元诗》揭傒斯《番阳萧性渊携其祖将领所爱唐琴号霜钟者还自和林求诗六月三日五门宣赦后作》

注释：

［一］萧性渊：鄱阳（今江西鄱阳）人。和林，地名。

评析：

唐琴“霜钟”是萧性渊的曾祖在宋南渡时所收藏的。另外，据诗题，萧性渊的曾祖是宋代将领，萧氏为古琴世家。

除了揭傒斯吟咏其事之外，宋褧、马祖常亦有诗云萧性渊能鼓琴。

元善之

公讳善之[一]，通介多能[二]，处事徐详[三]，无不办者。琴与棋妙绝一时。

《全元文》卷一六〇九崔瀣《大元故征东都镇抚高丽国匡靖大夫检校佥议评理兼判内府寺事元公墓志》

注释：

[一] 公讳善之：元善之（公元 1281 年—公元 1330 年），高丽人。

[二] 通介：通达耿介。

[三] 徐详：舒缓安详。

评析：

元代有不少高丽人精通琴棋书画的，元善之就是其中一位。元善之还曾购置大量药材，很多人赖以存活。

项崇节

宋褧有诗《琴士项崇节还新安其人居京师七年尝为威顺王及鲁国长主琴》[一]。

《全元诗》宋褧《琴士项崇节还新安其人居京师七年尝为威顺王及鲁国长主琴》

注释：

[一] 项崇节：生平不详。威顺王：元朝宽彻不花爵名。鲁国长主：元朝鲁国大长公主祥哥剌吉。

评析：

项崇节在京师居住了七年，曾经为威顺王和鲁国大长公主弹琴。诗中“无生不奏郁轮袍”，即以唐代王维为公主弹奏《郁轮袍》的典故来指代项崇节为鲁国大长公主弹琴之事。

徐勉之

鄱阳徐勉之所藏琴之号风篁[一]。

《全元文》卷一八四二杨翮《风篁琴记》

注释：

［一］徐勉之：鄱阳（今江西鄱阳）人。至正十九年（公元1359年）明将胡大海攻绍兴，三月不下，勉之撰《保越录》记其事。

评析：

释大欣也有文章《徐勉之有琴曰风篁为作风篁引》。

李子奇

同郡李子奇[一]，有材艺而自隐于世者也[二]。尤善琴，得美材，辄亲砻斫[三]，调髹漆治饰[四]，制范古雅。遇水竹佳处，正襟抚几，为鼓一再行，陶然适趣[五]，傍若无人。

《全元文》卷一一五六黄镇成《赠送李子奇序》

注释：

［一］李子奇：邵武（今福建邵武）人。黄镇成也是福建邵武人，所以说是同郡。

［二］材艺：才智艺能。

［三］砻斫：磨和砍削。

［四］髹漆：油漆。

［五］适趣：自得其趣。

评析：

李子奇是好古博雅之士，凡钟鼎篆籀分隶之书，律吕旋宫正变之法，皆能穷究之。

赵鸾

赵鸾，字善应[一]。能琴，居且年[二]，参政不知[三]。偶援琴自怡，夫人始一鼓，乃能十余曲。

《全元文》卷一一七七陈旅《鲁郡夫人赵氏墓志铭》

注释：

［一］赵鸾（公元1308年—公元1341年）：字善应，封鲁郡夫人，四川成都人，雍古族。元朝鲁国公赵世延的女儿，文学家许有壬的妻子。

［二］且：将近。

［三］参政：许有壬，许有壬曾任参知政事。

评析：

赵鸾生于将相之家，聪慧而贤能，赵世延曾教她卜筮之术，颇能应验。

许彦栗

彦栗之于琴道也[一]，琴而道乎，道而琴乎？判而二乎[二]？合而一乎？

《全元文》卷一一八八许有壬《题许彦栗琴道书院卷》

注释：

[一] 彦栗：许彦栗，生平不详。

[二] 判：分开。

评析：

许有壬的疑问是：昔年桓谭著《琴道》，谓琴能通神明之德，合天地之和（此为正声），然而光武帝刘秀命桓谭鼓琴，却喜欢桓谭弹奏繁声（即新声，非正声），那么，这就与桓谭所谓“琴道”产生了矛盾。许有壬希望许彦栗的琴能解答，可惜的是，我们到最后并不知道许彦栗是否完美地解决了这一问题。

江珍伯

珍伯有书室[一]，额以“可斋”。客至，雅歌琴棋，寓于物不交于物，随其所遇，未尝求备焉，可谓自足者矣。

《全元文》卷一一九〇许有壬《可斋解》

注释：

[一] 珍伯：江珍伯，醴陵（今湖南醴陵）人。

评析：

寄意于物又不交于物，说明江珍伯奉行老庄思想。

徐舜臣

君讳舜臣，字熙载[一]。年五十，屏迹不复出[二]，凿井种竹，治具娱客[三]，客去则琴书自适，视轩冕漠如也[四]。

《全元文》卷一一九九许有壬《故元处士徐君墓志铭》

注释：

[一] 君讳舜臣：徐舜臣，字熙载，乐平永丰里（今江西乐平）人。

[二] 屏迹：隐居不出。

[三] 治具：设宴。

[四] 轩冕：指官位爵禄。漠如：漠然。

评析：

徐舜臣有词采而好客，以琴书自乐而视官位于无物。

周贞

周贞，字子固，晚号玉田隐者[一]。雅好鼓琴，家居无事，必引琴以自娱。一日大雨雪，有权贵人联骑诣门[二]，进肴酒，请为白雪之操[三]。贞厉声曰："大乐与天地同和[四]。今天大寒，是岂乐一饷时耶？且若独不闻戴逵破琴之事乎[五]？"客愧谢而去。

《全元文》卷一六三八戴良《周贞传》

注释：

[一] 周贞（公元1273年—公元1355年）：字子固，晚号玉田隐者，仪真（今江苏仪征）人。

[二]诣门：登门。

[三]白雪：琴曲名。

[四]大乐：指庄重典雅的音乐，是儒家思想中最完美的乐。大乐与天地同和：语出《礼记·乐记》，意思是大乐与天地自然地和谐。

[五]戴逵破琴之事：见前“戴逵”条。

评析：

周贞颇有魏晋人遗意，擅长绘画，尤其精通音律，平素经常与客人谈玄，亹亹不倦。

萨都剌

倪瓒有《宿萨判官斋听其鼓琴》诗[一]。

《全元诗》倪瓒《宿萨判官斋听其鼓琴》

注释：

[一]萨判官：萨都剌（约公元1280年—公元1348年），字天锡，别号直斋，元代文学家、画家。

评析：

诗云：“萨公能琴贤且文，城闉一遇何欢忻。高堂扫榻新雨霁，为鼓潇湘之水云。竹林萧瑟风袅袅，山日晻霭波沄沄。曲终推琴意愈淡，忍即别去随飞蚊。”

张员妻

张妇者，吴越间隐人张员妻也[一]。雅善鼓琴，喜为诗歌，习之昼夜不倦，如学士大夫。每遇员食饮不继[二]，终日清坐相看[三]，甚无聊赖，则为援琴而弹，一唱三叹，有遗世之心焉[四]。

《全元文》卷一六三九戴良《张妇传》

注释：

［一］张员妻：姓徐，鄱阳（今江西鄱阳）人，隐士张员的妻子。

［二］员：张员。食饮不继：生活贫困，没有食物。

［三］清坐：安闲静坐。

［四］遗世：超脱人世。

评析：

张员家庭贫困至极，上无片瓦遮身，下无立锥之地，甚至连三餐都无以为继，徐氏处此环境之下，仍能“不孜孜于温饱，不戚戚于乏绝”，弹琴赋诗，其风姿较之文人士大夫，亦不遑多让。

胡履辉

君讳履辉，字清翁[一]，日畅情琴书古画。

《全元文》卷一四一四李祁《故胡君涧月居士墓志铭》

注释：

［一］君讳履辉：胡履辉（公元 1295 年—公元 1357 年），乳名月，字清翁，别号涧月，庐陵（今江西吉安）人。

评析：

胡履辉曾刊刻杨万里、文天祥、刘辰翁等人的文集，而这些文人都是江西吉安人。

徐养吾

徐养吾炼师[一]，朝登山巅观日出，夜听松风撼山作海涛，每援琴写之，泠然八表也[二]。

《全元文》卷一二〇九郑元佑《送徐尊师序》

注释：

[一] 徐养吾：道士，吴（今江苏）人。

[二] 泠然：轻妙。八表：八方之外，形容极远的地方。

评析：

从郑元佑（公元 1292 年—公元 1364 年）《送徐尊师序》中“予方盛年，养吾亦甫冠”的话来判断，二人年齿相当。

小璚英(附翠屏、素真)

时炎雨既霁[一]，凉阴如秋，琴姬小璚英、翠屏、素真三人侍坐与立[二]，趋歙俱雅音[三]。

《全元文》卷一二二〇吴克恭《分题诗序》

注释：

［一］霁：放晴。

［二］小璚英、翠屏、素真：三人生平均不详，琴姬。

［三］趋：节奏。歈：歌。

评析：

至正九年（公元1349年），吴克恭参加了元代末年著名的玉山雅集活动，十余位文人雅士以杜甫“暗水流花径，春星带草堂”之韵分阄，各自作诗。小璚英、翠屏、素真做为琴姬也参与了这场雅集。

汪审斋

许有壬有《题汪审斋霜钟峄琴和虞伯生韵》诗[一]。

《全元诗》许有壬《题汪审斋霜钟峄琴和虞伯生韵》

注释：

［一］汪审斋：生平不详。

评析：

汪审斋琴名“霜钟峄”。

颜冲和

黄冠冲和师姓颜氏[一]，以善琴行四方，曰琴隐者，托也[二]。

《全元文》卷一二二四周霆震《琴隐铭》

注释：

[一] 颜氏：颜冲和，姓颜，冲和为道号。黄冠：代指道士。

[二] 托也：有所寄托。

评析：

冲和道士生活于兵戈扰攘的元代末年，以“琴隐”自名，或有逃世之意。

杨雪

处女名雪，字玉霙，余从父女弟也[一]。年十三善琴，十五攻词翰[二]，二十许陈氏子。未娶，陈殁，遂守志不嫁。

《全元诗》杨维桢《处女冢序》

注释：

[一] 杨雪：字玉霙，杨维桢堂妹，诸暨（今浙江诸暨）人。

[二] 词翰：诗文，词章。

评析：

杨雪多才但命运多舛，还没等到出嫁，陈氏子就已亡故，杨雪立志不再嫁。战乱时，杨雪闭户饿死，时年四十二。

唐古德(附马清献)

马君九霄作亭豫章城居之东北隅[一]，以贮琴书。其祖御史大夫覃国公始居于斯[二]，及今仕于斯者三世矣。覃国贵而能贫，太常易名清献[三]，与宋贤赵公同谥清献[四]，凡仕所至，惟琴鹤相随。九霄遂以“琴鹤双清”名亭云。

《全元诗》吴当《琴鹤双清亭并序》

注释：

［一］马君九霄：马九霄，唐古德，字立夫，回鹘（今维吾尔族）人，“马”是唐古德父亲所用的汉姓，马九霄是唐古德的汉名。豫章城：今江西南昌。

［二］覃国公：唐古德的祖父，追封覃国公，谥“清献”，故称马清献。

［三］太常：官名，掌祭祀礼乐。

［四］赵公清献：赵抃，见前“赵抃”条。

评析：

唐古德是元代著名散曲家薛昂夫的弟弟，在江西南昌构“琴鹤双清”亭。

蔡仲玉

天台蔡仲玉[一]，以琴访予水南山北楼。希音跫然[二]，而无近世新声之变。盖蔡君力执古道，而深造乐情者也[三]。

《全元文》卷一二八六杨维桢《琴赋》

注释：

［一］蔡仲玉：天台（今浙江天台）人，生平不详，约与杨维桢（公元 1296 年—公元 1370 年）同时。

［二］希音：奇妙的声音。踶然：稀少。

［三］乐情：音乐的情味。

评析：

蔡仲玉在古琴音乐上追求“古道”，与当时流行的新声不同，这与杨维桢的古琴音乐观念正好契合。

杨维桢

抱遗老人尝得古琴于赤城[一]，相传贾师相故物[二]。以故琴有焦尾材，又声如秋声，故名之曰“赤城焦氏秋”。

《全元文》卷一三二二杨维桢《七客者志》

注释：

［一］抱遗老人：杨维桢（公元1296年—公元1370年），字廉夫，初号梅花道人，又号铁崖、铁笛道人、铁心道人、铁冠道人、抱遗道人、东维子等。诸暨（今浙江诸暨）人。赤城：地名，今河北赤城。

［二］贾师相：贾似道，南宋权臣。

评析：

杨维桢溺于音乐，除了擅长铁笛之外，还精通其他乐器，如琴、箫、鼓等。在《七客者志》中，杨维桢将自己与铁笛、古琴、胡琴、管、玉带砚、古陶瓮并称“七客”，其中，古琴以其声如秋声，命名为“赤城焦氏秋”。

李希敏(附杨伯振)

余来吴中，始获听泗水杨氏伯振之琴于无言僧舍[一]，余为之三叹不足，至于手舞足蹈。后之以琴过我者无虑百数[二]，而未见有杨氏之至也。晚得李氏希敏氏[三]，庶几其近之[四]。

《全元文》卷一三〇二杨维桢《送琴生李希敏序》

注释：

［一］杨氏伯振：杨伯振，泗水人。余：指杨维桢。

［二］过：来访。

［三］李氏希敏氏：李希敏，生平不详。

［四］庶几：差不多。

评析：

李希敏与杨伯振的生平已无可考知，但在这篇文章中，杨维桢提出琴为阳、瑟为阴，因此自命为琴士的人比较多，而很少有人自称瑟士，这也算是一家之言了。

褚质

褚质，字彦之[一]，重创别业朱坞溪上，苍松夹径数百植，林下石床云磴[二]，荫以重轩。时焚香读《易》其下，月夕则鼓琴，或歌骚，或与客啸傲赋诗，仰听虚籁[三]，俯席凉影[四]，俨若物外境也[五]。

《全元文》卷一三〇七杨维桢《松月轩记》

注释：

［一］褚质：字彦之，吴兴（今浙江湖州）人。

[二] 云磴：高山上的石级。

[三] 虚籁：风。

[四] 凉影：树木枝叶在月光下的阴影。

[五] 物外：世外。

评析：

湖州褚氏一族是唐代褚遂良之后，褚质的父亲与杨维桢是好友，曾建“乐闲堂”，后毁于兵燹，褚质遂重建“松月轩”，杨维桢应邀为其撰文。

俞南浦

南浦笑而援琴于轩[一]，曰：“吾目且送吾云矣[二]。”

《全元文》卷一三〇九杨维桢《碧云轩记》

注释：

[一] 南浦：俞南浦，四明（今浙江宁波）人。

[二] 吾目且送吾云：化用嵇康诗：“手挥五弦，目送归鸿。”

评析：

俞南浦有才气但不登仕途，喜结交俊杰，他所居住的室名“碧云轩”。

濮彦仁

天清气明，月在松顶，仲温弹独弦琴松下[一]，琴余读道书，作《游仙吟》，不知身世在黄尘市、在白玉宫阙也[二]，遂以“松月道人”自号。

《全元文》卷一三〇九杨维桢《松月寮记》

注释：

[一] 仲温：濮彦仁，字仲温，桐乡（今浙江桐乡）人。

[二] 黄尘：俗世。

评析：

据《静志居诗话》，濮彦仁家财丰厚，在浙西立聚桂文会，文士以文卷赴会者达五百人，濮彦仁请杨维祯品评优劣。

《桐乡节烈志》中还有一则记载，濮彦仁有二美妾，一个是庞氏，一个是唐氏，很受濮彦仁的宠爱。明代洪武年间，濮氏被朝廷没收财产，庞氏和唐氏义不受辱而自杀。

文甫

北庭文甫氏[一]，家于杭之清波门[二]，自其祖参政忽撒公树槐三章于居之后苑[三]，稍治园亭其中，名之曰“槐圃”。文甫氏弹琴读书，或与客觞咏，必于圃之所。

《全元文》卷一三一〇杨维桢《槐圃记》

注释：

[一] 文甫：北庭（今新疆吉木萨尔北破城子）人，畏吾儿（即维吾尔族）。

[二] 杭之清波门：今杭州清波门。

[三] 忽撒：文甫祖父。章：棵。

评析：

文甫是维吾尔族，但其弹琴读书的风雅却俨然是汉族文人。

任士质

元朴诵诗读书[一]，暇而弹琴握槊[二]，与客觞咏以为乐[三]，而不知世间万物。

《全元文》卷一三一〇杨维桢《光霁堂记》

注释：

[一]元朴：任士质，字元朴，自号云林散人，云间（今上海松江）人。

[二]握槊：古代类似双陆的一种博戏。

[三]觞咏：饮酒咏诗。

评析：

任士质为人淡泊，气量博大，以孝义闻名。

倪权

权与父伯玉君闻予至[一]，急治茗具[二]，茗余，继觞咏，已而相与抱琴至双清所[三]。当秋月正中，八窗夜辟[四]，游尘不兴，草树可数。为予援琴三鼓，始以《长清》《短清》[五]，申之以《御风》《骑气》[六]，其声汩汩，如泉走绝壑，如游云行太空，如珩瑀相触于升降揖逊之顷[七]，疾徐高下，靡不中节。盖月在琴，得月而愈清，轩之名双清，非此耶？

《全元文》卷一三一〇杨维桢《双清轩记》

注释：

[一]权：倪权，华亭（今上海松江）人。伯玉：倪伯玉，倪权的父亲。予：指杨维桢。

[二]治：置办。

[三]已而：不久。双清所：双清轩，倪权室名。

［四］辟：开。

［五］《长清》《短清》：琴曲名，蔡邕所作。

［六］申：重复。《御风》：道家琴曲名，即《列子御风》，一名《御风行》。《骑气》：道家琴曲名，一名《神游六合》。

［七］珩：佩玉上面的横玉，形状像磬。瑀：像玉的石头。揖逊：揖让。

评析：

琴清，月清；器清，气清，是为双清。处此一室，百虑顿消。

邵仲谦

仲谦即先庐斥而大之[一]，左右皆植竹，因颜其室曰“有竹居”[二]。好事者来，引之竹所，弹琴咏诗，或觞酒以为乐。

《全元文》卷一三一〇杨维桢《邵氏有竹居记》

注释：

［一］仲谦：邵仲谦，扬州人。斥：开拓。

［二］颜：额。

评析：

竹有其德，琴有其德，二者相宜，正所谓“琴鸣酒乐两相得”（李白《悲歌》）。

曹氏

松陵曹某氏辟室一所[一]，前俯六溪，暇日鼓琴于其口，题曰“溪居琴乐”。

《全元文》卷一三一〇杨维桢《溪居琴乐轩记》

注释：

[一] 曹某氏：曹氏，姓名不详，松陵（今江苏吴江）人。

评析：

杨维桢说曹氏好为纯古淡泊之音，其琴音能纾解焦虑抑郁的心情。

倪仲玉

云间倪仲玉氏[一]，不仕而归农，名其所居堂为“耕闲”。与亲戚故旧相共之，迨极夫琴歌笑咏之乐而后止[二]，胸中廓然无一物之留[三]，户内外熙熙然无一世故之挠[四]。

《全元文》卷一三一〇杨维桢《耕闲堂记》

注释：

[一] 倪仲玉：云间（今上海松江）人。

[二] 迨：等到。

[三] 廓然：空寂。

[四] 熙熙：和乐。世故：世事。挠：扰乱。

评析：

倪仲玉堂名“耕闲”，寓意不仕而耕，从其言行来看，他也是在元末隐居的文人。

张叔温

邢台张生叔温氏[一]，以“素行”颜其读书之斋[二]。招予至素行所，见其室中所蓄，惟折脚几席、破琴一床[三]，经史子书凡若干卷藏败壁间，他无长物以为娱者[四]。

《全元文》卷一三一二杨维桢《素行斋》

注释：

[一] 张生叔温氏：张叔温，邢台（今河北邢台）人。

[二] 颜：额。

[三] 折脚：断脚。

[四] 长物：多余的东西。

评析：

素行，就是素位而行，意思是安于现时所处的地位去做应做的事。张叔温的父亲是六品官，因此大家都认为他应该以贵公子的身份行事，但他自己却说，自己没有当官，只是一介布衣，因此应当以平民的身份处事，并将自己的书斋命名为“素行”，真君子也。

赵奕

公子与客鼓琴亭之上[一]，歌商声，若出金石，无与和者，而有怀夫西方之美人[二]。

《全元文》卷一三一五杨维桢《西斋志》

注释：

[一] 公子：赵奕，字仲光，号西斋。吴兴（浙江湖州）人。

[二] 怀夫西方之美人：语出《诗经·邶风·简兮》：“山有榛，隰有苓。云谁之思？西方美人。彼美人兮，西方之人兮。”

评析：

赵奕是赵孟頫的儿子，其人作诗为文，翰墨游艺，皆有家法。

杨瑀

公讳瑀，字符诚，姓杨氏[一]。公长物琴剑书外，无铢金斗粟[二]，贫无以为葬。

《全元文》卷一三一七杨维桢《元故中奉大夫浙东尉杨公神道碑》

注释：

[一] 公讳瑀：杨瑀（公元1285年—公元1361年），字符诚，杭州人。

[二] 铢：古代重量单位，二十四铢等于旧制一两，这里的铢金指很少的钱。

评析：

杨瑀为人淡泊从容，著有《山居新话》《山居要览》。

陆蒙

东园散人者，不知何许人，所居旧曰“东园”，因自号“东园散人”[一]。暇时品茶泉，理丹火[二]，或弹琴弈棋以自娱，诗若干首，号《古渔唱》。

《全元文》卷一三二三杨维桢《东园散人录》

注释：

[一] 东园散人：陆蒙，自号东园散人。

[二] 丹火：炼丹之火。

评析：

陆蒙博学，精通篆隶之书。有人劝其出仕，则默然不应。

韩翼

梦鹤道人者，安阳韩君翼也[一]。一日，在读易斋，弹琴危坐[二]，月如积雪，恍惘中梦一神鹤[三]，自九清而下[四]，自通曰“高道人”，驯绕其庭[五]，相向蹈舞[六]，铿然作声若金石。已而君载鼓琴调《鹤舞洞天》[七]，忽飘飘然清风在肘腋，与鹤俱扬，绝大江而西也[八]。

《全元文》卷一三二四杨维桢《梦鹤道人传》

注释：

[一]韩君翼：韩翼，字致用，自号梦鹤道人，会稽（今浙江绍兴）人。

[二]危坐：正坐。

[三]恍惘：迷惘。

[四]九清：道教用语，九天。

[五]驯：顺服。

[六]相向：相对。

[七]《鹤舞洞天》：道家琴曲名。

[八]绝：横渡，越过。

评析：

韩翼自言：“吾非鹤，梦鹤有鹤；鹤非吾，梦吾有吾。”颇有庄周梦蝶的意味。

陈敬

云间之八曲村中，有隐者陈敬氏，字德舆[一]。取琴而歌曰："凤不至兮河不图[二]，世溷溷兮下沦胥[三]。归欤归欤曲田之上兮，耦乎溺与沮[四]。"

《全元文》卷一三二八杨维桢《学稼子志》

注释：

[一]陈敬：字德舆，云间（今上海松江）人，隐士。

[二]河不图：河图，《易·系辞上》："河出图，洛出书，圣人则之。"

[三]溷溷：混乱。沦胥：沦陷、沦丧。

[四]耦乎溺与沮：《论语·微子》："长沮、桀溺耦而耕，孔子过之，使子路问津焉。"长沮、桀溺：二位隐者，与孔子同时代。

评析：

陈敬的学稼并非真的学稼穑，而是要学习同样处在乱世之中的后汉庞德公携妻子登鹿门山隐居。

李铭

天与闲者，济南历山人也，姓李氏，小字铭[一]。余相逢海上，出《和李长鲸笠泽歌》一引，余闻而惊异之，已而取太古琴，为余作《铁龙操》。

《全元文》卷一三二九杨维桢《天与闲者传》

注释：

[一]李氏：李铭，自号天与闲者，济南（今山东济南）人。

评析：

李铭往来吴楚，放情山水，自号“天与闲者”。

吴观善

巢云子者，钱唐吴观善之别号也[一]。为予鼓太素琴，乞《巢云操》，被于弦[二]。

《全元文》卷一三二九杨维桢《巢云子传》

注释：

[一] 吴观善：字思贤，自号巢云子，钱塘（今浙江杭州）人。

[二] 被：施加，用。

评析：

吴观善是著名的儿科医生。

夏颐

小海为会稽夏颐氏也[一]，莞尔笑，乃自取琴作《信鸥操》。

《全元文》卷一三三〇杨维桢《信鸥亭记》

注释：

[一] 夏颐：字小海，会稽（今浙江绍兴）人。

评析：

鸥鸟，或取其忘机之意。

瞿孝祯[一]

凉月侵轩，秋声在树，子鹤和鸣[二]，人影相逐，先生则援琴而歌。

《全元文》卷一三三四杨维桢《团溪乐隐园记》

注释：

［一］瞿孝祯：字逢祥，号月蕉，常熟（今江苏常熟）人。

［二］子鹤：鹤，源于妻梅子鹤。

评析：

瞿孝祯是元代末年的隐士，隐居于团溪。

相礼

钱塘相子先通文史琴棋[一]。

《全元文》卷一三三七杨维桢《赠相子先写照序》

注释：

［一］相礼：字子先，钱塘（今浙江杭州）人。

评析：

相礼是元末明初的著名棋手，又能诗善画。曾为杨维桢画像。

徐贞

东海徐生贞取脱咢琴[一]，横跛足弹漆园子《泰寓操》而自歌[二]。

《全元文》卷一三三七杨维桢《居易斋记》

注释：

［一］徐生贞：徐贞，生平不详，东海（今江苏）人。

［二］漆园：指庄子。《泰寓操》：应为徐贞自创琴曲。

评析：

徐贞是晚元隐士，博通岐黄、兵家之术，然而漠然世外，为自己的居室命名“居易斋”。

钱文则

倪瓒有《听钱文则弹琴》诗[一]。

《全元诗》倪瓒《听钱文则弹琴》

注释：

［一］钱文则：山阳（今江苏淮安）人。高启《赠钱文则序》：“山阳钱文则能推星以言人之祸福，无不奇中，士大夫多称道之……文则读书好修，善鼓琴。”

评析：

诗云：“牛鸣野窌中，鸡登山木上。黄钟杂姑洗，春容以清亮。别鹄暮鸣飞，流水春演漾。爱尔弦手忘，令我形神畅。忆昔擅能事，宋袁余所向。钱君生独后，超轶绝尘鞅。操琴晚闻道，月斧挥天匠。杳如清庙瑟，朱弦听叹唱。古道久寂寥，古音亦沦丧。促轸泪沾缨，歌诗重悲怅。”

倪瓒

倪瓒善琴操[一]，精音律，所作乐府，有送行［水仙子］二篇，脍炙人口。

无名氏《录鬼簿续编》

注释：

［一］倪瓒（公元 1301 年—公元 1374），初名倪珽，字符镇，号云林。无锡（今属江苏）人。

评析：

倪瓒是元代著名画家，明人列为“元末四大家”之一。一生隐居未仕，能诗文，亦擅散曲。元代末年曾变卖家产，在战乱中以琴书自娱。

曹妙清

今年予在吴兴，雪斋复偕乳母氏访予洞庭太湖之上[一]，为予歌诗鼓琴，以写山川荒落之悲，引《关雎》《雉朝》琴操以和《白雪》之章[二]。

《全元文》卷一三〇〇杨维桢《曹氏雪斋弦歌集序》

注释：

［一］雪斋：曹妙清，字比玉，号雪斋，钱塘（今浙江杭州）人，根据清宫藏《纨扇画册》第九幅《折枝花卉》署名“洪武十二年仲春，女史曹妙清写”推断，曹妙清应卒于公元 1379 年以后。予：指杨维桢。吴兴：地名，在今浙江湖州。洞庭太湖：在今浙江湖州。

［二］《关雎》：琴曲名。《雉朝》：《雉朝飞操》，琴曲名。《白雪》：琴曲名。

评析：

曹妙清工诗，精于鼓琴，所作诗歌结为《弦歌集》，杨维桢为之作序。《西湖竹枝集》《元诗纪事》《太平清话》等皆记载其人其事。

陈云心

谢应芳有诗《寄金陵陈云心先生》[一]，题下注曰：先生少学道，游寓两浙[二]，后复归家于金陵。以能诗善琴终知台门[三]，然屡荐不起，学者多从之游。

《全元诗》谢应芳《寄金陵陈云心先生》

注释：

［一］陈云心：金陵（今江苏南京）人。

［二］游寓：游历寄居。

［三］台门：天子、诸侯之门。

评析：

诗中有句云："白下诗传名不朽，紫霞琴谱订无讹。"前半句是说陈云心能诗，下半句则是说其善琴。从紫霞琴谱判断，陈云心应当属于浙派。

王有恒

维扬王有恒[一]，避乱居东吴三十余年。所至，寓舍以"听雨篷"名之。多学能琴而善饮，醉则鼓琴自娱。故自号曰醉琴。然乡土之思，亦尝于琴发之。予盖相闻而未之识也。

《全元诗》谢应芳《赋听雨篷序》

注释：

［一］王有恒：自号醉琴，维扬（今江苏扬州）人。

评析：

释妙声《王有恒听雨篷》亦云："援琴时作《广陵散》，鱼龙出听天吴泣。"

诸葛端

诸葛用中，讳端[一]，幼年能写大字。既习举子业，学琴袁子方先生之门[二]。

《全元诗》谢应芳《追悼诸葛用中序》

注释：

[一] 诸葛用中：诸葛端，字用中，丹阳吕城（今江苏镇江）人。

[二] 袁子方：见前“袁子方”条。

评析：

诸葛端与谢应芳多有来往，跟随袁子方学习古琴。

吴辙

先生讳辙，字中衡[一]。性聪敏过人，至如吹洞箫、鼓瑟琴、舞剑术皆不学而能。

《全元文》卷一三五〇谢应芳《义士吴先生墓志铭》

注释：

[一] 先生讳辙：吴辙，字中衡，其先为会稽（今浙江绍兴）人，后移居杭州（今浙江杭州）。明代洪武年间去世。

评析：

吴辙以医术为业，“凡贫居有一才一艺，求医而可医者”都进行治疗，因此吴地人称之以“义士”。

谢应芳[一]

即日雨凉，惟琴书自娱，坐享清福。

《全元文》卷一三四一谢应芳《与陈德广书》

注释：

［一］谢应芳（公元1296年—公元1392），字子兰，号龟巢，武进（今江苏武进）人。

评析：

谢应芳为人直率，工诗文。他在《闲居赋》中也说："列左图而右史兮，置前琴而后棋。"

林文卿

文卿工鼓琴[一]，暇则抱琴往长林曲水间，作《秋鸿操》一曲，观者以为神仙中人。

《全元文》卷一三八三贝琼《来德堂记》

注释：

［一］文卿：林文卿，平阳（今山西临汾）人。

评析：

据相关文献记载，《秋鸿操》描述的是秋鸿高飞，飘然远遁的状态，这正与林文卿的隐而不仕相契。

杨文启

天台杨文启者[一]，衣褐衣[二]，饭脱粟[三]，鼓琴而歌先王之风，众莫知其底蕴。

《全元文》卷一三七五贝琼《送杨文启序》

注释：

［一］杨文启：天台（今浙江天台）人。

［二］褐衣：粗布衣服。

［三］脱粟：糙米。

评析：

杨文启洪武七年（公元 1374 年）出任荆州儒学教授。

僧明远

明远甚少[一]，深于教乘[二]，至若读书、鼓琴，工五七言诗，皆其绪余云。

《全元文》卷一三七九贝琼《清隐堂记》

注释：

［一］明远：海昌（今浙江海宁）广福寺僧。

［二］教乘：佛教语，指佛教、佛法。

评析：

洪武四年（公元 1371 年）明远接掌广福寺，其时明远正年少。

陆容

隐君子陆景远氏[一]，以“来青”颜其堂，取宋王文公诗语也[二]。于以读书，于以鼓琴，或命客倾壶，分曹对弈[三]，殆无邑居之嚣。

《全元文》卷一三八〇贝琼《来青堂记》

注释：

［一］陆景远氏：陆容，字景远，号殳山隐人。海盐（今属浙江）人。

［二］宋王文公诗语：宋王安石《书湖阴先生壁》：“一水护田将绿绕，两山排闼送青来。”

［三］分曹：分对，犹两两。

评析：

陆容在元明之际居崇德殳山之北，建来青堂于两峰之间，吟讽自乐。

冯彦中

彦中少孤好学[一]，长克树立[二]。上奉八十之母，咸称其孝，至于中年，即以内外事属其二子，而以琴樽壶矢自乐云。

《全元文》卷一三八四贝琼《慎斋记》

注释：

［一］彦中：冯彦中，秦溪人。

［二］克：能够。

评析：

冯彦中书室名“慎斋”。

张子英

子英[一]，读书工诗，尤善鼓琴。

《全元文》卷一四〇一贡师泰《密庵记》

注释：

[一] 子英：张子英，吴郡钱塘（今浙江杭州）人。

评析：

张子英特别喜欢陶渊明的诗，其“闲止斋”遭兵变而废弃，后来又重建“密庵”。

薛毅夫

予间居西湖，方欲问孤山之梅，访林逋之鹤[一]，忽有羽衣长身揖而前者[二]，问之，则薛茂弘氏[三]。袖出先生所题鹤斋诗一首，乃相与坐石而歌，援琴而鼓鸣皋之曲[四]，其声琅琅[五]，上彻霄汉。再鼓洞天之舞[六]，其声窈窈不绝，恍若霓裳素节，飘忽轩举，与群仙颉颃下上也[七]。松阴满庭，月色如水，相顾一笑而去。

《全元文》卷一四〇二贡师泰《鹤斋记》

注释：

[一] 予：指贡师泰。孤山之梅，林逋之鹤：林逋，北宋诗人，隐居于西湖孤山，终生不仕不娶，惟喜种梅养鹤，自称“以梅为妻，以鹤为子”，人称“梅妻鹤子”。

[二] 羽衣：道士所穿的衣服。

[三] 薛茂弘：薛毅夫，字茂弘，号鹤斋，贵溪（今江西贵溪）人，道士。

[四] 鸣皋之曲：琴曲《鹤鸣九皋》。

[五] 琅琅：象声词，清朗的声音。

[六] 洞天之舞：琴曲《鹤舞洞天》。

［七］颉颃：鸟飞上下的样子。

评析：

薛毅夫工诗又喜鹤，虞集爱其诗清新流亮，因此为其书斋取名“鹤斋”。在与贡师泰相遇之际，所弹两首琴曲《鹤鸣九皋》《鹤舞洞天》也都与鹤有关，可见其爱鹤之深。

云磎上人

上人说法之暇[一]，即趺坐焚香[二]，髽两童[三]，治茶具，与客弹琴哦诗。

《全元文》卷一四〇二贡师泰《梅边小隐》

注释：

［一］上人：云磎上人，乌石山地平寺（今福建福州）僧。

［二］趺坐：佛教用语，盘腿端坐。

［三］髽：古时小孩子梳在头两旁的发髻。

评析：

云磎上人室名“梅边小隐”。

贡师泰

舛舛翁，不知何处人，亦莫详其姓名[一]。游吴越间，遇山水佳处，辄留居焉。好种花竹、弹琴、弈棋、赋诗。

《全元文》卷一四〇三贡师泰《舛舛翁传》

注释：

［一］朔朔翁：贡师泰（公元 1298 年—公元 1362 年），字泰甫，号玩斋，宁国路宣城县（今安徽宣城）人。至正十五年，任职平江路总管，后城为张士诚攻破，贡师泰怀印绶隐遁海滨，易姓名端木氏，号戾契子、朔朔翁。

评析：

朔朔是拟声词，也就是呼唤鸡的声音。贡师泰隐匿期间，有人送鸡给他，而他认为鸡是有德者，不应该被束缚，因而采用了放养的办法，由此，鸡群数量越来越大。每当贡师泰喂鸡的时候，连呼“朔朔”，则群鸡皆来，贡师泰因此自号为“朔朔翁”。有人嘲笑贡师泰不以学尧、舜、禹、汤、文、武、周公、孔子、孟轲氏之学为号，而以呼鸡之声为号。贡师泰则说：鸡是待人而食者，人学习儒学无非是为了当官，那么，这些人是待君而食者，都是求食，又有什么区别呢？

胡月琴

胡君月琴[一]，尚清雅，学诗学书学琴，皆有典则[二]。其于琴也，常求硕师而学焉[三]。初布指爪，即洒然有异于人[四]，久矣乃尽得其妙，虽硕师无以过也。每意有所适，辄发之以琴。良宵属思，仰见明月，未尝不取琴而鼓之，鼓之至夜分乃寐，甚者至月黑而后止。其用意于琴也如是，于月也又如是，且以自号也。

《全元文》卷一四〇八李祁《月琴序》

注释：

［一］胡君月琴：胡月琴，生平不详。

［二］典则：准则、法则。

［三］硕师：大师。

［四］洒然：潇洒，洒脱。

评析：

元代诗人萨都剌有《赠茅山道士胡月琴》诗，疑即此人。

俞公济(附俞公泽)

俞君公济别筑一室[一]，以为书画琴棋燕闲之所[二]，且以“松萝旧隐”题之。盖休宁有山曰松萝，是谷也亦曰松萝，故以是名之尔。兄公泽俶傥有志[三]，怡怡焉督男女事耕织，以养其亲。室外凿池构亭，莳以花木[四]，宾至则弹琴赋诗饮酒，以畅其情。

《全元文》卷一四一二李祁《松萝旧隐记》

注释：

[一]俞君公济：俞公济，休宁（今安徽黄山休宁）人。

[二]燕闲：闲暇。

[三]兄公泽：俞公泽，俞公济的兄长，休宁（今安徽黄山休宁）人。

[四]莳：种植。

评析：

元末张士诚起兵反元时，俞公济与俞公泽兄弟避世隐居于安徽休宁，有山水之乐，有花木之美，有奉亲之乐，俨然世外桃源。

胡德昭

胡德昭[一]，嗜琴入骨髓，弄之忘寝食，集古今人谱二三百曲为一卷。

《全元文》卷一四二九郑玉《琴谱序》

注释：

［一］胡德昭：生平不详。

评析：

胡德昭曾集古今琴谱二三百首为一卷，惜其不传。

钟廷方

钟廷方颇癖于书[一]，遇家藏未备者，购之不吝。琴谱丹经、弈数星术，亦旁通而笃嗜之[二]。

《全元文》卷一四五二陈谟《钟廷方墓志铭》

注释：

［一］钟廷方（公元1303年—公元1369年），学者称“東岩先生”，江西人。

［二］笃嗜：非常喜欢。

评析：

钟廷方在元代历史上以善收藏著名。

李则文

樵隐为叟鼓[一]，一再行，如风晴日煦，闻幽谷樵丁丁然，斧声与歌声互答[二]，使人悠然与世而俱忘也。

《全元文》卷一四六〇张以宁《赠李君南归序》

注释：

［一］樵隐：李则文，号樵隐，任湖南照磨、湖广都事等职。叟：张以宁。

［二］丁丁：形容伐木、弹琴等声音。

评析：

号为樵隐的李则文与自称屏山樵叟的张以宁相遇于燕市之中，鼓琴命酒，盘桓岁余。

林庭晖

真士幼颖悟[一]，嗜诗好琴而攻画。

《全元文》卷一四六三张以宁《曲密之房记》

注释：

［一］真士：林庭晖，字汝玉，长乐（今福建长乐）人。

评析：

林庭晖是道士，住长乐东华宫佑圣观，工诗好琴，尤其擅长绘画，虞集认为林庭晖的山水画颇似董元、巨然，墨龙则类似董羽的作品。

赤盏希曾

张以宁诗题云：赤盏为肃慎贵族[一]，于今为清门[二]，希曾其字者，读书为诗，善鼓琴，且工墨菊，有新意，为予作四幅。

《全元诗》张以宁《赤盏为肃慎贵族于今为清门希曾其字者读书为诗善鼓琴且工墨菊有新意为予作四幅留其二征诗为赋此云》

注释：

［一］赤盏：赤盏希曾，一作“赤盏布”，肃慎：女真族。

［二］清门：寒素之门。

评析：

赤盏希曾是元代画家，原为女真贵族，后为寒素之门，生平颇类似杜甫《丹青引》诗句：“将军魏武之子孙，于今为庶为清门。”

童师周

张以宁有诗《琴隐为童师周赋》[一]，云：“能琴童处士，结屋华岩山。”

《全元诗》张以宁《琴隐为童师周赋》

注释：

［一］童师周：生平不详。琴隐：古琴上的装饰。

评析：

童师周是元代隐士，隐居于华山。

赵友直

宋诸王孙赵君友直以善制琴游京师[一]。

《全元文》卷一四六八危素《述变》

注释：

[一] 赵君友直：赵友直，生平不详。

评析：

危素作《述变》一篇赠送赵友直，其中叙及琴事。

张弘道

临川玄妙观道士张弘道能琴[一]。

《全元文》卷一四六八危素《送琴师张弘道序》

注释：

[一] 张弘道：临川（今江西抚州临川）玄妙观道士。

评析：

危素《送琴师张弘道序》作于元统二年（公元1334年），其中一段话颇受琴界重视："近世咸宗宋少师杨缵氏、毛敏叔氏诸人所度曲，谓之浙谱。谓数十年以前，人所弹者为江谱，故浙谱行而江谱废。"叙述了浙谱和江谱的兴废。

董英仲

其人纯笃而有深湛之思[一]，杜门京师[二]，间则鼓琴一二曲以自娱。

《全元文》卷一四七〇危素《送董英仲琴师序》

注释：

［一］其人：董英仲，江西乐平人。纯笃：淳朴笃实。深湛：精深。

［二］杜门：闭门。

评析：

董英仲与萧性渊同乡，又为好友。程文有《董英仲琴所》诗。

邓旭甫

危素有《后买琴歌》诗，题下注曰：为邓旭甫作[一]。

《全元诗》危素《后买琴歌》

注释：

［一］邓旭甫：生平不详。

评析：

诗云："邓暾好琴如好色，十年买琴不可得。南城县里客携来，百镒兼金君不惜。竹林踞坐江盈盈，临江三奏龙鱼听。萧森岩壑秋气肃，汹涌天地霜风清。商声洋洋羽声苦，月隳寒光君罢抚。余音寄意愁人心，别思苍茫正如许。为余再控白玉弦，长谣楚语招飞仙。招飞仙，安得见，独立乾坤泪如霰。"以此来看，邓氏应名暾，字旭甫，喜好买琴，不惜金钱。

员怡然

危素诗题云：赠员怡然[一]，员善琴，余与之寓于上清宫。

《全元诗》危素《赠员怡然员善琴余与之寓于上清宫》

注释：

［一］员怡然：关中（今陕西中部）人。

评析：

“西秦员老夜抚琴，妙音总是云门曲”，从前半句可以看出，员怡然是陕西人，善鼓琴。而后半句则暗示其方外人的身份。

王珪

府君讳珪[一]，及致政而归[二]，起居饮食，恒处是山[三]，与里之耆俊载酒临眺[四]，弹琴咏诗。

《全元文》卷一四七四危素《龙山堂记》

注释：

［一］府君讳珪：王珪，保定武遂（今河北保定）人。

［二］致政：辞官。

［三］是山：指龙山，在今河北保定。

［四］耆俊：年老而才能优异者。

评析：

王珪在龙山下作乐全亭，课子孙读书。所谓“乐全”，大约是因为有酒、有琴、有诗，又有山岚暖翠，皆悠然可喜之故。

李仲经

危素有《为李仲经赋得古音琴》诗[一]。

《全元诗》危素《为李仲经赋得古音琴》

注释：

［一］李仲经：生平不详。

评析：

李仲经家藏古琴，刻有“古音”二字，李仲经用这床琴为危素弹奏了琴曲《越裳操》。

史景福

蜀郡史君景福善丹青[一]，鼓琴以自乐，左右图史。

《全元文》卷一四八八董复礼《玄云轩记》

注释：

［一］史君景福：史景福，蜀郡（今四川）人。

评析：

史景福尤其擅长绘画，龚𤅢即有诗《题史景福山水为文壁》。

张天彝

天彝为予援琴而歌之[一]，为《幽兰》《白雪》之操[二]，往往使人坐而忘归。

《全元文》卷一五〇二傅若金《兰雪斋记》

注释：

［一］天彝：张天彝，生平不详。

［二］《幽兰》《白雪》：皆为琴曲名。

评析：

张天彝书斋名“兰雪”，傅若金多与之交游。从傅若金《题张天彝山水卷》一诗来看，张天彝亦擅长绘画，这大约就是傅氏所说的“文雅博涉”了。

林晋

晋读书[一]，善鼓琴。

《全元文》卷一五〇四傅若金《松涧引》

注释：

［一］林晋：中山（今河北部分地区）人。

评析：

元统初年，林晋曾北至京师，没过多久便慨然思归，傅若金作《松涧引》以赠。

何志友

傅若金有《送何志友抱琴远游》诗[一]。

《全元诗》傅若金《送何志友抱琴远游》

注释：

[一] 何志友：生平不详。

评析：

诗云："客从东南来，辞我将远征。九州何辽邈，道路纵复横。商飙振长林，露气凄以清。感此岁月变，念子将何行。闻有太古琴，鼓之南风生。一奏天地和，再奏万物成。知音亦已寡，持此感人情。愿言荐宗庙，可以备咸英。"

孙淑

君讳淑，字蕙兰，姓孙氏[一]。晡时观经史[二]，或鸣琴自休[三]。

《全元文》卷一五〇五傅若金《故妻孙硕人殡志》

注释：

[一] 君讳淑：孙淑（公元1306年—公元1328年），字蕙兰，汴（今河南开封）人。

[二] 晡时：申时，午后三点至五点。

[三] 自休：自得其闲逸。

评析：

孙淑是傅若金的妻子，其人气度高洁爽朗。

曾顺

曾顺，字至顺[一]。善鉴定古器物暨法书名画，每传玩以为适。或取琴鼓一再行，焚香默坐，超然与造物者游。

《文宪集》卷二十《元故韶州路儒学教授曾府君墓铭》

注释：

［一］曾顺（公元 1273 年—公元 1347 年）：字至顺，临江新淦（今江西新干）人。

评析：

曾顺不乐仕宦，每与高人逸士游乐于清泉白石之间。

朱志同

朱志同，字与可，进贤朱方里人[一]。鼓琴吹箫，酣咏水光山色间，有不知老之将至也。

《文宪集》卷二十三《进贤朱府君碣》

注释：

［一］朱志同（公元 1288 年—公元 1353 年）：字与可，进贤（今江西进贤）人。

评析：

朱志同在元末之际不愿随俗浮沉，筑室于白湖岭，凿池种树，鼓琴吹箫，也算自得其乐。

陈知常

陈知常善鼓琴[一]，或命之为蓬莱之音[二]，时时更唱迭和[三]，赋五七言诗，然亦非人间语也。

《全元文》卷一五一六梁寅《三秀亭记》

注释：

［一］陈知常：丹阳归真观道士。

［二］蓬莱之音：疑即琴曲《蓬莱操》，传为唐代道士司马承祯所作。

［三］更唱迭和：彼此唱和。

评析：

丹阳归真观于至正七年（公元 1347 年）由道士诸葛若佺重建，陈知常即诸葛弟子。

赵贞常

刘鹗诗题曰：赵贞常以善斫琴遇知[一]，琴成，奏之称旨[二]，题其琴曰：天历正音。

《全元诗》刘鹗《赵贞常以善斫琴遇知琴成奏之称旨题其琴曰天历正音国子监蓝信之征言》

注释：

［一］赵贞常：生平不详，斫琴师。遇知：受到赏识。

［二］称旨：符合皇帝的意思。

评析：

赵贞常以擅长斫琴受到赏识，给宫廷斫制而成的琴名“天历正音”，刘鹗以诗吟咏其事，诗云：“唐虞不可作，大雅何寥寥。居然正始音，洋溢天历朝。一鼓声气和，再鼓阴阳调。令我乐忘味，彷佛齐闻韶。峄阳多孤桐，因得备采樵。愿言圣明世，勿弃爨下焦。”

翁希畴

刘鹗有《赠琴士翁希畴》诗[一]。

《全元诗》刘鹗《赠琴士翁希畴》

注释：

［一］翁希畴：生平不详。

评析：

诗云："高山流水几知音，静听君弹感慨深。纵使钟期如可铸，更从何地得黄金。"以黄金铸钟子期为言，表示知音难遇。

高进道

进道方僦居水竹间[一]，环堵萧然[二]，贫窭日甚[三]，人以为难，而进道弹琴诵书自若也。

《全元文》卷一五三一陈基《送高进道序》

注释：

［一］进道：高进道，一作高晋道，聊城（今山东聊城）人。僦居：租屋居住。

［二］环堵萧然：环堵，四面土墙。萧然，萧条的样子。形容家中空无所有。

［三］贫窭：贫穷。

评析：

弹琴可以使人忘忧，弹琴也可以使高进道忘记贫穷。

邬密挑理

岁方冬，公端居肃容[一]，闻中庭桂树间索索然有声，起而视之，则积雪在地，皜然矣。公因援琴鼓之。客有候公于门者，公揖使坐，且谓之曰："客亦知好此乎？"客曰："仆[二]，东海之鄙人也，何足以知之？虽然，公所鼓《白雪》之曲也[三]。"

《全元文》卷一五三九陈基《听雪斋记》

注释：

[一]公：邬密执理，字本初，河西（今甘肃）人。肃容：严肃庄重。

[二]仆：谦称"我"。

[三]《白雪》：琴曲名。

评析：

邬密执理是唐兀人，长期隐居贺兰山。后来寓居吴中，居室名为听雪斋。听雪斋中左琴右书。

唐伯刚

河东唐君伯刚[一]，每休沐[二]，辄与向之畸人静者[三]，或投壶[四]，或抚琴，或玩弄商彝、周鼎、古法书、名画，啸咏终日。

《全元文》卷一五三九陈基《清啸轩记》

注释：

[一]唐君伯刚：唐伯刚，河东（今山西永济）人。

[二]休沐：休假。

[三] 向：从前。畸人：有独特志行，不同流俗的人。静者：多指隐士、僧侣和道徒。按，本文开篇提到唐伯刚“与畸人静者耕田读书”事。

[四] 投壶：古代的一种游戏，宾主依次用矢投向盛酒的壶口，以投中多少决胜负，负者饮酒。

评析：

唐伯刚博雅好古，尤其善啸，有魏晋人风度。

高元善

高侯元善[一]，每休沐[二]，辄弹琴赋诗。

《全元文》卷一五四〇陈基《松云巢记》

注释：

[一] 高侯元善：高元善，燕（今河北）人。

[二] 休沐：休假。

评析：

高元善是元末农民起义领袖张士德（即张士诚的弟弟）的幕僚，其居室名“松云巢”，取自李白诗《登庐山五老峰》：“九江秀色可揽结，吾将此地巢云松。”

宋尹文（附申屠云岩、秦德齐、王彦明、杨景文）

鼓琴之妙，则宋尹文为之魁[一]，申屠云岩、秦德齐、王彦明、杨景文又皆铿锵于浙操者也[二]。

《全元文》卷一五五八郭翼《与顾仲瑛书》

注释：

［一］宋尹文：字文璧，太仓（今江苏太仓）人。

［二］申屠云岩：一作屠云岩，生平不详。秦德齐、王彦明、杨景文：生平不详。

评析：

郭翼《与顾仲瑛书》记录了元代末年著名的玉山雅集活动中的各类人物，有耆儒硕学，有文人，有画家，有方外诗僧，弹琴家则记载了这几位人物。他们皆擅长浙操，颇能表明一时之潮流。

其中，《苏州府志》又特别记载宋尹文的事情：宋尹文师从浙派琴家徐秋山，大德年间曾为鲁国长公主弹奏琴曲《胡笳十八拍》。

吴思道

思道志慕古雅[一]，尤善画，好鼓琴。

《全元文》卷一五六四胡翰《送吴思道归金陵序》

注释：

［一］吴思道：金陵（今南京）人。

评析：

吴思道是一位自负才华而不肯求取功名的琴家。

钱以良

钱以良[一]，人品清修[二]，好读书，能临晋人帖，又喜鼓琴。其父仲仁氏[三]，扁其轩曰“琴鹤”。以良邀予入室，张灯啜茶，取琴弹之。初操宫羽曲，𩐨然若奔湍之落高冈也[四]；再操商角调，飘然若柳絮之御微风也。余响未终，有鹤戛然长鸣[五]，若自海南而来者。嘹嘹然[六]，若奏钧天于帝所焉[七]；锵锵然，若舞霓裳于桂宫焉[八]。吾弹琴于下，鹤声应于上，将翱将翔，将止将起，若雄倡而雌从也，母呼而子应也，盘旋乎吾屋之上，久之而不去。时夜将二鼓[九]，烛亦将灭，鹤乎渐远，吾琴亦歇。

《全元文》卷一五七五沈梦麟《琴鹤轩记》

注释：

[一] 钱以良：钱塘（今浙江杭州）人。

[二] 清修：操行高洁。

[三] 仲仁：钱仲仁是钱以良的父亲，生平不详。

[四] 𩐨然：象声词，形容大声。

[五] 戛然：象声词。

[六] 嘹嘹：象声词，鸟鸣声。

[七] 钧天：钧天乐，指天上的音乐，仙乐。

[八] 霓裳：《霓裳羽衣舞》，舞曲名，相传为唐玄宗所制。桂宫：月宫。

[九] 二鼓：二更天。

评析：

琴声清，鹤声亦清，相互应和，杳杳不绝，钱氏因此命其室为“琴鹤轩”，不亦宜乎？

徐君采

君采时以龟策隐市廛中[一]，雅好琴书。

《全元文》卷一五七七宋禧《赠徐君采序》

注释：

［一］君采：徐君采，山阴（今浙江绍兴）人。龟策：龟甲和蓍草，古代用来占卜。市廛：指店铺较多的市区。

评析：

徐君采能占卜，会医术，又雅好琴书，可谓多能之士。

解语花

华幼武有诗《拟比红儿赋解语花》[一]，题下注云：其人慧敏，能琴棋，颇知文章。

《全元诗》华幼武《拟比红儿赋解语花》

注释：

［一］解语花：据《青楼集》，解语花姓刘，擅长写慢词。红儿：唐代官妓杜红儿，唐诗人罗虬有百首《比红儿诗》。

评析：

本诗即模仿《比红儿诗》为解语花而作。

林茂濬

林茂濬，字显之，世为天台望族[一]。生平酷嗜吟，上自汉魏，下逮唐宋诸家，无不漱其芳腴，挹其真醇[二]。尝构一室，深广寻丈，澄坐其中[三]。或取雅琴，鼓一再行，起步白云缥缈间，远近望之，以为神仙中人。

《文宪集》卷二十三《故巾山处士林君墓碣铭》

注释：

［一］林茂濬（公元 1305 年—公元 1367 年）：字显之，号巾山处士，天台（今浙江天台）人。

［二］挹：汲取。

［三］澄坐：静坐。

评析：

林茂濬隐居于巾山，焚香啜茗，鼓琴读书，真可谓世外之人矣。

吴海

元统甲戌，予以十金质一太古琴[一]，名曰霜钟。其声清以亮，韵以辨，自然以安，超然而远闻。尝试之，取数琴合奏一曲，出户远听，众声之中，一声掩众声而独鸣者，霜钟也。信其宝矣。爱之甚，调之三年而反其人，不能忘之。

《全元文》卷一六五五吴海《琴赞》

注释：

［一］予：吴海（？—公元 1390 年），字朝宗，号鲁客，闽县（今福建福州）人。元统甲戌：公元 1334 年。质：抵押。

评析：

霜钟琴本来是泉州某家家传之物，后来被一位商人买走。这位商人的孙子因为家道中落，以十金的价格抵押给吴海，三年后赎回。数年后，商人之家越发贫困，于是又以五十金的价格卖掉了霜钟，而这次吴海并没有买到。

李时

李时字居中[一]，退扫一室，置琴书其中。暇即鸣琴焚香以自娱。

《全元文》卷一七三一刘楚《李时传》

注释：

[一] 李时：字居中，大都（今北京）人。

评析：

李时以绘画名显于当时，元顺帝时期曾被召入宫中作画。

汪季清

鄱阳汪季清[一]，平居读书弹琴养亲以为乐[二]。

《全元文》卷一七三六刘楚《寸草堂记》

注释：

[一] 汪季清：鄱阳（今江西鄱阳）人。

[二] 平居：平日，平素。

评析：

汪季清曾在浮梁山中作草堂，题名为“寸草”，取自孟郊《游子吟》“谁言寸草心，报得三春晖”。

郑泳

予操琴颇知音律[一]，凡情之动必见于声，每于抚弄之时或有所得。

《全元文》卷一七六一郑泳《着微操并序》

注释：

[一] 予：郑泳，字仲潜，号半轩，婺州浦江（今浙江浦江）人。

评析：

元相脱脱死后，“国人哀之，悯其忠”，郑泳作《琴操》。

仙岩道人

仙岩道人高君[一]，引琴为鼓一再行[二]，熙然其南薰之和[三]，凛凛然其履霜之悲[四]，耿然其猗兰之幽[五]。哀而不怨，乐而不流，俾人洒然以醒[六]，优游以有得，超然忘其谤伤之中而忧患之境也。

《全元文》卷一八二三王沂《送仙岩道人序》

注释：

[一] 仙岩道人：姓高，名不详。

［二］一再行：谓奏乐一、二曲。

［三］熙然：和乐的样子。南薰：琴曲《南风歌》，见前“舜帝”条。

［四］履霜之悲：琴曲《履霜操》。

［五］猗兰之幽：琴曲《猗兰操》。

［六］俾：使。洒然：欣然。

评析：

仙岩道人引用欧阳修“理琴如理身，正声不可以干邪”的话来阐释其琴学观念。

张道微

道微字允几，主恩州之瑞云圣寿观[一]。学琴与诗，能从贤士大夫交游。

《全元文》卷一八二四王沂《张道微居安堂诗序》

注释：

［一］道微：张道微，字允几，恩州（今河北）瑞云圣寿观道士。

评析：

张道微堂名“居安”。

高道崇

有亭岿然，则道人高道崇燕居之地也[一]。道崇日与其游，焚香鼓琴，啸歌吟咏。

《全元文》卷一八二九王沂《乐山亭记》

注释：

［一］高道崇：道士。燕居：闲居。

评析：

“有亭岿然”，此亭就是乐山亭。从乐山亭观山，山景秀逸，或许正是焚香鼓琴的绝佳场所。

陈元吉

天台陈君元吉来[一]，能琴且善斫，盖必审于音者。又闻能读岐黄书[二]。余因忆欧公有《琴说》送杨寘[三]，谓琴能愈疾。琴能愈人之疾，人独不能医琴之病乎？陈君其必能移医人手医琴中桑濮音矣[四]，又岂可谓技之小者哉？

《全元文》卷一八三四吕溥《送琴士陈元吉归天台序》

注释：

［一］陈君元吉：陈元吉，天台（今浙江天台）人。

［二］岐黄书：医书。

［三］欧公有《琴说》送杨寘：欧阳修有《送杨寘序》，言琴乐可以忘疾。

［四］桑濮：桑间濮上，《礼记·乐记》：“桑间濮上之音，亡国之音也。”后泛指靡靡之音。

评析：

在这篇文章里，吕溥认为元代古琴音乐大体废弃古调，转而成为悦耳新声，因此，他说“虽琴亦桑濮矣”。如果失去了淡泊之音，失去了“琴者，禁也”等本质的东西，则古琴也只能沦为“小技”了。正是在这一琴学观念下，吕溥对既善于斫琴又通于医术的陈元吉有了更高的期待，期望陈元吉能用医人之术来医治古琴音乐走向桑间濮上的弊端。

赵秋水

叶颙有诗《赠琴士赵秋水》[一]。

《全元诗》叶颙《赠琴士赵秋水》

注释：

［一］赵秋水：生平不详。

评析：

诗云："钧天音乐异人间，满耳秋风绕指寒。我亦有琴弦索断，兴来拈出对君弹。"

僧聪

叶颙有诗《听僧聪无闻操琴》[一]。

《全元诗》叶颙《听僧聪无闻操琴》

注释：

［一］僧聪：字无闻，天台僧人。

评析：

诗云："瑶琴三弄对炉熏，指下秋风绕白云。别有绝弦声最远，可堪无耳不闻闻。"《淮南子》说："听无音之音者聪。"这句话大约可以作为后两句的注脚。

杜清叟

叶颙有诗《寄杜清叟琴士》[一]。

《全元诗》叶颙《寄杜清叟琴士》

注释：

[一]杜清叟：生平不详。

评析：

诗云："传家谁得似斯人，老杜诗篇小杜琴。好把开元忧国句，尽情弹出与知音。"将杜甫诗与杜清叟琴并称，是对后者的至高赞誉。

王云岩

叶颙有诗《琴士王云岩见访次予寄杜清叟韵因和二绝呈之》[一]。

《全元诗》叶颙《琴士王云岩见访次予寄杜清叟韵因和二绝呈之》

注释：

[一]王云岩：生平不详。

评析：

从"才思何殊晋宋人，也能诗句也能琴"这句诗来看，王云岩能诗能琴，有魏晋时期文人的风度。

镏元

吴会有《拟道园听镏元弹琴》诗[一]。

《全元诗》吴会《拟道园听镏元弹琴》

注释：

[一] 镏元：生平不详。道园：虞集，号道园。

评析：

诗云："镏郎弹奏竹斋幽，落月因之忆旧游。风语将雏春日晓，鹤鸣振羽夜云秋。海边飞佩招难致，天上遗音梦或求。老我蜀都归未得，又听三峡向人流。"

释怀渭

清远善鼓琴。清远讳怀渭，清远其字也，晚自号竹庵，南昌魏氏子[一]。

宋濂《净慈渭公白塔碑铭》

注释：

[一] 释怀渭（公元1317年—公元1375年）：字清远，晚年自号竹庵，南昌（今江西南昌）人。俗姓魏。

评析：

释怀渭长于书法，善鼓琴，能诗文。

虞子贤

虞子贤得古琴名曰瑶芳[一]，构楼贮之，即以琴名颜其楼。

《支溪小志》卷四

注释：

[一] 虞子贤：江苏常熟人。

评析：

虞子贤得到一床瑶芳琴，构筑一楼收藏此琴，并把楼命名为“瑶芳楼”，可见他对此琴的热爱。

叶颙

余结茅负郭而居[一]，闭门远尘嚣，绝世虑[二]，惟读古人书。闲暇弹琴鼓瑟，酌酒围棋，宠辱不惊，黜陟不知[三]。

《全元文》卷一八三五叶颙《樵云独唱序》

注释：

[一] 余：叶颙（公元1300年—公元1375年以后），字景南，号云颙天民，金华（今浙江金华）人。负郭：靠近城郭。

[二] 世虑：世俗的念头。

[三] 黜陟：官职升降。

评析：

叶颙遭逢元季之乱，乃结庐隐居，终老林泉，其诗歌多有吟咏弹琴事，如《梅屋弹琴》《约友听琴》《听琴》等。

秦思齐

思齐乃日召亲故友生从事讨论[一]，或焚香而鼓琴，或酌酒而赋咏，或扶策而舒啸。

《全元文》卷一八四一刘仁本《朋屿旧隐记》

注释：

［一］思齐：秦思齐，天台（今浙江天台）人。友生：朋友。

评析：

秦思齐所居室名“朋屿旧隐”。

刘程

刘程[一]，所居莳花木[二]，亲禽鱼。作诗摹杜工部[三]，凡山水名胜，靡不深寻，载琴自随，望之若仙。

《直隶定州志》卷七

注释：

［一］刘程：生卒年不详，定州（今河北定州）人。

［二］莳：栽种。

［三］杜工部：唐代诗人杜甫。

评析：

此所谓山水琴书之娱，山水为志，琴书为情。

范秋蟾

范秋蟾，台州塘下戴氏妻[一]。琴棋书画，靡所不精，尤工音律。

《元诗纪事》卷三十六

注释：

［一］范秋蟾：生卒年不详，台州塘下（今浙江临海）戴氏妻。

评析：

至正十二年（公元 1352 年），泰不华死于难，范秋蝉作诗哭之。

张昱

居士姓张氏，名昱，光弼其字也，世为江右庐陵人[一]。暇日，独与山水琴书从事，居常谈性命仁义道德之学，时人咸谓其迂阔于事情[二]。

《全元文》卷一八四一刘仁本《一笑居士传》

注释：

［一］居士姓张氏：张昱，字光弼，号一笑居士，江右庐陵（今江西吉安）人。

［二］迂阔：不切合实际。

评析：

张昱其人，胸襟坦率，博涉经史。

莫庆善

莫庆善氏，吉文士族也[一]。少有侠气，善琴，善画鹰，知名一时。

《全元文》卷一八五三王礼《送莫庆善归宜春寓所序》

注释：

[一] 莫庆善：江西人。

评析：

有人将莫庆善所画的鹰悬挂于庭院当中，鸡鸭看见之后都吓得不敢前进，可见其逼真程度。

刘健

刘生健，字仲桓[一]。使之琴，指法苍然，有发扬，有蹈厉[二]。

《全元文》卷一八五四王礼《刘仲桓字说》

注释：

[一] 刘生健：刘健，字仲桓，生平不详。

[二] 蹈厉：意气昂扬。

评析：

刘健会书法，擅弹琴，其余则不知也。

孙彦能

新安孙君彦能[一]，嗜乐，不同流俗，惟琴书自娱。

《全元文》卷一八五五王礼《雪斋记》

注释：

[一] 孙君彦能：孙彦能，新安（今安徽）人。

评析：

孙彦能书斋名“雪斋”，其人嗜乐善吟，颇有风致。

郑廷美

王逢有《听郑廷美弹琴》诗[一]。

《全元诗》王逢《听郑廷美弹琴》

注释：

[一] 郑廷美：生平不详。

评析：

诗云：“画阑月照芙蓉霜，博山水暖蔷薇香。石屏石几青黛光，郑乡君子琴中堂。榴裙蕙带辞罗洞，玉佩朱缨脱飞鞚。何处春深云满林，小巢并语梧花凤。君不见湘灵鼓瑟湘江浒，苦竹祠荒愁暮雨。遗音一听增感伤，使我无言重怀古。重怀古，鸡喔喔，明星烂熳东城角，谁家尚奏桑间乐。”

陈思(附张子翊)

思，松人[一]。不苟殉俗[二]，雅志古道。有田仅供饘粥[三]，遇族里贫甚者，辄分食。弊庐数楹，日授徒其下。乡大姓张氏子翊[四]，尝从学琴。业成，载一巨舟粟为谢。思曰："吾艺以售汝耶？"辞之。

《全元诗》王逢《赠陈履信后序》

注释：

[一]思：陈思，字履信，松江（今上海）人。

[二]殉：贪，追求。

[三]饘粥：稀饭。

[四]张氏子翊：张子翊，松江（今上海）人，跟随陈思学琴。

评析：

陈思虽然生活艰难，但并不接受弟子张子翊"一巨舟粟"的馈赠，"吾艺以售汝耶"，一句话就显示出了琴人的品格。

王逢

王逢《秋堂风露琴辞》序云[一]：至正己亥[二]，得是琴于杭。

《全元诗》王逢《秋堂风露琴辞》

注释：

[一]王逢（公元1319年—公元1388年）：字原吉，号席帽山人、梧溪子。江阴（今江苏江阴）人。

[二]至正己亥：公元1359年。

评析：

公元 1359 年，王逢在杭州得到一床琴，琴名“秋堂风露”。

沈一中

王逢有《沈一中为修秋堂风露琴先寄八句期过最闲园馆》诗[一]。

《全元诗》王逢《沈一中为修秋堂风露琴先寄八句期过最闲园馆》

注释：

［一］沈一中：生平不详。

评析：

秋堂风露琴的焦尾脱落，王逢请沈一中修补，并作诗云：“一日焦尾脱，十年孤凤喑。忻遭运斤手，妙得斫轮心。溪馆茗烟薄，石床萝月深。携之肯枉过，侧耳扬春音。”

杨一枝

王逢有《观杨一枝外史鸣球琴》诗[一]。

《全元诗》王逢《观杨一枝外史鸣球琴》

注释：

［一］杨一枝：生平不详。

评析：

杨一枝琴名“鸣球”，来自《尚书·益稷》：“戛击鸣球，搏拊琴瑟，以咏。”

邓雅

余鼓琴山中[一]，常恨无知音者，钟期既遇，奏《流水》以何惭[二]，乃借大镛韵赋诗一首[三]，以写琴中之趣，并奉诸君一笑云尔。

《全元诗》邓雅《余鼓琴山中常恨无知音者钟期既遇奏流水以何惭乃借大镛韵赋诗一首以写琴中之趣并奉诸君一笑云尔》

注释：

[一] 余：邓雅，字伯言，号玉笥，新淦（江西新干）人。

[二] 钟期：见前“钟子期”条。《流水》：琴曲名。

[三] 大镛：何大镛，邓雅好友。

评析：

邓雅以能诗知名乡里，隐居未仕。明洪武二十二年（公元 1389 年）尚在世。

朱秉中

虞堪有《听朱秉中鼓琴》诗[一]。

《全元诗》虞堪《听朱秉中鼓琴》

注释：

[一] 朱秉中：天台（今浙江台州）人。

评析：

诗云：“潮落沧江月上时，衡门独客正栖迟。弹琴犹有嵇中散，对榻可无钟子期。蝴蝶翩翩迷晓梦，松风飒飒起秋思。水云别转潇湘曲，白露无声下竹枝。”

陈静山

汪真有《赠羽士陈静山弹琴》诗[一]。

《全元诗》汪真《赠羽士陈静山弹琴》

注释：

［一］陈静山：道士。

评析：

诗云："琅然太古音，出自羽人手。如写三峡涛，浣我尘数斗。神仙中人不易逢，听君古调含仙风。琼瑶杂佩骑飞龙，翩然夜下蓬莱宫。绿云摇波江渺渺，楚天平远苍梧小。神仙神仙归去来，一声唳鹤青山晓。"

郭抚

郭抚凿池[一]，得一空棺，中有铁物，洗而视之，乃琴也，有断弦处。抚试设而弹之，寂然无声。以语尚书郎姚范，范异之，亦不知为何物。寻有客来访，言能弹此。用法凿去腹中泥锈，遂弄数曲，音响非恒[二]。抚拜求授，得《昭云》《泣猿》二曲，戒勿传人。他人鼓之，不复鸣矣。

《琅嬛记》卷中

注释：

［一］郭抚：生平不详。

［二］恒：寻常。

评析：

《琅嬛记》所记多为荒诞不经之事，此其一也。

王忠

王忠，栗州人[一]，负志奇伟，不乐仕进。妻亡不复娶，多与奇士游，弹琴弈棋，终日坐茂林中，遇晚即卧木上，后卜芦芽山结庐以居[二]，更名云鹤。

《山西通志》卷一百四十六

注释：

［一］王忠：后更名云鹤，栗州（今山西大同）人。

［二］芦芽山：山名，在今山西忻州。

评析：

"遇晚即卧木上"，可见其性格洒脱随性。

傅玉

傅玉，字蕁江，宝山人[一]。元季隐居江东，尤善琴，遇山巅水涯则解囊漫鼓，悠然自得。

《（光绪）宝山县志》卷十

注释：

［一］傅玉：字蕁江，宝山县（今属上海）人。

评析：

傅玉与王彝等人互相唱和，悠然自得。

李贵

李贵，字怀德[一]。元末居三涂山下[二]，日以琴书自娱。

《河南府志》卷四十七

注释：

［一］李贵：字怀德，嵩县（今河南嵩县）人。

［二］三涂山：在河南嵩县西南。

评析：

李贵在三涂山筑亭，名曰“怀德亭”。

薛伦

薛伦，字叔道[一]，通《春秋》，善诗与琴。

《（嘉庆）松江府志》卷七十八

注释：

［一］薛伦：字叔道。

评析：

薛伦在明洪武年间举贤良方正，托以母老未仕。

明

刘英

刘英，字葆华[一]。每日携琴坐古松怪石间，随弹数弄。或持竿垂钓于溪上，得渔沽酒，啸歌自娱。

《长宁县志》卷七

注释：

［一］刘英：字葆华，长宁（今四川长宁）人。

评析：

刘英为明初隐士，建别业名“巢居”。

萧璚(附胡鼎实)

清江萧氏德章蓄古琴三[一]，一曰玲珑，一曰广寒秋，而其曰寒泉者，乃其最所珍爱者也。德章之舅氏新昌胡君鼎实[二]，号元阳先生，博物君子者也[三]。少壮时久官，留燕都，缙绅多与之游。迨今朝[四]，征用为尚宾馆大使[五]。君精于数学，解音律，而尤好琴。时时以鼓琴侍上，上甚重焉。及奉诏求贤南粤[六]，道过清江，以寒泉之琴遗德章[七]。余比尝过之，出示其三琴。因拂拭寒泉，为余鼓《杏坛》之操[八]。余虽不解音，而听之洋洋然，知其声之清妙而其制之异于今人也。

《全元文》卷一五一六梁寅《寒泉琴记》

注释：

［一］萧氏：萧璚，字德章，清江（今江西樟树）人。

［二］胡君鼎实：胡鼎实，号元阳先生，新昌（今江西宜丰）人。

［三］博物：通晓众物。

［四］迨：及至，等到。

［五］尚宾馆大使：官职名，明初聘士之官。

［六］南粤：今广东。

［七］遗：赠送。

［八］《杏坛》：琴曲名。

评析：

胡鼎实因擅弹琴受到皇帝的重视，后来他将自己的寒泉琴赠送给外甥萧璠。萧璠最是珍爱这张琴，为梁寅弹奏《杏坛》一曲，并请其为寒泉琴作文。

胡发

胡重器氏长子曰发，字若愚[一]；次子曰伾，字若思[二]。若思既居乡贡上第[三]，久之，因请曰："吾兄素善琴，有琴曰'九霄环佩'者，音尤异他琴。置之轩中，时一鼓之，听之者莫不悠然而心悦。因名是轩曰'琴悦'焉。"余美若愚之伯仲皆力学，又工于雅音，以怡情而养性，乃为琴悦轩之铭。

《全元文》卷一五一九梁寅《琴悦轩铭》

注释：

［一］胡重器氏长子：胡发，字若愚，胡重器之长子。

［二］伾：胡伾，字若思，胡重器之次子。

［三］乡贡：乡试。

评析：

若愚的九霄环佩因为只记录了一个名字，因此它与现存于故宫博物院的九霄环佩是不是同一张琴，读者只能各自臆想了，可能是，当然也有可能只是重名。

黄宏子

宏子[一]，能文辞，善抚琴，蚤夭[二]。

《全元文》卷一四七七危素《元故奉训大夫瑞州路总管府判官黄公行状》

注释：

[一] 宏子：黄宏子，建昌南城（今江西南城）人。

[二] 蚤：通“早”。

评析：

黄宏子是黄顺翁（公元 1244 年—公元 1315 年）的孙子，危素则是黄顺翁的外孙。

姜可玉

张仲深有《听姜可玉弹琴用江叔载韵》诗[一]。

《全元诗》张仲深《听姜可玉弹琴用江叔载韵》

注释：

[一] 姜可玉：生平不详。

评析：

诗云："出门听松泉，尘心一以洗。入门闻丝桐，又欲洗尘耳。幽人在东斋，见之殊可喜。悠然太古心，静探玄精理。一弄风泠泠，再弄溪泚泚。但言少知音，振衣张拱起。孰知伯牙心，荡荡在流水。岂若齐王竽，仅谐东里鄙。"

宋濂(附冷谦)

余少时则好琴[一]，尝学之，而患无善师与之相讲说，虽时按书布爪，涤堙郁而畅湮愤[二]，心弗自是也。后闻冷君起敬以善琴名江南[三]，当时学琴者皆趋其门，余尤慕之，以为安得一听以偿夙昔之好乎？及入国朝，余既被命起仕，而冷君亦继至。时天子方注意郊社宗庙之祀，病乐音之未复乎古，与一二儒臣图所以更张之。冷君实奉明诏定雅乐[四]，而余预执笔制歌辞，获数与冷君论辨。

冷君间抱琴为余鼓数曲，余瞑目而听之，凄焉而秋清，盎焉而春煦；寥寥乎悲鸿吟，而鹳鹤鸾凤追而和之也；砯砯乎水合万壑[五]，瀑布直泻其上，而松桂之风互答而交冲也[六]；恳恳乎如虞夏君臣[七]，上规下讽而不伤不怒也；熙熙乎如汉文之时[八]，天下富实而田野耆耄乘车曳屣[九]，嬉游笑语，弗知日之夕也。余倦为之忘寝，不自知心气之平，神情之适，阅旬日而余音绎绎在耳[一〇]。诚知其美，欲从而学焉，而余已老耄不可勉矣[一一]。既而冷君出其所次琴谱曰《太古正音》者示余，且曰："子之所闻者，皆出乎此。所未闻者，可按谱而学也。子可以序之乎？"余重有感焉。

《文宪集》卷五《太古正音序》

注释：

[一]余：宋濂（公元1310年—公元1380年），字景濂，号潜溪，浦江（今浙江浦江）人。明初文学家。

［二］堙郁：郁结。

［三］冷君起敬：冷起敬，冷谦，字起敬，钱塘（今浙江杭州）人。

［四］明诏：英明的诏令。

［五］砯砯：象声词。形容水流石罅等声响。

［六］交冲：交汇。

［七］恳恳：诚挚恳切。虞夏：有虞氏（帝舜）之世和夏代。

［八］熙熙：温和欢乐。汉文：汉文帝。

［九］耆耄：泛称高年之人。

［一〇］绎绎：连续。

［一一］老耄：衰老。

评析：

明初，冷谦为协律郎，奉诏定雅乐，所撰琴谱名《太古正音》。宋濂为之序。

刘基

刘伯温造蕉叶琴[一]，作《客窗夜话》。

《诚一堂琴谈》卷二

注释：

［一］刘伯温：刘基（公元1311年—公元1375年），字伯温，浙江青田人。明初文学家、政治家。

评析：

明代琴谱著者多以为琴曲《客窗夜话》为刘基所作，例如《理性元雅》《太音希声》。

张君度

刘基有《夜听张道士弹琴歌》，诗题下注：道士字君度[一]。

《诚意伯文集》卷四

注释：

［一］君度：张君度，道士。

评析：

诗云："白涧含光月照席，梅花入檐珠的皪。蕊宫道士弹七弦，明星在树霜满天。锵如暗泉发幽窦，悄若空山叫哀狖。雾雨寒吹松柏响，波涛怒激蛟龙斗。神奔鬼怪入杳冥，鸾孤鹤寡风冷冷。湘娥宵攀竹枝泣，紫凤晓啄梧桐鸣。凄凄欲断还复续，啼莺一声春草绿。砉然清商行素秋，落叶洒地虫啾啾。拥衾听之消百虑，梦逐行云自来去。九嶷连天洞庭远，海阔烟深不知处。蕊宫道士听我语，世无子期谁识女？桑间濮上方施行，白雪阳春弃如土。"

张仲毓

龙虎山炼师张君仲毓[一]，嗜学而攻诗，尤善鼓琴。

《文宪集》卷三十二《云寓轩诗并序》

注释：

［一］张君仲毓：张仲毓，龙虎山道士。

评析：

张仲毓自言浪迹江湖有如白云出入空谷，杳无定踪，因此名其轩曰"云寓"。

陈汝言(附宋文璧)

惟允能鼓琴[一]，盖学琴于宋君文璧而得其妙者[二]。

《全元文》卷一四四〇倪瓒《来鸿轩诗并序》

注释：

[一] 惟允：陈汝言（约公元1318年—公元1371年），字惟允，号雅宜生。吴县（今江苏苏州）人，善画。明初官济南经历。

[二] 宋君文璧：宋文璧，生平不详。元龚璛《赋宋文璧伯牙禅》诗提及弹琴事："亹亹高山调，灵灵桥木禅。何人以气听，此事岂心传。悟入终于寂，声闻各自圆。昭文元不鼓，陶令久无弦。"故此诗题中的宋文璧疑即此人。

评析：

倪瓒另有一篇《题赠陈惟允》也提道："惟允契友工为诗歌，而围棋、鼓琴无一不造其妙，虽游名公卿间，无意于仕进。"

陈汝言亦曾在顾瑛家以槃雷琴（一作万壑雷琴）弹奏琴曲《石泉流水》。

王顺

王顺，字性之[一]。闲居无事，焚香鼓琴以自乐。四方贤士，无不愿与之交。

《文宪集》卷二十二《义乌王府君墓志铭》

注释：

[一] 王顺（公元1319年—公元1376年）：字性之，义乌（今浙江义乌）人。

评析：

王顺喜欢书法、名画，好焚香鼓琴，又以济人为务，乡间以其为贤人。

饶孟持

临川饶君孟持[一]，其五世祖某府君尝嗜琴。琴有复古、玉髓二张，其材孔良[二]，蛇腹断而金沙明[三]，试一鼓之，独鹤梦回而满山风露也，寒泉漱岩而山鬼夜听也，可谓清且古矣。府君虽殁，历世宝秘，不翅孔氏之遗履[四]。时出玩之，思府君之不可见，慨然高山仰止之情。元季兵燹方张[五]，白昼为人持去，烟海茫茫，竟不知坠于何所。如是者有年，一旦，外孙乐安夏氏忽购得焉，举以奉孟持。孟持反覆拂拭，不觉悲喜交集。玉髓颇残阙，唯复古岳、沼、晖、轸咸具。孟持取水精弦被之，方布爪指，其初则呜呜然，已而复洋洋然，亦似伤其流落而庆其复还也。

《文宪集》卷三《复古轩记》

注释：

[一] 饶君孟持：饶孟持，临川（今江西抚州）人。

[二] 孔：很。

[三] 蛇腹断：古琴断纹为蛇腹断。

[四] 不翅：翅，通“啻”。无异于。

[五] 兵燹：因战乱而造成的焚烧破坏。

评析：

不知有多少良琴毁于战乱，饶孟持的复古、玉髓能失而复得，已属万幸。

施彦昭

陶凯有《赠琴士施彦昭》诗[一]。

《明诗综》陶凯《赠琴士施彦昭》

注释：

［一］施彦昭：钱塘（今浙江杭州）人。

评析：

镏绩《霏雪录》记载："钱塘施彦昭，牧州子也。世以知琴名。"

泉上人

刘崧有《赠泉上人弹琴》诗[一]。

《全元诗》刘崧《赠泉上人弹琴》

注释：

［一］泉上人：从诗意判断，泉上人为慈恩寺僧。

评析：

诗云："慈恩上人好弹琴，昨者相遇龙门阴。琅然为我拂苍玉，写作幽涧寒泉吟。奔腾千丈瀑布落，忽转岩坳漱松壑。流声渐远人莫闻，飒飒天风起寥廓。"

艾如兰

刘崧有《题琴士艾如兰》诗[一]。

《全元诗》刘崧《题琴士艾如兰》

注释：

［一］艾如兰：生平不详。

评析：

诗云："独抱瑶琴下翠微，竹皮冠子芰荷衣。梧桐枝上秋风起，弹到清商第几徽。"

褚德刚

会稽褚君德刚读书蟠龙山下[一]，每清秋雨止，窗户皆云也，几席皆云也[二]，被覆左右[三]，弥亘前后[四]。题曰"白云书舍"，盖据一方之胜，书暇辄弦琴而歌。

《全元文》卷一三八二贝琼《白云书舍记》

注释：

[一] 褚君德刚：褚德刚，会稽（今浙江绍兴）人。

[二] 几席：几和席，古人坐卧的器具。

[三] 被覆：覆盖，掩蔽。

[四] 弥亘：绵延。

评析：

贝琼洪武十年（公元 1377 年）又有《送褚德刚序》，记述褚德刚出任官职之事。白云书舍的萝月松烟以及弦琴而歌，或者只能成为其仕途中的"长相忆"了。

郏经

郏仲谊，名经，陇人，号观梦道士，又号西清居士[一]。八分书极高[二]，善琴操，能隐语[三]。

《录鬼簿续编》

注释：

［一］郏仲谊：郏经，字仲谊，一作仲义，号观梦道人、西清居士、龟溪渔者。西夏人，以陇右（今甘肃）为籍贯。

［二］八分书：隶书的一种，也称“分书”或“分隶”。

［三］隐语：类似今之谜语。

评析：

郏经诗文书法均有名，洪武四年曾充江浙考试官。

胡翰(附东岘之叟)

妫仲子学琴于东岘之叟[一]，三日而钧弦[二]，七日而成章[三]。不习者逾月，而几于忘矣[四]。

《全元文》卷一五六六胡翰《琴释》

注释：

［一］妫仲子：胡翰（公元1307年—公元1381年），字仲申，号妫仲子，学者称长山先生，金华（今浙江金华）人。东岘之叟：生平不详。

［二］钧弦：调弦。

［三］章：乐竟为一章，即乐章。

［四］几于：几乎。

评析：

胡翰在《琴释》中首先叙述了琴制的变化，并引出音声的不同，并说："其妙穷本极幽，得之心者不可喻以言，得之手者不可传以谱，得之天者人不与力焉。"

朱原良

友琴生姓朱氏，字原良，金华人也[一]。其所居室，萧然绝尘，不留他长物[二]，惟置琴其中，曰："古人，吾所尚友也[三]。虽然，古人远矣。琴者，古人性情之所寓，吾视之犹古人焉耳，其不足为吾友乎？"因自号曰"友琴生"。

《全元文》卷一六九一王祎《友琴生传》

注释：

［一］朱原良：自号友琴生，金华（今浙江金华）人。

［二］长物：多余的东西。

［三］尚友：上与古人为友。

评析：

古琴是古人寄寓性情之物，因此，朱原良视之为古人并与之为友，自号"友琴生"。

对于欧阳修晚号"六一居士"（一琴，一壶，一棋，金石遗文一千卷，书一万卷，与欧阳修自己为六），朱原良评论说：人身至贵，而欧阳公与其余五物混而为六，是失己；琴至古，而与其余五物并列，是失物，因此，朱氏独取琴而友之。

乌斯道(附史君礼、方国珍、徐梅涧、倪晋斋、沈仲芳、乌熙、僧保定)

三世雷者，名琴也。唐渝州雷震所制[一]，后震之子某尝修之，至孙某再修，侧视腹中，其识具存[二]。得之者以一器而出雷氏三世，异之，因以名焉，以小篆刻诸底。或谓震之制琴，始于祖，至震为三世也。质虽桐梓，尾则海藤[三]，其膝玄玉[四]，其断纹蛇腹[五]，其制宣尼[六]，修不及五尺[七]，而声若金石，清越悠远。吾郡清容袁公当元之延祐间[八]，仕京师，见是琴于故宗室赵氏，不可得。赵氏性好马，一日，有显官赠良马于公，公得而遗诸赵氏[九]，赵氏意殊喜，自谓“无以为报，虽有雷氏琴，实吾之先受赐于内府者，不忍弃，将返马焉，吾又爱之”，以是依违者再三[一〇]，终以是琴报公。公传于家，至孙日严，以重价归史君礼氏[一一]。至正末，天台方丞相入城[一二]，尝听人鼓琴，悦之。因命左右物色琴之佳者，左右以是琴称，遂以势而得焉。余友钱塘徐君梅涧以琴名[一三]，数鼓琴丞相前[一四]，退而大誉是琴，余方以不获见为歉[一五]。今天子肇造区宇[一六]，诏中山侯下明之郡县[一七]，丞相款附入朝[一八]，以是琴与倪参政晋斋[一九]。余时主晋斋，因得以寄意徽轸。闻中山侯将税晋斋家[二〇]，晋斋挟爱物避处他室。中山侯入闽，晋斋返，视爱物咸具，惟是琴蔑之有也[二一]，漫不省何若[二二]。越半岁，丞相之子名关者自京师来明，云：吾道经毗陵[二三]，有一军士抱琴求售。晋斋始记是琴，昔以爱之笃，度卧榻上忘焉[二四]，必为中山侯麾下士先入卧内洒扫，持而闳之[二五]。每道及，未尝不歔欷悒快[二六]。岁辛亥秋，余被贡之京师[二七]，闻溪坊沈仲芳氏蓄琴[二八]，及访视之，即是琴也，抚弄慨叹而别。余宰化之石龙[二九]，甲寅冬，余以核田事赴广省，闻城中一士有古琴最佳，即偕往求视。其士乃旧所见仲芳，又出是琴，无恙。盖仲芳以获戾徙广中[三〇]，凡器物皆弃去，独与是琴俱故也。余抚弄慨叹如初。己卯夏，余以考满当入觐[三一]，先至广省乞文。时仲芳闻余至，豫伺之水驿亭上[三二]，见而欣然谓曰：“吾三世雷愿与子归明。”余惊念曰：“此非吾所能致也。”意谓戏言，往返数过。仲芳屡以为言，不易，果以见赠。加水精弦，白玉轸，足上下括以古锦囊二，余喜爱之而不辞，重以白金答贶[三三]。保抱携持，水陆行数千里至京师，不损发漂。长子熙来候迎[三四]，相慰藉。后余调吉之永新[三五]，熙东归，余委琴于熙，而命之曰："今天下故物，悉殄灭于兵燹中[三六]，若是琴岂易购哉。且屡见屡违，终购之于绝域以归，岂非幸欤。吾与汝又素好鼓琴，汝宝之勿失。"庚申夏，获归田里，而是琴迁处浮屠氏保定师之室[三七]。越三载癸亥，谋复之未克[三八]，又为好古者售入河洛，惜哉。噫，数欤[三九]？抑异物不永于一人也。然是琴之得失可怪也，有不可忘者，特记之。

《全元文》乌斯道《三世雷记》

注释：

［一］渝州：今重庆。雷震：唐代著名斫琴家。

［二］识：标志，记号。

［三］海藤：黑珊瑚。

［四］玄玉：黑玉。

［五］断纹蛇腹：蛇腹断。断纹，指古琴的裂纹。见前"王进叔"条注释。

［六］宣尼：孔子，此处指三世雷琴为仲尼式。

［七］修：长。

［八］吾：乌斯道（公元1314年—约公元1390年），字继善。慈溪（今浙江慈溪）人。入明，洪武初年为永新知县。清容袁公：袁桷。见前"袁桷"条。

［九］遗：赠送。

［一〇］依违：迟疑。

［一一］史君礼：生平不详。

［一二］方丞相：方国珍（公元1319年—公元1374年），天台（今浙江台州）人，至正末年，方国珍开府庆元，行丞相事。

［一三］徐君梅涧：徐梅涧，钱塘（今浙江杭州）人。

［一四］数：屡次。

［一五］歉：遗憾。

［一六］肇造：始建。区宇：天下。

［一七］中山侯：明朝开国将领汤和，封中山侯。

［一八］款附：诚心归附。

［一九］倪参政晋斋：倪晋斋，官参政。生平不详。

［二〇］税：止，休息。

［二一］蔑：没有。

［二二］何若：如何，怎样。

［二三］毗陵：地名，今江苏常州。

［二四］庋：放置，收藏。

［二五］闷：通“秘”。

［二六］歔欷：叹息。悒快：忧闷不乐。

［二七］被贡：受到举荐。之：到。

［二八］沈仲芳：南京人。

［二九］化之石龙：化州石龙县，在今广东化州。乌斯道曾任石龙知县。

［三〇］获戾：获罪。

［三一］考满：任满。入觐：地方官员入朝进见帝王。

［三二］豫：同“预”。

［三三］答贶：回报。

［三四］长子熙：乌斯道长子乌熙，字缉之。按乌熙，一作“乌熙光”：《正德慈溪县志》载乌斯道之子：“熙光，字缉之，亦以诗文擅名，尤精于琴。”《嘉靖宁波府志》亦作“熙光”。

［三五］吉之永新：今江西永新，乌斯道曾任永新知县。

［三六］殄灭：灭绝。兵燹：因战乱而造成的焚烧破坏等灾害。

［三七］浮屠氏保定师：指僧人保定。

［三八］克：能够。

［三九］数：命运，命数。

评析：

这是一个颇为曲折又颇让人感觉遗憾的故事。

名琴三世雷是唐代雷震所制，关于琴名，有两种说法：一种是从雷震到其子其孙为三世；另一说为从雷震之祖到雷震为三世。三世雷为仲尼式，有蛇腹断纹，声如金石，清越悠远。

元代延祐年间，三世雷藏于宋宗室赵氏，袁桷以名马赠赵氏，赵氏虽然再三不舍，最终因为更喜欢名马而回报以三世雷琴。其后，袁桷的孙子以重金卖给史君礼。方国珍则又以权势从史君礼那里强取了三世雷，方国珍幕僚徐梅涧以擅琴著名，用此琴弹奏琴曲，大加称誉。

方国珍投降明朝之后，将三世雷赠与倪晋斋。明朝开国将领汤和在倪晋斋家休止之后，此琴就失去了踪迹，成为悬而未决的谜案。直到方国珍之子自述经过常州时，看见一个军士在售卖三世雷，由此，才推断出缘由：倪晋斋将琴放在卧榻之上，汤和的士兵进门打扫，悄悄将琴拿走。

此后，乌斯道在沈仲芳家中再遇此琴，抚弄慨叹而别。后来沈仲芳获罪，将琴转赠乌斯道。及至乌斯道调任，转交长子乌熙保管。然而等到乌斯道回归乡里，此琴又传到僧人保定那里，没能讨回，再其后，三世雷被卖到了河洛。噫！乌斯道以为，世间异物不会永远为一人所有，尽管如此，三世雷的辗转得失也是非常奇异的了。

另外，关于徐梅涧，乌斯道《徐梅涧先生授予琴予写曲调之意赋诗九章》记述徐梅涧教授乌斯道琴曲，乌斯道根据曲调之意，赋诗九首，分别是《修禊》《忘机》《碧桃》《泽畔》《潇湘水云》《玉树临风》《皎月》《白雪》《春江》。

于光

于光，字大用[一]。气貌修整，善鼓琴，能吟古今体诗，多古雅不凡，兼通医学针灸科。

《文宪集》卷二十二《故怀远大将军同知鹰扬卫亲军指挥使司事于君墓志铭》

注释：

［一］于光（公元 1328 年—公元 1370 年）：字大用，都昌（今江西都昌）人。明初将领。

评析：

一眼看去，于光就是一个翩翩公子，然而等到持戟上马，则鹰扬虎视，勇不可当，可以想望其风采。

裴中

瑞安裴中季和以学行[一]，扁其轩居曰“著存”，不忘乎亲也。御史中丞刘君伯温尝为赋诗[二]，以写其情。予复师伯温之意，演为琴操三解，使季和援琴而鼓之。琴悲而不成声，声信不能成也。

《文宪集》卷二十九《著存轩辞并序》

注释：

［一］裴中：字季和，瑞安（今浙江瑞安）人。

［二］刘君伯温：刘基，字伯温。

评析：

宋濂为著存轩所作琴操，写孝子思亲，从“人孰无亲兮，我亲归于黄土”等句来看，所思已经亡故，因而泣不成声。

刘炳[一]

居春雨室，奇花异卉，清流丛竹，焚香鼓琴，危坐终日[二]，视人间富贵澹如也[三]。

《全元文》卷一四七一危素《刘彦昺诗集序》

注释：

[一] 刘炳（约公元1331年—约公元1399年）：字彦昺，鄱阳（今江西鄱阳）人。

[二] 危坐：端坐。

[三] 澹如：恬淡貌。

评析：

春雨室是刘炳居室名，《春雨轩集》则是其诗集名。

归庵禅师

邑西去六十里有龙山永乐寺，寺有归庵禅师受经其间[一]。禅师善鼓琴，梵呗余鼓《猗兰》《佩兰》之曲[二]，清壮邈悠，变化恍惚，深有得于徽轸之外，因扁其斋曰二兰。

《全元文》卷一七二二乌斯道《二兰斋记》

注释：

[一] 归庵禅师：龙山永乐寺僧。

[二] 梵呗：佛教谓作法事时的赞颂之声。《猗兰》：琴曲名，传为孔子所作。《佩兰》：传为南宋毛敏仲所作，取自屈原《离骚》“纫秋兰以为佩”。

评析：

归庵禅师身为曹洞宗佛徒而弹奏儒家曲目，似有矛盾处，对此，乌斯道的解释是：佛教宗旨是天地众生皆能成佛，归庵见众生溺于苦海而生凄怆之心，这与孔子、屈原的忧愁是一致的。

沈绎

沈绎，字成章，江南吴县人[一]。洪武间谪戍兰州卫，精医道，敦志节[二]，善琴书。

《甘肃通志》卷十四

注释：

[一] 沈绎：字成章，江南吴县（今江苏苏州）人。

[二] 志节：志向节操。

评析：

沈绎精通医学，弹琴大约是其余事。

沈玄

沈以潜，名玄，以字行[一]。为人平易质重[二]，工诗好琴，有集行世。

《姑苏志》卷五十六

注释：

[一] 沈以潜：沈玄，字以潜，姑苏（今江苏苏州）人。以字行：称呼此人的“字”，

代替其名。

［二］质重：朴实敦厚。

评析：

所幸，其子孙能守祖业。

萧质

萧君名质字谦用[一]，构室庐，治田園，弹琴赋诗，将终其身。

《全元文》卷一七二六乌斯道《永新学正萧君墓志铭》

注释：

［一］萧君名质：萧质（？—公元1378年），字谦用，永新（今江西永新）人。

评析：

萧质所作诗歌有唐人风致，喜作草书。

贺久孚

汪广洋有《登忠勤楼听久孚贺架阁弹琴》诗[一]。

《明诗综》汪广洋《登忠勤楼听久孚贺架阁弹琴》

注释：

［一］忠勤楼：《江南通志·徽州府》："忠勤楼在府南门宕吴氏村口，宋景定间吴渊置楼于丞相第中，御书忠勤楼三字额赐之。" 架阁：指架阁库官。贺架阁：贺久孚。

评析：

诗云："画栋栖朝霞，层檐宿秋雾。振衣坐前楹，援琴写中素。幽泉鸣涧深，落花伤春暮。油然闻至音，令人起遐慕。"

施辉

至正二十三年，钱塘施辉以斫琴应诏[一]。昔我世皇受命[二]，既定海宇[三]，肇造一代之乐[四]。时辉之祖，实以是艺进，得官而归。今辉能世其业，际中兴之运[五]，复得用于宗庙之间[六]，是可嘉矣。

《凫藻集》卷二《送钱塘施辉修太庙乐器序》

注释：

[一] 至正二十三年：公元 1363 年。施辉：钱塘（今浙江杭州）人。

[二] 世皇：指朱元璋。受命：受天之命。

[三] 海宇：海内。

[四] 肇造：始造。

[五] 际：当。

[六] 宗庙：朝廷。

评析：

施辉家族世代以斫琴为业。至元年间，朝廷重修太庙乐器，施辉以斫琴应诏。在高启看来，天下政事，犹如琴瑟，音乐和顺则国家安宁。故此，继天下大乱之后刚刚建立的明王朝亟须修缮乐器、完善乐制，以音乐感和顺之气。

李世昌

先生姓李氏，名世昌，字文衍，会稽之余姚人[一]。晚岁喜闲静，每霜晨月夕，必鼓琴赋诗，以适其意。

《全元文》卷一七二六乌斯道《嘉兴学正李君文衍墓志铭》

注释：

［一］李氏：李世昌（公元1300年—公元1385年），字文衍，会稽余姚（今浙江余姚）人。

评析：

李世昌为人不尚奢华，为文亦不喜欢华丽的辞藻，想来鼓琴亦如是。

宋克

倪瓒《赠宋仲温》诗云[一]：宋君天下士，画竹能鼓琴。

《全元诗》倪瓒《赠宋仲温》

注释：

［一］宋仲温：宋克（公元1326年—公元1387年），字仲温，一字克温，自号南宫生，长洲（今江苏苏州）人。

评析：

宋克是明初著名书法家。倪瓒在《赠别宋君仲温》诗序中也提到，宋克与倪瓒等人“吹笙鼓琴于水光林影间”。

梁贞

梁道士贞者，字松间，处州丽水人[一]。八岁丧父母，十二投紫阳观为道士。客至，对坐清谈竟日，无一语及世间事，得酒即满引竟醉，遇其得意，援雅琴，鼓一再行。

《苏平仲文集》卷四《梁道士传》

注释：

［一］梁道士：梁贞，字松间，处州丽水（今浙江丽水）人。

评析：

建州两道士为争住持之位而上诉于丞相，丞相派梁贞前往调停，梁贞到达之后以片语折服二人。这两位道士大约是为了表示感谢，给梁贞送来钱物，孰料遭到梁贞的责骂："你们是出家人，却因为纷争而让我不远千里而来，你们还不如市井之人呢。现在你们又把我也当作是市井之人，赶紧拿着你们的钱物走，不要侮辱我。"两道士惭而退。

胡伯清

胡伯清氏[一]，以茂年好学[二]，予尝过其"古趣轩"[三]，左图右史，商彝汉刻[四]，古今人名画，杂陈几席[五]。客至，则焚香鼓琴，咏诗煮茗，终日不厌。

《全元文》卷一七五七刘昺《古趣轩记》

注释：

［一］胡伯清：鄱阳（今江西鄱阳）人。

［二］茂年：壮年，盛年。

［三］予：刘昺，字彦昺，鄱阳（今江西鄱阳）人。

［四］商彝：商代的彝器。汉刻：汉代的石刻。

［五］杂陈：错杂陈列。几席：几和席。

评析：

胡伯清书斋名“古趣轩”，他说：“读其书，行其道，犹见古人也。”鼓琴咏诗，大约就是胡伯清所说的行古人之道吧。

张适

倪瓒有《十六日夜听甘白弹琴》诗[一]。

《全元诗》倪瓒《十六日夜听甘白弹琴》

注释：

［一］甘白：张适（公元1330年—公元1394年），字子宜，号甘白先生，长洲（今江苏苏州）人，有《甘白集》。

评析：

乾隆《江南通志》记载张适七岁即能赋诗鼓琴，号为神童。入明之后，张适得到宋代朱长文的“乐圃”，遂觞咏其间。

倪瓒另外有一首《宿乐圃林居》，其序云：“予来城郭而暑气炽甚，偶憩甘白先生之乐圃林居，不觉数日。相与荫茂树，临清池，诵羲文之象爻，弹有虞之南风，遂以永日。”这里的乐圃林居就是朱长文故地，倪瓒与张适在此地“弹有虞之南风”，鼓琴终日。

张收(附刘鸿)

张收，字用轸[一]，善琴。永乐初姚广孝荐[二]，留侍文华殿，时称松派，本之刘鸿氏也[三]。

《吴县志》卷七十五

注释：

[一] 张收：字用轸，姑苏（今江苏苏州）人。

[二] 姚广孝（公元1335年—公元1418年）：字斯道，长洲（今江苏苏州）人，明朝大臣。

[三] 刘鸿：松江人。

评析：

据《鄞县志》，永乐初朝廷征天下善鼓琴者三人：徐诜、刘鸿、张收。刘鸿弹奏《楚歌》，被言官弹劾，而张收只能和弦不能弹奏，只有徐诜弹奏了《文王操》，得到皇帝的赏识。

吕不用[一]

歉岁有携琴瑟、书砚、简书、笔墨，懡㦬焉以贸粟云者[二]，家虽无余赀[三]，减己赡以偿其直[四]。持金银文绣以来鬻者[五]，则莫之顾耳。由是，室内几榻间无不措以清高[六]，士君子过者，或抚琴一操，或看书一章，或拈笔赋诗，或烹茶坐水石边，或置酒数行少叙松竹间。

《全元文》卷一七五八吕不用《林塘书屋记》

注释：

[一] 吕不用（公元1341年—？）：字则耕，自号石鼓山聋，新昌（今浙江新昌）人。

歉岁：荒年。

［二］悃悃：诚恳的样子。

［三］赀：财货。

［四］赡：供给。直：值。

［五］文绣：刺绣华美的丝织品或衣服。鬻：卖。

［六］措：措置。

评析：

吕不用明初曾被辟为本县教谕，没过多久即以耳聋为由辞职，此后谢事家居，居室名“林塘书屋”。

丁儼

去年秋，余解官归江上[一]，故旧凋散，朋徒殆空，唯同里丁儼志恭[二]，日抱琴与余游。余爱其清雅和易，且能相慰于寂寞之滨，故数与燕咏啸歌，甚相乐也。

《凫藻集》卷二《送丁至恭河南省亲序》

注释：

［一］去年：指洪武三年（公元 1370 年）。余：高启。

［二］丁儼（公元 1343 年—公元 1373 年）：字志恭，长洲（今江苏苏州）人。

评析：

琴，是高启与丁儼交游的精神媒介。高启《丁志恭墓志铭》载其：“以赋诗弹琴自娱。”

林铭

林铭，字良箴，长乐人[一]。工诗文，能琴善画，尤精书法，自号琴乐子。

《福建通志》卷六十一

注释：

[一] 林铭：字良箴，自号琴乐子，长乐（今福建长乐）人。

评析：

林铭与明初诗人王恭、高棅等人往来。王恭《题林良箴琴乐卷》诗云："太朴日已远，希音竟谁怜。见君奏流水，邈然无徽弦。弦中掩抑多深思，世上谁能识君意。爱客宁无沽酒资，得钱只是修琴费。四十年高尚不官，琴心应与道心间。羡君布衣能自乐，知君一瓢能自宽。兴来拂宫羽，泠然转清商。脱略徽轸外，人琴两相忘。阴林折竹寒潇洒，暗水流冰雨飘瓦。雪海凉天落雁秋，空山腊月乌啼夜。山妻听曲欲忘贫，稚子弄弦心亦淳。闭门不受知音赏，应似悠悠太古民。"

王蔼

王蔼，字用吉[一]，工诗文，能琴，善写竹梅。

《鄞县志》卷十四

注释：

[一] 王蔼：字用吉，鄞县（今浙江宁波）人。中洪武五年（公元 1372 年）乡试。

评析：

王蔼，工诗文，能琴，擅画，为官廉洁。

刘本和

予友刘本和[一]，《诗》《书》余力学琴以养其性，而筝、笛哇淫之声[二]，不接乎耳。画兰、梅、竹、石，以厉其操[三]，而人、禽、山水、宫室、器用，未尝写其形，可谓善择艺者矣。

《全元文》卷一八五一王礼《赠刘本和序》

注释：

［一］刘本和：生平不详。

［二］哇淫：鄙俗。

［三］厉其操：砥砺其操守。

评析：

据陈谟《赠乐正刘本和序》，洪武十五年（公元 1382 年）刘本和出任郡庠乐正。刘本和精音律，工词章，善画兰菊竹石。

唐文凤

唐桂芳诗题云：九月十日命次儿文凤携琴谒张仲贤知县，是晚宿澄塘兰若[一]。

《全元诗》唐桂芳《九月十日命次儿文凤携琴谒张仲贤知县是晚宿澄塘兰若同吴德圀文凤联句以叙阳关别意云》

注释：

［一］文凤：唐文凤，字子仪，号梦鹤，歙县（今安徽歙县）人，唐桂芳次子。兰若：寺庙。

评析：

诗云："今晨抱琴谒侯门，一曲宫商美无度。离鸾别鹤遇知音，流水高山得真趣。"离鸾别鹤、流水高山皆为琴曲名。

徐诜(附徐梦吉、薛生、王礼、金应龙、吴以介)

徐诜，字仲和，先钱塘人，父宦游四明，遂家焉[一]。以春秋教授乡里。成祖在潜邸[二]，以能琴召，锡赉殊厚[三]。诜自曾祖逮其父，皆以琴专门，而诜尤妙，时游江湖，大为识音者推让。有薛生者[四]，善琴操《乌夜啼》，号"薛乌夜"。每请诜鼓之，弗许。薛求好事者邀诜为鼓此曲，薛生隔壁潜听之，已，趋出拜伏几下曰："愿为弟子。"以故称"徐门"，琴为"浙操"。凡修订正者，号为"神品"，曰《梅雪窝删润琴谱》。同里若王礼、金应龙、吴以介，皆受业焉[五]。

《鄞县志》卷十八

注释：

[一] 徐诜：字仲和，四明（今浙江宁波）人。父：徐诜之父，即徐梦吉，号晓山。

[二] 成祖：明成祖朱棣。潜邸：尚未即位的时候。

[三] 锡：通"赐"。赉：赏赐。

[四] 薛生：徐诜门生，因善弹琴曲《乌夜啼》，号"薛乌夜"。

[五] 王礼、金应龙、吴以介：皆为四明（今浙江宁波）人，徐诜弟子。

评析：

"得心应手，趣自天成"，人们用这八个字来形容徐诜的琴技，可见其水平之高。也正是从徐诜开始，才有了"徐门""浙操"之称，又可见其影响之大。

祖阐

祖阐，字仲猷，受经永乐寺[一]。能诗善鼓琴。尝作《猗兰》《佩兰操》。因扁其斋曰“二兰”。

《宁波府志》卷二十六

注释：

[一] 祖阐：字仲猷，永乐寺僧人。

评析：

洪武四年（公元 1371 年），祖阐曾经奉命出使日本。

臧性

臧性，字益庠，鄞人[一]。性蚤习庭训[二]，八岁入乡校，记千余言。授以琴操，即知指法。永乐丙戌[三]，以能书征入秘阁，缮写《永乐大典》。

《宁波府志》卷二十六

注释：

[一] 臧性：字益庠，鄞县（今浙江宁波）人。

[二] 庭训：家教。

[三] 永乐丙戌：公元 1406 年。

评析：

从这一记载来看，藏性早慧，颖悟异常。

蔡胄

蔡胄，字用严[一]。永乐三年登乡荐[二]，入太学。清修苦节[三]，室中惟琴一张，图书数帙。

《宁波府志》卷二十

注释：

[一] 蔡胄：字用严，鄞县（今浙江宁波）人。

[二] 永乐三年：公元1405年。乡荐：乡试中举。

[三] 苦节：过度节俭。

评析：

"室中惟琴一张，图书数帙"，可见，蔡胄奉行君子左琴右书的行为范式。

朱宗明

朱宗明福清人，徙居长乐[一]。性耿介不屈。善鼓琴。永乐初[二]，征至京师，未几卒。

《八闽通志》卷六十三

注释：

[一] 朱宗明：福清（今福建福清）人，后徙居长乐（今福建长乐）。

[二] 永乐：明成祖朱棣的年号，公元1403年至公元1424年。

评析：

朱宗明死后因家贫不能下葬，其徒马驿率士人为之修筑墓穴。

沈度

沈公民则善琴[一]，因请鼓之，作商调数引，舒徐安适，淳古澹泊，有三代之遗音。

《明诗综》卷十七邹缉《翰林院斋宿听琴诗序》

注释：

[一] 沈公民：沈度（公元1357年—公元1434年），字民则，号自乐，松江华亭（今上海松江）人。

评析：

沈度为明初著名书法家，明成祖时期，沈度与其弟沈璨皆以擅书法入翰林院。

严与敬

翠微观道士严与敬[一]，以俊敏之姿[二]，善鼓琴、绘画。

《岘泉集》卷二《翠微观记》

注释：

[一] 严与敬：江西抚州翠微观道士。

[二] 俊敏：灵敏俊捷。

评析：

严与敬曾经主持重新修葺翠微观，张宇初为之作记。

毛咨询（附胡俨）

金川之玉峡毛咨询[一]，性嗜琴，以友桐名其轩。余为之序[二]：“夫琴者，古先圣王之雅乐，君子无故不去，盖取其中和之音，养吾中和之德。动荡血脉，流通精神，格神人，和上下，移风易俗，合于八音，宜乎君子之所尚也。余少时亦尝从事于斯。”咨询以英妙之年得琴中之趣，而又取以为友，迥然拔乎流俗，而便僻便佞者斯远矣[三]。

《颐庵文选》卷上《友桐轩诗序》

注释：

［一］毛咨询：江西吉安金川镇人，书斋名“友桐轩”。

［二］余：胡俨（公元 1360 年—公元 1443 年），字若思，江西南昌人。

［三］便僻：谄媚逢迎。便佞：巧言善辩。

评析：

胡俨认为古琴为中和之音，能养中和之德，故此，他说同样善琴的毛咨询能够远离谗佞之人。

刘诚

刘诚字克诚，号云溪[一]。性纯雅，读书好礼。永乐初征至阙下，屡召入便殿，赐坐鼓琴，命官不受，隐居林下，以布衣终身。

《（光绪）东光县志》卷八

注释：

［一］刘诚：字克诚，号云溪，东光（今河北沧州）人。

评析：

司马承祯《素琴传》云：“荣启期鹿裘带索，携琴而歌，此隐士以琴德而兴逸也。”刘诚即隐士也。

刘鸿

刘鸿字公序，号琴乐[一]。博学善琴。文皇征至朝[二]，命鼓琴于庭，宠渥洽至[三]，予官不受，归隐云间。

《（光绪）东光县志》卷八

注释：

［一］刘鸿：字公序，号琴乐，东光（今河北沧州）人。

［二］文皇：明成祖朱棣。

［三］宠渥：皇帝的恩泽。洽：广博。

评析：

隐士以琴修身，以琴寄兴。

俞用

俞行之，名用，临江人[一]。博极群书[二]，长于词诗。善琴操，亦能写竹，时人不及者多矣。

无名氏《录鬼簿续编》

注释：

［一］俞行之：俞用，字行之，临江（今江西樟树）人。

［二］博极：博通。

评析：

俞用在明代永乐年间（公元 1403 年至公元 1424 年）曾任营膳大使。

朱权

宁献王权，太祖第十七子[一]。永乐元年二月改封南昌[二]，帝亲制诗送之，诏即布政司为邸[三]，瓴甋规制无所更[四]。已而人告权巫蛊诽谤事[五]，密探无验，得已。自是日韬晦[六]，构精庐一区[七]，鼓琴读书其间，终成祖世得无患[八]。

《明史·宁王权传》卷一百十七

注释：

[一] 朱权（公元1378年—公元1448年）：明太祖朱元璋第十七子，封宁王，号臞仙，又号涵虚子、丹丘先生。谥献，世称“宁献王”。

[二] 永乐元年：公元1403年。

[三] 邸：府邸。

[四] 瓴甋：砖。更：换。

[五] 巫蛊：巫师使用邪术加害于人为巫蛊。

[六] 韬晦：隐藏才能行迹。

[七] 区：住宅。

[八] 成祖：明成祖朱棣。

评析：

因明成祖朱棣以藩王之身得有天下，故此他对藩王防范非常严格，宁王朱权就是被严厉监视的藩王之一。明代藩王宗室为了避祸，有人沉溺于声色犬马，朱权则醉心于刻书、戏曲等事。

朱权所辑《神奇秘谱》保存了很多前代琴谱和民间谱本，分三卷，上卷为《太古神品》；中、下卷为《霞外神品》。每首琴曲附有题解，是研究古琴音乐的重要文献。

夏云英

夏云英，青州府莒州人[一]。博奕音律，一经目睹耳聆，便皆造妙。至于方外玄文[二]，琴棋余事，缫织之工，音律小艺，无所不精。

《诚斋录》卷四《故宫人夏氏墓志铭》

注释：

［一］夏云英（公元1395年—公元1418年）：青州府莒州（今山东莒县）人。明宪王朱有燉宫人。

［二］玄文：深奥的文字。

评析：

夏云英著有《端清阁诗》一卷，《女诫衍义》一部，《法华经赞》七篇，可谓一代才女。

严献

严献，字廷助，永乐九年举人[一]。历高安、玉山、嵊县知县，以清惠见称。每去官，橐装惟《大明律》一部、古琴一张[二]。最后去嵊[三]，见役夫携琴度岭，慨然曰："此琴相随久，劳民多矣。"并弃之。

《（光绪）无锡金匮县志》卷十九

注释：

［一］严献：字廷助，江苏无锡人，永乐九年（公元1411年）举人。

［二］橐：囊。

［三］去：离开。

评析：

严献遵守了"以人为本"的文化精神。

孙鲸

孙鲸，字海巢[一]。器宇深沉，学问该博[二]。善鼓琴，喜泼墨山水。

《无棣县志》卷十二

注释：

[一] 孙鲸：字海巢，山东无棣县人。

[二] 该博：渊博。

评析：

学问渊博自然超拔于世俗之上，正与典雅之琴相应。

陈辉

陈辉字伯炜，闽县人[一]，举永乐乙未进士[二]，工诗，善鼓琴。

《六艺之一录》卷三百六十三

注释：

[一] 陈辉：字伯炜，闽县（今福建福州）人。

[二] 永乐乙未：公元1415年。

评析：

陈辉又以书法名世，草书学怀素。

诸葛华仁

诸葛华仁,四都人[一]。永乐间由元妙观道士选为太常供祝。善鼓琴,授神乐观知观。颇知道术,祈雨有验。

《寿昌县志》卷八

注释:

[一]诸葛华仁:浙江寿昌四都镇人,道士。

评析:

诸葛华仁为道士,善鼓琴。

赵鲁

赵鲁,字尚确,绍兴山阴人[一]。正统十二年升国子典籍[二],日端坐观书咏诗,校对梓刻讹缺[三],或忘寝食,倦则鸣琴自娱。

《西园闻见录》卷二十

注释:

[一]赵鲁:字尚确,浙江绍兴人。

[二]正统十二年:公元1447年。

[三]梓刻:雕版。

评析:

陈敬宗赠赵鲁诗云:"每随松影移瑶席,时对梅花奏绿琴。"

卢闳侃

卢闳侃自蜀归舟[一]，熊士升请为作《英祐侯庙碑文》。夜宿舟中，梦侯来谢，携手指山间古琴曰："此琴非高人莫与，子宝之。"次早携一板登岸，行三里许，一老妪看乳鸭数十，而薄桥横污泥中，为鸭上下者即琴也，以板易之，归视中有"卢氏家宝"四字，乃增以金徽玉轸，朱弦绣囊。按琴谱有卢琴，为希世之珍。

《江西通志》卷一百六十一

注释：

［一］卢闳侃：新淦（今江西新干）人。

评析：

老妪供乳鸭上下的薄板，就是卢闳侃家族世代所传的宝琴，当真异事。

吴拭

吴拭，字去尘，休宁人[一]。性豪纵，有洁癖，为诗清古澹隽。工书画，又精琴理，有订正《秋鸿》诸谱。尝自入山择琴材，故相传有"去尘"琴云。

《江南通志》卷一百六十九

注释：

［一］吴拭：字去尘，休宁（今安徽休宁）人。明代琴家。

评析：

吴拭曾入山寻找琴材，并制作成"去尘"琴，并订正《秋鸿》等琴谱。

鲁昇

崇吉名昇[一]，务理性学，工诗，善琴。著有《琴谱正宗》。

《台州府志》卷一百零一

注释：

[一] 鲁昇：字崇吉，天台（今浙江台州）人。

评析：

鲁昇生活于明景泰年（公元 1450 年至公元 1457 年）前后，卒年七十五。

刘训

刘训，字忠言，麻城人[一]。正统间知金坛县[二]，性俭素，琴书外无长物，暇即躬治蔬圃。

《江南通志》卷一百十四

注释：

[一] 刘训：字忠言，麻城（今湖北麻城）人。

[二] 正统：明英宗年号，公元 1436 年至公元 1449 年。

评析：

闲暇时亲自种菜，可见刘训为官清廉。

周冕

周冕，字汝服，徐和仲授之琴，辄善琴[一]。

《鄞县志》卷十四

注释：

[一]周冕：字汝服，鄞县（今浙江宁波）人。永乐六年（公元1408年）应召预修《永乐大典》。

评析：

徐和仲即徐诜，由此看来，周冕也是徐门弟子，习浙操。

浦洪(附李贤)

予闻浦洪氏善琴[一]，浦君为一鼓之，其声音节奏轻重疾徐，各极其至。倾听之际，杂虑顿消，有不知手之舞之，足之蹈之也。从而学之，得数曲焉。顾于指法虽未精熟[二]，而琴中之趣则已识其一二矣。

《古穰集》卷七《一路恩荣序》

注释：

[一]予：李贤（公元1409年—公元1467年），字原德，邓县（今河南邓州）人。明代名臣。浦洪：浙江人。

[二]顾：不过。

评析：

天顺二年（公元1458年），明英宗召选善琴者，听其声音以养中和之德，李贤推荐了浦洪，浦洪被召至京。后浦洪绘图为一卷，题曰《一路恩荣》，李贤为之作序。

谢牧

谢牧号小山，河源人[一]。博通经史，善鼓琴，著有《小山集》。

《（光绪）惠州府志》卷三十九

注释：

［一］谢牧：号小山，河源（今广东河源）人。

评析：

谢牧生活于明宣德到成化年间，不乐仕进，隐居于桂山。

黄怀英

黄怀英，六合人[一]，八岁能琴。通晓占术[二]，业医药不执方，善于切脉。

《（嘉庆）新修江宁府志》卷四十三

注释：

［一］黄怀英：六合（今江苏南京）人。

［二］占术：占卜之术。

评析：

八岁能琴，属于天资聪慧者。

陈徽

墩高丈余，去郡城东半舍许[一]，颍川陈君所筑[二]，以树桐者也。君之言曰："吾性嗜琴，每艰得器之良者，而琴之材非桐不利，而桐又必石生者始佳，生石矣未必面阳背阴，材不良故器不完，器不完故声不扬。此琴所以往往失古人之意也。然琼地素不宜桐，间有之，多生于平旷之野，积阴之地。吾用是择胜于阳明之郊，加石于积土之巅，树桐十数本[三]，庶几后数十年得其孙枝以用于琴[四]，或可由此以得古人制乐之初意乎？"

《重编琼台稿》卷十九《桐墩记》

注释：

［一］舍：古代三十里为一舍。

［二］陈君：陈徽，字允谐，海南人。

［三］本：株，棵。

［四］孙枝：从树干上长出的新枝。

评析：

陈徽为制作良琴，特意在阳光普照的郊野，积土为墩，顶上加石，以栽种桐木，期望数十年后可得新枝斫为良琴。这种做法完全符合古人认为的斫琴所用良材的条件，应劭《风俗通》就说："梧桐生于峄山阳岩石之上，采东南孙枝为琴，声甚清雅。"

李阳春(附琴趣翁、张宁、张武、张毅)

天台李先生阳春世善琴[一]，自其父琴趣翁作亭于所居环清堂之右[二]，其地有山溪石泉，鱼鸟亲人，林木呈秀，烟云雪月，风雨晴晦，皆与亭宜。每鼓琴其中，心远思闲，天机流动，调弄竟日，乐而忘疲，因题为“琴妙亭”。是后以琴行四方，江浙之间遂称独步，而亭之名亦随以显。盖其学尽得徐、刘二家之长，而兼总之，故能清而古，博而精，和而不杂，缓而不绝弛，密而不迫，混混洋洋而不失秾纤轻重之节。听声如偶语，寄指若露意，续微音于既间，驻余思于将阑，此又其最善者。顾其轮历擘摘与众不殊[三]，而按抑引蹴之工[四]，遏如行云，静如流水，心手同归，实所难及。

予年十三四[五]，家君命学琴于先生，往来于家今三十寒暑矣，叨第后历官中外[六]，远涉华夷，阅琴甚多，未见有能与之抗手者。

海宁卫抚军张公廷鸾素善先生，遣武、毅二子侍[七]，傅二十五曲，因请予作《琴妙亭记》以赠。

《方洲集》卷十八《琴妙亭记》

注释：

［一］李先生：李阳春，浙江天台人。

［二］琴趣翁：李阳春之父，浙江天台人。

［三］轮历擘摘：均为弹琴指法。

［四］按抑引蹴：均为弹琴指法。蹴：与“蹙”指法略同，后以“撞”代替。

［五］予：张宁（公元 1426 年—公元 1496 年），字靖之，号方洲，一作芳洲，浙江海盐人。

［六］叨第：及第的谦称。

［七］武、毅：张武、张毅，张廷鸾之子。张廷鸾时任浙江海宁巡抚。

评析：

由张宁的序文来看，李阳春应该是浙派的继承者。张宁对李阳春的琴技推崇备至，他在《寄杨太守书》中也说：“天台琴师李阳春真江湖中第一手。”

倪宗礼

嘉兴倪宗礼名其堂为“怀鞠”[一]，思父母也。予忆成童时与宗礼同学琴于天台李先生阳春[二]。

《方洲集》卷十六《怀鞠诗序》

注释：

[一] 倪宗礼：浙江嘉兴人。

[二] 予：张宁。李阳春：见“李阳春”条。

评析：

倪宗礼与张宁共同学琴于李阳春。

顾暲

松泉主人世善琴[一]，筑室于丰山松泉之间，每鼓琴其中以自娱，若与世隔，人鲜识其蕴。客有过之者，主人欣然命琴弹《关雎》之风，而更以《鹿鸣》之雅，作止雍容[二]，情文周密[三]，若将有所待者，客甚善其音。主人姓顾字暲，客乃方洲病叟张宁也。

《方洲集》卷十八《松泉琴室记》

注释：

[一] 松泉主人：顾暲，号松泉主人，浙江人。

[二] 作止：言谈举止。

[三] 情文：内容与形式。

评析：

在张宁看来，松泉主人是能够做到“兴于诗，立于礼，成于乐”的人。

贺伦

处士讳伦，字文贞[一]。有诗名，素善琴，自号乐琴，晚居南溪，复以南溪为号。

《方洲集》卷二十四《南溪处士贺伦墓志铭》

注释：

[一]处士讳伦：贺伦，字文贞，自号乐琴，又号南溪，浙江嘉兴人。

评析：

张宁所写贺伦墓志文字简短，除了家世介绍，仅知其善琴。

何乔年(附吴清斋)

琴轩者，予弟乔年藏修之室也[一]。读书吟咏之余，颇留意于琴。静处一室，洒扫明洁，置琴书薰炉于其间，每有贤人良客来莅，则延之琴轩，为之鼓中声一二操[二]，翛然自乐而忘尘世之忧也，疾疹之苦也[三]。遇非其人则迫之不肯鼓，至欲破琴而弃之。闻四方有善琴者，必就而学焉。初闻南城儒生有吴清斋者精于琴[四]，因往访焉。清斋为出琴鼓浙操，乔年听之曰：“此衰世之音也，徒事擘抹吟揉以取声，是其起陈隋之际乎？”清斋又为鼓江操，乔年听之曰：“此亡国之音也，是其汪水云所作与[五]？宋末之声乐，如泣如诉，如怨如慕，宜南渡之不可复兴也。”清斋又为鼓北操，乔年听之曰：“是有北鄙杀伐之声[六]，非孔子所谓‘由之瑟，奚为于丘之门’者乎[七]？愿闻其他。”清斋于是授以《杏坛吟》，乔年听之曰：“是圣师在上而弟子各言其志之时乎[八]？”于是赓之以宣父之《猗兰操》[九]，乔年听之曰：“是其忧愁而不怨，郁悒而不哀，其吾夫子伤道之不行也与？”清斋又为之鼓《昭君出塞》，其声哀而伤悲而惭。乔年听之曰："是昭君伤失身于人，故形于琴与？"清斋又为鼓《履霜操》，乔年听之曰："是孝子伤不得于其亲，不可以为人而无所赴愬乎[一〇]？"又为之鼓《南薰操》，乔年听之曰："是盖唐虞之世，和气充塞于天地，可以阜吾民之财，解吾民之愠乎[一一]？虽有他操，吾不愿听矣。"一日予至琴轩，乔年出琴鼓之，且言其所学于清斋者如此，因谓予曰："昔欧阳子有曰[一二]：有幽忧之疾不能自疗，故学琴焉。且谓药之毒者能攻疾之聚，不若声之和者能散其心之所不平，故吾于琴，切有志焉。兄其为吾记之，使吾子孙知吾所好者非筝琶之音，乃圣贤与忠臣孝子所鼓之琴也。吾之好琴非以说耳，乃以养心也。子孙从事于斯，庶几有得于心，养其中和之德，救其气质之偏乎？"

《椒邱文集》卷十四《琴轩记》

注释：

[一]乔年：何乔年，何乔新（公元1427年—公元1502年）之弟，江西广昌人。藏修：专心学习。

[二]中声：中和之声。据《孔子家语》记载："子路鼓琴，孔子闻之，谓冉有曰：'甚矣由之不才也！夫先王之制音也，奏中声以为节，入于南，不归于北。南者，生育之乡。北者，杀伐之域。故君子之音温柔居中，以象生育之气，忧愁之戚不加于心也，暴厉之动不在于体也，夫然者乃所谓治安之风也。小人之风则不然，亢厉微末以象杀伐之气，中和之感不载于心，温和之动不存于体，夫然者乃所以为乱之风。今由也匹夫之徒，曾无意于先王之制，而习亡国之声，乌能保其六七尺之体也哉？'"

[三]疾疹：疾病。

[四]吴清斋：江西广昌人。

[五]汪水云：见"汪元量"条。

[六]北鄙：北方边境。

[七]由之瑟，奚为于丘之门：语出《论语·先进》。据《说苑》记载："子路鼓瑟，有北鄙之声。子曰：'南者，生育之乡。北者，杀伐之域。故舜造南风之声，其兴也勃焉。纣为北鄙之声，其亡也忽焉。'"

［八］弟子各言其志：见《论语·先进》："子曰：'何伤乎？亦各言其志也。'"

［九］赓：继续。

［一〇］愬：同"诉"。

［一一］可以阜吾民之财，解吾民之愠乎：见"帝舜"条。

［一二］欧阳子：欧阳修。本段关于古琴能治忧郁之症的文字源于欧阳修《送杨寘序》。

评析：

何乔年认为古琴音乐的功能在于养心，在于养中和之德。因此，其于古琴，不取浙操，不取江操，只取圣贤与忠臣孝子之音。

龚经

《浙音释字琴谱》二卷，南昌板泽稽古生龚经效孔编释[一]。

天一阁藏《浙音释字琴谱》

注释：

［一］龚经：字效孔，号稽古生，南昌板泽（今江西南昌）人。

评析：

龚经只是《浙音释字琴谱》的编释者，而非作者。此谱成书于明代正统到弘治年间，也有学者称成书于公元 1448 年到公元 1491 年之间。

明英宗朱祁镇(附明宣宗朱瞻基、朱永昌)

上御南薰殿[一]，命内侍鼓琴，鼓者凡三人，皆年十五六者。上曰："琴音和平，足以养性情。曩在南宫，自抚一二曲，今不暇及矣。所传曲调，传于太监李永昌，永昌历事先帝[二]，最精于琴，是三人者皆不及也。"

《彭文宪公笔记》卷上

注释：

［一］上：明英宗朱祁镇（公元 1427 年—公元 1464 年）。

［二］李永昌：明宣宗时太监。先帝：明宣宗朱瞻基（公元 1399 年—公元 1435 年）。

评析：

明代帝王多擅琴，如明宣宗、明英宗，还有那位亡国的崇祯帝。

任孜

任孜，后改名敏，字懋善[一]。工诗，善琴，制《吴江曲》，每抚弦自适曰："此中真趣，惟游心淡泊者领之。"

《吴门补乘》卷六

注释：

［一］任孜：后改名敏，字懋善。正统十二年（公元 1447 年）进士。

评析：

据《同里志》等书，任孜著有《琴理》。

伍云

伍云，字光宇，新会人[一]。南山之南有大江，君以意为钓艇，置琴一张，诸供具其中，题曰“光风艇”。遇良夜，皓魄当空[二]，水天一色，君乘艇独钓，或设茗招予共啜[三]。君悠然在艇尾赋诗，傲睨八极，予亦扣舷而歌，仰天而啸，飘飘乎任情去来，不知天壤之大也。

《陈献章集》卷一《伍光宇行状》

注释：

[一] 伍云（公元 1425 年—公元 1471 年）：字光宇，新会人，陈献章弟子。

[二] 皓魄：明月。

[三] 予：陈献章，见“陈献章”条。

评析：

陈白沙弟子，以伍云为首。白沙善琴，伍云亦善琴，正如白沙所言：“予之所可，君亦可之；予之所否，君亦否之。”

陈献章

白沙先生雅好琴[一]。尝梦抚石琴，其音泠泠。有一伟人笑谓曰：“八音中惟石音难谐[二]，今子谐若是，异日其得道乎？”先生因自称石斋。

《广东新语》卷十三

注释：

[一] 白沙先生：陈献章（公元 1428 年—公元 1500 年），字公甫，号石斋，学者称白沙先生，新会（今广东新会）人。明代著名理学家。

［二］八音：金、石、丝、竹、匏、土、革、木。

评析：

这里所说的"得道"，指的是理学家的圣人之"道"。

魏时敏

魏竹溪先生[一]，天资警敏。日坐曹署治文牍[二]，暇则焚香鼓琴，或洒墨作山水，尤笃意于诗。

《未轩文集》卷二《竹溪诗集序》

注释：

［一］魏竹溪：魏时敏，别号竹溪，福建莆田人。

［二］曹署：官署。

评析：

黄仲昭认为魏时敏的诗歌有盛唐风致，可见其诗学倾向与"诗必盛唐"是一致的。

徐伯龄

徐伯龄字延之，号箨冠子，钱塘人也[一]，性颖敏[二]，每书一目终身。平生精于音律，尤善琴，著有《大音正谱》十卷。

《七修类稿》卷三十一

注释：

［一］徐伯龄：字延之，号箨冠子，钱塘（今浙江杭州）人，约生活于正统（公元1436年至公元1449年）至成化（公元1465年至公元1487年）间。

［二］颖敏：聪慧。

评析：

徐伯龄博学多才而生性放旷，对客人光脚蓬头，夏季则赤身裸体，因此很多人慕名而来，但一见之后就不太愿意与其来往了。

史镐

史镐，字景周[一]。明景泰五年岁饥[二]，出廪粟助公家赈，全活无算，朝廷赐冠带以荣之。晚益避喧习静。临水构轩曰澄碧。种菊数丛，因自号菊坡。而日与里中耆宿弹琴、饮酒、赋诗其间[三]。兼工绘事，尤善芦雁，世珍传之。

《溧阳县志》卷十三

注释：

［一］史镐：字景周，自号菊坡，溧阳（今江苏溧阳）人。

［二］景泰五年：公元1454年。

［三］耆宿：年高有德者。

评析：

史镐助朝廷赈饥，真可谓“千金不吝”。

王义

先生姓王讳义字孟宜，自号琴乐先生[一]。为人谨饬典雅，博古多能。好鼓琴，每焚香抚弄，翛然有尘外之想[二]。

《类博稿》卷十《明故琴乐先生墓志铭》

注释：

［一］先生姓王：王义（？—公元1455年），字孟宜，自号琴乐先生，大兴（今北京大兴）人。

［二］翛然：超脱。

评析：

鼓琴能使人忘利忘欲。

张泽民

张泽民[一]，景泰天顺间人。尝理小舟，具琴书茶灶，遇清绝处，横琴自鼓。

《嘉兴府志》卷五十七

注释：

［一］张泽民：海盐（今浙江海盐）隐士。

评析：

张泽民折得梅花一枝，插于瓶中，令童子捧瓶，去拜访一位僧人，孰料还没等到达，童子失手打破了瓶子，张泽民见此，说：“兴已尽矣。”即刻返程。颇有王子猷雪夜访戴的风致。

师宾

师宾，山西代州人[一]。天顺六年知德清县[二]，明敏有为[三]，历九年，讼平政理。每公余，坐梅花堂，鸣琴自适，或夜分不休。

《湖州府志》卷六十三

注释：

[一] 师宾：山西代州（今山西代县）人。

[二] 天顺六年：公元1462年。德清：湖州辖县。

[三] 明敏：聪明机敏。

评析：

鸣琴自适与讼平政理之间似乎总存在着一种间接的因果关系。实际上，鸣琴自适的官员大多有德行，有德则能很好地进行地方治理。

明宪宗朱见深(附戴义、南中妇、黄献、萧敬)

宪庙好琴弈诗画[一]，司礼戴太监义号“竹楼”[二]，不知何许人，最精于琴。南中有一良家妇善琴[三]，遍游两京各省，未有居其右者。雅闻戴名，诣外邸通名求见，久之订期。戴休沐之暇[四]，至外邸，坐厅中，延南妇，隔帘向上一揖坐，南妇帘外不通寒温，让戴先操曲，甫终[五]，南妇泪如雨下，色若死灰，将所携善琴即下阶石上碎之，拂衣而去，终身再不言鼓琴事矣。戴之名下王太监献号“梧岗”者，广西平乐人也[六]。亦精于琴，有谱行世。司礼太监萧敬，字克恭，号“东梅”者，亦戴名下也[七]。

《酌中志》卷二十二

注释：

［一］宪庙：明宪宗朱见深（公元 1447 年—公元 1487 年），明英宗之子。

［二］戴义：号“竹楼”，司礼太监。

［三］南中：南中妇，姓名不详。

［四］休沐：休假。

［五］甫：刚。

［六］王太监：王献，号“梧岗”，太监，广西平乐人。著有《梧冈琴谱》。按，据《梧冈琴谱后序》：“余姓黄氏，名献，字仲贤，号梧冈。”则可知应为黄献。又据《梧冈琴谱后序》：“弘治丙辰进入内府，年方十一。”则可知黄献应生于公元 1486 年。

［七］萧敬：字克恭，号“东梅”，司礼太监。按，据黄献《梧冈琴谱后序》：“司礼梅东萧公”，则萧敬应号“梅东”。

评析：

明代司礼监太监不仅在刻书事业上留下一笔，还有不少太监能琴擅书法，例如戴义及萧敬。

杨嘉森(附宋仕)

《琴谱正传》六卷：题明无锡宋仕校正[一]，杨嘉森编[二]。

《四库全书总目》卷一百十四

注释：

［一］宋仕：无锡人。

［二］杨嘉森：字培庵，今江苏南京人。

评析：

《琴谱正传叙》中有“培庵杨子”句，又《（同治）上江两县志》中提及“杨嘉森，字培庵”，故知杨嘉森应字培庵，为南京人。

杨嘉森女

杨嘉森女[一]，善琴棋，有赀郎求婚[二]，峻拒之[三]，后隐青龙山。

《（同治）上江两县志》卷二十四

注释：

[一] 杨嘉森女：杨嘉森之女。杨嘉森见“杨嘉森”条。

[二] 赀郎：出钱捐官的人。

[三] 峻拒：严厉拒绝。

评析：

严厉拒绝捐官者的求婚，可见此女性情。

尹宽

尹宽，字孟容[一]。自幼颖敏，喜吟咏。每酒酣耳热，歌其诗，击缶为节。嘐然以天下为无人[二]。又善鼓琴，能六书。

《黎里志》卷九

注释：

［一］尹宽：字孟容，号江南布衣，黎里（今江苏苏州）人。

［二］嘐然：自得，自满。

评析：

尹宽生活于成化至弘治年间，有江南四大布衣之称。

朱瓘

朱瓘，字楚琦，宝应人[一]。为诗体韵遒逸[二]，性嗜琴，畜双鹤，人称琴鹤先生。

《江南通志》卷一百六十八

注释：

［一］朱瓘：字楚琦，宝应（江苏宝应）人。人称“琴鹤先生”。生活于景泰年间（公元1450年至公元1457年）。

［二］遒逸：雄健飘逸。

评析：

琴鹤先生有类于“梅妻鹤子”，具有鲜明的隐士特征。

杨士廉

杨士廉，号思夷[一]，能斫琴，善草书。

《（崇祯）常熟县志》卷十一

注释：

［一］杨士廉：号思夷，江苏常熟人。

评析：

杨士廉以剔漆技术闻名，能剔红、剔黑。又能斫琴，属于能工巧匠。

王诜（附陈琇、田斌、兰永、王阳用、张助）

余姓黄氏，名献，字仲贤，号梧冈[一]，学琴于司礼太监竹楼戴公门下[二]，朝夕孜孜，顷刻无怠。而同游者数人，虽或然有所得，独余与王君诜、陈君琇、田君斌、兰君永、王君阳用获成其业[三]，皆得先公竹楼之雅趣。
此谱徐门高弟张公助先生亲传[四]。

《梧冈琴谱后序》

注释：

［一］余：黄献，见“黄献”条。

［二］戴公：戴义，见“戴义”条。

［三］王君诜、陈君琇、田君斌、兰君永、王君阳用：王诜、陈琇、田斌、兰永、王阳用，皆戴义弟子，生平不详。

［四］张公助：张助，姑苏（江苏苏州）人。

评析：

从琴学渊源来看，徐宇、徐天民经由徐诜等人传至张助，张助传戴义、萧敬，萧敬传黄献、王诜、陈琇等人。黄献等人的琴学，被陈经认为是“徐门正传”。

陈经

余少好此[一]，长而玩焉。求精此业者或寡，独梧冈于琴[二]，心与神化，手与音化，有不言而喻之妙，得琴之三昧者欤？

《梧冈琴谱后序》

注释：

［一］余：陈经，嘉靖时官礼部尚书。

［二］梧冈：黄献，见“黄献”条。

评析：

陈经在为黄献《梧冈琴谱》作序时自言喜好弹琴。

陈潡衷

明南海陈元诚[一]，制六虚琴，准古协度，以雷张自况[二]。

《广东新语》卷十三

注释：

［一］陈元诚：陈潡衷，字元诚，号尧山，南海（今广州）人。

［二］雷：唐代雷氏家族，为斫琴名家。张：张钺，唐代著名斫琴家。

评析：

六虚，是六十四卦每卦六爻的位置。陈元诚是明代理学家，其六虚琴也就有了与理学相应的含义。

如芸

如芸，号草堂，住持圣象寺[一]。精诗、善琴，一时名公卿争折节与交[二]。

《昆新两县续补合志》卷十五

注释：

［一］如芸：号草堂，圣象寺（在今江苏苏州）住持。

［二］折节：屈己下人。

评析：

如芸与屠文卿、祝枝山等名士往来唱和，殆无虚日。

戴仁

戴仁，字元夫[一]，善鼓琴，得太古之遗，自号琴泉。

《（光绪）江阴县志》卷十八

注释：

［一］戴仁：字元夫，自号琴泉，江苏江阴人。

评析：

江阴薛章宪（约生活于公元1497年前后）曾有诗赠戴仁。

明孝宗朱祐樘(附金某)

孝宗万机之暇[一]，垂览坟典[二]，间亦好琴，台谏时以为言[三]，上笑谓左右：“弹琴何损于事，劳此辈云云？”然终不以为忤也。苏人有金某者[四]，盖古琴曰霹雳，携入都，介所识巨珰以献[五]，上试其音清越，喜甚，出内帑千两以赐[六]，珰私其半，以半赍金某[七]。

《禅寄笔谈》卷二

注释：

［一］孝宗：明孝宗朱祐樘（公元1470年—公元1505年）。

［二］坟典：典籍。

［三］台谏：谏官。

［四］金某：苏州人，名不详。

［五］巨珰：有权势得宦官。

［六］内帑：国库。

［七］赍：送给。

评析：

明孝宗好琴，金某通过宦官献霹雳琴，皇帝的赏赐，一半为宦官私藏，一半给了金某。可见世间百态。

沈昂

沈昂，字字高[一]。能为诗，善鼓琴，性好远游。

《大复集》卷三十五《赠清溪子序》

注释：

［一］沈昂：字字高，号清溪子，浙江东阳人。

评析：

沈昂能诗善琴，与明代著名文人何景明等人交游。

萧鸾[一]

雅喜丝桐，为童子时，尝退息操缦以求安弦[二]。比闻徐门之传，私淑雪屋王氏[三]，极力精研，仅谙遗响。既壮而官以逮谢政[四]，一日莫能去左右，计五十余年。所尝闻见及所得诸谱互有臧否异同[五]，恒病不足为法。甲寅岁悉出所藏[六]，与一二同志裁酌去取，合徐门正传者凡若干曲。题曰《太音补遗》。

《杏庄太音补遗序》

注释：

［一］萧鸾：号杏庄，据其序“嘉靖三十六年阳武七十翁”推断，萧鸾约生于公元1488年，阳武（今河南原阳）人。

［二］退息：休息。操缦：操弄琴弦。

［三］私淑：私自敬仰而未得到直接的传授。

［四］谢政：辞官退休。

［五］臧否：善恶。

［六］甲寅：嘉靖甲寅年（公元1554年）。

评析：

萧鸾辑有《杏庄太音补遗》《杏庄太音续谱》，二书今存。

周信

周信字惟实[一]，聪颖有巧思，善山水梅竹，尤精于琴，大为吴下所重[二]，家故贫，未尝屈于富家儿。

《（嘉靖）皇明天长志》卷四

注释：

［一］周信：字惟实，安徽天长人。

［二］吴下：吴地。

评析：

周信以琴、诗、酒自娱，不受世俗拘束，可谓高士。

刘述

刘述，字绍夫[一]。善鼓琴，每按谱抚弄一曲，清越洒然可听，人益敬慕之。

《鄢陵县志》卷十八

注释：

［一］刘述：字绍夫，河南鄢陵人。

评析：

刘述因侍亲至孝入《孝友传》。

祝望（附惠祥、高腾）

弘治间，钱塘有祝海鹤、惠祥、高腾等造琴[一]，擅名一时，人多珍之。

《浙江通志》卷一百九十六

注释：

［一］弘治：明孝宗年号，公元1488年至公元1505年。祝海鹤：祝望，字公望，号海鹤，钱塘（今浙江杭州）人。惠祥、高腾：生平不详，钱塘（今浙江杭州）人。斫琴师。

评析：

据《龙游县志》等方志记载，祝望为龙游（今浙江龙游）人。隐居不仕，工诗，善琴，为“浙操之师”。又言其工于制琴，所制琴样有百衲、蕉叶。

宋学古

宋学古[一]，诗清丽，性恬静，水边静坐，终日不倦。斫桐造琴，精妙莫及。顾性懒慢，三年不完一琴。武昌守某，闻学古名，欲见之，竟逃去。

《（乾隆）江夏县志》卷十一

注释：

［一］宋学古：江夏（今湖北武汉）人。

评析：

宋学古却是一个“逃名而名显”者。

王镮

王镮，字崇重，别号松窗。成化丁未进士[一]。著有《琴谱考证》。

《（康熙）天台县志》卷九

注释：

[一]王镮：字崇重，别号松窗，天台（今浙江天台）人。成化丁未（公元1487年）进士。

评析：

《琴谱考证》今佚。

谭铠

谭铠，字体仁，弘治甲子举人[一]，嘉靖九年任泉州推官，暇则弹琴赋诗。

《（嘉庆）桐乡县志》卷七

注释：

[一]谭铠：字体仁，桐乡（今浙江桐乡）人。弘治甲子（公元1504年）举人。

评析：

谭铠为人平易近民，曾经编纂桐乡志。

陈秋

陈秋，字维成[一]。善琴工画，尤妙鹰雁。得之者珍同拱璧[二]。

《台州府志》卷一百二十五

注释：

[一] 陈秋：字维成，浙江临海人。

[二] 拱璧：大璧，后指极其珍贵之物。

评析：

琴、画，各具风雅。

徐铭

徐铭，字砚存[一]，善鼓琴，有富人延之[二]，谢不往，曰："此非供豪家玩赏也。"

《南翔镇志》卷七

注释：

[一] 徐铭：字砚存，上海南翔镇人。

[二] 延：延请。

评析：

徐铭颇有戴逵的风范。江剡《赠琴师徐砚存》有句云："堆胸块磊消琴轸，满眼沧桑付杖藜。一曲钟期自千载，海山烟水正凄凄。"

谢琳(附刘曜、许太初、周元仲、程袭美、江嗣珏)

琴之学在明曰谢琳[一]，师法刘曜[二]，得玄妙，集有《太古遗音》。后精其理为许太初、周元仲、程袭美[三]，而江村之江嗣珏能奏古调七十余曲[四]，著《丽田琴谱》。

《（乾隆）歙县志》卷十五

注释：

［一］谢琳：字良璧玉，号雪峰，又号黄山居士，新安（今安徽歙县）人。著有《谢琳太古遗音》，存世。

［二］刘曜：歙县（今安徽歙县）人。

［三］许太初、周元仲、程袭美：歙县（今安徽歙县）人。三人指法俱传自谢琳。

［四］江嗣珏：字丽田，江村（今歙县江村）人。著有《丽田琴谱》。按，《扬州画舫录》作“江士珏，字荔田”。生活于乾隆年间。

评析：

《谢琳太古遗音》成书于明代正德年间，由张鹏、何旭、何庄等人的序跋可略知谢琳生平。

黄士达

予自幼时笃好是音[一]，学于乡之先辈，虽未造其精微，然书暇或一鼓之，亦足以畅幽趣而涤烦襟[二]，弗觉胸怀之洒然也。

《黄士达太古遗音序》

注释：

［一］予：黄士达。

［二］烦襟：烦闷的心情。

评析：

《黄士达太古遗音》成书于明代正德年间。

陈鼒

陈鼒，正嘉间人[一]，以琴自娱，遂擅其胜。因自号友琴。尝携黄色古琴，遇山水佳处，辄于膝间抚弄，意致轩然[二]。

《（光绪）平湖县志》卷十八

注释：

［一］陈鼒：自号友琴，平湖（今浙江平湖）人，生活于明代正德至嘉靖年间。

［二］轩然：高昂。

评析：

有一种说法，从木材上来看，数百年的桐木呈黄色。如果是真的，那么陈鼒的琴应当是一张历时久远的琴。

孔希岛

孔希岛，不知何许人，善鼓琴[一]。遨游海上，问其家不答，问其年不知也。冬葛夏裘，遣之钱不受，受辄以与人。时慷慨取琴鼓数行。遇豪贵者辄避去，强之弗鼓。

《闽书》卷八

注释：

[一] 孔希岛：明代正德至嘉靖年间来往于福建泉州。

评析：

当地人认为孔希岛是“地仙”，又说他活了一百三十岁，当然是带了一点传说的意味。

万福敦

万福敦，罗田人[一]。尤圣于医。其他绘画、谱琴、击剑、蹴鞠、杂伎种种入能品。

《（乾隆）黄州府志》卷十四

注释：

[一] 万福敦：号玉山，罗田（今湖北罗田）人。明代正德年间去世。

评析：

传说万福敦能预知祸福，且极其准确。

郑文贤

郑文贤，字宗儒[一]，博学能诗，善鼓琴，工书法。

《（乾隆）宁德县志》卷七

注释：

[一] 郑文贤：字宗儒，福建宁德人。

评析：

郑文贤生活于明代嘉靖年间，官湖广布政司都事。

王自省

王自省，字以约[一]。长于诗文，工篆隶，善鼓琴。

《（光绪）菏泽县志》卷十

注释：

[一]王自省：字以约，号灉溪，山东菏泽人。

评析：

王自省生活于明代嘉靖年间，性廉，著有《灉溪诗稿》。

罗嗣元

罗嗣元[一]，少耽山水，负气豪迈，敦节义，精堪舆[二]，尝著《须知赋》。又善琴，工书画。

《重纂福建通志》卷二百二十四

注释：

[一]罗嗣元：永安（今福建永安）人。

[二]堪舆：风水。

评析：

据记载，罗嗣元活了九十八岁，七个儿子，六十四个孙子，这些数字，应该是对他“负气豪迈”的绝佳注释。

张楠（附张氏）

张楠，字大本，吴人[一]。习琴于陆墓张氏[二]，吴之最名能琴者也。积之三十年而汪洋恣睢[三]，窅眇希夷[四]，浊清疾徐，惟我之施。鸾虬锵鸣，若或鼓之[五]，鬼神啸啼，不可端倪[六]。

《明文海》卷四百十八王宠《张琴师传》

注释：

[一] 张楠：字大本，吴（今江苏苏州）人。约与王宠（公元1494年—公元1533年）同时而略早。

[二] 张氏：陆墓（今江苏苏州）人。

[三] 恣睢：放任自得。

[四] 窅眇：深远、精微。希夷：虚寂玄妙。

[五] 若或：如果。

[六] 端倪：窥测。

评析：

从“惟我之施”“不可端倪”等句来看，张楠的琴技已经达到随心所欲、出神入化的境界了。

朱祐棨

祐棨有名琴曰“天风环佩”[一]，宁王宸濠求之[二]，不得。

《明史·淮靖王传》卷一百十九

注释：

[一] 朱祐棨（公元1495年—公元1524年）：明淮定王。

[二] 朱宸濠（公元1476年—公元1521年）：封宁王。

评析：

朱祐棨游戏无度，朱宸濠专横跋扈，为琴、为财产相互争夺。

皇甫涍(附张子)

予嗜琴[一]，山人张子妙得古法[二]，尝学焉。而予辍响久矣。舟夜临流对月，发琴而弹之。

《皇甫少玄集》卷七

注释：

[一] 予：皇甫涍（公元1497年—公元1546年），字子安，号少玄，长洲（今江苏苏州）人。

[二] 张子：据皇甫涍集中“华亭张子夙登琴好”句，张子疑为华亭（今上海）人。

评析：

皇甫涍有《寄张叟》，诗云：“君心琴德合自然，抱琴云卧三十年。”又有《春夜对雨琴兴忆张叟》等诗，可见张叟即山人张子，为能琴者。

严泰(附张毅)

严泰，字克安，好古善琴操[一]。指法取音，兼刘、徐二家之长[二]，后得古铁笛，乃元杨铁崖收藏物[三]。叠石为山，构一斋，日居其中，鸣琴既歇，命铁笛吹之，声应空碧[四]，因自号为铁龙。后有张毅亦善鼓琴[五]。

《（光绪）海盐县志》卷十九

注释：

[一]严泰：字克安，自号铁龙，海盐（今浙江海盐）人。

[二]刘、徐：刘志方、徐天民，浙派代表琴人。

[三]杨铁崖：杨维桢，见“杨维桢”条。

[四]空碧：澄澈的天空。

[五]张毅：浙江海盐人。

评析：

严泰也属于浙派。

张毅

张毅，善弈与琴，得徐刘指法，遂号琴乐[一]。家藏古器甚多，一夕为火所烬，恬无愠色。

《（光绪）海盐县志》卷十九

注释：

[一]张毅：号琴乐，海盐（今浙江海盐）人。

评析：

张毅与严泰一样，也承袭乐浙操一脉。

刘巡

《竹素园琴谱》二卷，刘巡撰[一]。

《河南通志·艺文志》

注释：

[一] 刘巡：字豫田，河南鄢陵人。

评析：

《竹素园琴谱》已亡佚。

张朝纲

张朝纲[一]，魁梧诙博，倜傥不群，精于琴画，尤长于医。

《（同治）乐昌县志》卷八

注释：

[一] 张朝纲：广东乐昌人。任广西桂平府经历。

评析：

倜傥不群，其风流韵度，可以想见。

杨表正

杨表正精音律，善琴，自号巫峡主人[一]。巫峡者，邑南郊里名也。万历间游武夷接笋岩，入石洞遇异人，乃作《遇仙吟》。又取古来《南薰》《羑里》以迄汉晋诗，可以入琴者，皆编诸五调，传以指法，为琴谱，后之言琴，咸遵奉之[二]。

《重纂福建通志》卷二百二十四

注释：

[一] 杨表正：号西峰，自号巫峡主人，永安（今福建永安）人。明代中后期松江派琴学大家。

[二] 咸：都。

评析：

《四库全书总目》著录杨表正《琴谱十卷》，并云："是书汇录琴谱诸调，考正音文，注明指法。"

朱厚烶

衡府高唐王厚烶《琴谱》一卷[一]。

《千顷堂书目》卷二

注释：

[一] 厚烶：朱厚烶（公元 1514 年—公元 1583 年），明衡恭王之子，封高唐王。

评析：

高唐王以博学笃行闻名。

徐渭(附王政、陈良器)

王庐山先生，名政，字本仁[一]。十四岁从之两三年[二]。先生善琴，便学琴。止教一曲《颜回》，便自会打谱，一月得廿二曲，即自谱《前赤壁赋》一曲。然十二三时，学琴于陈良器乡老[三]。

《徐渭集·补编·纪知》

注释：

［一］王庐山：王政，字本仁，号庐山。

［二］徐渭（公元1521年—公元1593年）：字文长，号青藤老人，绍兴府山阴（今浙江绍兴）人。徐渭跟随王政学琴。

［三］陈良器：浙江绍兴人。

评析：

徐渭是明代著名的文学家、戏曲家、书画家，十二三岁时学琴于陈良器，后又学琴于王政。

吕景鸣

吕景鸣，字鸣鹤，龙溪人[一]。天性孝友，杜门却扫[二]，翻书鼓琴以自娱。

《（光绪）漳州府志》卷三十一

注释：

［一］吕景鸣：字鸣鹤，自号云长子，龙溪（今福建漳州）人。

［二］杜门却扫：闭门谢客。

评析：

吕景鸣生活于明代嘉靖年间，为人恬静简默。

汪芝

《西麓堂琴统》：歙云岚山人汪芝编辑[一]。

《西麓堂琴统》

注释：

[一] 汪芝：字时瑞，号云岚山人，歙县（今安徽歙县）人。

评析：

《西麓堂琴统》成书于嘉靖时期，后收录于《琴曲集成》，二十五卷，琴曲二百三十八首。

黄龙山

黄龙山辑刻《新刊发明琴谱》二卷[一]。

《新刊发明琴谱序》

注释：

[一] 黄龙山：弋阳（今江西弋阳）人。

评析：

《新刊发明琴谱》成书于明代嘉靖时期。今存。

顾挹江

孙承恩有《夜酌听顾挹江弹琴》诗[一]。

《文简集》卷二十一

注释：

[一] 顾挹江：约生活于明代嘉靖时期。

评析：

顾挹江又有《步虚仙琴谱》，成书于明代嘉靖时期，因此疑孙承恩诗中即此人。

曹嗣荣

曹嗣荣，字绳之，华亭人[一]。性颖慧，好音律，凡星舆琴奕之术，靡不通晓。

《（嘉庆）松江府志》卷五十三

注释：

[一] 曹嗣荣：字绳之，华亭（今上海）人。

评析：

曹嗣荣为嘉靖十四年（公元 1535 年）进士，工诗文。

陆尧化

陆尧化，字和乡[一]，以羸疾放怀山水[二]。善琴。著《琵琶行》《白头吟》《兰亭》《秋兴》《答苏武书》，凡百余谱。

《（光绪）嘉兴府志》卷五十九

注释：

［一］陆尧化：字和乡（《平湖县志》作“和卿”），浙江平湖人。

［二］羸疾：衰弱生病。

评析：

《琵琶行》《白头吟》《兰亭》《秋兴》等都是古代著名诗文，为古诗文制作琴谱，与明代琴坛较为流行的江派的做法类似。

纪峻

纪峻，原名汝瑚，字铁山，号石溪，后改冶夫[一]。尤精乐律，复善琴弈。

《南浔镇志》卷十三

注释：

［一］纪峻：原名汝瑚，字铁山，号石溪，后改冶夫，浙江湖州人。

评析：

纪峻曾割股为母疗病，或许是模仿介子推割股奉君之事。

纪南枝

纪南枝，号味琴[一]，善琴及弈，兼工吟咏。居家孝友，喜交游，往还皆知名士，晚爱梅花，又自号梅仙。植梅数十株，于半轩前剪裁合度，暗香袭人。

《南浔志》卷二十一

注释：

[一] 纪南枝：号味琴，又自号梅仙，浙江湖州人。

评析：

纪南枝是纪峻之子，纪南金之兄，父子三人皆雅士。

董旭兆

董旭兆，嘉靖间布衣[一]，读书弹琴，淡于世味。草书得二王真意[二]，以布衣终。

《长安县志》卷三十一

注释：

[一] 董旭兆：长安（今陕西西安）人。布衣：平民。

[二] 二王：王羲之、王献之。

评析：

弹琴读书，俨然是布衣隐士的精神寄托。

张岩

张岩，兴化人[一]，善鼓琴，邑之以琴名家者莫能及也。游京师，严世蕃欲致之[二]，不可得。

《重修扬州府志》卷五十四

注释：

[一] 张岩：兴化（今江苏兴化）人。

[二] 严世蕃（公元 1513 年—公元 1565 年）：严嵩之子。

评析：

能拒绝奸臣严世蕃的收罗，可见张岩之品性。

张德润

张德润，字良玉，济宁人[一]。妙解律吕[二]，遨游四方，以琴名时，著有《琴谱》，《九还操》一曲，备七调。

《山东通志》卷三十一

注释：

[一] 张德润：字良玉，济宁（今山东济宁）人。

[二] 律吕：音律。

评析：

嘉靖年间，张德润与谢榛等往来，名动一时。

黄铣

黄恒斋铣[一]，尝坐卧小楼，蓄一琴自适。时吴公川楼一日过其门[二]，侦知恒斋读书小楼，因屏从蹑梯而上。恒斋沉吟未及顾，公拊其背曰："读书乐乎？"

恒斋惊顾延坐[三]，公见琴在壁，请恒斋操，为一鼓《潇湘水云》曲，因假琴去[四]，久之故不还，恒斋乃具衣冠造郡斋索之。公大喜曰："吾故知公索琴来也。"

《重纂邵武府志》卷三十

注释：

［一］黄恒斋铣：黄铣，号恒斋，邵武（今福建邵武）人。

［二］吴公川楼：吴川楼，吴国伦，号川楼，明代著名文学家，"后七子"之一。

［三］延坐：请坐。

［四］假：借。

评析：

吴川楼故意借琴不还，是为了在黄铣索还的时候再与之一见畅谈，可见其对黄铣的看重。而对于生性淡泊的黄铣来说，能为了一张琴到访郡斋，则可见其对琴的看重。

皇甫濂

濂字子约，一字道隆[一]。少学琴于云间张氏，晚更精诣，撰述之暇，鼓琴一二行，谓足玩世遗荣也[二]。

《列朝诗集》丁集第四

注释：

［一］濂字子约：皇甫濂（公元1508年—公元1564年），字子约，一字道隆。长洲（今江苏苏州）人。

［二］遗荣：谓抛弃荣华富贵，超脱尘世。

评析：

皇甫濂后皈依佛教，可谓"不独忘世兼忘身"者也。

罗廷唯

罗廷唯，字会甫[一]，嘉靖进士。著有《琴音古选》。

《（光绪）永川县志》卷八

注释：

[一] 罗廷唯：字会甫，永川（今重庆）人。

评析：

罗廷唯官至御史，上书言事略无避忌，可见其性格刚直。

苏洲

苏洲，号雪蓑道人，杞县人[一]。幼落魄江湖。嘉靖丙午寄居章丘[二]，与李太常开先游[三]。洲工琴，工琵琶，能歌吴曲，又善草书。

《（道光）章丘县志》卷十一

注释：

[一] 苏洲：号雪蓑道人，杞县（今河南杞县）人。

[二] 嘉靖丙午：公元 1546 年。

[三] 李太常：李开先（公元 1502 年—公元 1568 年），明代文学家、戏曲作家。官太常寺少卿，故称“李太常”。

评析：

苏洲好饮酒，醉后每每裸臂大叫，旁若无人。这或许是他宣泄块垒之愁的一种方式。

李开先

李开先《发明琴谱》一册[一]。

《千顷堂书目》卷二

注释：

[一] 李开先（公元1502年—公元1568年）：字伯华，号中麓子，山东济南人。

评析：

李开先工词曲，为明代文学家、戏曲作家。

郁从周

郁从周，字泰初[一]。自幼神骨清爽，尝阖门静坐，时时吟咏。亦善鼓琴。

《浙江通志》卷一百九十二

注释：

[一] 郁从周：字泰初，后改名泰，秀水（今浙江嘉兴）人。

评析：

郁从周登嘉靖乙酉（公元1525年）乡荐。

朱厚熵

厚熵好琴[一]，斫琴者与知州陈吉交恶，厚熵庇之，劾吉，逮诏狱。都御史骆昂、御史王三聘白吉冤。帝怒，并逮之，昂杖死，三聘、吉俱戍边。议者不直厚爝[二]。

《明史·朱厚爝传》卷一百一十九

注释：

[一] 厚爝：朱厚爝（公元1506年—公元1550年），明徽恭王。

[二] 不直：不以之为是。

评析：

今存琴谱《风宣玄品》，即朱厚爝所辑。

赵希抃

赵希抃，字宋卿[一]，家贫，尚气节，工绘画，仿佛沈周[二]，尤善鼓琴，兼长于诗。徐中行来闽[三]，甚敬礼之。

《重纂福建通志》卷二百二十四

注释：

[一] 赵希抃：字宋卿，瓯宁（今福建建瓯）人。

[二] 沈周：明代著名画家。

[三] 徐中行（公元1517年—公元1578年）：明代文学家。

评析：

能得到“后七子”之一的徐中行的礼敬，着实是个才子。

陆中行

陆中行，字伯与[一]，居横云山。究心古籍[二]，旁及内外，阴阳九流，百家诸子。吹箫、鼓琴、狂歌长啸。客爱其琴，酬以百金不市[三]。

《（乾隆）娄县志》卷二十三

注释：

［一］陆中行：字伯与，生活于明代嘉靖至隆庆年间。

［二］究心：专心研究。

［三］市：卖。

评析：

徐阶（公元 1503 年—公元 1583 年）曾两次招纳陆中行，陆中行拒绝说：“他不是要把我当上宾，而是想招我做幕僚。”可见陆中行是个放旷拔俗之士。

王嘉楠

王嘉楠，字尔荣[一]，美丰姿，工吟咏，又善鼓琴。

《（乾隆）掖县志》卷四

注释：

［一］王嘉楠：字尔荣，山东掖县人。

评析：

当时的吏部尚书称王嘉楠为“真君子”。

朱载堉

朱载堉《乐律全书》四十二卷[一]。

《四库全书总目》卷三十八

注释：

[一] 朱载堉（公元1536年—公元1611年）：字伯勤，号句曲山人，明代律学家。

评析：

《乐律全书》中有《操缦古乐谱》，专论琴事。

耿启(附耿迈)

耿启，字汝东，号曈初[一]。性廉介，筑室城南隅，素善琴，居恒鸣琴自娱，萧然终老。次子迈亦善琴[二]。

《乾隆束鹿县志》卷八

注释：

[一] 耿启：字汝东，号曈初，河北束鹿（今辛集）人。

[二] 次子迈：耿迈，耿启次子。

评析：

耿启在安邑县为官时，曾重新修订《安邑县志》，明代万历年间刻本。

刘时俊

刘时俊，字勿所，隆昌人[一]。万历中知吴江[二]。公余每微服轻舆[三]，讲道学舍，雅好琴瑟，声彻公廨[四]。

《江南通志》卷一百一十三

注释：

［一］刘时俊：字勿所，隆昌（今四川隆江）人。

［二］万历：明神宗年号，公元 1573 年—公元 1620 年。

［三］轻舆：轻车。

［四］公廨：官署。

评析：

地方官喜好琴瑟对当地民风会起到教化作用，一如宓子贱鸣琴而单父治。

李治

李治字叔平，又号武夷山人[一]。万历时以诗鸣，善鼓琴，又精于弈。

《（光绪）嘉兴县志》卷二十七

注释：

［一］李治：字叔平，又号武夷山人，浙江嘉兴人。

评析：

宋代苏颂《送僧务静还吴》诗云：“琴诗清绝事，静也两兼能。”

陆氏

陆氏，华洙继妻[一]，素善琴，夫殁后撤去之，终身不复鼓琴。

《无锡金匮县志》卷二十七

注释：

[一] 陆氏：华洙继妻，江苏无锡人。

评析：

伯牙摔琴谢知音，或许，陆氏也是将博学多才的华洙视为知音了。

季国瓛(附谭清、顾恪、赵元素、王道行、程伯垣)

季国瓛，字莲涧，善琴[一]。后有支塘人谭清传其指法[二]，《胡笳四序》尤为擅场。清字冰冲，兼通医，工画兰，亦能诗，有《卧游斋稿》。与国瓛并以善琴称者，顾恪，字文征[三]。又赵元素、王道行、程伯垣，亦皆以善琴称[四]。

《重修常昭合志》卷二十

注释：

[一] 季国瓛：字莲涧，常熟（今江苏常熟）人。

[二] 谭清：字冰仲，常熟支塘（今江苏常熟支塘镇）人。

[三] 顾恪：字文征，常熟（今江苏常熟）人。

[四] 赵元素、王道行、程伯垣：生平不详，皆常熟（今江苏常熟）人。

评析：

季国瓛有《莲涧道人琴谱》一卷。

程试

程试字子跃，新河人，万历十一年进士[一]。性坦率，好饮酒赋诗。暇则扫室焚香，啜茗鼓琴，泊如也[二]。

《（同治）畿辅通志》卷二百二十五

注释：

［一］程试：字子跃，河北新河人。万历十一年：公元1583年。

［二］泊如：恬淡。

评析：

茶香素淡，琴音淳古，其人则淡泊闲远。

钱中（附陈氏）

钱中，字孟则[一]，娶于陈，夫妇皆读书善琴。

《江南通志》卷一百六十五

注释：

［一］钱中：字孟则，吴（今江苏苏州）人。其妻陈氏，亦善琴。

评析：

钱中生平不详，与其妻读书鼓琴，可谓夫妇相和。

李世迈

李世迈，字怀古，华亭人[一]。少慕高隐[二]，明末弃经生业，构室高槐古梅中，竹炉泉茗，兴至，鼓琴一再行。闻雨滴芭蕉声，则喜而不寐。

《江南通志》卷一百六十八

注释：

［一］李世迈：字怀古，华亭（今上海）人。

［二］高隐：隐居。

评析：

李世迈是明末隐士，而琴则为隐士忘忧之器。

田润

田润，字德润，安东人[一]，虽结庐陋巷，而门多长者车辙。以琴诗自娱，人皆高之。

《江南通志》卷一百六十八

注释：

［一］田润：字德润，安东（今江苏涟水）人。

评析：

田润也是明代隐士，虽处陋巷，而以琴诗自娱，颇有魏晋隐士之风。

懒仙

懒仙《五声琴谱》。懒仙，明天顺间人[一]，其姓名不可考。

《铁琴铜剑楼藏书目录》卷十五

注释：

［一］懒仙：生平不详。明代天顺年间人。

评析：

《五声琴谱》记载宫音《春雨》、商音《汶阳》、角音《仙山月》、徵音《鸿飞》、羽音《盟鸥》各一曲，因此称为“五声”。

张训

张训，字于彝，一字惟善，别号海谷，歙人[一]。君生晚，父母慈昵之，不过督，而自力于学。课程外，以余力及鼓琴、蹴踘、骑射，亡不精诣。

《澹园集》续集卷十三《光禄寺署丞海谷张君墓志铭》

注释：

［一］张训（公元1529年—公元1606年）：字于彝，一字惟善，别号海谷，歙县（今安徽歙县）人。

评析：

张训好写诗，为人倜傥有才气。

项贞女

项贞女，秀水人[一]。国子生道亨女，字吴江周应祁[二]。精女工，解琴瑟，通《列女传》。

《明史·列女传》卷三百〇二

注释：

［一］项贞女：秀水（今浙江嘉兴）人。项为姓，贞女即贞洁之女。项道亨之女。

［二］字：许配。

评析：

项氏女未嫁而周应祁死，项氏女即自缢，后两人合葬。也是因此史书称其为“贞女”，何其可悲，何其可叹！

李之藻

《頖宫礼乐疏》十卷，明李之藻撰[一]。之藻字振之，仁和人。于琴瑟操缦之法，别成一谱。其琴谱不越松风阁之旧规，以数音谱出一字，少用钩剔。盖欲近于和缓，以和韶乐[二]。

《四库全书总目》卷八十二

注释：

［一］李之藻（公元1565年—公元1630年）：字振之，号凉庵居士，仁和（今浙江杭州）人。明代著名科学家。

［二］韶乐：用于祭祀、朝会之乐。

评析：

李之藻所录琴谱，特点是音调和缓。

徐亦仙

先贤子游墓[一]，在虞山之巅，前明万历间，有樵者过墓上，见一叟衣冠甚古，独坐鼓琴。樵者掷斧柯听之，叟欣然曰："汝欲学耶？"因令每日过墓，授以清商数曲。后樵者于昭明读书台下，闻有达官贵人鼓琴为会者，亦倾耳听，已而笑曰："第五弦尚未调也。"鼓琴者曰："汝何人？亦解此耶？"试调其弦，果如樵者所云，遂令其一再弹，则泠然太古音也。大惊异，为易冠巾，与定交，问其所从学，樵者以告，且询其衣冠状，乃知所见者，为子游也。吾邑严太守天池之琴[二]，至今名天下，而其传实自樵者，故海内推为正音焉。又闻其人本一染人[三]，徐其姓，太守公字之曰亦仙云[四]。

《柳南续笔》卷一

注释：

［一］子游：孔子弟子，春秋时期吴国人，葬于虞山之巅。

［二］严太守天池：见"严澂"条。

［三］染人：从事染布帛的工匠。

［四］徐其姓：徐亦仙，生卒年不详。

评析：

既然海内推严澂为正音，那么严澂的师承就必定会被关注。这里说严澂师承徐亦仙，而徐亦仙则传自子游。此等鬼故事未免有附会之嫌，目的无非是为了抬高以严澂为代表的虞山派的身价。

严澂(附严栻)

严澂，字道澈，号天池[一]。琴书自娱，而琴尤称绝学，著《松弦管琴谱》，所录之曲二十八，有宫商而无文字。其自序曰："古乐湮而琴不传，所传者声而已。近世一二俗工，取古文词用一字当一声，而谓能声；又取古曲随一声当一字，而谓能文，古然乎哉！盖一字也曼声而歌之，则五音殆几乎遍，故古乐声一字，而鼓不知其几，而欲声字相当，有是理乎？考古诗被诸管弦者，大抵倚声而歌，非以歌取声，今世所传古琴操者，皆其词非其声也。观濮上之音，师涓能听而得之，此有调无文之明证[二]。孔子鼓琴得其人，师襄始言为《文王操》[三]，使有词可读，孔子不待问，师襄亦不待言矣，云云。"自是谱出，而海内推为正声，虞山琴派遂名天下。子四：楙、杨、栻、柱。栻字大年[四]，精究琴理，能传家学。

《重修常昭合志》卷二十

注释：

［一］严澂（公元1547年—公元1625年）：字道澈，号天池，江苏常熟人。

［二］观濮上之音句：见"师涓"条。

［三］孔子鼓琴得其人句：见"师襄"条。

［四］严栻：字大年，严澂之子。

评析：

《松弦馆琴谱》成书于万历年间，今存。严澂被认为是虞山派的创始人。

在琴歌发展史上，明代琴家杨表正等提倡用古代诗词来谱曲，但他们着重强调"正文对音"，导致琴曲逐字以配音，反而束缚了琴歌的发展。与浙派的"去文以存勾剔"相应，虞山派严澂则认为凡"取古文辞用一字当一声"或"随古曲一声当一字"都不可取，批判当时滥制琴歌的风气，但同时，虞山派走向了另一个极端，也就是琴乐逐渐脱离歌词，向纯器乐化方向发展，这对后世的影响极大。

郑祐(附粤中寡妇、马湘兰)

惠安郑半村祐善鼓琴[一]。闻粤中有寡妇善《孤舟操》[二]，乃至粤，屋比邻月余。得闻其音，即按节谱之以归。后游金陵，尝于月夜挥弦。名妓马湘兰窃听之[三]，忽止不弹。曰："有郑卫音[四]，何也？"湘兰再拜乞授业。半村终以湘兰为教坊中人，不传之。

《竹间续话》卷一

注释：

［一］郑半村祐：郑祐，字半村，惠安（今福建惠安）人。

［二］粤中寡妇：生平不详。《孤舟操》：琴曲名。

［三］马湘兰（公元1548年—公元1604年）：名守真，小字玄儿，又字月娇，以善画兰号湘兰子，又称"马四娘"，金陵（今江苏南京）人，晚明秦淮歌妓。

［四］郑卫音：靡靡之音。

评析：

看来，郑祐依然在坚持琴乐的雅正之道。然而，众多秦淮歌妓的擅长弹琴，是古琴音乐进一步世俗化的明证之一，即所谓倡优白丁、贩夫走卒皆能琴的局面已经形成。

袁均哲

《明史·艺文志》著录袁均哲《太古遗音》二卷[一]。

《明史·艺文志》卷九十八

注释：

［一］袁均哲：生平不详。

评析：

关于《太古遗音》的作者归属问题，尚有争议。

王心学(附郭梧轩、姜渭滨)

《琴谱》一卷，王心学撰[一]。公与琴士郭梧轩、姜渭滨相善[二]，在历下书肆中共作《幽兰曲》[三]，听者如堵[四]。三公各擅其长，旁若无人，以故公琴有盛名。

《（宣统）山东通志》卷一百三十八

注释：

［一］王心学：山东人。撰《琴谱》一卷，明代人。

［二］郭梧轩、姜渭滨：生平不详。

［三］历下：地名，在今山东济南。书肆：书店。

［四］听者如堵：形容听琴的人数众多。

评析：

有记载称郭梧轩为徐门传人，疑与此处的郭梧轩为同一人。

沈汝愚(附沈凤来)

沈凤来，字右山，父汝愚，妙解琴理[一]。常熟严澂、赵应良皆兄事之[二]。凤来嗣其家学，兼参众长，造微诣极。尤善歌诗，酒酣发响，激扬中节[三]。家素贫，荜帘纸窗，尝自操所度曲，声彻户外。性和而介[四]，抱绝技，不事干谒，竟以贫死。

《无锡金匮县志》卷二十六

注释：

［一］沈凤来：字右山，无锡金匮（今江苏无锡）人。父汝愚：沈汝愚，沈凤来之父。

［二］严澂、赵应良：分别见“严澂”“赵应良”条。

［三］中节：合乎节奏。

［四］介：耿介。

评析：

晚明为坚持士人的操守而“以贫死”的不在少数，沈凤来就是其中之一。

僧悟言(附汪敕盘)

程梦星《一沤子琴》诗自注：“一沤子，明隆万间僧悟言也[一]，所藏琴，云赐自神庙[二]，流传三阳处士汪敕盘[三]。盘归道山[四]，其子以余爱琴[五]，因寄赠焉。”

《清诗纪事·康熙朝卷》

注释：

［一］僧悟言：明朝僧人，号一沤子。隆万：指明代隆庆至万历年间。

［二］神庙：明神宗朱翊钧，庙号神宗。

［三］汪敕盘：道士，生平不详。

［四］归道山：称人死。

［五］余：程梦星，见清“程梦星”条。

评析：

诗云：“孤桐斫秋琴，散音传葛峄。昔闻奏云门，禅榻曾寄迹。临风时一弹，何似山阳笛。”

齐锦云

金陵教坊妓齐锦云者[一]，能诗，善鼓琴，雅谈终日。

《青泥莲花记》卷六

注释：

[一] 齐锦云：金陵（今南京）教坊妓。

评析：

齐锦云与傅春相爱，后来傅春受诬下狱，锦云变卖簪珥乃至卧具供之。傅春被判远戍，锦云想要跟随，被傅春阻止。锦云因此闭户读书，没多久病卒。

杨念祖

杨念祖，普安人，万历丙子举人[一]。渊懿博雅[二]，恬退不仕，日弹琴赋诗自娱。

《（光绪）普安直隶厅志》卷十七

注释：

[一] 杨念祖：普安（今贵州普安）人，万历丙子（公元 1576 年）举人。

[二] 渊懿：渊深美好。

评析：

杨念祖隐居不仕，以寿终。

范青衣

青衣范生[一]，能弹琴吹箫，亦学为诗。

《徐氏笔精》卷五

注释：

[一] 青衣苑生：范青衣，福建莆田人，生平不详。

评析：

王世贞有诗云："瑶琴罢鼓紫箫来，手草新诗阿滥堆。除却数行僮约外，还应事事胜方回。"

沈音(附陈昆源、赵应良、陈禹道)

明万历中，有沈大韶者，不知何地人也[一]。善鼓琴，所弹《洞天春晓》《秋山溪月》二曲，吾邑陈昆源妙会其旨[二]。赵应良云所[三]，则又陈之入室弟子也。赵之琴理为天下第一。尝独夜对月，一弹再鼓，闻庭外鬼声凄绝。谛视之[四]，有人长二尺许，皆古衣冠，杂坐秋草间，作听琴状。其声之妙，殆感动鬼神矣。云所尝与同邑严太守天池为琴会于松弦馆[五]，遂勘谱行世，而陈禹道锡贤复从赵受学焉[六]。锡贤精《苍梧曲》，邑人以"陈苍梧"呼之。

《柳南随笔》卷六

注释：

[一] 万历：明神宗年号，公元1573年至公元1620年。沈大韶：据《藏春坞琴谱》，沈大韶即沈音，号大韶，一作太韶，浙江绍兴人。

[二] 陈昆源：江苏常熟人。与《柳南随笔》的作者王应奎同乡。

[三] 赵应良：字云所，江苏苏州人。

［四］谛视：仔细查看。

［五］严太守天池：严澂。

［六］陈禹道：字锡贤，江苏苏州人。

评析：

这几个琴人都与严澂有往来，尤其是赵应良和陈禹道，二人曾共同参订《松弦馆琴谱》。

徐昇阶

徐昇阶，字叔泰，号丽台[一]。弱冠举于乡，才名籍甚[二]。工诗善奕，鼓琴，习射，各臻其妙。

《南皮县志》卷九

注释：

［一］徐昇阶：字叔泰，号丽台，南皮（今河北南皮）人。

［二］籍甚：盛大。

评析：

又据《南皮县志》，徐昇阶具有豪情逸致，能审察识别人物。

郝宁(附王安定)

常侍定安王公、小川郝公皆知音绝世[一]。

《藏春坞琴谱序》

注释：

[一] 定安王公：王定安，生卒年不详，明代宦官。郝公：郝宁，字小川，邺郡（今河南安阳）人。

评析：

郝宁曾跟随沈音学琴，并与宦官王定安共同研习。后与孟西槐、李古川等人几经寒暑，共同刊定《藏春坞琴谱》，是谱今存。

吴忠

陈继儒后馆元龙姚氏[一]，有仆吴忠者[二]，尝于楼下弄琴，继儒异之。出示一诗云："游子访桃源，桃源在深处，不必问渔郎，谷口随花去。"因劝其托疾去，送之小昆山为道士[三]。

《重修金山县志》卷二十七

注释：

[一] 陈继儒（公元1558年—公元1639年）：字仲醇，松江府华亭（今上海市）人。明代画家。

[二] 吴忠：生平不详，后为道士。

[三] 小昆山：在今上海松江西北。

评析：

陈继儒大概不能接受能弹琴而为人奴仆的境况，因此劝吴忠以病为由离开，并送他去小昆山做了道士。而道士是宜于弹琴的一个群体。

蒋克谦(附蒋敩、蒋轮方、蒋荣)

高祖敩[一]，僻性嗜琴，稽往牒中有关于琴者[二]，辄为手录。将梓之而未能[三]，以遗祖轮方综理之[四]，未就。至吾父荣[五]，又从而充拓之[六]，搜括诸谱，凡先哲制作搏拊[七]，与夫曲调、音律、诗、赋、赞、铭，罔不备具，犹未卒业。暨谦乃延海内琴士，参互考订，失序者理之，差讹者正之，缺文者俟之，分门析类，纤悉无遗[八]，成书曰《琴书大全》。

《琴书大全序》

注释：

［一］高祖敩：蒋敩，蒋克谦曾祖，其先为直隶徐州人，后封安陆。

［二］稽：稽查。

［三］梓：付印。

［四］轮方：蒋轮方，蒋克谦之祖父。综理：整理。

［五］荣：蒋荣，蒋克谦之父。

［六］充拓：扩充开拓。

［七］搏拊：弹奏。

［八］纤悉无遗：丝毫没有遗漏。

评析：

《琴书大全》成书于万历庚寅年（公元1590年），今存，分二十二卷，分声律、琴制、琴式、指法、曲调、琴文、诗、谱目等。

孟绍甲

孟绍甲，字武夫，别号罝兔翁[一]。性嗜琴，年八十四卒。葬八斗村，村中人言大风凉月时，每闻冢上琴声，疑以为翁操也。

《（康熙）武昌县志》卷六

注释：

［一］孟绍甲：字武夫，别号罝兔翁，又自号花翁，武昌（今湖北武汉）人。

评析：

孟绍甲生活于明代万历年间，隐士。

夏树芳

夏树芳《琴谱》二册[一]。

《千顷堂书目》卷二

注释：

［一］夏树芳：号大空居士。

评析：

夏树芳《琴苑》二卷今存，成书于万历年间。

张德新

《三教同声》，新安张德新嘉甫纂集[一]。

《三教同声》

注释：

［一］张德新：字嘉甫，号宾桐，新安（今河南新安）人。

评析：

《三教同声》今存，成书于万历年间，有儒释道三教曲谱，即《孔圣经》《释谈章》《清静经》。

毛翊

毛翊，字汉举[一]，善鼓琴。

《（光绪）松阳县志》卷九

注释：

［一］毛翊：字汉举，浙江松阳人。

评析：

毛翊为人仁厚，每春耕时，乡里有不能播种的，他就会让仆人携带禾苗前去帮助。

张进朝（附崔小桐）

中监玉梧张公博达好古[一]，颇谙音声，太朴希遘[二]，深用为慨，乃属中州崔益甫氏同阅旧谱若干篇[三]，附以心得，付梓广行[四]。

王弘诲《玉梧琴谱序》

注释：

[一]张公：张进朝，字玉梧，古雄（今江苏南京）人，慈宁宫太监。博达：博学通达。

[二]太朴：谓原始质朴的大道。遘：遇。

[三]崔益甫：崔小桐，字益甫，宛（今河南南阳）人。

[四]付梓：书稿雕版印行。

评析：

《玉梧琴谱》今存，分卷上、中、下，收录琴曲52首，部分琴曲为浙派传曲。

张大命

余谢绝诸好[一]，而独以焦尾为啖痂之嗜矣，朝夕收古断纹及诸名家指法十余年，于此道业辑有《琴经》十四卷。

《阳春堂琴谱自序》

注释：

[一]余：张大命，字右衮，福建人。

评析：

张大命辑有《琴经》十四卷，又有《阳春堂琴谱》，后者今存。

陈文璧(附陈魁春、铁山太守)

乾隆丙午秋余客楚南[一]，新化陈生大岩（魁春）携其七世祖南溪翁（文璧）所遗弄云琴过访[二]，云：翁素工乩术[三]，曾以旧藏岳僧两琴，订会吕仙于紫溪之沧浪亭，遇一叟，来对饮，抚琴动操，山鸟翔集，和风满林。寻谓翁云："三醉翁至矣。"回头视之，叟亦不见。知叟即吕仙也。因名叟所抚者曰"弄云"，翁自抚者曰"怀仙"。再传至潼州太守铁山公[四]，携入蜀，当明崇祯朝，弄云忽夜鸣，韵甚哀，命长子囊归，铁山公旋遭张贼难[五]，殉节。二琴留古台寺，及今盖二百余年矣。

《筠心书屋诗钞》卷十

注释：

[一]乾隆丙午：公元1786年。余：褚廷璋，号筠心，长洲（今江苏苏州）人。楚南：南楚。

[二]陈大岩：陈魁春，字头梅，号大岩，新化（今湖南新化）人。南溪翁：号南溪翁，新化（今湖南新化）人。

[三]乩：占卜。

[四]太守铁山：生平不详，崇祯时期为潼州太守。

[五]张贼：明末农民起义首领张献忠。

评析：

弄云琴在铁山太守临难之时自鸣，声音凄凉，大约是在示警，被仙人抚过的琴于是就也有了灵性。

米万钟

米万钟，字友石，宛平人[一]。著有《琴史》八卷。

《（同治）畿辅通志》卷二百十七

注释：

［一］米万钟（公元1570年—公元1628年）：字仲诏，号友石，宛平（今北京）人。

评析：

米万钟又擅长书法，与董其昌齐名，号称“南董北米”。

陈端

大中丞陈公端，太原府人[一]，有古君子风。善琴，一夕操罢，更深籁寂，有五人入室而立，人各异形。公曰：“人鬼殊途。昔之圣贤，邪有不敢经其户者，有远离其乡者，余愧德不如。有送之者，骂之者，逐之者，余愧胆不如，姑请通名。”同声曰：“某等五鬼也，雅与琴善。闻公雅操，乞不吝为声气之通。”公整襟焚香，操太古遗音一曲。将四鼓而谢去。次日令画工摹所见之形，图成，坐对玩之，符相书所言金、木、水、火、土五行之神。其云“雅与琴善”，是必琴之五音也。

《原李耳载》卷下

注释：

［一］陈公端：陈端，山西太原人。

评析：

琴之五音化为鬼神，乞听陈端操琴一曲，可见陈端之技术高超。古人说以声相感，如游鱼出听，六马仰秣，皆此类也。

沈瑞徵

《琴谱》，诸生海宁沈瑞徵元圃撰[一]。

《杭州府志》卷八十八

注释：

[一]沈瑞徵：字灵绎，号元圃，海宁（今浙江海宁）人。

评析：

又据《海宁县志》，沈瑞徵博学多才，善画工书，曾得到董其昌的赏识。

胡文焕

《文会堂琴谱》六卷，明胡文焕撰。文焕字德甫，号全庵，一号抱琴居士，钱塘人[一]。是书刻于万历丙申[二]，凡分十八条，皆论琴。后十一条，多论鼓琴之事。

《四库全书总目》卷一百十四

注释：

[一]胡文焕：字德甫，号全庵，一号抱琴居士，钱塘（今浙江杭州）人。

[二]万历丙申：公元1596年。

评析：

胡文焕所传曲谱皆为浙操，他在《文会堂琴谱序》中说："然琴独尚浙操者，犹曲之有海盐也。"海盐腔为明代四大声腔之一，胡文焕将浙操与海盐腔比拟，可见其对浙操的重视程度。

高北峰

高北峰，逸其名[一]。万历间居北秀邑村。通书史，不求闻达[二]，性耽竹石，尤善琴。尝蓄一鹤，每鼓琴，鹤辄飞舞案前，曲终乃罢。

《（乾隆）云南通志》卷二十一

注释：

[一] 高北峰：名不详，号北峰，鹤庆（今云南鹤庆）人。

[二] 不求闻达：不追求名誉和地位。

评析：

鼓琴而鹤飞舞之事，可以追溯到先秦时期的师旷。高罗佩认为后世的琴鹤意象，完全事一种纯粹出于审美的因素，鹤雅致的步态能够激发琴人指法的律动。

丁钲

丁钲，嗜学[一]，手集《三唐诗》一百卷，著《琴谱》八卷。

《（嘉庆）南阳府志》卷五

注释：

[一] 丁钲：河南南阳人。

评析：

《琴谱》八卷已亡佚。

吴柱

吴柱，字石父[一]，万历间以诗隐，忘情荣达，嗜酒，喜鼓琴，有名于时。

《（同治）鄞县志》卷四十五

注释：

[一] 吴柱：字石父，鄞县（今浙江宁波）人。生活于万历年间。

评析：

吴柱也是一个抱琴而隐，忘情于世事的文人。

申维岱

《太音本旨》一卷，申维岱撰，维岱滦州人[一]。见《梅华庵琴谱考目》，注云万历辛丑[二]。

《琴书丛目》卷四

注释：

[一] 维岱：滦州（今河北遵化）人。

[二] 万历辛丑：公元 1601 年。

评析：

据《安阳县志》，申维岱为遵化人，为官用法严明，吏民皆畏服之。

徐时琪

徐时琪《绿绮新声》[一]。

《绛云楼书目》卷二

注释：

[一] 徐时琪：号南山先生，明代万历年间人。

评析：

《千顷堂书目》卷二，徐时琪作“徐琪”。

温显

温显，字公宣，号纯庵，晋江人[一]。琴弈蹴鞠剧戏之类，皆能殚精[二]。

《（乾隆）泉州府志》卷五十四

注释：

[一] 温显：字公宣，号纯庵，晋江（今福建晋江）人。

[二] 殚精：竭尽精思。

评析：

温显生活于万历时期，能楷书，能文。

张廷玉

《理性元雅》六卷，明张廷玉撰[一]。廷玉字汝光，号石初，延安人。万历庚戌进士[二]，官至工部郎中。是编为所作琴谱。琴凡四式，曲凡百篇。有本调、正调、别调、指法、调法、研注诸门。又别谱鼓瑟之法，案律取音，案音协调，合一十有二曲为一卷，以附于后。

《四库全书总目》卷一百十四

注释：

［一］张廷玉：字汝光，号石初，延安（今陕西延安）人。

［二］万历庚戌：公元 1610 年。

评析：

《新传理性元雅》今存，此书以琴歌为主。另外，《理性元雅》的琴曲谱本除七弦谱之外，还有五弦谱，如《兵车行》《襄阳歌》；九弦谱，如《出师表》《蜀道难》；一弦谱，如《水调歌头》《浪淘沙》。

林有麟

《青莲舫琴雅》四卷，明林有麟编。有麟字仁甫，华亭人[一]。凡古琴之制度、名称、典故、赋咏，是编悉为采录，而琴谱反黜不录。盖隶事之书[二]，非审音之书也[三]。据有麟自序，乃万历癸丑游西泖时所作[四]，青莲舫盖其舟名。序云就行笥中书籍采录[五]，然一舟所贮，卷轴几何，其言似未可信也。

《四库全书总目》卷一百十四

注释：

［一］林有麟：字仁甫，华亭（今上海松江）人。

［二］隶事：引用典故。

［三］审音：辨别音律。

［四］万历癸丑：公元1613年。西泖：地名，在今上海。

［五］行笥：出行时所带的箱笼。

评析：

《青莲舫琴雅》记录的都是有关于琴的典故，而琴谱并不在内。

杨抡

《伯牙心法》六卷：明杨抡撰。抡号桐庵，又号鹤溆，江宁人[一]。凡宫音三曲，商音六曲，角音三曲，徵音七曲，羽音三曲，商角音三曲，慢宫调一曲，黄钟调一曲，凄凉调一曲，清商调二曲，有词者六，无词者二十三，每词各有解题，词旨浅拙[二]。至谓墨子为梁惠王时人，其陋可想矣。

《四库全书总目》卷一百十四

注释：

［一］杨抡：号桐庵，又号鹤溆，江宁（今江苏南京）人。

［二］浅拙：浅薄。

评析：

《伯牙心法》今存。另，杨抡又有《太古遗音》，四库馆臣推断是杨抡改窜袁均哲《太古遗音》而成。

耿启

耿启，字汝东，万历四十四年进士[一]。筑室城南隅，素善琴，抱琴终老焉。

《（同治）畿辅通志》卷二百十九

注释：

[一] 耿启：字汝东，河北保定人。万历四十四年：公元 1616 年。

评析：

耿启为官期间留心文教，可谓“宓贱之官独抱琴”。

刘钲(附寇永清)

刘钲、寇永清俱中部人[一]。钲万历戊午举人[二]，官保定通判。永清天启辛酉恩选[三]，官汾州同知，皆以清介耿直不能俯仰随时，挂冠归里[四]，钲卜居于煖泉谷，永清隐于邑东龙湾之阳。布衣粝饭[五]，弹琴著书以自娱，足迹不入城市，人并羡之。

《（雍正）陕西通志》卷六十四

注释：

[一] 刘钲、寇永清：中部（今陕西黄陵）人。

[二] 万历戊午：公元 1618 年。

[三] 天启辛酉：公元 1621 年。

[四] 挂冠：辞官。

[五] 粝饭：粗劣的饭食。

评析：

刘钲、寇永清辞官归里，弹琴著书，皆有高节。

崇昭王妃钟氏

《思齐堂琴谱历苦衷言》一卷，明万历庚申崇昭王妃钟氏撰[一]。

《与古斋琴谱》卷三

注释：

[一] 钟氏：明万历庚申（公元 1620 年）崇昭王妃，史书无传。

评析：

现存一床出土的明代仲尼式琴，龙池侧面就刻有“崇昭王妃钟”字样。

詹懋举（附木工）

万历末，詹懋举者守颍州[一]，偶召木工，詹适弹琴，工立户外，矫首画指[二]，若议其善否者。呼问之曰：“颇善此乎？”曰：“然。”使之弹，工即鼓前曲一过，甚妙。詹大惊异，诘所自，工曰：“家在西郭外，往见一老人贸薪入城，担头常囊此，因请观之，闻其弹，心复悦之，遂受学耳。”詹予以金，不受，曰：“某，贱工也，受工之直而已[三]。”又曰：“公琴皆下材，工有琴，即老人所贻，今以献公。”果良琴也。詹乃从竟学，一时琴师莫能及。

《池北偶谈》卷二十

注释：

[一] 詹懋举：字泰宇，零陵（今湖南零陵）人。

[二] 矫首：抬头。

[三] 直：工钱。

评析：

此之谓“礼失而求诸野”。

来复

来复，字阳伯，陕西三原人[一]。颖悟过人，文、词、琴、弈、书、绘，皆臻其妙。

《（光绪）山西通志》卷一百四

注释：

[一] 来复：字阳伯，陕西三原人。万历四十四年（公元 1616 年）进士。

评析：

琴棋书画，大约是衡量古代士人的一个标准。

杜文灿

杜文灿，唐县人[一]。博综群书，善操琴赋诗。

《（嘉庆）南阳府志》卷五

注释：

［一］杜文灿：唐县（今河南唐河）人。

评析：

杜文灿著有《玉壶冰续集》《也足轩诗稿》。

万寿祺

万寿祺，字介若，世称年少先生，徐州人[一]。善诗、文、书、画，旁及琴、剑、棋、曲、雕刻、刺绣，亦靡弗工妙。

《清史稿》卷五百《万寿祺传》

注释：

［一］万寿祺（公元1603年—公元1652年）：字介若，世称年少先生，自称明志道人、沙门慧寿，徐州（今江苏徐州）人。

评析：

万寿祺与同郡同岁阎尔梅参加了抗清斗争，后世称他们为“徐州二遗民”。

朱常淓

吾杭南关榷署为明季潞藩旧邸[一]，本朝定两浙[二]，潞王首先投诚，救免一城生灵，杭人德之，呼为潞佛子。王平生善音律，尝制潞琴数百，编列字号，余曾藏一张，乃第十三号。

《两般秋雨庵随笔》卷一

注释：

［一］吾：指梁绍壬，杭州人，清代文人。榷署：置掌管过境贸易的机构。潞藩：即潞王朱常淓（公元 1608 年—公元 1646 年），号敬一道人，明末藩王。

［二］本朝：指清朝。

评析：

《池北偶谈》说潞王曾造琴三千张，不知道是否有夸张的成分。另外，朱常淓还辑有《古音正宗》，今存。

杜骥

杜骥，字允良，清丰人，天启丁卯举人[一]。工画，善鼓琴。

《（咸丰）大名府志》卷十四

注释：

［一］杜骥：字允良，河南清丰人，天启丁卯（公元 1627 年）举人。

评析：

崇祯末年，杜骥曾资助军饷。

马文玉

马文玉，名珪[一]。善讴、善琴、善画。

钱谦益《列朝诗集小传》

注释：

[一]马文玉：名珪。

评析：

郑士弘说："马姬文玉幽寓吴城，品似芙蕖，才过柳絮。"

叶小鸾

叶小鸾字琼章，一字瑶期[一]。工诗，多佳句。十四能奕，十六善琴。能模山水，写落花飞蝶，皆有韵致。日临子敬《洛神赋》或《藏真帖》一遍，静坐疏香阁，与琴书为伴而已。

《列朝诗集闰集》

注释：

[一]叶小鸾（公元1616年—公元1632年）：字琼章，一字瑶期，吴江（今江苏苏州）人。

评析：

钱谦益《列朝诗集》评叶小鸾兼有"林下之风"与"闺房之秀"。

汤尹娴

汤尹娴，字洽君，诸生汤三俊女，计来妻[一]。工诗绘，好琴。来死，执氏手曰："与尔梦援琴而弦绝者有征矣，乞善视吾子。"氏泣曰："我在，必不负君，但恐我生不久耳。"来死三日，氏绝粒而号。明旦扶柩之墓，呕血数升，竟卒，年二十五。

《吴江县志》

注释：

[一]汤尹娴（公元1616年—公元1640年）：字洽君，汤三俊之女，计来之妻。

评析：

绝弦喻指夫妇诀别。

李十娘

李十娘，名湘真，字雪衣[一]。在母腹中，闻琴歌声，则勃勃欲动。性嗜洁，能鼓琴清歌。略涉文墨。

《板桥杂记》中卷

注释：

[一]李十娘：名湘真，字雪衣。

评析：

余怀（公元1616年—公元1696年）的《板桥杂记》中记录了南京秦淮河南岸不少有才情的青楼女子，李十娘就是其中之一。其居所有老梅、巨竹、梧桐，即此便客想见其人。

卞赛

卞赛，字赛赛，自号玉京道人，为秦淮妓[一]。知书，工小楷，能画兰、鼓琴。

《板桥杂记》中卷

注释：

［一］卞赛：字赛赛，自号玉京道人，秦淮妓。

评析：

清吴伟业《过锦树林玉京道人墓并传》云："玉京道人，莫详所自出，或曰秦淮人。姓卞氏。知书，工小楷，能画兰，能琴。"又有《听女道士卞玉京弹琴歌》。

卞敏

卞敏，卞赛妹[一]。亦善画兰鼓琴。对客为鼓一再行，即推琴敛手，面发赪色[二]。

《板桥杂记》中卷

注释：

［一］卞敏：卞赛的妹妹。

［二］赪：红色。

评析：

卞敏风情绰约如此。

董白

董白，字小宛，一字青莲[一]，天姿巧慧，容貌娟妍。针神曲圣[二]，食谱茶经，莫不精晓。性爱闲静，遇幽林远涧，片石孤云，则恋恋不忍舍去。慕吴门山水，徙居半塘，小筑河滨，竹篱茅舍，经其户者则时闻咏诗声或鼓琴声。

《板桥杂记》中卷

注释：

[一] 董白（公元 1623 年—公元 1651 年）：字小宛，一字青莲，江苏苏州人。

[二] 针神：指针线活特别精巧的女子。

评析：

董小宛为“秦淮八艳”之一，貌美而多才多艺。

顿文

顿文，字少文，琵琶顿老女孙也[一]。性聪慧，学鼓琴，雅歌《三叠》[二]，清泠然，神与之浃[三]，故又字曰琴心。琴心生于乱世，赁屋清溪里[四]，风鬟雾鬓[五]，憔悴可怜，犹援琴而鼓，弹《别凤离鸾》之曲，如猿吟鹃啼，不忍闻也。

《板桥杂记》中卷

注释：

[一] 顿文：字少文，又字琴心。

[二]《三叠》：琴歌《阳关三叠》。

[三] 浃：融和。

[四] 清溪里：地名，在今南京。

［五］风鬟雾鬓：鬓发蓬松。

评析：

顿文后与同声社领袖王发两情相悦，然而，尚未及琴瑟和鸣，王发即因事被杀，顿文逃逸。真可谓佳人薄命。

汪善吾

《乐仙琴谱正音》，新安休邑汪善吾撰[一]。

《乐仙琴谱正音自序》

注释：

［一］汪善吾：号乐仙，新安休邑（今安徽休宁）人。

评析：

《乐仙琴谱》成书于天启三年（公元 1623 年），今存，六卷本。

陈大斌(附徐可仙、李水南、徐南山、郭梧岗)

吾友太希[一]，殚精竭思五十余年，思得知音同志相与研讨，乃涉湘沅，渡河洛，诣燕赵，逾邹鲁，浮淮泗，探禹穴，不惜通途，遍历湖海，靡不蒐讨[二]，而于吴得徐可仙[三]，杭得李水南[四]，越得徐南山[五]，鲁得郭梧岗[六]，秦得崔小桐[七]。相说既深[八]，相下弥甚[九]。间常各售所长，互酬知己，乃复研精覃思[一〇]，细加裁定，芟其繁冗[一一]，补其漏遗，正其音文，详批其指法，编摩成帙[一二]，为《太音希声》琴谱。

《太希琴谱序》

注释：

[一] 太希：陈大斌，字伯文，号太希，钱塘（今浙江杭州）人。

[二] 蒐讨：寻究探讨。

[三] 徐可仙：吴人，生平不详。

[四] 李水南：德清（今浙江德清）人，生平不详。

[五] 徐南山：龙游（今浙江龙游）人，生平不详。

[六] 郭梧岗：鲁（今山东）人，生平不详。

[七] 崔小桐：见“崔小桐”条。

[八] 说：同“悦”。

[九] 相下：互相谦让。

[一〇] 研精覃思：专心研究，深入思考。

[一一] 芟：删减。

[一二] 编摩：编集。

评析：

《太音希声》今存。由序及此书内容来看，《太音希声》是众琴家合力之作。例如《汉宫秋月》《渔樵问答》《释谈章》等曲即李水南所作。

王名登

王名登[一]，受传陈太希《猿鹤双清》琴曲，并为刻谱。

《太音希声》

注释：

[一]王名登：字云台，溧水（今江苏南京）人。

评析：

王名登说：《猿鹤双清》本为石扬休所作，其后传此曲者重音律而无文，后陈大斌为之注文写声，按律合谱。

金旅玉

《广寒游》琴谱乃秣陵金氏旅玉家藏[一]，珍之，旅玉善是曲也。

《太音希声》

注释：

[一]金氏旅玉：金旅玉，秣陵（今江苏南京）人。

评析：

《太音希声》所录《广寒游》为金旅玉家藏谱本，金旅玉也擅长弹奏此曲。

徐调元

余素性《广寒操》[一]，志在寥廓之外，神驰乎八紘之表[二]，乘天风云马游于清虚之府也[三]。

《太音希声》

注释：

［一］余：徐调元，字合虚，江西广信（今江西上饶）人。

［二］八纮：八方极远之地。

［三］清虚之府：月宫。

评析：

徐调元刻《广寒游》琴谱。

叶培志

叶培志[一]，受传陈太希《梅花三弄》琴曲，并为刻谱。

《太音希声》

注释：

［一］叶培志：字稚立，武水人。

评析：

叶培志云：陈大斌谱《梅花三弄》，令人如听《霓裳羽衣曲》。

马应图

太希陈先生谱《归来乐》，访余于燕山邸舍[一]，余方静掩竹扉，消详鹤梦[二]，奇事忽来，逸兴遄发，一弹再鼓，不觉令人怀青松白石之盟也。寿之梨枣以谢陈先生焉[三]。

《太音希声》

注释：

［一］余：马应图，字瑞安，襄平（今辽宁辽阳）人。

［二］消详：逍遥。

［三］梨枣：刻书多用梨木枣木，古代称书版。

评析：

竹扉鹤梦，青松白石，正与《归来乐》相应。

赖有仁

赖有仁[一]，受传陈大斌琴曲《汉宫春》，并刻谱。

《太音希声》

注释：

［一］赖有仁：武陵（今湖南常德）人。

评析：

陈大斌在弹奏《汉宫春》之后，赖有仁为之拟词。

林翰材

林翰材受传陈大斌琴曲《禹会涂山》[一]，并刻谱。

《太音希声》

注释：

［一］林翰材：字赐炬。

评析：

《禹会涂山》为宋毛敏仲所作，林翰材为之刻谱。

竺乾明

《凤凰吟》，古燕竺乾明校[一]。

《太音希声》

注释：

［一］竺乾明：古燕国（今河北）人。

评析：

据竺乾明按语，《凤凰吟》本陈抟所作，后陈大斌出所藏善谱以声写之，竺乾明刻印。

林养栋

《欸乃歌》，岭南元培林先生酷好此曲[一]，为点窜删润[二]，备极盛美。

《太音希声》

注释：

［一］林先生：林养栋，字元培，号隆庵，广东番禺（今广东广州）人。

［二］点窜删润：修改润色。

评析：

经林元培修改过的琴谱《欸乃歌》收录于《太音希声》。

李逢节

李逢节[一]，受陈太希《欸乃歌》，并为刻谱。

《太音希声》

注释：

［一］李逢节：字来吾，吴江（今江苏苏州）人。

评析：

李逢节刻《欸乃歌》。

汪伯玉

汪伯玉[一]，受传陈太希《天放歌》，并为刻谱。

《太音希声》

注释：

［一］汪伯玉：生平不详。

评析：

汪伯玉谓《天放歌》古法铿然。

蒋大义

太希陈君为余鼓《大雅》[一]，一鼓则景风至[二]，再鼓则万息吹，余叹服。师事旬日而指法明，更旬而音律叶[三]。

《太音希声》

注释：

［一］太希陈君：见“陈大斌”条。余：蒋大义，字仲山，贵州铜仁人。

［二］景风：祥和之风。

［三］叶：协。

评析：

蒋大义曾师事陈大斌，以为不啻于嵇康之遇华阳老人，子期之遇伯牙。

孙起都

孙起都受传陈太希《亚圣操》[一]，并助刻。

《太音希声》

注释：

［一］孙起都：江宁（今江苏南京）人。

评析：

孙起都《亚圣操》跋云：赵文敏（即赵孟頫）有颜回谱（即《夫子泣颜回》），陈大斌游秦时得到此谱，并弹奏之，为《亚圣操》。

冯运嘉

《碧天秋》，孤竹冯运嘉校正[一]。

《太音希声》

注释：

［一］冯运嘉：孤竹（今河北卢龙）人。

评析：

琴曲《碧天秋》为陈大斌创作，冯运嘉校正。

成大用

成大用助陈大斌刻《静夜谈玄》《潇湘水云》等曲[一]。

《太音希声》

注释：

［一］成大用：字公父，秣陵（今江苏南京）人。

评析：

《静夜谈玄》一曲为隐士李水南所作。

吴毓温

《孤猿啸月》，吴毓温胤德助刊[一]。

《太音希声》

注释：

[一] 吴毓温：胤德，余事不详。

评析：

陈大斌在《孤猿啸月》解题中说，此曲为春秋时期胡言所作。附此备考。

李文蔚

《离骚》乃词家之祖，余三叹之余[一]，爰付雕龙[二]，以嗣徽音于千载也[三]。

《太音希声》

注释：

[一] 余：李文蔚，字郁襄，楚人。

[二] 雕龙：此指雕印。

[三] 徽音：琴声。

评析：

李文蔚为陈大斌助刻《离骚》一曲。

杨日烶

予学琴二十余年未得其趣[一]，屡游都门始访得太希陈先生[二]，传授几曲，心法手法，一时并臻。不觉叹曰："古人所谓通天地、格鬼神者，非欺我也。"盖信道有正宗，业有真传。吟猱绰注，在手而不在心；音韵节奏，在心而不在手。善学者必求得心而应手，则几矣[三]。因梓一二曲以告诸同调者[四]。

《太音希声》

注释：

[一] 予：杨日烶，字懋熙，莆田（今福建莆田）人。

[二] 太希陈先生：见"陈大斌"条。

[三] 几：差不多。

[四] 梓：付印。

评析：

杨日烶所刻印者，为琴曲《神化引》，收录于《太音希声》。

杨申

余客燕[一]，乃见太希所梓《欸乃》及诸古谱词[二]，谓人世终不可少此一谱，因割杖头致杀青氏以加之意焉[三]。

《太音希声》

注释：

[一] 余：杨申，秣陵（今江苏南京）人。

[二] 太希：见"陈大斌"条。

［三］杖头：少量的钱。

评析：

杨申与陈大斌多有交往，《太音希声》中《欸乃》一曲即由杨申资助刊印。

吴敬臣

吴敬臣，号伯一[一]。崇祯初年致政归[二]。能琴书善诗画。

《（乾隆）龙泉县志》卷十八

注释：

［一］吴敬臣：号伯一，龙泉（浙江龙泉）人。

［二］致政：致仕。

评析：

吴敬臣任云南定边知县时，曾创建学校。

孔胤植

余少好琴而无所得[一]，陪幸太学，有陈君太希携琴遇。

《太音希声序》

注释：

［一］余：孔胤植，字对寰，山东人。

评析：

孔胤植遇到陈大斌之后，与其研讨辩论而有所得。

朱建功

古今称《雉朝飞》一曲，余特梓诸谱以广同好[一]。

《太音希声》

注释：

[一]余：朱建功，字太玄，钱塘（今浙江杭州）人。

评析：

朱建功说：鸣琴不习《雉朝飞》，一似儒家未曾读四书。因此为此曲刻谱。

陈凤

陈凤，字羽伯[一]。读书习隐[二]。月夜挂琴松间，调所驯山猿。得诗，拥膝长吟与猿啸相应。又自号石村山人。

《（光绪）无锡金匮县志》卷二十六

注释：

[一]陈凤：字羽伯，自号石村山人，江宁（今江苏南京）人。

[二]习隐：习学隐遁，超然物外。

评析：

猿鸣历来被认为是凄清之声，然而在陈凤这里，鸣琴、吟诗与猿啸相应，却颇有种高旷出尘之感。

陈允诚(附陈诗、曹可述)

陈允诚，字效参[一]。善鼓琴，其音和平大雅，得古人遗意。亦善弈。子诗，字君采[二]，亦妙解琴理。今琴曲《胡笳十八拍》，诗所造也。先允诚卒，得其传者为及门曹可述[三]。

《（乾隆）娄县志》卷二十七

注释：

[一] 陈允诚：字效参，华亭（今上海）人。

[二] 君采：陈诗，字君采，陈允诚之子。

[三] 曹可述：生平不详。及门：受业弟子。

评析：

陈允诚与陈诗父子俱能琴，陈诗作琴曲《胡笳十八拍》，可惜较其父早逝，其嫡传弟子为曹可述。

徐上瀛(附张渭川、施磵槃、陈星源、夏溥、蔡毓荣)

娄水徐青山先生[一]，深于琴者也。先生固学道之人，志存经世，值世变沧桑[二]，遂以琴隐，嘉遁吴门[三]，寓居萧寺。先生早岁与严天池、张渭川、施磵槃、陈星源诸公游[四]。诸公皆殊绝名流，于琴皆有精诣，而先生众撷英华，黜靡崇雅，自名其家，故于先生为绝调。

先生晚岁结茅穹窿[五]，蓬蒿满径，不自知釜生鱼、甑生尘也[六]。溥久侍研席[七]，受琴三十余曲，终乃传以秘谱。癸丑之岁[八]，始得遇川湖大司马蔡公[九]，博闻广见，其留意于琴者亦有年矣。一见是书，亟为叹赏。

《徐青山先生琴谱序》

注释：

[一] 徐青山（约公元 1582 年—约公元 1662 年）：徐上瀛，号青山，明亡改名为谼，娄东（今江苏太仓）人。

[二] 世变：明清易代。

[三] 嘉遁：隐遁。

[四] 严天池：见“严澂”条。张渭川、施磵槃、陈星源：生平不详，均为琴家。

[五] 穹窿：山名，在今江苏苏州。

[六] 釜生鱼：釜，锅，古代炊具。釜中已生出鱼来，喻指断炊已久。甑生尘：甑，蒸食器。食器满积尘土，形容极其穷困。

[七] 溥：夏溥，字于涧，苏州（今江苏苏州）人。师从徐青山。

[八] 癸丑之岁：清康熙十二年（公元 1673 年）。

[九] 川湖大司马蔡公：蔡毓荣（公元 1633 年—公元 1699 年），字仁庵，辽宁锦州人，清初大臣。

评析：

从这段文字里可以大致推出徐青山的师承关系，徐青山学琴于严天池、张渭川、施磵槃、陈星源，又传授与夏溥。彭士圣在《大还阁琴谱序》中提到：“海内共推吴操，而徐青山为之冠。”可见徐青山为虞山派代表琴家。

徐青山的著作，除了《大还阁琴谱》《万峰阁指法閟笺》外，尤其引人注意的是《溪山琴况》。《溪山琴况》分二十四况，分别是：和、静、清、远、古、澹、恬、逸、雅、丽、亮、采、洁、润、圆、坚、宏、细、溜、健、轻、重、迟、速。学术界对二十四况论旨、渊源及琴况的意境审美等问题进行了诸多讨论，此不赘述。

徐正学

徐正学，字淮南[一]。神宗乙未进士[二]。致仕归，沉酣古籍，日与同志者弹琴赋诗，种竹栽花，有彭泽遗风[三]。

《（乾隆）杞县志》卷十六

注释：

[一] 徐正学：字淮南，杞县（今河南杞县）人。

[二] 神宗乙未：公元1595年。

[三] 彭泽：陶渊明。

评析：

有彭泽遗风，大约是对一个厌倦官场的士人的最高评价了。

马封君

马封君，佚其名[一]。缙云令眉父也。善鼓琴，文肃夜经直塘[二]，闻琴声访之，遂结为布衣交。呼曰马翁。

《太仓州志》卷二十七

注释：

［一］马封君：名不详，江苏太仓人。

［二］文肃：王锡爵（公元1534年—公元1611年），明朝大臣，谥号文俗，江苏太仓人。

评析：

想必文肃公是个知音人。

王逢年(附王世懋)

王逢年字舜华，初名治，字明佐，昆山人[一]。尽斥其田产，市古器物。得古琴曰焦尾，谓真蔡中郎故物也[二]，晚年持过王敬美[三]，曰："老病无聊，愿以此赎城南数顷为饘粥计[四]。"敬美唯唯受之，数日出谓曰："焦尾果神物也，昨宵风清月白，焚香抚操，二玄鹤从空下，飞鸣盘舞，挟之而上，少选不知所之矣[五]。其可奈何？"舜华俯首曰："固宜有是。"所知惎之[六]，曰："焦尾无恙乎？"曰："去矣。"

《列朝诗集》丁集第十

注释：

［一］王逢年：字舜华，初名治，字明佐，昆山（今江苏昆山）人。

［二］蔡中郎：蔡邕，见"蔡邕"条。

［三］王敬美：王世懋（公元1536年—公元1588年），字敬美，别号麟州，江苏太仓人，明代文学家。

［四］饘粥：稠粥。

［五］少选：一会儿，不久。

［六］惎：毒恨。

评析：

焦尾琴为鹤挟去，显然是无稽之谈。王敬美和王逢年之间的恩怨，说来话长。当时文坛有“后七子”，王敬美的兄长王元美（即王世贞）就是“后七子”的代表人物之一。“后七子”在文学上主张“文必秦汉，诗必盛唐”，并颇以自矜。王逢年是当时的狂士，他在诗歌创作上的主张与“后七子”学习盛唐不同，而是把目光投向唐代以前。不仅如此，更为狂放的是，王逢年指摘“后七子”的诗歌为俗调，就此惹恼了王世贞。王敬美作为王世贞的弟弟，心当然偏在王世贞这边，才有了焦尾琴这一事件。

邱了颠

邱了颠，历阳人[一]，生明万历间。著有《琴谱》并《奇方集验》，藏于家。

《（光绪）直隶和州志》

注释：

[一] 邱了颠：历阳（今安徽和县）人。生活于万历年间。

评析：

了颠是其出家为僧之后的名号，其人善医术。

周允恭

周允恭，字安宇，霍邱人[一]。以鸣琴理性[二]，以神针济人，恬退不求闻达，人多称之。

《（乾隆）颍州府志》卷八

注释：

［一］周允恭：字安宇，霍邱（今安徽霍邱）人。

［二］理性：涵养情性。

评析：

琴，自古以来就是涵养性情的绝佳工具。因此，《琴操》说："昔伏羲氏之作琴，所以修身理性，反其天真也。"

周允升

周允升，字四方[一]。寇变，邑人惊窜，允升坐茅屋中，挥弦晏如[二]，一渠寇闻琴声[三]，免胄入稽[四]，允升略不经意，寇趋出，戒群下曰："此高士庐，慎勿犯，犯者死。"置箭于门而去。

《（乾隆）颍州府志》卷八

注释：

［一］周允升：字四方，霍邱（今安徽霍邱）人。

［二］晏如：恬适。

［三］渠：他，他们。

［四］稽：古代的一种礼节。

评析：

昔年汉高祖刘邦战败项羽之后，举兵围鲁，鲁中父老弦歌不绝；晚唐时期黄巢起义军围困福州城，过黄璞家，戒其军队说："此儒者之家，灭炬而过。"皆与周允升之事类似，这就是文化的"化干戈为玉帛"功用。

康国相

康国相，字芝函，郃阳人[一]。弱冠负文名，晚年文益离奇不测。或传其画像，记曰："客为予图像，情郁郁不舒，予取琵琶为弹一调，犹未畅，援琴而鼓之，奏《客窗》一曲[二]，客释然。"

《同州府志》卷三十

注释：

[一] 康国相：字芝函，郃阳（今陕西合阳）人。

[二] 客窗：琴曲《客窗夜话》，传为刘基所作。

评析：

《客窗》一曲是刘伯温功成身退之后，于蓬窗之下慨叹古今英雄而作。康国相弹奏此曲，有其深意在。

杜孟省

杜孟省，扶沟人[一]。神情朗彻[二]，不甘仕进，能诗，工草书，以琴棋擅声，丰姿洒落，泠然仙致。

《（乾隆）陈州府志》卷二十

注释：

[一] 杜孟省：河南扶沟人。

[二] 朗彻：爽朗通脱。

评析：

自是雅人深致。

金汤

金汤，字维垣，浙人[一]。善鼓琴，能诗，工书画，书法得颜鲁公意[二]。居青州。州之碑碣，多出其手。

《（宣统）山东通志》卷二百

注释：

［一］金汤：字维垣，浙江人，寓居山东青州。

［二］颜鲁公：颜真卿。

评析：

偃仰琴书，胸次洒然。

张尔温(附张尔泓)

张尔温，字君玉[一]，有诗集若干卷，尤通音律，善鼓琴。弟尔泓，字砚雨[二]。工诗，善琴。著有《秋水吟》二卷。

《吴县志》卷六十六

注释：

［一］张尔温：字君玉，号鹙庵，江苏吴县人。明末清初戏曲家。

［二］尔泓：张尔泓，字砚雨，江苏吴县人。

评析：

兄弟二人皆工诗善琴。

瑞丸

有吴兴老儒，小女字瑞丸[一]，解琴理，能写山水、竹石。张元长以扇请之[二]，为写澹云疏树，置一草堂，其下颇得空山无人之致，题云："问奇人去后，寂寞子云亭[三]。"女后不知所在。

《全浙诗话》卷三十七

注释：

[一]瑞丸：姓名不详，吴兴（今浙江湖州）人。

[二]张元长：张大复（约公元1554年—公元1630年），字元长，江苏苏州人。

[三]子云：西汉文学家扬雄。

评析：

《珊瑚网》说："丹青之在闺秀，类多隐而勿彰。"女性琴人又何尝不是？

莫明经

莫明经是龙[一]，工书画，与董宗伯齐名[二]。家蓄一古琴，梅花断纹，声极洪亮。其后卧病抚琴，七弦俱绝，遂不起。

《（乾隆）青浦县志》卷三十九

注释：

[一]莫明经：字是龙，上海人。

[二]董宗伯：董其昌（公元1555年—公元1636年），明代著名书画家。

评析：

人琴俱亡。

曾宜高

曾宜高，字清仲，号天放[一]。雅善琴，暇辄抚弦不辍。适归后，筑馆城北，惟一琴自随。著有《琴谱》。

《（咸丰）顺德县志》卷二十四

注释：

［一］曾宜高：字清仲，号天放，顺德（今广东佛山）人。天启甲子（公元1624年）进士。

评析：

曾宜高为地方官时，为政宽缓，解官时当地父老相送数十里。颇有宓子贱弹琴治单父之风范。

谢诰

谢诰，崇祯庚午举人[一]。素廉介[二]，善鼓琴，邑人士多宗之。

《（乾隆）郃阳县全志》卷三

注释：

［一］谢诰：陕西郃阳人，崇祯庚午（公元1630年）举人.

［二］廉介：清廉耿介。

评析：

谢诰为官期间颇有政声，宦归，行囊唯一琴而已。

刘瑞云

刘瑞云[一]，少好学，善鼓琴，精奇门之术[二]，深沉有器量。崇祯初以贡生廷试至京朝，有善琴者闻公名，结为知音，因讽曰[三]："方今之世，遁迹林下可也。"公感其言，优游原野，与物相忘。

《（嘉庆）汉阴厅志》卷九

注释：

［一］刘瑞云：陕西汉阴人。

［二］奇门：奇门遁甲，术数的一种。

［三］讽：讽谏。

评析：

崇祯年间，社会动荡不安，当时身处京城的刘瑞云，在出世与入世之间，选择了隐居山林，韬光晦迹。

孙图南

孙图南，字北溟[一]，博学多通。工诗，善鼓琴，襟怀旷远，有晋人风致。

《（乾隆）掖县志》卷四

注释：

［一］孙图南：字北溟，山东掖县人。

评析：

"有晋人风致"，可见孙图南清简洒脱之状。

崇祯贵妃田氏(附田妃母)

上一日于宫中闻贵妃窃抚琴[一]，疑之，问在家师谁，贵妃以母授对。次日即召其母入，与妃对弹，始释然，赐而遣之。

《三垣笔记》上

注释：

[一]上：崇祯帝。贵妃：恭淑贵妃田氏，名田秀英，陕西人，后家扬州。崇祯元年（公元1628年）封礼妃，进皇贵妃。

评析：

崇祯帝也喜欢鼓琴，曾经访道五曲，曰《崆峒引》，曰《敲爻歌》，曰《据桐吟》，曰《参同契》，曰《烂柯游》，令田贵妃弹奏。

朱由检(附杨正经)

道人屈大均自山东回[一]，言济南李攀龙之后[二]，其家藏百琴，中一琴名翔凤，乃烈皇帝所常弹者[三]。甲申三月[四]，七弦无故自断，遂兆国变。中官私携此琴，流迁于此。又朱秀才彝尊曾言有杨正经者[五]，善琴，烈皇帝召见，官以太常，赐以一琴，自国变后结庐与琴偕隐，作《西方》《风木》二操，怀思先帝，其人今尚存云。

《清诗纪事》陈子升《崇祯皇帝御琴歌·序》

注释：

[一]屈大均：字介子，番禺（今广东）人，清初诗人。

[二]李攀龙：字于鳞，山东济南人，明代文学家。

[三] 烈皇帝：崇祯帝朱由检（公元1611年—公元1644年），明朝最后一位皇帝。

[四] 甲申：公元1644年，是年明朝灭亡。

[五] 朱彝尊：字锡鬯，号竹垞，秀水（今浙江嘉兴）人，清初文学家。杨正经：字怀玉，四川酉阳人，官太常。

评析：

崇祯帝经常弹奏的古琴在明代灭亡之后，流落民间，清代文学家如董俞、陈子升等皆歌咏其事。

杨正经曾在崇祯帝时期修复雅乐，崇祯帝曾以汉文帝、唐太宗二琴赐之，官太常。明亡后，杨正经出家为僧，抱二琴游于吴楚之间。

张印顶

大育头陀姓张氏，名印顶[一]，明诸生。少负隽才[二]，谓人生当效班超、马援立功万里外[三]。遭国变，呕血数升。生平精音律，弹《离骚》，每一动操，牢骚哀怨，听者唏嘘欲绝。晚年奉佛，自号头陀。

《江阴县志》卷十八

注释：

[一] 张氏：张印顶，号大育头陀，江阴（今江苏江阴）人。

[二] 隽才：出众的才智。

[三] 班超、马援：皆为汉代军事家。

评析：

张印顶以《离骚》一曲寄托其深深的故国之思。

高宇泰

高公讳宇泰，初字元发，改字虞尊，别字隐学，晚年自署宫山，已而又署蘖庵，浙之宁波府鄞县人[一]。壬寅之在囚也[二]，终日鼓琴。

《鲒埼亭集》卷十四《明故兵部员外郎蘖庵高公墓石表》

注释：

［一］高公：高宇泰，初字元发，改字虞尊，别字隐学，晚年自署宫山，又署蘖庵，浙之宁波府鄞县（今浙江宁波鄞县）人。

［二］壬寅之在囚也：壬寅，清康熙元年，公元 1662 年。壬寅之在囚也：明亡后，高宇泰曾起兵抗清，被捕，康熙四年出狱。

评析：

高宇泰出狱后，见天下已定，颓然自放，隐居著书而终，撰有《琴谱》《雪交亭集》等。

陈钟瑛

陈钟瑛，字石丈，号密庵，晋江人[一]。善诗歌、古文、词，工琴、射、画事，博览群书。

《（乾隆）泉州府志》卷五十四

注释：

［一］陈钟瑛：字石丈，号密庵，晋江（今福建晋江）人。

评析：

陈钟瑛博学多才，多有著述。

于养盛

于养盛[一]，拔贡生。有琴癖，林下尝古调独弹。谓人曰："余乐此不破，而子期谁乎？"辍弦久之，若有凝思，其高致如此。

《潍县志稿》卷三十二

注释：

［一］于养盛：山东潍坊人，曾任陕西宜川知县。

评析：

"但伤知音稀"，是很多琴人的遗憾。

董杏

董杏，字岁星[一]，好学能文，工琴、隶篆，有当时之誉。

《光绪赣榆县志》卷十二

注释：

［一］董杏：字岁星，江苏连云港人。

评析：

董杏曾搜集自万历年间到崇祯年间散失的文献，以续补《赣榆县志》。

郭允挑

郭允执，诸生[一]，工琴，狷洁自好[二]。

《（道光）章丘县志》卷十一

注释：

[一] 郭允执：山东章丘人。

[二] 狷洁自好：洁身自好。

评析：

章丘县令延请郭允执教授子弟，没几天郭允执即辞归，可见其为人之狷介。

吴国选

吴国选，字心盘，号季升[一]。博览群籍，善书法，喜弹琴、擘阮[二]。

《（光绪）菏泽县志》卷十

注释：

[一] 吴国选：字心盘，号季升，山东菏泽人。

[二] 擘阮：弹阮。

评析：

崇祯壬午年（公元 1642 年），清兵犯境，城破，吴国选死于国难。

孙枝奕

孙枝奕字世百[一]，丰标峻美[二]，雅嗜琴书。壬午城破，母氏被执，力救不克，与母俱毙。

《（光绪）丰县志》卷八

注释：

［一］孙枝奕：字世百，江苏丰县人。

［二］丰标：风度，仪态。

评析：

1642年，江苏徐州被清兵攻破，孙枝奕母亲被清兵抓住，孙枝奕没有能够救出母亲，母子二人俱死难。

张寄修

吴中绝技：张寄修之治琴[一]，范昆白之治三弦子，俱可上下百年保无敌手。

《陶庵梦忆》卷一《吴中绝技》

注释：

［一］张寄修：浙江绍兴人。

评析：

未知斫琴有浙派否？

张岱（附王侣鹅、王明泉、王本吾、范与兰、何紫翔、张慎行、何明台）

丙辰学琴于王侣鹅[一]，绍兴存王明泉派者推侣鹅[二]，学《渔樵问答》《列子御风》《碧玉调》《水龙吟》《捣衣环佩声》等曲。戊午学琴于王本吾[三]，半年得二十余曲：《雁落平沙》《山居吟》《静观吟》《清夜坐钟》《乌夜啼》《汉宫秋》《高山流水》《梅花弄》《淳化引》《沧江夜雨》《庄周梦》，又《胡笳十八拍》《普庵咒》等小曲十余种。王本吾指法圆静，微带油腔。余得其法，练熟还生，以涩勒出之，遂称合作。同学者范与兰、尹尔韬、何紫翔、王士美、燕客、平子[四]。与兰、士美、燕客、平子俱不成，紫翔得本吾之八九而微嫩，尔韬得本吾之八九而微迂，余曾与本吾、紫翔、尔韬取琴四张弹之[五]，如出一手，听者駴服[六]。后本吾而来越者有张慎行、何明台[七]，结实有余而萧散不足，无出本吾上者。

《陶庵梦忆》卷二《绍兴琴派》

注释：

[一]丙辰：公元1616年。王侣鹅：绍兴琴派代表人。

[二]王明泉：当为绍兴琴派创始者。

[三]戊午：公元1618年。王本吾：绍兴琴派代表人。

[四]范与兰：据《陶庵梦忆》卷八，范与兰少年时学琴于王明泉，能弹《汉宫秋》《山居吟》《水龙吟》三首琴曲，后来遇到王本吾，尽弃之前所学跟随王本吾学琴，半年能弹《石上流泉》，但指法生涩，没过多久，范与兰就忘记了王本吾所教的内容，跟王明泉所学的内容也记不起来了，但依然终日抚琴，仅能和弦而已。尹尔韬：见“尹尔韬”条。何紫翔、王士美、燕客、平子：俱生平不详。

[五]余：张岱（公元1597年—公元1689年），字宗子，又字石公，号陶庵，又号蝶庵，浙江山阴（今浙江绍兴）人。

[六]駴：同“骇”。

[七] 张慎行、何明台：生平不详。

评析：

张岱自言斗鸡、臂鹰、六博、蹴鞠、弹琴之事无所不为。

在这篇文章中，张岱叙述了绍兴琴派的传承情况。绍兴王明泉琴派的传承者首推王侣鹅，张岱及范与兰都曾随其学琴。绍兴琴派的另外一个代表人物是王本吾，张岱、范与兰、尹尔韬、何紫翔等人皆从其学，然而何紫翔、王士美、燕客、平子没有学成。后来又有张慎行、何明台，也没有能够超越王本吾。

尹尔弢

芝仙名晔，字尔弢，山阴人[一]。幼读书好弄，十余岁闻人弹琴，遂悉心其学者十年。性嗜山水，爱诸名胜，遍游三吴、八闽、淮、楚、潇、湘之间，印证琴学，不啻如性命。崇祯间，天子明琴理，延揽天下善琴者，遂官武英殿中书舍人，从上弹琴仁智殿。上出御制《五建皇极曲》，令谱之，中有《洪范》《风雷》《雨旸》等词，滚拂劈剌，曲肖其情致，澎腾其要渺，上不觉失笑，曰："仙乎！仙乎！"即赐号曰芝仙，刊之印章，一时传为盛事。数年多所奖赉[二]。鼎革后[三]，芝仙浮踪山岑水湄[四]，无以为家。晚年爱苏门山水，遂卜居焉[五]。间为诗歌以见志，刻有《徽言秘旨》若干卷行世。

《夏峰先生集》卷五《尹芝仙传》

注释：

[一] 晔：尹尔弢，名晔，字尔弢，一字紫芝，号芝仙，山阴（今浙江绍兴）人。

[二] 赉：赏赐。

[三] 鼎革：改朝换代。

［四］山岑：山峰。水湄：水边。

［五］卜居：择地而居。

评析：

《徽言秘旨》今存，收录琴曲六十首。

贺广龄

《蓬山琴谱》一卷，贺广龄撰[一]。贺氏所蓄古琴一，囊背上有“万籁秋声”四字。

《（宣统）山东通志》卷一百三十八

注释：

［一］贺广龄：字子蓬，号蓬山，牟平（今山东牟平）人。

评析：

崇祯癸未（公元 1643 年），贺广龄父兄俱殉难，贺广龄收葬尸骸，常常涕泣终日。贺广龄晚年尤其精通医术。

曾应速

曾应速，字铉阳，襄阳光化人[一]。狂荡不羁，善鼓琴。画梅竹以市酒，有余则施药济人，知交有过必谏。临终以琴书授弟子，藜杖自殉。

《（同治）畿辅通志》卷二百四十四

注释：

［一］曾应速：字铉阳，湖北襄阳人。

评析：

“有余则施药济人，知交有过必谏”，以此来看，曾应速应当是一个宽仁、坦荡之士。

徐肇棨

徐肇棨字拙民[一]，诗宗汉魏，旁通琴棋音律，靡不入妙。

《（光绪）嘉兴县志》卷二十

注释：

［一］徐肇棨（？—公元 1645 年）：字拙民，浙江嘉兴人。

评析：

顺治乙酉年（公元 1645 年），嘉兴城破，清兵屠城，徐肇棨死之。

文震亨(附琴张)

丁丑、戊寅间[一]，先公受知于烈皇帝[二]，尊旨改撰《琴谱》，宣定五音正声，被诸郊祀。上自制《五建》《皇极》《百僚》《师师》诸曲，命先公付尹紫芝内翰翻谱钩剔[三]。时司其事者内监琴张[四]，张奉命出宫嫔褚贞娥等，礼内翰为师指授琴学，颁赐紫花、御书、酒果缣葛之属，极一时宠遇。迨闯贼肆逆[五]，烈皇帝殉社稷[六]，诸善琴者偕投内池。内翰恐御制新谱失传，忍死抱琴而逃。南归谒先公于香草垞[七]，言亡国时事甚悉。从此三十九年不复闻音耗矣。

《晚晴簃诗汇》同揆《鼎湖篇赠尹紫芝内翰》

注释：

［一］丁丑、戊寅：公元 1637 年、公元 1638 年。

［二］先公：同揆之父文震亨（公元 1585 年—公元 1645 年）：字启美，长洲（今江苏苏州）人。文徵明之曾孙。按，同揆，本姓文，字轮庵，文震亨之子，明亡后祝发为僧。烈皇帝：崇祯帝朱由检，谥曰庄烈愍皇帝。

［三］尹紫芝：见“尹尔弢”条。

［四］琴张：皇宫内太监张姓者，因善奏琴，人称“琴张”。

［五］闯贼：明末农民起义领袖李自成。肆逆：背叛作乱。

［六］烈皇帝殉社稷：《明史·庄烈帝本纪》：“（崇祯十六年）乙巳，贼犯京师，京营兵溃。丙午，日晡，外城陷。是夕，皇后周氏崩。丁未，昧爽，内城陷。帝崩于万岁山，王承恩从死。御书衣襟曰：‘朕凉德藐躬，上干天咎，然皆诸臣误朕。朕死无面目见祖宗，自去冠冕，以发覆面。任贼分裂，无伤百姓一人。’自大学士范景文而下死者数十人。丙辰，贼迁帝、后梓宫于昌平。昌平人启田贵妃墓以葬。明亡。”

［七］香草垞：园林名，文震亨所建。

评析：

文震亨，崇祯年间官武英殿中书舍人，以善琴供奉，明亡殉节死。

陈确

陈确字乾初，原名道永[一]。自幼寄兴潇洒，书法得晋人遗意，抚琴吹箫，时奏于山颠水涯，篆刻博弈诸好无不工。自奉教蕺山[二]，一切陶写性情之技，视为害道而屏绝之。

《陈确集》首卷

注释：

［一］陈确（公元 1604 年—公元 1677 年）：字乾初，原名道永，浙江海宁人。

［二］蕺山：刘宗周，明代儒学大师，因讲学于浙江绍兴蕺山，学者称“蕺山先生”。

评析：

作为明末清初的思想家，陈确认为一切怡悦性情的技艺都妨碍“道”的阐发，因此皆摒绝之。

夏汝弼

夏汝弼，字叔直，衡阳人[一]。自号莲冠道人，携一童子囊琴登邵阳梓田之车架山，就古木鸣泉间，籍危石弹琴[二]。

《（同治）湘乡县志》卷十八

注释：

［一］夏汝弼（公元 1605 年—公元 1649 年）：字叔直，自号莲冠道人，衡阳（今湖南衡阳）人。

［二］籍：凭借。危石：高大的岩石。

评析：

夏汝弼与王夫之结交，明亡后绝食而死。

景辉

景辉，不知何许人[一]。崇祯时从襄汉游楚，携一琴，夜嘈嘈弹[二]。又为诗，善饮酒。尝以时旱过黄陵洞鼓琴，少焉，以琴弦击一石，书数字投潭中，隐隐见波起，久之，有龙出，大雨，四境霑足[三]。

《（乾隆）黄州府志》卷二十

注释：

［一］景辉：生活于明末。

［二］嘈嘈：形容琴声粗重。

［三］霑足：雨水充分浸润。

评析：

《诗经·小雅·甫田》："琴瑟击鼓，以御田祖，以祈甘雨。"意思是以琴瑟击鼓的声音来迎接农神，祈求甘雨。景辉以琴求雨应即源于此，而另一方面，"书数字投潭中"，又有浓重的道教痕迹。

常汯

常汯，字玉池，别号壶公[一]，能诗，好弹琴，习张旭草书而工之。

《魏叔子文集》外篇卷十七《明益国府辅国将军常汯传》

注释：

［一］常汯（？—公元1645年）：字玉池，别号壶公，明宪宗六世孙。

评析：

常汯在明朝灭亡后起兵抗清，战死。

华夏

华公讳夏，字吉甫，别字嘿农，浙之宁波府定海县人[一]。在狱中鼓琴赋诗如平日。狱中订《操缦安弦谱》。

《鲒埼亭集》外编卷十《华氏忠烈合状》

注释：

［一］华公讳夏：华夏（公元 1589 年—公元 1647 年），字吉甫，别字嘿农，浙江宁波定海县人。

评析：

华夏因参与抗清活动被捕入狱，在狱中依然鼓琴赋诗。

王若之

王若之，字湘客，益都人[一]。为人萧洒疏诞[二]，有晋人风致。工尺牍，好弹琴，善五言诗，尝刻《尺牍五言》四卷。大兵渡江，若之转徙，寓姑孰佛寺，以书画鼎彝古金石文字自随，车尚兼两[三]。洪文襄公承畴谕之降[四]，不屈死。王所宝古琴名“桐笙”，今尚在其家。

《池北偶谈》卷九

注释：

［一］王若之（公元 1593 年—公元 1646 年）：字湘客，益都（今山东青州）人。

［二］疏诞：放达。

［三］两：车辆。兼两：不止一辆车。

［四］洪文襄公承畴：洪承畴，谥文襄。

评析：

不屈死，表现了一个士人的气节。

丁耀夫

丁耀夫[一]，居西庄，长须，善琴。明末兵至，尤鼓琴不辍，众闻琴声，排户入。遂殉焉。

《重修常昭合志》卷二十

注释：

[一] 丁耀夫：常熟（今江苏常熟）人。

评析：

可惜，并不是所有人都能被琴声教化。

焚琴子(附上振、金兰)

焚琴子者，姓章氏，闽之诸生也[一]。尝学琴于惠州僧上振[二]，得其音节之妙，遂归。变姓名，挟琴，还入闽，达官贵人争延致之[三]，听其琴，有愿从而学者，虽善，然终莫能及也。其最爱之童子曰金兰[四]，亦善琴，独得其传，常负奚囊[五]，从游数十里外。

章笃于伉俪，妇陈氏，齿少于章者十年，亦颇知书嗜音。章尝为之鼓琴，茶香入牖，鬓影萧疏，顾而乐之，以为闺房清课，亦人生韵事也。一日，忽谓其妇曰："吾夙闻红颜薄命，卿才如此，而推命者多言岁行在卯当死[六]，岂汝亦天上人，不久当去耶？”因感慨悲伤，为弹《别鹄离鸾》之曲。既而曰：“琴音和，吾与汝尚无恙。然第七弦无故忽绝，少而慧者当之。”居数日，金兰死。章抚尸一哭，不胜其悲，吐血数斗，曰：“吾死后，《广陵散》绝矣。”遂焚其琴，不复鼓也，因自号焚琴子。

《清稗类钞·音乐类》

注释：

［一］焚琴子：姓章，闽（今福建）人。

［二］上振：惠州琴僧。

［三］延致：邀请。

［四］金兰：焚琴子书僮。

［五］奚囊：诗囊。

［六］推命：算命。

评析：

弹琴而第七弦断，由此推断出年少而早慧者应此征兆，焚琴子也是一个知先机的人。

艾逢节

艾逢节，字际泰[一]，崇祯末以明经任福州府训，迁国子监学录。淹洽博闻[二]，聚书数千卷，晨夕手一编不辍。晚年息隐庐峰之下，以琴书自娱。

《（康熙）松溪县志》卷九

注释：

［一］艾逢节：字际泰，松溪（今福建南平）人。

［二］淹洽：渊博。

评析：

艾逢节是明代私人藏书家。

王之涟

王之涟，字志文，浙杭大族，天启丙寅迁于乐[一]。性谨严，精琴学，善文词。

《（光绪）南乐县志》卷五

注释：

[一] 王之涟：字志文，本浙江杭州人，天启丙寅年（公元1626年）移家于河南南乐县。

评析：

王之涟又擅长雅谈，使人解颐，是个很有亲和力的人。

邝露

邝湛若蓄二琴[一]，一曰南风，宋理宗宫中物；一曰绿绮台，唐武德年制，明康陵御前所弹也[二]。出入必与二琴俱。广州城破，湛若抱琴而死。

《竹垞诗话》

注释：

[一] 邝露（公元1604年—公元1650年）：字湛若，南海（今广州）人。

[二] 明康陵：明武宗朱厚照。

评析：

王士祯曾为邝露作《抱琴歌》，曰："峄阳之桐何牂牂，纬以五弦发清商，一弹再鼓仪凤皇。凤皇不来兮我心悲，抱琴而死兮当告谁？吁嗟琴兮当知之！"

郭符甲

郭符甲，字辅伯，号介庵，晋江人[一]。凡天文、地理、星术、医卜、律剑、琴棋、画篆、书刻，无不谙习。

《（乾隆）泉州府志·明忠义》卷五十七

注释：

［一］郭符甲（公元1605年—公元1648年）：字辅伯，号介庵，福建晋江人。

评析：

郭符甲曾起兵抗清，兵败殉国，传说死后七日颜色如生，苍蝇、虫蚁不敢侵犯。

盛接

盛接，字汝晋，福宁人[一]。善篆隶草书，旁通诗琴。

《（乾隆）福建通志》卷六十一

注释：

［一］盛接：字汝晋，福宁（今福建宁德）人。

评析：

盛接能诗工琴，可谓“绝尘俗”。

林茂

林茂，字长倩，太平人[一]，明季岁贡生。端方耿介，隐居方城山，注《易》鼓琴终其身。

《台州府志》卷一百二十二

注释：

［一］林茂：字长倩，太平（今浙江温岭）人。

评析：

林茂善鼓琴，少有人知，唯其友金鸣卿能解其意，山中日月，能有一知音，何其有幸。

毕昭文

毕昭文，字少陵[一]，明季宫人，甲申后流落燕市[二]，昆山王圣开挈归[三]，成伉俪。善鼓琴画美人兰菊。

《（光绪）嘉定县志》卷二十七

注释：

［一］毕昭文：字少陵，新安（今安徽歙县）人，后居嘉定。

［二］甲申：公元 1644 年。燕市：今北京。

[三]挈：带，领。

评析：

毕昭文有《织楚集》二卷。

丁彦伯

丁彦伯，字性甫[一]。杜门却扫[二]，琴书而外，不问他事，年八十余卒。

《嵊县志》卷十八

注释：

[一]丁彦伯：字性甫，浙江嵊州人。

[二]杜门却扫：闭门谢客。

评析：

丁彦伯为官不久即乞归，以琴书自娱，可见其恬淡之性。

汪浩然

《琴瑟谱》三卷，明汪浩然撰[一]。浩然始末未详。自称"广东琼州府正乐生员"[二]，殆乐生也。第一卷言琴瑟之制以及图说指法。下二卷则各分诸调。

《四库全书总目》卷三十九

注释：

［一］汪浩然：生平不详。

［二］乐生：古代祭祀典礼中奏乐歌舞的人员。明清两代设乐生、舞生分司其事，合称“乐舞生”。

评析：

四库馆臣说汪浩然与其子合奏大成乐，并由此推断音乐是汪浩然家族世代相传之业。

朱涵光

朱涵光，字子韬，朱泾人[一]。尤善鼓琴，所藏古琴甚多。

《重修金山县志》卷二十六

注释：

［一］朱涵光：字子韬，朱泾（今上海朱泾）人。

评析：

据说此人治疗痧痘有奇效。

朱容栋

朱容栋，字二安[一]，著《琴操谐谱》。

《（乾隆）江夏县志》卷十

注释：

[一] 朱容栋：字二安，江夏（今湖北武汉）人。

评析：

朱容栋父子均为医家，修史人称二人有怀葛之风。

王陛

王陛，字德扬，号顺吾，晋江安平人[一]。善鼓琴，游金陵，士大夫交下之，冀闻其音，为鼓一再行而已[二]。

《（乾隆）泉州府志》卷九十五

注释：

[一] 王陛：字德扬，号顺吾，晋江安平（今福建晋江）人。

[二] 为鼓一再行而已：谓奏乐一二曲。

评析：

有求必应，所谓“质而近厚”之君子。

王鼎

王鼎，字芝房[一]，诸生。人品秀洁，画兰得赵吴兴真传[二]。工琴，《梅花三弄》一操，尤称绝调。

《太仓州志》卷二十二

注释：

[一] 王鼎：字芝房，江苏太仓人。

[二] 赵吴兴：赵孟頫，见“赵孟頫”条。

评析：

《梅花三弄》一曲与人品秀洁殊为相得。

孙绍先

孙绍先，字振之[一]，隐居横山。好弹琴，精晓术数。

《无锡金匮县志》卷二十六

注释：

[一] 孙绍先：字振之，江苏无锡人。

评析：

孙绍先曾预言自己与庭院中的古松同寿，后果应其言。

陶讷

陶讷，字世仁[一]，才韵迥拔[二]，放纵山水。善绘梅，鼓琴，好谈论。无事辄扫地而坐，足不入城市者数十年。

《（康熙）会稽县志》卷十八

注释：

[一] 陶讷：字世仁，会稽（今浙江绍兴）人。

[二] 迥拔：高超特出。

评析：

嵇康《琴赋》说："非夫旷远者，不能与之嬉游。" 陶讷应即旷达悠远之人。

李本立

李本立，字仁卿，夷陵人[一]。博学强记，著述之暇辄鸣琴自娱。晚攻岐黄术[二]，远近赖以生者甚众。尝自谓延生三：品药、养性、一操琴，吾事足矣。

《（乾隆）东湖县志》卷十八

注释：

[一] 李本立：字仁卿，夷陵（今湖北宜昌）人。

[二] 岐黄：医术。

评析：

李本立曾有诗云："石径扫烟春种术，竹窗留月夜鸣琴。"

高腾(附高刚)

高腾，字九霄，西塘人[一]，少识音律。因父刚善琴[二]，通其谱。后游江湖，愈知妙指，且能斫琴练弦[三]。

《（康熙）重修嘉善县志》卷二十六

注释：

［一］高腾：字九霄，西塘（今浙江嘉善）人。

［二］刚：高刚，高腾之父，生平不详。

［三］练弦：用熟丝制作琴弦。

评析：

所谓青出于蓝而胜于蓝。

陈遵

陈遵，字汝循[一]。尝寓吴，居城西，写花鸟如生，赏鉴家不惜重金购之。然非其人勿屑也。暇辄鼓琴自娱，陶然忘世[二]。

《（光绪）嘉兴府志》卷五十一

注释：

［一］陈遵：字汝循，浙江嘉兴人。

［二］陶然：快乐。

评析：

陶然自得之状，溢诸言表。

周应鹏

周应鹏，初名明任，字白于[一]。诸生，工书画，撰《琴谱》。

《海宁州志稿》卷十二

注释：

[一] 周应鹏：初名明任，字白于，海宁（今浙江海宁）人。

评析：

《琴谱》已佚。又据《硖川续志》卷六，周应鹏工辞赋，精山水，杂艺俱妙。

张继舜

张继舜脱略不拘[一]，挟琴书遨游吴楚间。

《（乾隆）钟祥县志》卷十二

注释：

[一] 张继舜：湖北钟祥人。脱略：不拘束。

评析：

张继舜精医术，工花卉，为人豪放，常脱帽酣歌。

卢维烈

卢维烈[一]，尤善琴，会同友人至琼州，阻飓风，泊孤岛中，见海水澒洞[二]，山林杳蔼[三]，取琴一弹，有古人移情之叹[四]。

《（乾隆）钟祥县志》卷十二

注释：

[一] 卢维烈：湖北钟祥人。

[二] 澒洞：水势汹涌。

[三] 杳蔼：茂盛。

[四] 移情之叹：《乐府古题要解》："水仙操，旧说伯牙学鼓琴于成连先生，三年而成。至于精神寂寞，情志专一，尚未能也。成连云：'吾师子春在海中，能移人情。'乃与伯牙延望，无人。至蓬莱山，留伯牙曰：'吾将迎吾师。'刺船而去，旬时不返，但闻海上水汩汲澌澌之声。山林窅冥，群鸟悲号，怆然叹曰：'先生将移我情。'乃援琴而歌之。曲终，成连刺船而还。伯牙遂为天下妙手。"

评析：

卢维烈恍然海上成连，其所奏曲为《水仙操》耶？

张应宿

张应宿[一]，工棋，善琴，亦能诗。性甚和蔼，人称其琴、棋二绝。

《（乾隆）钟祥县志》卷十二

注释：

[一] 张应宿：湖北钟祥人。

评析：

张应宿为人坦荡，善饮酒。

王孙

王孙，新安人，寓居于郢[一]。画山水竹石花鸟俱称擅场[二]，其琴棋尤精妙。

《（乾隆）钟祥县志》卷十二

注释：

[一] 王孙：新安人，寓居于湖北。

[二] 擅场：技艺高超。

评析：

琴棋书画，是明代文人雅士的一种文化符号。

吴金陵(附吴芳英)

吴金陵，字邦畿[一]。仪表爽秀[二]，质性明敏[三]。善画鹰，传神。尤长于琴，著有《琴谱指南》。子芳英琴画亦有名于时[四]。

《（乾隆）龙泉县志》卷十

注释：

[一] 吴金陵：字邦畿，龙泉（今浙江龙泉）人。

[二] 爽秀：俊秀。

[三] 质性：资质。

[四] 子芳英：吴芳英，吴金陵之子，生平不详。

评析：

《琴谱指南》今佚。

周续之

周续之，字臞鹤[一]。能琴，得徐南山之传[二]。曾将骚选诸什谱入丝桐，听之音调奇古。著有《黄钟律吕音》四卷。

《（光绪）嘉兴府志》卷五十一

注释：

［一］周续之：字臞鹤，浙江嘉兴人。

［二］徐南山：见“徐南山”条。

评析：

得徐南山之传，可见周续之为浙派传人。

高延俊

高延俊，米脂人[一]。赋性高迈，博学能文。卜居圁东山谷[二]，四围种菊，读书弹琴，著述甚富。

《（雍正）陕西通志》卷六十四

注释：

［一］高延俊：米脂（今陕西米脂）人。

［二］圁：即圁水，在今陕西。

评析：

颇有“采菊东篱下，悠然见南山”的况味。

吴有省

吴有省，初名邦彦，字圣甫[一]。补邑诸生。中岁弃去，隐西湖。生平有二妙四绝，二妙者诗、画也；四绝者弹琴、围棋、蹴鞠、饮酒也。

《天门县志》卷二十八

注释：

［一］吴有省：初名邦彦，字圣甫，自号松道人，湖北天门人。

评析：

从二妙四绝之说可以看出吴有省之才华及通达之性情。

徐佛

吴江盛泽镇名妓徐佛[一]，善画兰，能鼓琴。

《苌楚斋随笔》卷四

注释：

［一］徐佛：字云翾，小字阿佛，嘉兴（今浙江嘉兴）人。

评析：

徐佛弟子（一说养女）即名妓柳如是。

焦守文

焦守文，字肖甫，太平人[一]。不图进取，喜吟咏，工书法，以琴、书、花、石自娱。

《（光绪）重修安徽通志》卷二百六十

注释：

［一］焦守文：字肖甫，太平（今安徽太平）人。

评析：

琴、书、花、石，皆其友也。

成希召

成希召，山阴人[一]，三岁即能诵古人诗，五六岁渐及书史，属文尚奇古，工草书，善鼓琴。刑名术数[二]，无不通晓。年十四卒。

《绍兴府志》卷七十

注释：

［一］成希召：山阴（今浙江绍兴）人。

［二］刑名：刑律。

评析：

慧而早夭，惜哉！

侯进忠

侯进忠，字丹一，凤阳人[一]。善草书大字，自成一家，工画梅、兰、竹、石，尤精于射。致仕归，结茅而居，栽花种竹，以琴书自娱，卒年九十。

《重修安徽通志》卷二百六十三

注释：

[一] 侯进忠：字丹一，凤阳（今安徽凤阳）人。

评析：

琴书自娱是一种文化修养。

顾道洁

顾道洁，字嗣白[一]。喜为诗古文，屏居南邗别墅，简弃尘俗[二]，惟读书鼓琴，用自娱悦。

《无锡金匮县志》卷二十五

注释：

[一] 顾道洁：字嗣白，江苏无锡人。

[二] 简弃：抛弃。

评析：

陶渊明《归去来兮辞》："乐琴书以消忧。"隐士以琴书为精神寄托，超然于世俗之外。

金琼阶(附袁子彝、沈维存、王汝德、王端)

金琼阶，字德弘，自称修去逸叟[一]。甲申后居东郊北俞塘[二]，好鼓琴，其琴学得异人传授，孤愤凄怨，闻者莫测其意。得其传者，为袁子彝、沈维存、王汝德[三]。琼阶尝评三人琴，袁曰市[四]，沈曰夭[五]，王曰隐[六]。后袁以艺游公卿间，名甚著。沈则早丧。王传于其子端[七]，端死而琼阶之学无传矣。

《（乾隆）娄县志》卷二十五

注释：

［一］金琼阶：字德弘，自称修去逸叟，金山（今上海）人。按，原文为“德宏”，应为避讳字，改“德弘”。

［二］甲申：公元1644年，是年明代灭亡。

［三］袁子彝、沈维存：上海人。王汝德：字成邻。

［四］市：谄媚。

［五］夭：夭折。

［六］隐：隐退。

［七］端：王端，字师吕。

评析：

金琼阶能够听音察人：所谓市，即以琴艺为售卖之资，游于公卿之间，隐含袁子彝急功近利的性格；所谓夭，即早夭，沈维存早逝证明了这一评判，可能是由于沈氏的琴音衰弱；所谓隐，即以琴书自娱者。金琼阶能做到这一点，可谓神乎其技。

都其

都其，字修之[一]。少解音律，善鼓琴，然性简伉[二]，意所不欲，虽王公贵戚不为操曲。尝于良夜月明，焚香煮茗，间作一二弄。其声闲澹萧疏，使听者翛然自远[三]。

《（康熙）杭州府志》卷三十二

注释：

［一］都其：字修之，杭州人。按，陈璚修《杭州府志》作“都某”。

［二］简伉：清高。

［三］翛然：超脱。

评析：

颇有戴逵遗风。

钟秉会

钟秉会，字时举[一]。闭户读书，精研理学，尤熟于史。善琴，不饮酒。与诸名士游，每宴会，辄曰：“诸君饮，予为君鼓琴以佐之。”曲阕[二]，四座尽醉，继以诗。其生平高致类如此。

《（乾隆）南昌县志》卷二十三

注释：

［一］钟秉会：字时举，江西南昌人。

［二］阕：停止，终了。

评析：

“逞妙艺而佐清欢”，有不知今夕何夕之感。

虞谦(附汪一恒)

虞谦，号樵谷，善琴[一]。尝听人读《大学》圣经[二]，倚而谱之，作商调曰："读书声"。其高弟汪一恒为续《中庸》《语》《孟》首篇[三]，知音者竞赏之。

《（雍正）开化县志》卷六

注释：

［一］虞谦：号樵谷，开化（今浙江开化）人。

［二］《大学》圣经：《大学》为四书之一，故称圣经。

［三］汪一恒：虞谦弟子，开化人。《语》：《论语》。《孟》：《孟子》。

评析：

现存明代琴谱中，有不少《大学》《大学章句》之类的谱本。将儒家经典作品谱成琴曲，是为了迎合明代理学的发展。

杜璿

杜璿，扶沟人[一]，天性孝友，博极群书，日课诗鼓琴为乐。家贫，处之泰然，精晋人书法，得其片楮遗墨[二]，争珍玩之。

《（光绪）扶沟县志》卷十二

注释：

［一］杜璿：扶沟（今河南周口）人。

［二］片楮：片纸。

评析：

《庄子·让王》中记载，孔子问颜回为何不愿出来当官，颜回对曰："郭内之田四十亩，足以为丝麻。鼓琴足以自娱，所学于夫子者足以自乐，回不愿仕也。"杜璿亦颜回之流亚也。

郜琏

郜琏，字方壶[一]。性嗜山水，五岳亲历其三。雅善鼓琴，时称《广陵散》复在人间。尤精于绘事。尝写芭蕉，传至日本，海外珍之。

《（嘉庆）如皋县志》卷十六

注释：

［一］郜琏：字方壶，任台州府经历。

评析：

以"《广陵散》复在人间"来形容郜琏的琴声，是对他最大的赞扬。

尤鏊

尤鏊[一]，善琴。有别墅在春申涧下[二]，时携琴对流泉弹之，因号琴泉散人。

《无锡金匮县志》卷二十六

注释：

［一］尤鏊：号琴泉散人。江苏无锡人。

［二］春申涧：以战国时楚国春申君在此饮马而得名，在今无锡。

评析：

用“幽涧愀兮流泉深，善手明徽高张清”的诗句来形容琴泉散人，应不为过。

沈友龙

沈友龙[一]，有文学，兼工琴操。

《连城县志》卷二十二

注释：

[一] 沈友龙：连城（今福建连城）人。

评析：

沈友龙的兄长沈友耀遭乱而死，友龙千里寻找其兄尸骸归葬，可谓孝悌。

杨灿

杨复一，善丹青，精翎毛花卉。子燦世其业[一]，兼通琴理。

《泗州志》卷九

注释：

[一] 子：杨灿，杨复一之子，泗州（今江苏盱眙）人。

评析：

子承父业，又有所开拓。

唐小蒸

唐氏小蒸，沈继美妻[一]。善琴，工诗，于归后悉屏去[二]。

《（乾隆）青浦县志》卷三十二

注释：

[一] 唐氏：唐小蒸，沈继美妻，青浦（今上海）人。

[二] 于归：出嫁。屏去：除去。

评析：

出嫁后不弹琴不写诗，史书上多了一个“列女”，而少了一个“才女”，这就是古代“女诫”的后遗症。

唐杰

唐杰，字伯鲁，武昌人[一]。善楷书，能琴，制隐者之服，深衣大带[二]，不随俗流。

《（康熙）湖广武昌府志》卷九

注释：

[一] 唐杰：字伯鲁，武昌（今湖北）人。

[二] 深衣：上衣、下裳相连缀的一种服装。

评析：

杨表正《弹琴杂说》云：“如要鼓琴，要先须衣冠整齐，或鹤氅，或深衣，要知古人之象表，方可称圣人之器。”唐杰显然做到了学习古人的仪表，至于他的琴道能不能表现圣人之器的内涵，则不是一句“不随俗流”所能回答的了。

蒋传贤

蒋传贤，号西野[一]。精于琴，游历天台、齐云、庐山诸名胜，指法益进。

《（同治）上海县志》卷二十二

注释：

[一] 蒋传贤：号西野，上海人。

评析：

崇尚自然，以自然为美，以自然为师，这大概是蒋传贤游历名胜之后指法精进的要诀。

黄维珪

黄维珪，字俞特，号执轩，晋江安平人[一]。尤精于琴。工《佩兰》调，又自号佩兰。每遇佳山水，风朝月夕，或宾朋邂逅，或侘傺岑寂[二]，抚弦操缦，沨沨泠泠[三]，怡然适也。以食指渐繁[四]，代父贾。往来吴越粤峤间，遍交名士，尝训诸子曰："贾非吾志也，吾嗤世之贾竖[五]，往往猨玃溪藏[六]，丧心昏智，故托于琴，镕砭而涤荡之[七]。方吾鼓琴，踌躇满志，不知天地高下，形骸有无，况区区盈绌多寡[八]，有知吾琴心者，贾可也。"

《（乾隆）泉州府志》卷六十

注释：

[一] 黄维珪：字俞特，号执轩，自号佩兰，福建晋江人。

[二] 侘傺：失意而精神恍惚的状态。

[三] 沨沨：形容琴声悠扬婉转。

[四] 食指：家族人口。

[五] 贾竖：商人。

［六］猨玃：猿猴。

［七］镕：陶冶。砭：针砭。

［八］盈绌：有余或不足。

评析：

黄维珪身为商贾，而不被利益所支配，坚持以弹琴涤荡身心，形成纯粹的品格，这在商品经济繁荣的明代社会里是尤为难能可贵的。

郑邦俶

郑邦俶，字士千，号小庚，晋江人[一]。善画工诗。遍阅山川奇胜，多所题咏，尤好鼓琴。抚弦动操，中夜废寝。病中犹摩挲不厌。

《（乾隆）泉州府志》卷五十五

注释：

［一］郑邦俶：字士千，号小庚，福建晋江人。

评析：

郑邦俶虽然经历坎坷，但仍以“老骥伏枥”之语自我砥砺。

张一亨

《义轩琴经》，济南张一亨仲春甫定[一]。

《义轩琴经》

注释：

［一］张一亨：字仲春，号义轩，山东济南人。

评析：

《义轩琴经》今存，收二十九曲。

张颐

张颐，字士正，惠安人[一]。以琴隐，尝客姑苏，夜半邻舟琴声远响，颐援琴而和，听者解颐。明朝争问姓名，不答解维去[二]。

《泉州府志》卷七十六

注释：

［一］张颐：字士正，惠安（福建惠安）人。

［二］解维：解开缆索，开船。

评析：

为有知音遇，援琴入夜弹。

侯邦宁

侯邦宁[一]，善医，性高雅，不治生产，但市园亭一区，种药栽花，与相知围棋饮酒，或焚香鼓琴。

《（乾隆）禹州志》卷七

注释：

[一] 侯邦宁：河南禹州人。

评析：

侯邦宁也是一个收藏家，收藏了很多名人墨迹。

鲁崇吉

鲁崇吉，名昇[一]，秉姿浑厚。工诗善琴，尤精性理之学[二]，号养性先生。

《（康熙）天台县志》卷十

注释：

[一] 鲁崇吉：名昇，号养性先生，天台（今浙江天台）人。

[二] 性理之学：程朱理学。

评析：

《台州府志》卷七十三著录鲁崇吉撰有《琴谱正宗》。

温恭

温恭，字云恭，晋江人[一]。笃志经史，善楷书、鼓琴，能知其音律。忽遘疾卒[二]。

《（乾隆）泉州府志》卷五十五

注释：

[一] 温恭：字云恭，福建晋江人。

［二］遘：遇。

评析：

温恭受学于陈瓛，朝廷征召贤良方正之士，允恭在其列，而忽然遇疾而亡。

史继佃

史继佃，字世稷，号发庵，晋江人[一]。长于诗，性不喜俗客，惟与二三拓落故人，谈说经义，分韵敲诗，日夜流连。构室先茔之旁[二]，颜曰东溪，背麓临流，与骚人韵士，唱和其中，领略溪山，吞吐云霞。尤邃于丝桐，时焚香弄一曲，清霜唳鹤，缭绕梁间，以至吹箫挝鼓[三]，各极其妙。

《（乾隆）泉州府志》卷五十四

注释：

［一］史继佃：字世稷，号发庵，福建晋江人。

［二］先茔：先人坟茔。

［三］挝鼓：击鼓。

评析：

骚人逸士，借琴以寓幽思。

俞寰

俞寰，字允宁[一]。喜读书，工词赋、医药、卜筮[二]、斫琴、刻篆，无所不通。

然不求人知，终岁不一入城府，故人亦少知之者。

《（康熙）上海县志》卷十

注释：

［一］俞寰：字允宁，上海人。

［二］预测吉凶时用龟甲称卜，用蓍草称筮，合称卜筮。

评析：

嵇康《琴赋》云："非夫渊静者，不能与之闲止。"俞寰应该是个恬淡沉静的人，才能如此博学，才能如此远离名利喧嚣。

秀云

秀云[一]，声容冠一时，善画兰，兼工小楷。操琴，《汉宫秋》称绝调，又能以琵琶弹《普庵咒》，与琴入化[二]。文人学士多与游，字之曰明霞。

《（道光）阳曲县志》卷十六

注释：

［一］秀云：字明霞，明代晋王府歌女。

［二］入化：达到绝妙的境界。

评析：

傅青主有诗悼秀云曰："芳魂栩栩自仙游，走马章台满目愁。疏雨细风清夜永，可怜一曲《汉宫秋》。"

黄修娟

黄修娟，字媚青，仁和人[一]。性嗜诗，七岁能琴，八岁能诗。

《全浙诗话》卷三十七

注释：

[一] 黄修娟：字媚青，仁和（浙江杭州）人。

评析：

黄修娟也是古代女性琴人之一。

宾公

宾公，不详其姓氏[一]，丰颐方耳[二]，须长过腹，能诗画，善鼓琴。结庐于黄花观侧，终日望云危坐，与人谈一二语即了。

《（嘉庆）湘阴县志》卷三十

注释：

[一] 宾公：隐士。姓名不详。

[二] 丰颐：丰满的下巴。

评析：

终日望云危坐，大抵是表现方外人士隐逸的一种常见的语言表达。

季思友

季思友，不知何许人也[一]。工于琴，寓保山萧寺，尝鸣琴以自乐。

《（乾隆）云南通志》卷二十二

注释：

［一］季思友：不详何地人。

评析：

季思友作诗云："焦尾弦难续，思贤忆几回。不同箕子操，堪比蔡邕徽。片片黄花落，声声柳絮飞。阳关人已远，秋雨掩柴扉。"

尹达

尹达字孚中，昆明人[一]。工琴棋书画。

《龙陵县志》卷十一

注释：

［一］尹达：字孚中，云南昆明人。

评析：

龙陵县丞赠尹达一联云："意在笔先诗画逸，韵流弦外山水幽。"

戚忠臣(附尹宇)

戚忠臣，字汝巨，号一山[一]。情性萧爽，迥迈时俗。素善鼓琴，理弦一曲，风生四座。郡侯尹宇[二]，颇解丝桐，尝延至署斋，彼此唱和，视为知音。诗酒之外，绝不干以私。生平行履严谨，人亦高其品谊[三]。

《（光绪）宣城县志》卷二十七

注释：

［一］戚忠臣：字汝巨，号一山，安徽宣城人。

［二］尹宇：宣城郡守。

［三］品谊：品性道德。

评析：

正所谓琴德养性，戚忠臣与尹宇可谓君子之交。

谭宗

谭宗初名立卿，字九子，后更今名，字公子，晚号曼方野老[一]，性孤峻[二]，不妄交人。遇俗客则面壁坐，非其人虽厚币亦却。精于六书，好填词，善鼓琴，工篆刻。

《（光绪）余姚县志》卷二十三

注释：

［一］谭宗：初名立卿，字九子，后更名，字公子，晚号曼方野老，浙江余姚人。

［二］孤峻：孤高严正。

评析：

黄宗羲称谭宗豪宕不羁，为诗为文皆有师法。

陈子升

陈子升，字乔生[一]。善鼓琴，能吴歈[二]，九宫十三调，曲尽其妙。

《清稗类钞·音乐类》

注释：

［一］陈子升（公元1614年—公元1673年）：字乔生，号中洲，南海（今广东广州）人。

［二］吴歈：昆曲。

评析：

陈子升为明代末年著名琴家，有自制曲《水东游》等。他又大量创作琴诗，例如《崇祯皇帝御琴歌》等。

蒋汝成

蒋汝成者，回回种也[一]。凡珍玩如古铜、古窑、古琴之类，或有破损，一经汝成修理，完好如初，称一时绝技。

《（光绪）嘉兴县志》卷二十七

注释：

［一］蒋汝成：回族，浙江嘉兴人。

评析：

蒋汝成具有高超的修复古琴的技术，称绝技不为过。

梅蓁

梅蓁[一]，明季典乐太常杨天臣之弟子也。善鼓琴，其弹《汉宫秋》曲如长幼妇女喁喁小窗[二]。

《阜宁县志》卷十八

注释：

［一］梅蓁：江苏阜宁人。

［二］喁喁：低声说话。

评析：

琴曲所表达的情感与人的情绪一致，忧愁者则琴调戚戚，梅蓁是深谙此道者。

胡永端

《琴谱》，胡永端撰[一]。

《（乾隆）汤溪县志》卷十二

注释：

［一］胡永端：号琴月，浙江金华人。

评析：

胡永端其人耽琴书而厌仕进。所撰《琴谱》，一名《太古遗音》。

李道玄

李道玄[一]，善琴，奏《箕山》《秋月》之曲，浮白畅饮[二]，陶如也。卒之前一夕犹与族叔秀贞论书不辍，忽端然而逝。

《（康熙）金乡县志》卷十一

注释：

[一] 李道玄：名不详，字道玄，山东济宁金乡县人。

[二] 浮白：饮酒。

评析：

浮白畅饮，论书不辍，从此数语可以看出李道玄是一个倜傥潇洒的文士。

清

夏淑吉

夏美南，为明吏部郎中夏允彝长女[一]。十余龄即能诗，兼工琴弈。

《清诗纪事·列女卷》

注释：

[一] 夏美南：夏淑吉（？—公元1662年），字荆隐，一字美南，号龙隐，松江（今上海）人。夏允彝长女。

评析：

夏淑吉的弟弟即夏完淳，夏允彝、夏完淳父子殉难后，夏淑吉出家为女道士。

胡世安

《操缦录》十卷，国朝胡世安撰[一]。

《四库全书总目》卷一百十四

注释：

[一] 胡世安（公元1593年—公元1663年）：字处静，别号菊潭，四川井研人。顺治年间降清，官至大学士。

评析：

《操缦录》分四门，其中“乐统博稽”一门论琴。

曾秉豫

曾秉豫，字悦生，号严斋[一]，工诗琴。避乱杏山途中，遇佳山水辄籍草鼓一二操。

《（同治）南丰县志》卷二十五

注释：

［一］曾秉豫：字悦生，号严斋，江西南丰人。

评析：

曾秉豫在山林间鼓琴时遇到盗贼抢劫行李，仓促间以扇子挥击，连续打倒盗贼，盗贼逃走后曾秉豫鼓琴自若。

卢综显

卢综显，字右文，号恒斋[一]。善鼓琴，母丧后绝弦。

《（嘉庆）无为州志》卷十九

注释：

［一］卢综显：字右文，号恒斋，安徽无为人。

评析：

顺治戊子（公元1648年），卢综显的父亲和弟弟死于战乱，卢综显抚育幼弟，赡养母亲，母亲去世后，卢综显绝弦不弹。

查继佐(附郑正叔)

先生学琴于郑正叔[一],正叔发难曰:“子知入指时,琴声何自起?”先生沈吟曰:“当不自指下。譬如左手能弹,声必不在左。”以耳伺弦,曰:“声起七徽,震两驰而尽。以是大操无自七徽起者。”正叔曰:“可教。”为作圆图,极秘。大率以性情与风气不得已相构而成声,有文不如无文之真也。正叔自言思母而作《悲秋》,会情尽,半操不能益一弹,从此更怨慕。偶江行,见水轮级不舍,喟然曰:“吾知所以思我母矣!”应指为毕操,盖无文徒有声也。先生畜琴,名自然,弄最习。历二十余年,弃之入越。归时盗攫去,不知处。自是情荒,遂绝响。

《查继佐年谱·东山外纪》

注释:

[一]先生:查继佐(公元1601年—公元1676年),原名继佑,自号与斋,入清后改名省,字不省,人称东山先生或朴园先生,浙江海宁人。郑正叔:一作“郑方叔”,浙江杭州人。

评析:

查继佐博学多才,擅长音律,尤擅自制曲,其弟子说他:“巧于音律,引商刻羽,一时有‘查郎顾’之谣。”

默雷上人

虎邱云岩寺僧默雷学琴于徐青山氏[一],学成而青山死,默雷惧琴之失其传也,昼夜操习无敢懈。

《塔影园集》卷三《为默雷上人募琴疏》

注释：

［一］默雷：江苏苏州虎丘云岩寺僧人。徐青山：见“徐上瀛”条。

评析：

默雷上人认为平时所用蕉叶琴为凡物，不足以寄寓其高山流水之情，因此想要另外购买一张古琴。

齐登辅

齐登辅，字员倩[一]。工诗文，善骑射，旁及琴棋、音律、医卜之学皆冠绝一时。

《（道光）桐城续修县志》卷十二

注释：

［一］齐登辅：字员倩，号泊庵，安徽桐城人。

评析：

齐登辅顺治四年（公元 1647 年）为青州府通判，为官清廉耿介。

黄登

黄登，字俊升，号积庵[一]，隐居不仕。善鼓琴，一室独居。

《（乾隆）番禺县志》卷十五

注释：

［一］黄登：字俊升，号积庵，广东番禺人。

评析：

黄登撰述丰富，有《见堂集》《岭南五朝诗选》等。

项淦

项淦，字素澄[一]，笃志力学，博极群书。后隐居养亲，性耿介，不妄交接，教人先德行后文艺，每讲授必先焚香操琴，以涤躁妄[二]，然后从容敷陈。

《（嘉庆）太平县志》卷六

注释：

［一］项淦：字素澄，安徽黄山人，生活于明末清初。

［二］躁妄：急躁轻率。

评析：

焚香可以收敛心神，鼓琴可以清心静气。

戴应旂

戴应旂，字雪舟，号乘庵[一]。幼家贫力学，长以教授为业。性极旷达雅善，好鼓琴敲枰，工诗善画，尤擅王维之胜[二]。其人宽和平恕，邑人号为长者。

《戴名世年谱》卷二

注释：

［一］戴应旂：字雪舟，号乘庵，安徽桐城人。

［二］王维：唐代画家、诗人。

评析：

戴应旂曾客游四方，又曾数次参加科举考试，但最终并没有中举。

孙廷铨

孙廷铨，字道相，别字沚亭，青州益都人，世居颜神镇[一]。所居在山中，却扫谢宾客[二]，焚香扫地，晏坐著书[三]。平生精琴理，得意忘言，在弦指之外。撰《琴谱指法》一卷。

《蚕尾续文集》卷七

注释：

[一] 孙廷铨（公元1613—公元1674年）：字道相，别字沚亭，青州益都（今山东淄博）人。

[二] 却扫：闭门谢客。

[三] 晏坐：安坐。

评析：

孙廷铨又有《沚亭琴谱》一卷，包括琴谱指法省文、右手发声诸法三十六条、左手取音诸法四十四条等内容。

张允抡

顾炎武有《张饶州允抡山中弹琴》诗[一]。

《顾亭林诗文集》卷三

注释：

［一］张允抡：字慈叔，山东莱阳人。曾任饶州知州，故称张饶州。

评析：

诗云："赵公化去时，一琴遗使君。五年作太守，却反东皋耘。有时意不惬，来蹑劳山云。临风发宫商，二气相细缊。可怜成连意，空山无人闻。我欲从君栖，山崖与海渍。"

陆求可

王士禄有《听陆咸一同年弹琴》诗[一]。

《考功集》

注释：

［一］陆咸一：陆求可（公元1617年—公元1679年），字咸一，号密庵，江苏山阳人。

评析：

诗云："泠泠轩户泛清音，陆子闲房弃玉琴。不是从君闻绝调，谁知羊体与嵇心。"

樊祾

樊祾，郓城人[一]。善琴。尤以琵琶擅名，所弹率与时异。

《蚕尾续诗集》卷七

注释：

［一］樊祾：山东郓城人。

注释：

[一] 樊裬：山东郓城人。

评析：

王士祯赠诗云："万古希声托杳冥，水仙遗操感湘灵。刺船一去无消息，又向蓬莱阁上听。"

张逸

张逸，字泰庵[一]，精岐黄术，善琴，工诗画，有《日休堂诗》。

《（光绪）嘉兴府志》卷五十五

注释：

[一] 张逸：字泰庵，浙江嘉善人。

评析：

张逸兼仁术与养生之术。

吴悦

吴悦字白贻[一]，家遭丧乱，弃诗书以琴学代舌耕[二]，兼工篆镏，当时人有成连、雪渔之目[三]。

《（康熙）信丰县志》卷九

注释：

[一] 吴悦：字白贻，江西信丰人。

[二] 舌耕：以授徒讲学谋生。

[三] 雪渔：明代著名篆刻家何震，号雪渔。

评析：

吴悦被当时人目为成连，可见其琴技高妙。

范晴宇

范晴宇，新安人[一]。游溧阳，尝集宋人理学诸书，身体力行。性嗜鼓琴。

《（嘉庆）溧阳县志》卷十三

注释：

［一］范晴宇：新安人。

评析：

明清理学家对古琴的格外偏爱，是对儒家传统礼乐思想中“雅正”这一特性的维护与强调。

林舟之

魏禧有《勺庭冬夜闻林舟之弹琴》诗[一]。

《魏叔子文集》诗集卷六

注释：

［一］林舟之：生平不详。魏禧（公元 1624 年—公元 1680 年），清代散文家。

评析：

诗云："悄然成独立，何处直鸣琴？寒月不肯落，远山时有音。松间白露下，池上夜泉深。曳杖还归去，萧萧风满林。"

谢良琦(附蒋韵和、曹泗滨、张讱庵、张焕宸、萧生)

少颇好音乐[一]，亡友蒋韵和、曹泗滨每为余弹琴[二]，宫商数引，泠然善也，顾未能知其义。及长，游四方，能知其义，则所为善者盖鲜。吾友张讱庵学艺于蒋与曹[三]，尽得其妙，吾闻之，睽离乖隔[四]，亦未尝见也。官常州，同官张焕宸[五]，雅自负，人亦颇称之，就求其术，则挑拨勾剔之法，按谱而学之。往年客润州，江右有萧生者[六]，善鼓琴，未尝言鼓琴也。凉天佳月，与客酒阑夜坐，隔墙松杉影参差历乱，几案风过，茶炉烟袅，微有声，四座肃穆，忽然朱弦疏越[七]，如闻鹤唳，坐客延颈跂望[八]，屏息不敢出一语。萧生曰："吾不能鼓琴，若其理则固知之矣。"

《醉白堂文集·杂著·琴说》

注释：

[一] 谢良琦(公元1626年—公元1671年)：字仲韩，号石臞，又号默庵，广西全州人。

[二] 蒋韵和、曹泗滨：生平不详。

[三] 张讱庵：生平不详。

[四] 睽离乖隔：分离，分别。

[五] 张焕宸：生平不详。

[六] 萧生：萧姓，名不详。

[七] 朱弦疏越：《礼记·乐记》："清庙之瑟，朱弦而疏越，壹倡而三叹，有遗音者也。"此处指琴声舒缓。

［八］跂望：举踵翘望。

评析：

谢良琦认为：古人之于琴，为得意而忘言，因此挑拨勾剔之法是后起之事。这种说法不无道理，古人弹琴讲究得此趣味，而明清时期琴谱刊行的兴盛则说明琴人对技巧的看重。

何汇海

何汇海，小名会观，惠安崇武人[一]。擅歌曲，工洞箫，时或寄兴翰墨。闻相国张瑞图家有善琴者[二]，厚延来惠，从之三年，一日于葡萄架上采花，闻操《高山流水》，心旷神怡，即欲飞下。晚移居县城，设乐室，挂一琴于壁，安一局于榻，客到或与对奕，或与弹弦，随性所至，家之有无不计也。郡绅黄志美聘居于家，提督侯张云翼、方伯黄元骥敦请为鼓一曲[三]，问以《塞上鸿》，曰："忘过半矣！"

《（乾隆）泉州府志》卷七十六

注释：

［一］何汇海：小名会观，福建惠安人。

［二］张瑞图（公元 1570 年—公元 1644 年）：福建晋江人。

［三］张云翼：字又南，康熙年间授福建陆路提督。黄元骥：字德臣，福建晋江人。方伯：指地方官。

评析：

"忘过半矣！"或许并不是真的忘了曲谱，而是何汇海"不为王门伶人"的一种暗示。

卢从履

卢从履，号坦轩[一]。擅丹青，善鼓琴。诗陶写情性，不事雕凿。早岁即淡忘荣利。

《（光绪）庐江县志》卷八

注释：

［一］卢从履：号坦轩，安徽庐江人。

评析：

卢从履早年即淡忘名利，以琴书自娱。

孙笃先

孙笃先，字淮浦，莱阳人[一]。生而聪颖，善书画，尤精于琴，自少至老弦歌不辍。

《（乾隆）即墨县志》卷九

注释：

［一］孙笃先：字淮浦，山东莱阳人。

评析：

弦歌不辍者，“此君子以琴德而安命也。”（司马承祯《素琴传》）

顾玉（附梁万禩）

顾玉，操舟人也，家灵芝寺侧[一]。其父善琴，玉幼习之，父亡，奉母以居。风晨月夕，放舟湖中，操琴自乐。其时金衢道梁公万禩雅能琴[二]，适在湖夜泛，闻琴声，移船物色之，与语，喜其朴檄[三]，且知其有母，赠以金焉。

《清波小志》卷上

注释：

［一］顾玉：浙江杭州人。

［二］梁万禩：时任衢州守道。

［三］朴檄：朴素。

评析：

顾玉虽然为民间艺人，但风月晨夕，操舟自乐的行为却颇有逸士之风。

闻一

僧闻一，号遍参，一号髻光[一]，修七尺，美髯。于诗尤清警，工琴善画兰。

《（康熙）潜江县志》卷十八

注释：

［一］僧闻一：号遍参，一号髻光，湖北潜江人。

评析：

闻一精研佛法而无意于文字禅，在未出家时写诗弹琴画兰。

万国谏

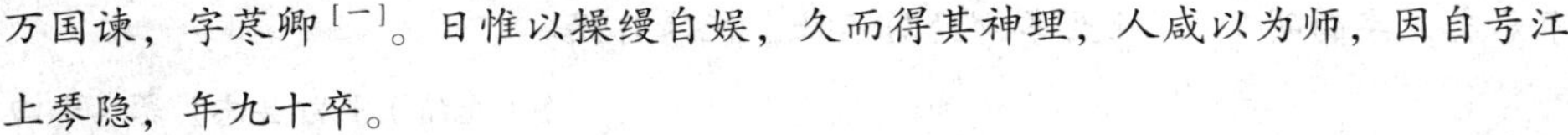

万国谏，字荩卿[一]。日惟以操缦自娱，久而得其神理，人咸以为师，因自号江上琴隐，年九十卒。

《（康熙）潜江县志》卷十八

注释：

[一] 万国谏：字荩卿，自号江上琴隐，湖北潜江人。

评析：

李书城《过荩卿故居》诗云：“月阴松影翠如鬟，忆听仙翁指上闲。操罢不知何处去，只今流水咽高山。”

余昌景

余昌景，字宜生[一]。美丰仪[二]，善诗歌，琴棋书画，无不精绝。常游吴楚间，归筑精舍于古城，号“米园”。

《（光绪）长汀县志》卷二十四

注释：

[一] 余昌景：字宜生，福建长汀人。

[二] 丰仪：风度仪表。

评析：

在中国古代雅文化的发展过程中，琴棋书画逐渐成为一种具有象征意义的符号，也成为判定“雅士”的一种标准。

李启南

李启南，字向明[一]，性至孝，隐居不仕，抚琴自娱。

《（光绪）长汀县志》卷二十四

注释：

［一］李启南：字向明，福建长汀人。

评析：

李启南精通堪舆之学，被当地人奉为神明。

王建侯

王建侯[一]，善七弦琴，音节俱古，从学甚众。

《（光绪）长汀县志》卷二十四

注释：

［一］王建侯：福建长汀人。

评析：

跟随王建侯学琴的人很多，可见其声名甚著。

黄彩凤

黄彩凤，字天祥，号丹麓[一]。耽游好客，喜吟咏，善鼓琴，兼精书画。

《（嘉庆）无为州志》卷二十一

注释：

［一］黄彩凤：字天祥，号丹麓，安徽休宁人。

评析：

对客鼓琴，其乐无央。

陈黻

陈黻，字绣上[一]。北上不第，遂退而学琴，尝弄《梦蝶操》以寄意。

《潍县志稿》卷三十二

注释：

［一］陈黻：字绣上，山东潍坊人。

评析：

《梦蝶操》题材来源于庄周梦蝶之事，陈黻科举失利，弹此操以寄托自己超然物外之思。

岳莲

晨起忍寒坐信古堂，对雪看菊，忽梁溪琴僧岳莲见过[一]，弹《平沙落雁》《汉宫秋》二曲，古音萧寥。

《渔洋山人自撰年谱》卷下

注释：

［一］岳莲：梁溪（今无锡梁溪）琴僧。

评析：

王士祯《十月九日再雪竟夜晨起看晚菊适梁溪僧岳莲过访弹琴记事》云："上人白足侣，来自锡山岑。衲衣雁门雪，怀抱龙唇琴。幽兰楚人唱，大雅汉宫吟。请师回玉轸，写予山水心。"

童昆

童昆，字良玉[一]，以琴名。好音律及击剑、蹋球、走解诸技[二]，靡不精妙。游姑苏，遇林质然先生授以宫商，能自出谱，且精制琴，名闻当道。

《连城县志》卷三十二

注释：

［一］童昆（公元 1639 年—？）：字良玉，福建连城人。

［二］走解：骑者在马上表演技艺。

评析：

童昆九岁时被掠入燕京，移居至沈阳，后来听说母兄无恙，遂还归。

蔡瑸

蔡瑸，字玉宾，海盐人[一]。幼学琴于师，不一二操，辄尽其妙，余皆其所自得，而《广陵散》为最云。

《梅里志》卷十一

注释：

［一］蔡瑸：字玉宾，浙江海盐人。

评析：

蔡瑸仅跟随老师学了一两首曲子，其余均为自学，可见其天分之高。

慧苍

僧慧苍，出家钟楼寺[一]。善琴，不为时调，邑中多从学者。

《（道光）武进阳湖合志》卷二十九

注释：

［一］僧慧苍：江苏阳湖人。

评析：

“时调”多指当时流行的曲调。而僧慧苍不弹时调，说明他不取媚于俗。

元彻

元彻，字沂月[一]，善琴，诗亦清逸。

《（光绪）无锡金匮县志》卷二十九

注释：

［一］元彻：字沂月，无锡僧人。

评析：

元彻为无锡琴僧。

林文贞

林文贞，字韫林，闽之莆田林氏女也[一]。能诗，能画兰竹，有林下风致[二]。又能弈能琴，其声歌蒱博[三]，无不精妙。

《（光绪）宣城县志》卷四十

注释：

［一］林文贞：字韫林，福建莆田人。

［二］林下风致：称颂妇女闲雅飘逸的风采。

［三］蒱博：樗蒱，一种博戏。

评析：

林文贞著有《韫林集》。

沈曦宾(附陆道士)

沈曦宾[一]，工文艺，家素饶，然不治生产，间应试，亦不慕科名。尝从陆道士学琴[二]，甫成声，指音妙绝。陆遽起谢不如，名遂远播。好琴者不惮千里访之。晚年鳏居娄水，其曲弥高。尝奏《落梅》一阕，梅片片下，奏《风入松》三阕，炎歊方烈[三]，凉飙忽生[四]，人以为伯牙再世也。

《（光绪）崇明县志》卷十一

注释：

［一］沈曦宾：上海人。

［二］陆道士：生平不详。

［三］炎歊：暑热。

［四］凉飙：秋风。

评析：

“炎歊方烈，凉飙忽生”其实是形容沈曦宾琴音强烈的感染力，或者说沈氏在其琴曲中蕴含了强烈的艺术想象力。

徐廷芳

徐廷芳，字久能，号惺斋，国初补诸生[一]，居黄潭里。性高旷[二]，工诗善琴。

《昆新两县续补合志》卷十四

注释：

［一］徐廷芳：字久能，号惺斋，江苏昆山人。

［二］高旷：豁达开朗。

评析：

徐廷芳与奚涛交游，奚涛有《过久能寓听琴诗》。

沈能一

沈能一，字柳丸[一]。赋性高洁，精律吕之学。居一室，左右琴书，纸帐竹床，丹炉茗碗，罗列楚楚[二]。良日出游，则集茶具食器为一囊，意有所得，籍草为茵，进苦茗三瓯，吹短笛数声，有与天为徒之想。

《昆新两县续补合志》卷十四

注释：

[一] 沈能一：字柳丸，江苏昆山人。

[二] 楚楚：排列整齐。

评析：

神仙中人。

顾能明

顾能明，字大经，嘉定人[一]。少力学，通经史，为人爽直，有奇气，不习举子业，年壮不娶。工书善琴，及弈剑星卜之术[二]。

《昆新两县续补合志》卷十五

注释：

［一］顾能明：字大经，嘉定（今上海）人。

［二］星卜：星相占卜。

评析：

顾能明授徒自给，喜欢栽种花木。

程志濡

程志濡，字若岷，岑山渡人，清初迁于霍山[一]，善鼓琴，足迹半天下于中州得异人秘授，遂成绝艺。著有《太古元音琴谱》。

《歙县志》卷十

注释：

［一］程志濡：字若岷，安徽歙县人。

评析：

《太古元音琴谱》今佚。

陈翼(附琉球世子)

陈翼，字友石[一]，通琴书，兼善写生。顺治十一年[二]，御史张学礼奉使琉球，翼从焉。尝授琴于王世子[三]。

《重修常昭合志》卷二十

注释：

[一] 陈翼：字友石，江苏常熟人。

[二] 顺治十一年：公元 1654 年。

[三] 王世子：琉球王世子。生平不详。

评析：

这应该是清初时期古琴对外交流的一个例子。

陈岷

陈岷，字山民，工画，程嘉燧高足也[一]。寓意人物，意态天然，尤善鼓琴，得虞山正派。

《重修常昭合志》卷二十

注释：

[一] 陈岷：字山民，江苏常熟人。程嘉燧（公元 1565 年—公元 1643 年）：明代书画家。

评析：

陈岷为虞山派正传。

朱观象

朱观象，无为人[一]，清介端方。衣荷食橡，援琴自适，博古通今，以至书画、堪舆、理数诸秘[二]，皆探微奥。

《（光绪）重修安徽通志》卷二百六十三

注释：

［一］朱观象：安徽无为人。

［二］堪舆：风水。理数：天数。

评析：

君子修身谨行，博学而多闻。

张韫修（附柯烜庵）

余寓姑苏之桃花坞[一]，唐解元伯虎之旧庐在焉。闲居侘傺[二]，又窘阴雨，邻人张韫修善鼓琴[三]，因而造焉。为弹《洞庭秋月》。甫一再行，觉波涛在屋梁间，洸洋澹荡[四]，忽变而为汹涌澎湃、鱼龙出没之声。虽不必身至君山，而烟寒水落，降帝子于北渚[五]，若将仿佛见之，而闻其环佩之琅琅也。呜呼异哉！技至此乎？韫修曰：“予之为此也有年矣。始也喜为婵缓靡曼之音[六]，盖听之而悦者，尝以百数。既乃审知其非是，于是屏思虑，捐寝食，刿心钵胸而为之[七]，若恍若惚，若灭若没，而后纯古淡荡之音出焉，然听之而悦者，十无一二焉。知此解者，其惟柯孝廉乎[八]？”

居亡何[九]，孝廉过我坞中，童子负纻丝囊二[一〇]：一贮玉淙琤之琴，柯黄门素培有铭在其背[一一]；其一囊则孝廉所自为诗也。秋风萧瑟，虫语凄咽，孝廉乃与韫修各奏一曲，宫商错落，不辨其为两手。读其诗，汤汤峨峨，皆纯古淡荡之音，而非婵缓靡曼之声。诗也与琴通矣。

《安雅堂文集》卷一《柯烜庵诗序》

注释：

［一］余：宋琬（公元1614年—公元1673年），清初著名诗人。

［二］侘傺：失意无聊的样子。

［三］张韫修：姑苏（今江苏苏州）人。

［四］洸洋：水无涯际。

［五］降帝子于北渚：《九歌·湘夫人》中有“帝子降兮北渚，目眇眇兮愁予。袅袅兮秋风，洞庭波兮木叶下”。

［六］婵缓靡曼：形容琴声华美柔靡。

［七］刿心鉥胸：穷思苦索，刻意为之。

［八］柯孝廉：柯烜庵。

［九］亡何：不久。

［一〇］纻丝：丝绸。

［一一］柯黄门素培：柯耸，字素培，浙江嘉兴人。

评析：

婵缓靡曼之声为俗，纯古澹荡之音为雅，可见，柯烜庵与张韫修在琴学上都尚雅而黜俗。

辛黄崖

茂才黄崖[一]，工为诗，善鼓琴。

《安雅堂未刻稿》卷六《辛石庵八十寿序》

注释：

［一］黄崖：辛黄崖，山东莱阳人。茂才：秀才。

评析：

辛黄崖是辛石庵的孙子，余事不详。

吴绡

吴绡，字素公，一字冰仙，长洲人[一]。诗名著一时，兼工琴棋书画。

《海虞诗话》卷二

注释：

［一］吴绡（约公元1615年—公元1671年）：字素公，一字冰仙，长洲（今江苏苏州）人。

评析：

吴绡曾自言“学蔡女之琴书”，蔡女即蔡文姬。

时轸

时轸，字允旸，号渔逸，义宁州人[一]。游赏西湖，命画史绘为图，遂鬻木归，筑室东山，吟诗抚琴以终。

《（同治）南昌府志》卷五十二

注释：

［一］时轸：字允旸，号渔逸，义宁州（今江西修水）人。

评析：

时轸生活于明末清初，喜游名山大川。

杨氏

杨氏，漳浦进士蔡而烷妻[一]，幼聪慧，善琴。

《（道光）漳州府志》卷五十

注释：

［一］杨氏：漳浦（今福建漳浦）人，蔡而烷妻。

评析：

杨氏工诗，有诗句云："径留残夜月，帘卷落花风。"

钱守宏

钱守宏，字子怡[一]，精星学[二]，亦善琴。

《（乾隆）常昭合志》卷九

注释：

［一］钱守宏：字子怡，江苏常熟人。

［二］星学：星命、占卜之学。

评析：

钱守宏精通星命、占卜之学，著有《难经》等书。

单嘉孝

单嘉孝，字曾传，一字臻麈[一]，学画，名不甚显。爱琴，竟以琴名。

《重修常昭合志》卷二十

注释：

［一］单嘉孝：字曾传，一字臻麈，江苏常熟人。

评析：

所谓柳暗而花明，就是如此吧。

何白云

补帽匠[一]，无家室，居止担头有补帽具，书数卷，琴一，襆被一[二]，小铛一。暇则随其所至，澄潭激涧，断岸层峦，长松之下，或读书，或弹琴歌咏，或坐卧，数日不去。问其姓曰何，问其名曰白云。

《（道光）黄冈县志》卷十一

注释：

［一］补帽匠：自称为何白云，湖北黄冈人。

［二］襆被：行李。

评析：

古人说大隐隐于市，此补帽匠即此类也。

王于震

王于震，字雨辰，塘心人[一]。家本寒素，胸襟洒脱，工于画笔，山水人物花卉并擅，兼精古隶。舍旁筑室三楹，前列岩竹，颜曰“止隅”。时而戴笠垂纶，钓于河干[二]，归则理琴，弹《平沙落雁》一曲，超然物外。

《（光绪）宁海县志》卷十一

注释：

［一］王于震：字雨辰，浙江宁海人。

［二］河干：河岸，河边。

评析：

《平沙落雁》与垂钓河边，意境殊为相合，果然是世外人物。

黄河清

黄河清，字虚亭[一]。究心籀篆，工铁笔[二]。暇则翻琴谱按古调，弹之庭前。广种花木，日与宾朋相唱和。

《（光绪）宁海县志》卷十一

注释：

［一］黄河清：字虚亭，浙江宁海人。

［二］铁笔：雕刻。

评析：

李白《独酌》诗云：“手舞石上月，膝横花间琴。”正此谓也。

徐光绶

《抚琴稿》，徐光绶撰[一]，生平好抚琴，因以名集。

《台州府志》卷八十一

注释：

［一］徐光绶：字印卿，号确庵，浙江天台人。

评析：

徐光绶生活于明末清初，志节慷慨。

马之驯

马之驯，字君习，雄县人[一]。著有《琴谱》一卷。

《（光绪）保定府志》卷六十四

注释：

［一］马之驯（公元 1614 年—公元 1683 年）：字君习，雄县（今河北雄县）人。

评析：

马之驯明亡后曾谒见史可法，见事不可为，乃避乱隐居，后因慕鲁仲连为人，改名为鲁。

韩畕(附王范、徐光灿、李延昰)

王范，字诚之，号南村[一]，中年后好鼓琴，与海东徐光灿交指法[二]，益精。北平韩畕所传于李延昰者[三]，有《霹雳引》一曲，先后造就，为时所称。

《（光绪）平湖县志》卷十八

注释：

［一］王范：字诚之，号南村，平湖（今浙江平湖）人。

［二］徐光灿：字凤辉，号絅斋，浙江平湖人，精通琴理。

［三］韩畕（约公元 1615 年—约公元 1667 年）：字石耕，北平（今北京）人。李延昰：初名彦贞，字我生，一字期叔，后改字辰山，号寒邨，上海人。晚明著名医家。

评析：

《霹雳引》一曲，李延昰传授韩畕，韩畕传授徐光灿。

据钟渊映《韩畕传》，韩畕性格迂僻。有一官吏，想跟韩畕学琴，韩畕说："很好，但一定要谨慎执行弟子之礼，何况我不是伶人，弹奏一曲何止千金？"

如果有人想听韩畕鼓琴，一定要整肃衣冠，且谦虚恭敬，等到半夜，韩畕才会弹奏。如果座客中有谈笑的，韩畕即不悦，推琴而起，无论别人再如何邀请，都不会再弹。

成忍

韩畕既卒，有闽僧成忍[一]，不远数千里来求传其琴，知已死，哭而去。

《（光绪）平湖县志》卷十八

注释：

[一] 成忍：闽（今福建）僧人。

评析：

闽僧成忍为学琴不远千里而来，也是一位执着之士。

徐光灿女

监生沈汝凤妻，光灿女[一]，工文墨，兼善琴。

《（光绪）嘉兴府志》卷七十六

注释：

[一] 徐光灿女：沈汝凤妻，浙江平湖人。徐光灿：见“徐光灿”条。

评析：

徐光灿女二十岁夫亡，寡居四十二年。

廖惟聪

廖惟聪，邓州人[一]。有文名，赋性孤介，不喜与俗人交。筑小斋，课诸孙读书[二]。

时携琴泛舟，飘飘有出尘之思。

《（嘉庆）南阳府志》卷五

注释：

［一］廖惟聪：河南邓州人。

［二］课：教学。

评析：

萧散尘外客。

姜宜(附姜任修)

姜宜字玉峰，姜任修女[一]。任修善琴，宜尽得其学。墨兰竹石有管夫人遗法[二]，工吟咏。

《（同治）如皋县续志》卷十六

注释：

［一］姜宜：字玉峰，江苏如皋人。姜任修：字退耕，号自芸，姜宜之父。

［二］管夫人：元代著名书画家管道昇，世称管夫人。

评析：

姜宜尤其精通《潇湘》《胡笳》《秋鸿》诸曲。

孙厓

孙厓，字为山[一]，尤善琴。康熙年恭遇南巡，蒙召行幄[二]，命之鼓琴作画，名遂大著。

《重修常昭合志》卷二十

注释：

［一］孙厓：字为山，江苏常熟人。

［二］行幄：帝王外出时的临时营帐。

评析：

康熙帝颇为重视汉文化，作为乐教核心的琴乐自然也受到了康熙帝的注意。

张道浚(附钱介王)

张道浚，字庭仙[一]。好聚书画，有白鹤下庭不去，因颜其室曰“来鹤”。道浚善书，善画竹，工诗。尤精琴理，得松弦派[二]。尝月夜同钱介王泛舟山塘[三]，抱琴登可中亭[四]，抚弦动操，更唱迭和，吴中明日传以为仙焉。

《重修常昭合志》卷二十

注释：

［一］张道浚：字庭仙，号小颠，安徽歙县人，寓居江苏常熟。

［二］松弦：严澂《松弦馆琴谱》。

［三］钱介王：生平不详。

［四］可中亭：亭名，在苏州虎丘。

评析：

张道浚古琴得虞山派之传。

陆亮

陆亮，字友桐[一]。工吟咏，尤长于书。善抚琴，故以友桐自字云。

《（乾隆）常昭合志》卷九

注释：

[一] 陆亮：字友桐，江苏常熟人。

评析：

白居易以琴、酒、诗为自己的三位朋友，陆亮则以琴为友，因此自号友桐。

宗室

宗室，字尔藩[一]。精于琴，亦善吹箫。

《重修常昭合志》卷二十

注释：

[一] 宗室：字尔藩，江苏常熟人。

评析：

据《唐市志》，宗室少年时期用朱姓，大约是明朝宗室。

朱揆

朱揆，字汝扬[一]，少擅能文之誉，屡试不售，遂弃帖括[二]。学琴于单嘉孝[三]，得松弦馆之遗音。

《唐市志·艺士》

注释：

［一］朱揆：字汝扬，江苏常熟人。

［二］帖括：科举应试。

［三］单嘉孝：见“单嘉孝”条。

评析：

得松弦馆遗意，说明朱揆继承了虞山派的风格。

蒋传铨

蒋传铨，字宫瞻[一]。有夙慧[二]，年十三即通琴理。工诗文，未冠卒。

《重修常昭合志》卷二十

注释：

［一］蒋传铨：字宫瞻，江苏常熟人。

［二］夙慧：早慧。

评析：

无论是古代还是现当代，人们都对早夭而又“早慧”者抱以惋惜之情。

沈颉

沈颉（一作翃），字映霞，昭文人[一]。善画菊，貌清削[二]，多病，因习岐黄家言，能诗，工草书，善琢砚镌印，亦能鼓琴。

《重修常昭合志》卷二十

注释：

[一] 沈颉（一作翃）：字映霞，昭文（今江苏常熟）人。

[二] 清削：清瘦。

评析：

沈颉因多病而学习医术，不失为一种自救之法。

徐涵

徐涵，字有容，号仲米，沈市人[一]。精书法，兼工诗歌，善骑射，拳搏击刺，鼓琴擫笛[二]，倚声度曲，皆称能品[三]。

《重修常昭合志》卷二十

注释：

[一] 徐涵：字有容，号仲米，沈市（今江苏常熟）人。

[二] 擫笛：按笛奏曲。

[三] 能品：精品。

评析：

可谓博通渊雅之士。

汤豹处

汤豹处，字雨七，吴江人[一]。性严冷[二]，寡交，工诗，善琴。行草书得祝允明笔意，而画尤入神。

《（同治）苏州府志》卷一百十

注释：

[一] 汤豹处：字雨七，吴江（今江苏苏州）人。

[二] 严冷：严肃冷峻。

评析：

清代张庚《国朝画征录》亦著录汤豹处善画。

杨世勋

杨世勋，自号冰岩子，平田人[一]。中年构小园浚池于庭，莳花种竹[二]，鼓琴为乐。

《（嘉庆）宁远县志》卷七

注释：

[一] 杨世勋：自号冰岩子，平田（湖南宁远）人。

[二] 莳花：栽花。

评析：

杨世勋少年时喜道教，著有《道德经补注》等书。

陈于王

陈于王，号霞峰，剑川人[一]。布衣，负逸才[二]，善琴工书。

《（道光）云南通志稿》卷一百六十九

注释：

[一] 陈于王：号霞峰，云南剑川人。

[二] 逸才：出众的才华。

评析：

陈于王喜游历，足迹几乎遍布天下。

王兆兴

王兆兴，字东周，剑川人[一]。诸生。少任侠，精于卜筮[二]。随父宦游，往来黔、楚间，遇羽士授以剑术[三]，每酒酣兴剧辄出青萍起舞[四]，则见豪光绕体，变态万状，观者为之目眩。时或鼓琴，则天风海客，响落凡间，宛然诸葛遗调[五]。晚年屏弃尘缘，朝夕袖《黄庭》一卷，喁喁作金石声[六]。

《（道光）云南通志稿》卷一百六十九

注释：

[一] 王兆兴：字东周，云南剑川人。

[二] 卜筮：古时预测吉凶，用龟甲称卜，用蓍草称筮，合称卜筮。

[三] 羽士：道士。

[四] 青萍：宝剑名。

[五] 诸葛：诸葛亮，传说诸葛亮在云南传授古琴，并著《琴经》。

［六］喁喁：形容人语声。

评析：

功业谩弹三尺剑，琴书空老百年身。

余遴

余遴，字公沛，上元人[一]。读书自娱，尤精乐律，平居鼓一琴，长尺许，不肯为人弹，有窃听者以为音节迥异。

《（乾隆）新修江宁府志》卷四十一

注释：

［一］余遴：字公沛，上元（今江苏南京）人。

评析：

白居易《夜琴》云："入耳澹无味，惬心潜有情。自弄还自罢，亦不要人听。"不要人听，不肯为人弹，都是以琴自娱，自足于个人的精神世界。

杨廷果

杨廷果，字令贻[一]，性简逸。善鼓琴兼工琵琶，自制一曲曰《潺湲引》，尝抱琵琶踞虎丘生公石转轴拨弦[二]，闻者以为绝调。

《无锡金匮县志》卷二十六

注释：

［一］杨廷果：字令贻，江苏无锡人。

［二］生公石：苏州虎丘山下晋高僧生公讲经处。

评析：

明清时期不少琴家有自制曲，促进了琴乐的发展。

刘体仁

刘体仁，字公㦷，颍州人[一]。体仁喜作画，鉴识其精，又工鼓琴。

《清史稿·刘体仁传》卷四百八十四

注释：

［一］刘体仁（公元1617年—公元1676年）：字公㦷，颍州（今安徽阜阳）人。

评析：

刘体仁长于诗，又喜作画，精鉴赏，工鼓琴，被认为是清初十才子之一。

申涵光

申涵光，字孚孟，号凫盟，永年人[一]。解琴理。书法颜鲁公[二]，尤工汉隶。间作山水木石，落落有雅致。

《清史稿·申涵光传》卷四百八十四

注释：

[一] 申涵光（公元1619年—公元1677年）：字孚孟，号凫盟，永年（今河北永年）人。

[二] 颜鲁公：唐代书法家颜真卿。

评析：

申涵光工诗文，王士禛称其开河朔诗派。

王朴

王朴字文之[一]，以廪生屡踬场屋[二]。遇善琴者授以指法，遂得其妙。

《（乾隆）诸城县志》卷三十九

注释：

[一] 王朴：字文之，山东诸城人。

[二] 踬：受挫折。场屋：科举考试。

评析：

王朴母亲早卒，侍奉继母至孝。

豸佳

豸佳，字梦白[一]，崇正十五年为大兵所伤[二]，跛一足，遂无意进取。日曳杖行山麓间。学琴于雄县马鲁[三]，鲁死，哭甚哀。

《（乾隆）诸城县志》卷三十六

注释：

[一] 豸佳：字梦白，山东诸城人。

[二] 崇正十五年：崇祯十五年，公元1642年。按，正为避讳字。

[三] 马鲁：见“马之驯”条。

评析：

豸佳好谈论，著赋数十篇，风格汪洋浩瀚，正所谓文如其人。

王咸炤

王咸炤，字闇思[一]。工草书，筑室曰雪舫，鼓琴赋诗其中。

《（乾隆）诸城县志》卷三十六

注释：

[一] 王咸炤：字闇思，山东诸城人。

评析：

王咸炤生活于明末清初，入清，应试，补诸生。

吴元冲

吴元冲，字函白，先世太仓人[一]。父泰行业医，徙居昆山。顺治乙酉避兵南部[二]，买地一亩，缚茅编槿[三]，诵读其中。喜吟诗，蓄名琴，坐竹深处挥弦，竟日不倦。

《（光绪）昆新两县续修合志》卷三十二

注释：

［一］吴元冲：字函白，先世太仓（今江苏太仓）人，后徙居昆山（今江苏昆山）。

［二］顺治乙酉：公元 1645 年。

［三］缚茅：建造简陋的房屋。编槿：用木槿编篱笆。

评析：

除却挥弦即读书，此隐士之乐也。

陈兰征

陈兰征，字猗之[一]。有别业在吴淞江西，自号西庄。好读书，工诗，善琴。

《（光绪）昆新两县续修合志》卷三十二

注释：

［一］陈兰征：字猗之，自号西庄，江苏昆山人。

评析：

陈兰征又喜画梅，诗风在陶渊明、白居易之间。

杨凤岐

杨凤岐，满洲籍，顺治三年知行唐县[一]。性情恬淡，工琴。

《（同治）畿辅通志》卷一百九十二

注释：

[一] 杨凤岐：满洲籍。顺治三年：公元 1646 年。

评析：

杨凤岐有宓子贱之风，为政宽缓。

庄臻凤(附庄洲、庄浦、庄洵、庄汇)

《琴学心声谐谱》：三山庄臻凤蝶庵述[一]，男洲十仙、浦珠田、洵允兹、汇涵远校[二]。

《琴学心声谐谱》

注释：

[一] 庄臻凤(约公元 1624 年—公元 1667 年后)：字蝶庵，三山(今江苏扬州)人。

[二] 洲：庄洲，字十仙。浦：庄浦，字珠田。洵：庄洵，字允兹。汇：庄汇，字涵远。以上四人皆庄臻凤之子。

评析：

庄臻凤自叙云《琴学心声谐谱》："以琴川、白下、古浙、中州为主，并附采各省秘谱，删定折衷，庶无偏执。"白下即金陵。由此可以看出庄臻凤琴学综合了各家各派之长。

又，《琴学心声谐谱》今存。

张亮采

《早朝吟》：三山庄臻凤蝶庵子著，高沙张亮采象月氏较[一]。

《琴学心声谐谱·早朝吟》

注释：

[一]张亮采：字象月，高沙人。

评析：

张亮采是庄臻凤的弟子，参与校订琴曲《早朝吟》。

吴固本

吴白涵[一]，工诗善琴，吾邑中高士[二]。

《陈迦陵全集》卷十二《赠吴白涵仍用前韵》

注释：

[一]吴白涵：吴固本，字白涵，以字行，江苏宜兴人。

[二]吾：清初文学家陈维崧，号迦陵，江苏宜兴人。

评析：

吴白涵尤其精通《潇湘水云》一曲。

东皋禅师

《东皋琴谱》：东皋禅师传谱[一]。

《东皋琴谱》

注释：

[一] 东皋禅师（公元1639年—公元1695年）：名心越，俗姓蒋，浙江金华（一说浙江浦江）人。

评析：

东皋禅师一度被认为名字叫作蒋兴俦，但近年有学者提出，兴俦为其僧名，蒋为其俗姓，“僧名俗姓合一使用很出格”。此观点见何龄修《评〈清人诗文集总目提要〉》及黄大同《琴僧东皋能称“蒋兴俦（畴）”吗》等文章。

但不可否认的是，东皋禅师东渡日本之后在日本传播古琴音乐，极大地促进了日本古琴的发展。

麻成璋

麻成璋，字赤瑜[一]，颖异绝伦，诗文不脱稿而万言立就，尤善琴。

《（光绪）缙云县志》卷八

注释：

[一] 麻成璋：字赤瑜，浙江缙云县人，顺治十四年（公元1657年）进士。

评析：

麻成璋有倚马之才。

虞健

虞健，字若乾[一]。好读书，暇则鼓琴自娱。一日，操《别鹤》调未阕[二]，适族人告贷，首肯者再，族人怒以为慢，抵其琴于地蹂以足，碎焉。卒贷之粟，人服其量。

《（光绪）缙云县志》卷九

注释：

［一］虞健：字若乾，浙江缙云县人。

［二］阕：终了。

评析：

族人在虞健弹琴的时候来借粮，恰巧《别鹤操》一曲尚未弹完，虞健只好点头表示同意，然而族人认为受到了虞健的怠慢，一怒之下将琴扔到地上并且踩碎。尽管如此，虞健依然借粟给族人，因此被人认为宽宏大量。

麻维纶

麻维纶，字翌琳[一]，嗜学善琴，家颇裕，慷慨好施，卓有古人风。

《（光绪）缙云县志》卷九

注释：

［一］麻维纶：字翌琳，浙江缙云县人。

评析：

有古人风，是中国古代对士人君子评判的标准之一。

澄照

澄照，出家于青莲庵[一]。精内典[二]，能诗画，尤善鼓琴，巡抚宋荦闻其名[三]，延至吴阊[四]，驻锡沧浪亭[五]，晚游黄山化去。

《嘉庆上海县志》卷十五

注释：

［一］澄照：上海青莲庵僧。

［二］内典：佛经。

［三］宋荦（公元 1634 年—公元 1713 年）：字牧仲，清初著名诗人。

［四］吴阊：苏州。

［五］驻锡：僧人出行，以锡杖自随，故称僧人住止为驻锡。

评析：

宋荦有诗句云："沧浪琴僧（澄照）期过我，西陂春（家酿名）熟开芳尊。"（《初至西陂寄长安诸子用东坡松风亭韵》）

吴历(附天球)

忆予与天球学琴于山民陈先生[一]，不觉二十余年矣。予欲写《松壑鸣琴图》以寄意，常苦少暇，今从客归，久雨初晴，仅得古人形似。

《吴渔山集》卷一

注释：

［一］予：吴历（公元 1632 年—公元 1718 年），字渔山，号墨井道人，江南常熟（今江苏常熟）人。天球：吴历表弟。山民陈先生：陈岷，见"陈岷"条。

评析：

吴历为此作诗云："琴声忆学鸟声圆，辛苦同君二十年。今日倚松听涧瀑，高山流水不须弦。"

孔贞瑄

《大成乐律》一卷：孔贞瑄字璧六，号历洲，晚号聊叟，曲阜人[一]。顺治庚子举人[二]，官大姚县知县。是编乃贞瑄为济南教授时作，尤详于琴瑟谱。

《四库全书总目》卷三十九

注释：

[一] 孔贞瑄：字璧六，号历洲，晚号聊叟，山东曲阜人。

[二] 顺治庚子：公元 1660 年。

评析：

孔贞瑄尤其精通乐律，又著有《操缦新说》。

张衡

王士祯有《听张晴峰员外弹琴》诗[一]。

《渔洋精华录集释》

注释：

[一] 张晴峰：张衡，字友石，又字羲文，号晴峰，景州（今河北景县）人，顺治辛丑（公

元1661年）进士，有《听云阁集》。

评析：

张衡曾得到一张雷琴，毛奇龄《张水部雷琴记》详细记载了这件事："水部张君（即张衡）得琴燕市中，其上晖、下准、龈、额长短悉中古法，池有宣和印，尝疑为汴京故物，及胶败木豁，姑苏琴工为析其肌理而窥其中，则镂款于脏曰：大唐雷氏制。而其下即附以'宣和养正'之记，然后知水部所得实唐时雷琴，而宣和之印则收藏家所为款也。"张衡为此雷琴作歌，当时与其酬唱者数十人。如施闰章《寄题张水部雷琴》："风流怀水部，旧物有雷琴。独抱太古意，何人知此音。一归故山去，东望沧溟深。岛屿茫茫里，子春应可寻。"

裘焕

裘焕，字煜炎，号了庵[一]，年十五为诸生。性嗜古，博览经史，善琴、画，精医理。屏绝尘嚣，隐河渚间，日以著书立说为事。子稼、檖克承父志[二]，勿坠家声，多才多艺，以善画名于世。

《（康熙）钱塘县志》卷二十五

注释：

［一］裘焕：字煜炎，号了庵，钱塘（今浙江杭州）人。

［二］子稼、檖：裘焕之二子裘稼、裘檖。克承：能够继承。

评析：

裘焕父子三人皆多才多艺。

吴士亮(附徐国俊、王治民、刘士弘、夏思齐)

《愧庵琴谱》：天都吴士亮采臣编集[一]，练江徐国俊用章较订[二]，吴门王治民隐臣、白岳刘士弘毅可、夏思齐方希参阅[三]。

《愧庵琴谱》

注释：

[一] 吴士亮：字采臣，号愧庵，天都（今安徽）人。

[二] 徐国俊：字用章，练江（今安徽歙县）人。

[三] 王治民：字隐臣，吴门（今江苏苏州）人。刘士弘：字毅可，白岳（今安徽黄山）人。夏思齐：字方希，白岳（今安徽黄山）人。

评析：

《愧庵琴谱》今存，分上下两卷。又《愧庵琴谱叙》云：“愧庵文弱而静澹人也。治于性情之旨，独于琴是嗜。”

另外，关于刘士弘，魏禧《赠刘毅可叙》中说：“毅可善击剑弹琴，琴有春涛、月涧，为唐、宋旧物。”

张之纯

张之纯，上北隅人[一]。风神萧散，尤善鼓琴，致仕归，徜徉山水，见者谓为神仙中人。

《（嘉庆）全州志》卷六

注释：

[一] 张之纯：上北隅（今广西全州）人。顺治十四年（公元 1657 年）进士。

评析：

清琴雅乐，在很多人眼里是一种类似于神仙式的美好。

伯琴上人

王士祯有《集公甗寺寓赠伯琴上人》诗，题下注云：上人精琴理[一]。

《渔洋诗集》卷六《集公甗寺寓赠伯琴上人》

注释：

[一] 伯琴上人：清初琴僧。

评析：

诗中有云："还将山水思，一问伯牙琴。"

杨无咎

杨无咎，字震百，吴县人[一]。父廷枢，明末殉难芦墟[二]。无咎年十二，痛未从死。杜门隐居七十余年。工书法，嗜鼓琴，自遭大故，绝不复鼓。生平著述甚富，然随手散佚。

《清史列传》卷七十

注释：

[一] 杨无咎（公元 1634 年—公元 1712 年）：字震百，吴县（今江苏苏州）人。

[二] 芦墟：芦墟镇，在今江苏苏州。

评析：

遭家国变故而不复鼓琴，大约是祥琴不调，余悲仍在的意思。

丁仙窈

丁仙窈，字少姜[一]。性婉慧[二]，眉目朗秀，知书明大礼，兼通琴弈。琴不由师授，以意成谱，巧合自然。

《魏叔子文集》外篇卷十八《阎母丁孺人墓表》

注释：

[一] 丁仙窈：字少姜。

[二] 婉慧：柔美聪慧。

评析：

丁仙窈是清代著名学者阎若璩的母亲。

高塞

镇国悫厚公高塞，太宗第六子[一]。初封辅国公。康熙八年[二]，进镇国公。高塞居盛京[三]，读书医无闾山[四]，嗜文学，弹琴赋诗，自号敬一主人。

《清史稿·高塞传》卷二百十九

注释：

[一] 高塞（公元1637年—公元1670年）：号敬一主人，谥号“悫厚”。清太宗皇太极第六子。

［二］康熙八年：公元1669年。

［三］盛京：今辽宁沈阳。

［四］医无闾山：山名，今简称闾山，辽宁境内。

评析：

高塞生性淡泊，潜心诗文书画，这大概是他远离政治斗争的方式。

马骏

马骏，字图求，号西樵[一]。天资敏秀，潜心问学，兼能鼓琴弄曲。善行楷，仿汉魏人作小印章，无不精好。

《山阳志遗》卷三

注释：

［一］马骏：字图求，号西樵，江苏淮安人。

评析：

马骏晚年结庐河上，日与四方之士赋诗饮酒。

张英

予自弱龄即有志于据梧之学[一]，盖欧阳子所云“夙有幽忧之疾”[二]，欲藉此以少自砭治。

《徽言秘旨订序》

注释：

［一］予：张英（公元1637年—公元1708年），字敦复，号乐圃、晚号圃翁，谥文端，安徽桐城人。清初大臣。据梧：弹琴。

［二］欧阳子：欧阳修，见“欧阳修”条。

评析：

张英《聪训斋语》中亦论及琴事。

张文星(附祝应普、谢天锡、释普照)

张文星善琴[一]，每月朗风清，焚香鼓之，声韵悠扬，令人烦躁顿释。尝语人曰：“按弦须用指分明，求音当取舍无迹，运动闲和，气度温润，故能操高山流水之音于曲中，得松风夜月之趣于指下，是为雅业。”同时郧西令祝应普、郧诸生谢天锡、见佛寺僧普照[二]，俱能理琴，僧以琴谱梵音，如老衲诵经，哆啰堪听。

《（同治）郧县志·艺文》卷十

注释：

［一］张文星：字焕辰，一作焕宸，新乐（今河北石家庄）人。顺治戊子（公元1648年）进士。

［二］祝应普：郧县县令。谢天锡：郧县（今湖北十堰）人。释普照：郧县见佛寺僧人。

评析：

“按弦须用指分明，求音当取舍无迹”等语来自明代浙江杭州高濂的《遵生八笺》，体现出浙派文人追求雅正的倾向。

程万仞

程万仞，辽东锦州人，顺治乙未进士[一]。英俊多才，嗜学靡倦，善鼓琴。

《乾隆新修庆阳府志》卷二十二

注释：

[一] 程万仞：辽东锦州（今辽宁锦州）人，顺治乙未（公元1655年）进士。

评析：

程万仞治理地方事务恩威并重，并捐出俸禄重建学宫，被称为“循吏”。

沙鼎

沙鼎，字元调[一]。近郡多名山，若麻源华子冈诸胜，时挟琴酒，觞咏其间。

《如皋县志》卷十六

注释：

[一] 沙鼎：字元调，江苏如皋人。

评析：

康熙己酉年（公元1669年），沙鼎曾捐款救济穷困者，时人称其贤。

刘永禄

刘永禄[一]，好读书，善琴，得雅声。余每疲疴辄就君听琴[二]，一再鼓，心常洒然。

《望溪先生文集》卷七《长宁县令刘君墓志铭》

注释：

［一］刘永禄：广东山阳县令，生活于康熙年间。

［二］余：清初文学家方苞。疲疴：疲病。

评析：

刘永禄体弱多病，但颇有风骨，耻于干谒之事。

毛凤苞

毛凤苞[一]，工琴，能谱臞仙《秋鸿》《鹤鸣》之操[二]，故又字臞仙。

《甘泉县续志》卷二十二

注释：

［一］毛凤苞：字臞仙，江苏甘泉人。

［二］臞仙：朱权，见“朱权”条。

评析：

毛凤苞擅长《秋鸿》《鹤鸣》二曲。

朗白

朗白，超果寺僧，晚号锄云[一]。与元璟同负诗名[二]，而议论两不相洽。性喜弈，尤精琴。提督施公某亦好琴，召与谈，竟日无倦[三]。

《（乾隆）娄县志》卷三十

注释：

［一］朗白：晚号锄云。

［二］元璟：清康熙年间诗僧。

［三］竟日：终日。

评析：

既然朗白与元璟相处并不融洽，那么显而易见，朗白精琴只精于技，而没有达到更高的精神境界。

朱廷枢

朱廷枢，字苍舒[一]，诸生。工诗，善琴，隐居龙山，有超世之慨[二]，竟以贫死[三]。

《海宁州志稿》卷十三

注释：

［一］朱廷枢：字苍舒，浙江海宁人。

［二］超世：出世，出尘。

［三］竟：最终。

评析：

朱廷枢善琴而不以琴技为生，可见其淡泊名利，终因贫困而死。

张振岳

张振岳，字崧高，浙江萧山人[一]。工小楷，雅善鼓琴。

《国朝书人辑略》卷一

注释：

[一] 张振岳：字崧高，浙江萧山人。

评析：

张振岳为人刚介不屈，又擅诗歌。

孙淦(附孙奇逢)

淦八九岁时侍祖父膝前[一]，即请事于徽弦，及弱冠复从学马东航、刘公戢两先生[二]，欣喜之极，至废寝忘食。

《徽言秘旨订·孙淦跋》

注释：

[一] 淦：孙淦（公元1640年—公元1700年）：字静紫，号担峰，河南辉县人。祖父：孙淦祖父孙奇逢（公元1584年—公元1675年），字启泰，又字钟元，世称夏峰先生。清初著名理学家。

[二] 马东航：马之驯，号东航老人，孙奇逢弟子，见“马之驯”条。刘公戢：见“刘体仁”条。

评析：

尹尔弢《徽言秘旨》原谱六十曲，孙淦重新校订，增为七十三曲，并刊行之，成《徽言秘旨订》，书今存。

孔兴诱

《琴苑心传全编》：孔兴诱起正辑校[一]。

《琴苑心传全编》

注释：

[一] 孔兴诱：字起正，山东曲阜人。

评析：

《琴苑心传全编》今存清康熙年间抄本。

颜光敏

颜光敏，字逊甫，曲阜人[一]。雅善鼓琴，精骑射蹋鞠[二]。

《清史稿·颜光敏传》卷四百八十四

注释：

[一] 颜光敏（公元 1640 年—公元 1686 年）：字逊甫，一字修来，号德园，山东曲阜人。

[二] 蹋鞠：蹴鞠。

评析：

颜光敏诗歌秀逸深厚，为当时“金台十子”之一。

江上文

江上文，字天章，号桐村，安徽歙县人[一]。好鼓琴，能诗，善画。

《临海县志》卷二十七

注释：

[一]江上文：字天章，号桐村，安徽歙县人。

评析：

江上文生活于康熙年间，喜在山水佳处作画，画学刘松年。

魏滨

魏滨，字纶叟[一]，性峭直方介，笃孝弟[二]，工文史，读书多成诵，不肯就试。善鼓琴、吹长笛。每清风月夕，诸子朗读，声出金石，偶以琴笛间之，若与书声相和，闻者羡之。

《（乾隆）丰润县志》卷五

注释：

[一]魏滨：字纶叟，河北丰润人。

[二]孝弟：孝悌。

评析：

“书声通远谷，琴声应清商。”（王冕《题青田山房》）

高德林

高德林，字啸楼，山阴诸生[一]。因业盐至临海，遂家焉。善琴，能诗。

《台州府志》卷九十九

注释：

[一]高德林：字啸楼，山阴（今浙江绍兴）人。

评析：

高德林著有《流麦斋诗》。

谢惟临

谢惟临，太平人[一]。善鼓琴，画菜甚工。年百二岁，犹能作蝇头字。

《台州府志》卷一百二十五

注释：

[一]谢惟临：浙江天台人。

评析：

一百零二岁仍能写蝇头小字，耳聪目明如此。

程雄（附汪濂、汪安侯、张适、古林、澹尘、竹隐）

余虽贫日甚[一]，要不甘淹没，无以终斯世。石耕韩夫子授琴数曲[二]。选藏谱前人未刻者，与汪紫澜、尹芝仙、汪安侯、张鹤民[三]，方外古林、澹尘、竹隐较订五音、外调一十三曲[四]，名曰《松风阁》。

《松风阁琴谱·自序》

注释：

[一] 余：程雄，字云松，号颖庵，安徽休宁人。

[二] 石耕韩夫子：见“韩畕”条。

[三] 汪紫澜：汪濂，字紫澜，传《春山听杜鹃》一曲。尹芝仙：见“尹尔弢”条。汪安侯：字子晋，金陵（今南京）人。张鹤民：张适，字鹤民，号梅庄，江苏苏州人。

[四] 古林、澹尘、竹隐：皆方外人，参与校订《松风阁琴谱》。

评析：

程雄选定《松风阁琴谱》成书于康熙十六年（公元 1677 年），今存。

宫梦仁

宫梦仁鉴定《松风阁琴谱》[一]。

《松风阁琴谱》

注释：

[一] 宫梦仁：字定山，一说字宗衮，江苏泰州人。

评析：

宫梦仁为人刚直，有文集。

藏野上人

藏野上人学琴三十年[一]，寒夜萧寺，香残月圆，每为余一再鼓。清徽独理，身世两忘。为余言：弹有字曲，不如弹无字曲，以字谐音，以音协律，一唱三叹，非不巧也，然而矫揉之迹未泯，惟其出诸人也。至于无端而成音，无端而合律，可得而闻也，不可得而测也，此天地间自然之声也，自然者，出诸天也。然后知陶靖节蓄无弦琴为真知昔者也[二]，夫有字不如无字，有弦不如无弦，有声不如无声，为其渐入自然至于天也。

《田间文集》卷二十七《琴上人藏野书华严经引》

注释：

［一］藏野上人：琴僧。

［二］陶靖节蓄无弦琴：见“陶渊明”条。

评析：

藏野上人他认为曲有出于人、出于自然两种：出于人者，有曲有字；出于天者，无字而能合律。藏野上人所说的有弦不如无弦、有声不如无声，显然秉承的是“大音希声”的观点。

郭裕斋

郭裕斋有《德音堂琴谱》[一]。

《德音堂琴谱》

注释：

［一］郭裕斋：晋阳（今山西太原）人。

评析：

汪天荣在《德音堂琴谱序》中说："郭子裕斋来游武林，雅擅此技，如高山流水、阳春白雪，一鼓再行。郭子以琴感予，予为之穆然以思，怡然自得，虽其声纯古澹泊，雅不取悦于人，而人无不悦之者。以其声之自来，固真绝不与繁曲同词，淫哇并响也。"

汪天荣（附吴之振、吴宝林、吴宝赓、吴宝芝、郭师文、汪光被、汪天柄、汪日煊）

《德音堂琴谱》：语水吴之振梦举鉴定，语水吴宝林荣期、语水吴宝赓武冈、语水吴宝芝瑞草、晋阳郭师文扆臣、汪光被幼安、汪天柄玉杓、汪日煊问思、新安汪天荣简心仝校[一]。

《德音堂琴谱》

注释：

[一]吴之振（公元1640年—公元1717年）：字梦举，号黄叶村农，浙江石门人。吴宝林：字荣期，浙江石门人。吴宝赓：字武冈，浙江石门人。吴宝芝：字瑞草，浙江石门人。郭师文：字扆臣，晋阳（今山西太原）人。汪光被：字幼安，安徽歙县人，清初戏曲家。汪天柄：字玉杓，安徽歙县人。汪日煊：字问思，安徽歙县人。汪天荣：字简心，安徽歙县人。

评析：

以上诸人皆参与校订《德音堂琴谱》。

云志高

予不幸少孤[一]。课诵之暇，颇好学书，竭其心力，凡汉晋二王以迄褚、虞、颜、柳诸家[二]，靡不殚究久之。念书法不足以陶养性情，且极其所得不过供人之玩好，于己无与[三]。由是以学书之志而学琴，穷思竭神，心手俱瘁，如是者有年，虽祁寒酷暑[四]，卧病应酬，未尝少辍。而平生颠沛流离，母子相失，牢骚哀怨之怀，感慨不平之气，语默动静[五]，莫不于琴焉寓之。然后知琴能曲，合性情，殆忘乎我之为我，琴之为琴者矣。

《蓼怀堂琴谱·自序》

注释：

[一] 予：云志高（约公元 1644 年—约公元 1715 年），字载青，号逸亭，琼海（今海南琼海）人。

[二] 二王：王羲之、王献之。褚、虞、颜、柳：褚遂良、虞世南、颜真卿、柳公权。

[三] 无与：不相干。

[四] 祁寒：严寒。

[五] 语默动静：说话、沉默、行动和静止，指行为言谈。

评析：

云志高撰有《蓼怀堂琴谱》，今存。

黄补

黄补，字裁之，龙溪人[一]。力行好学，结庐文山之下，虽日不再举火[二]，而弹琴歌咏与古贤晤对，悠然自得。

《（道光）漳州府志》卷三十三

注释：

［一］黄补：字裁之，龙溪（今福建漳州）人。

［二］举火：做饭。不再举火：形容生活贫困。

评析：

黄补颇受李光地的赏识，多有著述。

陈奕兰(附陈兆杰)

陈奕兰，字莒君，号纫斋[一]。工诗善书，兼能鼓琴。子兆杰[二]，诸生。工书，善琴。尝论七弦以楚音为上，从先人游湘沅间得之，浙士所能者，皆吴音也。

《台州府志》卷一百十九

注释：

［一］陈奕兰：字莒君，号纫斋，浙江台州人。

［二］陈兆杰：陈奕兰之子。

评析：

陈奕兰与其子陈兆杰均好游历，遍游秦楚等名胜。

梅清

梅清字永若，号月楼，适海盐张氏[一]。明慧，擅操琴，精绘事。

《（光绪）嘉兴府志》卷七十九

注释：

［一］梅清：字永若，号月楼，浙江海盐人张氏之妻。

评析：

梅清以琴、画怡情养性。

鲁鼒

《自适轩琴谱析微》六卷，《指法》二卷：国朝鲁鼒撰[一]。

《与古斋琴谱》卷三《考存琴谱》

注释：

［一］鲁鼒：生平不详。

评析：

鲁鼒生平不详，仅见《与古斋琴谱》。

鲁式和

《琴谱释疑》六卷：国朝康熙壬申鲁式和撰[一]。

《与古斋琴谱》卷三《考存琴谱》

注释：

［一］鲁式和：生活于康熙年间。康熙壬申：公元1692年。

评析：

鲁式和生平不详，仅见《与古斋琴谱》。

张瑞泰

张瑞泰号邻云[一]，诸生。淡泊恬静，不染世味。惟嗜琴，三十年不去手，端居一室，里人罕见其面。若以琴请者，虽童稚必为鼓数曲，著有《石琴斋吟草》。

《无棣县志》卷十二

注释：

[一] 张瑞泰：号邻云，山东无棣县人。

评析：

"虽童稚必为鼓数曲"，颇似阮千里之旷达。

赵侗

赵侗，字于野，号鹤道人[一]。胸期高旷，潇洒出尘。喜遨游，足迹半天下。工诗善画，尤好弹琴，博览群书，风流自赏，虽终身布衣，坦如也。

《洪洞县志》卷十二

注释：

[一] 赵侗：字于野，号鹤道人，山西洪洞县人。

评析：

赵侗藏书数千卷，著有《晏琴草》。

周世德

周世德，字绳武，号千石道人[一]。布衣，工诗画，善弹琴。

《洪洞县志》卷十三

注释：

［一］周世德：字绳武，号千石道人，山西洪洞人。

评析：

周世德多画兰竹，名著一时。

马兆辰

《卧云楼琴谱》：山阴马兆辰拱之撰[一]。

《卧云楼琴谱》

注释：

［一］马兆辰：字拱之，号云亭，山阴（今浙江绍兴）人。

评析：

马兆辰有《卧云楼琴谱》八卷及《指法》二卷，今存。

沈琯

《琴学正声》六卷：沈琯撰[一]。

《清史稿·艺文三》

注释：

[一]沈琯：上元（今江苏南京）人。

评析：

祝凤喈《与古斋琴谱》卷三《考存琴谱》亦著录。

吴晋

吴晋，字吕生[一]，学优韵远，能诗善操琴。

《（康熙）永定县志》卷十

注释：

[一]吴晋：字吕生，永定（福建龙岩）人。

评析：

吴晋有《草木心集》。

顾开雍

顾开雍，字伟南[一]，少好学，才藻秀丽。晚年筑室玉屏、凤凰间，竹木深秀[二]，琴书潇洒。

《（嘉庆）松江府志》卷八十三

注释：

［一］顾开雍：字伟南，上海人。

［二］深秀：幽深秀丽。

评析：

独坐一室，琴书潇洒，流风雅致，可以想见。

吴道荣(附金陶、陈治、潘岱登、涂居仁、计泽绎、林伟、徐士登、梁佩兰、陈恭尹、陈阿平、黄国璘、徐道隆)

《蓼怀堂琴谱》参订姓氏：吴道荣、金陶、陈治、潘岱登、涂居仁、计泽绎、林伟、徐士登、程允基、梁佩兰、陈恭尹、陈阿平、黄国璘、徐道隆[一]。

《蓼怀堂琴谱》

注释：

［一］吴道荣：字尊生，新安（今安徽歙县）人。金陶：字吾易，吴兴（今浙江湖州）人。陈治：字山农，云间（今上海）人，工诗。潘岱登：字函观，盱江（今江西）人，著有《好音集》，《（同治）南城县志》有传。涂居仁：字义亭，南昌（今江西南昌）人。计泽绎：字献臣，锡山（今江苏无锡）人。林伟：字草臣，侯官（今福建福州）人。徐士登：字龙有，昆山（江苏昆山）人。程允基：见“程允基”条。梁佩兰（公元1630年—公元1705年）：字芝五，号药亭，南海（今广东广州）人。陈恭尹（公元1631年—公元1700年）：字元孝，号罗浮布衣，顺德（今广东佛山）人，有诗名，与屈大均、梁佩兰同称岭南三大家。陈阿平：字献孟，东莞（今广东东莞）人，与梁佩兰等人往来唱和。黄国璘：字晖山，

古冈（今广东新会）人。徐道隆：字国熙，南海（今广东广州）人。

评析：

据《（光绪）嘉兴县志》卷二十七：金陶善琴。康熙南巡，金陶献古琴并所习《太平奏》《万国来朝琴谱》一册，召对良久，奏《平沙》《太平》等曲，赐金褒美。金陶刊有《奏御琴谱》。

《（乾隆）南昌县志》卷二十五：涂居仁，字公行，生而颖慧，性行端谨，通音律，善鼓琴，康熙中荐至京，圣祖仁皇帝命坐弹一曲，称上意。

毛熉

毛熉，原名汝珍，字子韫[一]。善鼓琴，多逸致。尝一至京师，王公咸爱重之。晚耽禅学，卒年七十七。

《壬癸志稿·技艺》

注释：

［一］毛熉：原名汝珍，字子韫，江苏太仓人。

评析：

毛熉早慧，又工绘画。

田山云

田山云，字雨伯[一]，乐琴书，工诗画，行草、八分、小篆，皆能入品。著有

《绿绮心传》。

《祁阳县志》卷二十

注释：

［一］田山云：字雨伯，湖南祁阳人。生活于清康熙年间。

评析：

田山云有诗句曰："弹琴一曲竹窗里，似与幽人论素心。"

陈万勖

陈万勖，字念慈[一]，少颖异。后博览群书，贯串今古，能诗善琴。工真草书[二]，尤精于弈。兼习武事。

《（光绪）直隶和州志》卷二十七

注释：

［一］陈万勖：字念慈，安徽和县人。

［二］真草：真书和草书。

评析：

文武兼修，志高趣雅。

吴象默

吴象默，字从之[一]。生而颖异。好鼓琴，虚窗遥夜，随意作数弄，得意在弦指外。

诗不多作，作必工，一字未安，辄忘寝食。

《无棣县志》卷十二

注释：

［一］吴象默：字从之，山东无棣县人。

评析：

音与意合，意在弦外，一直是中国古代文人、琴人追求的天人合一的境界，无论是庄子的“至乐无乐”，还是嵇康的“手挥五弦，目送归鸿”，还是陶渊明的“但识琴中趣，何劳弦上声”，都是如此。同时，这也形成乐中国音乐特有的美学范式。

朱人特

朱人特，字轶凡，康熙戊午举人[一]。工琴，尝月夜取琴，就松树下弹，有二鹤盘空长啸，声与琴弦相应，曲终乃去。

《泰兴县志续》补卷五

注释：

［一］朱人特：字轶凡，江苏泰兴人。康熙戊午（公元1678年）举人。

评析：

“听松风以度曲，按舞鹤而忘年。”（黄庭坚《赵景仁弹琴舞鹤图赞》）

高昌仁

高昌仁，字子元，号贞松[一]。昌仁多才技，书工四体[二]，善画及摹古篆刻而尤精于琴。

《（康熙）金乡县志》卷十一

注释：

［一］高昌仁：字子元，号贞松，山东济宁金乡人。

［二］四体：指古文、篆书、隶书、草书四种书体。

评析：

高昌仁读书常至于废寝忘食，所作诗歌忧愤凄绝，三十六岁早卒或许与此不无关系。

吴宗爱

吴宗爱，字绛雪，永康人[一]。幼慧，色绝美，工诗善琴。

《清稗类钞·贞烈类》

注释：

［一］吴宗爱（公元 1651 年—公元 1674 年）：字绛雪，永康（今浙江永康）人。

评析：

康熙年间，耿精忠部下徐尚朝攻打处州，有游兵到达永康，对永康人说："能献出绛雪的人免死。"乡里人众议汹汹，想要献出绛雪。绛雪则主动请行，以诱敌出境，走到三十里坑，投崖而死。

柴静仪（附柴云倩）

柴静仪，字季娴，浙江钱塘人[一]。孝廉柴云倩女[二]。工诗书画，又从父学琴，手录《琴谱》，父为之序。

《清诗纪事·列女》

注释：

[一] 柴静仪：字季娴，浙江杭州人。

[二] 柴云倩：柴静仪之父，浙江杭州人。

评析：

柴静仪曾与闺中友人钱云仪、林亚清等人结“蕉园吟社”，时称“蕉园五子”。静仪诗落落大方，无脂粉气。

徐梗

徐梗，字庚清[一]。家甚贫，善鼓琴，能为长歌。尝抑郁厄塞时[二]，辄自排解，无惋伤忧惮之色[三]。

《梅里志》卷十

注释：

[一] 徐梗：字庚清，浙江嘉兴梅里镇人。

[二] 厄塞：窘迫艰难。

[三] 惋伤：叹息感伤。

评析：

嵇康《琴赋》云：“导养神气，宣和情志，处穷独而不闷者，莫近于音声也。”可见，古琴音乐能帮助人宣泄感情。

耿迈

耿迈，字子行[一]。工诗善琴，尤精书画。

《（同治）畿辅通志》卷二百三十二

注释：

[一] 耿迈：字子行，河北辛集人。

评析：

耿迈博闻强记，著有《响山堂集》。

张翚

张翚，字羽军，一字采舒[一]，工诗，善琴，而豪于饮，性喜交游。

《（嘉庆）吴门补乘》卷五

注释：

[一] 张翚：字羽军，一字采舒，江苏苏州人。

评析：

张翚每宴客时都要鼓琴一曲，或是赋诗一首，有物我两忘之感。

和素

《琴谱合璧》十八卷：和素取明杨抡所撰《太古遗音》重为翻译[一]。抡本金陵琴工，辑旧谱为是书。和素，满洲镶黄旗人。官至内阁侍读学士。就杨抡旧谱以清文译之，于五音指法则用对音，盖满洲音韵，精微广大，无所不包，用之于琴，尤见中声之谐，天籁之合焉。

《四库全书总目》卷一百十三

注释：

［一］和素（公元 1652 年—公元 1718 年）：字存斋，完颜氏，满洲镶黄旗人。杨抡：见“杨抡”条。

评析：

和素《琴谱合璧》是将杨抡旧谱《太古遗音》以满文翻译而成。

李塨

李先生塨，字刚主，别字恕谷[一]。学琴于张而素[二]。

《颜氏学记》卷四《学正李先生塨》

注释：

［一］李塨（公元 1659 年—公元 1733 年）：字刚主，别字恕谷，河北蠡县人。

［二］张而素：河北蠡县人。

评析：

李塨是颜元的弟子，清初著名哲学家。

沈用济

沈用济，字方舟，浙江钱塘人[一]。母柴氏[二]，名静仪，工诗善琴。用济少承母教，家居色养[三]，以琴咏相娱。

《清史列传》卷七十

注释：

［一］沈用济：字方舟，浙江钱塘（今杭州）人。

［二］柴氏：见“柴静仪”条。

［三］色养：人子和颜悦色奉养父母。

评析：

沈用济的母亲即柴静仪，“少承母教”，则其琴咏源自静仪之教。

吴湘

吴湘，字若耶，江都人[一]。嫁高士范生，居湖上，善鼓琴作画，为士林鉴赏。

《（嘉庆）江都县志》卷十二

注释：

［一］吴湘：字若耶，江都（今江苏扬州）人。

评析：

鼓琴作画，大概是闺阁的修养及格调。

陈春树(附毛光弼)

《御览琉球志》云：“国中无琴，但有琴谱。国王遣那霸官毛光弼于从客福州陈利州处学琴三四月[一]，习数曲，并请留琴一具，从之。”

《（乾隆）长乐县志》卷十

注释：

[一] 毛光弼：琉球人。那霸官：琉球官名。陈利州：陈春树，字利州，今福建长乐人。

评析：

琉球毛光弼跟随客居福州的陈春树学琴三四个月的时间，从这则记载中可以看出，清初古琴文化的对外交流情况。

林赤章

林赤章，字霞起，连城人[一]。隐居冠豸山中[二]，山无水，祷而得泉。耿逆之乱[三]，伪将刘应麟闻其善鼓琴[四]，掳至郡，赤章白衣抱琴入，长揖不拜，曰：“此非鼓琴所。”拂袖竟去。

《清史列传·儒林·林赤章》卷六十六

注释：

[一] 林赤章：字霞起，福建连城人。

[二] 冠豸山：山名，在今福建连城。

[三] 耿逆：指靖南王耿精忠，驻军于福建。耿精忠叛乱即清康熙年间的“三藩之乱”。

[四] 刘应麟：耿精忠部将。

评析：

岁寒之操，赤章有之。

吴官心

吴官心，名九思，以字行，上元人[一]。善弹琴，游公卿间，语不合即拂袖去之。结庐清凉山下，四壁萧然，古琴一张而已。

《（嘉庆）新修江宁府志》卷四十三

注释：

［一］吴官心：名九思，字官心，上元（今江苏南京）人。以字行：仅称呼此人的字，不称名。

评析：

结庐清凉山，四壁萧然，颇有“雨敲松子落琴床”的况味。

盛世俊

盛世俊字鲁瞻[一]，弹琴赋诗，逌然自适[二]。

《（光绪）江阴县志》卷十七

注释：

［一］盛世俊：字鲁瞻，江苏江阴人。

［二］逌然：闲适，自得。

评析：

盛世俊虽知名于时，但并未做官，以弹琴赋诗自娱。

孔毓书

孔毓书，字鲁原，圣裔也[一]。能书，由华亭赘居纪王镇，后家黄渡，葺一室于吴淞滨[二]。客至弹琴觞咏，有逸士风。

《（光绪）青浦县志》卷二十一

注释：

[一] 孔毓书：字鲁原，孔子后裔。居上海。

[二] 葺：修葺。吴淞：地名，在上海。

评析：

嵇康《与山巨源绝交书》云："今但欲守陋巷，教养子孙，时与亲旧叙阔，陈说平生，浊酒一杯，弹琴一曲，志原毕矣。"

禹祥年

禹祥年，字履倩，康熙二十三年廪贡[一]。颖悟夙成，博学能文章，长于诗歌。工楷书，善鼓琴，风流儒雅，名噪三河。

《（乾隆）汜水县志》卷八

注释：

[一] 禹祥年：字履倩，康熙二十三年（公元 1684 年）廪贡，河南荥阳汜水人。

评析：

禹祥年常与四方名士觞咏泉石之间。

秦文粹

秦文粹，字茂林，邑诸生[一]。学渊博，性宽和。善鼓琴弄箫。

《（同治）黄安县志》卷十

注释：

［一］秦文粹：字茂林，湖北黄安人。

评析：

秦文粹厌弃尘世喧嚣，因此在溪山环合之处构筑小楼，悠游其中，读书弹琴，有隐士之风。

万和(附范承都)

《琴瑟合璧》：沈阳范承都淳庵著[一]，昆明万和尔梅校[二]。

《琴瑟合璧》

注释：

［一］范承都：字淳庵，辽宁沈阳人。

［二］万和：字尔梅，云南昆明人。

评析：

范承都《琴瑟合璧叙》中说："万子尔梅，其人琴高之流亚也，工琴。余喜从而学焉。"又，《琴瑟合璧》成书于康熙年间，今存。

郑善述

蕉溪郑先生，名善述，字孚世，蕉溪其别号也[一]。世居闽，占籍福清，徙建安。筑木石居，广不过一亩，往往药草盈栏，图书满架，时复援琴舒啸。

《碑集传》卷九十六《郑先生善述传》

注释：

[一] 郑先生：郑善述，字孚世，号蕉溪，建安（今福建建瓯）人。

评析：

郑善述曾经驯养了一只鹤，每善述啸歌，鹤即起舞，清啸数声，似相应答。

盛养心（附盛闇之）

盛养心、盛闇之[一]，皆高行，工诗善琴，兼精岐黄术，俱享上寿[二]。

《（光绪）嘉兴县志》卷二十六

注释：

[一] 盛养心：浙江嘉兴人。盛闇之：盛养心之子。

[二] 上寿：高寿。

评析：

岐黄之术养生，琴亦养生，故能高寿。

吴度

吴度，字叔予，歙县拔贡生[一]。著有《琴言》。

《重修安徽通志》卷二百二十五

注释：

［一］吴度：字叔予，安徽歙县人。

评析：

《重修安徽通志·艺文志》著录为吴度《琴言》一卷。

罗曰琮

罗曰琮，字宗玉，号梅溪[一]。善弹琴，人品高澹[二]，书法得晋人之遗。尤长于丹青。

《（嘉庆）高邮州志》卷十

注释：

［一］罗曰琮：字宗玉，号梅溪，江苏高邮人。

［二］高澹：高洁淡雅。

评析：

人能高澹，琴即能清空。

陆生芝

陆生芝[一]，邑诸生。善书，尤长于琴，善一时之韵，远近无与比指法者，风月佳夕，辄泠泠在耳也。

《（乾隆）钟祥县志》卷十二

注释：

［一］陆生芝：湖北钟祥人。

评析：

风月佳夕，鼓琴一曲，不失为一种精神寄托。

董鹤舒

董鹤舒，号松溪，丰城人[一]。貌甚古，与人终日，坐如槁木。能自制琴，于古人指法，辨别尤审，居栗溪上，四壁萧然，琴囊外只残书数卷，冲淡如其性。尝携酒松石间，一篇构就即张弦谱之，清韵散林樾[二]。

《（同治）南昌府志》卷五十三

注释：

［一］董鹤舒：号松溪，江西丰城人。

［二］林樾：林木。

评析：

一篇构就即能张弦谱之，说明其人才思敏捷。

张逸

张逸，字泰庵，号溪叟[一]。善琴，工诗画，精岐黄术。

《（光绪）重修嘉善县志》卷二十四

注释：

［一］张逸：字泰庵，号溪叟，浙江嘉善人。

评析：

张逸尤其精通医术，被称为“医家逸品”。

黄应缵

黄应缵，字绪庵[一]。多技能，善骑射。晚耽黄老家言，斋居一室，弹琴赋诗以自乐。

《（光绪）漳州府志》卷三十二

注释：

［一］黄应缵：字绪庵，福建漳州人。

评析：

黄应缵为海澄公之孙，后因承袭爵位之事行贿当地知县，为有司弹劾罢职。

徐常遇（附徐祜、徐禕、徐祎）

《澄鉴堂琴谱》：五山徐常遇二勋甫集[一]，男祜周臣、禕瓒臣、祎晋臣仝校[二]。

《澄鉴堂琴谱》

注释：

[一] 徐常遇：字二勋，别号五山老人，广陵（今江苏扬州）人。《澄鉴堂》琴谱刊于康熙五十七年（公元1718年）。

[二] 男祜周臣：徐祜，字周臣，徐常遇之子。禚瓒臣：徐禚，字瓒臣，徐常遇之子。祎晋臣：徐祎，字晋臣，徐常遇之子。

评析：

徐常遇被后人称为是“广陵派”的代表人物。其子幼承家学，并工琴，周臣、晋臣尤为著名。

周庆云《琴史续》认为徐常遇的琴乐“气味与熟派相近”，熟即常熟，也就是说受到了常熟虞山派的影响。在这一点上，查阜西与周庆云观点相似，他认为：“徐常遇师承不明，但从其指法大部分抄袭徐青山、长子周臣参与《徽言秘旨订》谱校阅两点推看，实虞山旁支耳。”

普照

予不敏[一]，承祖父庭训[二]，以为古乐莫近于琴。赋性驽钝，操缦安弦，十未得一。

《澄鉴堂琴谱序》

注释：

[一] 予：普照，与徐祎交游。

[二] 庭训：家教。

评析：

普照认为琴可以熏陶德性。

徐祺(附黄镇、徐俊、周鲁封)

《五知斋琴谱》：古琅老人徐祺大生鉴定[一]，会稽黄镇仲安参订[二]，男俊越千校[三]，燕山周鲁封子安汇纂[四]。

《五知斋琴谱》

注释：

[一] 徐祺：字大生，号古琅老人，江苏扬州人。

[二] 黄镇：字仲安，会稽（今浙江绍兴）人。

[三] 俊：徐俊，字越千，徐祺之子。

[四] 周鲁封：子安，燕山（今河北）人。

评析：

徐祺著有琴谱，但并未刊行。其子徐俊与周鲁封参订重校，成《五知斋琴谱》八卷。《五知斋琴谱》，黄镇、周鲁封、徐俊皆有序，可参看。

谢伯(附谢愚泉)

谢伯，字申伯[一]。少从里中琴师徐祜游[二]，技成走京师，主高其佩[三]，往来公卿间。倦游归里，训其子曰："琴之道可通于文，宫商相宣，清浊相间，尽其术而一轨于古，郑声勿能乱也[四]。"子愚泉传其学[五]。

《通州直隶州志·方技》卷末

注释：

[一] 谢伯：字申伯，北京通州人。

[二] 徐祜：见"徐祜"条。

［三］高其佩（公元1672年—公元1734年）：字韦之，辽宁人。清代官员、画家。

［四］郑声：俗乐。

［五］子愚泉：谢愚泉，谢伯之子。

评析：

谢伯认为琴为雅乐，并坚持复古之道。

梁清格

梁清格字书城[一]，少为元佑宫道士。端雅清介，有士君子之行。后游京师，学琴于大兴徐越千[二]，指法高妙，泠泠有《清庙》之遗[三]。晚年被酒，为人一弹，人多不解，自怡而已。

《（乾隆）钟祥县志》卷十五

注释：

［一］梁清格：字书城，湖北钟祥人。

［二］徐越千：见“徐俊”条。

［三］《清庙》：古代帝王祭祀用的乐章。

评析：

张开东《郢中说琴歌》有句云：“郢中琴谱中州调，元佑道士得微妙。梁氏字书城，往往独抱怀古情。南游偶经江都宰，适逢琴师千载会。琴师大兴徐越千，道士再拜觅真传。手传十九真法部，天地正声飞南渡。”整首诗记述梁清格弹琴事。

罗子敬

古乐云亡，所幸徽缦犹存，正始可复。余少壮时即稍知抚弄[一]，常游金陵，就正于汪安侯、罗子敬两先生[二]。

《五知斋琴谱·黄镇序》

注释：

[一] 余：黄镇，见“黄镇”条。

[二] 汪安侯：见“汪安侯”条。罗子敬：金陵（今南京）人。

评析：

黄镇古琴师从汪安侯、罗子敬。

戴正梁

戴正梁[一]，善鼓琴，不乐仕进。日徜徉山水间，凭今吊古，人莫测其底蕴，自号瑶峰逸叟。

《（同治）黄安县志》卷八

注释：

[一] 戴正梁：自号瑶峰逸叟，黄安（今湖北红安）人。

评析：

戴正梁是一个淡泊名利，高蹈世外的隐士。

朱体巽

朱体巽，字武贞[一]。康熙中岁贡。博学工诗文，尤嗜琴，里居无师，按谱冥索得其指法，遂曲尽窍妙[二]，每焚香闭阁，抚弦动操，极高山流水之趣。

《宁阳县志》卷十三

注释：

［一］朱体巽：字武贞，山东泰安宁阳县人。

［二］窍妙：巧妙。

评析：

朱体巽没有古琴老师，只能按照琴谱自学，也终能成就其技艺，难能可贵。

刘调赞

刘调赞，字用可，威县人[一]。能琴，通乐律。后恕谷建道传祠[二]，命先生撰乐章三篇，先生与其族子述舞及冀州赵本中以琴笛笙和之。

《清儒学案》卷十三

注释：

［一］刘调赞：字用可，威县（今河北邢台）人。

［二］恕谷：李恕谷（公元 1659 年—公元 1733 年），名塨，字刚主，号恕谷，刘调赞师从李恕谷。

评析：

《威县志》著录刘调赞《杖溪学乐录》一卷。

焦之宪

焦之宪，字若周，康熙辛酉武举[一]。性高旷，工吟咏，不以世事经心。建一小楼，曰“柳舫”，坐卧其中，鸣琴长啸，胸次洒然[二]。

《（嘉庆）天平县志》卷六

注释：

［一］焦之宪：字若周，康熙辛酉（公元 1681 年）武举，安徽黄山人。

［二］洒然：洒脱。

评析：

冲融闲雅，洒然自得。

李柱

李柱，字介石[一]，善鼓琴，妙解音律，自置乐器，谱新曲。课诵之暇，子侄甥男及门弟子咸肄习之[二]。谓乐主于和，可以收放心[三]，畅文情，非徒取娱乐而已。

《（雍正）深泽县志》卷八

注释：

［一］李柱：字介石，河北深泽县人。

［二］及门弟子：授业弟子。

［三］放心：放纵之心。

评析：

李柱否认音乐仅仅具有娱乐的功能，他继承了古人的观点，提倡“乐主于和”，和即和谐、协调的意思，所以李柱认为乐可以收敛放纵之心，可以畅达文章中的感情。

特藻

康熙二十八年[一]，云泉庵住持特藻[二]，道风暇畅，召见行在。奏琴四曲，上奖励至再[三]。

《吴门补乘》卷首

注释：

[一]康熙二十八年：公元1689年。

[二]特藻：苏州云泉庵住持。

[三]至再：多次。

评析：

后来康熙赐云泉为慧业寺。龚自珍有词云："三生慧业，万古才华。"正与特藻相合。

伊裔

《琴谱自得》六册，康熙辛卯伊裔蒿子撰[一]。

《与古斋琴谱》卷三《考存琴谱》

注释：

[一]康熙辛卯：公元1711年。伊裔：字蒿子。

评析：

伊裔生平不详。

陆攀

陆攀，字威恕[一]。工书善琴，兼精岐黄之术。

《（光绪）嘉兴府志》卷五十九

注释：

［一］陆攀：字威恕，浙江嘉兴人。

评析：

陆攀多有著述，亦工诗。

程允基(附程允谦、毕尔恕、胡洵龙)

程允基，字寓山，歙县人[一]。幼习琴，得师传之正脉，挟之以游四方，多交操缦士，见世之好尚不同，传习各异，因其所见，而折衷之，卒以虞山为归。乃抉严天池、徐青山之精英[二]，及四方所得秘本，而妙选之，有谱三十六曲，皆静远澹逸，非凡响也。

尝谓吴允谦曰[三]："圣人作乐，以宣其气，而琴独以敛其性。譬诸天道，春以宣之，秋以敛之，乾坤阖辟之义，阳温而浊，阴冷以清，气相感而声相应，自然之理也。夫琴也者，所以禁其流逸，而收敛其性情，得秋道焉。故其旨贵清而韵宜冷，反是，则时俗之乐，而失先圣之旨，非君子之所尚矣。"

允基尝游广州，得一琴，通身俱断，有梅花，有流水，音响清润如金石，上下停匀[四]，无虚实之病，喜曰："此可谓九德俱备矣[五]！"因名之曰"又俞"，盖以伯牙自况云。

有毕尔恕者[六]，以善琴，从史阁部游[七]，暮年无所适，过允基曰："操缦家不可不习骥气，吾老矣，不能传也。艺之精者，有胡远山，盍求之[八]。"允基因就学焉。远山名洵龙，字霖生，华亭人[九]。琴学雅正，亦传自吴门者也。二子既为深交，尝曲譬以阐其理，允基以为琴之为学犹书焉，运腕用臂力，指节用坚实，一也；有轻重，有顿挫，有向背结构，二也；或敛或纵，或疏或密，三也；体骨遒劲，风致潇洒，四也；高古纯朴，超妙入神，五也；而又必求法帖，重师传，积学日久，而后有成，六也。洵龙以为诗文之道亦与琴通，诗文心之声，琴亦心声也，故讽其辞听其音，皆可以知其为人。允基所著《诚一堂琴谱》，洵龙为之序。

《安徽通志·列传十》

注释：

［一］程允基：字寓山，安徽歙县人。

［二］严天池：见"严澂"条。徐青山：见"徐上瀛"条。

［三］吴允谦：安徽歙县人。

［四］停匀：匀称。

［五］九德：明代冷谦提出琴有四善九德之说。九德：奇、古、透、静、润、圆、清、匀、芳。

［六］毕尔恕：明末清初琴家。

［七］史阁部：史可法。

［八］盍：何不。

［九］远山：胡洵龙，字霖生，号远山，华亭（今上海）人。

评析：

胡洵龙与程允基在琴曲风格上受虞山派影响，《诚一堂琴谱》也被认为与虞山派存在渊源关系。

江南春

《寄梅琴谱》：江南春撰[一]。

《歙县志》卷十五

注释：

[一] 江南春：安徽歙县人。

评析：

江南春生平不详，著有《寄梅琴谱》。

叶鲁白

叶鲁白，歙县人[一]。年七十余，携一琴一笛，客游河南禹州。鲁白之琴得杨太常遗响[二]，妙绝一世。以疾卒，其友韩鼎葬之颖水之原，焚其琴于墓下。

《安徽通志稿·列传十·叶鲁白》

注释：

[一] 叶鲁白：安徽歙县人。

[二] 杨太常：见“杨正经”条。

评析：

焚琴墓下，人琴同寂。

张开基(附贾巢云、曹永鼎)

张开基，字东村，阜阳人[一]。善鼓琴，雅有品节。阜阳自明代浙人贾巢云流寓此间[二]，以琴旨授曹永鼎[三]，永鼎授之刘体仁[四]，开基与刘为姻戚，因得其传。凡《高山》《风雷引》《箕子》《云门》等十三调，相传为明神宗时内庭供奉之谱，仙音法曲，有异他宗。开基殁，此调遂绝。

《安徽通志稿·列传十·张开基》

注释：

［一］张开基：字东村，安徽阜阳人。

［二］贾巢云：明朝时期浙江人，流寓安徽阜阳。

［三］曹永鼎：安徽阜阳人。

［四］刘体仁：见“刘体仁”条。

评析：

张开基所弹曲目，相传为明神宗时期供奉皇庭之谱，与各琴派不同，惜其不传。

茆在宫

茆在宫，字雍瞻，宣城人[一]。工楷书，尤精琴理。有手挥目送之妙[二]。

《安徽通志稿·列传十·张开基》

注释：

［一］茆在宫：字雍瞻，安徽宣城人。

［二］手挥目送：嵇康《赠秀才入军》：“手挥五弦，目送归鸿。”

评析：

胡尚洪赠以诗云："弹所未弹琴，太古以前曲。顽石闻点头，定僧喜出足。忘肉者为谁，毋乃子期属。"

许玙

许玙，字楚山[一]，醇谨朴茂[二]，善琴，工画墨牡丹。

《（光绪）嘉兴府志》卷五十七

注释：

［一］许玙：字楚山，浙江海盐人。

［二］醇谨：醇厚谨慎。朴茂：质朴厚重。

评析：

为人醇谨，故行为和雅，善琴即表征之一。

吴天端

吴天端，字圣宇[一]，性喜琴书、山水。不求闻达[二]，以仁厚教子孙。

《（光绪）嘉兴府志》卷五十七

注释：

［一］吴天端：字圣宇，浙江海盐人。

［二］不求闻达：不追求名誉地位。

评析：

以仁厚为本，吴天端将自己的美德传至子孙，家风美善。

陈绍藩

陈绍藩，字松崖，怡雪其号也，海盐人[一]。精玄学，闭户焚修[二]，笃志不倦。尝抚琴，有鹤翔于庭。

《（光绪）嘉兴府志》卷六十二

注释：

［一］陈绍藩：字松崖，号怡雪，浙江海盐人。

［二］焚修：净修。

评析：

正是“飒飒朱弦玄鹤舞”的景象。

贺炳

贺炳，字松庵，号云涛散人[一]。隐于黄冠[二]，栖真道院中。常坐一小楼，日读唐宋诸家文，手摹《黄庭经》。客有过访者，烹茗焚香，弹琴赋诗。

《（光绪）嘉兴府志》卷六十二

注释：

［一］贺炳：字松庵，号云涛散人，浙江嘉兴人。

［二］黄冠：道士。

评析：

琴心三叠舞胎仙。

周世琳

周世琳，字客槎[一]。立身醇朴[二]，暇时鼓琴自娱，兼工书法，能诗。

《（光绪）嘉兴县志》卷二十五

注释：

［一］周世琳：字客槎，浙江嘉兴人。

［二］醇朴：醇厚质朴。

评析：

“左琴右书”，正此谓也。

张云鹤

张云鹤字紫田，一字抱山[一]。性高尚，不慕荣仕，不娶。出入以琴自随，心有所得，辄鼓之，兼工书画，尤邃于诗，著《抱山诗抄》四卷。

《（光绪）嘉兴府志》卷五十七

注释：

［一］张云鹤：字紫田，一字抱山，浙江海盐人。

评析：

《礼记·乐记》云："礼乐不可斯须去身。"

杨之淳

杨之淳贫老无子[一]，馆谷终其身[二]。善古琴，非知己不得闻。

《（光绪）平湖县志》卷十八

注释：

[一] 杨之淳：浙江平湖人。

[二] 馆谷：作馆，教私塾或任幕宾。

评析：

《警世通言·俞伯牙摔琴谢知音》云："琴有七不弹，闻丧者不弹，奏乐不弹，事冗不弹，不净身不弹，衣冠不整不弹，不焚香不弹，不遇知音不弹。"

方树本

方树本，字根遂，监生[一]。平生重然诺[二]，所交多名下士，善鼓琴，蓄书画甚富，并工于诗。

《（光绪）嘉兴府志》卷五十九

注释：

[一] 方树本：字根遂，浙江平湖人。

［二］然诺：诺许。

评析：

《颜氏家训·杂艺》中说："衣冠子孙，不知琴者，号有所阙。"意思是士大夫子孙不能弹琴的，称作不全面。以此，方树本为无所阙者也。

陆应麒

陆应麒，字文端，号梦征[一]。清奇好古，隐于琴，能诗。

《（光绪）嘉兴府志》卷六十

注释：

［一］陆应麒：字文端，号梦征，浙江石门人。

评析：

隐于琴，也是一种常见的归隐方式，以琴音为情感归宿。

黄梦彩

黄梦彩[一]，嗜诗书，善鼓琴，以技游缙绅之间，洁清自号，人争敬礼之。

《（嘉庆）天平县志》卷六

注释：

［一］黄梦彩：字德辉，安徽黄山人。

评析：

黄梦彩为黄太松之孙。黄太松精翎毛花卉，得张玉书赏识。

朱珊

朱珊，字玉树，号镜湖，高安人[一]。善书画，尤精于琴。

《（同治）瑞州府志》卷十三

注释：

[一]朱珊（公元1662年—公元1722年）：字玉树，号镜湖，江西高安人。

评析：

朱珊做官时政简刑平，革除一切陋习，辞官后专心著述。

秦士鹤

秦士鹤，字松巢，南漳诸生[一]。好诗，喜琴，工书画，守鲁之裕尝称其书法好用枯墨[二]，苍老有云林画意[三]。

《（同治）南漳县志集抄》卷二十

注释：

[一]秦士鹤：字松巢，南漳（今湖北襄阳南漳县）人。

[二]鲁之裕（公元1666年—公元1746年）：字亮侪，湖北麻城人。

[三]云林：倪瓒，号云林，元代书画家。

评析：

据说秦士鹤的书法不拘成法，随意挥洒，由此又可窥见其个性。

祖餐英(附祖简能)

虞山祖餐英善琴[一]，邻有善乩者[二]，餐英过之，忽书曰："闻子善琴，为我鼓之。"餐英鼓《高山》，曰："善。"书"云响"二字赠之。餐英心讶之。曰："非遏云解也，昔我游匡山，白云冉冉生足下，闻山下水石相激声，疑其云响也。子琴声相似，故云尔。"自是，琴益进。子简能亦善鼓琴[三]，为徐龙友道其事。虽涉荒怪，颇得琴理。

《清诗纪事·雍正朝卷》

注释：

[一] 祖餐英：虞山（今江苏常熟）人。

[二] 乩：占卜吉凶。

[三] 简能：祖简能，祖餐英之子。

评析：

餐英的名字应来源于《离骚》"夕餐秋菊之落英"之句。

董陈亮

董陈亮《卧云楼琴谱》[一]。

《南浔镇志》卷二十九

注释：

［一］董陈亮：浙江湖州人。

评析：

《卧云楼琴谱》今佚。

刘南英

刘南英，字宇千[一]。工诗，尤精琴理，有《琴学集成》十卷，梅征士文鼎为之序[二]。

《（嘉庆）宁国府志》卷三十一

注释：

［一］刘南英：字宇千，安徽宣城人。

［二］梅征士：梅文鼎（公元1633年—公元1721年），字定九，安徽宣城人，清代天文学家、数学家。

评析：

《琴学集成》十卷已亡佚，惜哉。

林仁

林仁[一]，素好鼓琴，得庄蝶庵指法[二]，节奏古雅。为人清介，虽贫不干于世。提督施世骠延教其子[三]。

《（道光）厦门志》卷十三

注释：

［一］林仁：福建厦门人。

［二］庄蝶庵：见“庄臻凤”条。

［三］施世骠（公元 1667 年—公元 1721 年）：清初名将。

评析：

林仁指法明显受到了虞山派影响。

李正捷

李正捷，字逊之，厦门人[一]。能诗工书，善鼓琴，深究天文地理之学，精剑术。

《（道光）厦门志》卷十三

注释：

［一］李正捷：字逊之，福建厦门人。

评析：

李正捷所著有《月山诗文集》。

章淑云

章淑云，字琼田，外清人[一]。陈廷俊妻。善棋能琴，通五十余谱。

《（道光）厦门志》卷十四

注释：

［一］章淑云：字琼田，厦门外清人。

评析：

章淑云有《镜花楼诗稿》。

惠士奇

惠士奇，字天牧[一]。著《琴笛理数考》四卷。

《清史稿·惠士奇传》卷四百八十一

注释：

［一］惠士奇（公元1671年—公元1741年）：字天牧，一字仲孺，晚号半农，人称“红豆先生”，江苏吴县人。

评析：

惠士奇是清代著名经学家，其《琴笛理数考》说明了琴笛的乐律问题。

徐堂

徐堂，字云五，号桐江，诸生[一]。博学，工吟咏。尝弹琴，谱《猗兰》《龟山》等操。

《（光绪）余姚县志》卷二十三

注释：

［一］徐堂：字云五，号桐江，浙江余姚人。生活于雍正年间。

评析：

徐堂著有《桐江诗集》，工诗善琴，然而一生郁郁不得志。

张梁

张梁，字奕山，居秀野桥[一]。工诗词，名噪一时。善鼓琴，指法入古。尝于西溪鼓《鹤舞洞天》曲，庭中所蓄二鹤，翔舞至再。

《（乾隆）娄县志》卷二十六

注释：

［一］张梁（公元1683年—公元1765年）：字奕山，一字大木，华亭（今上海）人。康熙癸巳（公元1713年）进士。

评析：

张梁《杂诗》云："偶坐藤萝下，挥手弄素琴。我琴不悦耳，能作淡泊音。本非求人知，我自写我心。"

汤燕生

汤岩夫游黄山弹琴[一]，始信峰上有髯而白衣者立乎前，谛视乃雪翁[二]，雪翁者，山人谓猿公也，长啸裂云而去。

《芜湖县志》卷五十三

注释：

［一］汤岩夫：汤燕生，字岩夫，安徽芜湖人。

［二］谛视：仔细观看。

评析：

古人认为美好的音乐能使飞鸟翱翔，游鱼出听，而汤燕生鼓琴则能使猿猴伫立长啸，足见其功力。

朱品奇

予自幼习琴于昭阳陆氏[一]。

《存古堂琴谱叙》

注释：

［一］予：朱品奇，吴陵（今江苏苏州）人。

评析：

朱品奇幼年学琴于陆氏，但苦不得琴旨，后得吴文焕《存古堂琴谱》，颇有启发。

吴文焕(附曹礼周)

《存古堂琴谱》：天都吴文焕蔚南选辑[一]，雉皋吴迪重光、白岳曹礼周鲁宗参订[二]。

《存古堂琴谱》

注释：

［一］吴文焕：字蔚南，天都（今安徽黄山）人。

［二］曹礼周：字鲁宗，白岳（今安徽黄山）人。

评析：

《存古堂琴谱》今存，成书于雍正四年（公元 1726 年）。

李式谷

李式谷，字申兹，仁和人[一]。博览群书，论古独抒己见。习勾股，识天文，善鼓琴。

《杭州府志》卷一百五十

注释：

［一］李式谷：字申兹，仁和（今浙江杭州）人。

评析：

李式谷能诗善画，又多有著述，如《易经衷要》等。

朱英

朱英，字泉山，富阳诸生[一]。性厌嚣，绝意进取。独癖嗜书画。家有三层楼，坐卧其颠，不问世事。尤明音律，自制洞箫，数于月下吹之。好鼓琴，非知音弗弹也。

《杭州府志》卷一百五十

注释：

［一］朱英：字泉山，浙江杭州人。

评析：

《溪山琴况》云："盖音至于远，境入希夷，非知音未易知，而中独有悠悠不已之志。"是说琴音达到一种玄妙的境界之后，只有知音者才能理解，这大概就是弹琴人有"知音"情结的原因之一。

李如琪

李如琪，字珍生[一]。书法工整，诗有陶、韦风致[二]。老年好琴，得中州派古调，独弹终日，焚香默坐，有高士风。

《沧县志》卷八

注释：

［一］李如琪：字珍生，河北沧州人。

［二］陶、韦：陶渊明、韦应物。

评析：

李如琪属中州琴派。

方宗镇

方宗镇，字天毓[一]，工诗善琴。

《（嘉庆）太平县志》卷六

注释：

［一］方宗镇：字天毓，安徽黄山人。

评析：

方宗镇堂侄及侄孙幼孤，宗镇收养抚育。古人说：“圣人造乐，导迎和气，恶情屏退，善心兴起。”宗镇即善心之人。

大嵒(附宝月、先机)

大嵒徒宝月[一]，善棋好琴，广结纳[二]。孙先机，字净缘[三]，以琴棋世其传，每弹《普庵咒》诸曲，石庄恒吹箫和之。

《扬州画舫录》卷九《小秦淮录》

注释：

［一］大嵒：先为蜀僧，后主持扬州乐善庵。宝月：蜀僧大嵒弟子。

［二］结纳：结交。

［三］先机：字净缘，扬州僧。据文意，先机为大嵒徒孙。

评析：

蜀僧大嵒膂力过人，但并不识字，《扬州画舫录·桥西录》记其为琴师。他的徒弟徒孙也能够以琴棋相传。

程梦星

程梦星，字伍乔，一字午桥，号洴江，又号香溪[一]。诗格在韦、柳之间[二]，于艺事无所不能，尤工书画弹琴，肆情吟咏。

《扬州画舫录》卷十五《冈西录》

注释：

[一] 程梦星（公元1678年—公元1755年）：字伍乔，一字午桥，号洴江，又号香溪，安徽歙县人，迁居江苏扬州。

[二] 韦、柳：唐代诗人韦应物、柳宗元。

评析：

程梦星是清代著名文人，又工书画、弹琴，因此被推为“一时风雅之宗”。

篆玉

岭云禅师名篆玉，字让山，仁和万氏子[一]。善鼓琴，书法入能品，诗笔明秀。

《光绪桐乡县志》卷十五

注释：

[一] 篆玉：俗姓万，字让山，号岭云禅师，仁和（今浙江杭州）人。

评析：

岭云禅师主杭州净慈寺时间最久，后游京师，得和硕庄亲王招，住海淀法界观心佛堂十三年。

陈瑚

陈瑚，字耀瑚，诸生[一]。其母为吴官心女[二]，遂传琴理，著有《取斯集》。

《（光绪）续纂江宁府志》卷十四

注释：

［一］陈瑚：字耀瑚，江苏南京人。

［二］吴官心：见“吴官心”条。

评析：

可见陈瑚古琴为家传。

颜超

颜超，字常升，号肃斋，又号西畴居士，晋江人[一]。清约闲静，有特操[二]。不问繁华，终年耽玩经籍，暇则焚香弹琴以适志。泉人能琴者推为第一。

《（乾隆）泉州府志》卷五十五

注释：

［一］颜超：字常升，号肃斋，又号西畴居士，福建晋江人。

［二］特操：独立的操守。

评析：

“推为第一”，可以推测颜超在福建泉州琴界颇为有名。

陈颙奎

陈颙奎字子令，晋江人[一]。幼聪颖，书过目成诵，琴弈书数无所不能。

《（乾隆）泉州府志·国朝笃行》卷六十

注释：

[一] 陈颙奎：字子令，福建晋江人。

评析：

陈颙奎又能诗，好谈禅，性情温厚。

姚忠

姚忠，字廷仪[一]，以朴诚称[二]，亦能琴。

《嘉庆上海县志》卷十五

注释：

[一] 姚忠：字廷仪，上海人。

[二] 朴诚：朴实忠诚。

评析：

姚忠为幼儿科医生。

潘其彬

潘其彬，号质厓，闵行人[一]。善琴，有《琴谱》及《诗集》《东江乐府》。

《嘉庆上海县志》卷十五

注释：

[一] 潘其彬：号质厓，上海闵行人。

评析：

其《琴谱》已亡佚。

吴志华

吴志华[一]，能琴，得古法，工草书，皆知名于时。

《嘉庆上海县志》卷十五

注释：

[一] 吴志华：上海人。

评析：

取乐琴书，怡神养性。

章汝琳(附卫柱、姚宏垚)

章汝琳，字湘佩，金山人[一]。工诗古文，兼善琴。后以琴法授卫柱[二]，柱授姚宏垚[三]，而宏垚尤精。柱字衡峰，岁贡生，以能文名。宏垚，字谷真，诸生。

《（光绪）松江府续志》卷二十六

注释：

［一］章汝琳：字湘佩，上海金山人。

［二］卫柱：字衡峰，上海人。

［三］姚宏垚：字谷真，上海人。

评析：

姚宏垚又擅长白描，可惜年三十八岁即逝。

曹友仙

曹友仙[一]，善鼓琴，挝鼓吹铁笛[二]。尝于中秋月夜，援琴鼓之，神伤而声噍以杀[三]，有鬼物自几下出，断其弦。

《嘉庆上海县志》卷十五

注释：

［一］曹友仙：上海人。

［二］挝鼓：击鼓。

［三］噍以杀：声音急促而衰微。语出《礼记·乐记》：“是故其哀心感者，其声噍以杀。”是说人们心中起了悲哀的感应时，发出的音声就会急促而衰微。

评析：

曹友仙神伤而弹琴，琴音急促而衰微，导致鬼怪都因为太过哀伤听不下去了，这大约就是琴声“感天地，动鬼神”的体现。

张希贤

张希贤，字若愚，号石娱，上海人[一]。布衣，善洞箫鼓琴。

《嘉庆上海县志》卷十五

注释：

［一］张希贤：字若愚，号石娱，上海人。

评析：

张希贤为人情介，不妄与人交游。

徐承熙

徐承熙，字复园，华亭人[一]。父儒林[二]，妙解音律，承熙亦通琴理，写花卉极工，山水法董文敏[三]。

《（光绪）松江府续志》卷二十六

注释：

［一］徐承熙：字复园，上海人。

［二］儒林：徐儒林，徐承熙之父。

［三］董文敏：明代画家董其昌。

评析：

家学渊源是琴道传承的一个重要方式。

汪绂(附余家鼎)

《立雪斋琴谱》：婺源汪绂双池辑[一]，同邑后学余家鼎重校[二]。

《立雪斋琴谱》

注释：

[一] 汪绂（公元 1692 年—公元 1759 年）：初名烜，字灿人，号双池，又好敬堂，婺源人。

[二] 余家鼎（公元 1850 年—？年）：字彝伯，号厚斋，婺源人。

评析：

据《清史稿》本传，汪绂精通乐律，著有《乐经律吕通解》五卷、《乐经或问》三卷。

吴健庵(附吴芗岩)

余彝伯以高祖乡贤公为双池先生高第弟子[一]，得琴学正宗，有琴曰“万壑松风”，思继旧业，乃学琴于舅氏吴健庵[二]，尽得其外祖芗岩先生琴学真传以归[三]。

《立雪斋琴谱·潘纪恩跋》

注释：

[一] 余彝伯：见“余家鼎”条。

[二] 吴健庵：余家鼎舅父。

[三] 芗岩：吴芗岩，余家鼎外祖父。

评析：

余家鼎既得琴学真传，遂取汪绂所著《立雪斋琴谱》悉心校订。

邵昂霄

邵昂霄，字子政[一]。幼颖异，十岁能古文，旁及琴弈、投壶、百艺。尤长天文历算。

《（光绪）余姚县志》卷二十三

注释：

［一］邵昂霄：字子政，浙江余姚人。

评析：

邵昂霄雍正十三年（公元1735年）拔贡，精通中西之学。

何梦瑶

《赓和录》二卷：何梦瑶撰。梦瑶字报之，南海人[一]。是书恭录圣祖仁皇帝《律吕正义》为《述要》上、下二卷[二]。又以所纂蔡氏《律吕新书训释》、曹庭栋《琴学纂要》附入下卷[三]。

《四库全书总目》卷三十九

注释：

［一］何梦瑶（公元1693年—公元1764年）：字报之，南海（今广东广州）人。

［二］圣祖仁皇帝：康熙。

［三］蔡氏：指宋代蔡元定。

评析：

何梦瑶为《律吕正义》中所论琴律依文注释，时称其决择精当。

郭元灏

郭元灏，字清源，一字海粟居士[一]。幼颖异，喜读书。善鼓琴，调弦雅歌，往往有激楚之音[二]。

《分湖小识》卷三

注释：

[一] 郭元灏：字清源，一字海粟居士，江苏吴江汾湖镇人。

[二] 激楚：高亢凄楚。

评析：

郭元灏能作诗，写古文，后因母丧哀毁过甚而卒。

郁文

郁文，字承哉，一字澄斋[一]。屡试京兆，辄遭屏弃，自以高才不遇，往往使酒骂座[二]，以是龃龉于时[三]。善鼓琴，其卒之夕，适在朱文正第中，与文正弹琴理，乃起弹三曲，觉有激楚之音，竟以是夕卒。

《分湖小识》卷三

注释：

[一] 郁文：字承哉，一字澄斋，江苏吴江汾湖镇人。

[二] 使酒：因酒使性。

[三] 龃龉：抵触。

评析：

郁文高才负气，独服膺于郭元灏，元灏也往往规劝之。

曹庭栋

《琴学内篇》一卷、《外篇》一卷：曹庭栋撰[一]。是书分内、外二篇。内篇论琴律正变倍半之理，及定徽转调之法；外篇则荟萃古今琴说，而以己意断其是非也。

《四库全书总目》卷一百十四

注释：

［一］曹庭栋（公元1699年—公元1785年）：字楷人，号六圃，晚号慈山居士，浙江嘉善人。

评析：

曹庭栋晚年也画竹、听琴、观棋。关于弹琴，他有一个比较有意思的说法："琴能养性，嫌磨指甲。"养性是内在的修养，而磨损指甲是身体本身的消耗，所以，听琴才是最好的养生法则。

朱品

朱品，字汉槎，钱塘人[一]。十二岁即学琴，安弦操缦[二]，积百余操。晨起理至夜分，六十年如一日，世未有匹。

《杭州府志》卷一百五十

注释：

［一］朱品：字汉槎，钱塘（浙江杭州）人。

［二］操缦：操弄琴弦。

评析：

从早到晚，弹琴六十年如一日，可谓勤奋。

周明先

隐仙庵道士周明先善琴[一]，能诗。

《随园诗话》卷九

注释：

[一] 周明先：南京隐仙庵道士。

评析：

周明先有诗云："壁琴风过闻天籁，香碗灰深袅篆烟。"

施绍闇

海宁施绍闇，字定庵[一]。其父工诗文，善书法，兼画兰竹，晚岁家居，酬应之暇，常焚香抚琴，对客围棋。定庵每于课余侍侧，闻声心慕，请问其旨，则曰："琴尚淡雅而鄙繁支[二]，棋贵虚灵而病沾滞[三]。汝羸弱多疾，琴尤宜也。"遂退而学琴。

《清稗类钞·艺术类》

注释：

[一] 施绍闇：字定庵，浙江海宁人。

[二] 繁支：烦琐。

[三] 虚灵：空灵。

评析：

施绍闇以擅棋名著于世，而古人一直认为棋耗神而琴养生，因此施绍闇的父亲也认为体弱多病的他应当学琴。

王泽山（附韩桂、吴观星、文溥寰、冉性山、沈道士、程起振、姚五知、彭绍虞、仇世臣）

吴兴金吾易先生陶，圣祖仁皇帝时供奉内廷[一]，晚年退老西湖之上。王泽山先生时游西湖[二]，闻琴声而爱之，日造而听焉。先生谓其武夫不知琴，不礼也，既而闭户不纳。泽山不之怪，日伺于其户外听之。一日伫听久之，琴声人声寂然，款扉入视[三]，先生病矣，泽山为之延医视药，侍疾不去。先生病愈，感泽山之诚，遂倾囊相授之，于是泽山尽得其传。泽山传于李玉峰先生昆[四]，玉峰传之韩古香先生桂[五]。今谱中之《梧叶舞秋风》《良宵引》《渔歌》《樵歌》《春晓吟》《平沙落雁》《猗兰》《秋江夜泊》《碧天秋思》《静观吟》《塞上鸿》《山居吟》《大雅》《潇湘水云》《搔首问青天》十五曲即金吾易先生之真传原谱也。《水仙操》玉峰先生得之广陵吴观星[六]。古香师又北至京，西游蜀，往来江浙间，数十年凡遇名家，必虚心请益，今谱中之《庄周梦蝶》《胡笳十八拍》《汉宫秋月》得之京师文溥寰[七]；《孤猿啸月》《佩兰》得之西蜀冉性山[八]；《洞庭秋思》得之岳阳楼沈道士[九]；《岳阳三醉》得之武陵同门程十然[一〇]；《墨子悲丝》，常州姚五知得之扬州彭绍虞[一一]，归而献之古香师者；《捣衣》采之仇世臣遗谱[一二]；《梨云春思》采之《琴学心声》[一三]；《归来曲》采之尹芝仙自制谱[一四]；《八极游》采之家藏旧抄本。古香师年逾六旬，名满天下，闻人有佳曲，必虔诚请授，虚心习练，若初学者，故既得之后无不青出于蓝冰寒于水也。

《二香琴谱序》

注释：

［一］金吾易：金陶，见“金陶”条。圣祖仁皇帝：清朝康熙帝。

［二］王泽山：金陶弟子。

［三］款：叩。

［四］李玉峰：李昆，见“李昆”条。

［五］韩古香：韩桂，字古香，江苏常州人。

［六］吴观星：广陵（今江苏扬州）人。

［七］文溥寰：京师（今北京）人。

［八］冉性山：西蜀（今四川）人。

［九］沈道士：岳阳楼（今湖南岳阳）道士。

［一〇］程十然：程起振，字十然，仁和（今浙江杭州）人。

［一一］姚五知：江苏常州人。彭绍虞：江苏扬州人。

［一二］仇世臣：生平不详。

［一三］《琴学心声》：庄臻凤编撰。

［一四］尹芝仙：见“尹尔弢”条。

评析：

《二香琴谱序》为韩桂弟子蒋文勋所写。蒋文勋在这段序里详细说明了韩桂的师承渊源及《二香琴谱》中琴曲来源及谱本问题。

戴长庚(附蒋文勋、谈荫人、朱璞山)

业师郑东里先生为余言有谈荫人先生善琴[一]，其琴友有朱璞山先生等十数人[二]，于是见谈先生，先生为余鼓《平沙落雁》一曲，听之欲卧，其声辥辥然与弹棉花声无异[三]，意谓琴声如此无怪乎学之者少也。既上《良宵引》一段，又听《平沙落雁》则洋洋盈耳[四]，迥异前日焉。即求学其前日之听之欲卧者，亦不能仿佛其一二。

韩君古香者[五]，海内名手。遂师事之。甲申岁古香师授指法与新安戴雪香先生，雪香先生名长庚[六]。余时至其寓斋，每一曲鼓罢，雪香指摘瑕疵，评赏佳妙，悉中窾会[七]，真当世之子期也。

《二香琴谱序》

注释：

［一］余：蒋文勋，号梦庵，又自号胥江，江苏苏州人。谈荫人：生平不详，蒋文勋学《平沙落雁》于谈荫人。

［二］朱璞山：谈荫人琴友，生平不详。

［三］ 䡾䡾：象声词。

［四］洋洋盈耳：指优美的声音充盈双耳。

［五］韩古香：见“韩桂”条。

［六］戴雪香：戴长庚，字雪香，新安（今属安徽）人。

［七］窾会：要害，关键。

评析：

蒋文勋的两位古琴老师，一个叫韩桂香，一个叫戴雪香，因此他所著琴谱名《二香琴谱》。蒋文勋在《二香琴谱序》中指出：“余初学琴于韩师，欲传其节奏指法而已。及遇戴师，于律吕之学，得其一端，始有以发明曲操之音调，著之于谱。无韩师之琴不得遇戴师，无戴师之律不足以辑谱。”由此可见，韩古香教其指法，戴雪香教其音律，对于撰写琴谱来说，二者缺一不可。

崔应阶（附程湘皋、王受白、王如熙、张孙松）

余曩在芦沟遇休宁程子湘皋[一]，曾授《关雎》《欸乃》等曲，见其抄本，手录一帙，后为好古者窃去。及自晋返楚，获交吾乡王子受白[二]，鹤貌鸥心，寄情古雅，业精于琴，与余往来豫楚间几三十年，得其秘传十余操。受白郎君如熙来从余游[三]，是盖精其先人余韵者。每退食自公，风清月朗，煮茗焚香，对理数曲，便觉神清气爽而俗情顿涤。余因出向所录受白谱数卷，择其雅俗共赏者凡二十曲，相与手订，命张子松孙录以付梓[四]。

《研露楼琴谱·崔应阶序》

注释：

［一］余：崔应阶（公元1699年—公元1782年），字吉升，号拙圃，湖北江夏（今湖北武汉）人。程湘皋：安徽休宁人。曩：以前。

［二］王子受白：王受白，湖北江夏（今湖北武汉）人。

［三］如熙：王如熙，字皞民，王受白之子。

［四］张子松孙：张松孙，字鹤坪，华亭（今上海）人。

评析：

从崔应阶序文来看，王受白应属于中州琴派。另外，《研露楼琴谱》今存，收曲谱二十首。

唐松涛

《研露楼琴谱·塞上鸿》：中州谱，燕山唐松涛先生所授，又名龙湾散人[一]，善中州琴数十曲，著作《岛仙吟曲》。

《研露楼琴谱·塞上鸿》

注释：

［一］唐松涛：号龙湾散人，燕山（今河北）人。

评析：

唐松涛也属于中州琴派，崔应阶从其学习《塞上鸿》一曲。

毕振(附毕梦魁、关雪江、景百里、喜天来、王坦、毕宏銮)

毕振，字佩鹏，号飞岩，邑诸生[一]。以琴学世其家，子梦魁，字起征[二]，亦诸生，于徽弦中独得手挥目送之妙[三]。邑中同时关雪江、景百里、喜天来皆善雅操[四]，相与讨究琴派源流，贯彻诸谱，精析旋宫[五]，详辨正变。时通州有王坦者[六]，善琴，一时推为国手。过润州[七]，深服毕氏琴学。坦著有《琴旨》，振为之序。振曾孙宏銮[八]，幼有目疾，以专心琴理，目乃复明。今毕氏子孙，多知琴者。

《（光绪）丹徒县志》卷三十七

注释：

［一］毕振：字佩鹏，号飞岩，丹徒（今江苏镇江）人。

［二］毕梦魁：字起征，毕振之子。

［三］手挥目送：嵇康《赠秀才入军》："手挥五弦，目送归鸿。"

［四］关雪江、景百里、喜天来：皆为江苏镇江人，皆善琴。

［五］旋宫：古代以十二律配七音，每律均可作为宫音，旋相为宫，故称。

［六］王坦：字吉途，南通州（今江苏南通）人。

［七］润州：今属江苏镇江。

［八］宏銮：毕宏銮，毕振曾孙。

评析：

《四库全书总目》著录王坦《琴旨》，是书详述琴律、琴调，发前人之所未发。

景锡爵

景锡爵，字公言[一]。善琴，知诗。初名蒋径，字开三，京口驻防汉军上官爱其才，拔至参领，乃复本姓。子百里[二]，亦善琴，知琴者高其派，以为非时师所能云。

《（光绪）丹徒县志》卷三十七

注释：

［一］景锡爵：字公言，初名蒋径，字开三，丹徒（今江苏镇江）人。

［二］百里：景百里，见“景百里”条。

评析：

景百里能够子承父业，不坠家风。

钟又期

钟又期[一]，工琴。

《（光绪）续纂江宁府志》卷十四

注释：

［一］钟又期：江苏南京人。

评析：

钟又期生平不详，其名字来源似乎与钟子期有关。

张佛绣

张佛绣，张梁幼女，少从父学琴[一]，尝奏《洞天舞鹤》之曲，忽有双鹤自空中来，飞鸣应节，人咸异之。

《（光绪）重修金山县志》卷十五

注释：

［一］张佛绣：字抱珠，张梁之女，上海人。

评析：

张佛绣又工诗，诗风柔婉。

姚允迪

姚允迪，字蕴生，江苏金山人[一]。其嫂氏即青浦抱珠女史张佛绣也[二]。蕴生在室时，从之弹琴学诗。

《然脂余韵》卷六

注释：

［一］姚允迪：字蕴生，江苏金山人。

［二］张佛绣：见“张佛绣”条。

评析：

姚允迪跟随张佛绣学琴，著有《秋琴阁诗钞》。

闻人徽音

闻人徽音，浙江余姚人[一]。工琴善弈，博览群书。所配非偶，抑郁卒。

《然脂余韵》卷六

注释：

［一］闻人徽音：浙江余姚人。

评析：

闻人徽音有《赋梦》云："梦中作梦日悠悠，究竟何尝有断头。槐国既无分昼夜，漆园那复论春秋。半窗月吐三更影，一枕风含万古愁。不识有谁曾独醒，揭开宇宙纵双眸。"

李文慧

李文慧，字亦士，一字端之，河南永城人[一]。举人乔大元室。亦士工琴，尤好读史。尝手评陈寿《三国志》，具有卓识。

《然脂余韵》卷六

注释：

［一］李文慧：字亦士，一字端之，河南永城人，乔大元之妻。

评析：

李文慧《夜泊曲江不寐鼓琴》诗云："舟泊曲江口，孤屿澹欲失。遥岸渔火明，烟中棹歌息。当此万籁静，心境两幽寂。焚香拭焦尾，调轸横陈膝。琳琅太古音，旨趣复谁识。欲写我心期，聊以寄所适。一弹江水清，再鼓秋月白。月白与风清，惊起鱼龙出。曲终独徘徊，蓬窗风露湿。"

张绣云

张绣云，浙江归安人[一]。工琴。闻母讣，一恸而卒。

《然脂余韵》卷六

注释：

[一]张绣云：浙江归安人。

评析：

张秀云为将门之女，王蕴章评价她有“清才孝德”。

钟文贞

安徽舒城钟文贞[一]，工琴。

《然脂余韵》卷六

注释：

[一]钟文贞：安徽舒城人。

评析：

钟文贞是钟文淑的妹妹，姐妹二人皆善吟咏。

沈湘珮

钱塘沈湘珮[一]，工琴。

《然脂余韵》卷六

注释：

［一］沈湘珮：浙江杭州人。

评析：

沈湘珮擅长诗歌，又工琴。

王韵梅

王韵梅，字素卿，江苏昭文人[一]。著有《问月楼稿》。工琴，又善填词。所适非文人[二]，抑郁早卒。

《然脂余韵》卷六

注释：

［一］王韵梅：字素卿，江苏昭文（今常熟）人。

［二］适：嫁。

评析：

王韵梅《琴诗》云："古调日益稀，新声日益靡。贺若不可作，谁与论宫徵。我生有琴癖，少小耽桐梓。抚弄二十年，稍稍觉今是。今人务新声，抑按随所指。分寸既失度，猱绰多离轨。何至三犯音，淫荡而卑鄙。琴调三千余，贵在得其旨。不然丝与竹，岂不悦俗耳。"

严迢(附许珠)

严迢，字子孅，孟珠女弟子也[一]。从孟渊学琴，有《琴余小草》。

《然脂余韵》卷一

注释：

［一］严迢：字子孅。孟珠：许珠，字孟渊，江苏吴江人。

评析：

严迢《春夜》诗云："参差梅影满阶横，桦烛残时月正明。闲抱玉琴弹一曲，清商并入雁归声。"

齐文衢

齐文衢，翀田人[一]。七岁窃父琴鼓之，父一再指示，遂精。年十三郡官延为琴师，号曰少琴。

《（道光）婺源县志》卷二十六

注释：

［一］齐文衢：号少琴，江西婺源翀田镇人。

评析：

窃琴而弹，说明齐文衢少年时期即对弹琴充满热爱。十三岁就能成为琴师，则说明他才思敏锐，能够少年成器。

蒋鹤龄(附蒋晛)

蒋鹤龄，号白石山人[一]。善导引[二]，工鼓琴。有同姓晛，字长庚[三]，学琴于鹤龄，得其指法，时并称之。

《（光绪）江阴县志》卷十八

注释：

［一］蒋鹤龄：号白石山人，江苏江阴人。

［二］导引：导气引体。古医家、道家的养生术。

［三］蒋曜：字长庚，江苏江阴人。

评析：

在二人的师承关系中，蒋曜能守却不能进一步传承下去。

王继良

王继良，字眉皙[一]。折节读书，洁清自好。王应奎辈多乐与之游[二]。诗律精细，书法秀整，兼善鼓琴。

《重修常昭合志》卷二十

注释：

［一］王继良：字眉皙，江苏常熟人。

［二］王应奎（公元1684年—约公元1759年）：江苏常熟人，清代学者。

评析：

王继良洁身自号，可见其鼓琴是为了禁邪僻之情，存雅正之志。

张迪

张迪[一]，太学生，工琴弈书法，更精于绘事，至今得其片纸犹值数金。

《碑传集》卷一百十一《张金友传》

注释：

［一］张迪：张金友之子，同安（今福建厦门）人。

评析：

张迪高才而不追逐名利，以高行见称。

计天民

计天民，字性成，绵州人[一]。隐居不仕，鼓琴，接花木无不活，尤长于雕刻，所制极精巧。

《（嘉庆）四川通志》卷一百十六

注释：

［一］计天民：字性成，绵州（今四川绵阳）人。

评析：

琴音最能表达隐士远离功名、陶然自得的意趣。

王善（附王炳泰、帅念祖、王介山、王懋、左念臣）

《治心斋琴学练要》：长安王善元伯氏编辑[一]，男炳泰文安较录[二]，豫章帅兰皋、天津王介山、新阳王受南、桐城左念臣鉴阅[三]。

《治心斋琴学练要》卷一

注释：

［一］王善：字元伯，长安（今陕西西安）人。

［二］王炳泰：字文安，王善之子。

［三］帅兰皋：帅念祖，字兰皋，豫章（今江西南昌）人。王介山：天津人。王受南：王懋，字受南，新阳（今江苏新阳）人。左念臣：安徽桐城人。

评析：

《治心斋琴学练要》是中州琴派的重要传谱之一，乾隆四年（公元1739年）刊行，今存。又，据《治心斋琴学练要序》，王善自幼跟随父亲学琴。

杨屾

予自丙申岁学于先生[一]，迄今二十九载。

《治心斋琴学练要·杨屾序》

注释：

［一］予：杨屾，茂陵（今陕西西安）人。先生：王善，见“王善”条。

评析：

杨屾自幼即有志于琴，其后从学王善。

胡华龄(附王殿雄、张世纯、冯天闲、赵琏、陈略、杨雍元、张著、王璞)

《治心斋琴学练要》：长安王善元伯氏编辑，男炳泰文安参阅[一]，门人胡华龄仙崖、王殿雄上宾、张世纯永和、冯天闲原敬、赵琏禹尊、陈略豹文、杨雍元西雄、张著成明、王璞昆山仝校[二]。

《治心斋琴学练要》

注释：

［一］王善：见“王善”条。王炳泰：见“王炳泰”条。

［二］胡华龄：字仙崖。王殿雄：字上宾。张世纯：字永和。冯天闲：字原敬。赵琏：字禹尊。陈略：字豹文。杨雍元：字西雄。张著：字成明。王璞：字昆山。

评析：

从胡华龄到赵琏几人都是王善的弟子，参与《治心斋琴学练要》的校订工作，姓名分别列于《琴学练要》各卷卷首，此处为方便起见，一并列举。另外，《琴学练要》附有助刊琴友十三位，此处不一一列举。

俞联芳(附俞宗、胡纯庵)

俞联芳，字兰谷[一]。少与侄宗受琴于胡纯庵[二]，指法节奏，曲尽其妙。工兰竹。宗字青萼[三]，著有《桐园草堂琴谱》。

《歙县志》卷十

注释：

［一］俞联芳：字兰谷，安徽歙县人。

［二］胡纯庵：山阴（今浙江绍兴）人。

［三］宗字青萼：俞宗，字青萼（按，原文作“鄂”，据《桐园草堂琴谱》改），号桐园主人，安徽歙县人。

评析：

俞宗在《桐园草堂琴谱·自序》中说自己从学于胡纯庵，受《大雅》《平沙》诸曲。

戚嘉缙

戚嘉缙，字公佩，号愉静[一]。先世多不事于名，至嘉缙尤操致高旷，淹雅绝，去尘嚣，灌园之暇日，以琴尊自娱，聚法书名画为珍玩[二]。

《（乾隆）太平府志》卷二十九

注释：

［一］戚嘉缙：字公佩，号愉静，安徽芜湖人。

［二］法书：名家的书法范本。

评析：

戚嘉缙事母至孝，人皆称许。

祝昭

祝昭，字亮臣，当涂人[一]。能诗善八分书，至弹琴作画，镌碑刻印诸技，莫不精绝，士大夫皆重之。

《重修安徽通志》卷二百六十三

注释：

[一]祝昭：字亮臣，安徽当涂人。

评析：

所谓“博洽精研，靡所不究”者也。

谢小万

谢小万，字雪斋，瑶潭村人，迁吕巷西[一]。博通经史，旁及星历、医卜之书[二]，善鼓琴，尤喜养生家言。

《（光绪）重修金山县志》卷二十五

注释：

[一]谢小万：字雪斋，晚号餐霞山人，上海人。

[二]星历：天文历法。

评析：

谢小万认为养生的要领是“不可以形役神，泊乎无欲”，也就是说，人的心神不能被功名利禄等俗事所驱使，应当做到淡泊无欲。

姚宋

姚宋，字雨京，芜湖人[一]。能吟咏，善弹琴，至于指头朽木皆能任意挥洒。

《重修安徽通志》卷二百六十三

注释：

［一］姚宋：字雨京，安徽芜湖人。

评析：

姚宋能在朽木上任意挥洒琴音，当真是才情横溢。

汪克敦

汪克敦[一]，夙耽诗，雅善丝桐。

《（嘉庆）芜湖县志》卷十五

注释：

［一］汪克敦：安徽芜湖人。

评析：

汪克敦有句云："静对若有涤，高嶒如雪冰。清泠遂来应，山水怀独澄。"殆能赋其琴理之妙也。

朱素文

朱素文[一]，善弹琴。

《（嘉庆）芜湖县志》卷十五

注释：

［一］朱素文：安徽芜湖人。

评析：

潘白华赠朱素文诗云："峄阳枯桐长比人，先生抱此终其身。平生珍重不肯鼓，为余一弄江天春。泠然御风起虚漠，出入花宫排秘闼。弦声忽断如梦醒，仍是山堂拄颊人。"

范安国

范安国，字冶堂，祖籍广陵，侨居郡城韭溪桥[一]。凡琴棋八法，方诊堪舆[二]，悉能心领神会，铁笔尤动与古合。

《（光绪）嘉兴府志》卷五十三

注释：

［一］范安国：字冶堂，祖籍广陵（今江苏扬州），侨居浙江秀水。

［二］方诊：处方和诊察病情。

评析：

范安国晚年多购书籍，有坐拥百城之乐。

夏颖

夏颖，字稼民，布衣[一]。兰竹天趣横生，笔势超逸[二]，兼善花卉，工吟咏，能鼓琴。

《（光绪）嘉兴府志》卷五十三

注释：

［一］夏颖：字稼民，浙江秀水人。

［二］超逸：高超，不同凡响。

评析：

兰竹清雅，琴声幽淡，是以皆得文人赏爱。

夏汝谐

夏汝谐[一]，工诗画，善琴。

《（光绪）重修金山县志》卷二十一

注释：

［一］夏汝谐：上海人。

评析：

夏汝谐是夏之夔之孙，而夏之夔则是陈子龙的弟子。

苏璟(附曹尚絅、戴源)

《春草堂琴谱》：武林琴山苏璟祐贤氏[一]、澹斋曹尚絅炳文氏[二]、兰厓戴源深其氏仝校[三]。

《春草堂琴谱》

注释：

［一］苏璟：字祐贤，号琴山，武林（今浙江杭州）人。

［二］曹尚絅：字炳文，号澹斋，武林（今浙江杭州）人。

［三］戴源：字深其，号兰厓，武林（今浙江杭州）人。

评析：

苏璟、曹尚絅、戴源三人合撰《春草堂琴谱》，今存。其中，戴源的琴派之说尤为耳目一新："弹琴必先辨派，夫所谓派者，非吴派、浙派之谓也。高人逸士，自有性情，则其琴古淡而近于拙，疏脱不拘，不随时好，此山林派也；江湖游客，以音动人，则其琴纤靡而合于俗，以至粥奇谬古，转以自喜，此江湖派也；若夫文人学士，适志弦歌，用律严而取音正，则其琴和平肆好，得风雅之遗，虽一室鼓歌，可以备庙廊之用，此儒派也。辨别既明，不可不从其善者。"

闫沛年

余素嗜琴学[一]，乾隆壬戌春羁迹武林[二]，遍访名流。

《春草堂琴谱》

注释：

［一］余：闫沛年，字晴峰，壶水（今山西壶关）人。

[二]乾隆壬戌：公元1742年。武林：今浙江杭州。

评析：

闫沛年在杭州结识曹尚絅，又与苏璟、戴源交往，互相讨论指法。

黄鸣泉

黄鸣泉，以善琴名[一]。出游京邸，曾以米七百石易一雷氏手制者，至今珍藏焉。

《乌青镇志》卷三十

注释：

[一]黄鸣泉：乌青（今浙江乌镇）人。

评析：

以七百石米交换一床雷琴，可见当时雷琴是非常珍贵的。

沈世焯

沈世焯，字祖期，号芦舟，又号天隐老人，归安监生[一]。工书画，善鼓琴，尤长墨竹。

《（同治）湖州府志》卷八十

注释：

[一]沈世焯：字祖期，号芦舟，又号天隐老人，浙江湖州人。

评析：

画竹之法有疏密，有繁简，琴亦如之。

祝志裘

祝志裘，字仲冶，海宁诸生[一]。能鼓琴度曲[二]。

《杭州府志》卷一百五十

注释：

[一] 祝志裘：字仲冶，浙江海宁人。

[二] 度曲：作曲。

评析：

除弹琴作曲之外，祝志裘又擅长绘画。

李光塽

《兰田馆琴谱》：少溪李光塽手订[一]。

《兰田馆琴谱》

注释：

[一] 李光塽：字爽卿，号少溪，福建安溪人。

评析：

李光塽手订《兰田馆琴谱》，成书于乾隆二十年（公元 1755 年），今存。

又，李鹏搏《兰田馆琴谱序》云："（李光墺）公车南北数十年间，深得莲舟、马龙文诸国师亲指授，故指法能臻堂奥，而得三昧。一时言琴学者皆仰为安溪宗派。"

王聪

香林苑道士王野鹤能诗善琴[一]。

《莲坡诗话》卷下

注释：

[一] 王野鹤：即王聪，字玉笈，号野鹤。天津人。按，《莲坡诗话》作"王理聪"。

评析：

王聪结庐于香林苑，老树古藤，野花碎石，赋诗弹琴。

张冈

张冈，字昆南，号古樵[一]，隐于医，丰颐红颊[二]，神情怡旷，间好古琴。

《（嘉庆）吴门补乘》卷五

注释：

[一] 张冈：字昆南，号古樵，江苏苏州人。

[二] 丰颐：丰满的下巴。

评析：

任兆麟有《听古樵山人弹琴诗》：“古樵山人善诗者，为我弹琴月林下。疏松爽籁生虚空，幽涧寒泉自清泻。曲罢无言声正希，相看寂寂夜阑时。知君趣寄指弦外，诗到韦郎今更谁。”

沈翰功

沈翰功[一]，精琴学，畽溪学琴者皆师之。乾隆初，其人尚在。

《浒墅关志》卷十八

注释：

[一]沈翰功：江苏苏州湖墅关人。

评析：

沈翰功生活于雍正、乾隆年间，生平不详，从当地人皆跟随其学琴来看，当是知名琴人。

黄大临

黄大临，字愧吕，号慕田，晋江人[一]。乾隆甲子岁贡[二]，为文深厚有力。琴棋诗词皆造妙，尤长于声歌[三]，士类中以词曲名家者[四]，推大临为第一。

《（乾隆）泉州府志·艺术》卷六十三

注释：

[一]黄大临：字愧吕，号慕田，福建晋江人。

［二］乾隆甲子：公元1744年。岁贡：科举时代贡入国子监的生员的一种。

［三］声歌：指诗词歌赋等抒情遣怀的作品。

［四］士类：文人、士大夫的总称。

评析：

琴棋声歌，自得其趣。

任兆麟

任兆麟，字文田[一]。少应试，耻有司防检太苛[二]，遂弃去，专心撰述，有《弦歌古乐谱》。

《吴江县续志》卷二十一

注释：

［一］任兆麟：字文田，江苏苏州人。

［二］防检：防范检束。

评析：

《琴书存目》著录为《弦歌古乐谱》一卷。

张业

古琴称有"松雪"之名，乃雷氏听松成琴事也。味琴张君襟怀潇洒[一]，工画善琴，得一琴名曰“清音”，相传亦雷氏遗制，绝珍之，构一阁藏焉。清风入牖，明月在床，而君于时抚弦动操，得毋会心者别在象外乎[二]？吾知清音之名，当偕“松雪”并传矣！爰以“听松”名君之阁。

《有竹居集》卷十二《题听松阁编》

注释：

［一］味琴张君：张业，字维勤，号味琴，浙江余姚人。

［二］得毋：岂不。

评析：

张业生活于乾隆年间，与任兆麟等人交游。

于筠

于筠，一名螭，字籀云[一]，善书画，工诗，尤精琴。乾隆中有亲王耳其名，敦请数四[二]，卒不往，一时高之。

《沧县志》卷八

注释：

［一］于筠：一名螭，字籀云，河北沧州人。

［二］敦请：恳请。

评析：

于筠有“不为王门伶人”的风致。

陈声凯(附陈衍书)

陈声凯，字鲁传[一]，诸生。学有根柢，善鼓琴。知县张长庠命二子师事焉。子衍书[二]，亦诸生，以琴学世其家。

《（光绪）诸暨县志》卷三十五

注释：

[一] 陈声凯：字鲁传，浙江诸暨人。

[二] 衍书：陈衍书，陈声凯之子。

评析：

中国历朝历代都不乏父子俱擅弹琴的情况，陈声凯父子亦如此。

释镜庵

释镜庵赋质贞敏[一]，弃儒冠而习禅。操琴尤心有独契。

《有竹居集》卷十三《题镜庵诗卷》

注释：

[一] 镜庵：琴僧。贞敏：心志专一而又聪敏好学。

评析：

镜庵工诗，又多才艺。

王节

王节，字竹庵，宛平人[一]。工琴善画，性好静。

《天咫偶闻》卷三

注释：

[一] 王节：字竹庵，宛平（今北京）人。

评析：

王节居住于古寺之内，后以忧死。

噶辰禄

噶辰禄，满洲人[一]。工画，尤精律吕，喜古乐，操琴鼓瑟，雅歌投壶[二]，颇有儒将风流。

《天咫偶闻》卷五

注释：

[一] 噶辰禄：满族人。

[二] 雅歌投壶：吟雅诗及做投壶游戏。

评析：

清初诗人屈大均曾经说："汉唐以来善兵者率多书生，若张良、赵充国、邓禹、马援、诸葛孔明、周瑜、鲁肃、杜预、李靖、虞允文之流，莫不沉酣六经，翩翩文雅……是诚所谓'儒将风流者也'。"噶辰禄亦可厕身其间。

巴树谷

巴树谷，字孟嘉[一]，通音律，著《学琴说》。

《歙县志》卷十

注释：

[一] 巴树谷：字孟嘉，安徽歙县人。

评析：

巴树谷生活于乾隆年间，亦工画。

余保泰

余保泰，字定侯[一]。诸生。好为诗词，尤善鼓琴。

《龙游县志》卷二十

注释：

[一] 余保泰：字定侯，浙江龙游县人。

评析：

余保泰精通拳术，曾经遇到山贼数十人与之搏斗，而山贼不敌。

姜应显

姜应显，字达卿，号逸溪[一]。博览群书，精通典故，精于医术，更善属文，娴于诗画，又善鼓琴，每游京都苏杭，所至士大夫咸敬服之。

《龙游县志》卷二十

注释：

[一] 姜应显：字达卿，号逸溪，浙江龙游县人。

评析：

由此来看，姜应显是以琴游于江湖之间者。

陆静专

陆静专，字敬姬[一]，生而颖异。静专意态冲夷[二]，雅擅文艺，即筝笳小技亦晓其意，尤长于琴，每自制新曲谱之。

《龙游县志》卷二十一

注释：

[一] 陆静专：字敬姬，浙江龙游县人。

[二] 冲夷：冲和平易。

评析：

陆静专虽然为女子，缺颇有文人士大夫的风度，除了善琴之外，还能写诗文，著有《兰雪稿》三十卷。

汪汲

《琴曲萃览》一卷：清汪汲撰，汲字葵田，海阳人[一]。

《琴书存目》卷六

注释：

[一] 汪汲：字葵田，海阳人。

评析：

周庆云《琴书存目》著录《琴曲萃览》一卷，今佚。

杨承曾

《琴学蒙求》一卷：杨承曾撰，承曾武进人[一]。

《琴书存目》卷六

注释：

[一] 杨承曾：武进（今江苏常州）人。

评析：

周庆云《琴书存目》著录《琴学蒙求》一卷。

徐芳(附钟绍棠)

徐芳，梅林人[一]。善诗画，尤工琴，著有《声希谱》。钟绍棠，号南国，长洛人[二]。

生性聪慧，工诗草篆刻，精琴理，能自成声谱。

《（同治）赣县志》卷四十一

注释：

［一］徐芳：江西赣州梅林镇人。

［二］钟绍棠：号南国，江西赣州长洛乡人。

评析：

《声希谱》应即琴谱，已亡佚。

过于飞

《琴志》六卷，《补编》一卷：过于飞撰，字振鹭[一]。

《（同治）苏州府志》卷一百三十七

注释：

［一］过于飞：字振鹭，江苏苏州人。

评析：

周庆云《琴书存目》亦著录《琴志》六卷，《补编》一卷。

丁昭

《听梧室琴谱》二卷：丁昭撰，字又佳[一]。

《重修常昭合志》卷十八

注释：

［一］丁昭：字又佳，江苏常熟人。

评析：

《苏州府志》《琴书存目》亦著录。

孙长源

孙长源，字问津，岁贡生[一]。家居阛市[二]，门无停舆。削面长身，道气充然。殚心律吕之学[三]，于丝音尤闇解[四]。著琴学四种：曰《琴鹄》；曰《琴旨补正》；曰《琴谱拙存》；曰《琴况》。殁之前两月，抚琴为《塞上鸿》一阕，不成声，谓门人曰："死将至乎？"囊琴而起。

《光绪丙子清河县志》卷二十一

注释：

［一］孙长源：字问津，河北清河人。

［二］阛市：都市。

［三］殚心：尽心竭力。

［四］闇解：精通。

评析：

《琴鹄》一书提挈要领，示琴学入门之径；《琴旨补正》辩论音调及吟猱问题；《琴谱拙存》共记载十首琴曲；《琴况》为仿照《诗品》及《溪山琴况》之作。

谭学元

《琴谱管见》：谭学元撰，学元清泉人[一]。

《琴书存目》卷六

注释：

［一］谭学元：湖南清泉人。

评析：

《琴谱管见》已亡佚。

蔡能一

《雅乐精义》二卷：蔡能一撰[一]。

《琴书存目》卷六

注释：

［一］蔡能一：生平不详。

评析：

《太仓州志》卷二十五著录蔡思《雅乐精义》合集，则此蔡思疑即蔡能一，江苏太仓人。

陈莱孝

《琴谱》一卷：陈莱孝撰，莱孝海宁人[一]。

《琴书存目》卷六

注释：

[一] 陈莱孝：字维桢，浙江海宁人。

评析：

《琴谱》已亡佚。

李如琨

李如琨，字君佩[一]。幼颖异，及长，嗜游山水，善鼓琴，尤工书法。游戏丹青，得宋元名家遗意。景仰前贤李卓吾[二]，就其故居莲华寺读书，匡居一室[三]，挥弦长啸，晏如也[四]。

《（光绪）通州志》卷八

注释：

[一] 李如琨：字君佩，北京通州人。

[二] 李卓吾：明代文学家、思想家李贽，号卓吾。

[三] 匡居：安居。

[四] 晏如：安宁。

评析：

李如琨有“弹琴复长啸”式的精神气质与飘然出尘的意趣。

王玮(附钱清履)

王玮，应山人[一]。自制七弦琴，装以金玉屑。邑侯钱清履以琴见访[二]，谓玮琴曲高而琴材尤美，取弹之，爱甚，又不欲夺其所好，玮会其意，谢篆时携以相馈。

《（光绪）德安府志》卷十六

注释：

［一］王玮：应山（今湖北安陆）人。

［二］钱清履：字庆徽，号竹西，浙江嘉善人，清代诗人。

评析：

王玮以琴相赠钱清履，二人可谓互为知音。

吴氏

吴氏，王发祥妻[一]。博览典籍，尤悉史事得失。能诗，善琴，性孝，母卒，作《思亲操》，时时鼓之。

《太仓州志》卷二十四

注释：

［一］吴氏：江苏太仓人，王发祥妻。

评析：

谢希逸《琴论》曰：“《思亲操》，孝之至也。”

潘士权

《大乐元音》七卷：潘士权撰。士权号龙庵，黔阳人[一]。六卷附以《琴谱》《曲谱》，七卷附《历学音调》，类例甚详[二]。

《四库全书总目》卷三十九

注释：

[一] 潘士权（公元1701—公元1772年）：字龙庵，黔阳（今湖南中方）人。

[二] 类例：类别和体例。

评析：

《大乐元音》成书于乾隆己丑年（1769年）。

汪鉴

汪鉴，字惟一，一字津夫[一]。门临小溪，屋后小圃植梅花，此所谓梅津草堂者也。好画梅，乘兴挥洒，别具生趣。善琴，作中州雅声，恬澹冲融，一洗俗响之陋。不乐治举子业干仕进[二]，而独喜为诗。

《抱经堂文集》卷六《王津夫先生诗钞序》

注释：

[一] 汪鉴：字惟一，一字津夫，浙江余姚人。

[二] 干：追求，求取。

评析：

汪鉴虽然是浙江余姚人，其琴艺则归为中州派。

邵大业

邵大业，字在中，号厚庵，别号思余[一]。解音，善弈，能琴书，而尤独嗜书，公暇未尝去手。

《碑集传》卷一百五《江南徐州府知府邵公大业家传》

注释：

［一］邵大业（公元 1710 年—公元 1771 年）：字在中，号厚庵，别号思余，顺天大兴（今北京）人。

评析：

《清史稿》将邵大业列入“循吏”，可见其为官廉正，与琴道相合。

善田

孙甘亭，画如其师，诗人朱筼与之善[一]。甘亭之徒善田[二]，字小石，善弹琴，工画侧柏树。

《扬州画舫录》卷二《草河录》

注释：

［一］孙甘亭：扬州画家。朱筼（公元 1718 年—公元 1797 年）：扬州人，诗人。

［二］善田：字小石，江苏扬州人。

评析：

清代扬州的画家们，不仅能画，且大多善音律，例如善田。

于纪彪

于纪彪字也文，原籍仁和人，寓邑之陶村[一]。工诗，习铁笔[二]，能琴善画。

《（道光）诸城县续志》卷二十一

注释：

[一] 于纪彪：字也文，原籍浙江仁和人，后寓居山东诸城。

[二] 铁笔：雕刻。

评析：

自是文人风流。

李良

李良，字宁士，吴县人[一]。写书于钱讷生[二]，学画于张墨岑[三]，一点一画，一树一石，皆刻意摹写。至于抚琴、布棋，乃其余技。

《吴县志》卷七十五

注释：

[一] 李良：字宁士，吴县（今江苏苏州）人。

[二] 钱讷生：钱襄，号讷生，江苏苏州人，工诗善书法。

[三] 张墨岑：张宗苍（公元 1686 年—公元 1756 年），字墨岑，江苏苏州人，清代画家。

评析：

李良擅长书画，余力为琴棋。

叶朝采

叶朝采，字阳生[一]，精医术，兼工书画，好吟咏，善鼓琴，轻财好施。

《吴县志》卷七十五

注释：

［一］叶朝采：字阳生，江苏苏州人。

评析：

叶朝采以医术著称，书画诗琴等或许是其陶冶性情的方式。

马根仙

马根仙，吴人[一]。世业画，善琴，工刻扇骨阳文[二]，仕女花卉，穷工极巧，人莫能及。

《吴县志》卷七十五

注释：

［一］马根仙：江苏苏州人。

［二］阳文：器物或印章上凸起的花纹或文字。

评析：

到了明清时期，不仅绘画越来越讲求技巧，古琴也不例外，因此，民间艺人群体大大增加。

张嘻初

张嘻初，字左黄[一]。好学能诗，有古槐堂，日坐其中读书弹琴。

《（道光）诸城县续志》卷十七

注释：

［一］张嘻初：字左黄，山东诸城人。

评析：

张嘻初之子侍奉他的时候从来不敢站姿不正，可见其为人端严。

冯事砚

冯事砚，字远操[一]，喜读史，鉴古书，娴琴棋，能书画。

《（道光）嘉兴府志》卷五十二

注释：

［一］冯事砚：字远操，浙江秀水人。

评析：

冯事砚以多才多艺受知于郡守，则郡守亦知音人。

吴灯(附徐锦堂、沈江门、吴迪、马曰璐)

武生吴仕柏[一]，居董子祠，善鼓琴，日与徐锦堂、沈江门、吴重光、僧宝月游[二]，夜则操缦[三]，三更弗缀。扬州琴学，以徐祎为最[四]。祎字晋臣，受知于年方伯希尧[五]，为之刊《澄鉴堂琴谱》。次之徐锦堂，著有《五知斋琴谱》，谓之二徐。若江门、重光，皆其选也。扬州收藏家多古琴，其最古者，惟马半查家雷琴[六]，内研"开元二年雷霄斫"。

《扬州画舫录》卷九《小秦淮录》

注释：

［一］吴仕柏：吴灴（公元1719年—约公元1802年），字思伯，一作仕柏，扬州仪征人，著有《自远堂琴谱》。

［二］徐锦堂：扬州仪征人，著有《五知斋琴谱》。沈江门：曲江人。吴重光：即吴迪，字重光，嶺山（今江苏如皋）人。僧宝月：见"宝月"条。

［三］操缦：操弄琴弦。

［四］徐祎：见"徐祎"条。

［五］年方伯希尧：年希尧（公元1671年—公元1738年），字允恭，清朝大臣。

［六］马半查：马曰璐（公元1701年—公元1761年），字佩兮，号半槎，或称半查，又号南斋。原籍祁门（今安徽祁门），徙居江都（今江苏扬州）。

评析：

徐祎、徐锦堂与吴灴均为"广陵派"传承者，三人皆有琴谱传世。

任世礼

任世礼，字汉修[一]，性豪侠，善弹琴，工时曲。

《扬州画舫录》卷二《草河录》

注释：

［一］任世礼：字汉修，江苏扬州人。

评析：

任世礼也是以善画著名。

僧离幻

僧离幻，姓张氏，苏州人[一]。幼好音乐，长为串客[二]。精于医，善鼓琴。

《扬州画舫录》卷十五《冈西录》

注释：

［一］僧离幻：姓张氏，江苏苏州人。

［二］串客：参加专业剧团演出的非专业演员。

评析：

离幻得罪御史被鞭打，故此出家为僧。

宗孔思

宗孔思，字杏原，邑庠生[一]。工诗善鼓琴。有弹蕉馆，当风日晴霁，鼓歌其中，有飘然出尘之想。尝得古琴，病革时犹摩挲不置[二]。

《（嘉庆）如皋县志》卷十七

注释：

［一］宗孔思：字杏原，江苏如皋人。

［二］病革：病情危急。

评析：

真可谓“昼横膝上夕抱寝，平生与我为知音”。（赵抃《次韵僧重喜闻琴歌》）

毛华

毛华，字乐天[一]，潇洒轶尘[二]，工鼓琴，尤善画竹，自号江郎山人。

《（同治）江山县志》卷九

注释：

［一］毛华：字乐天，自号江郎山人，浙江江山人。

［二］轶尘：超尘脱俗。

评析：

竹贞、琴清，尤与脱俗之人相合。

武云

武云，溧水人，号石湖渔叟[一]，善鼓琴，尤精镌刻。

《（嘉庆）新修江宁府志》卷四十三

注释：

[一] 武云：号石湖渔叟，溧水（今江苏南京）人。

评析：

今溧水区署有两块碑，碑文集王羲之字，为武云所刻。

钱用珪

钱用珪，字惠之，田庄人[一]。诸生。善琴，风韵幽远。

《重修常昭合志》卷二十

注释：

[一] 钱用珪：字惠之，江苏常熟人。

评析：

风韵幽远，与虞山派的风格正相吻合。

陆易

陆易，号研圃，唐市人[一]。无家，常居瑞真道院。能鼓琴，尤工画菜。

《重修常昭合志》卷二十

注释：

[一] 陆易：号研圃，江苏常熟人。

评析：

无论是鼓琴还是画菜，都表现出一种出世的态度。

李世则(附李馨、李粹、李云桂)

李世则字思若，号味霞，语溪人[一]。善医，能诗。山水宗元人，间仿荆、关[二]，法度谨饬，下笔皆有来历。尤善鼓琴，得松弦馆之传[三]。子馨，字小霞[四]，女粹，字秀峰[五]，俱工琴善画。孙云桂，字天根，诸生[六]。传其父虞山十八曲。于《梅花三弄》指法尤精熟。

《重修常昭合志》卷二十

注释：

[一] 李世则：字思若，号味霞，江苏常熟人。

[二] 荆、关：荆浩、关仝，五代时期山水画家。

[三] 松弦馆：严澂《松弦馆琴谱》，严澂为虞山派代表，此处指虞山派。

[四] 馨：李馨，字小霞，李世则之子。

[五] 粹：李粹，字秀峰，李世则之女。

[六] 云桂：李云桂，字天根，李世则之孙。

评析：

许健先生曾经认为，明代之后很长一段时间内，虞山派琴家大多注重"清微淡远"的风格，《梅花三弄》《广陵散》诸曲则因其"繁声促响"受到冷落。李云桂作为虞山派传人，却精熟《梅花三弄》一曲，说明他对虞山一派的继承秉没有完全偏离轨道，不只强调"清微淡远"，也重视《溪山琴况》提出来的其他风格。

王庆蓉

王庆蓉，字镜平[一]。性冲淡，自幼即明音律，尤善鼓琴。

《重修常昭合志》卷二十

注释：

［一］王庆蓉：字镜平，江苏常熟人。

评析：

“舍艳而相遇于澹者，世之高人韵士也。”（《溪山琴况》）

李锴

李锴，字铁君，汉军正黄旗人[一]。客江南，尝月夜挟琴客泛舟采石[二]，弹《大雅》之章[三]，扣舷和之，水宿者皆惊起，人莫测其致也。

《清史稿·李锴传》卷四百八十五

注释：

［一］李锴（公元1686年—公元1755年）：字铁君，号廌青，又号焦明子、豸青山人，辽宁铁岭人。

［二］采石：地名，在今安徽境内。

［三］大雅：琴曲名。

评析：

李锴娶索额图女儿为妻，家世显赫，却淡泊名利，嗜茶好山水。

徐映玉

徐映玉，字若冰，昆山人[一]。学琴，得虞山指法，既嫁，曰："此非妇人事也。"遂辍不为。

《清稗类钞·音乐类》

注释：

[一] 徐映玉（公元 1728 年—公元 1762 年）：字若冰，自号南楼，江苏昆山人。

评析：

"此非妇人事"，不仅发生在徐映玉身上，明清时期其他女子也有因此而放弃作诗的。这可以折射出那个时期女子的群体心态，在"女子无才便是德"的矛盾中作出抉择。

庄闰郎

钱塘金冬心，名农[一]，以书画遨嬉名胜四十余年。所携傔从亦各擅一艺[二]，甬东朱龙善琢砚，吴趋庄闰郎操缦能理琴曲[三]，皆庸保都养之铮佼者也[四]。

《清稗类钞·奴婢类》

注释：

[一] 金冬心：金农（公元 1687 年—公元 1763 年），号冬心先生，浙江杭州人，清代"扬州八怪"之一。

[二] 傔从：随从。

[三] 庄闰郎：吴趋（今江苏苏州）人。操缦：弹琴。

[四] 庸保：受雇充任杂役的人。都养：为众人做饭烧菜。铮佼：出类拔萃。

评析：

庄闰郎是金农的仆从，擅长鼓琴。

陈景中

陈橘洲初工琴[一]，以其道与古戾[二]，去，绝不复弹。

《八旗文经》卷五十一

注释：

[一] 陈橘洲：陈景中，号橘洲，奉天海城（今辽宁海城）人。镶红旗（一说正红旗）。

[二] 戾：违背，违反。

评析：

陈橘洲认为当时的琴道与古时违背，表现出强烈的崇雅黜俗倾向。

李郊（附李襄五）

余年少长[一]，博采四方，闻雍邱李襄五乃挥抚名手[二]，音声谐和，调衍中州正派。不惜重聘敦请于家[三]，自雍正甲辰以至己酉[四]，岁经五更，而余得琴八曲。悉属李君之口传手授，固未尝见有谱也。迨后李君返里，余恐久而易忘，弗惮心力，逐曲按其音律，详摹手法而谱记八曲，后又推广四曲，合订十二曲，编为《颖阳琴谱》四卷。

《颖阳琴谱·自叙》

注释：

[一] 余：李郊，字蘗周，溵川（今河南商水）人。

[二] 李襄五：雍邱（今河南杞县）人。

[三] 敦请：恳请。

[四] 雍正甲辰：公元 1724 年。己酉：公元 1729 年。

评析：

李郊撰辑的《颖阳琴谱》成书于清乾隆十六年，是中州琴派的代表琴谱之一。王坦在其《琴旨》中以“高古端严，宽宏苍老”来形容中州琴派的风格。

李志沆(附张宪武)

余自髫年即爱丝桐[一]，广陵张宪武先生来豫传琴[二]，余得手授数操，从此清风明月之下，一弹再鼓，以适性情。

《颖阳琴谱·李志沆序》

注释：

[一] 余：李志沆，大梁（今河南开封）人。髫年：幼年。

[二] 张宪武：广陵（今江苏扬州）人。

评析：

从张宪武是扬州人这一点来看，李志沆应受到广陵琴派的影响较大。

李树源

李树源，字宏济[一]，亦善琴，工诗，为一时名士。

《商水县志》卷十九

注释：

[一] 李树源：字宏济，河南商水人。

评析：

李树源是李郊的儿子，弹琴继承家学。

鲁登阙

鲁登阙，字圣居[一]，邑处士。好抚琴，著《琴谱》。

《鄠县县志》卷五

注释：

[一] 鲁登阙：字圣居，陕西鄠县人。

评析：

鲁登阙所著《琴谱》已经亡佚。

海月

海月，不知何许人也，定淮门内听潮庵僧也[一]。贫而好客，有来访者，必剪韭烹蔬，沽酒酌之。兴至，弹琴一曲，虽衲衣千补，而情致殷殷，无一毫募缘习气[二]。

《（嘉庆）新修江宁府志》卷五十一

注释：

[一] 海月：南京定淮门听潮庵僧人。

[二] 募缘：化缘。

评析：

海月虽然为僧人，但没有一丝世俗气，也没有化缘习气，难能可贵。

王绘（附乔钟吴、姚仁、徐智）

王绘，字素如，上海人[一]。画学宋元诸家，饶有气韵，间作诗，亦工。又善鼓琴，尝以琴操数阕，授乔进士钟吴[二]。而与布衣姚仁为友，仁字幼常[三]，能诗，通易理，亦长于琴。老屋数椽，箪瓢屡空，晏如也。同时与绘游者，有徐智，字周范[四]，善绘山水兼工行楷及隶篆书。

《（光绪）松江府续志》卷二十六

注释：

［一］王绘：字素如，上海人。

［二］乔进士：乔钟吴，字鸥邨，上海人。据《上海县志》，乔钟吴为乾隆二十八年（公元1763年）进士。

［三］姚仁：字幼常，上海人。

［四］徐智：字周范，上海人。

评析：

据《（光绪）松江府续志》，乔钟吴撰有《琴谱》。

沈诠

沈诠，字臣表，居青浦之黄渡[一]。善鼓琴，得前辈指法。既老，终日焚香抚琴而已。

《潜研堂文集》卷四十八《舅氏沈君墓志铭》

注释：

[一] 沈诠（公元 1697 年—公元 1766 年）：字臣表，青浦黄渡（今上海）人，

评析：

沈诠是清代学者钱大昕的舅舅，工缪篆，善鼓琴。

谢耀正

谢耀正，字德橹[一]。工诗，善鼓琴。少游京师，恒以囊琴自随，遇佳山水辄登临啸咏，流连不去。

《（道光）开平县志》卷九

注释：

[一] 谢耀正：字德橹，广东开平人。

评析：

谢耀正诗歌和婉雅隽，琴音或许与其诗风相应。

雷大升

雷大升，字允上，号南山，吴县人[一]。乾隆元年，举鸿博不就[二]。隐于医，遇贫者与之药，为时所重。善琴，工诗。

《吴县志》卷七十五

注释：

[一]雷大升：字允上，号南山，吴县（今江苏苏州）人。

[二]乾隆元年：公元 1736 年。鸿博：科举考试博学鸿词科的省称。

评析：

雷大升著有《金匮辩证》《要证论略》《丹丸方论》等书，是精于医又隐于医者。与隐于诗、隐于琴者并无二致，以隐为最终归宿。

万融

僧万融[一]，善书画鼓琴，通岐黄。

《（道光）重修仪征县志》卷二十

注释：

[一]僧万融：江苏仪征莲池庵僧人。

评析：

僧万融生活于乾隆初年，曾与当地人结诗社。

王荣

王荣字莲石[一]，善琴，兼精幼科。

《双林镇志》卷二十一

注释：

［一］王荣：字莲石，浙江双林人。

评析：

王荣擅长幼儿科，又能琴。

陆锦

陆锦，本姓凌，字载琦，号渔村[一]，善琴。

《双林镇志》卷二十一

注释：

［一］陆锦：本姓凌，字载琦，号渔村，浙江双林人。

评析：

陆锦生平不详。

李汉

李汉，字子云[一]，庠生，喜吟咏，善鼓琴。恒日不举火[二]，剪韭家园，聚家人食之，援琴鼓数曲以自娱。常携琴游江湖，流览佳山水，以终其身。

《（嘉庆）续潼关厅志》卷中

注释：

［一］李汉：字子云，陕西潼关人。

［二］不举火：不生火做饭，谓断炊。

评析：

《论语·雍也》中记载颜回："一箪食，一瓢饮，在陋巷，人不堪其忧，回也不改其乐。"李汉亦有此风。

刘松龄

刘松龄，字佺期[一]。善鼓琴，琴书之外无余事。

《（嘉庆）续潼关厅志》卷中

注释：

［一］刘松龄：字佺期，陕西潼关人。

评析：

刘松龄曾跟随华阴史匀五学习身心性命之学。

邬希文

邬希文，字亦范，号松岩，乾隆间岁贡[一]。工文章，善琴画。既居吴下，爱洁成癖，诗画之外，焚香鼓琴，有倪高士风致[二]。

《（光绪）余姚县志》卷二十六

注释：

［一］邬希文：字亦范，号松岩，浙江余姚人，生活于乾隆年间。

［二］倪高士：倪瓒，见“倪瓒”条。

评析：

“爱洁成癖”是倪瓒的一个特点，除此之外，倪瓒善诗善画亦善琴，所以说邬希文有倪瓒之风。

冯守祺

冯守祺，字子鸣，号清溪[一]。嗜古好学，尤善鼓琴，著有《琴心抽秘》三卷藏于家。

《（光绪）宣城县志》卷十六

注释：

［一］冯守祺：字子鸣，号清溪，安徽宣城人，生活于乾隆年间。

评析：

《琴心抽秘》三卷今佚。

祝廷璿

祝廷璿，字子重，号松峰[一]。生平喜化诲人[二]，又精琴理。友人馆仆诟詈父母[三]，召其人立户外，操《孝顺歌》，其人泣下。

《（同治）广丰县志》卷八

注释：

［一］祝廷璿：字子重，号松峰，江西上饶人。

［二］化诲：感化教诲。

［三］诟詈：责骂。

评析：

《礼记·乐记》中说："乐也者，圣人之所乐也，而可以善民心，其感人深，其移易风俗易，故先王著其教焉。"指出音乐的教化功能，祝廷璿正是用古琴音乐的这一特性来教化他人的。

王梦桃

王梦桃，字介眉[一]，监生。倜傥洒落，不为俗情所羁，精琴棋书画。有小斋，日夕坐卧其中，时理丝桐以自娱。

《商水县志》卷二十

注释：

［一］王梦桃：字介眉，河南商水人。

评析：

商水知县为王梦桃的书斋题匾曰"雅致怡情"。

李喜庆

李喜庆，字怿亭[一]，监生。举止娴雅，工书善琴，谢绝世务，以丝竹自娱。家有别墅，栽花种竹，时与二三知己对酒弹琴，客去正襟默坐。

《商水县志》卷十八

注释：

[一]李喜庆：字怿亭，河南商水人。

评析：

栽花种竹以涤荡邪秽，对酒弹琴以佐清欢。

金至元

金氏，名至元，字含英[一]，河间府学生金大中女，适天津查氏。幼读书，通大义，颖慧绝人，女红之外，书算琴管，无不精妙入神，尤工于诗。

《（乾隆）天津府志》卷三十

注释：

[一]金氏：金至元，字含英，河间（今河北河间）人。金大中之女，嫁与天津查氏。

评析：

金至元诗风“清拔孤秀，不染粉黛习气”。

文静玉

文静玉，字湘霞，吴县人[一]。知县陈文述侧室也[二]。工琴，能诗。

《吴县志》卷七十四

注释：

［一］文静玉：字湘霞，吴县（今江苏苏州）人。

［二］侧室：妾。

评析：

文静玉能诗，有诗句云："太白星精笔有神，芙蓉城主谪仙人，我来同倚栏干曲，不证兰因证蕙因。"

许蘅

许蘅，字若洲，吴县人，诸生鉴女[一]。工琴，善填词，又长于诗。

《吴县志》卷七十四

注释：

［一］许蘅：字若洲，吴县（今江苏苏州）人，许鉴之女。

评析：

许蘅题《伏生授经图》诗云："博士竟逃坑后劫，祖龙难爇腹中编。经留一派凭娇女，天为斯文假大年。"

邵生

邵生者，佚其名，号桐冈[一]。善鼓琴，节奏铿然，拂拂十指间[二]，如有生气出也。身臞而多髯[三]，每酒酣，为人谈说往事，轩眉拊掌[四]，使人洒然有出尘之致。又工度曲，尝客弇山毕尚书幕[五]，居数月，意有不乐，遂归。仍以琴教授乡里，终其身。

《吴县志》卷七十五

注释：

［一］邵生：号桐冈，江苏苏州人。

［二］拂拂：颤动貌。

［三］臞：瘦。

［四］轩眉：扬眉。

［五］毕尚书：毕沅（公元 1730 年—公元 1797 年），清朝大臣，学者。

评析：

由此可以看出，邵生是一个洒脱不羁之士。

张镳(附束南纪、姜景华)

张镳，号蓝田，太学生[一]。工吟咏，尤善鼓琴，指法得《松风阁》精处[二]。著《论琴十绝》，见称于袁简斋[三]，程荆南大令为梓而传之[四]。其后束佩堂南纪[五]、姜湘浦景华亦娴勾拨[六]，《广陵散》于今绝矣。

《（光绪）重修丹阳县志》卷二十三

注释：

［一］张镳：号蓝田，江苏丹阳人。

［二］《松风阁》：《松风阁琴谱》见“程雄”条。

［三］袁简斋：袁枚，号简斋。

［四］程荆南：程梦湘，字荆南，江苏丹徒人。

［五］束佩堂南纪：束南纪，字佩堂，江苏丹阳人。善音律，耽吟咏。

［六］姜湘浦景华：姜景华，字湘浦，江苏丹阳人。

评析：

张镳的指法为《松风阁琴谱》一脉。

陈真濂

陈真濂，字清远，号丹泉[一]，邑人。住吴山清修道院，善琴、工诗。

《海宁州志稿》卷十六

注释：

［一］陈真濂：字清远，号丹泉，浙江海宁人。

评析：

陈真濂善琴工诗，其诗为袁枚所称赏。

赵一渔(附汪国)

赵一渔，字更深[一]。工山水。学琴于汪国[二]，尝月夜弹《平沙落雁》一曲，曲终，乘兴摊烛写图，有萧疏淡远之致。

《（同治）鄞县志》卷四十五

注释：

［一］赵一渔：字更深，鄞县（今浙江宁波）人。

［二］汪国：生平不详。

评析：

赵一渔以擅画山水著名，性闲旷。

端木埴

端木埴，字月锄[一]，幼憨跳不可约束[二]，读书目数行下，既补诸生，性耽幽寂，尤工诗词，常携琴裹精茗，诣钟山白云寺饮一人泉，操弦听松风谡谡[三]，相和以为乐。

《（光绪）续纂江宁府志》卷十四

注释：

［一］端木埴：字月锄，江宁（今江苏南京）人。

［二］憨跳：顽皮。

［三］谡谡：象声词，形容风声呼呼作响。

评析：

“泠泠七丝上，静听松风寒。”大约就是此情、此景。

翟梦麟

翟梦麟，天津人[一]。嘉庆二年任州学正[二]。文采风流，尤多才艺。好客，善鼓琴，一室啸歌，翛然自得。

《（嘉庆）开州志》卷四

注释：

［一］翟梦麟：天津人。

［二］嘉庆二年：公元 1797 年。

评析：

翛然自得是一种性情的陶冶，也是一种趋近完美的精神境界。

林廷岳

林廷岳，字询四，号清泉[一]。精于医，尤善治目，赖不失明者千百人。以山水自娱，善鼓琴，善弈。性嗜茶。

《揅经室集》二集卷二《林清泉公传》

注释：

［一］林廷岳（公元 1723 年—公元 1803 年）：字询四，号清泉，江苏扬州人。

评析：

林廷岳因嗜茶，被认为有“玉川之风”，玉川即唐代诗人卢仝。

程瑶田

程瑶田，字易畴，安徽歙县人[一]。性退让，善鼓琴，年老失明，犹口授其孙，成《琴音记》三卷。

《清史列传·儒林·程瑶田》卷六十八

注释：

［一］程瑶田（公元1725年—公元1814年）：字易畴，安徽歙县人。

评析：

浙江巡抚阮元曾经聘请程瑶田修订杭州府学乐器。

王尔扬

王尔扬，字对之，峰南其号也[一]。善鼓琴，每月白风清，焚名香弹《归去来辞》等操。

《（光绪）辽州志》卷七

注释：

［一］王尔扬（公元1742年—公元1825年）：字对之，号峰南，山西辽州（今左权县）人。

评析：

据史梦蛟《灵石县训导王君墓志铭》，王尔扬有名士风流。

朱光纶

朱光纶，字寓琴[一]。工诗词，有《无隐草堂小稿》三卷。喜绘兰石，尤善鼓琴。

《（光绪）娄县续志》卷七

注释：

[一] 朱光纶（公元1769—公元1845年）：字寓琴，江苏娄县人。

评析：

朱光纶平素闭门谢客，晚年喜欢栽种花木，鼓琴绘画作诗，颇有逸士之风。

吴方

吴方，字正公[一]。为人端方廉介，文章醇雅。能诗歌，善鼓琴，静夜焚香，一弹再鼓，优游自适。家甚贫，授徒供母，束脯外[二]，从不受人馈遗。

《（乾隆）陈州府志》卷十七

注释：

[一] 吴方：字正公，陈州（今河南周口）人。

[二] 束脯：束脩，十条肉干。《论语·述而》："子曰：'自行束脩以上，吾未尝无诲焉。'"后指学生致送教师的酬金。

评析：

《礼记·乐记》云："丝声哀，哀以立廉。"

莫勋

莫勋，奉贤人[一]，诸生，性潇洒，能鼓琴。

《（嘉庆）松江府志》卷六十一

注释：

[一] 莫勋：上海奉贤人。

评析：

潇洒于琴，超然于世。

金德宏

吾郡以艺称者，琴师则有金德宏[一]，后起纷纷，俱不足道也。

《（嘉庆）松江府志》卷八十三

注释：

[一] 金德宏：上海人。

评析：

金德宏以琴艺著称于松江府。

曾文奎

曾文奎，字星聚，号寄庐[一]。读书不乐仕进，卜居高淳湖畔，以琴书花鸟自娱。精青囊术[二]，虽遇沉疴，用药一二剂，无不立愈，亦不责谢，有隐君子风。

《（嘉庆）宁国府志》卷三十一

注释：

［一］曾文奎：字星聚，号寄庐，安徽宣城人。

［二］青囊术：医术。

评析：

琴书花鸟为修己，青囊术为疗人，可称贤人。

胡琯

胡琯，字子白[一]，诸生，工书画兼善琴。

《台州府志》卷一百十九

注释：

［一］胡琯：字子白，浙江台州人。

评析：

胡琯为胡作肃之子，胡作肃亦善音律，常自度新声。

沈佩

石门吴起代妻沈氏名佩，字飞霞[一]，工诗词及琴画。

《光绪桐乡县志》卷十八

注释：

［一］沈佩：字飞霞，浙江桐乡人。吴起代妻。

评析：

沈佩《卜算子》词云："台馆遍笙歌，又是黄昏后。寂寂梅花小院开，报道春依旧。梦断月初斜，素影清如昼。光景年年一样新，且放眉间皱。"才情如此。

汪梅鼎

汪梅鼎，字映琴，号澥云，休宁人[一]。善鼓琴，性纯挚恬雅，书画超逸。

《（道光）徽州府志》卷十二

注释：

［一］汪梅鼎（公元1756年—公元1815年）：字映琴，号澥云，安徽休宁人。

评析：

汪梅鼎为清代新安画派的代表。

陈殿元

陈殿元，字瀛宾，归善人[一]。乾隆乙酉拔贡[二]。性情闲逸，精通琴韵及篆隶石刻诸小技。

《（光绪）惠州府志》卷三十三

注释：

［一］陈殿元：字瀛宾，归善（广东惠阳）人。

［二］乾隆乙酉：公元1765年。拔贡：科举制度中选拔贡入国子监的生员的一种。

评析：

陈殿元博学能文，工诗，与冯敏昌为友，二人相互称赏。

孙汇(附吴涤山、高逸峰)

孙汇字啸壑，庐江人[一]。《平沙落雁》曲自诩第一，又补正《流水》曲谱。吴涤山、高逸峰受其指法[二]。

《（光绪）嘉定县志》卷二十六

注释：

［一］孙汇：字啸壑，安徽庐江人，寓居嘉定。

［二］吴涤山、高逸峰：生平均不详，二人受学于孙汇。

评析：

孙汇曾参订《琴谱》二卷，又工诗，有《琴余集》。

汪德钺

汪德钺，字崇义，怀宁人，嘉庆元年进士[一]。寄意丝桐，谓足以遗世独立。自谓与俗迕[二]，暱我者琴书山水四友也[三]。

《安徽通志稿·列传·汪德钺》

注释：

［一］汪德钺：字崇义，安徽怀宁人。嘉庆元年（公元 1796 年）进士。

［二］迕：违背。

［三］暱：亲近，亲昵。

评析：

《溪山琴况》云："琴之为音，孤高岑寂。"汪德钺亦孤高之人也。

王学海

王学海，号荫峰[一]，性耽风雅，能诗，尤善鼓琴，家有潭月轩峙水中[二]。

《光绪南汇县志》卷十五

注释：

［一］王学海：号荫峰，上海人。

［二］峙：耸立。

评析：

同治年间，王学海因兵乱自沉于水。

白范

白范，字汝式[一]。邑庠生。博通群籍，过目不忘。娴丝竹，尤精于琴。

《南宫县志》卷二十五

注释：

［一］白范：字汝式，河北南宫人。

评析：

相传白范擅长邵雍《梅花易数》。

严恪

严恪，字仿石[一]。工八分[二]，精篆刻，尤好琴。游览山水，足迹几半天下，终岁不归。归即携琴崖谷间抚弄，日暮始返。尝蓄古琴一张，式落霞，为明益藩之所制也，出入恒以之自随。时年七十客于秦淮水榭间，有从而受琴者，后不知所终。

《（光绪）直隶和州志》卷二十八

注释：

［一］严恪：字仿石，和州（今安徽和县）人。

［二］八分：八分书，隶书的一种，也称“分书”或“分隶”。

评析：

《文心雕龙》言：“志在山水，琴表其情。”

朱本福

朱本福，字履亨，黟县人[一]。雅洁而嗜古，善鼓琴，游武林、山阴间[二]，得异人传授，其所奏《渌水》《湘妃》诸操，神与古会，使闻者如在松风泉石间。本福殁，家贫，数琴者不知落谁氏之手矣。

《安徽通志稿·列传·朱本福》

注释：

［一］朱本福：字履亨，安徽黟县人。

［二］武林：浙江杭州。山阴：浙江绍兴。

评析：

得异人传授，无非是为了渲染朱本福琴艺之高。

周灿

《白菡萏香馆琴谱汇要》：茂苑莲波周灿录[一]。

《白菡萏香馆琴谱汇要》

注释：

［一］周灿：字莲波，茂苑（今江苏苏州）人。

评析：

《白菡萏香馆琴谱汇要》今存，无序跋，因此很难确知周灿其人其事。

孙巽

孙巽，字庆南，乾隆六十年举人[一]。性敦朴，教授生徒，先品行，后文艺，从者数百人，为一邑文教宗。赋诗鸣琴，有隐君子风。

《济宁直隶州续志》卷十三

注释：

［一］孙巽：字庆南，山东济宁人。乾隆六十年（公元 1795 年）举人。

评析：

鸣琴赋诗果然为尘外之趣。

李贞

李贞，世居禹之西鄙[一]，赋性高洁，不乐仕进。晚年移家熊耳山，山绝幽邃，尤胜者为白石峰，遂自号白石山人，人亦以是称之，鼓琴舞剑，傲然自得。

《（道光）禹州志》卷二十一

注释：

［一］李贞：自号白石山人，河南禹州人，生活于清代嘉庆年间。西鄙：西面边境。

评析：

李贞因为厌倦与人交往而隐居熊耳山，也算一位高蹈出尘之士。

姚立风

姚秀才立风[一]，志趣高洁，家有园亭之胜，终年不出门庭，与人交，不谈世务。喜为诗，能书画，善鼓琴。

《干巷志》卷三

注释：

[一] 姚秀才：姚立风，上海人，生活于清代嘉庆年间。

评析：

不谈世务实际上是对现实世界的一种对抗，诗、琴、画则是姚立风自我隔绝的一种手段。

岳绮

岳绮，字绣章[一]，精琴理，工绘事，摹刻右军十七帖神似[二]。为人冲和谦退，终身不见有怒色。

《（道光）荣成县志》卷八

注释：

[一] 岳绮：字绣章，山东荣成人。

[二] 右军：王羲之。

评析：

古琴历来被认为是君子之器，也最能够反映琴人的品行。岳绮其为君子乎？

任廷江

任廷江，字有声[一]，少好音律，学琴，深得其蕴。一时操琴者皆出其门下。

《（嘉庆）旌德县志》卷八

注释：

［一］任廷江：字有声，安徽旌德县人。

评析：

“松风水月，仙露明珠”，这是别人赠给任廷江的话，大约是用来形容他的琴音的。

吕德性

吕德性，字成之[一]。嗜学，工诗善画，兼精琴理。

《（嘉庆）旌德县志》卷八

注释：

［一］吕德性：字成之，安徽旌德县人。

评析：

吕德性多有义行，著有《白云诗集》。

王光祖

王光祖，字云湄，吴县人[一]。精琴理，通音律，明数术[二]，医复有名。嘉庆间卒。

《吴县志》卷七十五

注释：

[一] 王光祖：字云湄，吴县（今江苏苏州）人。

[二] 数术：术数。古代关于天文、历法、占卜的学问。

评析：

王光祖又擅长绘画、篆刻，可谓博通众艺。

吴统（附吴国望）

吴统字懒仙[一]，工诗，善琴，亦善琵琶，以书画噪名吴、越间。吴国望[二]，增贡生，亦善画工琴，不坠家风。

《（光绪）续修浦城县志》卷二十七

注释：

[一] 吴统：字懒仙，福建浦城人。吴景伯长子。

[二] 吴国望：福建浦城人，吴景伯之孙。

评析：

吴景伯擅长琵琶，精通音律，其子吴统、其孙吴国望承袭家学。

张如玉

张如玉[一]，户部郎中张伦至孙女。长适监生吴芳榆[二]，能琴，解吟咏，著有《暗香琴言》一卷。

《（光绪）续修浦城县志·名媛》卷二十八

注释：

［一］张如玉：福建浦城人。张伦至孙女，吴芳榆妻。

［二］适：女子出嫁。

评析：

清代以后，对女性才人的书写越来越多，产生了很多以“闺秀”“名媛”为名的著述，如《闽川闺秀诗话》等。

程宜人

德清编修徐天柱妻程宜人[一]，勤俭持家，晚年优游无事，颇以弹琴自娱，著有《波罗蜜室琴谱》一卷。

《光绪桐乡县志》卷十八

注释：

［一］程宜人：浙江桐乡人，徐天柱妻。

评析：

徐养源（公元1758年—公元1825年），即程宜人之子，据《光绪桐乡县志》，徐养源、徐养潜等能博闻敦行名噪一时，皆由宜人之教导也。

马任(附马倩、马士骏、马天成)

《琴香堂琴谱》：邗江马任东园、马倩东村集[一]，男士骏龙文、孙天成辉山校[二]。

《琴香堂琴谱》

注释：

[一] 马任：字东园。马倩：字东村，邗江（今江苏扬州）人。

[二] 马士骏：字龙文，号许月，马任之子。马天成：字辉山，马任之孙。

评析：

据《琴香堂琴谱》，马士骏从学于徐晋臣，得授数曲，一并录于《琴香堂琴谱》。

吴景

余素有琴癖[一]，好之不能工也。今春遇许月翁于京都[二]，翁以琴名都门者垂四十年，余既恨相见晚，又自喜曩所积念诚求者，今乃不期而遇也。余得携琴相从。

《琴香堂琴谱·吴景跋》

注释：

[一] 余：吴景，字星瑞，浦城（今福建浦城）人。按，吴景自述为武宁人，武宁，即浦城古称。

[二] 许月翁：见“马士骏”条。

评析：

据《琴香堂琴谱·吴景跋》，吴景与马士骏朝夕研讨琴理。

任芝发

《琴谱抄》：溧阳任芝发[一]。

《（乾隆）江南通志·艺文志》卷二百九十二

注释：

［一］任芝发：字香山，江苏溧阳人。

评析：

任芝发，聪明颖悟，善文章。《溧阳县志》有传。

僧祖道

金粟庵僧祖道，字竹溪，本范姓，文正公之后[一]。先主宝筏寺，乾隆辛丑归是庵[二]，善琴工诗，有《离六堂集》。

《扬州画舫录》卷八《城西录》

注释：

［一］僧祖道：字竹溪，本范姓。文正公：范仲淹。

［二］乾隆辛丑：公元 1781 年。

评析：

有诗人赠祖道诗云：“一曲冰弦操，三杯雪乳茶。论诗情未已，归骑日初斜。”

吴宗周

吴宗周精于推算[一]，尤善弹琴，于琴谱诸法悉能于十指之间，今已绝调矣。

《茜泾记略》

注释：

［一］吴宗周（？—公元 1784 年）：江苏太仓人。

评析：

吴宗周擅长推算穷通、寿夭之术。

李昆

李昆，其先本辽东人[一]，善鼓琴，一时豪贵争延致之[二]。间工草书，耽吟咏。

《清诗纪事·乾隆朝卷》

注释：

［一］李昆：字玉峰，其先本辽东人。

［二］延致：邀请。

评析：

沈光炜有《立夏日泛湖至孤山遇雨听李玉峰弹琴》诗。

袁慰祖

袁慰祖，字律躬，号竹室，江苏长洲人[一]。布衣，居江都。工画，善鼓琴。诗格清逸，如其人品。士大夫虽争礼之，而落落寡和。

《清诗纪事·乾隆朝卷》

注释：

［一］袁慰祖：字律躬，号竹室，江苏长洲人。

评析：

袁慰祖为人冷峭孤介，诗词清逸。

陈菊农

陈菊农昌绪，善琴[一]，爱莫愁山水，家于湖滨。

《（嘉庆）莫愁湖志》卷四

注释：

［一］陈菊农：字昌绪，家于莫愁湖。

评析：

陈菊农生平不详，待考。

姚森

姚茂才森，号献林，善琴[一]。

《（嘉庆）莫愁湖志》卷四

注释：

［一］姚茂才：姚森，号献林，江苏南京人。

评析：

"不见其人谁与言，归坐弹琴思逾远。"（司马承祯《答宋之问》）

严地山（附张爕堂、一叶）

严地山善琴[一]，张爕堂善琴[二]。永济寺释一叶，号棲碧[三]，善竹菊，能琴工诗。

《（嘉庆）莫愁湖志》卷四

注释：

［一］严地山：隐仙庵道士。

［二］张爕堂：隐仙庵道士。

［三］一叶：号棲碧，南京永济寺僧。

评析：

三人皆居住于南京上元。

张竹君(附释晴江、释畅如、释得明)

张竹君国祥[一]，善琴，爱居湖滨。释晴江[二]，善弹琴，扬州人。普惠寺释畅如善琴[三]。瓦官寺释得明善琴[四]。

《（嘉庆）莫愁湖志》卷四

注释：

[一] 张竹君：字国祥。

[二] 释晴江：江苏扬州人。

[三] 释畅如：南京普惠寺僧。

[四] 释得明：南京瓦官寺僧。

评析：

以上数人均居住于江苏南京，均善琴。

王家干

王家干，字梦楼，嘉庆辛酉举人[一]。工诗，善鼓琴，尤精楷隶。

《（光绪）长治县志》卷六

注释：

[一] 王家干：字梦楼，嘉庆辛酉（公元 1801 年）举人，山西长治人。

评析：

王家干著有《竹香诗草》。

彭度华

彭度华字孟瞻，号柳村，嘉庆九年举人[一]。性严正，礼法自持，虽盛暑必整衣冠。事母孝，鼓琴以博欢。

《（同治）畿辅通志》卷二百三十一

注释：

［一］彭度华：字孟瞻，号柳村，河北人，嘉庆九年（公元1804年）举人。

评析：

《礼记·内则》中说："孝子之养老也，乐其心，不违其志，乐其耳目，安其寝处。"彭度华即孝子也。

沈兆陞

沈兆陞，字鱼山，号芊柳[一]。喜弹琴。考谱按弦，月白江清，时得古人妙处，亦工人物山水。

《重辑枫泾小志》卷六

注释：

［一］沈兆陞：字鱼山，号芊柳，上海人。

评析：

瑶琴时一弄，山鬼是知音。

万复

万复，字禁非，一字望渊，游溪人[一]。博通经史，尝坐卧一小楼，左右环列古书，炉香琴韵，飘溢四闻，旁人为之心醉。著有《摹贤琴谱》。

《（光绪）南昌县志》卷三十八

注释：

[一] 万复：字禁非，一字望渊，广东游溪人。

评析：

焚香，鼓琴，皆能颐养性情。

侯维岳

侯维岳，字嵩高，自号息阴道人[一]。旧有东园别墅，种菊，鼓琴。尝风静帘垂，忽座菊乱落，讶之，理弦再鼓，曲未终，而错落如前，乃共异之。

《（光绪）重修天津府志》卷四十五

注释：

[一] 侯维岳：字嵩高，自号息阴道人，南皮（今河北南皮）人。

评析：

庾信有诗云："刘伶正促酒，中散欲弹琴。但令逢秋菊，何须就竹林。"

戴大昌

戴大昌，字泰之，婺源人[一]。著有《琴音标准》。

《（光绪）重修安徽通志》卷二百二十五

注释：

[一] 戴大昌：字泰之，江西婺源人。

评析：

戴大昌于嘉庆十六年（公元 1811 年）任宣城教官。

武声誉(附曹士庚)

武声誉，字实符[一]，善琴学。精于琴者，每止能数十曲，惟誉能抚百余曲，其绝技所至曰《霹雳引》。同时好琴者，惟曹秋潭[二]，尝欲受其秘传，而武方客外，既归，曹已病笃，武急携琴往问，为弹《霹雳引》一曲，曹于呻吟中领领之，旋易箦[三]，武摔琴大哭而去。

《（光绪）丹徒县志》卷三十七

注释：

[一] 武声誉：字实符，丹徒（今江苏镇江）人。

[二] 曹秋潭：曹士庚，字秋潭，丹徒（今江苏镇江）人。

[三] 易箦：更换床席，指人将死。

评析：

当真是“送君竟此曲，从兹长绝弦”。

周显祖(附杨存质、蒋云章)

《琴谱谐声·平沙落雁》：江浦琴隐杨存质谐谱[一]，金溪柏村周显祖增订[二]。《平沙》一曲，音节和美，操缦家多喜习之。琴隐此谱，云传自京口蒋云章先生[三]，取音雅正，节奏和醇。

《琴谱谐声·平沙落雁》

注释：

［一］杨存质：号琴隐，江浦（今江苏南京）人。

［二］周显祖：字著乃，金溪（今江西金溪）人。著有《琴谱谐声》。

［三］蒋云章：京口（今江苏镇江）人。按，《关雎》一曲亦传自蒋云章。

评析：

周显祖《琴谱谐声》，多收录杨存质传谱，如《平沙落雁》《静观吟》《鸥鹭忘机》《关雎》《碧天秋思》等。

刘光照

晴浦先生[一]，中州雅士，善琴。所蓄佳琴数十床。今夏为鼓《风雷引》，抚弦动掺[二]，觉凉飔一缕，方拂鼻作藕花香，忽如骤雨将倾，迅雷且至，起视天色，爽然神为之夺。

《琴谱谐声·秋塞吟跋》

注释：

［一］晴浦先生：刘光照，字晴浦，中州（今河南）人。

［二］掺：古时候的一种鼓曲名。也指击鼓三次。

评析：

刘光照曾为周显祖鼓《秋塞吟》一曲，显祖得其谱，以洞箫度之，录于《琴谱谐声》。

吴大先

吴大先，字维则，歙人[一]。家贫以著述为事，时携琴书山水间，繙绎之暇[二]，辄弹一阕自娱。

《江南通志》卷一百六十九

注释：

[一] 吴大先：字维则，歙（今安徽歙县）人。

[二] 繙绎：翻译。

评析：

琴书自娱以颐养心神，大约是所有文人的共性。

王仲舒

《碧仙山房指法字母汇参确解》：会稽大愚山人王仲舒茝洲草稿[一]。

《指法汇参确解》

注释：

[一] 会稽大王仲舒：字茝洲，号大愚山人，会稽（今浙江绍兴）人。

评析：

据王仲舒《琴窗随笔》，其指法得李玉峰传授。

冯淇

冯淇，字颖明，仓七图人[一]，善书，能琴，兼精岐黄[二]。

《（乾隆）娄县志》卷二十七

注释：

[一] 冯淇：字颖明，江苏娄县人。

[二] 岐黄：医术。

评析：

书法、古琴、医术，具有一种共通性，也即中国传统文化中讲究的"和"。

何淑蘋

何氏字淑蘋[一]，博野知县何长敦女，少学诗，有隽才[二]。解音律，琵琶筝笛，少涉辄工，从父曰："是不足怡情也。"贻以琴，受古操数阕，一月能传其音，而琵琶之属，集尘不御矣。

《（光绪）重纂邵武府志》卷二十七

注释：

[一] 何淑蘋：福建邵武人。何长敦之女。

［二］隽才：俊才，出众的才智。

评析：

杨宗稷曾说："古人以琴为怡情养性之具。"强调琴能怡情养性的功能，这一点也体现在何淑蘋身上。

王宫

王宫，字南宫[一]，善鼓琴，品行高洁，不屑时趋[二]，诗饶陶韦风味[三]。

《（光绪）重纂邵武府志》卷二十四

注释：

［一］王宫：字南宫，福建建宁人。

［二］时趋：时俗。

［三］陶韦：陶渊明、韦应物，田园诗人。

评析：

行高才远，艺文博洽。

黄正傅

黄正傅，字师弼[一]，善音律，美髯修眉，风神疏朗。尝负丝桐遨游四方，所至皆知名，犹自叹知音难遇。晚年息足于家，里中能琴者[二]，皆其弟子焉。

《（光绪）重纂邵武府志》卷二十四

注释：

［一］黄正傅：字师弼，福建建宁人。

［二］里中：同乡。

评析：

借用宋代张伯端的话说，黄正傅就是“未逢一个是知音”。与其叹息，倒不如白居易的“七弦为益友，两耳是知音”来得洒脱。

姜大观（附康兆元）

姜大观，字平远[一]。好远游，喜吟咏，尤工琴。凡游览山水佳趣，一于琴发之。偶月夜抚琴，忽指下得异声，起曰：“户外必有金马玉堂中人潜听[二]！”启户视之，见同邑知名士余敏绅、谢莘之二人，大观揖而贺曰：“开吾邑风气者二君也。”后皆登第。邑令康兆元亦善琴[三]，造其庐，相对累日[四]。

《（光绪）重纂邵武府志》卷二四

注释：

［一］姜大观：字平远，福建邵武人。

［二］金马玉堂：金马即金马门，汉代学士待诏之地；玉堂即玉堂署，宋代翰林承旨之所。后金马玉堂指翰林院或翰林学士。

［三］康兆元：生平不详，时任县令。

［四］累日：多日，连日。

评析：

康兆元赠姜大观对联云：“人到十洲无俗韵，门临三径有高风。”

吴宜蛰

吴宜蛰，字聚和，监生[一]。书法宗赵文敏[二]，尤工小楷。又善琴，每于酒阑月下，闲鼓一曲，令人有萧然出世之想[三]。

《（光绪）重纂邵武府志》卷二四

注释：

［一］吴宜蛰：字聚和，福建邵武人。

［二］赵文敏：元代书法家赵孟頫。

［三］萧然：潇洒。

评析：

“山月照弹琴”，银色的月光洒在白色的琴徽之上，此等情境，怎能不令人有出尘之想？

邓松

邓松，字玉阶[一]。善琴，工画，品骨萧然绝俗[二]。凡远方琴客过访者，悉优礼接待，讲求指法曲调，故琴尤独步一时。

《（光绪）重纂邵武府志》卷二四

注释：

［一］邓松：字玉阶，福建建宁人。

［二］品骨：风骨。

评析：

“转益多师”，邓松以这种态度对待琴事，故此能独步一时。

蒋之材

蒋之材，字石林，木渎人[一]。精岐黄术，工丹青，深通琴理，善鼓《洞天》《箕山》诸大曲。

《吴县志》卷七十五

注释：

[一] 蒋之材：字石林，江苏苏州木渎镇人。

评析：

琴家喻绍泽先生曾提出学琴三要，即树雄心、贵专研、重专精。专精就是对一两首琴曲详加钻研，精益求精，这样才能达到一定的艺术境界。显然，蒋之材在琴曲上即专精《洞天》《箕山》诸曲。

吴承庆

吴承庆字延长[一]，能诗善鼓琴，尤工鉴别书画。

《（光绪）嘉兴县志》卷二十五

注释：

[一] 吴承庆：字延长，浙江嘉兴人。

评析：

无论是吟诗作画还是弹琴，都不失为一种情感或精神的修饰。

张孔昭

张孔昭，善鼓琴[一]。

《（光绪）嘉兴县志》卷二十七

注释：

[一] 张孔昭：浙江嘉兴人。

评析：

张孔昭生平不详，其子善画。

屠岩

屠岩，字尔瞻[一]，善古琴。

《（光绪）嘉兴县志》卷二十七

注释：

[一] 屠岩：字尔瞻，浙江嘉兴人。

评析：

屠岩与其兄屠崖都擅长绘画，屠岩之子亦擅长人物花卉，为绘画世家。

胡大年

胡大年，字亭山[一]，卖烟草叶为生涯，读书鼓琴，萧然意远。

《（光绪）嘉兴县志》卷二十七

注释：

[一] 胡大年：字亭山，浙江嘉兴人。

评析：

胡大年又善书法绘画作诗，通晓诸艺。

钱一桂

《钱一桂双桥渔父琴谱》一卷：钱一桂撰[一]。

《（光绪）嘉兴府志》卷八十一

注释：

[一] 钱一桂：号双桥渔父，浙江嘉兴人。

评析：

此琴谱已亡佚，著录于《嘉兴府志·经籍志》。

严秉彝(附严慵)

严秉彝，字季常，海盐人，庠生[一]。精岐黄术，为人端方好义。侄慵，字野臣[二]，喜吟咏，工行草书，至老不倦。叔侄并善琴操，时号二琴仙。

《（光绪）嘉兴府志》卷五十七

注释：

［一］严秉彝：字季常，浙江海盐人。

［二］慵：严慵，字野臣，浙江海盐人，严秉彝之侄。

评析：

以“琴仙”为号，说明时人对严秉彝叔侄在琴艺上的认可度是很高的。

黄谟

黄谟，字启人[一]，诸生。著有《乡党考略》一卷。善琴棋，晚年工写山水。

《（光绪）嘉兴府志》卷五十七

注释：

［一］黄谟：字启人，浙江嘉兴人。

评析：

山水清音，未尝不是一种文化生命的象征。

胡钦

胡钦，字师琴，布衣[一]。淡泊寡营[二]，善鼓琴。佳客至，则瀹茗焚香为操一曲[三]，非其人不轻弹也。

《（光绪）嘉兴府志》卷六十

注释：

[一] 胡钦：字师琴，浙江嘉兴人。

[二] 寡营：不为个人营谋打算。

[三] 瀹茗：煮茶。

评析：

《诗经·小雅·鹿鸣》云："我有嘉宾，鼓瑟鼓琴。"但明人琴谱《太古遗音》又说"琴有五不弹"，其中之一就是"对俗人不弹"，此处的"非其人"或许就包含了俗人的意思。

陆微

陆微，字济苍[一]。志气高洁，不屑逐尘俗。工诗善画，能鼓琴。

《（光绪）嘉兴府志》卷六十二

注释：

[一] 陆微：字济苍，浙江嘉兴人。

评析：

陆微后出家为道士，著有《松间道人诗集》。

宏觉

宏觉，字梦破，仁和县人，俗姓江[一]。少负才名，豪宕自喜[二]，尝独游郡西，乐其幽胜，遂挟琴书挈妻子居横山之麓[三]，题曰“蝶庵”。

《（光绪）嘉兴府志》卷六十二

注释：

[一] 宏觉：字梦破，俗姓江，仁和县（今浙江杭州）人。

[二] 豪宕：器量阔大。

[三] 挈：带领。

评析：

宏觉后剃发为僧，往来江淮之间。

钱泠

钱泠字西江[一]。性清介[二]，不慕荣利，诗酒外无他好。茅居数椽，琴书自适，日与村翁野老游，有显者过访，辄逾垣去[三]。

《（光绪）嘉兴府志》卷五十五

注释：

[一] 钱泠：字西江，浙江嘉兴人。

[二] 清介：清正耿直。

[三] 逾垣：翻墙。

评析：

“人生贵适意，何必慕华簪。”（司马光《送吴耿先生》）

许馥荃

许太淑人，字鸾案，侯官人[一]。生长名家，濡染庭训，敦诗悦礼，蔚为女宗[二]。善鼓琴，自额所居为“琴音轩”，有《琴音轩诗草》藏于家。

《闽川闺秀诗话》卷三

注释：

［一］许太淑人：许馥荃，字鸾案，侯官（今福建福州）人。梁章钜（公元 1775 年—公元 1849 年）婶母。

［二］女宗：女子楷模。

评析：

许馥荃曾随夫宦游山西、京师、辽宁等地，足迹半天下，也正是因此，她的诗歌风格豪爽。

石韵仙

石氏名韵仙[一]，主簿石师女。幼嗜学，通书史，工诗，善鼓琴。

《（嘉庆）如皋县志》卷十九

注释：

［一］石氏：石韵仙，江苏如皋人。

评析：

母亲生病，石韵仙割股肉和羹以进，被称为孝女。

薛昆

薛昆，字荆山，南汇人[一]。能鼓琴，尤善写照[二]。婿冯茂椿，门人刘德润传其业。

《（嘉庆）松江府志》卷六十一

注释：

[一] 薛昆：字荆山，南汇（今上海）人。

[二] 写照：画像。

评析：

清代画家热衷于画像，薛昆也不例外。

闵乐

闵为钰，字庚西，号鲈乡，南汇人[一]。娴吟咏，善写花鸟厨画。收藏人以不得鲈乡笔为恨。子乐[二]，亦工皴法，能弹琴。

《（嘉庆）松江府志》卷六十一

注释：

[一] 闵为钰：字庚西，号鲈乡，南汇（今上海）人。

[二] 乐：闵乐：闵为钰之子，上海人。

评析：

父子二人皆善画，闵乐又能弹琴。

李廷敬

追悼同年李兵备廷敬[一]，君善鼓琴。

《洪亮吉集》卷六《追悼同年李兵备廷敬》

注释：

［一］李廷敬（？—公元 1806 年）：字味庄，河北沧州人。

评析：

洪亮吉《追悼同年李兵备廷敬》有“弹琴海上成连操，泛月江边太白舟”之句。另外，李廷敬亦参订《自远堂琴谱》。

徐浣梧

洪亮吉《赠红梅阁道士徐浣梧》注云：道士能弹琴及诗画[一]。

《洪亮吉集》卷八《赠红梅阁道士徐浣梧》

注释：

［一］徐浣梧：红梅阁道士。

评析：

洪亮吉赠诗云：画本方离手，琴囊恰及肩。

王朴山

洪亮吉有《听王朴山道士弹琴》诗[一]。

《洪亮吉集》卷十九

注释：

［一］王朴山：弹琴道士。

评析：

诗中有云："琴弹一曲续一曲，坐使江月复白江天高。朴山道士翻新谱，能令人欢令人苦。我愿顽仙住世间，眼空不复知今古。琴声欲毕满进觞，琴韵复入杯中凉。鸣蛩百种陡然绝，飞雨瑟瑟鸣空廊。"

驭霞

洪亮吉有《红梅阁听成都道士驭霞弹琴》诗[一]。

《更生斋诗续集》卷九

注释：

［一］驭霞：成都道士。

评析：

诗中有句云："琴声高与青天直，峰上一峰云五色。琴声疾与江流奔，峡外有峡分三门。琴声宜箫复宜磬，只与笛声难共听。"

宋大樽

宋大樽，字左彝，仁和人[一]。豪于饮酒，善鼓琴，时时出游佳山水，助其诗兴。

《清史稿·宋大樽传》卷四百八十五

注释：

［一］宋大樽（公元 1746 年—公元 1804 年）：字左彝，仁和（今浙江杭州）人。

评析：

饮酒、山水、鼓琴、诗歌，这几种要素大约是风流名士的标配。

李时泰

李时泰，字雨亭[一]。性孤冷傲岸，善鼓琴。

《东台县志》卷二十五

注释：

［一］李时泰：字雨亭，江苏东台人。

评析：

李时泰又工诗，著有《雨亭诗钞》。

郑洛英

郑洛英，字耆仲，一字西瀍[一]。博涉经史，能骑射鼓琴，善画水墨兰石，乾隆三十五年举于乡[二]。

《闽侯县志·文苑》卷七十二

注释：

[一] 郑洛英：字耆仲，一字西瀍，闽县（今福建福州）人。

[二] 乾隆三十五年：公元 1770 年。

评析：

郑洛英有《耻虚斋集》二十二卷。

周元鼎

周元鼎，字象九，号勉斋，乾隆庚寅举人[一]。于书无所不读，凡诗赋、星数、诸史、六书之学靡不淹贯[二]，工琴善弈，尤精篆隶。

《三原县新志》卷六

注释：

[一] 周元鼎：字象九，号勉斋，陕西三原县人，乾隆庚寅（公元 1770 年）举人。

[二] 淹贯：深通广晓。

评析：

周元鼎潜心性命之学，弹琴应为余事。

周维新

周维新，字介祉[一]，贡生。立品端介[二]，工书画，喜抚琴，好游，足迹半天下。

《吴县志》卷六十八

注释：

［一］周维新：字介祉，江苏苏州人。

［二］立品：培养品德。

评析：

足迹半天下就能兼收并取，故此说“读万卷书，行万里路”。

叶布(附完颜廷均)

《小兰琴谱序》[一]：叶公名布，字青山，号小兰，芜湖人氏，家于豫，遂籍焉[二]。

《小兰琴谱·尧峰序》

注释：

［一］《小兰琴谱序》：尧峰作。按，据序后印章可知，尧峰名完颜廷均，字石屏，号尧峰。

［二］叶公：叶布，字青山，号小兰，安徽芜湖人，后家于河南，遂为河南人。

评析：

《小兰琴谱》为抄本，成书于嘉庆壬申年（公元 1812 年），共收十二曲，每首琴谱之后皆有琴曲风格分析。

姚培咏

姚培咏，字勉楼[一]。天姿颖敏，诗文俱入能品[二]，兼通琴理，士林咸推重之[三]。

《（光绪）娄县续志》卷十七

注释：

［一］姚培咏：字勉楼，娄县（今江苏昆山）人。

［二］能品：精品。

［三］士林：文人士大夫阶层。

评析：

与琴、诗文为伴，是士人的一个象征。

沈仁安

乾隆时，杭州吴山文昌庙有道士沈仁安者，字纫一，号双桥，石门人[一]。读书颖悟，间为韵语[二]，辄工，尤善鼓琴。

《清稗类钞·方外类》

注释：

［一］沈仁安：字纫一，号双桥，石门人，杭州道士。

［二］韵语：诗词。

评析：

沈仁安幼年时期即有出尘之想，因此出家为道士。

徐养原(附程氏)

徐养原，字新田，浙江德清人[一]。母善鼓琴[二]，尝自制谱，乃复讲求音律以娱母。

考乐器、声律、歌诗，及《考工记》诸制，著《硕石庐经说》十卷。

《清史列传·儒林·徐养原》卷六十九

注释：

［一］徐养原（公元1758年—公元1825年）：字新田，浙江德清人。

［二］母：徐养原母，按，《湖州府志》记载徐养原母为程氏。

评析：

《湖州府志》记载，程氏每良宵霁月，即抚弦动操。因此，徐养原亦讲求声律之学。

钱泳（附黄忠夫、俞宗灏、滕鉴、潘奕正、孔继洛、田英、夏芝岩、计松年、华禹玉、严卓云、邵象洲）

余年未弱冠[一]，不甚喜笙笛箫管及弦索琵琶之音，深有慕乎弹琴而未得其人也。遂购一琴，朝夕抚弄，始从学于鹿裘道士黄忠夫[二]，习者有七八曲，如《良宵引》《静观吟》《秋江夜泊》《塞上鸿》《梧叶舞秋风》《梅花三弄》《普安咒》之类，乃知世之能琴者，盖星罗棋置焉。其时有俞宗灏号梅华，滕鉴号古明，潘奕正号月池，孔继洛号沛霖，田英号静莲[三]，又有夏芝岩、计松年、华禹玉、严卓云、邵象洲诸人[四]，审其音节，大略相同。一旦恍然有悟曰："琴制虽古，音则非古，实是今之乐，而非古之乐也。"遂废弃不复弹。盖音之起，由人心生，人心不古，音岂能古耶？殆与笙笛、箫管、弦索、琵琶之音相类似也。

《履园丛话·艺能》

注释：

［一］余：钱泳（公元1759年—公元1844年），初名鹤，字立群，号台仙，一号梅溪。江苏金匮（今江苏无锡）人。

［二］鹿裘：鹿皮做的衣服，隐士之服。黄忠夫：道士，生平不详。

［三］俞宗灏：号梅华。滕鉴：号古明。潘奕正：号月池。孔继洛：号沛霖。田英：号静莲。

［四］夏芝岩、计松年、华禹玉、严卓云、邵象洲：生平皆不详。与俞宗灏等人均为当时琴师。

评析：

“琴制虽古，音则非古，实是今之乐，而非古之乐也。”一语道破当时当时的琴乐实质。琴器虽古，音声却实在是起了变化。琴乐发展到明清时期，所谓的圣王雅乐已经消失殆尽，剩下的只是追求技巧与声音的繁复。能使人“净洗筝琶耳”的琴也不复存在。因此，在钱泳看来，琴与笙、笛、琵琶等乐器已经没有了实质区别。

谢廷宝

谢廷宝，字安卿，号研斋，龙岩人，乾隆乙卯举人[一]。篆刻、琴奕靡不通晓，书画尤擅场。书宗赵文敏[二]，趣态横生。间写人物花鸟，具有逸致。性恬静，寡言笑。

《（道光）龙岩州志》卷十二

注释：

［一］谢廷宝：字安卿，号研斋，福建龙岩人，乾隆乙卯（公元1795年）举人。

［二］赵文敏：元代书法家赵孟頫。

评析：

谢廷宝晚年悠游山水之间，颇有隐士之风。

陈苞升

陈盛□，字苞升，龙岩人[一]。通吟咏，善琴理，尤工淡画。

《（道光）龙岩州志》卷十二

注释：

[一] 陈盛□：字苞升，福建龙岩人。

评析：

陈盛后面的那个字，《（道光）龙岩州志》以墨钉代替，故此其名不全，本文以其字代替其名。

张烈

张烈，字明华，龙岩人[一]。善丹青，尤工写意。乾隆间寓迹金陵，值圣驾南巡，缮画以进，得邀睿鉴[二]，赏给银牌，名益燥。晚岁家居，以琴书自娱，不轻作画，获片纸者，珍如拱璧[三]。

《（道光）龙岩州志》卷十二

注释：

[一] 张烈：字明华，福建龙岩人。

[二] 睿鉴：御览，圣鉴。

[三] 拱璧：大璧，形容很珍贵。

评析：

张烈以画名世，琴书不过是其消遣的工具。

陆学钦

陆学钦，字敦书[一]。少孤力学，读书神解，诗文书画，俱臻超诣。善鼓琴，喜习静，一二知己外尠当意者[二]。中年失明，连蹇以卒[三]。

《壬癸志稿·文学》

注释：

[一] 陆学钦（公元1763年—公元1806年）：字子若，号敦书，江苏太仓人。

[二] 尠：同“鲜”，少。

[三] 连蹇：坎坷。

评析：

“终日坎壈缠其身”（杜甫《丹青引》），才人落魄，同此浩叹！

彬娥

彬娥，刺史张某侧室[一]，工琴，善画。

《吴县志》卷七十四

注释：

[一] 彬娥：江苏吴县人，生活于清代嘉庆年间。

评析：

刺史张某死后，彬娥以卖画为生。

许宗彦

许宗彦，本名庆宗，字积卿，一字周生，浙江德清人[一]。工为古文诗词，善鼓琴。

《碑传集》卷六十《驾部许君宗彦墓志铭》

注释：

［一］许宗彦（公元1768年—公元1818年）：本名庆宗，字积卿，一字周生，浙江德清人。

评析：

许宗彦为清代嘉庆时期著名学者，尤其精通天文历算。

毕汾

毕汾，字禹门[一]。品行端方，学问纯粹。尤善鼓琴，饶有逸趣。

《（光绪）东光县志》卷八

注释：

［一］毕汾：字禹门，河北沧州东光县人。

评析：

逸趣，是琴人的精神追求。

峨云

峨云，峨眉庵僧[一]。能诗，工画，善鼓琴。

《续修枫泾小志》卷六

注释：

［一］峨云：上海峨眉庵僧人。

评析：

“高僧理鸣琴，古调盈人耳。涛生松下风，龙起钵中水。”（黄乔栋《听秀上人弹琴》）

林浚

曩在浙东[一]，哲侯携琴[二]，鼓《水仙操》。

《鉴止水斋集》卷九

注释：

［一］曩：从前。

［二］哲侯：林浚，字哲侯，号明斋。

评析：

许宗彦有诗赠林浚云：“嵇生一语堪持赠，能尽雅琴惟至人。”（《赠别林明斋秀才》）

振锡(附圣欣)

振锡，号鹤浦，邑人[一]。少祝发于慈云禅院[二]。工真草，书画亦入妙。旁及琴棋，无不精熟，一时邑中名士大夫及诸寓公，皆乐与之游。道光二年坐化[三]。嗣又有圣欣，号湘烟[四]，出家小武当，亦善鼓琴，兼精山水。

《（同治）上海县志》卷三十一

注释：

［一］振锡（？—公元 1822 年）：号鹤浦，上海人。

［二］祝发：削发出家。

［三］坐化：称佛教徒端坐安然而死。

［四］圣欣：号湘烟，出家小武当山。

评析：

或即以琴理喻禅者。

昙辉

昙辉，西林寺僧[一]，善山水，能鼓琴。

《（光绪）松江府续志》卷二十八

注释：

［一］昙辉：上海西林寺僧。

评析：

昙辉也是方外擅琴者。

赵延清

赵延清，字冰如[一]，庠生。恬淡寡欲，不好戏笑。善鼓琴，尤工书。

《汜水县志》卷八

注释：

[一]赵延清：字冰如，河南荥阳汜水人。

评析：

赵延清晚年隐居山林，以琴、诗寄情山水之间。

汪廷燧

《琴谱摘要》二卷：汪廷燧著[一]。

《（光绪）松江府续志》卷三十七

注释：

[一]汪廷燧：上海人。

评析：

《琴谱摘要》已亡佚。

沈素芳(附沈小芳)

魏唐沈君雪樵有二女，长曰素芳，次曰小芳[一]，皆工画花草，娴于琴事。

《灵芬馆诗话续》卷六

注释：

[一]素芳：沈素芳，江苏吴江人，沈雪樵长女。沈小芳：江苏吴江人，沈雪樵次女。

评析：

素芳、小芳皆工琴善画，郭麐曾造访沈雪樵，雪樵命素芳、小芳鼓琴数曲。

杨芳妻龙

杨芳妻龙，华阳人[一]。善鼓琴，工画兰。

《清史稿·列女·杨芳妻龙传》卷五百八

注释：

［一］杨芳妻龙（？—公元1825年）：清朝将领杨芳的妻子，华阳（今河南新郑）人。杨芳（公元1770年—公元1846年）：字诚村，贵州人。

评析：

据记载，杨芳妻龙熟悉韬略，擅长驾驭士卒，杨芳麾下士兵都非常恭敬她，不愧是巾帼英豪。

佛云

钱塘王疏雨观察第四女名稧生，号佛云[一]。能诗，工书画，弹琴弈棋无不通晓，而尤明于音律。

《履园丛话·精怪》

注释：

［一］稧生：王稧生，号佛云，钱塘（今浙江杭州）人。王疏雨之女。

评析：

佛云夫人德容兼备，尤其精通音律。

项之冲

项之冲字子谦[一]，自幼天姿高爽，雅善鼓琴，尤精于易。书法二王[二]，诗近储光羲，视富贵泊如也[三]。以亲老绝意进取[四]，远近高之。

《（嘉庆）太平县志》卷六

注释：

［一］项之冲：字子谦，安徽黄山人。

［二］二王：王羲之、王献之。

［三］泊如：恬淡无欲。

［四］亲老：父母年老。

评析：

富贵于我如浮云。

赵克佐

赵克佐[一]，性严正，博雅多才，负时望。有访之者，弹琴啸歌，夷然不屑[二]。

《（嘉庆）太平县志》卷六

注释：

［一］赵克佐：安徽黄山人。

［二］夷然：坦然，泰然。

评析：

其门人评价赵克佐云："蔼然者其貌，浩然者其衷。"

屈颂满

屈颂满，字宙甫，又字子谦[一]。性绝慧，凡所肄习，过目即能。工书善画。余过常熟[二]，流连信宿[三]，每夜宙甫为余焚香鼓琴。

《亦有生斋集》卷十九《屈宙甫圹志铭》

注释：

［一］屈颂满（公元1791年—公元1816年）：字宙甫，又字子谦，江苏常熟人。

［二］余：赵怀玉，《亦有生斋集》作者。

［三］信宿：连宿两夜。

评析：

屈颂满天赋异禀，可惜年仅二十五而卒。

陈吉六(附陈梅鼎)

余少时[一]，每自塾归，侍先君子侧，敬聆琴韵，悠然泠然，心焉慕之，而未学也。

嘉庆庚辰夏[二]，先君子授以指法，阅三月渐得其旨趣。与吾兄吉六朝夕课读[三]，暇则据梧为娱[四]。爰遵先君子所亲授者，共相传习，由是而琴学始进。

吾兄读书味道，怀古情深，绝不入纷华靡丽之场，而静专自好，宜其有会于心。手订数十引，悉本芝仙、青山两先生之谱[五]，为《乐山堂琴谱》。

《乐山堂琴谱·陈梅鼎序》

注释：

[一] 余：陈梅鼎，字香古。

[二] 嘉庆庚辰：公元 1820 年。

[三] 吉六：陈吉六，陈梅鼎之兄。

[四] 据梧：操琴。

[五] 芝仙、青山两先生之谱：《徽言秘旨》与《大还阁琴谱》。

评析：

《乐山堂琴谱》本于《徽言秘旨》，其特点是将原附于琴曲旁的歌词置于谱后。

邱之稑(附邱庆善、邱庆诰、邱庆籥)

《律音汇考》：浏阳邱之稑谷士著[一]，侄庆善宝山、男庆诰紫山、庆籥廉泉仝校。

《律音汇考》

注释：

[一] 邱之稑：字谷士，湖南浏阳人。

[二] 邱庆善：字宝山，邱之稑侄。邱庆诰：字紫山，邱之稑之子。邱庆籥：字廉泉，邱之稑之子。

评析：

邱之稑撰《风雅十二诗琴谱》《律音汇考》，今存。其子侄庆善等人自幼随邱之稑习琴，见《律音汇考·跋》。

黎志勋(附邱庆颐、邱庆訏)

稑每谱一章[一]，必令黎生志勋审笛[二]，从子庆颐挥弦[三]，季男庆訏按节[四]，至音韵悉协。

《律音汇考》

注释：

[一] 稑：邱之稑。每谱一章：《风雅十二诗琴谱》。

[二] 志勋：黎志勋，邱之稑弟子。

[三] 庆颐：陆庆颐，邱之稑侄。

[四] 庆訏：邱庆訏，邱之稑之子。季男：小儿子。

评析：

从《律音汇考》诸家跋语来看，邱之稑门人弟子众多，除邱庆颐等人之外，还有黎定攀、欧阳道尊、邱庆黻、黎宗韶等人。

刘人熙

《琴旨申邱》一卷：清刘人熙，浏阳人[一]。

《琴书存目》卷六

注释：

［一］刘人熙：湖南浏阳人。

评析：

所谓“申邱”，乃申述邱之稑《律音汇考》之义也。

倪世鉴

倪世鉴，字开一，号雨村[一]，精篆刻，工书画，见古人笔墨，辄辨真伪。又好弹琴，所居东庄老屋，栽花叠石，极萧闲之致。每当暑日炎熏，临风一鼓，具有高山流水之思。

《双林镇志》卷二十一

注释：

［一］倪世鉴：字开一，号雨村，浙江双林镇人。

评析：

临风抚素琴，清音入耳，自得其趣。

施郁元

施郁元，字砚田[一]，诸生，善琴。

《双林镇志》卷二十一

注释：

［一］施郁元：字砚田，浙江双林镇人。

评析：

施郁元入《双林镇志》“艺术”列传，可见其擅鼓琴。

沈道宽

沈道宽，字栗仲[一]。天才卓绝，善诗古文词，尤工书法，兼工篆刻，又谙琴理，作《操缦易知》。

《（同治）鄞县志》卷四十四

注释：

［一］沈道宽（公元 1772 年—公元 1853 年）：字栗仲，先世鄞县（今浙江宁波）人，后居宛平，遂为宛平（今北京）人。

评析：

沈道宽为清代著名书画家，又工诗，著有《话山草堂诗钞》。

梁韵书

蓉函九妹[一]，工绘事，善鼓琴，于诗用力尤专。

《闽川闺秀诗话》卷三

注释：

［一］蓉函：梁韵书，字蓉函，福建福州人。梁章钜（公元1775年—公元1849年）堂妹。

评析：

梁韵书随父母宦游辽、沈（其母即许馥荃），“获江山之助”，诗文益发精进。

周蕊芳

周蕊芳，侯官人[一]，儒士周登龙女。善楷书，尝手录唐宋古近体诗千余首，以授儿辈。并工鼓琴，摒挡家计之暇[二]，挥弦染翰[三]，乐而忘疲。

《闽川闺秀诗话》卷三

注释：

［一］周蕊芳：侯官（今福建福州）人。

［二］摒挡：收拾料理。

［三］染翰：做诗文。

评析：

周蕊芳跟随梁韵书学习诗文，著有《生红馆诗抄》。

江鸿祯

江鸿祯年七岁[一]，即能鼓琴，九步工诗。年十五，梦紫衣女六七人招之游，且曰：

"吾与尔，皆阆风侍女也[二]，尔其归乎？"醒以告其母，牵衣而泣。乃索平日所作诗，尽焚之，曰："不可留为人世口实。"援琴弹一曲，不成声，曰："人琴俱亡矣！"推琴而起，遂卒。

《闽川闺秀诗话》卷四

注释：

［一］江鸿祯：福建福州人。

［二］阆风：山名，传说为神仙居住的地方。

评析：

江鸿祯早慧早夭，大概是梁章钜觉得太过可惜，才假托她是阆风侍女，这样一个故事多少能给人一点安慰。

王韵香

锡山王韵香，号清微道人，邑城双修庵女道士也[一]。善画兰，解琴理，颇娴吟咏。

《清诗纪事·释道卷》

注释：

［一］王韵香：号清微道人，道名净莲，锡山（今江苏无锡）人，生活于嘉庆、道光年间，无锡双修庵女道士。

评析：

王韵香著有《清芬精舍小集》。

郑兰

郑兰，字竹坪，自号白云山客，元和人[一]。工写真，兼善人物女士，顾知之者甚罕。尤爱鼓琴，每晨起必调弦数弄。

《吴县志》卷七十五

注释：

［一］郑兰：字竹坪，自号白云山客，江苏苏州人。

评析：

“调弦发清徵，荡心祛褊吝。”（杨师道《侍宴赋得起坐弹鸣琴》）

管本厚

管本厚字吟松[一]，住持邵伯九松道院[二]，清修有年，工琴书。

《增修甘泉县志》卷十五

注释：

［一］管本厚：字吟松，扬州道士。

［二］邵伯：扬州邵伯镇。

评析：

管本厚生活于道光年间，《增修甘泉县志》谓其“深得雅人之致”。

邝钊

邝钊号熙寰[一]，性颖悟，喜静，操七弦琴，指法入妙。中年卒，遗命以所造琴殉焉。

《（咸丰）资阳县志》卷廿七

注释：

［一］邝钊：号熙寰，四川资阳县人。

评析：

以自己所制的琴殉葬，可见其人为琴痴。

郑尔珍

郑尔珍，字梧冈，晚号龙坡居士[一]。素清寒，负郭而居，茅屋一椽，泊如也[二]。工琴棋，尤善篆刻。

《（咸丰）资阳县志》卷廿七

注释：

［一］郑尔珍：字梧冈，晚号龙坡居士，四川资阳人。

［二］泊如：恬淡。

评析：

虽家境贫寒而不失琴之风骨者。

蒋宝三(附张覆照)

蒋宝三，字惟善[一]。性闲适，不慕荣利，善鼓琴，能以古调发其新声。同县张覆照，字倬云[二]，从授指法，谓他学者按谱动弦，正如偶人之粗具形骸，全无神气，著《琴学述》以明师说。

《光绪武进阳湖县志》卷二十六

注释：

[一] 蒋宝三：字惟善，江苏常州人。

[二] 张覆照：字倬云，江苏常州人。

评析：

用偶人来形容“按谱动弦”的学琴者，说明张覆照反对按谱弹琴的机械化行为，并认为琴曲的精髓在于神气，这种观点是完全正确的。

觉庵(附宋渭玉)

余虽生长中华，籍系蒙古[一]。年逾三十而始有志于琴焉，即延中州渭玉宋先生于家[二]，讲究衍习[三]，手授《高山》一曲。

《天籁阁选谱·自序》

注释：

[一] 余：觉庵，蒙古人。

[二] 宋先生：宋渭玉，中州（今河南）人。

[三] 衍习：演习。

评析：

觉庵对各家琴派的偏执已见很不以为然，他认为，无论是中州、常熟、金陵、闽派、浙派还是吴派，都各有所长有所短，因此他编选各派比较好的曲目，斟酌更改，删繁就简，编成《天籁阁选谱》。

黄景星(附何洛书、何文祥、黄立峰、陈绮石、陈芷芗)

余窃取先君子手抄《古冈遗谱》一帙[一]，按而习之，而苦于心手不能相应也。己未岁得晤香山何琴斋洛书先生[二]，并其嗣君耕云文祥先生[三]，始知心与手合、音与意合之旨，拜受十余曲，并前所习者，详加厘订[四]。复与立峰姪稍理丝桐[五]，纂辑三十余谱。适陈绮石芷芗昆季并诸友联作琴社[六]，连年相与讲求音律，至乙未岁订得旧谱五十曲。

《悟雪山房琴谱·黄景星自序》

注释：

［一］余：黄景星（？—公元1842年），字熠南，号悟雪山人，冈州（今广东新会）人。

［二］洛书：何洛书，字琴斋，香山（今广东中山）人。

［三］文祥：何文祥，字耕云，香山（今广东中山）人，何洛书之子。嗣君：称呼别人的儿子。

［四］厘订：整理订正。

［五］立峰：黄立峰，黄景星之侄。

［六］陈绮石、陈芷芗：皆为广东新会人。昆季：兄弟。

评析：

黄景星辑有《悟雪山房琴谱》，今存。当代琴坛追溯岭南琴派的历史渊源时，多认为黄景星为创始人（或代表人物），琴谱则以《古冈遗谱》与《悟雪山房琴谱》为代表。岭南古琴至今仍被琴人传习的琴曲如《碧涧流泉》《玉树临风》《双鹤听泉》等即出自此二谱。

黄子淇(附杨锡泉、何耀琨、冯筠、何羽仪、梁森)

《悟雪山房琴谱》：冈州黄景星煟南氏汇辑，男子淇竹泉校字[一]。南海杨锡泉卓山、天河胡凖直生、香山何耀琨桂圃、凤州冯筠竹山、番禺何羽仪仙侪、顺德梁森东生仝参订[二]。

《悟雪山房琴谱》卷一

注释：

［一］子淇：黄子淇，字竹泉，冈州（今广东新会）人。黄景星之子。

［二］杨锡泉：字卓山，南海（今广东佛山）人。胡凖：见“胡凖”条。何耀琨：字桂圃，香山（今广东中山）人，何文祥之子，何洛书之孙。冯筠：字竹山，凤州（今广东汕头）人。何羽仪：字仙侪，番禺（今广东广州）人。梁森：字东生，顺德（今广东佛山）人。

评析：

《悟雪山房琴谱》杨锡泉序云：“（黄景星）因与同人分校对订，寿诸梨枣，庶几同业斯道者得所依据，而古音不终于淹没湮没也已。”

孙鸾啸(附陈世堂)

《雁落平沙》，得自孙鸾啸[一]，本自陈世堂先生所传者[二]，音和韵雅，洵非诸谱所及也[三]。

《悟雪山房琴谱·平沙落雁跋》

注释：

［一］孙鸾啸：生平不详。

［二］陈世堂：生平不详。

［三］洵：诚然，确实。

评析：

按，《悟雪山房琴谱·平沙落雁跋》中“鸾”字本为墨钉，今从查阜西《历代琴人传》作“鸾”。

莫骥昭

莫君骥昭兰畹[一]，与余同学指法于何琴斋师乔梓[二]，其心灵手敏，真琴中之畏友也[三]。此曲经其细订，潇洒出尘。

《悟雪山房琴谱·醉鱼唱晚》

注释：

［一］骥昭：莫骥昭，字兰畹。

［二］余：黄景星。

［三］畏友：在道义、德行、学问上互相规劝砥砺，令人敬重的朋友。

评析：

《醉渔唱晚》一曲经莫骥昭修订，收录于《悟雪山房琴谱》。

张文焯

《水仙操》：张文焯先生谱[一]。

《悟雪山房琴谱·水仙操》

注释：

[一] 张文焯：生平不详。

评析：

琴曲《水仙操》由张文焯传谱，收录于《悟雪山房琴谱》。

盛复初

《金门待漏》：秀水盛复初先生谱[一]。

《悟雪山房琴谱·金门待漏》

注释：

[一] 盛复初：秀水（今浙江嘉兴）人。

评析：

琴曲《金门待漏》由盛复初传谱，收录于《悟雪山房琴谱》。

胡凖

《雁度衡阳》：胡凖直生[一]。

《悟雪山房琴谱·雁度衡阳》

注释：

［一］胡凖：字直生，天河（今广东广州）人。

评析：

何琴斋传授《雁度衡阳》于胡凖，收录于《悟雪山房琴谱》。

莫锡龄

冈州莫锡龄世文[一]，酷好丝桐，蓄琴至百余张，后辈操缦者，皆其所鼓励，此曲尤属擅长，取音古茂[二]，迥别时趋也[三]。

《悟雪山房琴谱·塞上鸿》

注释：

［一］莫锡龄：字世文，号南桥，冈州（今广东新会）人。

［二］古茂：古雅美盛。

［三］时趋：时俗。

评析：

莫锡龄最为擅长《塞上鸿》一曲，音韵古雅，与时俗不同。

萧立礼

《萧立礼琴说》：萧立礼撰辑[一]。

《萧立礼琴说》

注释：

［一］萧立礼：号履中山人，下相（今江苏宿迁）人。

评析：

萧立礼参订孙汇《平沙落雁》一曲，该曲为中浙兼虞山派。

沈浩(附沈学善、沈增)

《峰抱楼琴谱》：桐乡沈浩梦花手订[一]，清溪徐光灿絅斋鉴定[二]，西湖沈学善遵生参订[三]，苕溪沈增水村仝校[四]。

《峰抱楼琴谱》

注释：

［一］沈浩：号梦花，桐乡（今浙江桐乡）人。

［二］徐光灿：见“徐光灿”条。

［三］沈学善：字遵生，浙江杭州人。

［四］沈增：字水村，苕溪（今浙江湖州）人。

评析：

据《峰抱楼琴谱·沈增序》，沈浩所弹《水仙》《塞鸿》《潇湘》《列子》等十余曲，皆高古澹远，一时绝调。沈浩去世之后，其弟汇刻为《峰抱楼琴谱》。

王蕃

庚子夏日[一]，裒集古人琴谱[二]，汇选一卷，为《槐荫书屋琴谱》。

《槐荫书屋琴谱·王蕃自序》

注释：

［一］王蕃：生平不详。庚子：道光二十年（公元 1840 年）。

［二］裒集：辑集。

评析：

《槐荫书屋琴谱》今存，云志高鉴定。

俞鉒

俞鉒，字芷衫，监生[一]。精于弈，善鼓琴，尤嗜琵琶，作《琵琶谱》，诗酷摹老杜[二]，时称城南诗伯。

《（道光）平湖县志》卷十八

注释：

［一］俞鉒：字芷衫，浙江平湖人。

［二］老杜：杜甫。

评析：

老杜诗风沉郁顿挫，想来，俞鉒音律亦如此。

蒋式璘

蒋式璘，字临斋，蠡县人[一]。性安和[二]，工琴，娴雅有儒将风。

《（咸丰）兴义府志》卷五十八

注释：

[一] 蒋式璘：字临斋，河北蠡县人。

[二] 安和：安定和平。

评析：

蒋式璘为武将而能琴，所以说有儒将之风。

许汝敬

许汝敬，字迪安，号篴庵[一]。天资颖异，好鼓琴，喜吟咏，工书画花卉。

《（道光）平湖县志》卷十八

注释：

[一] 许汝敬：字迪安，号篴庵，浙江平湖人。

评析：

许汝敬喜画菊花，人称“许菊”。

蒋孟宽(附汪秉钟)

蒋孟宽，字立川[一]；汪秉钟，字松坪[二]，并工鼓琴。孟宽浙派，秉钟常熟派，二人皆知医，就之医则应，就之琴弗应也。

《光绪泰兴县志》卷二十二

注释：

［一］蒋孟宽：字立川，江苏泰兴人。

［二］汪秉钟：字松坪，江苏泰兴人。

评析：

二人一为浙派，一为虞山派，皆自矜于琴道。

汪春田

汪秉钟子春田，工诗善鼓琴[一]。

《泰兴县志补》卷五

注释：

［一］春田：汪春田，汪秉钟之子，江苏泰兴人。

评析：

汪春田亦应属常熟一派。

王四喜

伶人王四喜，号花农，深州人[一]。年十四，家贫，堕伶籍，隶京师四喜部，以色艺称。性豪迈，有幽燕侠士风，人以是重之。顾性孤介，不甚谐于俗，久之落落无所遇[二]。后十余年，有人见于并州，年鬓长矣。而曲伎益精，并工琴，能画兰，长洲宋于庭填《八声甘州》一阕赠之[三]。

《清稗类钞·义侠类》

注释：

[一] 王四喜：号花农，河北深州人。

[二] 落落：孤高。

[三] 宋于庭：宋翔凤（公元1779年—公元1860年），字于庭，清代文学家。

评析：

身为伶人，即以艺谋生。而王四喜却不甚合于俗流，或许他更加渴望的是士人琴的品格。

彭銮

彭銮，字晓荷[一]。工铁笔，尤善鼓琴，抚动多古音。

《临汾县志》卷三

注释：

[一] 彭銮：字晓荷，山西临汾人。

评析：

彭銮中年家贫，曾游幕甘肃，为兰州通判。

王豹文

王豹文，字蕉川[一]。安贫乐道，不营时务。尤工书画，善琴。

《临汾县志》卷三

注释：

[一] 王豹文：字蕉川，山西临汾人。

评析：

王豹文著有《雪堂诗稿》。

潘喜陶

潘喜陶，字芝畦，号燕池[一]。工书画，善鼓琴，得明张睿修古琴一[二]，春秋佳日，倩奚童负至古寺中[三]，焚香鼓之，好事者绘为《七子听琴图》。

《海宁州志稿》卷二十九

注释：

[一] 潘喜陶：字芝畦，号燕池，浙江海宁人。

[二] 张睿修：明朝时人，生平不详。

[三] 奚童：未成年的男仆。

评析：

潘喜陶长于辞赋，咸丰年间与四方名流诗文投赠，殆无虚日。

朱洪畴

朱洪畴精于琴学[一]，自谓得嵇中散真传[二]，能闻声而卜人休咎[三]，不必解弹，但以手拨弦即晓。琴学至此可谓精矣。

《（光绪）娄县续志》卷十八

注释：

[一]朱洪畴：江苏昆山人。

[二]嵇中散：见“嵇康”条。

[三]休咎：吉凶。

评析：

吴钊先生说：“琴最早可能是巫师手中一种能发声的法器，所弹的琴曲也不是音乐，而是神的语言或意志、愿望的反映。”（《追寻逝去的音乐踪迹——图说中国音乐史》）既然琴能与巫师联系在一起，那么琴音能占卜吉凶也就顺理成章了。

沈心耕

沈心耕，号古田[一]，居岱庙东房，小筑数弓[二]。偕雅流道侣，鼓琴读书其中，颇有逸趣。

《（光绪）娄县续志》卷二十

注释：

[一]沈心耕：号古田，江苏昆山人。

[二]弓：丈量土地的计量单位，一弓为五尺、三百六十弓为一里。

评析：

沈心耕又能画兰。读书，鼓琴，绘画，雅流、道侣，可谓备极逸趣。

李恕

李恕，字相如，肇庆人[一]。间作书画，人无知者。能酒善琴，尤长于诗。

《（乾隆）黄州府志》卷十四

注释：

［一］李恕：字相如，人称十潭先生，肇庆（今广东肇庆）人。

评析：

李恕所著《归鹤堂集》，有人评价为怨诽而不乱之音。

吴水云

吴水云，字流章[一]，幼读书，善文词。尤精音律之学，妙有玄解[二]。工鼓琴。尝自造五音谱，凡国风、雅、颂及《古白云谣》《大风歌》[三]，汉唐以下乐府，皆谱入琴中，审音察理，晰及毫厘，人以为神技。

《（光绪）淮安府志》卷二十九

注释：

［一］吴水云：字流章，江苏淮安人。

［二］玄解：对事物奥秘的理解。

[三] 古白云谣：出自《穆天子传》，诗云："白云在天，山陵自出。道里悠远，山川间之。将子无死，尚能复来。"《大风歌》：汉高祖刘邦作。

评析：

从这一记载来看，吴水云是为古诗谱曲，从上古歌谣到汉唐乐府均有琴谱。这与崇尚有曲无文的做法完全不同，可惜琴谱已佚。

高玖

高玖，贡生刘五福妻[一]。年未笈，通孝经诸史传，工诗文，随父宦金陵，一日取琴谱阅之，即悟解其旨，遂善鼓琴，又能审音律。于归后，孝姑敬夫，不以才艺自矜。惜不永年[二]，二十三岁即逝世。著有《兰闺集》一卷，《琴谱》二卷。

《（嘉庆）四川通志》卷一百七十

注释：

[一] 高玖：宁远府会理州（今四川凉山州会东县）人。

[二] 永年：长寿。

评析：

中国古代，多数女性（歌妓除外）的琴学渊源多来自原生家庭，鼓琴读书也多维持在家庭范围之内，这是女性琴人发展的一个局限。

吴大先

吴大先，字维则[一]。守贫自乐，言行不苟。好携琴山水间，著书之暇辄弹一曲为娱。鸟语松风，互相响答。

《歙县志》卷十

注释：

［一］吴大先：字维则，安徽歙县人。

评析：

可谓“高徽逸响广陵散，定在松风石上弹”。

何绍业

何绍业，字子毅[一]，工书嗜好琴。

《国朝书人辑略》卷十

注释：

［一］何绍业（公元1799年—公元1839年）：字子毅，号研芸。湖南道县人。

评析：

何绍业善画花鸟人物。

梅植之(附颜夫人、姚配中)

梅植之[一]，得琴法于吴思伯之女弟子颜夫人[二]，独具神解。纠正思伯传谱，于古操制曲之故，辄能知之。自署所居曰“嵇庵”。配中与有同嗜[三]，著《琴学》二卷。植之五十而卒，琴法未有传书。

《清史稿·梅植之传》卷五百三

注释：

[一] 梅植之（公元1794年—公元1843年）：字蕴生，江都（今江苏扬州）人。

[二] 吴思伯：见吴灴条。颜夫人：生卒年不详，吴灴弟子。

[三] 配中：姚配中（公元1792年—公元1844年）：字仲虞，安徽旌德人。清代经学家，著有《一经庐琴学》，今存。

评析：

吴灴琴法传与颜夫人，颜夫人传与梅植之，可惜梅植之琴法无传。梅植之居所名曰“嵇庵”，嵇，即嵇康，可见梅植之对嵇康非常仰慕。也有人说，是因为梅植之得到了一张嵇康琴，因此名“嵇庵”。

吴式芬

吴式芬，字子苾[一]。平生好金石学，凡鼎彝碑碣，汉砖唐镜之文，皆拓本藏于家。善鼓琴，每访山川名胜，必携以自随，虽处贵显，其意泊如也[二]。

《无棣县志》卷十

注释：

[一] 吴式芬（公元1796年—公元1856年）：字子苾，山东无棣人。

［二］泊如：恬淡。

评析：

吴式芬是清代著名金石学家，官至内阁学士。

高筠

高筠，字紫岚，乾隆六十年举人[一]。天资敏慧，博通经史。中年目瞽[二]，嗜学不倦，兼工琴。

《（同治）续纂扬州府志》卷十三

注释：

［一］高筠：字紫岚，江苏扬州人。乾隆六十年：公元1795年。

［二］瞽：失明。

评析：

目盲而力学不辍，使人叹服。

杨贞母

贞母，武进人[一]。工琴善诗。遭家难，悉取诗稿焚之。

《清诗纪事·嘉庆朝卷》

注释：

［一］杨贞母：武进（今江苏常州）人。

评析：

杨贞母是汤贻汾的母亲，则汤氏的工诗善琴有其家学渊源。

陈煦

陈煦，字墨春[一]。工书画，兼工琴。

《（同治）如皋县续志》卷九

注释：

［一］陈煦：字墨春，江苏如皋人。

评析：

陈煦的书法接近米芾，画亦名家传授，吴存义（公元1802年—公元1868年）赠其楹帖云：“入座半为求画客，敲门俱是索书人。”

李沈氏

李沈氏，平湖监生沈煋女[一]。耽吟咏，善鼓琴，能诗，有《晓霞遗稿》。

《（光绪）嘉兴府志》卷七十九

注释：

[一] 李沈氏：沈煜之女，浙江平湖人。

评析：

自是闺中风流。

蒋彻章

道士蒋彻章，京口人[一]。避贼来蕃厘观[二]，善琴，贼至使鼓琴，忿以琴击贼，骂不绝口，贼杀之。

《增修甘泉县志》卷十三

注释：

[一] 蒋彻章（？—公元1853年）：京口（今江苏镇江）人，道士。

[二] 蕃厘观：在扬州。

评析：

蒋彻章为避太平天国军队而至扬州来蕃厘观，终以善琴被杀。

黄百福

《琴谱》，黄百福撰[一]。

《河南通志·艺文志》

注释：

［一］黄百福，字尔卜，号木谷，河南长葛人。嘉庆十五年（公元 1810 年）举人。

评析：

黄百福《琴谱》已亡佚。

王眉谷

《琴谱》，王眉谷撰[一]。

《河南通志·艺文志》

注释：

［一］王眉谷：字百敬，河南孟津县人。

评析：

王眉谷《琴谱》已亡佚。

刘振奎

刘振奎，字星五，道光壬午举人[一]。善书，工文，兼精琴理。

《（光绪）荆州府志》卷五十七

注释：

［一］刘振奎：字星五，道光壬午（公元 1822 年）举人，湖北荆州人。

评析：

刘振奎有《芙裳阁诗》一卷。

陈柄谦

陈柄谦字吉六，道光壬午科举人[一]。生平甘淡泊，寡交游，于物无所爱慕，惟嗜琴，读书之暇，抚弦动操，心旷神怡，所著有《乐山堂制艺》。

《灵石县志》卷九

注释：

[一] 陈柄谦：字吉六，道光壬午（公元 1822 年）科举人，山西灵石县人。

评析：

抚弦动操，别有韵味。《乐山堂制艺》大概也与古琴音乐相关。

杜凌斗

杜凌斗，字季柄，道光年间人[一]。善鼓琴，公暇辄抚弦一弄，有清裘缓带之风[二]。

《（同治）稷山县志》卷五

注释：

[一] 杜凌斗：字季柄，稷山（今山西稷山）人。

[二] 清裘缓带：轻暖的皮袍，形容态度从容镇定。语出《晋书·羊祜传》：“祜在军常轻裘缓带，身不披甲。”

评析：

杜凌斗擅长带兵，又能鼓琴，因此说他有羊祜一样的清裘缓带之风。

李佩吉

腊九日，佩吉鼓《阳关三叠》[一]，尽一日欢。

《顾太清集》卷九

注释：

[一] 佩吉：李佩吉，杭州人。顾太清诗友。

评析：

顾太清又有《定风波》词云：同诸姊妹听佩吉弹《平沙落雁》一曲。

陈进朝

顾太清有《烛影摇红·听梨园太监陈进朝弹琴》词[一]。

《顾太清集》卷九

注释：

[一] 陈进朝：道光中期的梨园太监。

评析：

词云："雪意沉沉，北风冷触庭前竹。白头阿监抱琴来，未语眉先蹙。弹遍瑶池旧曲，韵泠泠，水流云瀑。人间天上，四十年来，伤心惨目。尚记当初，梨园无数名花簇。笙歌缥缈碧云间，享尽神仙福。太息而今老仆，受君恩、沾些微禄。不堪回首，暮景萧条，穷途哀哭。”

项紃

顾太清有《江神子·听项屏山姊紃弹琴》词[一]。

《顾太清集》卷十一

注释：

[一] 项屏山：项紃，字屏山，号緹卿。其琴名鹤鸣。

评析：

词云：“画堂春暖日光晴，坐深庭，泛瑶觥。一曲仙音，许我醉中听。虽是初逢如旧识，言不尽，话平生。……落花风度水云声，韵泠泠，特分明。真个九皋，长唳近虚灵。听到曲终人语静，霍然使，寸心清。”

许云林

云林善鼓琴[一]。

《顾太清集》卷十一

注释：

[一] 云林：许云林，许宗彦次女，与顾太清为诗友。

评析：

顾太清赠云林有“饱听飞琼绿绮弦”之句。

刘柏邻

邑处士刘柏邻[一]，善弹琴，寓京师。蓄古琴数张，某公子爱其一，欲得之，有难色。公子知其中年无子，愿以侍婢易琴。柏邻欣然，为弹《塞上鸿》一曲，载婢以归，诚佳话也。

《乡言解颐》卷五《琴砖》

注释：

[一] 刘柏邻：天津人。

评析：

以侍婢交换古琴，诚不为佳话也。

张椿(附郑传羲)

仆家藏琴名“一天球”[一]，惜其曲不传。后从鞠田张先生游[二]，先生工书画，善度曲，尤精于琴。其于古曲之仅存其辞者，皆考其声音，定其节奏，臻于美善，汇为一编[三]。

《张鞠田琴谱·郑传羲序》

注释：

［一］仆：郑传羹，字子和，荆南（今湖北）人。

［二］鞠田张先生：张椿，字鞠田，号樗林散人，昭阳（今江苏兴化）人。

［三］汇为一编：《张鞠田琴谱》。

评析：

《张鞠田琴谱》有张鞠田道光甲辰（公元1844年）序。序云："今予故特谱得元曲，并古歌古调十余操，择其音韵和雅者入之。"

秦维翰（附问樵、先机老人）

余师问樵先生[一]，方外有道者也。尝受琴于先机老人[二]，老人抗志希古[三]，知音入神，先生尽得其传。

以平日所习之琴三十二曲，悉心参改，去牴牾[四]，掇简要，录为《蕉庵琴谱》四卷。

《蕉庵琴谱·秦维翰自叙》

注释：

［一］余：秦维翰（约公元1816年—约公元1868年），字延青，号蕉庵，江苏扬州人。问樵：释明辰，号问樵，俗姓汪，琴僧，秦维翰从其学琴。

［二］先机老人：受琴于吴灴。按，《芜城怀旧录》作"仙机"。

［三］抗志希古：使自己志节高尚，以古代的贤人为榜样。

［四］牴牾：抵触，矛盾。

评析：

先机学琴于广陵琴派代表人物吴灴，又授琴于问樵，问樵授琴于秦维翰。秦维翰所辑《蕉庵琴谱》即广陵派后期代表性琴谱。

何本祖

本祖髫龄，问樵师嘱蕉庵授琴数曲[一]。

《蕉庵琴谱·何本祖序》

注释：

[一] 何本祖：字又轩。髫龄：幼年。问樵：见“问樵”条。蕉庵：见“秦维翰”条。

评析：

何本祖从秦维翰学琴，并为《蕉庵琴谱》作序。

陈南金(附闻溪、秦履亨)

《蕉庵琴谱》：邗江陈南金兰生鉴定[一]，受业闻溪小航校对[二]，弟履亨汇集[三]。

《蕉庵琴谱》

注释：

[一] 陈南金：字兰生，邗江（今江苏扬州）人。

[二] 闻溪：字小航，秦维翰弟子。

[三] 履亨：秦履亨，字心言，秦维翰之弟，广陵（今江苏扬州）人。

评析：

闻溪从学秦维翰，得广陵正宗。

向子衡(附王小梅、梅植之、王耀先、丁玉田、孙檀生、解石琴、徐卓卿、徐北海、释莲溪、雨山、皎然、普禅)

秦延青传小航[一]，其他如赵逸峰、丁绥安、向子衡、王小梅、梅植之、王耀先、丁玉田、孙檀生、解石琴、徐卓卿、徐北海、释莲溪、雨山、皎然、普禅等[二]，皆与蕉庵先后辉映。

《芜城怀旧录》卷二

注释：

[一]秦延青：见“秦维翰”条。小航：见“闻溪”条。

[二]赵逸峰、丁绥安、向子衡、王小梅、梅植之、王耀先、丁玉田、孙檀生、解石琴、徐卓卿、徐北海、释莲溪、雨山、皎然、普禅：皆广陵琴人。按，向子衡疑即乔子衡。

评析：

广陵琴学，从徐常遇传至吴灴，吴灴传先机，别传颜夫人，颜夫人传梅蕴生；先机传问樵，问樵传秦维翰，秦维翰传小航；赵逸峰等人亦皆广陵琴人。

郭钟岳

郭钟岳，字外峰[一]，能诗工书画，兼善弈棋，又好弹琴击剑。

《江都县续志》卷二十四

注释：

[一]郭钟岳：字外峰，江都（今江苏扬州）人。

评析：

郭钟岳为官以廉洁著称，又多有著述。

程梦麟

程梦麟，字听溪[一]。夙精琴理，晚年筑贮云楼于溪上，远眺吴山，榜其楹曰“可谈风月，不碍云山”。

《（光绪）嘉兴府志》卷四十二

注释：

［一］程梦麟：字听溪，浙江德清人。道光十五年（公元 1835 年）在嘉兴做官。

评析：

高风远韵如是。

颜鸿都（附颜华春）

颜鸿都，字汉卿[一]，书宗山谷[二]，画摹右丞[三]，琴学尤深邃，所谱《一弦琴》、周子《爱莲说》诸操颇称于时，著有《琴学简言》行世。子华春，咸丰五年举人[四]，亦善琴。

《（光绪）重修皋兰县志》卷二十三

注释：

［一］颜鸿都：字汉卿，甘肃兰州皋兰县人。

［二］山谷：宋代诗人、书法家黄庭坚，号山谷。

［三］右丞：唐代诗人、画家王维。

［四］华春：颜华春，咸丰五年（公元 1855 年）举人，颜鸿都之子。

评析：

《琴学简言》今佚。

李绍晟(附李笃宗)

李绍晟，字少豁，道光二十二年举人[一]。文章、德行、望实皆隆[二]。工医术，善琴。族子笃宗，字子厚，光绪八年举人[三]，亦善琴，文行俱优。

《（光绪）重修皋兰县志》卷二十三

注释：

［一］李绍晟：字少豁，道光二十二年（公元1842年）举人，甘肃兰州皋兰县人。

［二］望实：威望和实力。

［三］笃宗：李笃宗，字子厚，光绪八年（公元1882年）举人。族子：同族兄弟之子。

评析：

李绍晟除了医术及弹琴之外，还精通象纬之学，曾经制作浑仪。

韦光黻(附周磬南)

韦光黻，字君绣，长洲诸生[一]。尤工画，善琴，兼通医理。宋霖、周孝壎诸人与往来[二]。孝壎从子磬南亦善琴者也[三]。

《木渎小志》卷三

注释：

［一］韦光黻：字君绣，江苏苏州人。

［二］宋霖、周孝壎：皆江苏苏州人。

［三］磬南：周磬南，周孝壎之侄，江苏苏州人。

评析：

韦光黻颇有诗名，早年诗学李贺，中年以后诗学盛唐诸家。

岳廷枋

岳廷枋，字仲瑜[一]，性情伉爽[二]，好读史，工韵语，善书画，精篆刻，知琴理。

《（光绪）嘉兴府志》卷五十一

注释：

［一］岳廷枋：字仲瑜，浙江嘉兴人。

［二］伉爽：刚直豪爽。

评析：

岳廷枋因割左股疗母病、割右股疗父病而入《孝义传》，其愚孝也欤？其沽名也欤？

金孟占

江浦之金孟占[一]，诸生，性好静，筑室定山之阴，著书弹琴以自乐。咸丰中避难，身负琴一张，手挈书数卷[二]，流离客死。

《（光绪）续纂江宁府志》卷十四

注释：

［一］金孟占：江苏南京人。

［二］挈：携带。

评析：

金孟占是乱世中才士流离的代表。

舒钧

舒钧，字播若[一]。善琴，喜弹古调，又自作《白头乌吟》一操。

《秦州直隶州新志》卷十五

注释：

[一] 舒钧：字播若，甘肃天水人。

评析：

舒钧生活于咸丰年间，为官期间有惠政。

邱静安（附徐溢任）

邱静安[一]，不慕荣利，素善鼓琴，风雅可亲，故一时文人学士乐与交游。县主徐溢任[二]，公余之暇寄意丝桐，有鸣琴而治之风[三]，耳其名，延至署中，按谱命弹数曲，皆中音律。喜曰："世所尚者，俗乐也。琴操则习者少，识者亦不易如君者，可谓古调独弹矣。"相与调宫徵，验成亏，流连廿余日，厚遗以归[四]。

《（光绪）荣昌县志》卷十九

注释：

[一] 邱静安：荣昌县（今重庆荣昌）人。

[二] 徐溢任：荣昌县令。县主：县令。

[三] 鸣琴而治：见"宓子贱"条。

[四] 遗：赠送。

评析：

从徐沧任的话中可以看出，二人皆崇尚古调而摒弃俗乐。

董国正(附马会伯)

董国正[一]，入行伍，善骑射，精丝桐。总镇马会伯亦善琴[二]，待以优礼。郡中学操缦者皆所指授[三]。

《续修永北直隶厅志》卷七

注释：

[一] 董国正：云南永胜县人。

[二] 马会伯：任云南永胜县总兵。总镇：总兵。

[三] 指授：指导，传授。

评析：

董国正可谓开一郡风气者。

德循

德循，字树滋[一]。善画，工琴，尤长于诗。筑小隐山房，集名流鼓琴赋诗为乐。

《（光绪）荆州府志》卷五十七

注释：

[一] 德循：字树滋，湖北荆州人。

评析：

德循少年时期遭家难，父母俱亡，弱冠后才开始到私塾读书。曾任福建大田知县，著有《小隐山房诗钞》。

陈澧

陈澧，字兰甫，番禺人[一]。凡天文、地理、乐律、算术、篆隶无不研究。著《琴律谱》一卷。

《清史稿·陈澧传》卷四百八十二

注释：

［一］陈澧（公元1810年—公元1882年）：字兰甫，号东塾，学者称“东塾先生”，广东番禺（今广州）人。

评析：

陈澧是清代著名学者，尤为精通音律。

孙捴谦(附朱雨若、蔡以维)

孙捴谦，字地山，寿州廪生[一]。性静，善鼓琴，书法尤精。朱雨若，寿州庠生[二]。善鼓琴，尤精于医。蔡以维，字嘉客，凤阳增生[三]，善鼓琴，以诗酒自娱。

《光绪凤阳府志》卷十八

注释：

［一］孙捴谦：字地山，安徽凤阳人。

［二］朱雨若：安徽凤阳人。

［三］蔡以维：字嘉客，安徽凤阳人。

评析：

古琴音乐能使人性情平和，因此古人多以之自娱。

闵茡

南汇闵学，号萝屏[一]。黄大昕继室。少时学琴于其叔某，兼习诗画，而琴尤擅长。

《清稗类钞·音乐类》

注释：

［一］闵茡：号萝屏，南汇（今上海）人。

评析：

明清时期女性琴人的增多，并不意味着女性琴地位的提高，也不意味着女性琴的独立。不以琴事妨碍女红，说明女性仍然以家庭为核心，琴棋书画不过是其生活点缀而已。

谭子玺

谭子玺[一]，精于琴，纵游四方讲求[二]，古今琴操无不贯通，或问之曰："高山流水，古人超乎象外[三]，于子之志奚若[四]？"曰："自得此中佳趣，亦不自知其志之所知也。"

《（同治）攸县志》卷四十四

注释：

［一］谭子玺：湖南攸县人。

［二］讲求：修习研究。

［三］超乎象外：超乎迹象之外。

［四］奚若：何如。

评析：

“自得此中佳趣”，颇有陶渊明“但识琴中趣，何劳弦上声”的意味。

盛元(附文济川、保子云、柏梁、杏襄侯)

工琴者，盛恺庭观察、外舅文济川公、家六叔保子云公、柏研香、杏襄侯姻丈[一]，皆精绝灵妙，远近言琴者莫不以吾营为领袖[二]。数年以来，甚至垂髫儿女尽解操缦，亦吾营中一韵事也。

《清诗纪事·柳营谣》

注释：

［一］盛恺庭：盛元（公元1820年—公元1887年），字韵琴，号恺庭。蒙古正蓝旗人。清代学者。文济川、保子云：晚清大臣三多之舅父及叔父。柏研香：柏梁，字研香，瓜尔佳氏，满洲正白旗人，杭州驻防。杏襄侯：晚清大臣三多之姻亲长辈。

［二］吾营：柳营，杭州旗营，三多有《柳营谣》。

评析：

三多在描写杭州旗营文化之盛时说：“声名文物合推今，精绝诗书画与琴。莫笑管弦闻比户，武城自古有知音。”

黄锷

黄锷字剑光，国学生[一]。精岐黄，暇则莳花种竹，鼓琴对枰为乐[二]。

《（同治）如皋县续志》卷九

注释：

[一] 黄锷：字剑光，江苏如皋人。

[二] 枰：棋盘。

评析：

花竹琴棋，其乐无极。

胡杰

胡杰字云溪[一]，嗜酒鼓琴，拈须微吟，格近范陆[二]，鲜与外人唱和。

《（同治）如皋县续志》卷九

注释：

[一] 胡杰：字云溪，江苏如皋人。

[二] 范陆：范成大与陆游。

评析：

“鲜与外人唱和”，说明胡杰无论是鼓琴还是作诗，都是自得其乐。

阮恩滦

阮恩滦，字媚生，仪征人，为文达公第三女孙[一]。能诗善画，尤癖嗜琴。文达偶至文选楼，必令一弹再鼓，呼之曰琴女孙。

《清稗类钞·音乐类》

注释：

[一]阮恩滦（公元1831年—公元1854年）：字媚生，江苏仪征人。阮元第三个孙女。生员沈麟元妻。文达公：阮元。

评析：

阮元手书楹联赠恩滦曰："古琴百衲弹清散，名帖双钩榻硬黄。"

陆荃

陆荃，字紫淦[一]。宅心淳朴[二]，生平无疾言遽色。明天文、算法、音律，尤精于琴。

《（光绪）武阳志余》卷十

注释：

[一]陆荃：字紫淦，江苏常州人。

[二]宅心：用心。

评析：

陆荃又擅医术，公元1860年庚申之变，陆荃避乱乡居，当地团勇及难民受伤者，皆为救治，救人无数。

程端颖

程端颖，字蕴吟，昭文人[一]。适高耕书[二]，夫殁守节。端颖幼贞婉，读书通大义，能诗善琴，工绘事。

《（光绪）武阳志余》卷十一

注释：

[一] 程端颖：字蕴吟，昭文（今江苏常熟）人。

[二] 适：女子出嫁。

评析：

程端颖著有《绣余小草》《还珠楼集》等。

蒋蕣英

蒋蕣英，字石岩[一]。幼读书警悟，凡技艺一一涉猎，而于琴尤得绝调。

《国朝书人辑略》卷十一

注释：

[一] 蒋蕣英：字石岩。

评析：

蒋蕣英能诗善画，后出家为尼。

蔡紫琼

蔡紫琼，字绣卿，一字玉婷，江西德化人[一]，九岁通琴理。

《国朝书人辑略》卷十一

注释：

［一］蔡紫琼：字绣卿，一字玉婷，江西德化人，周文麟妻。

评析：

蔡紫琼九岁能琴，十二岁工书法，可谓早慧。

华韵莲

华韵莲，字藕卿，吴门人[一]。女红之外，雅好文墨，并语琴理，兼工小楷。

《国朝书人辑略》卷十一

注释：

［一］华韵莲：字藕卿，吴门（江苏苏州）人。

评析：

华韵莲以琴技最为著称。

沈潮（附奚廷瑜）

沈潮号芦舟[一]，善山水，师奚竹厂[二]，并善鼓琴。

《（光绪）嘉兴府志》卷五十五

注释：

［一］沈潮：号芦舟，嘉兴（今浙江嘉兴）人。

［二］奚竹厂：奚廷瑜，号竹厂，嘉兴（今浙江嘉兴）人。

评析：沈潮画学奚廷瑜，二人皆善鼓琴。

蒋山

蒋山字仁如，号姑射，庠生[一]，工琴。著有《琴谱易知》五卷。其初习琴也，以父有足疾，为此博亲欢，是技而进于道也。

《嘉兴府志》卷五十五

注释：

［一］蒋山：字仁如，号姑射，嘉兴（今浙江嘉兴）人。庠生：科举时代称府州县学的生员。

评析：

蒋山习琴的目的是愉悦有足疾的父亲，可见其至孝。

余亩松

余亩松，婺源人[一]。读书能文，工篆隶，精琴律。隐居灌园，采药自给，或馈钱帛[二]，辄不受。

《（光绪）重修安徽通志》卷二百六十

注释：

［一］余亩松：江西婺源人。

［二］或：有人。

评析：

“衡门之下，有琴有书，载弹载咏，爰得我娱。岂无他好，乐是幽居，朝为灌园，夕偃蓬庐。”（陶渊明《答庞参军》）余亩松亦如此。

洪印驪

洪印驪，字子良[一]，邑增生，长于经学，工诗词，尤善鼓琴。

《（光绪）青浦县志》卷十九

注释：

［一］洪印驪：字子良，上海人。

评析：

洪印驪为洪朴之子，洪朴通音律，可见其有家学渊源。

方步瀛

方步瀛，字润千，又字确囡[一]，新邑庠生。善鼓琴、画兰竹，隶书逼近汉魏。中年不得志，遁于释氏[二]，长斋终身。

《昆新两县续修合志》卷三十三

注释：

［一］方步瀛：字润千，又字确困，江苏昆山人。

［二］遯：隐遁。

评析：

不得志的士人，通常会从佛道二教那里寻求精神安慰，方步瀛就是这样。

马士图

马士图[一]：《雷琴馆秘谱》。

《（光绪）续纂江宁府志》卷九

注释：

［一］马士图：字文光，江苏南京人。

评析：

马士图少年时期虽孤苦贫寒，却能够读书不辍，砥节砺行，安于贫困。

聂元夔

聂元夔，字立斋[一]，工琴，得遯园旧物曰“松涛”[二]。

《（光绪）续纂江宁府志》卷十四

注释：

［一］聂元夔：字立斋，江苏南京人。

［二］遁园：明代万历年间顾起元在南京建造的园林。顾起元著有《遁园漫稿》。

评析：

“松涛”琴应是明代顾起元旧物，为聂元夔所得。

唐彝铭（附张合修、叶宗褀）

《天闻阁琴谱》：邠州唐彝铭松轩氏纂集[一]，青城张合修孔山氏合修[二]，成都叶宗褀介福氏校梓[三]。

《天闻阁琴谱》

注释：

［一］唐彝铭：字松轩，一作松仙，陕西邠州（今彬县）人。

［二］张合修：字孔山，号半髯子，四川青城山道士。

［三］叶宗褀：字介福，四川成都人。

评析：

唐彝铭与张孔山广搜历代秘谱，相与商榷，审查选择之后合修为《天闻阁琴谱》，光绪二年（公元1876年）刊刻成书。其特点是每首琴曲都标明曲谱来源，如《德音堂烂柯行》《自远堂水仙操》《春草堂平沙》等。目前琴界有人认为《天闻阁琴谱》是“蜀派”代表性琴谱，也有人认为张孔山等人的活动形成了“事实”上的蜀派。然而唐彝铭师从西湖曹稚云，曹氏则“于南北诸家宗派无不娴习”（《天闻阁琴谱序》），由此来看，唐彝铭也能博采众派之长，并没有明显的开宗立派的倾向。

曹稚云

西湖曹稚云[一]，于南北诸家宗派无不娴习。余延至幕中[二]，师事一载。

《天闻阁琴谱·唐彝铭自叙》

注释：

[一]曹稚云：浙江杭州人。

[二]余：唐彝铭，见“唐彝铭”条。

评析：

曹稚云通晓南北诸琴派琴曲，曾传授唐彝铭《普安咒》《塞上鸿》《平沙落雁》等曲。

冯彤云

《流水》：灌口张道士半髯子[一]，幼学于冯彤云先生[二]，手授口传。

《天闻阁琴谱·流水》

注释：

[一]张道士：见“张合修”条。

[二]冯彤云：生平不详。

评析：

张孔山自幼跟随冯彤云学习《流水》一曲，本无曲谱，后唐彝铭与张孔山搜集旧谱，互相校对，终成此谱。

黄晓珊(附张惟檇、廖晋唐、黄稚珊、黄代塘、谷代理)

《希韶阁琴谱集成》：古敦州漱石山人黄晓珊订谱[一]；星沙张惟儁子镛甫、同里廖晋唐介平甫鉴定[二]；男稚珊麐臣、侄代塘少洲、同学谷代理燮卿校刊[三]。

《希韶阁琴谱集成》

注释：

[一]黄晓珊：号漱石山人，又号栖霞山人，古敦州（今湖南郴州）人。

[二]张惟儁：字子镛，星沙（今湖南长沙）人。廖晋唐：字介平，古敦州（今湖南郴州）人。

[三]稚珊：黄稚珊，字麐臣，黄晓珊之子。代塘：黄代塘，字少洲，黄晓珊之侄。谷代理：字燮卿。

评析：

《希韶阁琴谱集成》刊于光绪五年（公元1879年），今存。

邹安鬯

邹安鬯，字敬甫[一]，为文高简[二]。家贫，饮酒鼓琴，怡然自得。

《（光绪）无锡金匮县志》卷二十二

注释：

[一]邹安鬯：字敬甫，江苏无锡人。

[二]高简：深奥而简要。

评析：

邹安鬯著有《琴律细草》，今存。

谢祚桢

谢祚桢，一名桢，字养竹，东山人[一]。善鼓琴，书法苍劲，山水、花卉、翎毛俱工，尤善画龙。

《歙县志》卷十

注释：

［一］谢祚桢，一名桢，字养竹，安徽歙县人。

评析：

琴以达心，画以适意。

侯本临

侯本临，字敬溪[一]。善鼓琴，著有《琴调质疑》。

《南皮县志》卷八

注释：

［一］侯本临：字敬溪，河北南皮人。

评析：

《琴调质疑》已亡佚。

李少莲(附崔娟娟)

李少莲，与妻崔娟娟字月仙[一]，俱能琴。少莲尤好吟咏，娟娟并涉书画花卉。

《桂平县志》卷四五

注释：

[一]李少莲：为楚人，后移居广西桂平。崔娟娟：字月仙，李少莲之妻。

评析：

夫妇二人皆能琴，俱工诗，可谓“妻子好合，如鼓瑟琴。”（《诗经·小雅·常棣》）

王凤绮

王凤绮，字桐君[一]，蓬莱县王鸿芬女，生员郭鉴光继妻。工诗，善鼓琴，著有《红琴阁琴谱》及诗集。

《潍县志稿》卷三十五

注释：

[一]王凤绮：字桐君，山东潍坊人。

评析：

《红琴阁琴谱》已经亡佚。

徐琼林

徐琼林，字宴春[一]。善鼓琴，尝设帐城中，每当课暇或静夜，一弹再鼓，沨沨移人[二]。又得一具古桐，手制二琴，珍逾爨下品[三]，尚存其家。

《维县志稿》卷三十二

注释：

［一］徐琼林：字宴春，山东潍坊人。

［二］沨沨：琴声婉转悠扬。

［三］爨下品：指焦尾琴，见“蔡邕”条。

评析：

许琼林不仅擅长弹琴，而且擅长斫琴。

于钟块

于钟块，字我文，号石岚，监生[一]。工琴，尝断桐自制，音韵绝伦。居海滨，茅屋数椽，图书满架，以树根为几案，取海石之奇异者，罗置其上，入其庐者，皆有萧然世外之想。

《（光绪）海阳县续志》卷五

注释：

［一］于钟块：字我文，号石岚，山东海阳人。

评析：

于钟块颇有离尘脱俗之风。

李处士(附铁笛道人)

景山李处士[一]，粹于琴者[二]，因世变，携琴以隐。余从学，惜所蓄琴谱失于兵燹[三]，惟凭指授，裘葛两更[四]，始得琴中梗概。游南山古刹，有布衲道人，铁笛作杖，倚廊趺坐，问其里居姓氏，则嵇中散裔也[五]。喜弄铁笛，遂以铁笛自号[六]。道人置琴席上，抚弦动操，觉和风满座，众山皆响。强邀归寓，拜请受业。居两旬，以厌嚣辞去。阅日重访[七]，则不知所之矣。

《希韶阁琴谱集成自序》

注释：

［一］李处士：名不详，湖南人。

［二］粹：精。

［三］兵燹：因战乱而造成的损害。

［四］裘葛：裘，冬衣；葛，夏衣。借指寒暑时序变迁。

［五］嵇中散：见“嵇康”条。

［六］铁笛道人：嵇姓，自号铁笛。

［七］阅日：过了几天。

评析：

黄晓珊先跟随李处士学琴两年，后又随铁笛道人习琴，遂以琴名世。

洪芸芳

狮山女史姓洪氏，名芸芳[一]。侍山人学琴[二]，指授一遍，即能成曲。虑古谱合写难明，自抒己意，而以左右指法分列为谱。

《希韶阁琴瑟合谱·狮山女史小传》

注释：

［一］洪芸芳：号狮山女史，豫章巴山（今江西崇仁）人。

［二］山人：黄晓珊，见“黄晓珊”条。

评析：

洪芸芳助黄晓珊纂辑《希韶阁琴瑟合谱》二卷，今存。

清碶子

《双琴书屋琴谱集成》：滇琅溪清碶子著[一]。

《双琴书屋琴谱集成》

注释：

［一］清碶子：姓名不详，滇（今云南）人。

评析：

《双琴书屋琴谱集成》现存，为手抄本。此书行款为“光绪戊戌年（公元 1898 年）和宣手抄”，又有“和宣珍宝”白文方印。因此，有学者认为此书的撰人是昆明倪和宣。姑附于此。

李梦庚

《双琴书屋琴谱集成·小普庵咒》：粤东鹤山李梦庚号息斋一字觉生传[一]。

《双琴书屋琴谱集成·小普庵咒》

注释：

［一］李梦庚：号息斋，一字觉生，粤东鹤山（今广东鹤山）人。

评析：

《小普庵咒》《雁落平沙》《仙珮迎风》《水仙操》等曲为李梦庚传谱。

向心斋老人（附金仰峰）

《双琴书屋琴谱集成·渔樵问答》：古巢向心斋老人传谱[一]，得自金仰峰家[二]。

《双琴书屋琴谱集成·渔樵问答》

注释：

［一］向心斋老人：古巢（今安徽巢湖）人。

［二］金仰峰：安徽人。

评析：

《徽音谱诗》《渔樵问答》等曲为向心斋老人传谱。

陈小屏

《双琴书屋琴谱集成·平沙落雁》：陈小屏存谱[一]。

《双琴书屋琴谱集成·平沙落雁》

注释：

［一］陈小屏：陈仲屏之兄。

评析：

《平山落雁》一曲为陈小屏存谱。

黄炳堃

《双琴书屋琴谱集成·南湖秋雁》：粤东黄炳堃笛楼甫著谱[一]。

《双琴书屋琴谱集成·南湖秋雁》

注释：

[一]黄炳堃：字笛楼，古冈（今广东新会）人。

评析：

《南湖秋雁》为黄炳堃自制曲。黄炳堃家藏陈白沙所藏琴。

欧阳仪

湘中欧阳凤威太守[一]，鼓《平沙落雁》《释谈章》《渔歌》。

《双琴书屋琴谱集成》

注释：

[一]欧阳凤威：欧阳仪，字凤威，宝庆（今湖南邵阳）人。

评析：

清徉子曾听欧阳凤威弹琴。

陈仲屏

陈师仲屏刺史[一]，鼓《怀古吟》《金门待漏》《秋塞吟》《鸥鹭忘机》《平沙落雁》《碧天秋思》《圯桥进履》《岳阳三醉》《洞天春晓》。

《双琴书屋琴谱集成》

注释：

[一]仲屏：陈仲屏，古冈（今广东新会）人。

评析：

《双琴书屋琴谱集成·听琴笔记》中记载清徐子听陈仲屏弹琴事。

蹇子振

遵义蹇子振司马[一]，鼓《醉渔晚唱》《秋塞吟》。

《双琴书屋琴谱集成》

注释：

[一]蹇子振：贵州遵义人。

评析：

同治戊辰年（公元1868年）清徐子听蹇子振弹琴。

李心田

江右李心田[一]，鼓《凤求凰》《风雷引》。

《双琴书屋琴谱集成》

注释：

[一] 李心田：江右人。江右：地理方位名词，指中国华中地区，即赣语分布区。

评析：

同治庚午（公元 1870 年），清铁子听李心田弹琴。

宋仁山

宋仁山，光绪时太和人[一]。藏连珠式古琴，无断纹，无字。

《双琴书屋琴谱集成》

注释：

[一] 宋仁山：太和（今安徽太和）人。

评析：

宋仁山在云南时获得郭氏所藏连珠琴。

周从矩

周从矩，黔人[一]。在滇省获潞琴归[二]。

《双琴书屋琴谱集成》

注释：

[一] 周从矩：黔（今贵州）人。

[二] 滇：云南。潞琴：明代潞王琴。

评析：

光绪甲申（公元 1884 年）周从矩获潞王琴。

凌风阁

凌风阁，粤西人[一]。获琴一归，满蛇腹细断纹，牙轸足，无字。

《双琴书屋琴谱集成》

注释：

[一] 凌风阁：粤西（今广东）人。

评析：

凌风阁于同治年间获得此琴。

金茶人

金茶人，皖人[一]。鼓《羽化登仙》《高山》《释谈章》《平沙落雁》《玉树临风》《天风环珮》《渔樵问答》《鸥鹭忘机》《慨古引》《阳关》《圯桥进履》《乌夜啼》《良宵引》《苍梧怨》。

《双琴书屋琴谱集成》

注释：

［一］金茶人：皖（今安徽）人，刘熙斋妻。

评析：

金茶人于光绪年间获琴一张，蛇腹断。

倪漱芳

倪漱芳，字慧媛[一]，倪慎枢之女，在镇江获古琴一归，满蛇腹断纹。

《双琴书屋琴谱集成》

注释：

［一］倪漱芳：字慧媛。

评析：

倪漱芳于道光年间获得此琴。

倪文媛

倪文媛，慧媛之妹[一]，在镇江获古琴一归，无断纹，底有“鱼跃绕梁”小篆体四字。

《双琴书屋琴谱集成》

注释：

［一］倪文媛：倪慧媛之妹。

评析：

倪文媛于道光年间获得此琴。

李璠(附李兴)

李璠，字蓝仲[一]，性澹雅，好琴书，喜吟咏。族孙兴，字云程[二]，性孝友，三岁而孤。工琴书，爱花木，谦恭下人且慷慨好施，乡里推重。

《商水县志》卷十九

注释：

[一]李璠：字蓝仲，河南商水县人。

[二]李兴：字云程，李璠族孙。河南商水县人。

评析：

海内名士多与李璠交游，李璠有《行乐图》一卷。

孙晋(附孙汝亭、写馨、沁红)

《以六正五之斋琴学秘谱》：长安市上弹无弦琴者晋斋孙宝草创[一]；男四宜生绘图并书[二]；女写馨女史集鉴定[三]；儿妇沁红仙子校对[四]。

《以六正五之斋琴学秘谱》

注释：

[一]孙宝：字晋斋，号长安市上弹无弦琴者。原籍甘肃中卫县人，生于贵州。

［二］四宜生：疑即孙汝亭，号四宜生，孙宝之子。《十一弦馆琴谱》亦有记载。

［三］写馨：孙宝之女，鉴定《以六正五之斋琴学秘谱》。

［四］沁红：孙宝之儿媳，校对《以六正五之斋琴学秘谱》。

评析：

孙宝曾授琴数十年，“公侯、王伯、士大夫及僧道、官吏、商贾、闺秀皆从学。屈指计来，所过琴师三人，琴友三十六人，从学琴者百余人”。

《以六正五之斋琴学秘谱》，光绪丙戌（公元1886年）开始刊刻。

鉴湖逸士

《琴学韧端》：虎丘鉴湖逸士订[一]。

《琴学韧端》

注释：

［一］鉴湖逸士：姓名不详，虎丘（今江苏苏州）人。

评析：

《琴学韧端》今存。

周雁沙

周雁沙，太和恩贡室也[一]。工诗，善弹琴。

《鸿泥杂志》卷四

注释：

［一］周雁沙：云南大理人。赵紫笈妻。

评析：

周雁沙《弹琴得小字》诗云："天际随阳到水涯，双飞双宿伴芦花。琴中绎得关心调，小字从今篆雁沙。"

达曾

极乐庵，道光中有达曾，字竺峰[一]，善鼓琴，画梅。

《南浔镇志》卷十五

注释：

［一］达曾：字竺峰，南浔极乐庵僧人。

评析：

极乐庵在南浔镇东，达曾为道光年间琴僧。

张文治

张文治，字芝轩，监生[一]。善鼓琴，操弦响逸，有太古音。

《江阴县续志》卷十六

注释：

[一]张文治：字芝轩，江苏江阴人。

评析：

有太古音，说明张文治弹琴崇尚古调。

周庆贤

周庆贤字普生，号芹轩，又号群仙，亦号琴轩[一]，植学深厚[二]。每素月横空，花香满室，辄抚琴自娱，人或强其勾拨，曰："只可自怡悦，不可持赠君。"

《南浔志》卷二十一

注释：

[一]周庆贤：字普生，号芹轩，又号群仙，亦号琴轩，浙江湖州人。

[二]植学：立学。

评析：

"只可自怡悦，不可持赠君。"本是陶弘景的诗，周庆贤借此句来表达自己的情绪，既拒绝了别人，又表明自己弹琴自娱自乐的态度。

李兰

李兰，字农如，别号稻香外史[一]。善铁笔，精绘事，尤工花卉，秀逸多奇气。家贫，性又孤介，落魄无以自给。某岁除夕，索债者毕至，仓卒无以应，探囊出琴曰：

"客儋矣！家贫无长物，愿鼓琴为客娱[二]！"因奏琴，曲终，则人亦去矣。

《南浔志》卷二十一

注释：

[一] 李兰：字农如，别号稻香外史，浙江湖州人。

[二] 儋：疲乏。

评析：

昔年诸葛亮弹琴退仲达，清代李兰则弹琴退债主！

吴德韫

吴氏名德韫，字恒卿[一]，能弹琴，工墨兰。

《南浔志》卷二十四

注释：

[一] 德韫：吴德韫，字恒卿，浙江湖州人，温纯之妻。

评析：

温纯曾有诗句赠德韫，云："花中疑有曲，弦外欲传神。"

了义

了义，初名常清，号松光，嘉兴人，净慈寺僧[一]。禅诵之暇，鼓琴作画，间为小诗。

《杭州府志》卷一百七十一

注释：

[一] 了义：初名常清，号松光，浙江嘉兴人，净慈寺僧。

评析：

了义生活于道光年间。

陈幼慈

《邻鹤斋琴谱》：陈幼慈荻舟撰[一]。

《邻鹤斋琴谱》

注释：

[一] 陈幼慈：字荻舟，浙江诸暨人。

评析：

《邻鹤斋琴谱》有陈幼慈道光十年（公元1830年）自序。陈幼慈自幼即工琴棋，后以琴游于朱门，缙绅从游者甚众。

黄增康

黄瀛叔名增康，自号玉溪农[一]，工画，善弹琴。

《（光绪）吴江县续志》卷二十三

注释：

[一] 增康：黄增康，字瀛叔，自号玉溪农，生活于道光年间。

评析：

沈启森有诗赠黄瀛叔，云："悟得徽桐绵邈音，画心原自契琴心。昨从山馆探梅信，帘外落花三寸深。"按，黄增康所居即梅花山馆。

许赓皞

许赓皞，字秋史[一]。素好度曲，兼善鼓琴。家中无论少长，多解音律。每逢月夕花晨，一庭团聚，或按拍倚声，或抚轸操缦，诸子弟辈互相唱酬，自有得于天伦之乐。

《建瓯县志》卷三十三

注释：

[一]许赓皞：字秋史，福建建瓯人。

评析：

月夕花晨，"乐"享天伦，不亦乐乎？

厉柏

厉柏字默庵[一]，诸生，世居冶浦，善诗工琴，足迹不入城者十年。性爱兰，春夏时芬芳满室。

《（光绪）续纂江宁府志》卷十四

注释：

[一]厉柏：字默庵，冶浦（今江苏南京）人。

评析：

厉柏以卖字卖药为生，其孙女出嫁，仅送一琴一婢。

徐体微

道士徐体微[一]，善琴，精通数十曲，指法幽静，居玉皇阁，坐一室，好琴者往听，惟隔户倾赏之。

《（光绪）丹徒县志》卷三十七

注释：

［一］徐体微：字妙亭。

评析：

徐体微在苏州玄妙观多年，晚年住银山玉皇阁。

袁澄

袁清甫，清道士[一]，学琴于扬州建塔寺僧问樵[二]，樵常往来焦山，琴弟子甚众，清甫指法独得其妙。

《（光绪）丹徒县志》卷三十七

注释：

［一］袁清甫：袁澄，字清甫，道士。

［二］问樵：见“问樵”条。

评析：

据《墨林今话》，道光初吴中琴会甚盛，袁澄之名最著。

张道溥

道士张道溥，住万寿宫[一]，习静练功。琴学精粹，勾挑剔捺，古趣泠然，迄今观中犹有传其法者。

《（光绪）丹徒县志》卷三十七

注释：

［一］张道溥：字步云，万寿宫道士。

评析：

追求“古趣”而摒弃“时俗气”是当时很多琴人追求的目标。

蒋蕈湖

道士蒋蕈湖[一]，住银山关帝庙，善琴，与徐体微相颉颃[二]。

《（光绪）丹徒县志》卷三十七

注释：

［一］蒋蕈湖：一作蒋莼湖，道士。

［二］徐体微：见“徐体微”条。颉颃：不相上下，相抗衡。

评析：

蒋葺湖在扬州时遇兵乱，被缚后，又被逼鼓琴，葺湖说："我虽方外，亦知大义，岂能为汝辈做伶人乎？"贼断其舌而杀之。其人高义如此。

释觉虚

释觉虚，住象山洞[一]，琴学名一时，亦能诗。

《（光绪）丹徒县志》卷三十七

注释：

［一］释觉虚：僧人，住象山洞。

评析：

释觉虚为丹徒琴僧，余事不详。

邱均程

邱均程，号泗舟[一]，工篆刻。又号鼓琴能手，制六律，风月之夕，抚弄一阕，洒然自忘其贫也。

《（光绪）青浦县志》卷二十二

注释：

［一］邱均程：号泗舟，上海人。

评析：

《文会堂琴谱》中说琴有十四宜弹，其中之一便是当风明月可弹。或者，这种说法源自于王维的“松风吹解带，山月照弹琴”。

陈山寿

陈山寿，字如南，号子玉[一]。神情闲朗，小诗类诚斋[二]。能鼓琴，尤嗜词与画。

《黎里续志》卷十二

注释：

[一] 陈山寿：字如南，号子玉，江苏吴江人。

[二] 诚斋：宋代诗人杨万里，号诚斋。

评析：

诚斋诗歌清新可爱，陈山寿诗风与之类似。陈山寿词风则类似南宋张炎。

姜问歧

姜问歧，字政阳，一字秋农，宝山人[一]。善鼓琴，喜蓄古砚。

《（光绪）嘉定县志》卷二十

注释：

[一] 姜问歧：字政阳，一字秋农，上海宝山人。

评析：

姜问歧擅长医术。

陈彝

《琴棋弓剑谱》：陈彝著[一]。

《（光绪）宝山县志》卷十二

注释：

[一] 陈彝：上海宝山人。

评析：

陈彝又著有《芝峰诗钞》，余事不详。

张慈

《霁飔琴谱》：张慈著。慈字继善，号霁飔，居杨行[一]。

《宝山县续志》卷十五

注释：

[一] 张慈：字继善，号霁飔，上海宝山人。

评析：

《霁飔琴谱》已亡佚。

叶德明

叶德明，字霞泉[一]，治疾多奇效，能诗，尤善鼓琴。晚营生圹于萧中素墓侧[二]，以志景仰。

《（光绪）松江府续志》卷二十六

注释：

［一］叶德明：字霞泉，上海人。

［二］生圹：生前预造的坟墓。萧中素：字芷崖，上海人，明代诗人。

评析：

叶德明擅医术，又能够写诗、弹琴。晚年自造墓于萧中素墓旁，可谓奇人奇事。

赵履和

《琴律管窥》二卷：赵履和著[一]。

《（道光）衡山县志》卷五十

注释：

［一］赵履和：湖南衡山人。

评析：

《琴律管窥》在琴弦的弦位编定上遵从《律吕正义》，而旋宫之法则本于《淮南子》，又参以己意。

柯华辅

柯华辅，字翼之[一]，家藏雷威雌琴及宋元来名琴数十[二]。金陵马掬材时号国工[三]，华辅与论音律，穷极窈眇[四]，互相推重。

《歙县志》卷十

注释：

［一］柯华辅：字翼之，安徽歙县人。

［二］雷威：唐代四川斫琴名手。

［三］马掬材：金陵（今江苏南京）人。国工：一国之中技艺非常高超的人。

［四］窈眇：精微。

评析：

柯华辅与马掬材互与讨论音律，可谓互为知音。

李德骞

李德骞撰《琴事类林》八卷[一]。

《同治常宁志》卷九

注释：

［一］李德骞：湖南常宁人。

评析：

从书名来推断，《琴事类林》应当是将历代琴事分类汇编之作。

陆瑮

《琴学回澜》三卷：国朝魏塘陆瑮撰[一]。

《二香琴谱·参考琴谱》

注释：

[一]陆瑮：魏塘（今浙江嘉兴）人。

评析：

陆瑮撰《琴学回澜》，生平不详。

沈勋

《南梧琴谱》一卷：国朝吴郡沈勋撰[一]。

《二香琴谱·参考琴谱》

注释：

[一]沈勋：吴郡（今江苏苏州）人。

评析：

沈勋撰《南梧琴谱》一卷，生平不详。

妙霎

《梅花仙馆琴谱》一卷：韩城女士师妙霎[一]。

《梅花仙馆琴谱》

注释：

［一］妙霎：陕西韩城人。

评析：

《梅花仙馆琴谱》今存。

邓蔚旸

邓蔚旸，字云如，岁贡生[一]。少敏慧，读辄不忘。好韵语，兼工书画。闲居鼓琴自遣，或诵《周易》默会消长之机[二]，于人世势利淡如也。

《乐昌县志》卷十六

注释：

［一］邓蔚旸：字云如，广东乐昌人。

［二］消长：变化。

评析：

邓蔚旸为人节俭，一件衣服穿数年依然能够洁净如新。

祝凤鸣(附祝凤喈、许赓年)

祝凤鸣，字秋斋[一]，廪贡生。凤喈，字桐君[二]。并精音律，尤善鼓琴，古调独弹，不作靡靡俗韵。家有园林之胜，藏古琴数十张，择其尤者，筑十二琴楼以贮之。

伯倡仲和，怡怡如也[三]。凤鸣性恬淡，工吟咏，屏绝尘务，日以琴樽诗画自娱。凤喈宦游江浙，以琴自随，所至名噪一时。著有《与古斋琴谱》四卷行世。律度精审，指法详明，自云得兄指授为多。以琴受业者，横不远千里而来，诸弟子中，建安许海樵独得秘传[四]，能衍其派，尤负重名。

《（光绪）续修浦城县志》卷二十七

注释：

［一］祝凤鸣：字秋斋，福建浦城人。

［二］祝凤喈（公元 1796 年—公元 1850 年）：字桐君，福建浦城人。

［三］怡怡：兄弟和睦。

［四］许海樵：许赓年，据《建瓯县志》卷三十四，许赓年字海樵，善鼓琴。

评析：

《与古斋琴谱》刊于咸丰五年（公元 1855 年），今存。

庆瑞(附李芝仙、张淑娟、郑绩、周庆培)

《琴瑟合谱》：黑龙江庆瑞辉山著[一]，侍妾李芝仙、谊女张淑娟仝校音[二]，冈州郑绩纪常参订[三]，大兴周庆培云门书[四]。

《琴瑟合谱》

注释：

［一］庆瑞（公元 1816 年—公元 1875 年）：字辉山，黑龙江人。

［二］李芝仙：庆瑞侍妾。张淑娟：庆瑞义女。谊女：义女。

［三］郑绩：字纪常，冈州（今广东新会）人。

[四] 周庆培：字云门，大兴（今北京）人。按，周庆培疑即《琴瑟合谱郑序》中庆瑞弟子周竹舲。

评析：

《琴瑟合谱》为同治九年（公元1870年）刊本，今存。据《琴瑟合谱自序》，庆瑞师从钱塘李澄宇。

吴云纪

吴云纪，原名汝恒，字冠宸，号星甫，平望人[一]。晚年好道，恒避喧青牛观。弹琴赋诗，怡然自适。

《黎里续志》卷十一

注释：

[一] 吴云纪：原名汝恒，字冠宸，号星甫，平望（今江苏吴县）人。

评析：

吴云纪少年时即有俊才，成年因多病修习医术，晚年弹琴赋诗，远离尘嚣，也是一种养生方式。

胡子成

胡子成，江西泰和县人，同治十年任上官司巡检，光绪六年再任[一]。在官仅一子一女及苍头相随[二]。性恬淡，不慕荣利，暇则读书鼓琴自娱，而克尽厥职[三]，人无或以私谒者，士民贤之。

《甘泉县续志》卷十九

注释：

[一] 胡子成：江西泰和县人。同治十年：公元 1871 年。光绪六年：公元 1880 年。

[二] 苍头：奴仆。

[三] 克尽厥职：能够做好其职务分内的事。

评析：

胡子成一如宓子贱，以琴以书教化民众。

张鹤(附陆琮)

《琴学入门》：上海邑庙玉清宫道人张鹤静芗辑[一]，徒陆琮少云校刊[二]。

《琴学入门》

注释：

[一] 张鹤：字静芗，上海玉清宫道人。

[二] 陆琮：字少云，张鹤弟子。

评析：

张鹤从祝凤喈学琴，并摘辑《与古斋琴谱》，别成一谱，为《琴学入门》二卷。《琴学入门》今存同治三年（公元 1864 年）刊本。

安生

安生，吴县人，清修尼也[一]。善鼓琴，亦能诗，居洞庭山水月庵。

《吴县志》卷七十四

注释：

［一］安生：江苏吴县人，尼姑。

评析：

以琴清修，去除尘秽。

陈筠

吴县陈筠，字友石[一]，善书，能琴棋。舟至高丽，高丽王太子好音律，与筠鼓琴，乃授以新声数曲。

《清稗类钞·知遇类》

注释：

［一］陈筠：字友石，江苏吴县人。

评析：

这一故事说明，明清时期，古琴音乐的对外交流与传播愈加频繁。

乔煜

《琴旨》，乔煜撰[一]。

《宝应县志》卷二十三

注释：

［一］乔煜：江苏宝应人。

评析：

乔煜生平不详，《宝应县志》艺术类著录《琴旨》。

周赟

《山门新语》二卷：清周赟撰[一]。赟字蓉裳，宁国人。是书专论琴律切音，有图有说。

《琴书存目》卷六

注释：

［一］周赟：字蓉裳，安徽宁国人。

评析：

《山门新语》有光绪癸巳（公元1893年）刊本。

钱寿占(附钱道生)

《钱寿占琴谱十操·行云》：梅溪琴隐作[一]，授子道生[二]。

《钱寿占琴谱十操·行云》

注释：

[一] 梅溪琴隐：钱寿占，号梅溪琴隐，江苏人，寓居四川。

[二] 道生：钱道生，钱寿占之子。

评析：

钱寿占著有《钱寿占琴谱十操》，共十曲，今存。

刘沃森

《琴律一得》二卷：清刘沃森撰[一]。刘沃森，字黔生，广东南海人。

《琴书存目》卷六

注释：

[一] 刘沃森：字黔生，广东南海（今广州）人。

评析：

刘沃森著《琴律一得》，刊于光绪二十二年（公元1896年）。

王鹏高

《青箱斋琴谱》：鄞王鹏高颉青甫辑[一]。

《青箱斋琴谱》

注释：

［一］王鹏高：字颉青，浙江鄞县人。

评析：

《青箱斋琴谱》今存，四卷。

陈世骥(附何镛、祝凤翥)

余辛卯春寄迹申江[一]，得识何君桂笙镛、祝君听桐凤翥[二]，二君琴名独擅，辱承缪许，相与探源竟委，究心指法，辨析毫厘，遂有所得。

《琴学初津》

注释：

［一］陈世骥：字良士，号红梨听松客，松陵（今江苏苏州）人。寄迹：暂住。申江：今上海黄浦江。

［二］何君桂笙镛：何镛，字桂笙。祝君听桐凤翥：祝凤翥，字听桐。

评析：

陈世骥著《琴学初津》，分外、中、内三篇，总为十卷。卷一为外篇，论律辨音；卷二至卷九为中篇，详述指法字母、琴学须知、琴曲；卷十为内篇，琴理发微。

文同文

《枕经葄史山房琴谱集抄》：长白文同文编辑[一]。

《枕经葄史山房琴谱集抄》

注释：

[一] 文同文：长白人。

评析：

《枕经葄史山房琴谱集抄》今存，稿本。

王棨之

王棨之字思澍，号小谷，又号啸古[一]。使酒任侠，弹琴击剑，旁及金石篆刻，靡不精绝。某大令闻其名，礼聘之，棨之欣然往，挈妾俱[二]。令有古琴，珍品也。棨之不敢请，日昧旦[三]，弃妾挟琴遁。令日中方觉，急踪迹之，越三日，遇之于逆旅[四]，棨之方横琴抚玩，见令至，遽抱琴睨柱曰[五]："君欲璧返者，宁以此首与琴俱碎矣。"令曰："如君爱妾何？"曰："愿以相赠。"令无如何而返，时传为韵事。

《嵊县志》卷十八

注释：

[一] 王棨之：字思澍，号小谷，又号啸古，浙江嵊县人。

[二] 挈：携带。

[三] 昧旦：天没亮的时候。

[四] 逆旅：客舍，旅店。

［五］遽：急。睨：斜着眼睛看。

评析：

王桨之为人颇有模仿宋代米芾的意思，无论以妾换琴是否为韵事，我们都能看出当时人对珍稀古琴的热爱与痴迷。

毛新发

毛新发，字福海，湖南宁远人[一]。平生喜游名胜，善抚琴。

《宝山县续志》卷十四

注释：

［一］毛新发：字福海，湖南宁远人。

评析：

毛新发胸襟磊落，后从军，因功授陆军步兵上尉，因国事抑郁而终。

徐光楣

徐光楣，字显堂[一]。美颜仪，有壁人之目。能诗，工琴，善画。好蓺菊[二]，每凉秋九月黄花开时，则折柬招友人作真率会，酒阑弹琴为《潇湘夜雨》之曲，听者为之意远。

《威县志》卷十

注释：

［一］徐光楣：字显堂，河北威县人。

［二］蓺菊：种植菊花。

评析：

有人即席为徐光楣赋诗云："画阁深堂悄无语，琴韵铮铮杂秋雨。秋雨潇湘云水见，四座衫裳忽然古。谁其弹者城北徐，风貌翩翩玉不如。一曲两曲声未终，颊上酒潮珊瑚红。"

许汝赓(附江琭父、刘心弦、刘以忠)

许飏阶，茂名之新坡乡人[一]，以善琴著，且喜啖狗肉，习久成癖，故自号琴狗道人，又自署其所居曰琴研堂，人亦以琴狗道人呼之而不名。尝掘地得一汉玉，古色斑斓，知为数千年物，则镌琴狗道人之号于上，常佩之于身。每当屠狗大嚼，浊酒半酣之余，则按琴于膝，临风鼓《凌云》之操。一曲既终，则又解其玉佩，摩挲玩赏不已。与江山渊之尊人尤莫逆[二]。一日，有客自远方来，踵门求谒[三]，自云欲借一席地，信宿即行[四]。视其刺[五]，署曰刘心弦[六]。令肃入，骨癯神清，潇洒绝俗，一童子年可十二三，手挟锦囊一，长数尺，随其后，视之，则琴也。坐定，刘曰："余产于湘，迁于粤，壮岁有大志，以不得偿，愤而作万里游。又尝慕鸱夷子皮之为人[七]，乃挟美人以游五湖。既而浮淮涉湘，渡黄河，登太行，西出玉门，访酒泉、张掖之遗胜，北踰居庸，登万里长城，赋冰天跃马之诗。然足迹虽遍天下，而蹭蹬益甚[八]，余妻又坠马，死于涧阿，余乃郁郁而返故乡，结屋于越王台畔居焉，日惟啸歌以自乐，历十年，不复出。今观兵气满西南，战事将起于交趾。闻冯萃亭将督兵出关，余心动，爰弃故居，腰剑从军，将往投之，途过此地，愿假宿一宵，黎明当行矣。"继敂其征途仆仆[九]，奚为挟琴以俱行。刘曰："此余之所癖也。余生平无他好，惟嗜琴。余祖父世习兹技，传其术。此琴世间不易得，尤余之所宝。昔入京师，王公贵人争相延纳，求一奏以为乐，此琴即某亲贵之所赠。余视之如严师，亦亲之如腻友[一〇]，出入必与偕，数十年来未尝一日离。而余妻夙亦善琴，昔者万里行役，必与之并辔驰驱，不稍离，琴亦随焉。今余妻亡，此琴即余之妻矣。"

江设盛筵款之，席次，心弦纵谈琴理，复按琴理弦，奏《清夜闻钟》一曲，初拨刺三两声，顿觉万籁不喧，四山欲静，恍若更阑人定之时。曲未终，凉风习习，徐起庭际，闻者若饮甘露，凡骨欲仙。许尤凝目默会，神与琴声俱往，已而语江曰："吾辈夙欲习琴，深憾无所得师，今幸天赐琴师，讵可失之交臂[一一]。"江乃劝客少留，刘慨然曰："余东西南北之人也，何地不可以为家。夙闻主人贤，既至，安忍即行，重违主人意[一二]。且此间图书至富，读书之乐，胜于从军也。"

由是江、许皆从刘执弟子礼，受琴学。刘居数年，未尝言归，尽传其累世相传之奥。某岁，秋风起，忽动归思，请行，且慨然以其所宝之琴赠江，曰："感主人德，无以为报，谨以此赠。余相天下士多矣，未有如子者。子诚此物之主，其勿辞。"江再拜而受之，赆以千金[一三]，不受，浩然而行。琴镌崇祯年号。

许以嗜琴切，性过急，转艰涩而不能成声，愤甚，乃携琴入深山穷谷无人之境，与木石为伍，正襟危坐，冥心潜弹，寄想于杳冥寂寥以外，往往数日不出。由是心领神会，默解妙趣，而大块之元音[一四]，不期而自宣泄于五指之下，学乃大进。于是屏除一切，洗心澄虑，专致力于琴，琴以外不复闻问。未及数年，善琴之名噪于时。

许在肇庆时，官务清简，距署数武[一五]，有茅亭，尝往憩焉。亭在署西，筑土为之，高数尺许，叠石为级而上，亭上竖柱四，覆之以茅，人即呼曰茅亭，无他名。亭四旁皆有短阑干，以竹编之，阑干外幽花野草，随意点缀，颇饶佳趣。登亭纵目，则城外沿江诸山，历历可指。每出署作汗漫游[一六]，趣令一小僮携琴随其后，憩于亭，辄凭轩鼓之，清风徐来，草木皆动，身飘飘若仙。俯视亭下，则行人甚稀，薄暮，有二三樵者肩枯薪过其下，信口成讴，行歌互答，与琴声相应。

一日，挟琴登亭，时秋声初动，西风满亭，微雨欲至，天外诸峰，咸露瘦骨，而相对作愁容，亭前枫树数株，亦如临风泣血，极目远眺，而思乡思友之念，一时交集，乃调琴作《天马引》，如刀剑铁骑，飒然浮空，果若天马之疾至。继又谱《阳关三叠》之曲，则又若风号雨泣，鸟悲兽骇，渊渊然有金石声[一七]，不觉冰弦之欲裂，万木无声，四山皆静，惟木叶萧萧下，积地盈寸。瞥见亭下有一少年，独步荒草间，作窃听状。其人年可二十许，丰姿楚楚，两目闪烁有神，惟蹙頞疾首[一八]，愁形于面，颊隐隐有泪痕，似感琴声而悲动于中，若重有隐忧者。诧之，方欲止琴不弹，招之登亭，乃琴声止而其人杳矣。

越数日，许方清晨理琴，突有一少年挟琴直入，长揖不拜，盖即茅亭所遇某少年之友也。询之曰："子携琴造余，殆亦善琴耶？"其人曰："非也。余不知琴，余友则善之。琴甚古，今奉其命持赠先生，幸受之。"言已，捧以献。许抚视其琴，则希世之奇珍也，亟曰："余与子之友，未交词组，何敢承兹琼琚之赐[一九]，必不受。"其人曰："此琴还故主之日，先生必受之。"且呜咽曰："嗟乎！余友死矣。"许惊骇[二〇]，诘之曰："余与子之友遇，今才数日，奚以忽死？死于何病？又奚为以琴赠余？"其人曰："余友死，昨日事耳。亦非死于病，盖别有故焉。死时有遗书在，所以留呈先生者，遗言属余携琴与书来谒，并欲有所求于先生，其诺之。"言次[二一]，出书以献。亟启缄读之，其文曰："余不孝，无以得母欢，罪通于天，百死莫赎。今余与小妾俱死矣。先生硕德清望，戾止是邦[二二]，高山在望，夙所景行[二三]，独恨修谒无缘[二四]，郁郁终身，憾也何如。然秋风茅亭，犹获一觌清貌[二五]，并以琴声饷我，虽弦外余音，哀感动人，而得闻六艺，死亦愉快。余亦有古琴一，并世罕有其匹，愧余不德，既辱琴于生前，讵可复辱琴于死后，使落市侩之手。余罪滋深，今谨属友人，敬持献于先生，非先生不足为兹琴主，余当为琴贺。倘墨翟之言不谬，宣室之谈有征[二六]，兹琴既得长侍先生，余身后之魂亦得藉兹琴以追随左右，惟乞锡以鸿文[二七]，一志余墓，死且不朽。"许读其书而哀之，曰："斯人之死，适死于茅亭听琴以后，其殆伯仁由我而死耶？"既而复语其友曰："为文志墓，余之责也，敢不祗承[二八]。惟缘何而死，死又奚为与妾俱，皆未详而其生平之言行及其遭际，必有特异于人者，尤所乐闻，幸详以诏我。”其人曰：“诺。”乃举其事以告，其言曰：“友之死，非死于病，乃死于家庭之变。友姓关，名以忠[二九]，邑人也，世居城西。其先世皆显达，饶资产。至以忠，家中落。幼丧父，惟一母一弟，母为继母，弟即继母所出。性孝友，尚任侠，外柔而内刚，视其状，恂恂然若处子[三〇]，而其实气雄万夫，伟男子也。幼抱奇志，专究心于经史、诸子、兵家之学，下及琴棋书画、金石雕刻，亦皆博综兼通，而琴尤为所长。然愤时嫉俗之念太盛，往往流于偏激，每谈及挽近风俗日下，举世不识道德二字，辄扼腕狂呼，目眦怒欲裂。故生平择交甚严，落落不苟合，引为知己者，惟余一人。年既长，娶妻，未踰年即死，不复娶，纳一妾以事母，而常为母所憎，且以不应试而为布衣也，憎之益甚。母性善怒，累受鞭扑，均笑颜受之。俟母怒稍霁，始婉辞规劝，劝则母复怒，怒则复继以鞭扑，以为常。其妻亦以不能得母欢，忧虑而卒。及妾归，母鞭之益酷。妾本寒家女，美而贤，能文章，求婚者皆拒之，独愿为关妾。有以母性善怒告者，亦不惧。既归，日受鞭笞，体无完肤，无怨色。初，母之鞭妾也，关必厉声以责妾，助鞭之，母怒亦稍解。然母怒与年俱进，其后虽亦助鞭妾，亦不足以释其怒矣。然妾体素癯，不足以支夏楚[三一]，泣语关曰：‘妾不职，常触母怒，罪宜死，今请死于君前。妾死而母子安，妾心亦慰。’关止之曰：‘母性善怒，不自今始，皆由余不孝所致，奚涉于卿。宜竭诚事母，终有释怒日，徒死奚益！’妾涕泣受教，由是侍母益谨。距其家半里许，有古刹一，曰莲花庵，关幼时曾读书于此。庵地广而汲水则甚难，关乃命人浚一井，浚时，掘地得古琴，有石函藏之，殆数百年间物，而完好如新，居土中既久，色乃益润泽，可鉴毫发。喜甚，因专肆力于琴，且为文树碑于井旁，记其得琴之由焉。且以家庭不相安，乃恒藉琴以自遣。每鼓琴，妾必歌以和之，为状若甚乐。母初亦喜之，然未几而故态复作，鞭棰之声，仍昕夕达于外[三二]，且责妾以导夫于淫乐之罪。关泣曰：‘逐妾耶？妾无罪。留妾耶？母益怒。而妾且死，将奈何？’不获已，乃挈妾暂居于庵，由是母始少安。然关与妾虽外徙，日必数返以省母。而母于关至，仅数语，即麾之行。妾至，则持帚以逐之。往往与妾长跪门外烈日下而痛哭，卒不省，闭门若不闻也者。族中子弟尝谒母，求为母子如初，母亦不顾。关自是顿发狂疾，常皇皇若有所失，日则散发乱服，踽踽独行，或数日不返，返则与妾相对而哭，竟日声不辍。有时席地鼓琴，作 䨥篥声，妾闻声起舞，和以楚歌，琴声苍凉，歌声凄咽，闻者咸陨涕。郁郁至于今三年矣。今年春，闻先生履兹土，喜甚，愿执贽晋谒[三三]。日前偶过茅亭，闻琴声，怅然有所触，号哭而归，昨日竟与妾投井而死，即得琴之井也。死时，有血书二，一辞其母，一别其弟，属弟善事母。又有遗书一，属转达，即此书也。"许闻言已，慨然为作墓志，更亲往哭之于庵，西风残照，两棺横陈，回忆茅亭相遇，惝恍如梦，爰取所赠琴，鼓一曲于棺侧，而以《招魂》之赋歌之，寻携琴弃官归。

《清稗类钞·音乐类》

注释：

[一] 许飏阶：许汝赓（公元1850年—公元1894年），字飏阶，自号琴狗道人，茂名（今广东茂名）人。

[二] 江山渊：江瑔，字玉瑔，号山渊，广东廉江人。尊人：父亲。

[三] 踵门：登门。

[四] 信宿：两三日。

[五] 刺：名片。

[六] 刘心弦：本湖南人，后移居广东。

[七] 鸱夷子皮：范蠡，春秋时期人。

[八] 蹭蹬：困顿，失意。

[九] 攽：叩问。

[一〇] 腻友：极其亲密的朋友。

[一一] 讵可：岂可。

[一二] 重违：难违。

[一三] 贶：赠送。

[一四]大块：大自然。元音：纯正完美的声音。

[一五]武：古以六尺为步，半步为武。

[一六]汗漫游：世外之游。

[一七]渊渊然：象声词。

[一八]蹙頞疾首：厌恶愁苦貌。

[一九]琼琚：《诗经·卫风·木瓜》："投我以木瓜，报之以琼琚。"喻指厚礼。

[二〇]惊駴：惊骇。

[二一]言次：言谈之间。

[二二]戾止：来到。《诗经·鲁颂·泮水》："鲁侯戾止，言观其旂。"

[二三]高山在望，夙所景行：《诗经·小雅·车舝》："高山仰止，景行行止。"有高德者则慕仰之，有明行者则行之。

[二四]修谒：进见。

[二五]觇：看。

[二六]墨翟之言不谬，宣室之谈有征：墨翟，指墨子。宣室之谈，指汉文帝在宣室询问贾谊鬼神之事。这两句话的意思是如果墨翟关于有鬼的主张没错，汉文帝在宣室所问鬼神之事可信。意即相信鬼神之事。

[二七]乞锡：乞赐。鸿文：巨著，大作。

[二八]祇承：祇奉。

[二九]以忠：关以忠，广东肇庆人。

[三〇]恂恂：温顺恭谨。

[三一]夏楚：泛指用棍棒等进行体罚。

[三二]昕夕：终日。

[三三]执贽：古代礼制，谒见人时携礼物相赠。晋谒：进见，拜谒。

评析：

本文讲述了两个奇异的故事。第一个是江山渊的父亲与许飏阶拜刘心弦为师之事。刘心弦是个带有传奇色彩的人，几年间传授琴技与二人。许飏阶为学琴，模仿伯牙、成连故事，携琴入深山穷谷无人之境，洗心澄虑，以自然为师，领悟声音之道，终于名声大噪。

第二个故事以琴为线索，叙述了刘以忠之事。刘以忠拜托许飏阶为自己撰写墓志，而以琴赠之。

刘惟性(附太元)

宁国刘惟性，名壹清，咸、同间人[一]。少读书，已而弃去，浪迹山水间。高峰者，宁之名山也，中有梵宇[二]，僧数十居之，方丈曰太元[三]，善弹琴。刘慕其技，师事之。元曰："学琴非难，静心耳。"曰："敢问静心之道。"曰："自静之，岂师所能为谋乎！"刘曰："善，我知之矣。"乃退而屏万虑，昼夜枯坐禅榻，元时来弹琴，他无所闻。一夜，大雨骤作，夹以风雷，寒猿悲号，山鬼长啸，灯小如豆，耿耿不能寐。启户视之，天无云雨，察声所自来，则出元室，知元弹琴也。潜至窗外窃听，久之，忽悲酸不可忍，失声号曰："弟子愿归矣。"撞扉入。元抚琴默坐，初无声息，元曰："汝愿归乎？然汝学成矣。吾琴声幽细，数十小和尚皆不闻，汝独闻之，心有静有不静也。"又曰："庸人以耳听，静者以心听，心听者能闻声数里外。至于琴，浅学者以指弹，静者以心弹。以心弹者，得琴之道矣。汝心静，可语琴。"明日授以琴，略授宫商之诀，随手而弹成音。元曰："可矣。"

刘自此弹琴，摹拟万籁，无不各肖。然刘殊自觉，惟志之所存，而音遂随之耳。愈力学[四]，三年而归，寄怀于琴，因自号曰琴客。不为俗人弹，弹，人亦不闻也。时粤寇败，乱兵窜徽、宁，肆劫掠。尝有兵至刘宅，闻山后有金鼓声，惊而退。后侦知为刘弹琴，往执之，使弹。刘不从，威以刀，刘抚弦作凄酸声，兵手战刀落，乃舍之。而刘亦弃妻子逸去，不知所终。或曰[五]，刘盖往高峰，从太元游，光绪时犹有人见之。

《清稗类钞·音乐类》

注释：

[一] 刘惟性：名壹清，自号琴客，安徽宁国人，生活于咸丰、同治年间。

[二] 梵宇：佛寺。

[三] 太元：琴僧，生平不详。

[四] 力学：努力学习。

[五] 或曰：有人说。

评析：

太元所说“浅学者以指弹，静者以心弹。以心弹者，得琴之道矣”，有心即道的意思，但也的确是学琴的必要条件。

朱启连

朱启连，字棣垞[一]。晚年酷好琴，自谓精意独得[二]，千古无二，可称琴皇帝。

《清稗类钞·诙谐类》

注释：

[一] 朱启连（公元 1853 年—公元 1899 年）：字跂惠，号棣垞，浙江萧山人。

[二] 精意：精深的意旨。

评析：

《番禺县续志》著录朱启连有《琴谱》及《琴说》二卷。按，朱启连撰《鄂公祠说琴》，今存。

徐胪先(附余亦白)

婺源余子亦白[一]，博学多才，邃于音乐，尤工琴，与予有同嗜[二]。参酌音调，互纾所得，汇成新篇[三]。

《绿绮清韵·弁言》

注释：

[一] 亦白：余亦白，江西婺源人。

[二] 予：徐胪先，字紫佩，西安人。

[三] 新篇：《绿绮清韵》。

评析：

徐胪先辑撰《绿绮清韵》，成书于清光绪十年（公元1884年），收录琴曲《屈子天问》《关雎》《良宵引》《归去来辞》《渔樵问答》《平沙落雁》《梅花三弄》《阳关三叠》《梧叶舞秋风》《墨子悲丝》十首。

胡子成

胡子成，江西泰和人[一]。性恬淡，不慕荣利，暇则读书鼓琴自娱。

《甘泉县续志》卷十九

注释：

[一] 胡子成：江西泰和人。

评析：

胡子成在光绪六年（公元1880年）任职于陕西甘泉县。

管念慈

管念慈，字劬安[一]。性澹泊，喜横山泉石花竹之胜，遂家焉，号横山樵客。工书画，傍及音律，喜鼓琴。

《吴县志》卷七十五

注释：

[一] 管念慈（？—公元1909年）：字劬安，号横山樵客，吴县（今江苏苏州）人。

评析：

管念慈擅长人物花鸟，又善篆刻，名重一时。

许金山

许金山，一名治舟[一]，工书善弈，并善鼓琴。

《甘泉县续志》卷二十二

注释：

[一] 许金山：一名治舟，江苏甘泉人。

评析：

许金山与其父以医术名世。

潘大纪(附潘良弼)

潘大纪，字饬之，河清堡人[一]。善鼓琴，时奏一曲以自陶写[二]，处逆境如故也。著有《松筠堂琴谱》四卷。子良弼，号达卿[三]，工诗赋，亦能琴。

《（宣统）南海县志》卷三十一

注释：

[一] 潘大纪：字饬之，广东南海人。

[二] 陶写：陶冶性情。

[三] 潘良弼：号达卿，潘大纪之子。

评析：

《松筠堂琴谱》已佚。

释空尘(附牧村长老、丁绥安、赵逸峰、乔子衡)

余幼耽操缦[一]，遍访名师。初就学于菩提院牧村长老[二]。继从羽士逸峰赵师、芜城丁绥安夫子、淮山乔子衡夫子[三]，蒙其悉心指授，研究义理，三十年来，仅谙数曲。比年诸师相继殂谢[四]。于是携琴访道，历燕、齐、楚、越，凡善琴者必谒之，始悟琴旨。

《枯木禅琴谱·自序》

注释：

[一] 余：释空尘（公元1839年—公元1913年），号云闲道人，古吴（今江苏苏州）人。

[二] 牧村长老：据《如皋县志》，牧村长老俗姓吴，工诗，善鼓琴。

[三] 逸峰：赵逸峰，道士。丁绥安：芜城（今江苏扬州）人。乔子衡：淮山（今江

苏盱眙）人。

［四］殂谢：去世。

评析：

释空尘有《枯木禅琴谱》，今存。

徐熙

予与云闲上人俱师绥安丁夫子[一]，习操缦焉[二]。

《枯木禅琴谱·徐熙序》

注释：

［一］予：徐熙，长洲（今江苏苏州）人。云闲上人：见“释空尘”条。丁绥安：见“丁绥安”条。

［二］操缦：弹琴。

评析：

徐熙与释空尘为同门，均师从丁绥安。

张春圃（附张春圃女兒）

琴工张春圃[一]，戆直而朴野[二]，以弹琴为都中士大夫所赏。光绪辛巳、壬午间，孝钦后病[三]，将有以自遣[四]，欲学琴，召入寝殿，授琴焉。张与阉约，面孝钦不能跽[五]，必坐弹始成声，皆许之，故与孝钦异室而坐。设琴七八具，金徽玉轸，穷极富丽，取以弹，皆不中节[六]。孝钦乃使以御用者令弹之，张落指，觉声甚清越，赞曰："好，好！"方阕[七]，忽有若乳母者数人，携一可十龄之童来，衣华美，睹琴而笑，拨其徽，抽其轸，张止之，曰："此老佛爷物。"童瞪目视，旁妇怒以目，遂不言。自是张出宫后，更宣召则不入矣。张入宫时，阉受孝钦恉[八]，语之曰："好自为之，异日可得一官，供职于内府，不患不富贵也。"然张竟绝迹不再往。或问之，则曰："吾不希冀此龌龊富贵也。"张亦尝应肃王隆懃之招[九]，受月俸，弹琴于其邸，恒晨往而夕返。一日，王以雨止其勿归，张出言有所忤，因逐之，怡然也。张有女兄[一〇]，亦善琴，以孀居，就养于张。

《清稗类钞·狷介类》

注释：

[一] 张春圃：北京人。

[二] 戆直：迂愚刚直。朴野：质朴。

[三] 孝钦后：慈禧太后。

[四] 自遣：抒发排遣自己的情感。

[五] 跽：长跪。

[六] 中节：合乎节奏。

[七] 阕：乐终。

[八] 恉：同"旨"。

[九] 肃王隆懃：即爱新觉罗·隆懃，肃亲王。

[一〇] 女兄：姐姐。

评析：

张春圃不为荣利折腰，颇有琴人操守。

钱发荣(附朱敏文、石梁、钱镐龄、邵鼎、朱兆蓉、朱溶、起海、肇慈)

《枯木禅琴谱》：嘉禾钱发荣恒甫订[一]，古吴释空尘云闲著[二]，蠙山朱敏文时飒选[三]。门下石梁印恒愿新、樵李钱镐龄如恒、武林邵鼎子彝、如皋朱兆蓉芙镜、玄门朱溶静波、泉塘起海朗珠、海陵肇慈普静仝校[四]。

《枯木禅琴谱》

注释：

[一] 钱发荣：字恒甫，嘉禾（今浙江嘉兴）人。

[二] 释空尘：见“释空尘”条。

[三] 朱敏文：字时飒，蠙山（即玭山，今江苏如皋）人。

[四] 门下：弟子，门生。印恒：字愿新，石梁（今江苏徐州）人。钱镐龄：字如恒，樵李（今浙江嘉兴）人。邵鼎：字子彝，武林（今浙江杭州）人。朱兆蓉：字芙镜，如皋（今江苏如皋）人。朱溶：字静波，玄门即道士。起海：字朗珠，泉塘（今浙江东阳）人。肇慈：字普静，海陵（今江苏泰州）人。

评析：

以上诸人共同校订《枯木禅琴谱》。

刘鹗(附张瑞珊、李澄宇、贾修五、黄菊三、王桐君、赵子衡)

琴学重谱，尤重师传。张君瑞珊得传于庆辉山、孙晋斋二君[一]。孙君得传于庆，庆得传于李澄宇[二]，李澄宇得传于徐越千、周子安之徒[三]。张君曰："琴学真不易也。昔日游孙先生之门者，数十百人，而得其传者寥寥无几。吾所知者，其哲嗣汝亭先生、代州贾修五、福建黄菊三与予数人而已[四]。而予以琴学授徒，二十余年间，仅蓬莱王桐君女史一人[五]，尽吾之学，其他一知半解，未足重也。"昆明赵君子衡[六]，尤精音律，金、石、丝、竹、匏、土、革、木皆能之。从张瑞珊学琴，兼学其箫，亦能以箫叶琴曲。

铁云有四朝古琴[七]，每当辰良景美，铁云鼓琴，张君弹琵琶，赵君吹箫，叶《广陵散》等曲。三人精神与音韵相融化，如在曲江天下第一江山山顶，明月高悬，寒涛怒涌，尘嚣四绝[八]，天籁横流，人耶琴耶？情耶景耶？俱不得而知之矣。

《十一弦馆琴谱·刘铁云识文》

注释：

［一］瑞珊：张瑞珊，北京大兴人。庆辉山：见"庆瑞"条。孙晋斋：见"孙宝"条。

［二］李澄宇：钱塘（今浙江杭州）人。

［三］徐越千：见"徐俊"条。周子安：见"周鲁封"条。

［四］哲嗣：敬称他人之子。汝亭：孙汝亭，孙晋斋之子。贾修五：代州（今山西忻州）人。黄菊三：福建人。

［五］王桐君：蓬莱（今山东）人。女史：对知识女子的美称。

［六］赵子衡：昆明人。

［七］铁云：刘鹗（公元1857年—公元1909年），字铁云，号老残，江苏丹徒人。著有《老残游记》。

［八］尘嚣：人世间的喧嚣、烦扰。

评析：

刘鹗辑刊《十一弦馆琴谱》收录张瑞珊传谱八首，其中包括张瑞珊自制曲四首：《天籁》《武陵春》《鹧鸪天》《小普庵咒》。

张裕

张裕，字顺候[一]。豪迈挥霍，善骑射，能鼓琴。

《秦州直隶州新志续编》卷三

注释：

［一］张裕：字顺候，甘肃天水人。

评析：

张裕能文能武，可谓书剑两成。

郑文焯(附李复翁)

小坡[一]，少工侧艳[二]，而不尽协律。南游十年，学琴于江夏李复翁[三]，讨论古音，乃大悟“四上竞气”之诣[四]，于乐纪多所发明。故其为词，声出金石，极命风谣，感兴微言，深美闳约[五]。

《重辑复堂词话》卷四

注释：

［一］小坡：郑文焯（公元1856年—公元1918年），字俊臣，号小坡，又号叔问，别号冷红词客，辽宁铁岭人。

［二］侧艳：侧艳之词。侧艳，指文辞艳丽而流于浮华。

［三］李复翁：江夏（今湖北武汉）人。

［四］四上竞气：《楚辞·大招》：“四上竞气，极声变只。”关于四声竞气，从汉代王逸到宋代洪兴祖、清代毛奇龄等各有解说。有人认为是四个国家或四种乐曲，也有人从乐律的角度认为“四上”为古音、工尺谱中谱字，也有人认为是古代音乐演奏中的四乐节。

［五］闳约：内容丰富，文辞简练。

评析：

郑文焯经历了一个从开始的词作不甚协律，后拜李复翁为师习琴，从琴律体悟词乐，到最终精研词律的过程。从郑文焯那里，可以看出琴律对文学作品的影响。

马应抡

马应抡，光绪乙亥恩贡[一]。工鼓琴。

《秦州直隶州新志续编》卷四

注释：

[一] 马应抡：甘肃礼县人。光绪乙亥：公元1875年。

评析：

马应抡学问渊博，设馆授徒，以善教著称。

释顶峰(附释云闲、释广智、释大休)

释顶峰、释云闲皆住怡贤亲王寺，皆善琴[一]。释广智字楼谷，住圆通寺，善琴[二]。释大休住包山寺，又住无隐庵，善弹琴兼善画石[三]。

《吴县志》卷七十九

注释：

[一] 释顶峰、释云闲：江苏苏州怡贤亲王寺僧。

[二] 释广智：字楼谷，苏州圆通寺僧。

[三] 释大休：苏州无隐庵僧。

评析：

《吴县志》卷七十九记载了苏州各个寺庙的僧人，有擅长书法的，有擅长诗文的，此四位则擅长鼓琴。

顾玉成

顾玉成，字少庚，四川华阳人[一]，著有《百瓶斋琴谱》。

《今虞琴刊》

注释：

[一] 顾玉成（公元1837年—公元1906年）：字少庚，四川华阳人。

评析：

顾玉成为清末川派琴家，得青城山道士张孔山亲授《流水》一曲。家藏明代朱权所制“飞瀑联珠”琴。

翟启

翟启，字怿堂，号月樵[一]。工琴，能笛，善绘事。性喜山林，有铁笛一，游览与俱。

《四续掖县志》卷六

注释：

[一] 翟启：字怿堂，号月樵，山东掖县人。

评析：

翟启生活于清代末年，董锦章作《翟月樵孙康侯合传》叙述其生平。

引用书目

引用书目：

《全上古三代秦汉三国六朝文》，严可均编，中华书局，1958 年。

《春秋左传注》，杨伯峻编著，中华书局，1995 年。

《庄子今注今译》，陈鼓应注译，中华书局，2009 年。

《孔子家语通解》，杨朝明、宋立林主编，齐鲁书社，2013 年。

《列子集释》，杨伯峻撰，中华书局，1979 年。

《晏子春秋校注》，张纯一校注，中华书局，2014 年。

《韩诗外集释》，［汉］韩婴撰，许维遹校释，中华书局，1980 年。

《韩非子集解》，［清］王先慎撰，钟哲点校，中华书局，2003 年。

《吕氏春秋集释》，［秦］吕不韦编，许维遹集释，中华书局，2017 年。

《史记》，［汉］司马迁撰，中华书局，1959 年。

《说苑校证》，［汉］刘向著，向宗鲁校证，中华书局，1987 年。

《风俗通义校注》，［汉］应劭撰，王利器校注，中华书局，1981 年。

《新论》，［汉］桓谭著，上海人民出版社，1977 年。

《琴操》，［汉］蔡邕撰，《续修四库全书》本。

《列仙传》，［汉］刘向撰，影印文渊阁《四库全书》本。

《东观汉记校注》，［汉］刘珍等撰，吴树平校注，中华书局，2008 年。

《西京杂记》，［晋］葛洪撰，中华书局，1985 年。

《山海经笺疏》，［晋］郭璞传，［清］郝懿行笺疏，齐鲁书社，2010 年。

《三国志》，［晋］陈寿撰，［宋］裴松之注，中华书局，1959 年。

《阮籍集校注》，［三国魏］阮籍著，中华书局，2012 年。

《异苑》，［南朝宋］刘敬叔撰，影印文渊阁《四库全书》本。

《后汉书》，［南朝宋］范晔撰，中华书局，1973 年。

《宋书》，［南朝梁］沈约撰，中华书局，1974 年。

《文选》，［南朝梁］萧统编选，［唐］李善注，上海古籍出版社，1986 年。

《南齐书》，［南朝梁］萧子显撰，中华书局，1972 年。

《金楼子》，［南朝梁］萧绎撰，中华书局，2011年。
《真诰》，［南朝梁］陶弘景撰，赵益点校，中华书局，2011年。
《尚书故实》，［唐］李绰撰，影印文渊阁《四库全书》本。
《晋书》，［唐］房玄龄等撰，中华书局，1974年。
《全唐文》，中华书局，1983年。
《全唐诗补编》，陈尚君辑校，中华书局，1992年。
《全唐文补编》，陈尚君辑校，中华书局，2005年。
《唐文拾遗》，［清］陆心源辑，续修《四库全书》本，《潜园总集》本。
《唐才子传校笺》，傅璇琮主编，中华书局，1987年。
《艺文类聚》，［唐］欧阳询撰，汪绍楹校，上海古籍出版社，1982年。
《白居易集》，［唐］白居易著，顾学颉校点，中华书局，1979年。
《元稹集》，［唐］元稹撰，冀勤点校，中华书局，1982年。
《乐府杂录》，［唐］段安节撰，吴企明点校，中华书局，2012年。
《唐国史补》，［唐］李肇撰，上海古籍出版社，1979年。
《杜牧集系年校注》，［唐］杜牧撰，吴在庆校注，中华书局，2008年。
《柳宗元集校注》，［唐］柳宗元撰，尹占华、韩文奇校注，中华书局，2013年。
《沈佺期宋之问集校注》，［唐］沈佺期、宋之问撰，陶敏、易淑琼校注，中华书局，2001年。
《王维集校注》，［唐］王维撰，陈铁民校注，中华书局，1997年。
《韩昌黎文集校注》，［唐］韩愈撰，马其昶校注，上海古籍出版社，1986年。
《续高僧传》，［唐］道宣撰，中华书局，2014年。
《云仙散录》，［后唐］冯贽编，张力伟点校，中华书局，2008年。
《北梦琐言》，［五代］孙光宪撰，贾二强点校，中华书局，2002年。
《徐文公集》，［宋］徐铉撰，《四部丛刊》本。
《琴史》，［宋］朱长文撰，影印文渊阁《四库全书》本。
《太平广记》，［宋］李昉等编，中华书局，1961年。
《太平御览》，［宋］李昉等编，中华书局，1960年。
《宋人轶事汇编》，丁传靖辑，中华书局，2003年。

《曾巩集》，［宋］曾巩撰，陈杏珍、晁继周点校，中华书局，1984 年。
《苏魏公文集》，［宋］苏颂撰，王同策等点校，中华书局，1988 年。
《欧阳修诗文集校笺》，［宋］欧阳修著，洪本健校笺，上海古籍出版社，2009 年。
《唐诗纪事》，［宋］计有功撰，上海古籍出版社，1987 年。
《唐语林校证》，［宋］王谠撰，周勋初校证，中华书局，1997 年。
《欧阳修全集》，［宋］欧阳修著，李逸安点校，中华书局，2001 年。
《苏轼文集》，［宋］苏轼撰，孔凡礼点校，中华书局，1986 年。
《黄庭坚诗集注》，［宋］黄庭坚撰，刘尚荣点校，中华书局，2003 年。
《忠肃集》，［宋］刘挚撰，裴汝诚、陈晓平点校，中华书局，2002 年。
《司马温公集编年笺注》，［宋］司马光著，李之亮笺注，巴蜀书社，2009 年。
《西山先生真文公忠公文集》，［宋］真德秀撰，《四部丛刊》本，民国八年影印本。
《杨万里集笺校》，［宋］杨万里撰，辛更儒笺校，中华书局，2007 年。
《吴郡志》，［宋］范成大撰，影印文渊阁《四库全书》本。
《朱淑真集注》，［宋］朱淑真撰，冀勤辑校，中华书局，2008 年。
《陆九渊集》，［宋］陆九渊著，钟哲点校，中华书局，1908 年。
《刘克庄集笺校》，［宋］刘克庄著，辛更儒笺校，中华书局，2011 年。
《客亭类稿》，［宋］杨冠卿撰，影印文渊阁《四库全书》本。
《四朝闻见录》，［宋］叶绍翁撰，沈锡麟、冯惠民点校，中华书局，1989。
《新校正梦溪笔谈》，［宋］沈括撰，胡道静校注，中华书局，1957 年。
《苕溪渔隐丛话后集》，［宋］胡仔纂集，廖德明校点，人民文学出版社，1962 年。
《浩然斋雅谈》，［宋］周密撰，孔凡礼点校，中华书局，2010 年。
《湘山野录》，［宋］文莹撰，郑世刚、杨立扬点校，中华书局，1984 年。
《渑水燕谈录》，［宋］王辟之撰，吕友仁点校，中华书局，1981 年。
《春渚纪闻》，［宋］何薳撰，张明华点校，中华书局，1983 年。
《西溪丛语》，［宋］姚宽撰，孔凡礼点校，中华书局，1993 年。
《默记》，［宋］王铚撰，朱杰人点校，中华书局，1981 年。
《墨庄漫录》，［宋］张邦基撰，孔凡礼点校，中华书局，2002 年。

《齐东野语》，［宋］周密撰，张茂鹏点校，中华书局，1983年。

《平斋文集》，［宋］洪咨夔撰，《四部丛刊》本。

《乐书》，［宋］陈旸撰，影印文渊阁《四库全书》本。

《独醒杂记》，［宋］曾敏行著，朱杰人标校，上海古籍出版社，1986年。

《重校鹤山先生大全文集》，［宋］魏了翁撰，商务印书馆，《四部丛刊》本。

《画继》，［宋］邓椿撰，影印文渊阁《四库全书》本。

《麈史》，［宋］王得臣撰，影印文渊阁《四库全书》本。

《茅亭客话》，［宋］黄休复撰，影印文渊阁《四库全书》本。

《罗湖野录》，［宋］释晓莹撰，影印文渊阁《四库全书》本。

《梦粱录》，［宋］吴自牧撰，影印文渊阁《四库全书》本。

《宝庆四明志》，［宋］罗浚撰，影印文渊阁《四库全书》本。

《岩下放言》，［宋］叶梦得撰，影印文渊阁《四库全书》本。

《云笈七签》，［宋］张君房撰，影印文渊阁《四库全书》本。

《文山集》，［宋］文天祥著，影印文渊阁《四库全书》本。

《通志》，［宋］郑樵撰，中华书局，1987年。

《直斋书录解题》，［宋］陈振孙撰，上海古籍出版社，1987年。

《中吴纪闻》，［宋］龚明之撰，影印文渊阁《四库全书》本。

《玉海》，［宋］王应麟撰，影印文渊阁《四库全书》本。

《云烟过眼录》，［宋］周密撰，影印文渊阁《四库全书》本。

《山家清供》，［宋］林洪撰，中国商业出版社，1985年。

《北山集》，［宋］程俱撰，影印文渊阁《四库全书》本。

《友林乙稿》，［宋］史弥宁撰，影印文渊阁《四库全书》本。

《宋会要辑稿》，［清］徐松辑，中华书局，1957年。

《南村辍耕录》，［元］陶宗仪撰，中华书局，1958年。

《说郛》，［元］陶宗仪辑，影印文渊阁《四库全书》本。

《王恽全集汇校》，［元］王恽著，杨亮、钟彦飞点校，中华书局，2013年。

《琅嬛记》，［元］伊世珍撰，《四库存目》丛书，齐鲁书社，1997年。

《吴中旧事》，［元］陆友仁撰，影印文渊阁《四库全书》本。
《元风雅》，［元］傅习编，影印文渊阁《四库全书》本。
《录鬼簿》,［元］钟嗣成撰,《中国古典戏曲论著集成》本,中国戏剧出版社,1982年。
《元诗纪事》，［清］陈衍辑撰，李梦生校点，上海古籍出版社，1987年。
《录鬼簿续编》,［明］无名氏,《中国古典戏曲论著集成》本,中国戏剧出版社,1982年。
《文宪集》，［明］宋濂撰，影印文渊阁《四库全书》本。
《诚意伯文集》，［明］刘基著，影印文渊阁《四库全书》本。
《高青丘集》，［明］高启著，［清］金檀辑注，上海古籍出版社，1985年。
《岘泉集》，［明］张宇初撰，影印文渊阁《四库全书》本。
《大复集》，［明］何景明撰，影印文渊阁《四库全书》本。
《诚斋录》，［明］朱有燉著，齐鲁书社，2014年。
《皇甫少玄集》，［明］皇甫涍撰，影印文渊阁《四库全书》本。
《陈献章集》，［明］陈献章著，中华书局，1987年。
《颐庵文选》，［明］胡俨撰，影印文渊阁《四库全书》本。
《西园闻见录》，［明］张萱撰，民国二十九年印本。
《未轩文集》，［明］黄仲昭著，影印文渊阁《四库全书》本。
《苏平仲文集》，［明］苏伯衡撰，商务印书馆，《四部丛刊》本。
《律吕正声校注》，［明］王邦直撰，王守伦等校注，中华书局，2012年。
《广博物志》，［明］董斯张撰，影印文渊阁《四库全书》本。
《姑苏志》，［明］王鏊撰，影印文渊阁《四库全书》本。
《重编琼台稿》，［明］丘浚撰，影印文渊阁《四库全书》本。
《古穰集》，［明］李贤撰，程政敏编，影印文渊阁《四库全书》本。
《方洲集》，［明］张宁撰，影印文渊阁《四库全书》本。
《蜀中广记》，［明］曹学佺撰，影印文渊阁《四库全书》本。
《彭文宪公笔记》，［明］彭时撰，《丛书集成初编》本。
《椒邱文集》，［明］何乔新撰，影印文渊阁《四库全书》本。
《八闽通志》，［明］黄仲昭纂修，明弘治刻本。

《三垣笔记》，［明］李清撰，中华书局，1982 年。

《徐氏笔精》，［明］徐𤊹撰，影印文渊阁《四库全书》本。

《七修类稿》，［明］郎瑛撰，上海书店出版社，2001 年。

《类博稿》，［明］岳正撰，李东阳编，影印文渊阁《四库全书》本。

《澹园集》，［明］焦竑撰，李剑雄点校，中华书局，1999 年。

《（嘉靖）皇明天长志》，［明］邵时敏修，明嘉靖二十九年刻本。

《禅寄笔谈》，［明］陈师撰，明万历二十一年刻本。

《文简集》，［明］孙承恩著，影印文渊阁《四库全书》本。

《陶庵梦忆》，［明］张岱撰，中华书局，2007 年。

《原李耳载》，［明］李中馥撰，中华书局，1987 年。

《（崇祯）常熟县志》，［明］龚立本纂修，民国五年抄本。

《青泥莲花记》，［明］梅鼎祚辑，明万历三十年刻本。

《查继佐年谱》，［清］沈起、陈敬璋撰，中华书局，1992 年。

《陈确集》，［清］陈确撰，中华书局，1979 年。

《顾亭林诗文集》，［清］顾炎武撰，中华书局，1983 年。

《陈迦陵文集》，［清］陈维崧撰，商务印书馆，《四部丛刊》本。

《塔影园集》，［清］顾苓撰，华东师范大学出版社，2014 年。

《夏峰先生集》，［清］孙奇逢著，中华书局，2004 年。

《颜氏学记》，［清］戴望著，中华书局，1987 年。

《历代诗话》，［清］何文焕辑，中华书局，1981 年。

《绛云楼书目》，［清］钱谦益撰，粤雅堂丛书本。

《醉白堂文集》，［清］谢良琦撰，清康熙刻本。

《田间文集》，［清］钱澄之撰，清康熙刻本。

《列朝诗集》，［清］钱谦益撰集，许逸民、林淑敏点校，中华书局，2007 年。

《望溪先生文集》，［清］方苞撰，商务印书馆，《四部丛刊》本。

《潜研堂文集》，［清］钱大昕著，凤凰出版社，2016 年。

《忠雅堂集校笺》，［清］蒋士铨著，绍海清校，李梦生笺，上海古籍出版社，1993 年。

《八旗文经》，［清］盛昱编纂，辽海出版社，2009 年。

《碑传集》，［清］钱仪吉纂，中华书局，1993 年。

《池北偶谈》，［清］王士祯撰，中华书局，1982 年。

《蚕尾续文集》，［清］王士祯撰，齐鲁书社，2007 年。

《鲒埼亭集》，［清］全祖望撰，《四部丛刊初编》本，上海商务印书馆，1918 年。

《揅经室集》，［清］阮元撰，中华书局，1993 年。

《安雅堂文集》，［清］宋琬著，齐鲁书社，2003 年。

《安雅堂未刻稿》，［清］宋琬著，齐鲁书社，2003 年。

《洪亮吉集》，［清］洪亮吉撰，中华书局，2014 年。

《更生斋集》，［清］洪亮吉撰，清光绪授经堂刻《洪北江全集》本。

《魏叔子文集》，［清］魏禧著，中华书局，2003 年。

《鉴止水斋集》，［清］许宗彦著，续修四库本。

《亦有生斋集》，［清］赵怀玉撰，清道光元年刻本。

《鸿泥杂志》，［清］雪渔氏撰，清道光六年刻本。

《有竹居集》，［清］任兆麟撰，清嘉庆二十四年刻本。

《抱经堂文集》，［清］卢文弨撰，中华书局，1990 年。

《戴名世年谱》，［法国］戴廷杰著，中华书局，2004 年。

《顾太清集校笺》，［清］顾太清撰，中华书局，2012 年。

《莲坡诗话》，［清］查为仁撰，影印清乾隆刻《蔗塘外集》本。

《履园丛话》，［清］钱泳撰，中华书局，1979 年。

《灵芬馆诗话》，［清］郭麐撰，清嘉庆二十一年刻本。

《宋诗纪事》，［清］厉鹗辑撰，上海古籍出版社，1981 年。

《广东新语》，［清］屈大钧撰，中华书局，1985 年。

《海虞诗话》，［清］单学傅撰，民国四年铜华馆铅印本。

《乡言解颐》，［清］李光庭撰，中华书局，1982 年。

《柳南随笔》，［清］王应奎撰，中华书局，1983 年。

《随园诗话》，［清］袁枚著，人民文学出版社，1982 年。

《全浙诗话》，［清］陶元藻编，中华书局，2013年。
《武林往哲遗著》，［清］丁丙辑，清光绪二十三年钱塘丁氏刊。
《国朝书人辑略》，［清］震钧辑，清光绪三十四年刻本。
《天咫偶闻》，［清］震钧撰，清光绪三十三年刻本。
《诚一堂琴谈》，［清］程允基撰，四库存目丛书本，齐鲁书社，1997年。
《全闽诗话》，［清］郑方坤撰，福建人民出版社，2006年。
《板桥杂记》，［清］余怀著，李金堂校注，上海古籍出版社，2000年。
《六艺之一录》，［清］倪涛撰，影印文渊阁《四库全书》本。
《扬州画舫录》，［清］李斗撰，中华书局，1980年。
《《四库全书》总目》，［清］永瑢等撰，中华书局，1965年。
《两般秋雨盦随笔》，［清］梁绍壬撰，上海古籍出版社，1992年。
《筠心书屋诗钞》，［清］褚廷璋撰，清嘉庆十一年刻本。
《道光重纂福建通志》，［清］孙尔准等修，凤凰出版社，2011年。
《江西通志》，［清］谢旻等修，影印文渊阁《四库全书》本。
《山西通志》，［清］觉罗石麟修，影印文渊阁《四库全书》本。
《甘肃通志》，［清］查郎阿、许容等纂修，影印文渊阁《四库全书》本。
《浙江通志》，［清］清嵇曾筠等修，影印文渊阁《四库全书》本。
《江南通志》，［清］赵宏恩等修，影印文渊阁《四库全书》本。
《（康熙）武昌县志》，［清］熊登纂修，清康熙十三年刻本。
《（康熙）重修嘉善县志》，［清］杨廉等纂修，清康熙十六年刻本。
《（康熙）天台县志》，［清］李德耀修，清康熙二十三年刻本。
《（康熙）湖广武昌府志》，［清］裴天锡修，清康熙二十六年刻本。
《（康熙）永定县志》，［清］刘盻纂修，清康熙三十六年刻本。
《（康熙）金乡县志》，［清］沈渊纂修，清康熙五十一年刻本。
《（康熙）杭州府志》，［清］马如龙修，清康熙五十二年刻本。
《（康熙）钱塘县志》，［清］魏𡺸修，清康熙五十七年刻本。
《（康熙）信丰县志》，［清］张翰修，清康熙五十八年刻本。

《（雍正）开化县志》，［清］孙锦修，清雍正七年刻本。
《（雍正）宁波府志》，［清］曹秉仁纂修，雍正十一年刻本。
《（雍正）陕西通志》，［清］刘于义等修，雍正十三年刻本。
《（乾隆）云南通志》，［清］鄂尔泰修，清乾隆元年刻本。
《（雍正）直隶定州志》，［清］王大年修，魏权等纂，乾隆刻本。
《（雍正）深泽县志》，［清］赵宪修，清乾隆年间刻本。
《（康熙）松溪县志》，［清］潘拱辰纂修，清乾隆刻本。
《（乾隆）天津府志》，［清］李梅宾修，清乾隆四年刻本。
《（乾隆）新修庆阳府志》，［清］赵植本纂修，中华书局，2013年。
《（乾隆）泗州志》，［清］叶兰纂修，清抄本。
《（乾隆）汜水县志》，［清］许勉燉修，清乾隆九年刻本。
《（乾隆）禹州志》，［清］邵大业修，清乾隆十二年刻本。
《（乾隆）陈州府志》，［清］崔应阶修，清乾隆十二年刻本。
《（乾隆）黄州府志》，［清］王勍修，清乾隆十四年刻本。
《（乾隆）颍州府志》，［清］王敛福纂修，清乾隆十七年刻本。
《（乾隆）丰润县志》，［清］吴慎纂修，清乾隆二十年刻本。
《（乾隆）掖县志》，［清］张思勉修，清乾隆二十三年刻本。
《（乾隆）天平府志》，［清］朱肇基修，清乾隆二十三年刻本。
《（乾隆）东湖县志》，［清］林有席修，清乾隆二十八年刻本。
《（乾隆）长乐县志》，［清］贺世骏修，清乾隆二十八年刻本。
《（乾隆）诸城县志》，［清］宫懋让修，清乾隆二十九年刻本。
《（乾隆）即墨县志》，［清］尤淑孝修，清乾隆二十九年刻本。
《（乾隆）郃阳县全志》，［清］席奉乾修，清乾隆三十四年刻本。
《（乾隆）歙县志》，［清］张佩芳修，清乾隆三十六年刻本。
《（乾隆）番禺县志》，［清］任果等修，清乾隆三十九年刻本。
《（乾隆）宁德县志》，［清］卢建其修，清乾隆四十六年刻本。
《（乾隆）鄞县志》，［清］钱大昕、钱维乔等修，乾隆五十三年刻本。

《（乾隆）杞县志》，［清］周玑纂修，清乾隆五十三年刻本。
《（乾隆）青浦县志》，［清］孙凤鸣修，清乾隆五十三年刻本。
《（乾隆）娄县志》，［清］谢庭薰修，清乾隆五十三年刻本。
《（乾隆）江夏县志》，［清］陈元京修，清乾隆五十九年刻本。
《（乾隆）南昌县志》，［清］徐午修，清乾隆五十九年刻本。
《（乾隆）钟祥县志》，［清］张琴等修，清乾隆六十年刻本。
《（嘉庆）桐乡县志》，［清］李廷辉修，清嘉庆四年刻本。
《（嘉庆）无为州志》，［清］顾浩等修，清嘉庆八年刻本。
《（嘉庆）开州志》，［清］李符清修，清嘉庆十一年刻本。
《（嘉庆）南阳府志》，［清］孔传金纂修，清嘉庆十二年刻本。
《（嘉庆）长宁县志》，［清］曹秉让修，清嘉庆十三年刻本。
《（嘉庆）如皋县志》，［清］杨受廷修，清嘉庆十三年刻本。
《（嘉庆）重修扬州府志》，［清］阿克当阿修，清嘉庆十五年刻本。
《（嘉庆）新修江宁府志》，［清］吕燕昭修，清嘉庆十六年刻本。
《（嘉庆）祁阳县志》，［清］万在衡修，清嘉庆十七年刻本。
《（嘉庆）宁远县志》，［清］曾钰纂修，清嘉庆十七年刻本。
《（嘉庆）上海县志》，［清］王大同等修，清嘉庆十九年刻本。
《（嘉庆）四川通志》，［清］常明修，清嘉庆二十一年刻本。
《（嘉庆）续潼关厅志》，［清］向淮修，清嘉庆二十二年刻本。
《（嘉庆）汉阴厅志》，［清］钱鹤年修，清嘉庆二十三年刻本。
《（嘉庆）吴门补乘》，［清］钱思元辑，清嘉庆二十五年刻本。
《（嘉庆）松江府志》，［清］宋如林修，清嘉庆二十三年刻本。
《（道光）开平县志》，［清］王文骧修，清道光三年刻本。
《（道光）天门县志》，［清］王希琮修，清道光元年刻本。
《（嘉庆）湘阴县志》，［清］阎肇烺修，清道光三年刻本。
《（道光）衡山县志》，［清］侯铃等修，清道光三年刻本。
《（道光）婺源县志》，［清］黄应昀等修，清道光六年刻本。

《（道光）徽州府志》，［清］马步蟾纂修，清道光七年刻本。
《浒墅关志》，［清］凌寿祺纂修，清道光七年刻本。
《（嘉庆）东台县志》，［清］周右修，清道光十年刻本。
《（道光）章丘县志》，［清］吴璋修，清道光十三年刻本。
《（道光）厦门志》，［清］周凯纂修，清道光十九年刻本。
《（道光）荣成县志》，［清］李天鹭修，清道光二十年。
《（道光）阳曲县志》，［清］李培谦修，清道光二十三年刻本。
《（嘉庆）高邮县志》，［清］杨宜仑修，清道光二十五年刻本。
《分湖小识》，［清］柳树芳纂修，清道光二十七年刻本。
《（道光）黄冈县志》，［清］俞昌烈修，清道光二十八年刻本。
《（咸丰）同州府志》，［清］李恩继修，清咸丰二年刻本。
《（咸丰）顺德县志》，［清］郭汝诚修，清咸丰三年刻本。
《（咸丰）大名府志》，［清］朱煐等纂修，清咸丰三年刻本。
《（咸丰）资阳县志》，［清］范涞清修，清同治元年刻本。
《（乾隆）龙泉县志》，［清］苏遇龙修，清同治二年刻本。
《南浔镇志》，［清］汪日桢纂修，清同治二年刻本。
《（同治）南漳县志集抄》，［清］沈兆元修，清同治四年刻本。
《（同治）稷山县志》，［清］沈凤翔修，清同治四年刻本。
《（同治）郧县志》，［清］周瑞、定熙修，清同治五年刻本。
《（同治）石首县志》，［清］朱荣宝修，清同治五年刻本。
《（同治）黄安县志》，［清］朱锡授等修，清同治八年刻本。
《（乾隆）泉州府志》，［清］怀荫布修，清同治九年刻本。
《（道光）禹州志》，［清］朱炜修，清同治九年刻本。
《（同治）常宁志》，［清］玉山修，清同治九年刻本。
《茜泾记略》，［清］倪大临纂修，清同治九年抄本。
《（同治）上海县志》，［清］应宝时修，清同治十年刻本。
《（同治）攸县志》，［清］赵勷等修，清同治十年刻本。

《（同治）南丰县志》，［清］柏春修，清同治十年刻本。
《（同治）乐昌县志》，［清］徐宝符等修，清同治十年刻本。
《（同治）赣县志》，［清］黄德溥等修，清同治十一年刻本。
《（同治）如皋县续志》，［清］周际霖修，清同治十二年刻本。
《（同治）瑞州府志》，［清］黄廷金修，清同治十二年刻本。
《（同治）南昌府志》，［清］许应鑅修，清同治十二年刻本。
《（同治）江山县志》，［清］王彬修，清同治十二年刻本。
《（同治）上江两县志》，［清］莫芝祥等修，清同治十三年刻本。
《（同治）续纂扬州府志》，［清］方濬颐修，清同治十三年刻本。
《（同治）湘乡县志》，［清］齐德五修，清同治十三年刻本。
《（同治）湖州府志》，［清］宗源瀚等修，清同治十三年刻本。
《（光绪）松阳县志》，［清］支恒春修，清光绪元年刻本。
《（同治）广丰县志》，［清］双全等修，清光绪元年刻本。
《（光绪）海盐县志》，［清］王彬修，清光绪三年刻本。
《（同治）鄞县志》，［清］戴枚修，清光绪三年刻本。
《（光绪）漳州府志》，［清］沈定均修，清光绪四年刻本。
《（光绪）江阴县志》，［清］卢思诚等修，清光绪四年刻本。
《（光绪）重修金山县志》，［清］龚宝琦修，清光绪四年刻本。
《（光绪）娄县续志》，［清］汪坤厚等修，清光绪五年刻本。
《（光绪）青浦县志》，［清］汪祖绶修，清光绪五年尊经阁本。
《（光绪）嘉兴府志》，［清］许瑶光修，清光绪五年刻本。
《（光绪）丹徒县志》，［清］何绍章修，清光绪五年刻本。
《（光绪）吴江县续志》，［清］金福曾修，清光绪五年刻本。
《（光绪）丙子清河县志》，［清］胡裕燕修，清光绪五年刻本。
《（光绪）长汀县志》，［清］谢昌霖修，清光绪五年刻本。
《（康熙）潜江县志》，［清］刘焕修，清光绪五年刻本。
《（光绪）武进阳湖县志》，［清］王其淦等修，清光绪五年刻本。

《（光绪）南汇县志》，［清］金福曾等修，清光绪五年刻本。
《壬癸志稿》，［清］钱宝琛纂修，清光绪六年刻本。
《（光绪）海阳县续志》，［清］王敬勋修，清光绪六年刻本。
《（光绪）菏泽县志》，［清］凌寿柏修，清光绪六年刻本。
《（光绪）荆州府志》，［清］倪文蔚等修，清光绪六年刻本。
《（光绪）三原县新志》，［清］焦云龙修，清光绪六年刻本。
《（光绪）惠州府志》，［清］刘溎年等修，清光绪七年刻本。
《（同治）苏州府志》，［清］李铭皖等修，清光绪七年刻本。
《（光绪）重修安徽通志》，［清］吴坤修，清光绪七年刻本。
《（光绪）嘉定县志》，［清］程其玨修，清光绪七年刻本。
《（嘉庆）江都县志》，［清］王逢源修，清光绪七年刻本。
《（光绪）无锡金匮县志》，［清］裴大中修，清光绪七年刻本。
《（光绪）崇明县志》，［清］林达泉等修，清光绪七年刻本。
《（光绪）缙云县志》，［清］何乃容等修，清光绪七年刻本。
《（嘉庆）莫愁湖志》，［清］马士图辑著，清光绪八年刻本。
《（光绪）宝山县志》，［清］梁蒲贵等修，清光绪八年刻本。
《（光绪）通州志》，［清］高建勋等修，清光绪九年刻本。
《（同治）畿辅通志》，［清］李鸿章等修，清光绪十年刻本。
《（光绪）淮安府志》，［清］孙云锦修，清光绪十年刻本。
《（光绪）松江府续志》，［清］博润修，清光绪十年刻本。
《（光绪）续纂江宁府志》，［清］蒋启勋修，清光绪十年刻本。
《（光绪）荣昌县志》，［清］文康修，清光绪十年刻本。
《（光绪）庐江县志》，［清］钱鑅修，清光绪十一年木活字本。
《（光绪）增修甘泉县志》，［清］徐成敟修，清光绪十一年刻本。
《（光绪）丹阳县志》，［清］刘诰等修，清光绪十一年刻本。
《（光绪）平湖县志》，［清］彭润章修，清光绪十二年刻本。
《（光绪）阜宁县志》，［清］阮本焱修，清光绪十二年刻本。

《（道光）武进阳湖县合志》，［清］孙琬等修，清光绪十二年活字本。
《（光绪）桐乡县志》，［清］严辰纂修，清光绪十三年刻本。
《（光绪）宁阳县志》，［清］高陞荣修，清光绪十三年刻本。
《（道光）诸城县续志》，［清］刘光斗修，清光绪十四年刻本。
《（光绪）宣城县志》，［清］李应泰等修，清光绪十四年木活字本。
《（光绪）东光县志》，［清］周植瀛修，清光绪十四年刻本。
《（光绪）赣榆县志》，［清］王豫熙修，清光绪十四年刻本。
《（光绪）武阳志余》，［清］庄毓鋐等修，清光绪十四年刻本。
《（光绪）普安直隶厅志》，［清］曹昌祺等修，清光绪十五年刻本。
《（道光）龙岩州志》，［清］彭衍堂等修，清光绪十六年刻本。
《（道光）重修仪征县志》，［清］王检心修，清光绪十六年刻本。
《（光绪）重辑枫泾小志》，［清］曹相骏纂，清光绪十七年铅印本。
《（光绪）山西通志》，［清］曾国荃等修，清光绪十八年刻本。
《（光绪）扶沟县志》，［清］熊灿纂修，清光绪十九年刻本。
《（光绪）丰县志》，［清］姚鸿杰等纂修，清光绪二十年刻本
《（光绪）永川县志》，［清］许曾荫修，清光绪二十年刻本。
《（光绪）长治县志》，［清］李桢等修，清光绪二十年刻本。
《（嘉庆）溧阳县志》，［清］李景峄、陈鸿寿修，清光绪二十二年活字本。
《（乾隆）常昭合志》，［清］王锦修，清光绪二十四年木活字本。
《铁琴铜剑楼藏书目录》，［清］瞿镛撰，光绪二十四年刻本。
《（光绪）重纂邵武府志》，［清］王琛修，清光绪二十四年刻本。
《（光绪）重修天津府志》，［清］沈家本等修，清光绪二十五年刻本。
《黎里志》，［清］徐达源纂修，清光绪二十五年刻本。
《黎里续志》，［清］蔡丙圻纂修，清光绪二十五年刻本。
《（光绪）余姚县志》，［清］周炳麟修，清光绪二十五年刻本。
《（光绪）续修浦城县志》，［清］翁天祜修，清光绪二十六年刻本。
《（光绪）直隶和州志》，［清］朱大绅编，清光绪二十七年木活字本。

《（光绪）宁海县志》，［清］王瑞成等修，清光绪二十八年刻本。
《（光绪）南乐县志》，［清］陆维炘修，清光绪二十九年刻本。
《续修永北直隶厅志》，［清］叶如桐等修，清光绪三十年刻本。
《（嘉庆）太平县志》，［清］曹梦鹤等纂修，清光绪三十四年油印本。
《（光绪）凤阳府志》，［清］冯煦修，清光绪三十四年木活字本。
《（咸丰）兴义府志》，［清］张锳修，清宣统元年铅印本。
《（同治）南汇县新志稿》，［清］佚名纂修，清末抄本。
《然脂余韵》，［清］王蕴章撰，民国铅印本。
《（嘉庆）芜湖县志》，［清］梁启让修，民国二年活字本。
《（宣统）山东通志》，［清］杨士骧等修，民国四年铅印本。
《双林镇志》，［清］蔡蓉升纂修，民国六年刻本。
《支溪小志》，［清］顾镇纂修，抄本。
《洪洞县志》，孙奂仑修，民国六年铅印本。
《龙陵县志》，张鉴安等修，民国六年刻本。
《商水县志》，徐家璘等修，民国七年刻本。
《（嘉庆）宁国府志》，［清］鲁铨修，民国八年影印本。
《太仓州志》，王祖畬纂修，民国八年刻本。
《寿昌县志》，陈焕等修，民国九年铅印本。
《宝山县续志》，张允高等修，民国十年铅印本。
《江阴县续志》，陈思修，民国十年刻本。
《杭州府志》，［清］陈璚修，民国十一年铅印本。
《海宁州志稿》，［清］李圭修，民国十一年铅印本。
《山阳志遗》，［清］吴玉搢撰，民国十一年刻本。
《昆新两县续补合志》，连德英等修，民国十二年刻本。
《南翔镇志》，［清］张承先纂修，民国十三年铅印本。
《（嘉庆）旌德县志》，［清］陈炳德修，民国十四年石印本。
《无棣县志》，侯荫昌等修，民国十四年铅印本。

《龙游县志》，余绍宋纂修，民国十四年铅印本。
《木渎小志》，张郁文纂修，民国十七年铅印本。
《南浔志》，周庆云纂修，民国十七年刻本。
《汜水县志》，田金祺修，民国十七年刻本。
《建瓯县志》，詹宣猷修，民国十八年铅印本。
《（光绪）辽州志》，［清］徐栋纂修，民国十八年刻本。
《威县志》，崔正春修，民国十八年铅印本。
《汤溪县志》，丁燮等修，民国二十年铅印本。
《乐昌县志》，刘运峰修，民国二十年铅印本。
《临汾县志》，刘玉玑等修，民国二十二年铅印本。
《南皮县志》，王德乾等修，民国二十二年铅印本。
《闽侯县志》，欧阳英修，民国二十二年刻本。
《吴县志》，曹允源等修纂，民国二十二年铅印本。
《重修鄠县志》，强云程等修，民国二十二年铅印本。
《（光绪）南昌县志》，［清］江召棠修，民国二十年铅印本。
《干巷志》，［清］朱栋纂修，民国二十二年刻本。
《沧县志》，李学谟等修，民国二十二年铅印本。
《安徽通志稿》，民国二十三年铅印本。
《四续掖县志》，刘国斌修，民国二十四年刻本。
《嵊县志》，牛荫麐等修，民国二十四年刻本。
《临海县志稿》，张寅修，民国二十四年铅印本。
《南宫县志》，贾恩绂纂修，民国二十五年刻本。
《（康熙）会稽县志》，［清］吕化龙修，民国二十五年铅印本。
《长安县志》，［清］张聪贤修，民国二十五年铅印本。
《鄢陵县志》，靳蓉镜修，民国二十五年铅印本。
《台州府志》，喻长霖等修纂，民国二十五年铅印本。
《乌青镇志》，卢学溥修，民国二十五年刻本。

《泰兴县志续》，王元章修，抄本。
《甘泉县续志》，钱祥保修，民国二十六年刻本。
《束鹿五志合刊》，谢道安辑，民国二十六年刻本。
《歙县志》，石国柱、楼文钊修，民国二十六年铅印本。
《江都县续志》，钱祥保修，民国二十六年刻本。
《连城县志》，陈一堃、王集吾修，民国二十八年石印本。
《重修常昭合志》，张镜寰修，民国三十八年铅印本。
《（道光）桐城续修县志》，［清］廖大闻修，民国二十九年铅印本。
《潍县志稿》，常之英等修，民国三十年铅印本。
《清稗类钞》，徐珂编撰，中华书局，2010年。
《清诗纪事》，钱仲联主编，凤凰出版社，2004年。
《词话丛编》，唐圭璋主编，中华书局，2005年。
《竹间续话》，郭白阳撰，海风出版社，2001年。
《琴书存目》，周庆云编纂，中国书店，2018年。
《芜城怀旧录》，董玉书著，江苏古籍出版社，2002年。
《历代琴人传》，查阜西等，中国音乐研究所、北京古琴研究会，油印本。
《今虞琴刊》，今虞琴社编印，1937年。
《琴曲集成》，中国艺术研究院音乐研究所、北京古琴研究会编，中华书局，2010年。